장자

장자

사유의 보폭을 넓히는 새로운 장자 읽기

지은이 / 앵거스 그레이엄
옮긴이 / 김경희
펴낸이 / 강동권
펴낸곳 / (주)이학사

1판 1쇄 발행 / 2014년 12월 30일
1판 3쇄 발행 / 2023년 2월 28일

등록 / 1996년 2월 2일 (신고번호 제1996-000015호)
주소 / 서울시 종로구 율곡로13가길 19-5(연건동 304) 우 03081
전화 / 02-720-4572 · 팩스 / 02-720-4573
이메일 / ehaksa@korea.com · 트위터 / twitter.com/ehaksa · 페이스북 / facebook.com/ehaksa

한국어판 © (주)이학사, 2014, Printed in Seoul, Korea.
ISBN 978-89-6147-210-4 94100
      978-89-87350-38-7 94100(세트)

Chuang-Tzŭ by Angus Graham
Copyright © Angus Graham 2001
All Rights reserved.

Korean translation edition © 2014 by Ehak Publishing Co., Ltd.
Authorized translation from the Hackett Publishing Co., Inc. edition.
Published by arrangement with Eulama Literary Agency, Rome, Italy
through Bestun Korea Agency, Seoul, Korea.
All rights reserved.

이 책의 한국어판 저작권은 베스툰 코리아 에이전시 통해 Hackett Publishing Co., Inc.와
독점 계약한 이학사에 있습니다.
저작권법에 의하여 한국 내에서 보호를 받는 저작물이므로 무단 전재와 복제를 금합니다.

* 책값은 뒤표지에 표시되어 있습니다.

사유의 보폭을 넓히는
새로운 장자 읽기

이학문선
08

장자

앵거스 그레이엄 해설 및 편역
김경희 옮김

이학사

일러두기

1. 이 책은 Angus Charles Graham, *Chuang-Tzŭ: The Inner Chapters*(Hackett Publishing Company, 2001)를 우리말로 옮긴 것이다. 이 책의 자세한 일러두기는 옮긴이 부록「이 책의 기본 체제와 번역에 관하여」를 참조하기 바란다.
2. 인명, 편명, 용어 등의 원어는 최초 1회 병기하는 것을 원칙으로 했으나, 거듭 나오는 단어나 구의 경우 정확한 의미 전달을 위해 여러 번 병기하기도 했다.
3. 원서의 이탤릭체(한자의 음가 포함)는 고딕체로 표기하였다.
4. 부호의 쓰임은 다음과 같다.

    『 』: 도서명

    「 」: 논문명, 편명

    ( ): 지은이의 부연 설명. 음이 다른 한자나 한문 구절을 병기할 때는 [ ]를 사용하는 것이 원칙이나 지은이가 ( )로 처리한 한자나 한문 구절은 전부 ( )로 표기했다. (따라서 [ ]로 처리한 한자나 한문 구절은 전부 옮긴이가 넣은 것이다.)

    (*): 인용문에서 지은이의 부연 설명

    [ ]: 옮긴이의 부연 설명

    |주|: 본문에서 지은이의 주석

    [원]: 지은이의 『장자』 원문 주석

    [역]: 옮긴이의 주석

해킷판 간행에 부쳐

앵거스 그레이엄의 『장자: 사유의 보폭을 넓히는 새로운 장자 읽기』의 재간행을 축하하며 몇 마디 쓰게 되어 대단히 기쁘게 생각한다. 그레이엄의 이 영역본은 1981년 영국의 조지 알렌 & 언윈 출판사(현재는 하퍼 콜린스 출판사의 지사)에서 처음으로 출판되었다. 이 초판본은 몇 년 전에 절판되기는 했지만, 그 전에 이미 『장자』에 대한 여타의 독해들을 평가할 때 따라야 할 하나의 기준으로 자리매김하였다.

『장자』라는 이 고대의 텍스트는 중국에서 지난 2000년 동안 일정하게 편집된 채로 전해 내려왔다. 그런 만큼 중국학 전문가들은 장자에 대한 그레이엄의 독창적 연구를 활용할 때 몇 가지 난점에 부딪히게 된다. 우선 그는 『장자』의 본문을 재배열하였고, 또 전부 번역하지도 않았다. 또한 중국어 용어들을 음역할 때 현재 중국과 미국 양국에서 표준으로 삼고 있는 병음拼音 체계를 사용하지 않고 그보다 더 오래된 웨이드-자일스Wade-Giles 체계를 사용하였다. 그리고 번역문에 붙인 그의 방대한 원문 주註들은 그가 몸담았던 런던대학교의 아시아·아프리카대학(SOAS)에서 따로 출판되었다.

그럼에도 불구하고 이 해킷판은 몇몇 중요한 오자를 교정하고 웨이드-자일스 체계와 병음 체계의 표기법 전환표를 첨부한 것,[1] 그리고 이 서문을 붙인 것 말고는 초판본을 그대로 따랐다. 초판본에 손을 대지 않은 것은 한 가지 중대한 고려 사항이 있었기 때문이다. 바로 그레이엄이 그 저술을 처음 발표했던 그대로 재발표함으로써 그의 학술적·철학적 독창성을 온전하게 보존해야 한다는 점이 결정적 고려 사항이었다(1991년 그가 급작스럽게 죽음을 맞이하기 전까지 그의 초판본에 대해 많은 토론이 있었지만, 그는 자신의 책에 대해 나에게 어떤 걱정도 표현한 적이 없다). 게다가 초판본을 그대로 두겠다는 결정 덕분에 해킷 출판사에서는 이 책을 신속하게 재판再版할 수 있었고, 폭넓은 독자층도 확보할 수 있었다. 그레이엄도 이 결정을 매우 기뻐했을 것이라고 확신한다.

본서에 대한 부록도 곧 출간될 예정이다. 이 부록은 전문 연구가들을 격려하고, 그레이엄이 장자에 대해 쓴 저술들을 한곳에 모아두기 위한 것으로, 하와이대학 출판부에서 간행하는 아시아·비교철학회 연구 논문 시리즈의 일환이다. 『그레이엄의 『장자: 내편』 지침서A Companion to Angus C. Graham's *Chuang Tzu: The Inner Chapters*』라는 제목으로, 해럴드 로스Harold C. Roth의 서론과 함께 편집되고 있는 중이다.

앵거스 그레이엄과 장자 둘 다 철학적으로 심오하고 종교적으로 의미심장할 뿐 아니라 시적으로 유쾌하고 창조적인 면모들이 많다. 따라서 독자들은 책장을 넘길 때마다 큰 기대감을 갖게 될 것이다. 아직까지 그레이엄을 잘 모르는 독자들에게는 『중국의 텍스트들과 철학적 맥락들: 앵거스 그레이엄 헌정 논문집Chinese Texts and Philosophical Contexts: Essays Dedicated to Angus Graham』을 권한다. 이 책은

---

1) [역] 한국어판에서는 웨이드-자일스 체계와 병음 체계의 표기법 전환표가 불필요하여 생략하였다.

1991년 내가 편집하고 오픈 코트 출판사Open Court Publishing Company
가 간행하였다. 이 책에는 그레이엄의 저작 목록(그리고 간략한 전기)
이 실려 있다. 장자를 좀 더 깊이 연구하고 싶은 독자들에게는 최근
에 나온 두 논문집을 권한다. 둘 다 그레이엄의 학문적 성과를 훌륭
하게 활용하고 있다. 『『장자』에 나타난 회의주의, 상대주의, 윤리론
Essays on Skepticism, Relativism, and Ethics in the *Zhuangzi*』(Paul Kjellberg
and Philip J. Ivanhoe eds.)과 『『장자』에서 소요하기』Wandering at Ease in the
Zhuangzi』(Roger T. Ames ed.)이다. 두 책은 각각 1996년과 1998년에 뉴
욕주립대학 출판부에서 간행되었다.

이 책의 재발행을 계획하고 준비하면서 나는 많은 학자로부터 유
익한 조언과 도움을 받았다. 특히 로저 에임스Roger Ames, 제인 게이
니Jane Geaney, 필립 아이반호P. J. Ivanhoe, 잭 클라인Jack Kline, 해럴드
로스가 많은 도움을 주었다. 이 책이 빛을 볼 수 있게 해준 해킷 출판
사의 데보라 윌크스Deborah Wilkes와 제이 헐릿Jay Hullett에게 감사드
린다. 그리고 그레이엄의 부인 데르 파오 그레이엄Der Pao Graham과
그의 딸 돈 그레이엄 베이커Dawn Graham Baker에게도 감사드린다.

이제 이 책으로 돌아갈 시간이다. 지난 2000년 동안 장자는 수없이
많은 사람에게 '마음의 고양'(85쪽)을 가져다주었다. 곧 보겠지만 앵
거스 그레이엄도 포함해서 말이다. 이 책의 독자들 역시 그럴 수 있
기를 바란다.

헨리 로즈몬트 주니어Henry Rosemont, Jr.
메릴랜드주 세인트메리스시티
2000년 11월

서문

이 영역서에 대한 원문 주註는 『장자: 선역본의 원문 주해Chuang-tzǔ: Textual notes to a partial translation』(SOAS, 1981)로 따로 출간되었다.[1] 『장자』의 성립 연대와 구성에 대해 내가 내린 결론들은 다음에 제시되어 있다. 「장자는 『장자』를 얼마만큼 썼는가?How much of 'Chuang-tzu' did Chuang-tzu write?」, 『미국종교학회지 주제별 특집호: 고전 중국 사상 연구Journal of the American Academy of Religion Thematic Issue: Studies in Classical Chinese thought』(edited Henry Rosemont Jr. and Benjamin I. Schwartz, Sept. 1979, 47/3, 459-502).

『장자』〈내편〉에 대한 번역을 읽고 논평해준 더글러스 휴잇Douglas Hewitt과 헨리 로즈몬트 주니어, 그리고 자일스Giles판에 대한 오스카 와일드Oscar Wilde의 비평을 내게 소개해준 존 하디John Hardy에게 감사드리고 싶다.

이 번역의 발췌본과 초고는 『종교사History of Religions』 9권과 『몬테모라Montemora』 1, 3, 4권에 실려 있다.

---

1) [역] 이 책자는 이후 해럴드 로스가 편집한 『그레이엄의 『장자: 내편』 지침서』에 「『장자: 내편』 원문 주해」라는 제목으로 수록되었다(745쪽의 2번 항목 참조).

차례

해킷판 간행에 부쳐 / 5
서문 / 9

제1부

서론

/ 13

1. 장자와 도가의 기원 / 15
2. 자발성 / 22
3. 논리의 거부 / 29
4. 하늘과 인간 / 44
5. 일체화의 전망 / 56
6. 죽음과 불구 / 62
7. 언어 / 66
8. 『장자』라는 책과 번역상의 문제 / 71

『장자』 원문 찾아보기 / 87

제2부

장자의 저술

『장자』〈내편〉(제1-7편) 및
〈내편〉과 관련된 구절들

/ 95

1. 목적지 없이 거닐기(제1편「소요유」) / 97
2. 사물들을 고르게 만드는 분류(제2편「제물론」) / 114
3. 생명을 기르는 데 중요한 것(제3편「양생주」) / 157
4. 사람들 사이의 세속적 업무(제4편「인간세」) / 170
5. 덕이 충만하다는 징표(제5편「덕충부」) / 200
6. 근원적 조상인 스승(제6편「대종사」) / 223
7. 황제와 왕에게 응답하기(제7편「응제왕」) / 251
8. 〈내편〉과 관련된 구절들 / 265

제3부

'장자 학파'의 선집

/ 301

1. 장자에 관한 이야기들 / 303
2. 공자와 늙은 담의 대화들 / 333
3. 자발성의 이점들 / 358
4. 도道를 합리화하기: '큰 사람' / 379
5. 도道를 비합리화하기: '지知가 북쪽에서 노닐다' / 422
6. 유토피아와 통치의 퇴보(제16편[「선성」]) / 454
7. 불사不死의 숭배 / 470
8. '우리의 본성과 운명의 본질적 요소들' / 481
9. 뜻밖의 관념들 / 485
10. 그 외 갖가지 이야기들 / 503

제4부

원시주의자의 논문과 관련 일화들

/ 515

1. 물갈퀴 살이 있는 발가락(제8편[「변무」]) / 526
2. 말발굽(제9편[「마제」]) / 537
3. 큰 가방 훔치기(제10편[「거협」]) / 543
4. 제자리를 지키게 하고 도를 넘지 않게 하라
   (제11편[「재유」]의 도입부) / 554
5. 원시주의자의 논문과 관련된 일화들 / 562

제5부

양가의 문집

/ 573

1. 왕위를 양보하기(제28편[「양왕」]) / 584
2. 도둑 척(제29편[「도척」]) / 610
3. 검에 대한 연설(제30편[「설검」]) / 640
4. 늙은 어부(제31편[「어부」]) / 649

제6부

혼합주의자들의 저술

/ 665

1. 하늘의 도(제13편[「천도」]의 도입부) / 673
2. 까다로운 생각들(제15편[「각의」]) / 686
3. 혼합주의자들의 단편 / 695
4. 도道에 대한 세 편의 광시곡 / 702
5. 천하의 아래쪽(제33편[「천하」]) / 708

참고 문헌 / 741
옮긴이 부록: 이 책의 기본 체제와 번역에 관하여 / 745
옮긴이 후기 / 749
찾아보기 / 755

제1부
서론

1
장자와 도가의 기원

아서 웨일리Arthur Waley는 『장자』를 "세상에서 가장 심오한 책 중의 하나이자 가장 재미있는 책 중의 하나"[1]라고 묘사한 적이 있다. 그러나 정작 이 책의 핵심 부분을 쓴 장주莊周(보통 장자莊子라고 불린다)의 생애에 대해서는 알려진 바가 거의 없다. 『장자』는 도가道家의 고전들 가운데 가장 분량이 많은 책이다. 도가가 중국 문명의 자발적이고 직관적이며 사적이고 파격적인 측면을 나타내는 철학이라면, 도가와 경쟁 관계에 있는 유가儒家는 도덕적이고 공식적이며 점잖은 측면을 대변하고 있다. 사마천司馬遷(기원전 145?-89?)의 『사기史記』에 실려 있는 장자의 짤막한 전기는 그의 생존 연대를 양梁나라, 즉 위魏나라의 혜왕惠王(기원전 370-319[재위])과 제齊나라의 선왕宣王(기원전 319-301[재위])이 통치하던 시기로 추정한다. 그리고 『사기』는 그가 현재의 허난성河南省에 소재했던 몽蒙 지역 출신으로 칠원漆園('옻나

---

1) Arthur Waley, *Three ways of thoughts in ancient China*, London, 1939, 163.

무 정원', 실제로 옻나무 재배지였을 것이다)의 하급 관리를 지내다 사적인 삶을 위해 그 일을 관두었다고 전한다. 이 이상의 정보는 그의 이름으로 된 책, 즉 『장자』에 실려 있는 이야기들로부터 얻을 수 있을 뿐이다. 『장자』는 기원전 4-2세기에 쓰인 글들의 모음집이며, 그 가운데 적어도 〈내편內篇〉을 구성하는 일곱 개의 편이 통상 장자의 저술인 것으로 인정되고 있다.

『장자』에 실려 있는 장자에 관한 이야기들은 우리가 그것들을 역사적 사실로 받아들이든 전설로 받아들이든 간에, 장자를 일개인으로 한정하고 있다는 점만은 의심의 여지가 없다. 이 점은 도가의 영웅들 가운데 장자가 유일무이하다. 도가의 창시자로 추정되는 노자老子조차도 일화 속에 등장할 때에는 항상 도가에서 이상시하는 성인의 면모만을 보여준다. 반면 장자에 대한 이야기들은 대부분 다음 세 가지 유형으로 귀착된다. 그는 (변자辯者인 혜시惠施와의 논쟁에서 항상) 논리를 흉내 내면서 오히려 논리를 조롱하거나, 관직과 부를 경멸하거나, 죽음을 자연의 보편적 과정의 일부로서 황홀하게 응시하는 모습으로 나타난다. 이 세 가지 주제 가운데 두 번째만이 전형적인 도가적 스토리텔링에 속한다. 그러나 이 경우조차도 장자는 익살스럽기도 하고 심오하기도 한 그만의 독특한 태도를 취하고 있다. 그 이야기들의 역사적 가치가 무엇이든 간에 우리는 〈내편〉을 읽는 동안 매우 비범한 한 사람을 만나고 있다는 인상을 지울 수가 없다. 단지 뛰어난 사상가이자 작가로서만 그런 것이 아니다. 『천국과 지옥의 결혼』을 쓴 윌리엄 블레이크William Blake(1757-1827)처럼 장자는 두려움을 전혀 모르는 눈을 가지고 있다. 그는 인습적 사고방식들에 애써 반항하고 있다기보다는 워낙 타고나기를 그런 것들로부터 자유로운 사람인 것처럼 보인다. 그래서 약간은 소름 돋는 느낌을 주기까지 한다. 그가 우리에게 펼쳐 보이는 풍경 속에서 사물들은 어찌 된 일인지 우리가 습관적으로 그 사물들에게 부여해온 상대적 무게를 띠고 있지 않다. 그는 인간에게서나 발견할 수 있는 중요성을 동물과 나무한테서도 똑같이 발견하는 듯하다. 인간의 영역 안에서도 걸인들, 불구자들, 기형을 가진 자들을 어떤 동정의 시선도 없이 제후들이나 성인들을 대할 때와 마찬가지로 관심과 존경심을 가지고 바라본다. 또한 그는 죽음을 대할 때에도 삶을 대할 때와 똑같은 평정심을 유지한다. 정말로 독창적인 전망을 대했을 때 오는 이 느낌은 고대 중국의 다른 문헌 — 그 문헌이 장자로부터 깊은 영향을 받았다고 할지라도 — 에 아무리 익숙해진다 해도 사라지지 않는다. 블레이크와 장자, 이 두 사람은 자신들이 처한 장소와 시간에 굳게 발 딛고 있었음에도 불구하고, 블레이크 같은 영국인, 장자 같은 중국인은 결코 없었다.

〈내편〉에 실려 있는 서로 연관성 없는 듯 보이는 이야기들과 단편적 메모들은 면밀히 읽으면 읽을수록 서로 얽히고설킨 복잡한 결을 가지고 있음을 깨닫게 된다. 〈내편〉은 서로 대비되면서도 융화되는 요소들로 짜여 있다. 만물의 신비와 신성함에 대해 불경스런 유머를 구사하는가 하면 경외감을 드러내기도 하고, 직관을 발휘하는가 하면 지성의 미묘하고도 생략적인 비약을 감행하기도 한다. 인간적 따뜻함과 비인간적인 냉담함, 서민적인 소탈함과 지적인 세련됨, 이 세상과 무관한 듯 보이는 환상적인 황홀경과 현실적인 관찰력, 죽음을 예찬하는 언어의 리듬 속에서 최고도로 강렬하게 분출되는 생명력, 말을 자유자재로 가뿐하게 구사하는 능력과 말의 불충분함에 대한 경멸, 반박할 수 없는 확신과 바닥을 모르는 회의주의 등 〈내편〉에는 이런 대조적 요소들이 한데 어우러져 있다. 이 때문에 사람에 따라서는 일차적으로 장자를 문학성이 풍부한 예술가로 이해할 수 있다. 중국에서는 유가들이 장자를 그런 식으로 독해해왔다. 그러나 자신이 장자의 철학 속 어디쯤에 있는지를 알지 못하는 사람은 작가로서의 장자의 감수성을 탐색하는 데에도 실패하고 말 것이다.

중국철학사에서 가장 창조적인 시기는 공자(기원전 551-479)의 시대부터 기원전 221년 진秦왕조가 천하를 재통일할 때까지 지속되었다. 그 사이의 정치적 분열과 급격한 사회적·기술적 변화는 중국 역사에서 19세기 이전까지 유례가 없을 정도로 가파르게 진행되었다. 이는 몰락해가던 주周왕조의 종교와 도덕규범 및 정치제도를 그 토대부터 침식하였고, '도道란 무엇인가?' — 도는 천하에 질서를 확립할 방법이자 개개인들이 세상을 살아나갈 방법이다 — 라는 물음을 활짝 열어놓았다. 공자는 주周의 도덕적·문화적 유산을 부활시키려고 한 보수주의자였다. 그러나 그는 주의 전통에 대해 자기만의 고유한 재해석들을 제시했고, 그것들을 세련되게 다듬고 명료화시켰다. 다만 그 재해석들이 갖는 독창성을 스스로 자각하지 못하였을 뿐이다. 기원전 5세기 후반, 제일 먼저 공자의 경쟁자로 나선 묵적墨翟은 새로운 토대들을 제안한 최초의 인물이었다. 그는 보편적 사랑의 원리를 제시하였고, 전통적 규칙들과 제도들이 실제로 사람들을 이롭게 하는지, 아니면 해롭게 하는지, 또 모든 사람을 이롭게 하는지, 아니면 특정 사람들의 이로움을 위해 나머지 사람들을 희생시키는지를 시험에 부쳤다. 유가와 묵가墨家의 경쟁은 제자백가 시대의 막판까지 계속되었다. 장자에게 한 가지 확실했던 것은 서로 다른 관점에서 논쟁을 벌이는 도덕주의자들은 결코 합의점에 도달할 수 없다는 것이었다. 이로 인해 그는 단호하게 도덕적 상대주의를 취하게 된다.

장자 사상의 더 가까운 배경에는 현존하는 저술은 없지만 기원전 4세기에 활동했던 철학자들이 있다. 그 가운데에는 비주류이기는 해도 송견宋銒(송영宋榮으로도 불린다)이라는 철학자가 있다. 그는 도덕주의를 취함에도 불구하고, "모욕당하는 것은 수치스러운 일이 아니다[見侮不辱]"라는 명제 덕분에 장자로부터 존경을 받는다. 이 명제에는 한 인간의 가치는 남들이 인정해주는지 여부와는 무관하다는 주장이 함축되어 있다.[2] 송견보다 더 중요한 철학자들은 양주楊朱(기원전 350년경)를 필두로 하는 '양생養生' 학파이다. 도덕주의적 학파들은 양주를 이기주의자라고 비난하였다. 상류층에 속한 사람이라면 공적인 출세의 길을 가는 것이 당연시되던 세상에서, 양주는 관직이 주는 근심과 위험을 감수하기보다는 사적인 삶의 고요함을 택하는 입장을 대변한 최초의 인물이었다. 그의 철학은 도가에 기여했음에도 불구하고 도가가 지닌 신비주의적인 요소가 전혀 없다. 양가楊家는 묵가만큼이나 실용적인 이로움과 해로움을 기준으로 행위를 판단했지만, 묵가와는 전혀 다른 결론을 내렸다. 즉 생명을 유지하는 데 필요한 수단들보다 생명 자체가 더 중요하며, 부와 권력을 좇는 것은 건강과 생존에 위협이 될 수도 있다는 것이다. 『장자』 가운데 본서에서 '양가의 문집Yangist Miscellany'이라고 부를 네 편[3]은 이 학파의 후기 저작으로 보이며, 장자 자신이 한때 그 학파에 속해 있었다는 증거도 있다. 본서에서는 [제3부의 1장에서] 장자에 관한 이야기들을 소개하면서 그 증거에 대해 검토할 것이다.[4] 장자는 세속적 성공보다 건강과 마음의 평화를 우선시한다는 점에서 확실히 양주와 입장이 같다. 그러나 장자는 자기 자신을 자아와 생존에 대한 걱정 속에만 가둬두지

---

2) 102-103쪽을 참조하라.
3) [역] 〈잡편雜篇〉에 있는 「왕위를 양보하기」, 「도둑 척」, 「검에 대한 연설」, 「늙은 어부」.
4) 308-311쪽을 참조하라.

않았다. 그는 자신을 운의 변덕스러움 및 죽음의 확실성과 화해시켜 줄 철학을 찾고 있었다. 아마도 이것이 그의 사유의 배후에 놓여 있는 가장 강한 충동이었을 것이다.

경쟁에 뛰어드는 학파들이 늘어남에 따라 논쟁은 점점 더 이론적으로 변해서, 기원전 4세기 말에는 논리적 난제들만 전문적으로 연구하는 변자들이 출현하였다. 장자는 가장 위대한 변자였던 혜시보다 나이가 적었지만 그와 교류하였고, 한때 그의 제자였을 가능성도 있다. 그러나 결국 장자는 혜시를 떠나, 정치적 활동과 사적 활동 둘 다에 있어서 직관과 자발성을 예찬하는 쪽으로 나아갔으며, 이 점은 이후 도가의 독특한 요소가 되었다. 초기의 도가는 유가나 묵가와 달리 조직화된 학파를 형성하지 않았다. '도가道家'라는 명칭은 후대에 그들에게 소급적으로 적용된 것이며, 사마담司馬談(기원전 110년 사망)의 '육가六家'에 대한 분류[5]에서 처음으로 나타난다. 우리의 정보가 미치는 한에서, 장자는 최초의 도가였을 수 있다. 도가의 위대한 고전인 『노자』는 전통적으로 노담老聃('늙은 담')의 저작으로 간주되어왔다. 그는 공자와 동시대인이면서 도가 학파를 창시한 인물로 여겨지고 있지만, 기원전 3세기 후반 이전에 그가 실존했는지 여부는 아직까지 확인되지 않고 있으며,[6] 『노자』가 『장자』〈내편〉에 영향을 주었

---

5) [역] 사마천司馬遷의 『사기史記』 「태사공자서太史公自序」에 실려 있는 사마담司馬談의 「논육가요지論六家要旨」를 말한다. 육가는 음양가陰陽家, 유가儒家, 묵가墨家, 명가名家, 법가法家, 도가道家[도덕가道德家]를 가리킨다.

6) [역] 그레이엄이 세상을 떠난 지 2년 후인 1993년 중국 후베이성湖北省 징먼시荊門市 궈디앤郭店에서 기원전 4세기경의 『노자』로 추정되는 죽간본竹簡本이 발굴되었다. 공자와 동시대인인 노담과 이 죽간본의 연관성 및 이 텍스트의 사상적 경향성에 대해서는 논의의 여지가 있겠지만, 『노자』의 초기 판본이 『장자』보다 앞선다는 점만은 분명하다. 그레이엄이 생전에 이 죽간본의 존재에 대해 알았더라면 여

다는 흔적도 없다. 장자는 논리를 중시한 혜시의 입장에 맞서서 자발성을 옹호한다. 그 과정에서 그는 중국인들이 이성주의적 노선을 언뜻 엿보았던 결정적인 순간에 국면을 전환하는 데 일조했다. 그리스인들은 이미 그 노선을 따르고 있었지만, 중국인들은 그런 노선에 대해 몰랐으며, 알고 난 이후에도 그것을 따르지 않았다.

기서의 서술도 달라졌을 것이다.

2
자발성[7]

　도가를 한마디로 정의 내리기란 쉽지 않지만, 철학적 도가로 분류되는 사상가들은 하나의 기본적인 통찰을 공유하고 있다. 다른 사물들은 모두 각자에게 적합한 경로를 따라 움직이는데 유독 인간은 그렇지 않다는 것이다. 인간은 옳음과 그름, 이로움과 해로움, 자기와 타인을 이것 아니면 저것이라는 식으로 구별하고, 그 사이에서 판단을 내리기 위해 논리적으로 따지는 습관이 있다. 이 습관은 인간의 자발적 성향이 성장하는 것을 방해하고 그것을 불모화시켜왔다. 인간이 타고난 재능을 다시 회복하고 육성하기 위해서는 티 없이 맑은 거울로 자신의 상황을 비춰보고, 메아리가 소리에 응하듯, 그림자가 형체를 따르듯 그 상황에 즉각적으로 반응하는 법을 배워야 한다. 장

---

7) [역] 그레이엄은 도가의 주요 개념인 '自然'을 'spontaneity', 'spontaneous', 'spontaneously'로 영역하였다. 우리말로는 문맥에 따라 '자발성/자발적/자발적으로' 또는 '자생적/자생적으로'라고 번역하였고, 경우에 따라서는 '자연스러운/자연스럽게'로도 번역하였다.

자가 보기에 우리의 근본적인 잘못은 다음과 같이 가정하는 데 있다. 즉 인생이 우리에게 던지는 문제들 앞에서 우리는 이것 아니면 저것이라는 식으로 양자택일적 선택지들을 상상해내고 그중 하나를 택하는 이유를 찾아낼 수 있어야 하며, 그렇게 하려면 먼저 그 문제들을 명확하게 말로 정식화하지 않으면 안 된다고 가정하는 것이다. 그러나 실제로 자신이 뭘 하고 있는지를 아는 자들, 예컨대 소 잡는 요리사나 목수, 낚시꾼은 매번 행동을 취하기 전에 상이한 선택지들을 두고 어떤 것이 더 설득력 있는지를 미리 저울질하는 법이 없다. 그들은 우선 주의력을 상황 전체로 확대시키고 관심의 초점이 그 속에서 자유롭게 유영하도록 내버려두며, 대상에 대한 전면적 몰입 속에서 자기 자신을 망각한다. 그렇게 하면 그들의 숙련된 손은 자발적으로 반응하게 된다. 그들이 보여주는 자신감과 정확성은 규칙을 적용하면서 방도를 궁리하는 자들로서는 도저히 미칠 수 없는 것이다. [「하늘의 도」의 한 일화에서] 목수는 환공桓公에게 말한다.[8] "바퀴를 깎을 때 손놀림이 너무 느리면 끌이 미끄러져서 잡을 수가 없게 됩니다. 그렇다고 너무 빠르면 끌이 나무에 끼이고 걸리게 됩니다. 너무 느려서도 안 되고 너무 빨라서도 안 되는 것이지요. 손으로 느끼고 마음으로 응할 뿐, 말로 표현할 수는 없습니다. 뭔가 비결이 있기는 하지만 신은 신의 아들에게도 그것을 전해줄 수가 없고, 신의 아들도 그걸 신에게서 배울 수가 없습니다."

[「본성에 통달하기」의] 다른 이야기[9]에서 헤엄치는 사람은 소용돌이 속에서도 어떻게 가라앉지 않을 수 있는지에 대한 질문을 받고는 다

---

8) 371-372쪽을 참조하라.
9) 361쪽을 참조하라.

음과 같이 답한다. "나는 유입되는 흐름과 함께 들어가고 유출되는 흐름과 함께 나온다오. 나는 물의 도道를 따를 뿐, 내 사사로움을 조금도 개입시키지 않소. … 왜 그런지 알 수 없지만 그런 것, 이것은 내게 주어진 운명[命]이라오." 전문적 기교와 관련된 이런 이야기들은 장자 학파에서 인기가 높다. 그중 단 하나, 요리사 정[포정庖丁]이 소를 해체하는 이야기만이[10] 자신 있게 장자 본인의 저술이라고 말할 수 있는 〈내편〉에 실려 있다. 그러나 그 이야기들은 도가적 접근법의 구체적 실례들로서, 먼 옛날 그 학파에 입문한 초심자들에게 유익했던 만큼 오늘날의 독자들에게도 유익하다.

어떤 개별적 상황에서든 오염되지 않은 맑은 시각을 가지고 즉각적으로 반응을 하면, 규칙에는 맞지 않아도 부득이한 단 하나의 경로를 발견하게 된다(장자는 '부득이'[11]라는 용어를 좋아한다. 한 화가가 무심코 그린 선을 두고 우리가 부득이하다고 말하듯 장자는 이 용어를 그런 의미로 사용한다). 물이 알아서 흘러갈 물길을 찾아가는 것처럼 이 경로는 계속 달라지는 조건들에 따라 방향을 바꾸면서 굽이굽이 흐른다. 이것이 바로 도道, 즉 '길Way'이며, '도가'라는 명칭 역시 이로부터 왔다. 도는 무질서한 것처럼 보이는 변화와 다양성에 일정한 패턴을 부여하는 것이며, 만물은 조금의 오차도 없이 도가 이끄는 대로 따라간다. 예외가 있다면 저 고질적 분석가와 아는 체하면서 공허한 말을 늘어놓는 자이다. 그들은 언어로 명확하게 정식화된 규정들을 엄격하게 고집함으로써 도를 놓치고 만다. 그 규정들은 다른 철학 유파들이 '성인의 도' 또는 '선왕의 도'라고 내세운 것들이다. 자발적 성

---

10) 163-164쪽을 참조하라.
11) '不得已.'

향은 덕德, 즉 '힘Power'으로서, 한 사물이 그 특유의 기능들을 성공적으로 수행하는 타고난 능력이다(많은 번역자가 '덕德'의 영어 번역어로서 'virtue'를 선호한다. 그러나 이때 'virtue'는 '미덕virtue은 그 자체가 보상이다'의 'virtue'보다는 '청산가리의 효능virtue은 독살하는 것이다'의 'virtue'처럼 이해되어야 한다). 도와 마찬가지로 덕도 인간이라고 해서 다른 사물들보다 더 많이 또는 더 적게 지니고 있는 것은 아니다. 『장자』의 한 이야기에는 투계鬪鷄의 훈련은 그 닭의 덕이 완전해질 때 끝난다는 내용이 나온다.[12] 마음과 몸의 이분법이 전혀 없는 고대 중국적 사유에서 '덕'이란 아무리 인간의 덕이라 해도 성인의 충만한 잠재력들만 포함하는 것이 아니라, 시력과 청력 같은 육체적 능력들까지도 포함한다. 그리고 장자는 덕의 완전성이 몸의 튼튼하고 아름다운 성장을 보증하지 않는다는 것을 설명을 요하는 하나의 난제로 보고 있다.[13] 『노자』의 또 다른 서명인 『도덕경道德經』, 즉 '도와 덕의 경전'에서처럼 도와 덕은 한 쌍을 이루는 개념이다.[14]

내가 지닌 덕을 어떻게 훈련해야만 나는 이유나 목적, 도덕적이고 신중한 원리들의 도움 없이 선뜻 행동에 나설 수 있을까? 바로 자생적인 에너지들을 배양함으로써 그렇게 할 수 있다. 장자는 이 자생적 에너지들을 당시 유행하던 생리학적 관념들로 이해한다. 사고를 담

---

12) 360쪽을 참조하라.
13) 210-219쪽을 참조하라. 공자는 도둑 척[도척盜跖]에게 아첨을 떨면서, 그의 강건하고 늠름한 육체에서 그에게 덕이 있다는 최상의 증거를 보았노라고 공언한다 (617쪽).
14) 아서 웨일리는 이 책의 제목을 『도와 그것의 덕 The Way and its Power』(London, 1934)으로 번역하였는데, 유감스럽게도 살짝 실수한 것이다. 이 번역은 독자들로 하여금 덕이 도에 속한다고 가정하게끔 하는데, 이는 잘못이다. 덕은 성인이 지닌 것이기도 하고 투계가 지닌 것이기도 하다.

당하는 기관은 뇌가 아니라 심장이며, 우주에서 움직이고 있는 모든 것은 기氣, 즉 '숨breath, 기운energy'에 의해 활성화된다는 것이다. 기는 일종의 유동체로서, 우리에게 생명을 불어넣는 숨이 기의 가장 순수한 상태이다. 숨을 내쉬었다 들이쉬었다 하듯이, 몸 안의 기는 활동성을 띠는 상태들과 수동성을 띠는 상태들 사이를 왔다 갔다 한다. 활동성을 띠는 상태들은 '양陽'이고, 수동성을 띠는 상태들은 '음陰'이다. 중국 의학에서는 출생과 성장이 양이라면 노화는 음이고, 질병은 음과 양의 균형이 깨진 것이며, 기분이 들뜬 상태에서 우울한 상태로 변하는 것은 양의 에너지가 극에 달해서 음의 상태로 되돌아간 것이라고 가정한다. 장자는 이런 가정들을 공유하고 있다.[15] 중국의 우주론의 주된 전통에서는 (『장자』〈외편外篇〉에서 이미 나타나듯이) 몸 안에 있는 에너지뿐만 아니라 우주 전체에 퍼져 있는 모든 에너지를 음이나 양으로 분류하며, 이 개념들을 사용해서 어둠과 빛, 그리고 여타의 모든 대립적 현상이 번갈아가며 나타나는 이유를 설명한다. 그러나 장자 자신은 음양 개념보다 더 오래된 '육기六氣'의 도식, 즉 음과 양[陰陽], 바람과 비[風雨], 어둠과 빛[晦明]의 도식[16]을 따르는 것으로 보인다.[17] 그는 전통 생리학의 관점에 따라 사유하면서, 우리에게 심장을 사용해서 행동의 목적과 원리를 숙고하고 명명하고 범주화하고 상상하기보다는 자생적 에너지들을 육성할 것을 권한다. (그

---

15) 121-123, 173-174, 184-189, 235-238쪽을 참조하라.
16) [역] 장자는 '육기'가 무엇인지에 대해서 구체적으로 언급한 적이 없다. 육덕명陸德明의 『경전석문經典釋文』에서는 사마표司馬彪의 주를 인용하면서 이 육기를 "음과 양, 바람과 비, 어둠과 빛[陰陽風雨晦明]"으로 열거하고 있는데(郭慶藩, 『莊子集釋』, 北京: 中華書局, 2004, 20), 그레이엄 역시 이 주를 따르고 있다. 105쪽의 본문에 있는 방주傍註를 참조하라.
17) 103쪽을 참조하라.

러나 그가 언급하는 구체적인 기술은 호흡 조절이 유일하다. 그것도 지나가는 말로 무심코 언급할 뿐이다.)[18] 그렇게 하면 헤엄치는 사람이 시시각각 달라지는 소용돌이의 끌어당기는 힘과 밀어닥치는 힘에 적응하듯이, 우리는 매번 새로운 상황 전체에 대해 새롭게 반응할 것이다. 그리고 멈춰 서서 '여기서 어떻게 벗어날까?'를 스스로에게 묻는 것, 심지어 '벗어나고 싶다'는 생각을 품는 것, 이런 것들은 도움이 되는 게 아니라 오히려 해롭다는 것을 깨닫게 될 것이다.

고정된 목표를 버리고 경직된 범주를 해체하면, 관심의 초점은 끝없이 달라지는 전경소景의 구석구석을 자유롭게 유영하게 되고, 우리 내부의 에너지로부터 반응이 직접적으로 튀어나오게 된다. 장자에게는 이것이야말로 드넓은 해방이며, 자아를 가둬놓는 경계로부터 벗어나 무제한의 영역으로 출항하는 것이다. 그의 저술의 리듬에 주기적으로 활기를 불어넣는 단어는 바로 유遊, 즉 '떠돌아다니기, 여행하기'이다. 이 말은 1960년대에 환각 체험을 표현하는 속어였던 '트립trip'과 다소 유사하게 사용된다. 『장자』의 첫 번째 편인 「목적지 없이 거닐기[소요유逍遙遊]」에서 장자는 거대한 새의 비행에 대해 상상하면서 공기가 어떻게 그 새의 무게를 지탱할 수 있는지를 묻는 것으로 시작해서, 공기에조차 의존하지 않는 성인의 비행에 대한 이야기로 나아간다. 성인은 "육기의 변화를 자신의 수레로 삼아 몰고 하늘과 땅 사이의 참된 길을 따라 내달리면서 무한함 속으로 여행을 하는" 자이다.[19] 그렇다고 해서 장자가 황홀한 체험에 대해서만 사유하고 있는 것은 아니다. 까다로운 임무를 띤 사신에게는 오로지 객관적

---

18) 115-116, 224, 258-261쪽을 참조하라.
19) 103쪽을 참조하라.

조건들을 잘 고려하고 "마음을 다른 사물들에 실어 노닐게 하고, 자신의 중심을 기르기 위해 부득이함에 스스로를 내맡"겨라라고 조언한다.[20]

---

20) 187쪽을 참조하라.

3
논리의 거부

모든 위대한 반反이성주의자들처럼 장자가 이성의 목소리에 귀 기울이지 않는 데에도 나름의 이유가 있다. 그는 「사물들을 고르게 만드는 분류[제물론齊物論]」에 실려 있는 단편들을 통해 그 이유를 밝힌다. 「사물들을 고르게 만드는 분류」는 일련의 산발적인 기록들을 엮어놓은 것으로, 이 기록들은 고대 중국의 다른 어떤 글들보다도 한 사람이 자기 생각을 그대로 이야기하고 있다는 느낌을 강하게 준다. 우리는 「사물들을 고르게 만드는 분류」를 통해 장자가 이성주의적 조언자였던 혜시로부터 의외로 많은 것을 배웠음을 알게 된다. 혜시의 철학은 주로 순차적으로 이어지는 열 개의 명제들을 통해 알려져 있다. 그 명제들은 『장자』의 마지막 편인 「천하의 아래쪽[천하天下]」에 기록되어 있는데,[21] 안타깝게도 자세한 설명은 없다. 그 명제들 대부분은 공간적·시간적 구분은 모순을 가질 수밖에 없음을 입증

---

21) 734-740쪽을 참조하라.

하기 위해 제시된 역설들로 보입니다("남쪽은 끝나는 곳이 없으면서도 끝나는 곳이 있다[南方无窮而有窮]", "해는 중천에 떠오르는 동시에 기울고, 사물은 살아 있는 동시에 죽어간다[日方中方睨. 物方生方死]"). 그 가운데 마지막 명제인 "만물에게 사랑을 펼쳐라. 하늘과 땅은 한 단위로 친다[氾愛萬物. 天地一體也]"는 다른 명제들과 성격이 다르다. 이 명제는 앞서 제시된 일련의 명제들의 논점이 어디에 있는지를 암시한다. 그 명제들의 논점은 구분이란 자기모순에 이를 수밖에 없으므로 모든 것은 하나이고 다른 사람들은 나 자신과 똑같으며, 따라서 만물을 평등하게 사랑해야 함을 보여주는 데 있다. 그런데 이것은 묵가가 제창한 보편적 사랑의 원리를 옹호한 것이다. 혜시가 이런 입장을 취하고 있는 게 맞다면, 위태롭게도 그는 자신의 도구인 분석적 이성을 불신하는 쪽으로 나아가고 있음이 분명하다. 혜시 자신은 단지 공간적·시간적 구분만을 불신하고 싶었겠지만, 거기서 한 걸음만 더 나아가면 모든 추론이 구별하기에 의존하고 있음을 관찰하게 되고, 분화가 일어나기 이전의 세계를 즉각적으로 경험하기 위해서는 이성을 포기해야 한다는 결론에 이르게 될 것이다. 그렇게 되면 '모든 것은 하나이다'라는 명제는 도덕적 주장에서 신비주의적 주장으로 변모하게 된다. 「사물들을 고르게 만드는 분류」에서 장자가 취한 것이 바로 이 행보이다.

　다른 학파들의 서술에 따르면 변자들이 탐구한 주제들은 '부피 없음[無厚]'과 '끝나는 곳이 없음[無窮]'(시간과 공간의 역설들), '같음[同]'과 '다름[異]'(유사함과 다름의 상대성으로부터 생겨나는 역설들), '단단함[堅]'과 '흰색[白]'(상호 침투해 있는 것들, 예컨대 돌의 단단함과 돌의 흰색을 별개의 것으로 다루는 데에서 기인하는 역설들)이다. 장자는 처음 두 주제에 대해서는 이따금씩 언급하지만, '단단함과 흰색[堅白]'은 억지 논리에 대한 경멸조의 환유어[22]로만 사용하고 있다.[23] 안타깝게도 지금 혜시의 저술들은 남아 있지 않다. 단지 변자들 중에 또 다른 주요 인물인 공손룡公孫龍이 쓴 두 개의 논문,「흰 말[백마론白馬論]」과「의미와 사물[지물론指物論]」이 남아 있을 뿐이다. 그러나 후기 묵가의 논쟁 설명서인『묵경墨經』을 통해 우리는 당시 유행했던 논증의 방법들과 전문용어들에 대해 많은 것을 알 수 있다.[24] 이 자료는 논쟁에 대한 장자의 일부 비판에 대해 직접적 답변이 될 만한 내용을 담고 있으며,[25] 기원전 300년경 또는 그보다 조금 뒤에 저술된 것으로 추정된다. 이 자료에 나타난 명명 이론(우리의 정보가 미치는 한, 고대 중국의 유일한 명명 이론이다)은 엄밀하게 말하자면 유명론적唯名論的nominalistic이다. 즉 '말[馬]'과 같은 보통명사는 개별적인 한 대상에 부여되면, 그 대상과 유사한 모든 대상에까지 확대 적용된다는 것이다. 어떤 대상을 두고 그것이 무엇인지를 묻는 것은 그것에 적합한 명칭이 무엇인지를 묻는 것과 같다. '논쟁'[26]이란 '그것은 소인가 아닌가?'와

---

22) [역] 환유어metonym: 한 사물이나 개념을 그것에 해당하는 명칭으로 부르지 않고, 의미상 그것과 밀접한 연관성이 있는 다른 명칭을 사용해서 부르는 수사적 표현법의 하나.
23) 사실상 본서의 135, 222쪽에서는 '단단함과 흰색'이라는 어구를 '억지 논리chop logic'로 번역하였다. [억지 논리나 궤변으로 번역되는 'chop logic'의 'chop'은 '잘게 썰다', '도끼나 칼을 사용해 억지로 절단하다'라는 의미이다. 그레이엄은 인위적인 구별하기를 비판하려는 장자의 의도를 고려하여 이 용어를 번역어로 택한 것으로 보인다.]
24) 다음 책에 영역되어 있다. A. C. Graham, *Later Mohist logic, ethics and science*, Hong Kong and London, 1978.
25) *Canons* [『墨經』] B 35, 48, 68, 71, 79, 82(위의 각주 24와 같음).
26) 辯. 문자 그대로 '(옳음과 그름을 양자택일적으로) 구별하기distinguishing'. 본서에서 'sophist'라고 번역한 용어는 '辯者', 즉 'distinguisher'를 가리킨다. [우리말로는 'sophist(s)'는 '변자'로 번역하고, 'Sophist(s)'는 고유명사로 보아 '명가名家'로 번역하기로 한다.]

같은 물음처럼 하나는 옳고 다른 하나는 그른 양자택일적 선택지들을 두고 논하는 것이다. 두 선택지 모두 옳거나 모두 그를 수 있는 물음('그것은 소 또는 말인가?', '그것은 강아지 또는 개인가?')은 논쟁에서 배제된다. 논쟁에서는 한쪽에서 어떤 명칭이 적합하다는 것을 긍정하면, 다른 쪽에서는 그 명칭이 적합하다는 것을 부정한다. 긍정과 부정을 나타내는 표현들은 각각 '그것이다That's it[是]'와 '아니다That's not[非]'로 아주 간편하게 번역될 수 있다.[27] 한 대상을 그것, 예컨대 한 마리 말로 '간주하는'[28] 것과는 별개로, 어떤 것에 대해 '그러하다'[29](그것은 희다, 그것은 올라타는 것이다)고 간주할 수는 있다. 어떤 주장이 '허용될 수 있는지'[30] 여부는 논쟁에 의해 증명되며, 궁극적으로는 명칭에 대한 정의에 호소함으로써 증명된다. (『묵경』은 75개나 되는 논리적·윤리적·기하학적 용어들에 대해 정의를 내리고 12개 이상의 모호한 용어들을 분석하는 것으로부터 출발한다.) 『묵경』의 논리적 용어들 가운데 『장자』에서 특별히 두드러지는 것은 인因, 즉 '~을 따르다'(~을 하나의 기준으로 삼다)이다.[31] 한 가지 예로 어떤 사람이 '흑인'이라는 묘사에 적합한지 여부를 판단하기 위해서는 그의 신체의 어느 부분을 '따를' 것인지(그의 눈? 그의 피부?)를 결정해야만 한다. 이미 알아차렸

---

27) 지시대명사 '是', 즉 '이것this(앞에서 언급한 것/ 문제가 되고 있는 것)'을 동사적으로 사용한 '이것이다is-this'와 부정의 계사繫辭인 '非', 즉 '아니다is-not'. 통상적인 맥락에서 이 용어들은 아주 간편하게 '옳음right'과 '그름wrong'으로 번역될 수 있다. 굳이 거추장스럽게 '그것이다That's it'와 '아니다That's not'로 번역할 수밖에 없는 이유에 대해서는 86쪽을 참조하라.
28) 爲.
29) 然.
30) 可.
31) A. C. Graham, *Later Mohist logic, ethics and science*, 214-216 and *passim*.

을지 모르겠지만, 기본적으로 지시사인 '그것[是]'과 '그러하다[然]' (후자는 '그것과 유사하다', '그것과 마찬가지이다'와 같은 의미이다)는 '참이다true'와 '타당하다valid' 같은 영어 단어들과 달리, 다음 물음에 주목하게 만든다. 여러 사람이 하나의 명칭을 사용할 때, 그들은 실제로 동일한 사물을 그것으로서 집어내고 있는가, 그렇지 않은가?

중국의 사상가들이 언제부터 명칭이 대상과 관습적인 관계를 맺고 있을 뿐이라고 인식하게 되었는지는 문헌의 부족으로 인해 분명하지가 않다. 우리가 알기로 이 주장을 가장 먼저 공공연하게 내세운 사람은 장자이다. 「사물들을 고르게 만드는 분류」의 곳곳에서 우리는 이 발견이 참신했을 무렵에 주었을 상쾌한 충격을 느낄 수 있다. 원칙적으로 무엇이든 간에 어떤 것으로도 불릴 수 있음을 처음 깨달았을 때에는 기존의 통념들이 모두 전복되는 것처럼 보이기 마련이다. '그것'이 무엇인지, 그리고 그것과 '다른' 것은 무엇인지는 내가 어떤 관점을 선택하는지에 달려 있다. 그리고 내가 '그것이다'라고 말한다면, 이 말은 해당 사물이 내가 그 명칭을 부여하기로 선택한 사물이라는 점을 공표하고 있을 뿐이다. 공손룡의 "흰 말은 말이 아니다[白馬非馬]"와 "그 의미는 그 의미가 아니다[指非指]"라는 명제들을 입증하기 위해 굳이 궤변을 사용할 필요도 없다. 다른 어떤 것을 '말[馬]'이라고 명명하기만 하면, 그 명칭을 공통적으로 부여받은 대상들은 말이 아닌 게 될 것이다.[32]

물론 말[馬]에 관한 한 우리는 화자가 그 명칭을 적용할 때 '따르는[因]' 기준을 참작함으로써 그 용어의 다른 용법들에도 쉽게 적응할 수 있다. 그러나 도덕적인 용어들의 경우에는 보다 심각한 결과들이

---

32) 130-131쪽을 참조하라.

따른다. 예를 들어 '의무duty'로 번역될 수 있는 의義는 모든 학파가 기본적으로 사용하는 윤리적 용어였다. 유가들에게 그것은 전통적으로 여러 가지 사회적 관계, 이를테면 부자 관계나 군신 관계에서 지켜야 할 규범으로 제시되었던 품행인 반면, 공리주의적 근거에서 기존의 도덕을 비판한 묵가들은 『묵경』에서 "'의무를 다하는 것'은 이로운 것이다"라는 새로운 정의를 제시하였다.[33] 그러나 도덕주의자들 입장에서는 그냥 간단히 그 단어에 대한 두 학파의 정의가 다르다는 데 동의해주는 여유를 부릴 수도 없고, 유가적 관점과 묵가적 관점 사이에는 우열이 없다고 마지못해 시인할 수도 없는 노릇이다. 유가적 관점에서는 부모의 삼년상이 그것[의義]이지만, 묵가적 관점에서는 그것이 아니기 때문이다. 각 학파는 실제로 의무를 구성하는 것이 무엇인지 자기들이 알고 있다고 자부하면서 자신들의 입장을 정당화시키기 위해 논쟁에 뛰어든다. 장자는 이것을 "그런 것으로 간주된 '그것이다'"[34]라고 부른다. 이 관점에서는 어떤 것이 실제로 어떠한지는 (선택한 기준에 따라 상대적으로 결정되는 "상황에 따른 '그것이다'"[35]와 반대로) 우리가 그것을 뭐라고 부르는지에 달려 있다고 판단한다. 그리고 장자는 어떤 추론이 그것을 뒷받침할 수 있다는 점을 부정한다. 논쟁의 결과는 단지 출발점이 같은 자들은 의견이 일치하지만, 출발점이 같지 않은 자들은 의견이 다르다는 것이다.

장자는 이성이 우리에게 확실성을 제공해줄 수 있다는 모든 주장을 비웃는다. 우리가 확신할 수 있고, 또 확신하지 않으면 안 되는 것

---

33) *Canons* A8["義, 利也"].
34) 爲是, '是인 것으로 간주하고 판단하다.'
35) 因是, '~에 따라 是인 것으로 판단하다.'

은 무슨 일이 되었건 우리가 어떻게 그렇게 하는지 모르면서도 자신 있게 해내는 일들의 유기적 과정과 분석되지 않는 기교들 및 기술들 뿐이다. 우리는 '지력으로 알지 못하는 것에 의지해서 아는 법을 알아야' 한다. 그렇지 않으면 우리는 "최고의 의혹[大疑]"에 빠질 것이다.[36] 장자는 자신의 통찰들을 상세한 설명 없이 곧바로 정식화하듯이, 분석적 사고에 대한 반론들도 무심코 툭 던진다. 그러나 그 반론들은 놀라울 정도로 광범위하다. 그 근거를 찾으려 하면 무한후퇴에 빠지게 된다. 어떤 기준들에 따라 검증한다 해도 결국 그 기준들 자체는 검증되지 않기 때문이다.[37] 우리와 같은 편인 사람들에게 도움을 청하는 것은 거짓된 확신만 줄 수 있다. 그들은 애초에 우리와 똑같은 관점을 택했기 때문에 우리에게 동의하는 것일 뿐이다. 누군가가 당신의 관점에 맞서는 나의 관점을 공유한다면, 내가 당신을 반박하는 데 그가 무슨 도움이 되겠는가? 설령 그가 우리 둘 다와 공유하는 관점에서 논한다고 해도, 그것이 이 관점을 공유하지 않는 다른 사람들에게 맞서는 데 무슨 도움이 되겠는가?[38] 세상 사람들 모두가 동의하는 어떤 것을 찾아내어 그것을 출발점으로 삼을 수 있다고 한들, 나는 그것을 알지 못할 것이다(그것은 우연히 모든 사람이 동일한 사물을 똑같은 이름으로 부른 데 지나지 않는다). 나는 심지어 내가 알지 못하는 것이 무엇인지도 알 수 없으며 — 플라톤의 대화편 『메논』에 나오는 메논처럼, 장자는 이것을 모순이라고 생각한다 — 내가 '어떤 것도 무언가를 알 수 없다는 것을 나는 안다'는 것에서 회의주의의 바

---

36) 272쪽을 참조하라.
37) 160-161쪽을 참조하라.
38) 151쪽을 참조하라.

닥을 발견하려 해도 그것 역시 자기모순이다.[39] 더욱이 내가 우연히 확실하다고 느끼게 된 어떤 것이 내가 의심하는 어떤 것보다 참일 개연성이 더 높다는 보장도 없다. "의심 가지 않는 것을 써서 의심 가는 것을 풀고, 그래서 그것을 의심 가지 않는 것으로 바꿔놓는 것, 이것은 의심 가지 않는 것을 너무 지나치게 존중하는 것이다."[40] 가장 위대한 사상가들도 빈번하게 마음을 바꾼다. 내가 지금 믿고 있는 것을 미래에 부인하지 않을 거라는 걸 내가 어떻게 알겠는가?[41] 장자는 또한 우리의 사고 기관 — 반복하지만 그것이 뇌가 아니라 심장이다 — 에 대해서도 회의적이다. 나이를 많이 먹으면 심장이 신체의 여타 부분들과 함께 퇴화하기 마련인데 나이를 많이 먹어서도 심장이 하는 사고들을 계속해서 신뢰할 이유가 있을까? 어떻든 간에 모든 사람이 심장을 가지고 있다. 똑똑하든 바보든 각자가 자기 자신을 최종적인 권위로 삼는다면, 그들이 어떻게 의견 일치를 볼 수 있겠는가?[42] 심장은 신체 위에 군림하기는 하는 것일까? 차라리 신체는 여러 기관이 서로 번갈아가며 군주와 신하의 역할을 하는 시스템은 아닐까? 실상 신체에는 그것의 각 부분들을 유기적으로 통합하는 '진정한 군주[眞君]'가 있다. 그러나 그것은 도道 자체, 즉 모든 사물을 관류하는 신비로운 질서이다. 심장을 사용해서 양자택일적 선택지들을 분석하는 일을 관두는 즉시 우리는 자발적으로 그 질서를 따르게 된다.[43]

또한 장자는 흔하면서도 뭐라 표현하기 힘든 어떤 느낌, 즉 전체는

---

39) 145-146쪽을 참조하라.
40) 160쪽을 참조하라.
41) 270-271쪽을 참조하라.
42) 122쪽을 참조하라.
43) 124-125쪽을 참조하라.

부분들의 합보다 크고, 분석은 항상 분석될 수 없는 무언가를 남겨놓으며, 이분법의 어느 쪽도 한쪽만으로는 완전히 참일 수 없다는 느낌을 공유하고 있다. 그는 복잡하고 생략적인 논증들을 통해서 그 느낌을 명확히 해두려고 재삼 시도한다. 그 논증들은 X에서 Y로의 변화가 일어나는 순간에 주의를 집중시킨다. 혜시의 명제들 가운데 한 명제에 따르면 탄생 또는 죽음의 순간에 한 사물은 살아 있는 동시에 죽은 것이다.[44] 궤변에는 취미가 없는 후기 묵가들조차도 소[牛]는 시작하고 끝나는 순간에는 소인 동시에 소가 아니라는 입장을 취하는 듯 보인다.[45] 그렇다면 모든 진술은 그것이 허용될 수 있는[可] 것이 되는 바로 그 순간에 허용될 수 없는[不可] 것이 된다는 결론이 나오지 않겠는가?[46] 더욱이 존재하는 사물들 전체가 시작된 그 순간은 어떨까? 논쟁이란 소에 소 아닌 것을 더하면 아무것도 남는 게 없다는 것을 가정한다. 그러나 소와 소 아닌 것이 존재하기 시작하는 순간보다 앞서는 것이 남게 된다. 만일 그것을 포함시키려고 한다면, 그것의 존재를 믿는 동시에 그것의 존재를 부인하는 모순에 걸려들 것이다.[47]

그렇다면 장자가 논쟁을 거부하는 것은 결국 이성을 완전히 묵살하는 것과 매한가지인 셈이 아닐까? 먼저, 그가 생각하는 자발적 행위란 '부주의하다'는 의미에서의 '생각 없음'이 아니다. 그 반대로 그것은 상황에 대한 면밀한 주의력을 따른다. 또한 통찰의 순간에, 관련된 모든 면이 즉각적으로 지각된다는 의미도 아니다. 예를 들어 요리

---

44) 735쪽을 참조하라.
45) A. C. Graham, *Latrer Mohinst logic, ethics and science*, 299, 341.
46) 127쪽을 참조하라.
47) 137-138쪽을 참조하라.

사 징[포정庖丁]은 소를 해체할 때 뼈와 근육이 유달리 복잡하게 얽혀 있는 부분에 이르면, 움직임을 멈추고 모든 것이 자신에게 분명해질 때까지 의식을 집중시키며, 그런 뒤에 능수능란한 손놀림으로 단박에 갈라낸다. 장자는 양자택일적 선택지들을 두고 그로부터 논증하는 변辯, 즉 '논쟁'을 거부하기는 하지만, 사물들을 적절한 관계로 배열하는 사상과 담론을 가리키는 논論, 즉 '분류하기, 유별類別하기'에 대해서는 항상 호의적으로 이야기한다. 일반적인 용법으로 이 논이라는 단어는 상대적 가치에 따라 등급을 매기는 것을 의미하는 경향이 있다. 그러나 장자에게 논이라는 것은 『장자』 제2편에 붙은 편명을 인용하자면, '사물들을 고르게 만드는 분류'이다.[48] 그것은 반응을 하기에 앞서 조건들에 대한 정합적 상을 가지기 위한, 객관적 사실들에 대한 상식적 사고를 모두 포괄할 것이다. 장자는 내가 내 상황에 대해 숙고하는 것을 금하지는 않는 것으로 보인다. 그가 금하는 것은 자발적 행동, 또는 자발적 찬성이나 반대에 따라 그 상황에 꾸밈없이 응하지 않고 나 또는 타인들이 그 상황에 대해 무엇을 해야만 하는지에 대해서 숙고하는 것이다. 성인은 우주 안의 모든 것을 '분류[論]'하기는 하지만 '평가[議]'하지는 않는다. 그는 역사 속의 위대한 인물들의 활동에 대해서 '평가'하기는 하지만 그것에 대한 논쟁[辯]에 뛰어들지는 않는다. 그리고 우주 외부에 있는 것 — 소와 소 아닌 것의 총합 뒤에도 남는 나머지 잔여물 — 에 대해서는 그대로 '두기[存]'는 하지만 분류하지는 않는다.[49]

그렇다면 현실적으로 장자는 신중하고 도덕적인 규칙을 모두 거부

---

48) 114쪽을 참조하라.
49) 141-142쪽을 참조하라.

하는 태도를 고도로 규제된 사회 속에서 살아가야 할 필요성과 어떻게 화해시킬까? 그가 생각하는 성인은 사심이 없는 동시에 도덕과도 무관하며, 이로움과 해로움, 옳고 그름을 구별하여 그 사이에서 판단하는 것을 거부한다. 하지만 목수나 낚시꾼은 계획적인 움직임보다는 자발적인 움직임 속에서 최고의 기량을 발휘한다. 이와 마찬가지로 장자가 한 개인에게 가장 이익이 될뿐더러("네 신체를 보호할 수 있고, 생명을 온전하게 지킬 수 있으며, 네 부모를 봉양할 수 있고, 네 천수를 다할 수 있다")[50] 모두에게 가장 이익이 될 것이라고("그가 베푸는 은혜는 만대에 미치지만 그건 호의가 아니라네")[51] 믿는 것은 이기적이건 이타적이건 미리 계획하는 법이 없는 행동이다. 사회적 관습들에 대해 말하자면 장자는 그것들과 충돌할 경우에 겪을 수 있는 위험들을 경계하면서도, 그것들은 단지 겉으로만 순응할 가치가 있을 뿐이라고 본다. 그러나 「사람들 사이의 세속적 업무[인간세人間世]」에서는 놀랍게도 장자가 두 종류의 관습을 거리낌 없이 받아들이고 있음을 보게 된다.[52] 그중 하나는 부모를 섬기는 일이다. 그것은 "마음에서 떨칠 수가 없는" 사랑에 뿌리를 두고 있기 때문에 운명의 일부로 받아들여야 한다. 20세기를 살아가는 우리로서는 믿기 힘들겠지만, 여기에는 사회적 관습과 잘 계발된 자발적 충동 사이의 완벽한 일치가 있다. 다른 하나는 신하가 군주를 섬기는 일이다. 신하는 그 의무를 '부득이'한 것으로, 즉 그가 처한 상황에서 바꿀 수 없는 사실로 받아들여야 하며, '새장 안에서 자유롭게 노니는' 법을 배워야 한다.[53] 신하는 군주

50) 158쪽을 참조하라.
51) 246쪽을 참조하라.
52) 185-186쪽을 참조하라.
53) 179-180쪽을 참조하라.

를 개선시키려고 할 수는 있지만, 유가저럼 군수에게 도덕적 원리들을 재잘거림으로써 그렇게 하지는 않는다. 신하는 군주가 지닌 덕德의 생장점을 확인하고 능수능란하게 그를 도道로 이끌어야만 한다. 그러나 이런 「사람들 사이의 세속적 업무」에서조차 장자는 관직의 덫에 걸린 불행한 자들, 또는 군주를 개혁시키겠다는 포부를 안고 과감하게 조정으로 들어간 무모한 이상주의자들을 외부에서 관망하고 있는 듯 보인다. 자신에 관한 한, 지각 있는 사람이라면 관직 생활과 관리의 의무들로부터 가급적 멀리 있어야 한다는 것이다.

내가 보기에 도덕철학의 이론적 관심사라고 할 수 있는 지점[54]은 장자가 사실과 가치 사이의 간극을 뛰어넘는 낯선 방식에 있다. 그가 도처에서 가정하고 있는 것은 어떻게 행동해야 할지를 알기 위해서는 객관적 상황을 응시하기만 하고 나머지는 스스로가 자발적으로 반응하도록 내버려둬야 한다는 것이다. 그러나 사람들은 하나의 상황과 관련된 모든 사실을 다 알고 있으면서도 그 상황에서 어떻게 행동해야 할지를 모를 수가 있다. 요즘은 진부한 것이 되어버린 이 사실을 장자는 간과하고 있었던 것일까? '존재is'로부터 '당위ought'로 비약하는 오류는 흄Hume 이래로 줄곧 인식되어왔던 것이다. 그렇다면 확실히 장자는 폭로되는 순간 얼마든지 거부해도 되는 감추어진 명령으로 우리를 구속하려고 하고 있는 것은 아닐까? 그것을 다음과 같이 정식화시킬 수 있을 것이다. '도道를 따르라. 구체적인 상황을 거울처럼 밝게 비추면서 그것에 자발적으로 반응할 때 그대는 도의

---

54) 나는 이 논의를 다음 논문에서 개진하였다. "Taoist spontaneity and the dichotomy of 'is' and 'ought'", in *Experimental essays on Chuang-tzu*, edited Victor H. Mair, University Press of Hawaii, 1983, 3 - 24.

방향으로 향하게 되리라.' 그러나 이런 정식화를 꾀하는 순간 장자의 수에 말려들고 있음이 여실히 드러난다. 사실상 장자가 도에 대해 이야기할 때에는 그 배후에 '구체적인 상황을 거울처럼 밝게 비추고, 그런 뒤에 자신이 자발적으로 반응하게 내버려두라'는 암묵적 명령문이 있다. '존재'로부터 '당위'를, 사실 진술로부터 명령문을 추론해낼 수는 없다. 그러나 그렇다 하더라도 '사실에 직면하라' 또는 '네 자신을 알라'와 같은 이런 종류의 명령문으로부터 상황이 객관적으로 어떤지를 모르고 반응하는 쪽보다 알고 반응하는 쪽을 택하라는 명령문을 추론해내는 데에는 아무런 문제가 없다. 그러나 그 경우 장자가 슬며시 도입했던 그 명령문은 멀쩡한 정신으로는 거부하기 힘든 그런 명령문이 될 것이다. 또한 유의해야 할 것은 장자에게는 자발성의 가치를 우리에게 입증해 보여야 할 의무가 있는 것도 아니라는 점이다. 그가 모든 선택의 원리가 갖는 신빙성을 떨어뜨리는 데 성공한다면, 그때 남는 것은 이 단 하나의 암묵적 명령문밖에 없을 것이다. 그리고 그 명령문은 오로지 자발적 반응들에만 적용될 수 있다. 사물들을 우리가 원하는 대로가 아니라 그것들이 객관적으로 존재하는 방식대로 다루어야 한다는 이 단 하나의 명령으로부터 인생철학 전체를 이끌어낼 가능성을 입증해 보이는 것, 이것이 도가의 중대 관심사이다.

물론 장자는 '존재'와 '당위'의 문제에 대해서 의식하지 않고 있다. 그는 윤리적 이론을 위해 이성적 근거를 확립할 의사가 전혀 없다. 그는 회의주의적인 비판을 수행하면서 예상치 못한 견고한 밑바닥에 닿았을 뿐이다. 그는 〈내편〉의 바로 끝 부분에 있는 격언을 통해서 자신의 암묵적인 원리를 거의 정식화하기에 이른다. "지극한 사람은 마음을 거울처럼 사용한다. 그는 사물들이 간다고 해서 배웅하지도 않고, 사물들이 온다고 해서 맞이하시도 않는다. 그는 응하기만 하고 저장하지는 않는다."[55] 거울의 메타포는 혼합주의자의 논문인 「하늘의 도」에서 최대한으로 전개되고 있다.[56] "성인이 고요한 것은 그가 '고요한 것은 좋은 것이다'라고 말하기 때문에 고요한 것이 아니다. 만물 가운데 그 무엇도 그의 마음을 어지럽힐 수 없기 때문에 고요한 것이다." 그는 '수염과 눈썹을 선명하게 보여주는' 멈춰 있는 물과 같다. 그는 '하늘과 땅의 거울'이다. 서양 사람이 이렇게 썼다면 우리는 그가 허무주의적인 결론들을 끌어낼 것이라고 예상할 것이다. 그러나 그 혼합주의자는 이상적인 행동 방식을 다음과 같이 묘사한다. "고요한 가운데 움직이게 되며, 그렇게 움직임으로써 성공을 거두게 된다." 그렇다면 장자는 성공의 가치를 당연한 것으로 받아들이고 있으며, 그 가치는 성인의 목적을 선하다고 판단할 기준들을 이미 전제하고 있다고 반박할 여지가 있는 것은 아닐까? 그렇지 않다. 성인의 목표는 유동적이고 그때그때 출현한다. 그는 자신이 하늘과 땅을 완벽하게 밝게 비출 때, 자발적으로 그 목표로 향하게 된다. 그리고 이것은 무지한 상태에서 향할 수 있는 목표보다 그 목표를 택해야 하는 충분한 이유이다.

한 가지 덧붙일 수도 있을 것이다. 도가는 양자택일적 선택지들을 제시하는 것을 거부하긴 하지만, '거울처럼 밝게 비추어라'라는 명령문은 그릇된 종류의 자발성과 올바른 종류의 자발성을 구별한다. 그릇된 자발성은 의식을 왜곡하는 정념들에 굴복하는 것이지만, 올바른 자발성은 시야가 가장 맑을 때 비개인적인 차분함 속에서 민감하

---

55) 263쪽을 참조하라.
56) 673-674쪽을 참조하라.

게 반응하는 것이다. 이것은 도가와, 서양의 낭만주의 전통에서 보이는 자발성 숭배가 갈라지는 지점이기도 하다. 피상적으로는 둘이 유사해 보이지만, 서양의 낭만주의 전통은 정념을 그 강렬도에 따라 평가할 뿐 그것이 실재를 얼마나 왜곡하는지에 대해서는 개의치 않는다.

4
 하늘과 인간

　장자가 다른 중국 사상가들과 공유하는 기본 개념들 중에는 '하늘' 과 '인간'[57]이라는 개념 쌍이 있다. 유가에게 하늘은 만물의 원인이 되는 최고 힘으로서 인간의 의지와 무관하며, 인간의 운명과 인간이 살면서 따라야 할 도덕적 원칙들까지 포함한다(운명이란 '하늘의 명령 [天命]'이다). 인간사에서 올바르게 행동하는 것은 한 명의 인간으로 서 짊어져야 할 책임이지만, 그 결과가 성공일지 실패일지, 부유함일 지 가난일지, 장수일지 요절일지는 하늘이 정하는 것이다. 인간은 그 것을 자신의 운명으로 편안하게 받아들여야 할 뿐이다. 초기 묵가는 도덕의 근거를 '하늘의 의지[天志]'에서 찾으면서도, 행·불행을 하늘 이 우리의 행위에 대해 내리는 상과 벌이라고 주장함으로써 운명이 라는 관념을 거부했다.
　기원전 350년 무렵, 한 가지 사실이 인지되기 시작했다. 인간 본성

---

57) 天과 人.

과 같은 것이 있음을 인정한다면, 하늘과 인간의 이분법이 근본적인 난점을 드러낼 것이라는 사실이다. 인간 본성이 둘 중 하나에서 유래했다고 한다면, 그것은 인간의 의지와 무관하게 하늘이 인간에게 명한 것이어야 한다. 그렇다면 인간은 자신의 본성을 따름으로써 하늘에 복종한다는 결론이 나오지 않겠는가? 이 결론은 도덕과 충돌을 일으키는 듯 보인다. 다른 학파들이 이기주의자라고 질색했던 양가 학파의 구호들 중에는 "자신의 본성을 온전하게 보존한다[全性]"는 것이 있다.[58] 이것은 중국 사상에서 처음으로 등장한 심오한 형이상학적 회의의 출발점으로서, 기원전 4세기 후반에 일어난 위대한 진보들을 자극하였다. 유가들 중에서 맹자는 인간의 본성은 도덕적으로 선하다는 학설을 통해 하늘과 인간 사이의 간극을 좁히려고 했다. 후기 묵가는 인간의 실제적 호오好惡에 근거를 둔, 고도로 합리화된 공리주의적 윤리를 전개하는 방식으로, 하늘의 권위에 호소하기를 그만두고 도덕의 새로운 토대들을 찾았다.[59]

진부하기는 하지만 스피노자를 가리키는 표현을 조금 변형하자면, 장자는 '하늘에 도취된 사람'[60]이다. 장자에게 이것은 하늘에 복종하는 문제가 아니다. 성인은 "항상 자발적인 것을 따르면서 생명 활동에 어떤 것도 덧붙이지 않는다." 그는 "하늘이 낳아준 삶을 살아간다."[61] 언뜻 보면 장자가 우리에게 바라는 것은 양가처럼 인간 본성

---

58) 575쪽을 참조하라.
59) A. C. Graham, *Later Mohist logic, ethics and science*, 44-52.
60) [역] 18세기 독일의 시인이자 철학자인 노발리스Novalis는 스피노자를 두고 '신에 도취된 자Gott-trunkener Mensch'라고 불렀다. 토머스 칼라일Thomas Carlyle이 노발리스에 대해 쓴 논문에서 인용한 말이다.
61) 221, 223쪽을 참조하라.

이 갖는 자발적 성향들을 십분 발휘하는 것이라고 생각될 수도 있다. 그러나 앞 장에서 언급했듯이 '거울처럼 밝게 비추어라'라는 도가의 암묵적 명령문은 인간적 자발성 내부에 하나의 균열을 일으키고 있다. 그것은 의식을 흐리는 정념들은 거부하면서도, 비개인적 차분함 속에서 깨어나는 충동들은 찬양하기 때문이다. 그런 차분함은 거울처럼 상황을 지극히 맑게 비춘다. '본성'[62]이라는 용어는 『장자』의 다른 부분에서는 흔하게 볼 수 있는데도 〈내편〉에는 한 차례도 등장하지 않는다. 장자는 인간이 태어나면서부터 갖는 본성에 관심이 있었던 게 아니라, 집중적 훈련을 통해 발전시킬 덕에 관심이 있었다. 우리는 매번의 촉발이 "하늘로부터 온 충동[天機]"임을 보장하는 저 거울같이 사심 없는 객관성을 태어날 때부터 소유하고 있지는 않다. 〈외편〉의 한 저자가 본성에 대해 이야기한 것을 인용하자면 "우리는 본성의 훈련을 통해서 덕을 회복한다."[63]

생각하고, 또 생각한 것을 말로 표현할 때, 우리는 인간으로서 행위하고 있는 것이다. 반면 언어로 충분히 표현할 수 없거나 이성적 근거로 정당화할 수 없는 방식으로 주위에 귀 기울이고 반응할 때, 우리의 행위는 신체의 탄생, 성장, 노쇠, 죽음과 더불어 하늘이 일으킨 자발적 작용에 속하게 된다. 이때 우리는 하늘이 우리에게 운명으로 정해놓은 것, 그것을 어떻게 행하는지도 모른 채 행한다. 역설적이게도 운명이 정한 대로 행동하는 것은 "무엇보다도 어려운 일"[64]이다. 우리의 이기심은 항상 더 나은 방법을 생각해내도록 우리를 유혹

---

62) 性.
63) 419쪽을 참조하라.
64) 188쪽을 참조하라.

하기 때문이다. 혜시와의 한 대화에서 장자는 성인은 '인간의 형체를 가지고 있기는 하지만, 자신을 본질적으로 인간으로 만드는 요소는 가지고 있지 않다'고 선언하며, "'본질적으로 인간으로 만드는 요소'가 의미하는 바는 '그것이다'와 '아니다'를 판단하는 것"이라고 설명한다.[65] 다른 대화에서 공자의 제자인 안회顔回는 자기는 자신의 행위의 주체였던 적이 없으며, 자기가 행위의 주체가 될 때는 "회回는 애초에 존재한 적도 없었"음을 깨닫게 된다.[66]

그렇다면 인간으로서의 나는 해체되고 하늘이 나를 통해 행동하도록 내버려둘 때에만 나는 가장 훌륭하게 행동하고 있는 것이라고 말해야 할까? 여기서 우리는 장자의 사유에서 반복해서 나타나는 한 가지 긴장을 발견하게 된다. 장자가 실제로 기대하는 것은 몽유병 환자처럼 하늘이 이끄는 대로 움직이면서 상시적인 무아지경 속에서 살아가는 것이 아니다. 그는 인간이 어떤 때는 "하늘의 무리에 속해야" 하고, 어떤 때는 "인간의 무리에 속해야" 함을 인정하며, "자신 안에서 하늘과 인간이 서로를 이기는 법이 없는 사람, 이것이 바로 참사람[眞人]의 의미이다"라고 선언한다.[67] 이런 절충안은 「근원적 조상인 스승[대종사大宗師]」의 첫머리에 가장 분명하게 정식화되어 있다. "하늘이 하는 일이 무엇인지를 아는 자는 하늘이 낳아준 삶을 살아간다. 인간이 하는 일이 무엇인지를 아는 자는 자신의 지력으로 아는 것을 이용해 자신의 지력으로 알지 못하는 것을 기른다."[68] 인간은 자신이 어떻게 태어나고 생겨나고 죽는지, 자신이 어떻게 자연적

---

65) 220쪽을 참조하라.
66) 179쪽 이하를 참조하라.
67) 228쪽을 참조하라.
68) 223-224쪽을 참조하라.

4. 하늘과 인간 47

인 확신에 차서 행동하는지 모른다. 그것은 하늘이 인간을 통해 작용한 결과이다. 그러나 인간은 음식으로 자신의 신체의 자율적 작용을 기르고, 훈련으로(그리고 장자의 고유한 철학함으로) 자신의 자발적 성향을 기르는 방법을 알고 있다.

그러나 이렇게 정식화한 뒤에 곧바로 장자는 '하늘'과 '인간'의 이분법에 빠져서는 안 된다는 점을 인정한다. 양자택일적 선택지들은 모두 거짓된 선택지라는 것은 그가 가장 확신하는 점이다. 그는 계속해서 다음과 같이 묻는다. "내가 '하늘'이라고 부르는 행위자가 인간이 아님을 내 어찌 알겠는가? 내가 '인간'이라고 부르는 행위자가 하늘이 아님을 내 어찌 알겠는가?"[69] 언제나처럼 장자는 심오한 물음을 던지기만 할 뿐 더 이상의 논의를 진척시키지는 않는다. 그러나 우리는 위험을 무릅쓰고 그를 대신해 논의를 진척시켜볼 수 있을 것이다. 저 너머로부터 오는 힘들에 의해 추동되는 듯 보이는 자발성으로의 내맡김이 있다고 할지라도, 목수나 헤엄치는 사람은 비이성적인 기술을 완전히 장악하고 있지 않은가? 행위의 동인이 하늘이냐 인간이냐 하는 것은 정도의 문제인 것으로 보인다. 특별히 인간적인 활동들, 즉 양자택일적 선택지들을 분석하고 규칙들을 따르는 활동들도 사정은 마찬가지이다. 어떤 의미에서는 인간이 타고난 이성의 재능을 발휘하는 것이 자연스럽고 그 재능을 거부하는 것은 도리어 하늘에 배은망덕한 것이 아닐까? 다른 곳에서도 이분법은 공공연하게 거부된다. "성인에게는 하늘도 존재한 적이 없고 인간도 존재한 적이 없다."[70] 그러나 이 이분법이 완전히 해소되는 것은 결코 아니다.

69) 224쪽을 참조하라.
70) 298쪽을 참조하라.

이 논의에는 놀라운 비틀림이 있다. 한 단편에서는 실제로 다음과 같이 선언한다. 하늘은 동물에게 있어서만 동인이 될 뿐, 완전한 사람은 "하늘을 싫어한다."[71]

양자택일적 선택지들에 따라 사고하고 규칙에 따라 살아가는 습관을 버릴 수 없는 사람들이 있다는 것, 장자는 이 점을 충분히 이해하고 있다. 그는 이런 습관들을 하늘이 내린 족쇄나 불구로 본다. 그렇지만 하늘은 무엇에 대해 벌을 주고 있는 것일까? 하늘은 인간의 정의正義와는 다른 종류의 정의를 가지고 있으며, 우리가 의도적으로 행한 일에 대해 보복을 하는 것이 아니라 우리의 있는 그대로의 모습에 대해 보복을 하고 있는 것처럼 보인다. "조물자造物者가 한 인간에게 보답할 때에는 그 인간에게 보답하는 것이 아니라, 하늘로부터 들어와 그 인간 안에 깃들어 있는 것에 보답한다."[72] 장자가 하늘에 의해 불구가 된 군자의 전형적 사례로 든 사람은 다름 아닌 공자이다. 중국의 가장 위대한 스승에 대해 장자가 보여준 태도는 놀랄 만한 것이며, 『장자』라는 책 전체를 하나의 단일 저작으로 볼 경우에는 오해가 일어나기 쉬운 부분이기도 하다. 양가가 저술한 「도둑 척[도척盜跖]」과 「늙은 어부[어부漁父]」에서는 공자를 신랄하게 조롱하며, 〈외편〉에 있는 일군의 이야기들에서는 늙은 담[노담老聃]이 공자를 가르치면서 애써 생색내는 듯한 태도를 취하고 있다. 이런 태도들은 장자에게는 전혀 어울리지 않는 것이다. 장자는 자신이 등장시킨 인물들 가운데 그 누구도 공자의 면전에서 무례를 범하는 것을 용납치 않는다. 장자의 지적 풍경 속에 서 있는 거장들 사이에서 공자는 위대한

---

71) 283쪽을 참조하라.
72) 289-290쪽을 참조하라

도덕주의사로, 혜시는 위대한 이성주의자로 우뚝 서 있으며, 상자는 두 사람에 대해 존경심을 가지고 있다. 물론 장자는 그들에게서 우스운 면을 보기도 하지만, 그건 장자가 자신의 임종의 순간에도 죽음에 대해 농담을 할 수 있는 그런 사람이기 때문이다.[73]

이상하게도 〈내편〉과 『장자』의 여타 부분에서 혜시는 논리학자처럼 말하고 실제로도 논리학자인 반면, 공자는 품행에 있어서만 도덕주의자일 뿐 사상에 있어서는 장자와 같다. 그러나 공자는 그 사상을 추상적으로만 이해하고, 자신은 관습에 따라 살 수밖에 없는 운명임을 담담하게 받아들인다. 그가 한 제자에게 말했듯이 자신은 "하늘로부터 형을 받은 사람"이다.[74] 그리고 발이 잘린 한 제자는 자기가 인간적 정의正義에 따라 불구가 된 것처럼 공자는 하늘에 의해 불구가 되었다고 생각한다.[75] 서양의 독자들에게 공자는 비극적인 인물로 보일지도 모른다. 그러나 그런 비극적 감각은 운명과 인간적 희망 사이에서 생겨나는 갈등이 해소될 수 없음을 가정한다. 반면 도가는 부득이한 일에 대해서 그렇지 않을 수 있기를 바라는 것조차 일종의 나약함이라고 본다. 공자는 자신을 있는 그대로 받아들일 수 있는 품위를 가진 인물로 그려진다. 그러나 장자가 왜 하필 공자를 이론상으로나마 자신의 철학에 공감하는 인물로 내세우기로 했는지는 풀기 어려운 문제이다. 사상가들이 서로 경쟁 관계에 있는 학파에 소속되어 있으면서도 자신들의 견해를 동일한 전설적인 옛 성인들의 말인 양 표현하는 것은 매우 흔한 일이었다. 그러나 공자를 통해 이렇게 한다

---

73) 331쪽을 참조하라.
74) 241쪽을 참조하라.
75) 208쪽을 참조하라.

는 것은 전혀 다른 문제이다. 공자는 역사적으로 완전히 실존했던 인물이고, 비교적 근래에 장자와 경쟁 관계에 있는 학파를 창설한 자이며, 그의 학설은 공공연하게 알려져 있기 때문이다. 후대의 도가들이 공자에 대해 새로운 이야기들을 쓴 경우를 제외하면, 어느 누구도 이렇게 하지 않았다. 여기서 심리학적인 추측은 적절치 않겠지만, 공자는 마치 상상하기를 좋아하는 반항적인 아들에게 결국에는 축복을 내리는 아버지상에 가깝다.

장자는 하늘을 저 높은 창공에서 명령을 내리는 상제로 생각하기보다는 비인격적인 힘으로 생각한다. 그 점에서 그는 유가와 도가의 일반적인 경향을 공유하고 있다. 그러나 그의 태도는 신성한 경외감을 강력한 요소로 가지고 있다. 즉 장자에게는 불가해한 힘 앞에서 느끼는 인간의 왜소함에 대한 감각이 있으며, 그는 그 힘을 조물자로 의인화하기를 좋아한다.[76] 그리고 그것과 연관지어 인간을 대장장이가 주조하는 쇠붙이에 빗댄다.[77] 조물자라는 개념과 쇠붙이의 메타포는 서양인들에게는 그다지 주목받지 못했다. 서양의 기독교적 배경에서는 익숙한 것들이기 때문이다. 그러나 중국의 종교나 철학에는 창조자 Creator가 전혀 없다(장인匠人보다는 아버지의 유비에 따라서 하늘은 끊임없이 사물들을 '낳을' 뿐이지 사물들을 무無로부터 창조해내는 것은 아니다). 그리고 장자 자신도 그 조물자를 끝없는 변화 과정 속에서 주조하고 재주조하는 작용으로 생각하고 있다. 이후에 중국 문헌에서 등장하는 '조물자'는 『장자』로부터 차용해온 기발한 시적 발상이며, 『장자』 내에서도 오로지 장자 자신의 독창적 개념에 속한다. 장

---

76) 235-238, 246, 254, 289-290쪽을 참조하라.
77) 238쪽 이하를 참조하라.

자는 또한 제帝라는 단어도 사용한다.[78] 본서에서는 이 단어를 '하느님God'으로 번역하였는데, 제는 주왕조 문화에서 유래했다기보다는 그보다 더 오래된 상商왕조 문화에서 유래한 최고의 통치자이며, 이후에 하늘이라는 개념에 그 자리를 내주었다. 장자가 어떤 의미에서든 인격신을 믿지 않았음은 분명하다. 그러나 그는 하늘과 도를 인격적인 것과 비인격적인 것의 구분(그에게 이 구분은 다른 이분법들만큼이나 비실재적이었을 것이다)을 초월해 있는 것으로 여기며, 우리보다 더 현명한 불가해한 힘 앞에서 마치 한 인간을 대하듯 경외감을 갖는 것은 적절한 태도라고 생각한다. 그 힘은 전 우주에 걸쳐 있으며, 우리의 마음속 깊은 곳에도 깃들어 있다. 장자는 그 힘을 '신묘하다daemonic'[79]고 부른다. 그가 가장 고귀한 종류의 인간에게 붙인 명칭 중

---

78) 168, 231쪽을 참조하라.
79) 神. 일차적으로는 동사로서 '신묘함을 지니다(be) daemonic'라는 의미로 쓰이며, 명사화되어 '신묘한 힘the daemonic', '신묘한 자daemon'라는 의미로도 쓰인다. 루돌프 오토Rudolph Otto는 『성스러움의 의미The idea of the Holy』(translated by John W. Harvey, Oxford, 1925)에서 인간보다 더 고귀하고 인간과 다른 어떤 힘과 지적 존재를 드러내기 위해 '초자연적인numinous'이라는 단어를 만들어냈다. 이것은 이성적인 것, 인격적인 것, 도덕적인 것의 범주에는 결코 들어맞지 않으며, 인간 안으로 들어와 인간을 인간 이상으로 고양시킬 수도 있다. 현대적 어휘에서 '신God', '성스러운holy', '신성한sacred', '영광glory'이라는 단어들의 도덕적이고 합리적인 용법은 그것의 의미를 침식시켜왔고, 그것은 유령 이야기들의 '으스스하고uncanny', '섬뜩하며eeire', '홀린 듯한haunted'이라는 의미로 비하된다. '초자연적인'은 울림을 주지 않는 신조어이기 때문에 문학적 번역에서는 거의 사용되지 않는다. 그러나 오토 자신은 괴테가 다음 구절들에서 '신묘한daemonic'이라는 단어를 사용한 것에 주목한다. "신묘한 것은 오성이나 이성으로는 설명될 수 없는 것이다. … 시詩에는 처음부터 끝까지 신묘한 무언가가 있다. 특히 무의식적으로 호소한다는 점에서 그러하다. 지성과 이성으로는 그것을 충분히 이해할 수 없으며, 따라서 그것은 모든 개념을 넘어서는 효과를 갖는다." "… 그리고 일반적으로 그것은 눈에 보이기도 하고 안 보이기도 하는 매우 다양한 방식으로 자연의 도처에서 현현한다. 동물의 왕국에도 온통 신묘한 부류의 생물들이 많다. …"

의 하나가 바로 '신묘한 사람[神人]'이다. 장자는 인간이란 외부로부터 신묘한 힘이 스며들 때 자기 자신을 넘어 향상되는 존재라고 생각한다. 이것은 마음에 덧붙여진 과거의 지식들이 모두 깨끗이 떨어져 나갈 때 가능하다.[80]

모든 이분법을 거부하는 도가적 입장은 차치하더라도, 중국적 우주론 내에서 인격적인 것과 비인격적인 것의 구분은 절대적이지 않고 상대적이다. 서양인은 하늘이라는 개념을 붙들고 씨름하면서 그것을 높은 창공에 살고 있는 인격적 존재이거나 은유적으로 창공에서 이름을 따온 비인격적이고 물리적인 자연, 이 둘 중의 하나라고 전제할 가능성이 크다. 그러나 인간의 힘이 미치지 못하는 만사를 결정하는 하늘은 창공 그 자체일 뿐이다. 앞서 기氣, 즉 '기운energy'이라는 개념에 대해 언급했었다.[81] 이 개념은 서양의 우주론에서 '질료matter'가 차지하는 위상과 똑같은 위상을 갖는데, 고대 중국인들과 서양인들의 관점 차이를 보여주는 개념들 가운데서도 단연 으뜸인 개념이다. 고대 중국인들에게 우주는 활성이 없는 질료로 구성되어 있는 것이 아니다. 우주는 활동적 유동체인 기가 가득 모여 있는 곳이

"이 신묘함이라는 특성이 가장 무시무시한 형태로 출현하는 것은 그것이 어떤 인간에게서 압도적으로 돋보일 때이다. 그런 인간들이 항상 가장 주목할 만한 인간들인 것은 아니다. … 그러나 믿을 수 없는 힘들이 그들로부터 튀어나오고, 그들은 모든 생물, 아니 모든 구성 성분에 믿을 수 없는 힘을 행사한다."(Otto, op. cit., 155-157에서 인용) 내가 보기에 '신묘한daemonic'이 신神에 가장 근접한 현대어이다. 그러나 나는 이 번역어를 사용하되, 한 가지 주의 사항을 덧붙이고자 한다. '신묘한'의 불안하고 고통에 찬 듯한 특성은 신에는 어울리지 않는다는 것이다. 더욱이 이 번역어는 '귀신 들린demoniac'이라는 단어와 혼동되는 경향이 있는데, 이때 떠오르는 유해한 연상들이 신에 맞지 않다는 점은 말할 것도 없다.

80) 182, 281쪽을 참조하라.
81) 26쪽을 참조하라.

머, 기의 끝없는 순환 속에서 사물들은 기로부터 응축되었다가 기로 해체된다. 가장 순수하고 투명하고 활발한 상태의 기는 살아 있는 인간의 숨결이자 생기를 불어넣는 '정기'[82]이며, 생리학적 용어로는 정액이다. 물론 우주 속에서 기는 우리가 호흡하는 공기처럼 위로 올라가는가 하면, 그것보다도 더 무겁고 활력 없는 기는 (인간에게서 신체로 응집하듯이) 땅처럼 아래로 가라앉는다. 이런 우주론 속에서 우주는 자유롭게 움직이는 비실체적인 하늘의 공기에 의해 작동하게 될 것이다. 그리고 어떤 사상가가 하늘을 어느 정도로 인격화하는지는 그가 인간과 우주의 유비적 관계를 어디까지 밀고 나가는지에 달려 있을 것이다.

어떻게 하는지를 모르는 채 일을 해내고, 왜 그런지를 모른 채 순간순간 살아가며, 하늘과 자신에게 깃든 신묘한 힘[神]을 믿는 것, 이런 경험은 도가적 태도를 결정짓는다. 그것은 불가해한 것으로의 내맡김이며, 그 내맡김은 마법적 힘을 갖게 될 것이라는 확신으로 쉽게 연결될 수 있다. 장자는 불과 물 속을 걸어서 통과하는 것, 또는 바람을 타고 다니는 것에 대해 여러 차례 언급한다.[83] 과연 그는 우리가 자기 말을 얼마만큼 곧이곧대로 받아들이기를 바라는 것일까? 지시하는 바가 막연하긴 하지만, 문맥상 우리는 그것들을 은유적인 것으로 쉽게 받아들일 수 있다. 주목할 만한 점은 『장자』 33편을 통틀어 특이한 힘을 구사하거나 그런 힘을 좇는 사람을 감탄할 만한 인물로 그려놓은 이야기를 결코 찾을 수 없다는 사실이다. 예외가 있다면 열자列子인데, 그 경우조차도 그런 힘은 오히려 결함으로서 조롱거리

---

82) 精.
83) 103, 108, 146, 224쪽을 참조하라.

가 될 뿐이다.[84] 『장자』의 다양한 내러티브 가운데 기적의 이야기는 단 한 사례도 없지만, 요리사 정[포정庖丁]의 뛰어난 칼 솜씨에 대한 이야기는 신묘한 힘의 작용을 그 어떤 기적의 이야기만큼이나 생생하게 보여준다.

---

84) 103쪽을 참조하라.

5
일체화의 전망

    성인이라고 해도 한 명의 인간으로서 사고하는 한, 자기와 타인을 분별하고 사물과 사물을 분별한다. 그러나 성인은 자신을 하늘에 내맡길 때에는 모든 것을 하나로 대한다. 모든 언어는 이름으로 사물들을 구분하면서 분별을 가하고, 사람들은 그런 사물들에 대해 '그것이다[是]', '아니다[非]'를 말한다. 이 때문에 수레바퀴 만드는 목수가 환공에게 이야기하듯이, 성인은 자신이 경험한 것의 총체를 표현해줄 말을 찾을 수가 없다. 그러나 혜시가 열 개의 역설 중 마지막 명제에서 말했던 것처럼, 성인도 최소한 '모든 것은 하나이다'라고 말할 수는 있지 않을까? 장자는 「사물들을 고르게 만드는 분류」에서 이 가능성에 대해 검토한다.[85] 그러나 그는 하나인 것에 '그것은 하나이다'라는 명제를 덧붙이면 결과적으로 둘이 된다는 점에 근거해서 이 명제를 거부한다(플라톤이 『소피스트』 244d에서 하나와 그것의 명칭에 대

---

85) 140쪽을 참조하라.

해 논한 것⁸⁶⁾과 유사한 지점이다). 실제로 장자는 사물들을 하나로 대하는 성인에 대해서만 언급할 뿐, 자신이 직접 사물들이 진정으로 하나로 존재한다고 언급한 적은 없다.[87] 기교에 관한 이야기들은 논리적인 주장을 전개하고 있지는 않지만, 그 속에 나오는 구체적 사례들로부터 '모든 것은 하나이다'라는 명제가 부적절한 문구라는 점이 분명해진다. 목수는 양자택일적인 선택지들을 내세우지는 않는다 하더라도, 언어로 정의할 수 있는 것보다 더 미세한 분별을 가한다. "가장 큰 분별은 말로 표현되지 않는다"라는 장자의 말이 의미하는 것도 이것이다.[88] 목수가 끌로 파고 있는 나무와 그의 손과 그의 눈이 일체가 되는 것은 오히려 서양 미학에서 말하는 '다양성 속의 통일성'에 가깝다.

성인이 분별을 멈추는 과정은 사물들과 융합되는 과정이 아니라 사물들로부터 분리되는 과정으로 간주된다. 일견 모순인 듯 보이는 이 발상은 '다양성 속의 통일성'이라는 관점에서 사유할 때 잘 설명될 수 있다. 평범한 사람들은 상황 속에 말려들고 소유물이 주는 부담에 짓눌리게 된다. 그러나 성인은 〈외편〉에 내걸린 한 구호를 인용하자면[89] '사물들을 사물들로 대하면서도, 자신은 사물들에 의해 일개 사물로 변하지 않는다.' 성인은 내면으로 물러나 자신의 신체마저도 외적인 것으로 지각하는 관점으로 향하게 된다. 한 달인은 먼

---

86) [역] "이름을 사물과 다른 것으로 놓는다면 그는 아마 어떤 둘에 관해 말하는 겁니다."(플라톤, 『소피스트』, 이창우 옮김, 이제이북스, 2011, 94)
87) 108, 132, 203쪽을 참조하라. '장자 학파'의 저술에 실려 있는 한 에피소드에서 황제黃帝는 "만물은 하나이다"라고 말한다. 그러나 그렇게 말하고 나서는 자신이 도道를 말로 설명함으로써 그것에 대한 무지를 드러냈다고 자인한다(426-427쪽).
88) 142쪽을 참조하라.
89) 이 문구 역시 어떤 시기에는 〈내편〉에 있었다는 증거가 있다(490쪽).

지 세계를 외적인 것으로 보고, 그다음으로는 생명을 지탱시키는 사물들을, 끝으로는 생명 자체를 외적인 것으로 보게 되었다고 묘사된다.[90] 또 어떤 이들은 '자신의 살과 뼈를 자기 외부에 있는 것처럼 대하고', '살과 뼈 그 내부를 여행한다'고 되어 있다.[91] 그러한 물러남은 내적 체험의 세계를 탐험하기 위한 것이 아니다. 세계에 대한 장자의 태도는 강경할 정도로 외향적이다. 성인은 자기 안으로 한 걸음 물러날 때에도 시선을 여전히 외부로 둔다. 그는 "눈을 사용해서 눈을 바라보고", "눈과 귀를 자기가 지각하는 상으로 삼"으며, "궁극적 눈[大目]"에서 자신이 설 곳을 찾는다.[92]

여기에 정신/육체의 이분법을 적용하여, 성인은 순수한 영혼의 영역으로 물러나 그곳에서 질료의 세계를 내다본다고 생각한다면 오산이다. 성인은 자신을 다자多者의 세계로부터 분리시키면서, 그것들의 성장의 근원이 되는 '뿌리'나 '줄기', '씨앗'으로, 그것들의 유래가 되는 '조상'으로, 그것들이 나오는 '문'으로, 그것들의 회전운동의 중심이 되는 '축'으로 되돌아가고 있다. 그러한 것들은 모든 것의 출발점이 되는 공통 지점으로서, 바로 거기서 다자는 서로 융합하고 또 자기 자신과 융합하여 하나의 단일한 전체를 이룬다(장자가 '뿌리' 메타포를 서로 다른 가지들도 거슬러 올라가면 결국 동일한 한 그루의 나무라는 식으로 전개한 것은 아니다). 이 근원적 토대를 개념화하는 데 있어서 중국 사상과 서양 사상 사이에는 눈에 띄는 차이가 있다. 서양철학이 추구하는 목표는 현상들 너머에 있는 실재였으며, 여기에는 우리가 일단

---

90) 233쪽을 참조하라.
91) 206, 240쪽을 참조하라.
92) 228, 203, 159쪽을 참조하라.

우주의 진리를 알게 되면 우주 속에서 우리가 어떻게 살아야 할지도 알게 될 것이라는 전제가 깔려 있다(이런 전제는 '존재'로부터 '당위'를 추론하는 것이 가능한지에 대한 의문들이 생겨나기 전까지는 유효했다). 이 때문에 서양의 신비주의적 전통은 사물들의 근거를 순수 존재Being나 궁극적 실재Reality와 동일시하며, 그것이 제시하는 전망 역시 개인적 구원이다. 그러나 중국철학의 목표는 도道이다. 우리는 도에 의해 살고 도에 의해 죽는다. 우리가 몸담고 있는 세계에 대한 일상적 시각이 지닌 환상을 폭로하는 것은 도의 달성에 부수적으로 수반될 수도 있고 그렇지 않을 수도 있다. 도가 사상에서 중요한 것은 (메타포들 가운데 가장 적절한 것을 고르자면) '문'으로 물러난 사람 앞에는 분명한 길이 하나 놓여 있다는 것, 그리고 그의 모든 행동은 아무것도 함이 없는 것[93)]이 된다는 점이다. 아무것도 함이 없음은 도와 정확히 함께하는 자발적인 움직임이다. 그는 또한 하늘과 땅을 거울처럼 밝게 비출 수도 있게 된다. 설사 그것이 [서양철학에서 말하듯] 실재를 밝게 드러내는 것이라고 해도, 구체적인 세계의 실재를 밝히는 것이다.

분별되지 않는 것에는 이름을 붙일 수 없다. 이름이란 모두 구별하

---

93) 無爲/无爲, 즉 '아무것도 함이 없음Doing Nothing(역설적인 표현으로, 어떤 번역가들은 '비-행위Non-action' 같은 번역어로 완화시킨다)'은 『노자』에서는 기본 개념이지만, 『장자』에서는 전체를 통틀어 그다지 두드러지지 않는 개념이다. 무위란 의도적인 행위로 자발적 흐름들에 강제를 행사하려고 하는 태도를 억제하는 것이다. 그것은 대부분의 일들을 그냥 내버려두는 것 — 군주가 통치는 신하들에게 맡기고 자신은 최소한의 노력으로 최대한의 결과를 달성할 수 있는 전략적 지점에만 관여를 하거나, 은둔자가 사적인 삶으로 물러나거나 하는 것 — 을 함의한다. 무위는 또한 누군가가 움직일 때 그 움직임이 (고정된 목표를 두고 이성적 판단 끝에 나온 기획을 실행하는 것으로서의) '함'이 아니라, 하늘과 땅의 비의도적 과정들만큼이나 자연스럽게 변화하는 상황에 응하면서 유동적 목표를 향해 나아가는 것임을 함의한다.

는 기능을 하기 때문이다. 분별되지 않는 것을 '도道'라고 부르는 것도 그것을 그 용어가 우리에게 보여주는 통로 정도로 축소시킨다. 그러나 통로도 우리가 그것 속에서 찾고 있는 것이기 때문에 '도'는 그것을 칭하는 가장 적절한 방편이다. 〈외편〉에 따르면 '도'라는 용어는 "그것 위를 걸어가기 위해 차용한" 것이다.[94] 『노자』에서는 때때로 그것을 '무명無名'이라고 부르며, "나는 그것의 이름을 모른다. 나는 그것의 자字를 '도'라고 한다"라고 말하기도 한다.[95] 존재와 실재에 대해 말하자면, 고전 중국어에서 존재와 관련된 동사는 '있다'를 의미하는 유有와 '없다'를 의미하는 무無이다. 이 동사들은 '있는 것/어떤 것'과 '없는 것/아무것도 아닌 것'을 의미하는 명사로도 쓰일 수 있다. 어떤 것이 실재인지 가상인지를 언명하는 데 사용되는 단어들은 '실한/가득한'을 의미하는 실實과 '허허로운/텅 빈'을 의미하는 허虛이다. 분별된 사물들만이 '어떤 것[有]' 또는 '실한 것[實]'으로 불릴 수 있다. 도道로 말하자면 대략 '아무것도 아닌 것[無]' 또는 '허허로운 것[虛]'으로 묘사될 수 있지만, 궁극에는 다른 모든 이분법과 더불어 이런 규정들도 초월한다. 사물들이 구분되기 이전의 전체는 '어떤 것도 없는[無有]' 것인 동시에 '아무것도 아닌 것도 없는 것[无无]'이 될 것이기 때문이다.[96] 우리가 중국의 개념들을 서양의 개념들과 잘 조화시킨다면, 물리적 세계가 도보다도 더 많은 존재와 실재성을 가질 것 같긴 하다. 그러나 물리적 세계를 거울처럼 밝게 비추는 것은 도를 파악함으로써만 가능하며, 복합적인 세계에 대해 우리가 갖

---

94) 410쪽을 참조하라.
95) Lao Tzu[孟子], *Tao te ching*[『道德經』], translated D. C. Lau, Penguin Classics, 1963, ch. 1, 32, 37, 41 and 25.
96) 421쪽을 참조하라.

는 가상적인 그림은 꿈에 비견된다. 성인은 그 꿈에서 깨어난 자이다.[97] 그러나 장자가 꿈에 나비가 되었다는 그 유명한 이야기[98]의 논점은 다른 데 있는 것으로 보인다. 깨어나는 것과 꿈꾸는 것의 구분은 또 다른 그릇된 이분법이라는 것이다. 내가 그것들을 구별하려 해도, 내가 지금 꿈을 꾸고 있는지, 아니면 깨어 있는지를 내가 어떻게 말할 수 있겠는가?

---

[97] 244쪽을 참조하라.
[98] 154-155쪽을 참조하라.

6
죽음과 불구

장자는 이따금씩 다자多者로부터 물러나 일자一者로 향하는 것을 우리의 신체가 포함된 변화와 다수성의 세계 전체로부터 떨어져 나와 삶과 죽음이 미치지 못하는 고독 속으로 들어가는 것처럼 묘사하곤 한다. 그러나 또 어떤 때에는 그것을 오히려 개체적 신체가 갖는 한계들을 돌파하여 매번 세대를 갱신하면서 태어나고 죽어가는 것으로 보기도 한다. 어떤 것이 장자의 진짜 입장인지를 묻는 것은 무의미한 일이 될 것이다. 그것을 말로 표현하려고 하면 또 다른 이분법에 말려들기 때문이다. 그런 이분법은 양자택일적 선택지들 사이를 자유롭게 오고 감으로써만 극복할 수 있다. 자아로부터의 해방은 무엇보다도 죽음에 대한 승리로 보인다. 장자의 입장은 사람이 죽은 뒤에도 개인적 의식은 계속 살아남는다는 것이 아니라, 도道를 터득하면 죽음에 대한 관점이 바뀐다는 것이다. 즉 '나는 더 이상 존재하지 않을 것이다'라는 관점에서 '나는 자아로부터 벗어나 본래 모습 그대로, 즉 의식이 있건 없건 우주에 존재하는 모든 것과 하나가 된 상태로 존속하게 될 것이다'라는 관점으로 바뀐다는 것이다. 장자는 자신의 죽음을 앞두고 고양된 기분을 느끼면서, 자신의 개체성의 종말을 소멸이 일어나는 동시에 의식을 넘어선 일종의 열림이 일어나는 하나의 사건으로서 예견하는 듯하다. 근본적으로 나는 곧 모든 것이고 시작도 끝도 없으므로 자아의 소멸은 문제가 되지 않는다고 느끼는 것, 이것은 (무화되는 것을 수용하는 태도, 그리고 개체적 존속을 믿는 태도와 더불어) 죽음의 문제에 대한 세 가지 고전적 해결책 중 하나이다. 중국의 문헌 어디에도, 그리고 내가 아는 세상 문헌 어디에도 장자만큼 그것을 깊이 체험하고 감동적으로 표현한 사상가는 없다.

장자는 죽음에 대해 쓸 때면 황홀경에 빠진 듯한 열광적 어조를 띤다. 그 어조만큼 장자의 비범한 감수성을 잘 보여주는 것도 없을 것이다. 이것은 삶에 대한 혐오를 반영하는 것이 아니다. 대부분의 중국 사상가들처럼, 장자 역시 낙관주의자도 아니고 염세주의자도 아니다. 그는 기쁨과 슬픔을 낮과 밤, 탄생과 죽음처럼 번갈아가며 일어나는 불가분의 사태로 생각한다. 죽음은 아름다운 추상적 개념으로 다룰 사안도 아니다. 「근원적 조상인 스승」에서 우리는 다음과 같은 등장인물들을 만나게 된다. 한 남자는 죽어가면서도 무거운 다리를 끌고 우물로 가서 자신의 일그러진 몸을 비춰보고는 앞으로 자신이 무엇으로 변해갈지를 궁금해한다. 또 한 성인은 죽어가는 친구를 찾아가 그의 곁에서 울고 있는 가족들을 '휘이' 하고 쫓아낸 뒤 문설주에 기대어 그 친구에게 태연히 말을 건넨다. 또 다른 성인들은 주검 옆에서 현을 타는 등 이상한 일들을 해서 공자의 제자를 질겁하게 만든다. 『장자』의 후반부에 나오는 장자에 관한 일화들을 보면, 그는 해골을 베개 삼아 베고 잠이 들기도 하고, 아내가 죽었을 때에는 항아리를 두드리는 모습(가장 저속한 종류의 음악 연주)을 보이기도 하며, 자신의 임종을 앞두고는 제자들이 그의 시신을 들판에 내버려 새들에게 쪼아 먹히게 하느니 고이 매장해서 벌레들에게 갉아 먹히게 하는 게 낫다고 생각하는 것을 비웃기도 한다. 죽음을 이렇게 물리적으로 대면하고, 중국인들이 무엇보다도 신성시하는 상례喪禮를 조롱하는 것은 〈내편〉 및 장자 관련 일화들의 특징이기는 하지만, 다른 도가 문헌, 심지어 『장자』의 여타 부분에서도 아주 드물게 나타나는 태도이다. 거기에는 유럽의 중세 후기 예술이 퇴폐성을 강조하면서 보여주는 음울함 같은 것도 전혀 없다. 유럽의 중세 후기 예술은 우리의 영혼을 이롭게 하기 위해 사멸성에 대한 공포를 일깨운다. 그러나 장자에게는 오히려 우리가 물리적으로 분해된다는 사실을 공포 없이 똑바로 직시하는 것, 그리고 우리의 해체를 우주적 변화 과정의 일부로서 받아들이는 것, 이것이 우리가 최종적으로 통과해야 할 관문이었던 것으로 보인다. "만물의 시원을 굳게 지키고 있다고 판단할 기준은 두려움이 없다는 사실에 있다."[99]

  죽음과 달리 고통의 문제는 장자의 마음을 그다지 사로잡지 못했다. 장자가 죽음에 버금가는 것으로 본 재앙은 신체의 고통이 아니라 신체의 기형이나 불구이다(이 점은 우리 현대인들에게는 놀라운 일이다. 우리는 지난 100년간의 의학의 진보에 설득당해 고통을 예외적이고 피할 수 있는 것이라고 생각한다). 고대 중국인들은 신체의 온전함은 실용적 가치뿐만 아니라 도덕적 가치도 갖는다고 생각했다. 유가에게는 자신의 신체를 조상에게서 받았던 형태 그대로 온전하게 돌려주는 것이 의무였다. 장자가 한때 속했을 수도 있는 양주 학파에서는 외적인 이익을 위해 — 설사 그 이익이 천하의 왕위라 할지라도 — 신체의 어떤

---

99) 202쪽을 참조하라.

부분도, 털 한 올도 희생시켜서는 안 된다는 원칙을 세워놓았다. 그렇기 때문에 신체에 닥친 재앙을 어떻게 감수할 것인지는 장자에게 하나의 난제였다. 〈내편〉에서는 불구자들, 기형을 가진 자들, 신체 일부를 훼손당한 범죄자들에게 두드러진 관심을 보이는데, 그들은 자신들의 신체에 닥친 재앙을 받아들이면서 그런 처지에 아무런 내적 동요도 느끼지 않을 수 있는 자들로 나온다. 이것은 이후의 도가들, 심지어『장자』의 다른 저자들도 공유하지 못한 점이다. 한쪽 발이 잘린 범죄자는 그가 범죄를 저질렀고 조상을 저버렸다는 가시적 증거를 지니고 다닌다. 관습적으로 보자면 그는 누구보다도 도에서 멀리 떨어져 있다. 그러나 장자는 반대로 그가 자신에게 닥친 큰 재앙을 운명으로 받아들이고 타인들의 모욕적인 비판에 아랑곳하지 않을 수 있다면, 또한 앞으로는 규칙에 순응하는 것이 더 안전하리라는 것을 인정하면서도 내적으로는 여전히 규칙에 얽매이지 않을 수만 있다면 공자보다도 도에 더 가까이 있다고 말한다. 이런 이야기들을 모아놓은 편의 제목을 인용하자면, 그는 '덕이 충만하다는 징표[德充符]'를 지니고 있는 것이다.

7
언어

    도道는 말로 전할 수 있는 것이 아니라는 주장은 도가의 잘 알려진 역설이다. 『노자』는 "말해질 수 있는 도는 항구적인 도가 아니다[道可道非常道]"라는 문장으로 시작한다. 이 문장은 중국이나 서양의 유머리스트들로 하여금 다음과 같이 질문하도록 항상 유혹해왔다. "그렇다면 『노자』의 저자는 왜 이 책을 써내려갔는가?"[100] 장자의 경우 이런 아이러니가 특히 심하다. 그는 열정적 언사로 이루어진 산문, 정교한 논증, 경구, 일화, 격언시의 대가이면서도, 우리가 어떤 것에 대해 말한다는 게 과연 가능한지에 대해 끝없는 회의주의를 표명한다.

    그러나 좀 더 면밀히 검토해보면 노자나 장자를 이런 식으로 놀리

---

100) *The Philosophers*[「讀老子」], a satirical verse by Po Chü-yi[백거이의 풍자시](AD 722-846) translated by Arthur Waley, *Chinese poems*, London, 1946, 173[白居易, 「讀老子」, "말하는 자 알지 못하고, 아는 자 침묵한다/ 이 말을 나는 노자에게서 들었으니/ 만일 노자가 아는 자라고 말한다면/ 그는 어찌하여 오천 자나 되는 글을 지었는가[言者不知知者默, 此語吾聞於老君. 若道老君是知者, 緣何自著五千文]"]을 참조하라.

는 것은 논점을 크게 벗어난 것이다. 도가들은 사실상 삶의 비결, 삶의 소질, 삶의 방식을 전달하기 위해 노력하고 있다. 목수가 환공에게 나무를 깎을 때 어느 정도의 압력을 가해야 되는지는 말로 설명할 수 없다고 이야기할 때, 우리는 그 목수의 말을 이해할뿐더러 거기에 동의하기까지 한다. 물론 우리에게는 정식화할 수 없는 진리들이나 말로 표현할 수 없는 실재를 알고 있는 척하는 철학자들에게 짜증을 낼 권리가 분명히 있다. 그러나 이미 언급했듯이[101] 도가들은 진리나 실재를 발견하기 위해서 사유하는 것이 아니다. 그들은 세계를 바라보는 변화된 관점과 살아가는 데 필요한 비결로 우리를 안내하기 위해 언어를 사용하며, 자신들이 사용한 언어의 한계를 우리에게 상기시켜줄 정도의 양식을 가지고 있을 뿐이다. 그들은 우리에게 가야 할 방향을 알려주기 위해서 이야기, 시, 경구 등 동원할 수 있는 언어적 수단들은 뭐든 다 활용한다. 그들은 말을 필요로 하지 않는 것이 아니라, 그 반대로 활용 가능한 문학적 방편들을 모조리 필요로 한다. 그것은 철학적 도가의 모든 고전(『노자』, 『장자』, 『열자』)이 중국 문학사에서 중요한 지위를 차지해온 이유이기도 하다.

「사물들을 고르게 만드는 분류」와 밀접한 연관이 있는 〈잡편雜篇〉의 한 단락에서는 언어의 세 가지 양식에 대한 분류를 전개하며, 역사적 성격을 지닌 「천하의 아래쪽」에서는 장자에 대해 설명하면서 그의 글쓰기가 이러한 언어 양식들을 모두 보여준다고 말한다.[102] 이 세 종류의 양식을 지칭하는 용어들은 장자가 논쟁에 대해 비판하면서 자세히 설명한 전문 어휘로서, 장자 사후까지 살아남지는 못했으

---

101) 59쪽을 참조하라.
102) 732쪽을 참조하라.

며, 이내 오해에 시달렸다. 그러나 그 용어들의 의미는 「사물들을 고르게 만드는 분류」에 나타난 상대주의에 비추어 명확히 할 수 있다. 상대주의에 따르면 성인은 불변하는 어떤 한 관점에 갇히지 않고, 일시적인 '임시 거처들' 사이에서 자유롭게 움직인다.

(1) '임시 거처로부터 나온 말[寓言]'은 대인논증 對人論證[103)]의 설득법으로 보인다. 이것은 논쟁에서 승리하는 유일한 방법으로, 장자에게 어떤 식으로든 효용을 갖는다. 이 언어 양식을 구사할 때에는 일시적으로 상대방의 관점에 '머문다[寓]'. 그가 단어에 부여하는 의미는 그의 입장에서는 그 단어가 갖는 유일한 의미이며, 그는 그 이외의 다른 근거에 따라서는 논쟁을 하지 않으려고 할 것이기 때문이다.

(2) '무게가 나가는 말[重言]'은 '자기 자신의 권위에 따라 하는 말'이다. 그것은 연장자에게 주어지는 존경뿐만 아니라 경험의 깊이에 의해서도 뒷받침된다. 경구는 그것의 가장 응축된 사례일 것이다.

(3) '넘쳐흐르는 말[巵言]'은 전통적으로 일종의 그릇을 본떠서 이런 이름이 붙여진 것으로 추정되어왔는데, 그럴듯한 추정이다. 그 그릇은 내용물이 가득 차면 뒤집어져서 그것을 쏟아낸 뒤 다시 똑바로 돌아간다. 이 넘쳐흐르는 말에 대해서는 임시 거처로부터 나온 말과 무게가 나가는 말에 대한 설명을 합한 것보다도 훨씬 더 길게 논의된다. 그것은 매일매일의 쓰임을 위한 말로서, 가장 적게 이야기할 때 가장 많이 이야기하며, 가장 많이 이야기할 때 가장 적게 이야기하는 것이 된다. 또한 넘쳐흐르는 말은 한 관점에서 다른 관점으로 자유롭게 이동한다. 넘쳐흐르는 말이 없으면 우리는 논의를 길게 할 수도

---

103) [역] 대인논증 argumentum ad hominem: 어떤 주장을 그 주장과 무관한 상대방의 특성, 직업, 지위, 처지 등을 들어 반박하거나 옹호하는 논법.

없고 삶을 이어갈 수도 없다. 아마도 이것은 일상적인 언어일 것이다. 일상적 언어에서는 의미가 수시로 변동하지만, 화자가 단어를 사용하는 데 요령만 있다면, 즉 "하늘의 숫돌로 갈아 그것을 매끄럽게 고를"[104] 수만 있다면, 의미는 논의의 자연스러운 흐름 속에서 저절로 정립될 것이다.

장자가 통상적으로 구사하는 언어 양식은 내용물이 차면 쏟아내는 그릇처럼 자연스럽게 스스로 정립되는 언어이다. 장자는 철학자가 아니라 시인처럼 단어를 사용한다. 그는 단어들이 갖는 풍부한 의미에 섬세하게 반응하고 의미의 애매함을 잘 활용하며, 상충하는 의미들이 일견 모순처럼 보이는 관계 속에서 서로 부딪혀서 파열하도록 만든다. 예를 들자면 장자와 장자 학파는 '알다[知]'라는 단어를 한 문장 안에서도 서로 다른 의미로 사용하기를 좋아한다. 이를테면 "지력[知]으로 알지 못하는 것에 의지해서 알라[知]"[105]는 충고를 들으면서 우리는 어떻게 그런지를 아는 것은 그저 그것을 아는 것과 대비되고 있으며, 전자가 좋고 후자가 나쁜 것으로 제시되고 있음을 알아차릴 수 있다. 그러나 도가들은 그런 의미들에 대해 분석을 가하지 않는다. 그 점에서 후기 묵가들과는 다르다. 후기 묵가들은 『묵경』에서 네 종류의 앎을 구별한다. 명칭[名]을 아는 것, 대상[實]을 아는 것, 명칭과 대상을 연결시키는 방법[合]을 아는 것, 행하는 방법[爲]을 아는 것이 그 네 가지이다.[106]

---

104) [역] 「임시 거처로부터 나온 말」의 "和以天倪"를 번역한 것. 287쪽을 참조하라.
105) 272쪽을 참조하라.
106) *Canons* A80[A. C. Graham, *Later Mohist logic, ethics and science*, 327. "알다[知]. 전해 들어서, 설명을 통해서, 개인적 경험을 통해서. 이름, 대상, 연결시키는 방법, 행하는 방법을 아는 것 [知. 聞, 說, 親, 名, 實, 合, 爲]"].

장자에게 결정적으로 중요한 것은 단어들은 지적 논쟁이라는 인위적 상황을 제외하면 고정된 의미를 갖지 않는다는 점이다. 지적 논쟁에서는 상대방이 내리는 정의들을 받아들이는 편이 나을 것이다. 그 정의들은 다른 사람들이 내리는 정의들보다 더 자의적이지도 덜 자의적이지도 않기 때문이다. "말이란 단순히 숨을 내쉬는 것이 아니다. 말은 무언가를 말한다. 다만 말하는 바가 결코 고정되어 있지 않다는 것이 문제이다. 우리는 과연 무언가를 말하는가? 아니면 말하는 바가 전혀 없는 것인가? 말이 어린 새들이 지저귀는 소리와 다르다고 생각한다면, 다르다는 증거가 과연 있는가? 아니면 어떤 증거도 없는 것인가?"[107] 하지만 단어들은 발화 속에서 스스로를 규정한다. 논쟁 규칙들에 따라서가 아니라, 분석 불가능한 비결에 의해서 그렇게 한다. 장자는 모든 성공적 행위의 근저에는 그런 비결이 있음을 포착해낸다. 그리고 그것은 하늘이 우리를 통해서 작용하고 있다는 징표이다. 담론의 의미들은 우리가 "하늘의 숫돌로 갈아 그것을 매끄럽게 고르는" 한은 스스로를 자생적으로 정립한다. 서로 경쟁하는 철학자들의 목소리들조차 '하늘의 피리[天籟]'이다. 바람이 불면 서로 다른 모양의 구멍에서 서로 다른 소리가 나듯이 하늘의 피리는 그 철학자들을 통해서 소리를 낸다.[108]

---

107) 126쪽을 참조하라.
108) 115-116쪽 이하를 참조하라.

8
『장자』라는 책과 번역상의 문제

『장자』는 하나의 텍스트가 한 언어로 쓰였다가 약 2000년 후 지구 반대편에서 다른 언어로 옮겨질 때 겪을 수 있는 일종의 마모를 더할 나위 없이 잘 보여준다. 우선 고대 중국의 사상가들은 책을 쓰지 않았다. 그들은 격언들이나 시구들, 이야기들, 사상들을 간단히 메모해 두기만 했고, 기원전 3세기 무렵에 가서야 길쭉한 대나무 조각 위에 논문 형태의 글을 썼다. 그 대나무 조각들도 종이책처럼 한 권으로 제본한 것이 아니라, 그냥 끈으로 엮은 뒤 둥글게 말아 여러 개의 두루마리로 보관하였다. 『장자』에서 각 편은 한 묶음의 두루마리를 이루는 항목이나 항목들의 집합으로부터 출발했을 것이다. 믿을 만한 근거가 있든 없든 한 명의 저자 또는 한 학파가 저술했다고 하는 두루마리들의 집합은 점점 불어났고, 유향劉向(기원전 77-6)이 한漢왕조의 황실 도서관을 위해 그것들을 편집하기 전까지는 하나의 표준적 형식을 취하고 있지도 않았다. 유향이 그 책들에 대해 보고한 내용의 일부가 지금까지 남아 있는데, 그 내용으로부터 알 수 있는 것은 그가 입수할 수 있었던 필사본들은 제각기 누부마리늘의 수가 달랐고, 그는 그것들을 서로 대조해서 중복되는 부분을 삭제하는 방식으로 표준적 텍스트를 마련했다는 점이다. 우리는 그가 『장자』에 대해 보고한 내용을 접할 수는 없다. 그러나 『한서漢書』에 있는 서지학적 편에 따르면 황실 도서관이 소장한 『장자』 필사본은 총 52개의 편으로 구성되어 있었다.[109] 현재 남아 있는 『장자』는 곽상郭象(312년 사망)이 33개의 편으로 편집한 축약본이다. 곽상은 어떤 편들은 통째로 생략하면서도 그 속에 흥미로움을 더하는 부분이 있을 때에는 따로 뽑아 두었다가 자신이 남겨놓은 편들 속에 덧붙여 넣었을 것이라고 짐작해볼 수 있다. 우리가 보는 곽상의 판본은 다음 세 부분으로 나뉜다.

1) 〈내편〉(제1-7편)

각 편들은 불연속적인 단편들로 구성되어 있는데, 그 단편들은 하나의 공통 주제를 중심으로 묶여 있으며, 그 주제는 세 글자로 이루어진 각 편의 편명 속에 잘 개괄되어 있다. 이 일곱 개의 편은 사상 면에서나 문체 면에서나 동질적이며, 대체로 장자 자신의 저술일 것이라고 인정되고 있다.

---

109) [역] 『한서漢書』의 서지학적 편이란 「예문지藝文志」를 가리킨다. 「예문지」는 한의 황실 도서관이 소장하고 있던 도서들의 목록이다. 이 가운데 '도가류道家類' 부분에 "『장자』 52편"이라는 기록이 있다.

2) 〈외편〉(제8-22편)

장자의 저술로 보이는 편은 하나도 없다. 이 편들은 두 글자로 된 편명을 가지고 있으며, 각 편명은 해당 편의 첫 문장에 나오는 단어에서 따온 형식적 호칭에 지나지 않는다. 다음과 같이 구성되어 있다.

(1) 제8-10편[「물갈퀴 살이 있는 발가락[변무騈拇]」, 「말발굽[마제馬蹄]」, 「큰 가방 훔치기[거협胠篋]」], 제11편[「제자리를 지키게 하고 도를 넘지 않게 하라[재유在宥]」]의 첫 대목: 네 개의 완결된 논문. 사상 면에서나 문체 면에서나 특이한 한 명의 저자가 쓴 글들. 본서에서는 그를 '원시주의자Primitivist'라고 부를 것이다. 기원전 205년경의 인물로 추정된다.

(2) 제12-14편: 「하늘과 땅[천지天地]」, 「하늘의 도[천도天道]」, 「하늘의 운행[천운天運]」이라는 편명에 따라 서로 연결되어 있는 세 개의 편. 각 편은 본서에서 '혼합주의적'이라고 분류할 관념들에 대한 해설로 시작된다. 이 해설들은 기원전 2세기에 『장자』를 편집한 자들이 쓴 것으로 생각된다. 그러나 원시주의자가 쓴 제11편[「제자리를 지키게 하고 도를 넘지 않게 하라」]부터 제14편[「하늘의 운행」]에 이르기까지 도입부 단락들만 동질적이고, 각 편은 온갖 종류의 잡다한 자료들로 채워져 있다. 이런 까닭에 제11편의 마지막 대목은 혼합주의적이고, 제12편[「하늘과 땅」]의 마지막 대목은 원시주의적이다.

(3) 제15-16편[「까다로운 생각들[각의刻意]」, 「본성을 수선하는 자들[선성繕性]」]: 두 개의 완결된 논문. 제15편은 혼합주의적이고, 제16편은 『장자』의 여타 부분들과 관련성이 없다.

(4) 제17-22편[「가을 홍수[추수秋水]」, 「지극한 즐거움[지락至樂]」, 「본성에 통달하기[달생達生]」, 「산 나무[산목山木]」, 「전자방田子方」, 「지가 북쪽

에서 노닐다[지북유知北遊]」]: 여섯 개의 편으로, 여기서 편집자는 다수의 저자가 쓴 자료들을 〈내편〉의 주제들과 동일한 주제들을 중심으로 묶으려고 한 것 같다. 『장자』의 다른 많은 부분과 마찬가지로 이 편들에 대해서도 '장자 학파'라는 호칭보다 더 좋은 호칭은 없을 것이다.

3) 〈잡편〉(제23-33편)

〈외편〉과 마찬가지로 〈잡편〉의 편들 역시 두 글자로 된 편명을 가지고 있으며, 각 편명은 (제28-31편을 제외하면) 해당 편의 첫 문장에서 따왔다. 다음과 같다.

(1) 제23-27편[「경상초庚桑楚」, 「서무귀徐无鬼」, 「칙양則陽」, 「사물들을 자기 밖에 두다[외물外物]」, 「임시 거처로부터 나온 말[우언寓言]」]: 매우 이질적인 다섯 개의 '잡동사니' 편. 너무 심하게 파편화되어 있어서 다른 두루마리들에서 떨어져 나왔거나 착간錯簡이 일어난 대나무 조각들을 모아놓은 것이 아닐까 하는 생각이 들 정도이다. 이 자료들 가운데 일부는 장자 자신의 저술인 것처럼 보이며, 그중 어떤 조각들은 얼마나 그럴듯할지는 조금씩 차이가 있겠지만 〈내편〉의 손상된 부분들에 끼워 맞출 수 있다.

(2) 제28-31편[「왕위를 양보하기[양왕讓王]」, 「도둑 척[도척盜跖]」, 「검에 대한 연설[설검說劍]」, 「늙은 어부[어부漁父]」]: 본서에서 '양가楊家의 문집'이라고 부를 일군의 글들. 각각의 편명은 그 편의 내용을 요약하고 있다. 소식蘇軾(1036-1101)은 이미 이 편들을 장자의 작품이 아니라고 보았다. 현대 학자인 관평關鋒은 이 편들이 심지어 도가적이

지도 않으며, 그 대부분이(내 생각으로는 전부가) 다른 학파, 즉 양주楊朱 학파로부터 왔다고 지적하였다. 이 편들의 저술 연대는 아마도 기원전 200년 전후일 것이다.

(3) 제32-33편[「열어구列禦寇」, 「천하의 아래쪽[천하天下]」]: ⟨잡편⟩은 또 하나의 잡동사니 편(제32편)과 또 다른 혼합주의자의 논문(제33편)으로 끝을 맺는다. 이 혼합주의자의 논문의 편명은 제12-14편[「하늘과 땅」, 「하늘의 도」, 「하늘의 운행」]의 편명과 관계가 있는 「천하의 아래쪽」(「천하」, 글자 그대로는 '하늘 아래')이다. 이 두 편의 편명은 제8-27편처럼 편의 첫 문장에서 따온 것이다. 그렇다면 이 편들은 어째서 따로 떨어져 나와 책의 말미에 놓이게 된 것일까? 아마도 제32편이 장자의 죽음에 대한 이야기로 끝나고 있고, 제33편은 장자에 이르기까지 한대漢代 이전 철학자들에 대한 전반적인 설명과 평가를 담고 있어 책의 결론으로 적합했기 때문일 것이다.

장자 본인이 쓴 ⟨내편⟩의 주제들은 각 편명에 개괄되어 있다.

제1편: 「목적지 없이 거닐기[소요유逍遙遊]」 — 관습적 판단과 실용적 관심이 지배하는 영역을 벗어나 높이 날아오르는 것의 기쁨.

제2편: 「사물들을 고르게 만드는 분류[제물론齊物論]」 — 옳고 그름의 양자택일적 선택지들에 따라 분석적으로 사고하는 것에 대한 비판.

제3편: 「생명을 기르는 데 중요한 것[양생주養生主]」 — 자발적으로 살아가는 비결.

제4편: 「사람들 사이의 세속적 업무[인간세人間世]」 — 세상과 타협하지 않으면서도 세상 속에서 살아가기.

제5편: 「덕이 충만하다는 징표[덕충부德充符]」 — 관습적 견해에 얽

매이지 않은 채 한 사람이 지닌 덕을 평가하기.

제6편: 「근원적 조상인 스승[대종사大宗師]」 — 죽으면서 개인적 정체성을 상실하는 것과 화해하기.

제7편: 「황제와 왕에게 응답하기[응제왕應帝王]」 — 천하의 통치.

『장자』의 한문 원문에서 이 편들만이 두 글자가 아닌 세 글자로 된 편명을 가지고 있는데,[110] 이는 전한前漢(기원전 206-기원후 24) 때 유행한 유가적 외경外經(위서緯書)의 편명들을 닮았다.[111] '사물들을 고르게 하다[齊物]', '근원적 조상[大宗]', '황제와 왕[帝王]'이라는 용어는 〈내편〉 자체에는 나오지 않고, 『장자』에서 가장 늦게 성립된 혼합주의자들의 저술층에서만 나타난다. 아마도 장자는 낱낱으로 흩어져 있는 단편들만을 남겼을 테고, 제자들이 그가 구술한 가르침들을 기록해둔 것들과 그 단편들이 〈내편〉에 뒤섞여 있을지도 모른다. 제목들을 생각해내서 그 제목들하에 장자의 유작들을 분류하고, 쓸 수 없는 부분들을 〈잡편〉으로 보내버린 자들은 기원전 2세기의 혼합주의

---

110) [역] 〈외편〉과 〈잡편〉에도 세 글자로 된 편명들이 있다. 「전자방」, 「경상초」, 「서무귀」, 「열어구」처럼 해당 편의 첫 어구가 인명인 경우와 「지가 북쪽에서 노닐다[지북유]」처럼 두 글자만으로는 의미가 불완전해질 경우에는 부득이하게 세 글자의 편명을 사용하고 있다.

111) [역] 위서는 중국 고대의 경서에 의탁해서 미래를 예언한 책으로, 한대에 유행하였다. 유가의 육경六經과 효경孝經에 의탁한 칠위서七緯書가 성행하였다. 경서의 '경經'이 씨실을 가리킨다면 위서의 '위緯'는 날실을 가리킨다. 『장자』 〈내편〉의 편명들은 세 글자의 합성어로 이루어져 있고 의미가 애매하여 여러 가지로 해석될 수 있는데, 그레이엄을 비롯해 많은 학자가 이런 식의 편명은 위서의 편명과 유사하다는 점을 들어 〈내편〉에 편명이 붙여진 시기를 한대로 추정한다. 위서의 유행에 바탕이 된 참위 사상은 자연적 정보가 인간사의 길흉화복의 조짐이 되고 제왕의 흥망성쇠에 부응한다고 전제한다. 崔大華, 『莊學研究』, 北京: 人民出版社, 1992, 50-58을 참조하라.

적 경향의 편집자였을 것이다. 〈내편〉 가운데 마지막 편[「황제와 왕에게 응답하기」]은 장자가 거의 관심을 보이지 않은 주제, 즉 천하의 통치라는 주제를 중심으로 하고 있다. 이 편이 특별히 강렬한 인상을 남긴다면, 그것은 상이한 방향들로부터 자신의 주제로 다가가고 있는 저자에 대한 인상이라기보다는, 관련성이 희박함에도 불구하고 그런 구절들이 없는지 찾아내려고 고심하고 있는 편집자에 대한 인상일 것이다.[112]

적어도 지금 우리가 보고 있는 『장자』의 한문 원문[통용본]의 분량은 300년경의 『장자』의 분량과 비슷하다고 말할 수 있다. 그 무렵에 『장자』는 이미 난해한 책이 되어 있었다. 그 당시 남아 있던 『장자』 원문을 편집해 축약본을 만들어낸 곽상은 최초로 『장자』에 대한 주석서를 저술하기도 했으며, 이 주석서는 현재까지도 온전하게 남아 있다. 곽상의 주석서와 3세기에서 7세기 사이에 저술된 여타의 주해서들 및 주석서들은 그 당시에 이미 쓰이지 않게 된 수많은 용어에 대해 가지각색의 그럴듯한 해설을 제공한다. 아울러 그 시기에 유행했던 신新도가나 불교의 색채를 띨 수밖에 없는 철학적 논평들도 제공한다. 이런 전통적 보조 자료들에 힘입어 원문을 연구하는 사이에 『장자』는 속에 뭐가 들었는지 알 수 없는 복주머니 같은 것이 되어버렸다. 그 안에는 멋진 에피소드들이 모호하거나 난해한 단편들과 뒤섞여 있다. 주석가들은 그 단편들의 의미에 대해 단지 추측만을 제공할 뿐이다. 연구를 좀 더 진전시키려면 현대적 학문의 전 장치를 가동해야 한다. 최근 들어서야 중국, 일본, 서양의 전문 연구가들은 그 장치들을 사용하기 시작했다. 그래서 필체에서 드러나는 상이한 저

---

112) 251쪽을 참조하라.

술층들을 구별하고, 와전되거나 착간이 일어난 본문을 복원하며, 유 감스럽게도 아직까지 알려진 바가 거의 없는 고전 언어의 문법에 대한 정보들도 늘려가고, 철학적 전문용어들의 의미도 밝혀가고 있다. 우리는『장자』를 그 당시의 다른 철학적 문헌들과 관련해서 볼 필요도 있다. 예컨대 논쟁에 대한 장자의 비판을 이해하려면, 현존하는 유일한 논쟁 설명서인『묵경』을 탐구해야만 한다.『묵경』의 원문은『장자』보다도 훨씬 더 사정이 안 좋은 형태를 띠고 있다. 물론 동서를 막론하고 고대의 저자들을 다룰 때에는 유사한 난점들이 다 있다. 그들의 용어들은 훼손된 텍스트 속에 겨우 남아 있고, 그들이 사용한 언어들도 완벽하게 이해되지 못하고 있다. 그러나 그럼에도 불구하고 마치 박물관의 조각상들이 코가 깨지고 팔이 잘렸나갔는데도 여전히 살아서 현존하고 있는 것처럼 그들의 목소리는 기적적으로 살아남았다. 그러나 서양의 중국학은 그리스 문화나 히브리 문화 연구보다도 훨씬 더 짧고 빈약한 전통을 가지고 있다. 호메로스나 창세기를 번역한 자들이 갖는 확신, 즉 사전에 해결해야 할 문제들이 다 풀리지는 않았다 해도 적어도 현재의 지식이 미치는 데까지는 다 탐구되었다는 확신을 우리도 가질 수 있기까지는 긴 시간이 걸릴 것이다.

우리는 이 뒤죽박죽된 비범한 책을 영어로 옮기는 일에 어떻게 덤벼들어야 할까? 몇 권의 완역본이 있다. 그중 셋은 제임스 레게James Legge, 허버트 앨런 자일스H. A. Giles, 버튼 왓슨Burton Watson의 번역본이다. 이들은 각자 자기 세대를 대표하는 최고의 고전 한문 번역가들이다.[113] 1889년에 처음으로 출간된 자일스의 번역본은 오스카 와

---

113) 영어 완역본으로는 다음이 있다. F. H. Balfour, *The divine classic of Nan-hua*, Shanghai, 1881; H. A. Giles, *Chuang-tzŭ*, London, 1926, 1st edition 1889; James

일드에서부터 헨리 밀러에 이르는 영미 작가들에게 작은 영향을 주었을 뿐, 문학사에서는 변두리에 위치하고 있다.[114] 1968년에 나온 왓슨의 번역본은 적절하고 생생한 용어를 능수능란하게 택하고 있을 뿐만 아니라, 중요한 철학 용어들을 일관되게 다루는 데 있어서도 감탄스러울 정도이다. 그러나 이 번역본들은 모두 한계를 가지고 있다. 대부분 전통 주석가들을 따를 뿐, 미해결된 문헌적, 언어학적, 철학적 문제들을 붙잡고 씨름하지 않기 때문이다. 이런 보수성이 장자의 훌륭한 구절들을 올바로 평가하는 것을 방해하는 것은 아니다. 그러나 세 번역본 모두 한 가지 기본 방침상의 오류로 인해 실패를 자초하고 있다. 이 번역본들은 『장자』를 요즘처럼 한 권의 '단행본'으로 이해

Legge, *Texts of Taoism*, Sacred books of the East vols. 39, 40, Oxford, 1891; James R. Ware, *The sayings of Chuang Chou*, New York, 1963; Burton Watson, *The Complete Works of Chuang Tzu*, New York and London, 1968(또한 Watson의 선역 *Chuang Tzu: basic writings*, New York, 1964도 참조하라).
〈내편〉 번역으로는 다음이 있다. Fung Yu-lan, *Chuang-tzŭ*, Shanghai, 1933; Gia-fu Feng & Jane English, *Chuang Tseu: Inner chapters*, New York, 1974.

114) 1891년에 출간된 오스카 와일드의 『사회주의하에서의 인간의 영혼Soul of man under socialism』에서는 장자의 냄새가 강하게 난다. 그리고 직접 인용도 있다. "··· 그리스도보다 수세기 앞서 한 현인이 말한 것처럼 '인류를 내버려두는 일은 있어도, 인류를 통치하는 일은 없다.'" 이것은 『장자』 제11편 「제자리를 지키게 하고 도를 넘지 않게 하라[재유]」의 첫 번째 문장을 언급한 것이다(554쪽). 자일스의 번역은 다음과 같다. "인류를 내버려두는 일은 있었지만, 인류를 통치하는 일은 결코 없었다There has been such a thing as letting mankind alone; there has never been such a thing as governing mankind." 오스카 와일드는 1890년 2월에 발간된 『말하는 자Speaker』 8호에서 『장자』에 대해 열광적으로 평하면서 "내가 근래에 만난, 근대적 삶에 대한 가장 신랄한 비판"이라고 말한다. 허버트 앨런 자일스의 번역본을 발췌해서 펴낸 라이오넬 자일스Lionel Giles의 『한 중국인 신비주의자의 사색Musings of a Chinese Mystic』(*Wisdom of the East series*, London, 1906)이 헨리 밀러Henry Miller의 『천국의 악마A devil in paradise』에 있는 「내 인생의 책들The books in my life」 가운데 언급되어 있다.

해도 되는 것인 양 다룬다. 그리고 이 책을 본래부터 산문체로 쓰였고 여러 편으로 구분되어 있었으며, 또 각 편은 본래부터 여러 단락으로 구성되어 있었던 것처럼 제시한다. 그러나 『장자』의 최초의 원고들은 낱낱이 흩어져 있는 상태였고 훼손을 겪었으며, 솔직히 이해 불가능하였을 수도 있다. 또한 저술 연대에 있어서나 사상과 문체에 있어서 각 부분들이 많이 달랐을 수도 있다. 그런데도 불구하고 번역자들은 매끄러운 흐름에 대한 환상을 지속시키기 위해 균열들을 숨기고 차이들을 흐려버리며 운문을 산문에 흡수시키면서 이 문장에서 저 문장으로 터벅터벅 걸어가는 것이 자신들의 의무라고 여긴다. 이런 접근법이 가진 문제점은 이따금씩 번역자를 주저앉게 만들며 되지도 않는 소리를 하게 할 뿐만 아니라, 그의 문체 전체를 망가뜨리는 수세적 태도로 그를 몰아넣는다는 데 있다. 번역자는 자기 의지와 반대로 무미건조하고 얼버무리는 영어로 빠져들고 있음을 발견하게 된다. 그런 영어는 하나의 문장이 마지막까지 이어질지 여부를 두고 그에게 어떤 책임도 묻지 않는다. 위대한 예술가는 물론이거니와 진지한 예술가가 그런 영어를 쓸 리는 만무하다. 번역자가 문학적 기술을 보유하고 있다면, 그것은 명백히 위험스러운 일일 것이다. 그 기술은 의미 있는 말과 터무니없는 말을 천의무봉으로 짜 맞추는 것을 가능하게 하기 때문이다. 한 가지 섬뜩한 결과는 영어가 매끄러우면 매끄러울수록 장자는 그런 영어를 구사할 수 있는 자들 — 중국 지성사에서 지난 200년 동안 제시된 양립 불가능한 견해들을 간혹 생생하기도 하지만 대개는 장황하게 심지어 가장 정합적인 방식으로 표현하는 자들 — 의 페르소나 역할을 하게 될 것이라는 점이다. 장자가 변덕스럽고 수다스러우며 아는 체하는 노인네로 이상하게 변모하는 것은 가장 훌륭한 번역들을 통해서이다. 사람들은 장자가 발랄한 구절이나 빼어난 경구, 기막히게 멋진 이야기로 자신들에게 번쩍 깨달음을 줄 것이라고 믿으면서 그의 종잡을 수 없는 말들에 건성으로 귀를 기울이게 된다. 그러나 이 위대한 도가에 대한 이런 이미지는 애정 어린 것이기도 하지만 동시에 매우 모욕적인 것으로, 장자나 『장자』의 다른 저자 누구와도, 그 무엇과도 상관이 없다. 오로지 자신의 재주로 감당해야 할 복합적 긴장들 때문에 망가지고 있는 한 번역가의 처지하고만 관련이 있을 뿐이다.

문제는 한 문장 한 문장 완전한 산문으로 번역하는 치명적 관례를 어떻게 깨뜨릴 것인가 하는 데 있다. 가장 탁월한 한문 번역가일뿐더러 자신이 뭘 하고 있는지를 항상 알고 있었던 유일한 사람은 아서 웨일리이다. 그는 장자를 사랑하는 사람이었고, 신중하게 선별된 발췌문들만을 『고대 중국의 세 가지 사유 방식 Three Ways of Thoughts in Ancient China』의 해설 속에 끼워 넣는 분별력을 가지고 있었다. 좀 더 야심찬 일을 감행하려 한다면, 반드시 다음 사실을 기억해야만 한다. 빠뜨리는 부분 없이 전체를 다 완역한다는 이상은 이 경우에는 의미가 없다는 것, 우리가 『장자』에서 번역하고 있는 부분이 많다는 생각이 들면 들수록 전달되는 부분은 적어질 위험이 있다는 것이다.

나는 다음과 같이 결심하면서 지금의 모험을 시작하려고 한다.

(1) 책 전체에서 동질적인 덩어리를 이루고 있는 부분들, 예컨대 〈내편〉과 원시주의자 및 양가의 연달아 나오는 편들을 제외하고는, 빠뜨리는 것 없이 다 번역하는 것은 무의미하다. 그러나 이 부분들에 대한 번역은 완전하게 제시되어야 한다. 단일 논문으로 이루어진 여타의 편들(제15편「까다로운 생각들」, 제16편「본성을 수선하는 자들」, 제33편「천하의 아래쪽」)과 〈잡편〉에 있는 편들로부터 뽑아낸 에피소드들도 뭐든 간에 완전하게 번역되어야 한다. 일단 번역되는 모든 것은

누구나 알아볼 수 있는 온전한 맥락을 가지고 있어야 한다.

(2) 장자, 원시주의자, 양가, 혼합주의자의 사상에 각각 독특한 것이 무엇인지를 독자들에게 알려주어야 한다. 그래야만 독자들은 그 사상들을 구별하고 그것들 사이에서 자기가 갈 길을 찾을 수 있을 것이다.

(3) (원시주의자의 편들처럼) 순수하게 논문인 편들만을 연속적으로 이어지는 단락들로 구성된 산문으로 다루어야 한다. 〈내편〉은 단발적인 에피소드들의 모음집으로서, 십중팔구 후대의 편집자가 한데 묶었을 것이다. 여기에는 다양한 형식의 글들, 이를테면 압운을 가진 일련의 4행시들, 화자가 불쑥 노래를 부르는 이야기들, 드문드문 산문적 논평이 붙은 교훈적인 시구들, 일련의 경구들, 임시적으로 정식화되었다가 곧 비판이 따르는 관념들, 장자(또는 그의 제자일 수도 있는 사람)가 구구절절 주해를 달게 될 명제들이 포함된다. 각각은 영어로 번역될 때에도 거기에 상응하는 형식을 요하며, 인쇄된 지면에서도 그것의 구성에 적합한 레이아웃을 갖추어야 한다.

(4) 산문은 산문으로, 운문은 운문으로 번역해야 한다. 웨일리를 제외한 모든 번역가가 너무도 자명한 이 원리를 무시하고 있다는 사실은 놀라워 보일지도 모르겠다. 그러나 한문 원문에서 운문은 해당 페이지의 레이아웃으로는 산문과 구별되지 않는다. 그리고 산문과 운문의 형식적 차이는 정도의 문제로서, 옛날 발음으로 압운을 찾는다는 게 쉬운 일이 아니기 때문에 그 차이들이 잘 드러나지도 않는다. 그렇다면 결국 압운을 이루는 구절들을 시적인 산문으로 옮기는 것만으로도 충분하지 않을까? 압운을 이루기는 해도 여타의 기준에서는 산문이며 길이도 들쭉날쭉한 문장들을 심심찮게 볼 수 있는데, 이 경우에는 이런 수세적 태도가 매우 합리적이다. 그러나 오래된

『시경』의 4언으로 된 소절들을 번역할 때에도 행 나누기를 한다. 이것은 사유가 선형적으로 전개되는 것을 차단함으로써 대구를 이루는 행들의 병렬적 요소들 사이에서, 또는 4행의 연속적인 어구의 서로 대응하는 행들 사이에서 상호작용이 일어나도록 한다. 만약 행 나누기를 하지 않는다면, 이것들은 산문으로 이루어진 축 늘어진 조각들처럼 보일 것이고, 그런 글에서는 장자가 자신이 무엇에 대해 이야기하고 있는지를 망각하고 있는 것처럼 보일 것이다. 압운 자체는 본질적인 기준이 아니다. 압운이 없다는 점에서만 교훈적인 운문과 다른, 병렬적으로 놓인 일련의 경구들도 사정은 마찬가지이기 때문이다.

(5) 〈내편〉에 있는 에피소드들, 그리고 동질적인 덩어리를 이루고 있는 여타의 글들은 대부분 그대로 두어도 된다. 그러나 신성불가침은 아니다. 장자가 자신의 메모들을 일정한 순서로 배열했을 것이라고 생각할 이유가 전혀 없기 때문이다. 가끔씩 한눈에 딱 봐도 연속성을 깨뜨리고 있음을 알 수 있는 구절들이 있다. 그런 구절들은 더 적절한 문맥으로 옮길 수 있다. 또한 내적 근거에 따라 장자의 저술로 보이는 〈잡편〉의 단편들을 활용해서 〈내편〉에 있는 틈새들을 메울 수도 있다. 본서에서는 그렇게 옮긴 부분들에 대해서는 그렇게 하였음을 모두 밝혀둘 것이다.[115]

(6) 〈외편〉과 〈잡편〉에는 '장자 학파'로 분류할 수밖에 없는 여러 가지 자료가 다량으로 존재한다. 이 자료들을 다루는 가장 편리한 방법은 주제에 따라 선별하고 분류하는 것이다. 채택된 에피소드들은 모두 완전한 형태로 제시되어야 한다. 예컨대 장자에 대한 설화들이나 공자와 늙은 담[노담老聃]의 만남에 대한 설화들처럼 반복해서 등

---

115) 87-91쪽을 참조하라.

장하는 내용들이 그러하다. 그 외에 『장자』의 철학적 또는 문학적 가치를 더해주는 것으로 보이지 않는 에피소드들, 그것도 쉽게 번역될 수 있는 그런 에피소드들을 꼭 번역해야 할 의무가 있는지는 모르겠다. 이론상으로는 학술적인 물음표들과 말줄임표들로 장식된 단편들의 모음집으로 마무리하면서 모든 대목을 그대로 재생하고 재편성하는 것이 가능할 것이다. 그러나 번역된 단락들의 수를 늘려가는 것은 효용체감[116]을 초래한다. 내가 생략한 부분들(『장자』의 5분의 1에 해당한다. 사람마다 취향이 다르므로 그 가운데에는 당연히 일부 사람들이 무척 좋아하는 구절들이 포함되었을 수도 있다)을 알고 싶은 독자들은 아마도 나의 재배열을 제지하고 싶을 것이다. 이런 독자들은 현존하는 행들을 자세하게 설명하는 번역보다는 기존의 번역본들이 더 만족스러울 것이다.

(7) 이상적인 번역본에는 원본처럼 처음 읽어도 즐겁고 명쾌한 대목들이 있는가 하면, 생략적이고 까다로우며 수수께끼 같은 대목들도 있다. 후자의 경우는 건너뛰든가 서론과 주석을 비추어 끝까지 붙들고 씨름하든가 해야 한다. 그러나 그런 번역본은 의미 있는 내용과 터무니없는 내용 사이를 천천히 왔다 갔다 하는 일이 결코 없을 것이다. 주춤거리는 리듬으로 조리 없이 헤매는 것은 번역자가 통제력을 상실하고 있다는 경고로 받아들여야 하는데도, 너무 쉽게 동양적 정신의 신비로운 작용들로 오해되곤 한다. 나 자신이 저 이상에 도달했다고 자부하는 것은 아니다. 가장 곤란한 문제들 중에 어떤 것들은 내가 빠짐없이 번역하겠다고 밝힌 〈내편〉에서 제기되기 때문이다.

---

116) [역] 효용체감diminishing returns: 경제학 용어로 재화를 많이 소비할수록 그 재화에서 얻어지는 만족도는 감소하는 경향.

이 점에 대해서는 장자의 혼에게 미리 사과를 올린다.

　난감한 문제가 하나 남아 있다. 이에 대해서는 타협적인 해결책만이 가능할 뿐이다. 어떻게 하면 철학자로서의 장자와 시인으로서의 장자를 똑같이 공평하게 다룰 수 있을까? 대부분의 번역본은 어느 한쪽으로 치우쳐 있다. (자일스나 왓슨같이) 문학적 성향이 강한 번역자라면 십중팔구 도가의 인생관도 좋아하겠지만 개념 분석을 혐오하는 도가적 태도도 좋아할 것이다. 그러나 개념 분석이 없으면 그 번역자는 영어 번역어들을 효과적으로 선택할 수도 능숙하게 다룰 수도 없다. (레게나 〈내편〉 번역본을 출간했던 위대한 중국철학사가 펑유란馮友蘭같이) 좀 더 지성적인 번역자들은 문학적인 측면을 단지 관념들에 대한 장식물인 양 소홀히 하는 경향이 있다. 그러나 도가는 사상은 경멸해도 이미지와 리듬은 소중하게 여기는 사상가이다. 도가는 자생적으로 출현하는 사유의 과정은 자신을 도道로 향하게끔 도와주고 있다고 느끼며, 이미지와 리듬이야말로 그런 사유의 과정을 잘 전달해준다고 생각한다. 내 개인적으로 번역이 정말로 효과적인지를 판가름하는 최종 기준은 그 번역이 장자의 필체가 가진 비범하고 리드미컬한 에너지를 포착해내는지 여부에 있다. 그것이 마음의 고양을 가져다주기 때문만은 아니다. 그것을 놓친다는 것은 곧 그의 사유의 속도와 전환과 긴장을 왜곡하는 것이기 때문이다.

　한문 원문에서는 사상가로서의 장자와 시인으로서의 장자가 한 사람이다. 그러나 그가 하는 말을 우리가 쓰는 언어로 옮기려고 노력할 때, 우리는 모양새가 좋지 않은 표현과 부정확한 표현 사이에서 어느 하나를 선택해야만 하는 순간에 부단히 직면하게 된다. 도가적 어휘의 핵심 용어들을 붙잡고 씨름하려면 일정한 번역어들이 필요하다.

그것들은 종종 어색하게 들릴 것이고, 문맥 속에서 반복적으로 접하게 된 뒤에야 비로소 온전한 의미를 띤 것으로 보일 것이다. 비非철학적 문맥에서라면 「사물들을 고르게 만드는 분류」에 나오는 시피是彼를 '이것this'과 '저것that'으로, 시비是非를 '옳음right'과 '그름wrong'으로 번역할 수 있으며, 이렇게 번역된 영어는 흐름도 아주 매끄러울 것이다(거슬리는 단어들이 주는 충격으로 인한 불편함을 피할 수 있을 테고, 번역자들은 이런 흐름을 위해 다른 모든 가치를 희생시키는 쪽으로 마음이 끌릴 것이다). 그러나 그렇게 되면 시是라는 글자 하나를 둘러싸고 전개되는 논증은 시야에서 놓치게 될 것이다. 나는 장자가 터무니없는 말을 유려하게 쓰고 있다는 인상을 주지 않겠다고 맹세하면서, 시피是彼를 '그것it'과 '다른 것other'으로 번역하고, 시비是非를 '그것이다That's it'와 '아니다That's not'로 번역할 것이다. 이 표현들은 다루기가 쉽지 않다. 특히 장자는 두 종류의 시是를 구분하는 듯 보인다. 즉 인시因是(상황에 따르면서 시是라고 하기)와 위시爲是(그런 것으로 간주하면서 시是라고 하기)의 구분이다. 이 구분은 「사물들을 고르게 만드는 분류」 전체를 통해 중대한 의미를 갖는다. 나는 이 표현들을 "상황에 따른 '그것이다''That's it' which goes by circumstance"와 "그런 것으로 간주된 '그것이다''That's it' which deems"로 번역할 것이다. 여기서 개념적 구조의 정합성은 어떤 대가를 치르더라도 존중되어야만 한다. 그러나 그 대가는 꽤나 크다. 장자는 다른 곳에서와 마찬가지로 여기에서도 시인으로서 저술하고 있기 때문이다. 복합적 텍스트를 번역하는 자는 십수 개의 공을 동시에 공중으로 던져 올려 저글링을 하는 자이다. 항상 그중 일부는 바닥에서 통통 튀고 있다.

『장자』 원문 찾아보기

제2부 1-7. 〈내편〉

이 책의 쪽수	원문(『장자인득』[통용본])
97-113쪽	1
115-119쪽	2/1-9 + 14/1-4
121-151쪽	2/9-90
151-153쪽	2/91 이하 + 90 이하
153-154쪽	2/92-6
158-162쪽	3/1 이하 + 24/105-111 + 32/50-52 + 24/103-105
162-169쪽	3/2-19
170-199쪽	4
201-207쪽	5/1-24
207-209쪽	5/24-31 + 6/17-19
213-218쪽	5/49-52 + 41-47 + 24/101 이하 + 7/26 이하(양보쥔楊伯峻이 편집한 『열자집석列子集釋』, p. 45/4-13에 따름) + 24/102 이하 + 5/47-49
219-222쪽	23/66-67 + 5/52-60
223-228쪽	6/1-11 + 14-17 + 24/97 이하 + 24/96 이하 + 6/19-20
229-245쪽	6/20-22 + 24-73 + 22-24 + 73-82
245-248쪽	6/82-89 + 11-14
248-250쪽	6/89-97
252-260쪽	7/1-26
260-264쪽	7/27-35

제2부 8. 〈내편〉과 관련된 구절들

266-267쪽	26/31-33
267-269쪽	24/38-48
270-271쪽	27/10-14
271-272쪽	25/51-54
273-274쪽	23/52-58
275쪽	23/42-44
276-278쪽	23/58-66
279-280쪽	24/61-65
281-282쪽	27/16-21

283-284쪽	23/72-74
284-288쪽	27/1-10
289-291쪽	32/11-16
291-292쪽	25/54-59
293-295쪽	25/33-38
295-297쪽	24/88-96
297-299쪽	25/15-20

제3부 1. 장자에 관한 이야기들

312-314쪽	20/61-68
314-315쪽	32/46 이하『사기史記』, 제63편
315-316쪽	26/6-11
316-317쪽	32/22-26
317-318쪽	32/42-46
318-319쪽	20/45-50
319-322쪽	20/1-9
322-323쪽	21/38-44
323-324쪽	17/81-84
324-325쪽	17/84-87
325-326쪽	17/87-91
327-328쪽	18/15-19
329쪽	24/48-51
329-331쪽	18/22-29
331-332쪽	32/47-50

제3부 2. 공자와 늙은 담의 대화들

338-340쪽	13/45-53
341-342쪽	14/56-60
342-345쪽	14/44-56
345-348쪽	21/24-38
348-350쪽	12/41-55
350-355쪽	22/28-43
355-357쪽	14/74-82

제3부 3. 자발성의 이점들

358-359쪽	19/54-59
360쪽	19/46-49
361-362쪽	19/49-54
362-363쪽	19/49-54
363-366쪽	19/7-15
367-368쪽	19/17-21
368-369쪽	19/62-64
369쪽	21/45-47
370쪽	22/68-70
370-372쪽	13/64-74
372-375쪽	21/47-57
375-376쪽	25/9-15
376-377쪽	20/68-70
377-378쪽	20/22-24
378쪽	32/10 이하

제3부 4. 도를 합리화하기

384-399쪽	17/1-24 + 17/28-48 + 22/16-21 + 17/48-53
400-401쪽	24/70-73
401-402쪽	11/63-66
402-403쪽	17/24-28
403-411쪽	25/59-82
411-415쪽	25/20-33
415-418쪽	17/65-81
418-420쪽	12/37-41

제3부 5. 도를 비합리화하기

424-428쪽	22/1-16
428-429쪽	22/21-25
429-430쪽	22/25-28
430-433쪽	22/43-52
434-437쪽	22/52-65
437-438쪽	22/65-68
438-440쪽	22/70-76
440-445쪽	14/13-30

447-449쪽 20/50-61
450-453쪽 21/14-61

제3부 6. 유토피아와 통치의 퇴보

457-462쪽 16
462-465쪽 20/9-22
465-467쪽 12/77-83
467-468쪽 19/15-17
468-469쪽 12/33-37

제3부 7. 불사의 숭배

474-478쪽 11/28-44
478-480쪽 12/26-33

제3부 8. '우리의 본성과 운명의 본질적 요소들'

482-484쪽 19/1-7
484쪽   32/41 이하

3부 9. 뜻밖의 관념들

488-489쪽 18/40-46
492-493쪽 11/61-63
495-499쪽 12/52-69
500-502쪽 25/43-50

제3부 10. 그 외 갖가지 이야기들

503-505쪽 18/29-39
506쪽   26/48 이하
506-507쪽 23/70-72
508-509쪽 19/35-38
509-511쪽 19/38-46

512-514쪽　　　14/30-44

제4부 원시주의자의 논문과 관련 일화들

526-536쪽　　　8/1-26 + 12/95-102 + 8/26-33
537-542쪽　　　9
543-553쪽　　　10/(8-10, 14, 21 이하, 26 삭제)
554-561쪽　　　11/1-28(28 삭제)
563-567쪽　　　14/60-74
567-571쪽　　　12/83-95 + 11/57-61

제5부 양가의 문집

585-609쪽　　　28
613-639쪽　　　29
641-648쪽　　　30
650-663쪽　　　31

제6부 혼합주의자들의 저술

673-685쪽　　　13/1-45
687-694쪽　　　15
695-697쪽　　　11/66-74
697-698쪽　　　12/1-6
699-700쪽　　　14/1-5
702-704쪽　　　12/6-12
704-706쪽　　　12/12-18
706-707쪽　　　13/60-64
708-739쪽　　　33

원문[『장자인득』](이 책의 쪽수)

제1편(97-113쪽)

제2편 1-9(115-118쪽), 9-90(121-151쪽), 90 이하(152쪽), 91 이하(151-152쪽), 92-96(153-154쪽)

제3편 1 이하(158쪽), 2-19(162-169쪽)

제4편(170-199쪽)

제5편 1-31(201-209쪽), 31-40(210-211쪽), 41-47(214쪽), 47-49(218쪽), 49-52(213-214쪽), 52-60(220-222쪽)

제6편 1-11(223-226쪽), 11-14(246-248쪽), 14-17(226-228쪽), 17-19(208-209쪽), 19-20(228쪽), 20-22(229쪽), 22-24(242쪽), 24-73(230-242쪽), 73-89(242-246쪽), 89-97(249-250쪽)

제7편 1-26(252-260쪽), 26 이하(216쪽), 27-35(260-264쪽)

제8편 1-26(526-531쪽), 26-33(534-536쪽)

제9편(537-542쪽)

제10편(543-553쪽)(8-10, 14, 21 이하, 26 삭제)

제11편 1-28(554-561쪽)(28 삭제), 28-44(474-478쪽), 57-61(570-571쪽), 61-63(492-493쪽), 63-66(401-402쪽), 66-74(695-697쪽)

제12편 1-6(697-698쪽), 6-18(702-706쪽), 26-33(478-480쪽), 33-37(468-469쪽), 37-41(418-420쪽), 41-45(348-350쪽), 52-69(495-499쪽), 77-83(465-467쪽), 83-95(567-570쪽), 95-102(532-534쪽)

제13편 1-45(673-685쪽), 45-53(338-340쪽), 60-64(706-707쪽), 64-74(370-372쪽)

제14편 1-5(699-700쪽), 13-30(440-445쪽), 30-44(512-514쪽), 44-56(342-345쪽), 56-60(341-342쪽), 60-74(563-567쪽), 74-82(355-357쪽)

제15편(687-694쪽)

제16편(457-462쪽)

제17편 1-24(384-390쪽), 24-28(402-403쪽), 28-48(390-395쪽), 48-53(396-399쪽), 65-81(415-418쪽), 81-91(324-326쪽)

제18편 15-19(327-328쪽), 22-29(329-331쪽), 29-39(503-505쪽), 40-46(488-489쪽)

제19편 1-7(482-484쪽), 7-15(363-366쪽), 15-17(467-468쪽), 17-21(367-368쪽),
22-26(362-363쪽), 35-46(508-511쪽), 46-54(360-362쪽), 54-59(358-359쪽),
62-64(368-369쪽)

제20편 1-9(319-322쪽), 9-22(462-465쪽), 22-24(377-378쪽), 45-50(318-319쪽),
50-61(447-449쪽), 61-68(312-314쪽), 68-70(376-377쪽)

제21편 14-24(450-453쪽), 24-38(345-348쪽), 38-44(322-323쪽), 45-47(369쪽),
47-57(372-375쪽)

제22편 1-16(424-428쪽), 16-21(369쪽), 21-28(428-430쪽), 28-43(350-355쪽),
43-68(430-438쪽), 68-70(370쪽), 70-76(438-440쪽)

제23편 42-44(275쪽), 52-58(273-274쪽), 58-66(276-278쪽), 66 이하(219-220쪽),
70-72(506-507쪽), 72-74(283-284쪽)

제24편 38-48(267-269쪽), 48-51(329쪽), 61-65(279-280쪽), 70-73(400-401쪽),
88-96(295-297쪽), 96 이하(228쪽), 97 이하(228쪽), 101 이하(219-220쪽), 102
이하(217쪽), 103-105(161쪽), 105-111(159-160쪽)

제25편 9-15(375-376쪽), 15-20(297-299쪽), 20-33(411-415쪽), 33-38(293-
295쪽), 43-50(500-502쪽), 51-54(271-272쪽), 54-59(291-292쪽), 59-82
(403-411쪽)

제26편 6-11(315-316쪽), 31-33(266-267쪽), 48 이하(506쪽)

제27편 1-10(284-288쪽), 10-14(270-271쪽), 16-21(281-282쪽)

제28편-제31편(585-663쪽)

제32편 10 이하(378쪽), 11-15(289-291쪽), 22-26(316-317쪽), 41 이하(484쪽), 42-
46(317-318쪽), 46 이하(314-315쪽), 47-50(331-332쪽), 50-52(160-161쪽)

제33편(708-739쪽)

제2부

장자의 저술

『장자』〈내편〉(제1-7편) 및
〈내편〉과 관련된 구절들

1
목적지 없이 거닐기
(제1편 [「소요유」])

『장자』의 편찬자들이 「목적지 없이 거닐기[소요유]」에 모아놓은 단편들은 모두가 세속의 제한된 관점들을 뛰어넘어 높이 날아오르는 것을 주제로 하고 있다. 세속적인 성공과 명성으로 통하는 정해진 길을 벗어나라. 당신이 쓸모없다거나 이기적이라거나 천하天下의 선善에 관심이 없다는 식의 비난들은 모두 무시하라. 그러면 평범한 야심들은 다 하찮게 보이는 관점이 열리고, 삶의 여정은 힘들지 않은 산책이 될 것이다.

||||||||||||

북쪽 넓은 바다[북명北冥]에 물고기가 한 마리 있으니, 그 이름이 곤鯤이다. 곤의 둘레[1]가 몇 천 리가 되는지는 아무도 모른다. 그 물고

---

[1] [원] 大: 대大, 즉 '크기size'의 측정은 둘레를 기준으로 한다. A. C. Graham, *Later*

기는 변화하여 새가 되니, 그 이름이 붕鵬이다.[2] 붕의 등이 몇 천 리가 되는지는 아무도 모른다. 붕이 가슴을 활짝 펴고 날아오를 때, 그양 날개는 하늘에 드리운 구름과 같다. 이 새는 바다가 일렁일 때 남쪽 넓은 바다[남명南冥]를 향해 가려고 한다. (남쪽 넓은 바다는 하늘의 호수[天池]이다.) 『터무니없는 이야기들[諧]』[3]에서 전하는 말로는, "붕은 남쪽 넓은 바다를 향해 가려고 할 때, 수면을 내려쳐서 물결을 일으키는데 그 물결의 파문이 장장 삼천 리까지 펴져나가고, 회오리바람을 타고 나선형을 그리며 상승하는데 그 높이가 장장 구만 리에 달하며, 육 개월을 가서야 비로소 숨을 쉰다"고 한다. (『제나라의 터무니없는 이야기들[제해齊諧]』은 경이로운 일들을 기록한 책이다.) 하늘에 감도는 푸른빛은 하늘의 본래 색깔일까? 아니면 우리가 끝없이 먼 곳을 바라보고 있어서 그런 것일까? 붕은 아래로 내려다보

Mohist logic, ethics and science, 379["큼[大]과 작음[小]은 길이나 너비, 폭을 기준으로 측정되는 것이 아니라 둘레를 기준으로 측정된다"].
2) [원] 이어지는 붕새의 일화에서는 본문이 뒤죽박죽된 흔적이 보인다. 그렇게 된 원인은 장자가 본인이 쓴 원고를 깔끔하게 정리하지 못한 데 있거나, 후대의 편집자가 자신의 생각을 덧붙여 넣어서 본문의 내용을 늘려놓은 데 있을 것이다. 괄호에 넣은 두 구절("南冥者. 天池也[남쪽 넓은 바다는 하늘의 호수이다]." "齊諧者. 志怪者也[『제나라의 터무니없는 이야기들』은 경이로운 일들을 기록한 책이다]")은 장자가 차후에 추가한 부분이거나 후대에 덧붙여 넣은 주석들로 보인다. [이중 두 번째 구절은 통용본에서는 "『터무니없는 이야기들』에서 전하는 말로는[諧之言曰]…"이라는 문장 앞에 오는데, 그레이엄은 뒤로 옮긴 뒤에 괄호에 넣었다.] 하버드-옌칭연구소에서 간행한 『장자인득莊子引得』의 11/4, 19[「在宥」]에도 이런 식으로 첨언된 부분이 두 구절 더 있다["사람들이 지나치게 기뻐한다면 그것은 양陽에 치우쳐 균형을 잃은 것이다. 지나치게 분노한다면 그것은 음陰에 치우쳐 균형을 잃은 것이다[人大喜邪毗於陽, 大怒邪毗於陰]," (11/4) "인간의 마음보다 격렬하고 거만하며 묶어두는 게 불가능한 게 또 있을까[憤驕而不可係者, 其唯人心乎]?"(11/9)]. 앞의 두 번째 문장처럼 이 두 구절도 뒤에 나오는 문장들에 대한 주해로 보인다. 주해가 본문으로 들어올 때 너무 앞부분에 놓였음을 암시한다.
3) [원] 諧: '터무니없는 이야기 tall story.' 朱桂曜, 『莊子內篇證補』, 5.

이는 모든 것이 위로 올려다보이는 것과 똑같아져야(아지랑이, 모래 폭풍, 생물들이 서로에게 내뿜는 숨처럼 보여야)[4] 비로소 더 높이 올라가기를 멈춘다.[5]

  물이 충분히 고여 있지 않으면, 큰 배를 실어 나르기에는 힘이 부족할 것이다. 마루의 움푹 팬 곳에 한 잔의 물을 엎지르면, 거기서는 씨앗 한 톨이 한 척의 배가 된다. 그러나 그곳에 잔을 올려놓으면, 그 잔이 물을 다 메워버린다. 물은 그처럼 얕은데 배는 너무 크기 때문이다. 바람이 충분히 쌓여 있지 않으면, 붕의 거대한 양 날개를 실어 나르기에는 힘이 부족할 것이다. 그 새는 구만 리 높이로 올라가 아래로 바람이 가득 쌓이게 되면 그제야[6] 안심하고 그 바람에 무게를 싣는다. 그리고 푸른 하늘을 등지고 시야가 맑게 트이면 그제야 남쪽

---

4) [원] (野馬也. 塵埃也. 生物之以息相吹也.): 이 구절 역시 주해가 본문으로 편입될 때 너무 앞부분에 놓이게 된 경우일 것이다. [이 구는 통용본에서는 "하늘에 감도는 푸른빛은 하늘의 본래 색깔일까[天之蒼蒼. 其正色邪]?"라는 문장 앞에 오는데, 그레이엄은 이곳으로 옮긴 뒤에 괄호에 넣었다.] 붕이 자기 아래로 어떤 광경이 내려다보이는지를 묘사한 것으로 보이기 때문이다. 땅을 흐릿하게 만들어 하늘과 구별할 수 없게 하였다.

5) [원] ~則已矣: '~하면 멈춘다(더 높이 올라가지 않는다).' 19/59「達生」와 23/66「庚桑楚」도 참조하라["그렇지 않으면 다 관두지요[不然則已]." (19/59) "부모는 뭐라고 말하기에는 너무 가까운 피붙이다[大親則已矣]"(23/66)]. 『장자』에서 '則已矣'와 [뒤에 나오는] '斯已矣'는 '而已矣', 즉 '~일 뿐이다'처럼 순수한 허사虛辭 결합형으로 사용된 용례가 없다.

6) [원] 乃今: '그제야only now.' 1/7["그제야 안심하고 그 바람에 무게를 싣는다[而後乃今培風]"], 1/8["그제야 남쪽으로 진로를 잡을 것이다[而後乃今將圖南]"], 1/12["요즘 들어서야 팽조가 유독 오래 산 사람으로 유명할 뿐이다[而彭祖乃今以久特聞]"]. 4/71「人間世」, 7/1「應帝王」, 11/56「在宥」, 14/61「天運」, 23/43「庚桑楚」에도 같은 구절이 나온다["이제 겨우 죽기 직전에 이르러서야 뜻을 이루었으니[幾死. 乃今得之]."(4/71) "너는 여태까지 그걸 몰랐단 말이냐[而乃今知之乎]?"(7/1) "몸소 그것을 구했는데 지금에서야 얻었습니다[躬身求之. 乃今也得]."(11/56) "나는 평생 처음 용을 보았다[吾乃今於是乎見龍]."(14/61) "정해진 길을 따르는 사람만이 항구성을 지닌다[人有循者. 乃今有恒]"(23/43)].

으로 진로를 잡을 것이다.

北冥有魚. 其名爲鯤. 鯤之大不知其幾千里也. 化而爲鳥. 其名爲鵬. 鵬之背不知其幾千里也. 怒而飛. 其翼若垂天之雲. 是鳥也. 海運則將徙於南冥. (南冥者. 天池也.) 諧之言曰. 鵬之徙於南冥也. 水擊三千里. 搏扶搖而上者九萬里. 去以六月息者也. (齊諧者. 志怪者也.) 天之蒼蒼. 其正色邪. 其遠而無所至極邪. 其視下也. 亦若是則已矣. (野馬也. 塵埃也. 生物之以息相吹也.) 且夫水之積也不厚. 則其負大舟也無力. 覆杯水於坳堂之上. 則芥爲之舟. 置杯焉則膠. 水淺而舟大也. 風之積也不厚. 則其負大翼也無力. 故九萬里則風斯在下矣. 而後乃今培風背負靑天而莫之夭閼者. 而後乃今將圖南.

매미 한 마리와 멧비둘기 한 마리가 붕을 비웃으면서 이렇게 말했다.

"우리는 한바탕 떨쳐 일어나 공중을 겨우 날다가 느릅나무나 다목나무에 이르면 멈춘다.[7] 때로는 그 나무들에 채 가닿기도 전에 땅바닥으로 잡아끌려가듯 도로 떨어진다. 도대체 저 새는 남쪽을 향해 가면서 구만 리 높이로까지 올라가는 이유가 무엇일까?"

숲속 풀밭으로 떠나는 사람은 세 끼 분량의 음식만 가져가도 배부른 채 집으로 돌아올 것이다. 백 리를 가는 사람은 가는 데 걸릴 날들에 대비해 곡식을 빻는다. 천 리를 가는 사람은 석 달 동안 버틸 곡식을 사 모은다. 매미와 멧비둘기, 이 두 생물이 뭘 알겠는가? 작은 지

---

7) [원] 槍楡枋而止: 통용본에는 '而止'가 없다. 『장자궐오莊子闕誤』의 이문異文에서는 초기의 인용문들에 의거해 '而止'를 붙였다. 陳鼓應, 『莊子今註今譯』, 9.

혜는 큰 지혜에 미칠 수 없고, 몇 안 되는 해는 여러 해에 미칠 수 없다. 그렇다는 것을 우리는 어떻게 알 수 있는가? 아침나절에 피는 버섯은 그믐달과 초승달을 모르며, 귀뚜라미는 봄과 가을을 모른다. 그것들에게 주어진 시간이 너무 짧기 때문이다. 초楚나라 남쪽에 명령冥靈이라는 나무가 있는데, 이 나무는 오백 년을 봄으로 하여 자라고 오백 년을 가을로 하여 쇠해간다. 아주 먼 옛날 춘椿이라는 큰 나무가 있었는데, 팔천 년을 봄으로 삼고 팔천 년을 가을로 삼았다 한다. 요즘 들어서야 팽조彭祖가 유독 오래 산 사람으로 유명할 뿐이다. 보통 사람들은 그가 최고라고 생각하는데, 슬프지 않은가?

蜩與學鳩笑之曰. 我決起而飛. 槍榆枋而止. 時則不至而控於地而已矣. 奚以之九萬里而南爲. 適莽蒼者. 三飡而反. 腹猶果然. 適百里者. 宿舂糧. 適千里者. 三月聚糧. 之二蟲又何知. 小知不及大知. 小年不及大年. 奚以知其然也. 朝菌不知晦朔. 蟪蛄不知春秋. 此小年也. 楚之南有冥靈者. 以五百歲爲春. 五百歲爲秋. 上古有大椿者. 以八千歲爲春. 八千歲爲秋. 而彭祖乃今以久特聞. 衆人匹之. 不亦悲乎.

(탕湯임금이 극棘에게 물었던 것도 이에 관한 것이다. "아무것도 자라지 않는 북쪽에 광대한 바다가 있으니, 하늘의 호수라 하오. 그곳에 물고기가 한 마리 있으니, 너비가 수천 리나 되고 그 길이가 얼마인지는 아무도 모른다오. 그 물고기의 이름은 곤이오. 그곳에 새가 한 마리 있으니, 이름이 붕이오. 붕의 등은 태산만큼 크고, 붕의 양 날개는 하늘에 드리운 구름과 같소. 붕은 회오리바람을 타고 양뿔처럼 나선형을 그리며 구만 리 높이로 올라가는데, 구름에서 완전히 벗어나 푸른 하늘을 짊어지게 되면, 그제야 남쪽 넓은 바다로 떠나기 위

해 진로를 남쪽으로 잡는다오. 그런데 메추라기 한 마리가 그것을 비웃으면서 다음과 같이 말했소. '저 새는 어디로 갈 생각일까? 나는 깡충깡충 뛰면서 올라가도 몇십 길도 채 안 되어 날개를 퍼덕이며 덤불 사이로 내려온다. 이것이 날 수 있는 최상의 높이인데, 그는 대체 어디로 갈 생각일까?'" 이 물음은 바로 작은 것과 큰 것에 대한 논쟁 중에 있었다.)[8]

(湯之問棘也是已. 窮髮之北有冥海者. 天池也. 有魚焉. 其廣數千里. 未有知其修者. 其名爲鯤. 有鳥焉. 其名爲鵬. 背若太山. 翼若垂天之雲. 搏扶搖羊角而上者九萬里. 絶雲氣. 負靑天. 然後圖南. 且適南冥也. 斥鴳笑之. 曰. 彼且奚適也. 我騰躍而上. 不過數仞而下. 翺翔蓬蒿之閒. 此亦飛之至也. 而彼且奚適也. 此小大之辯也.)

한 관직을 맡아 잘해낼 만큼만 똑똑하거나, 한 지역을 보호할[9] 만큼만 유능한 자들, 일개 제후의 마음에나 들고 한 나라에서나 시험해볼 만한 힘을 가진 자들, 이들이 자기 자신을 보는 것도 작은 새들이 자기 자신을 보는 것과 같다. 송영宋榮은 그런 자들을 경멸하면서 비웃었다. 그뿐만 아니라 그는 온 세상이 자신을 칭찬한다고 해서 고무되는 법이 없었고, 온 세상이 그를 비난한다고 해서 단념하는 법도 없었다. 그는 내면과 외면의 구분에 대해 확고했고, 영예와 모욕의 경계

---

8) [원] 괄호에 넣은 이 긴 삽입절은 편집자가 『장자』의 본문과 유사한 구절이 있음을 스스로 알아차리고 소개해놓은 것이거나, 장자가 쓴 다른 원고, 또는 그의 초고 가운데에서 찾은 장자의 전거들로부터 발췌한 구절을 소개해놓은 것일 수 있다.
9) [원] 比: 오여륜吳汝綸의 『장자점감莊子點勘』에 따르면 (17/9 「秋水」의 比와 마찬가지로 ["내가 하늘과 땅으로부터 몸을 보호받고[自以比形於天地]"]) '庇'와 같다.

에 대한 식별력을 가지고 있었다. 그러나 그는 더 높이 날아오르지는 못했다.[10] (세상을 지나치게 걱정해서 깨끗이 벗어나지 못했기 때문이다.) 그렇다면 저 열자列子는 어떨까? 그는 바람을 수레 삼아 타고 여행을 했으니, 틀림없이 멋진 광경이었을 것이다. 그렇게 그는 보름 동안 돌아오지 않았다. (그렇다고는 하지만 그는 자신의 땅에 무언가를 심는 데에는 실패하였다.)[11] 송영은 세상에 복을 불러오기를 바라는 마음 때문에 깨끗이 벗어나는 데[12] 실패하였으며, 열자는 발로 걸어 다니는 수고는 면했을지 몰라도, 여전히 자신의 무게를 지탱해줄 무언가에 의지해 있었다. 육기六氣의 변화를 자신의 수레로 삼아 몰고 하늘과 땅 사이의 참된 길을 따라 내달리면서 무한함 속으로 여행을 하는 사람이라면, 따로 의지할 게 뭐가 있겠는가? 이런 말이 있다.

10) [원] 斯已矣: 각주 5를 참조하라.
11) [원] (彼其於世. 未數數然也[세상을 지나치게 걱정해서 깨끗이 벗어나지 못했기 때문이다.]) (雖然. 猶有未樹也[그렇다고는 하지만 그는 자신의 땅에 무언가를 심는 데에는 실패하였다].): [이중 두 번째 구절은 통용본에서는 첫 번째 구절 바로 뒤에 나온다. 그러나 그레이엄은 이 두 번째 구절을 열자에 대한 논평으로 보아 "그렇게 그는 보름 동안 돌아오지 않았다[旬有五日而後反]"의 뒤로 보내고 괄호에 넣었다.] 이 두 구절은 1/2 이하에 나오는 삽입문들["남쪽 넓은 바다는 하늘의 호수이다." "『제나라의 터무니없는 이야기들』은 경이로운 일들을 기록한 책이다"]처럼 역시 삽입문으로 보인다. 이중 두 번째 구절은 열자에 대한 논평인데 본문으로 들어올 때 너무 앞부분에 위치하게 되었음을 암시한다. 1/20[열자에 대한 언급]과 비교해볼 때, 첫 번째 구절은 송영을 가리키는 것이 확실하지만, 두 번째 구절은 열자에게 적용된다고 추측해볼 수 있다.
12) [원] 數數然: 나는 이 표현이 다른 곳에서 사용된 용례를 본 적이 없다. 다른 용례를 통해 입증되지 않는 첩어疊語로 되어 있기 때문에 단지 문맥으로부터 그 의미를 추측할 수 있을 뿐이다. 사마표司馬彪의 설명(급급汲汲, 즉 '안달 남'과 같다)도 분명 그런 추측에서 나왔을 것이다. 편집자들이 이 설명을 계속 반복해온 것은 더 나은 대안이 없기 때문이다. 1/19의 삽입문["세상을 지나치게 걱정해서 깨끗이 벗어나지 못했기 때문이다"]처럼 이 표현이 삽입구라는 게 확인되면 문맥이 더 분명해질 것이다. 문맥상 수수연數數然은 세속적 관심으로부터 초연함을 묘사한 것이며, 송영은 그런 태도를 얻는 데 실패했음을 함의한다.

지극한 사람[至人]은 자기가 없고,

신묘한 사람[神人]은 공적을 인정받는 일이 없고,

성인聖人은 이름이 없다.

故夫知效一官. 行比一鄕. 德合一君而徵一國者. 其自視也亦若此矣. 而宋榮子猶然笑之. 且擧世而譽之而不加勸. 擧世而非之而不加沮. 定乎內外之分. 辯乎榮辱之境. 斯已矣. (彼其於世. 未數數然也.) 夫列子御風而行. 泠然善也. 旬有五日而後反. (雖然. 猶有未樹也.) 彼於致福者. 未數數然也. 此雖免乎行. 猶有所待者也. 若夫乘天地之正. 而御六氣之辯. 以遊无窮者. 彼且惡乎待哉. 故曰. 至人无己. 神人无功. 聖人无名.

|주| 괄호 친 구절들은 장자가 추가한 부분들이거나 후대의 주석으로 보인다. 그중 셋은 통용본에서 부적절한 위치에 있는 듯해서 번역문에서는 조금 뒤로 옮겼다.

송영은 「천하의 아래쪽[천하]」(718쪽 이하)에서 언급되는 철학자 송견宋銒이다. 그의 가르침 중 하나는 "모욕당하는 것은 수치스러운 일이 아니다[見侮不辱]"라는 것이다. 장자는 다른 사람들의 판단에 따라 자신이 평가절하되었다고 느끼는 것을 거부하는 송영의 태도를 세상으로부터 벗어나는 첫걸음으로 보지만, 그가 여전히 정치에 참여하는 것을 자신의 의무로 여기는 것에 대해서는 유감스럽게 생각한다. 열자는 이후에 도가의 가장 위대한 성인의 반열에까지 오르지만, 장자가 보기에는 불가사의한 마법을 통해 도를 찾으려 하는 오류를 범하는 바람에 최종적인 해방에는 이르지 못한 사람이었다. 〈내편〉에는 그에 관한 일화가 한 편 있는데, 그 일화에 따르면(257-264쪽) 그

는 진정한 도에 이르기 전에 한 무당에게 현혹된다. 이들 중 누구도 공을 인정받거나 영예로운 명성을 얻는 데 무관심해지는, 자기 없음의 경지를 완전히 달성하지는 못했다.

하늘과 땅의 순환 운동을 활성화시키는 '육기'는 전통적으로 음과 양[陰陽], 바람과 비[風雨], 어둠과 빛[晦明]으로 꼽힌다.

• • •

요堯임금이 허유許由에게 천하를 넘겨주려고 하면서 말했다.
"해나 달이 떠올랐는데도 횃불을 끄지 않는다면, 세상을 밝히겠답시고 지나치게 고생을 하고 있는 게 아니겠습니까? 때맞춰 비가 내리는데도 수로에 계속 물을 쏟아붓는다면, 논밭에 물을 대겠답시고 지나치게 일하고 있는 게 아니겠습니까? 선생께서 그 자리에 계시는 사이에 천하가 잘 다스려지고 있는데도,[13] 아직까지 제가 높은 자리를 차지하고 있습니다. 제가 보기에는 저는 그럴 만한 가치가 없습니다.

---

13) [원] 夫子立而天下治: 글자 그대로 번역하면, "선생께서 '서 있는' 동안, 천하가 잘 다스려지고 있습니다"이다. 입立, 즉 '서 있다stand'는 왕위나 조정의 어떤 지위를 차지하고 있는 것을 가리키는 것으로 생각될 수 있다. 그런데 통상적인 해석을 받아들여 이 문장을 사실에 반하는 가정으로 간주해서, "선생께서 왕위에 오른다면 세상은 잘 다스려질 것입니다If you took the throne the world would be well ordered"(Burton Watson, *The Complete Works of Chuang Tzu*, 32)로 해석하면 곤란하다. 왜냐하면 (1) 이 내용이 사실에 반하려면 단순히 이而만으로는 안 되고, 사使, 즉 '~라고 가정한다면'과 같은 좀 더 강력한 허사가 필요해 보이기 때문이다. (2) 전체적 맥락은 천하가 이미 허유의 영향력을 통해 잘 다스려지고 있으며, 따라서 요임금이 왕위에 있는 것은 단순히 형식에 얽매여 있는 것임을 암시하고 있기 때문이다. 28/5「讓王」에 있는 순舜과 선권善卷의 대화를 참조하라. 순이 선권에게 선양하려고 하자, 선권은 "余立於宇宙之中", 즉 "온 우주의 시간과 공간[宇宙]이 바로 내가 서 있는 조정이오"라는 말로 거절한다.

선생께 천하를 바치고자 합니다."

[허유가 말했다.]

"당신이 황제로서 천하를 다스려 천하가 이미 잘 다스려지고 있습니다. 그런데도 제가 굳이 당신을 대신해야 할 이유를 찾아야 한다면, 그건 이름을 위한 것이 아니겠습니까? 그러나 이름이란 실질의 손님입니다. 그것이 어찌 실질을 위한 일이겠습니까?[14] 뱁새는 깊은 숲속에 둥지를 틀 때 나뭇가지 하나면 족하고, 두더지는 황하에서 물을 마실 때 배만 채우면 됩니다. 임금께서 속해 계신 곳으로 돌아가십시오. 천하는 제게 쓸모가 없습니다. 숙수가 주방을 난장판으로 돌아가게 한다고 해서, 제사를 주관하는 자와 무당이 항아리들과 식기들을 넘어가서 그를 대신하지는 않을 것입니다."

堯讓天下於許由. 曰. 日月出矣. 而爝不息. 其於光也. 不亦難乎. 時雨降矣. 而猶浸灌. 其於澤也. 不亦勞乎. 夫子立而天下治. 而我猶尸之. 吾自視缺然. 請致天下. 許由曰. 子治天下. 天下旣已治也. 而我猶代子. 吾將爲名乎. 名者實之賓也. 吾將爲實乎. 鷦鷯巢於深林. 不過一枝. 偃鼠飮河. 不過滿腹. 歸休乎. 君. 予无所用天下爲. 庖人雖不治庖. 尸祝不越樽俎而代之矣.

|주| 유가의 전설에 따르면 왕조 성립 이전의 황제인 요는 자신의 시대가 끝나자 자기를 대신해서 통치하기에 가장 적합한 순舜에게 왕위를 물려준 성인이다. 양가들과 도가들은 은둔자인 허유를 요의

---

14) [원] 爲實乎: 통용본은 '實'이 '賓'으로 되어 있다. 유월兪樾의 『제자평의諸子平議』에 따라 '實'로 교정한다.

왕위 제안에 경멸의 태도를 보인 자로 그리기를 좋아했다. 이 일화와 다음 일화에서 장자는 한층 더 세밀해진 내용을 소개한다. 요는 그의 통치가 순조로웠던 것은 정책들 덕분이 아니라, 사적으로 자신의 덕德을 잘 닦았던 개인들, 즉 허유와 고야姑射산의 이름 없는 사람 덕분이라는 것을 잘 이해하고 있었다. 고대 중국 사상에서 정치 질서는 통치자가 가진 덕의 신비로운 감화력으로부터 곧바로 귀결되는 것이며, 그 통치자가 하는 정치적 행위들은 단지 그것의 부산물에 지나지 않는다. 현대의 독자들에게 이것은 낯선 개념이겠지만, 장자의 통찰을 좀 더 익숙한 용어로 표현하자면 다음과 같다. 사회조직은 통치자들의 의도적인 정책들과는 거의 무관한 감화력의 작용에 따라 응집되거나 해체된다. 그런 감화력은 신분이 천하거나 공적으로는 눈에 띄지 않는 개인들로부터 흘러나오는 것일지도 모른다.

• • •

견오肩吾가 연숙連叔에게 질문을 했다.
"나는 접여接輿가 뭔가 말하는 걸 들었네. 그는 크게 떠벌렸지만 그 말은 사리에 맞지 않았다네. 그는 확고한 기반을 떠나더니 다시 되돌아오지 않았지. 나는 그의 말을 듣고 너무 놀라 소스라쳤다네. 그의 말은 계속 흘러나와 은하수처럼 끝없이 이어졌고, 그의 무모하고 터무니없는 생각들은[15] 인간의 실제 모습과는 아무 상관이 없었다네."

---

15) [원] 迂庭: 주구이야오朱桂曜의 『장자내편증보莊子內篇證補』, 19 이하에 따라 '터무니없음'을 의미하는 연어連語 binome[같은 뜻의 두 글자를 나란히 붙여서 하나의 단어처럼 사용하는 것]로 본다.

[연숙이 말했다.]

"그가 뭐라고 하던가?"

"이렇게 말했네. '저 아득히 먼 고야산에 신묘한 사람이 한 명 살고 있다. 그의 피부와 살결은 얼음과 눈과 같고, 부드럽기는 마치 처녀와 같다. 그는 오곡五穀을 먹지 않고 대신 바람을 들이쉬고 이슬을 마신다. 그는 구름의 증기에 올라타고 날아다니는 용을 수레에 매어 사면의 바다[사해四海] 밖에서 노닌다. 그 속에 깃든 신묘한 힘이 응집될 때, 생명체들은 역병에 걸리는 일이 없고 해마다 곡식들은 잘 익어간다.'

나는 그가 미쳤다고 생각해서 그의 말을 믿으려고 하지 않았네."

"그렇군. 눈이 먼 자들과는 상징적 문양이나 장식물의 장관을 함께 볼 수가 없고, 귀가 먹은 자들과는 온갖 북과 종으로 연주하는 음악을 함께 들을 수가 없네. 눈멀고 귀먹은 일이 어디 살과 뼈로 된 몸에만 있겠는가? 지혜에도 그런 일들이 있지. 접여는 구혼자가 오기를 기다리는 젊은 처자의 심정으로 이런 말을 한 것일세. 그 사람은, 그리고 그 사람이 지닌 덕은 만물을 융합시켜 하나로 만들려고 한다네. 이 시대는 혼란을 향한 끊임없는 충동에 시달리고 있는데,[16] 천하의 일을 그토록 자기 일로 삼고 싶어 하는 이 사람들은 대체 어떤 사람들이란 말인가? 다른 어떤 사물도 그 사람에게 상처를 입히지 못할 것이네. 하늘에 닿을 정도로 큰 홍수가 난다 해도 그는 물에 빠지

---

16) [원] 世蘄乎亂: 蘄는 『장자』에서 의지와 무관한 강한 충동을 가리키는 데 빈번히 사용되고, 다른 용법은 드물다(A. C. Graham, "A post-verbal aspectual particle in Classical Chinese: the supposed preposition *hu*乎", *Bulletin of the School of Oriental and African Studies*, 41/2, 1978, 337ff.). 따라서 "世蘄乎亂"이라는 구를 "이 시대는 혼란을 향한 끊임없는 충동에 시달린다"는 의미로 이해해도 아무런 문제가 없을 것이다.

않고, 큰 가뭄이 들어 쇠와 돌이 녹고 황무지와 산이 새까맣게 탈 지경이 되어도 그는 불에 타지 않을 것일세. 그 사람의 먼지와 찌꺼기만으로도 요와 순 같은 자는 얼마든지 주조해낼 수 있지. 다른 사물들을 자기 일로 삼겠다고 그토록 굳게 결심한 이 사람들은 대체 어떤 사람들이란 말인가?

의례용 관冠을 파는 송宋나라 사람이 월越나라로 장사를 하러 갔다네. 그러나 월나라 사람들은 머리를 짧게 깎고 몸에 문신을 하고 있어 그 관들이 아무런 쓸모가 없었지. 천하의 백성들을 다스리고 바다로 둘러싸인 모든 곳을 고르게 통치한 요는 아득히 먼 고야산에 사는 네 사람을 만나러 갔다가 분수汾水의 북쪽 기슭에서 멍하니 천하를 잊었다네."

肩吾問於連叔曰. 吾聞言於接輿. 大而无當. 往而不返. 吾驚怖其言. 猶河漢而无極也. 大有逕庭. 不近人情焉. 連叔曰. 其言謂何哉. 曰. 藐姑射之山有神人居焉. 肌膚若冰氷雪. 綽約若處子. 不食五穀. 吸風飲露. 乘雲氣. 御飛龍. 而遊乎四海之外. 其神凝. 使物不疵癘而年穀熟. 吾以是狂而不信也. 連叔曰. 然. 瞽者无以與乎文章之觀. 聾者无以與乎鐘鼓之聲. 豈唯形骸有聾盲哉. 夫知亦有之. 是其言也. 猶時女也. 之人也. 之德也. 將旁礡萬物以爲一. 世蘄乎亂. 孰弊弊焉以天下爲事. 之人也. 物莫之傷. 大浸稽天而不溺. 大旱金石流土山焦而不熱. 是其塵垢粃糠將猶陶鑄堯舜者也. 孰肯以物爲事. 宋人資章甫而適諸越. 越人斷髮文身無所用之. 堯治天下之民. 平海內之政. 往見四子藐姑射之山. 汾水之陽. 窅然喪其天下焉.

|주| 접여는 공자를 조롱했던 초나라의 광인이다. 공자의 일화

(197, 253-254쪽)를 보면 장자가 무척 좋아하는 등장인물이다. 여기서 '네 사람'이 누구인지는 그럴듯하게 확인된 바가 없다.

• • •

혜시[惠子]가 장자에게 말했다.

"위魏나라 왕이 내게 큰 조롱박 씨앗을 주었소. 그걸 심었더니 자라나서 다섯 섬들이 조롱박들이 맺혔소. 그런데 그 조롱박들은 물이나 국을 담았더니 똑바로 서 있을 만큼 견고하지를 못했소. 또 바가지를 만들려고 갈랐더니 휘어져서 내용물이 넘쳐버렸다오. 그것들이 놀라울 정도로 크지 않았던 건 아니오. 그러나 쓸모가 없어서 나는 그것들을 산산조각 내버렸다오."

[장자가 말했다.]

"선생은 참으로 큰 것의 용도를 알아내는 데 서툴군요. 송나라에 손 트는 것을 막는 연고를 만드는 데 명수인 사람이 한 명 있었습니다. 그의 집안은 대대로 비단을 표백하는 일을 해왔습니다. 그런데 어느 날 한 나그네가 그 소문을 듣고는 백금에 그 비방을 사겠다고 제의해왔습니다. 그 송나라 사람은 집안사람들을 모아놓고 의논하면서 이렇게 말했습니다. '우리는 대대로 비단을 표백하는 일을 해왔는데 수입이 몇 푼에 지나지 않는다. 이제 하루아침에 이 기술을 백금에 팔 수 있게 되었다. 이 비방을 그에게 넘기는 게 어떨까 한다.'

그 나그네는 비방을 얻어 오吳나라 왕에게 그것을 바쳤습니다. 오나라와 월나라 사이에 분쟁이 일어나자, 오나라 왕은 그를 장수로 임명했지요. 그해 겨울 그는 월나라 사람들과 한차례 수전水戰을 벌였습니다. 그는 월나라 사람들을 대파했고, 정복한 영토의 일부를 봉토로 받았습니다.

 송나라 사람과 나그네는 손을 트지 않게 하는 능력에 있어서는 우열을 가릴 수 없었지만, 한 사람은 그것으로 봉토를 얻은 반면, 다른 한 사람은 비단 표백하는 일을 면치 못했습니다. 그것을 다른 용도로 사용했기 때문입니다. 지금 선생에게 다섯 섬들이 조롱박들이 있다면, 어째서 그것들을 물을 건널 때 허리에 차는 큰 통으로 만들어서 양자강과 호수 위를 둥둥 떠다니지 않는 것입니까? 그것들이 휘어서 아무것도 담을 수 없을까만 걱정되었다면, 그건 선생이 자잘한 줄기들이 뒤얽힌 채 자라나는 그런 마음을 가지고 있기 때문이 아니겠습니까?"

惠子謂莊子曰. 魏王貽我大瓠之種. 我樹之成而實五石. 以盛水漿. 其堅不能自擧也. 剖之以爲瓢. 則瓠落無所容. 非不呺然大也. 吾爲其無用而掊之. 莊子曰. 夫子固拙於用大矣. 宋人有善爲不龜手之藥者. 世世以洴澼絖爲事. 客聞之. 請買其方百金. 聚族而謀曰. 我世世爲洴澼絖. 不過數金. 今一朝而鬻技百金. 請與之. 客得之. 以說吳王. 越有難. 吳王使之將. 冬. 與越人水戰. 大敗越人. 裂地而封之. 能不龜手一也. 或以封. 或不免於洴澼絖. 則所用之異也. 今子有五石之瓠. 何不慮以爲大樽而浮乎江湖. 而憂其瓠落無所容. 則夫子猶有蓬之心也夫.

• • •

혜시가 장자에게 말했다.
"내게 큰 나무가 있소. 사람들은 그것을 가죽나무라고 부른다오.

그 나무의 몸통은 옹이가 너무 많고 울퉁불퉁하여 먹줄로 잴 수가 없고, 가지는 너무 꼬불꼬불하고 꾸부러져서 그림쇠와 곡자에 맞지가 않소. 그 나무는 길에 서 있어도 목수가 눈길 한번 주지 않는다오. 지금 그대의 말도 크기는 하지만 쓸모가 없어서 사람들이 하나같이 거들떠보지 않을 것이오."

[장자가 말했다.]

"그대는 살쾡이나 족제비를 본 적이 없습니까? 그 녀석들은 몸을 낮게 웅크린 채 숨어서 길 잃은 먹이들을 기다리다 동서로 마구 달려들고 위아래로 날렵하게 움직이지요. 그러다가 결국 덫에 제대로 걸려들고 그물 속에서 헤어나지 못한 채 죽습니다. 그러나 지금 저 들소는 크기가 하늘에 드리운 구름과 같지만, 그렇게 크기 때문에 쥐 한 마리같이 작은 것은 잡을 수가 없습니다. 지금 그대는 큰 나무를 가지고 있으면서도 그것이 쓸모가 없다고 유감스러워 하고 있는데, 왜 그것을 아무것도 없는[무하유无何有의] 영역, 어딘지 모를 곳으로 뻗어 있는 황야에 심어놓고 그 옆에서 아무것도 함이 없이[无爲] 배회하고, 주변을 거닐다 그 그늘에서 잠들지 않는 것인지요?

    도끼에 찍히는 일이 없으며,
    그 무엇도 해하는 일이 없을 것이오.
    그대가 쓸모가 없다면
    누가 그대를 괴롭히리오?"

惠子謂莊子曰. 吾有大樹. 人謂之樗. 其大本擁腫而不中繩墨. 其小枝卷曲而不中規矩. 立之塗. 匠者不顧. 今子之言. 大而无用. 衆所同去也. 莊子曰. 子獨不見狸狌乎. 卑身而伏. 以候敖者. 東西跳梁. 不

辟高下. 中於機辟. 死於罔罟. 今夫斄牛. 其大若垂天之雲. 此能爲大矣. 而不能執鼠. 今子有大樹. 患其无用. 何不樹之於无何有之鄉. 廣莫之野. 彷徨乎无爲其側. 逍遙乎寢臥其下. 不夭斤斧. 物无害者. 无所可用. 安所困苦哉.

2
사물들을 고르게 만드는 분류
(제2편[「제물론」])

「제물론齊物論」이라는 편명의 마지막 글자는 때로는 '논의 discourse'로 이해되기도 하고('사물들을 고르게 만드는 것에 대한 논의'), 때로는 좀 더 기본적인 의미로 '(정합적인 논의 속에서) 분류하다sort out'로 이해되기도 한다. 세 글자로 이루어진 〈내편〉의 다른 편명들과 비교해볼 때 둘 중 후자가 더 적합하다. 論, 즉 '분류하기'는 사고 작용의 일종으로서 『장자』에서는 항상 호의적으로 거론된다. 도가를 벗어나면 이 단어는 우열 범주에 따라 등급을 매기는 것을 암시하지만, 장자는 그것을 가치 평가로부터 분리해내어 '사물들을 고르게 만드는 분류'로 바꿔놓는다.

이 편의 주제는 유가와 묵가 및 명가名家에 맞서서 사태를 종합적으로 바라보는 시각을 옹호하는 것이다. 유가를 비롯한 이 학파들은 양자택일적인 선택지들을 분석하고 구별하면서 어느 쪽이 옳고 어느 쪽이 그른지를 두고 논쟁을 일삼는다. 이 편에는 〈내편〉에서 철학적으로 가장 민감한 구절들이 실려 있다. 그 구절들은 내용이 불명료할

뿐만 아니라 파편화되어 있다. 그러나 고대 문헌으로서는 드물게도, 어떤 한 사람이 사유가 살아서 꿈틀대기 시작하는 바로 그 순간에 그것을 곧장 메모해놓은 것 같은 느낌이 곳곳에서 배어난다. 애석하게도 이후에 이 편을 엮은 혼합주의자는 지성을 깎아내릴 의도를 가진 이런 섬세한 지적 시도들에 공감하지 않은 것으로 보인다. 왜냐하면 그는 이 편과 밀접한 연관성이 있는 수많은 구절을 〈잡편〉으로 보내 버렸으니까 말이다(267-292쪽, 295쪽 이하).

|||||||||||||||

남곽南郭의 자기子綦가 팔걸이에 팔꿈치를 기댄 채 앉아 하늘을 우러러보며 숨을 내쉬었다. 마치 자신의 짝을 잃은 듯 넋이 나가 보였다. 안성자유顔成子游가 그 앞에 모시고 서 있다가 말했다.

"이게 어찌 된 일입니까? 정말로 형체를 말라비틀어진 나무처럼 만들 수 있고 마음을 불 꺼진 재처럼 만들 수 있는 것입니까? 지금 여기 기대 있는 사람은 어제 기대 있던 그 사람이 아닙니다."

"참 잘 물었다, 자유야! 지금 나는 나의 자아를 잃었다. 네가 그것을 안 것이더냐? 너는 인간의 피리 소리는 들어보았겠지만, 아직 대지의 피리 소리는 들어보지 못했을 것이다. 대지의 피리 소리는 들어보았더라도, 아직 하늘의 피리 소리는 들어보지 못했을 것이다."

"감히 그 비결에 대해 여쭙습니다."

"저 거대한 흙덩이가 숨을 내쉬니, 이름하여 '바람'이라고 한다. 바람이 일어나지 않는다면[17] 더 좋겠지만, 일단 일어나면 온갖 움푹 패

---

17) [원] 唯无: 주구이야오의 『장자내편증보』, 33 이하에서는 4/9「人間世」에 유무唯

인 곳들이 갑자기 울부짖기 시작한다. 웅웅대며 울려퍼지는 그 소리를 설마 못 들어본 건 아닐 것이다! 산림 속 저 깊고 깊은 곳,[18] 백 아름드리 되는 커다란 나무에 움푹 패여 있는 구멍들은 그 모양새가 콧구멍 같기도 하고 입 같기도 하고 귀 같기도 하고 장부를 꽂는 구멍 같기도 하고 사발 같기도 하고 작은 연못 같기도 하고 웅덩이 같기도 하다. 그 구멍들은 우우 야유하는 듯한 소리, 칫칫 비난하는 듯한 소리, 흥흥 콧방귀 뀌는 듯한 소리, 흡흡 들이키는 듯한 소리, 웅얼웅얼 궁시렁대는 듯한 소리, 끙끙 신음하는 듯한 소리, 획획 휘파람 부는 듯한 소리, 꺼이꺼이 곡하는 듯한 소리를 낸다. 앞에서 부는 바람이 '아아!' 하고 노래를 하면, 뒤에서 부는 바람이 '우우!' 하고 화답을 한다. 산들바람이 불면 자그맣게 합창을 하고, 회오리바람이 불면 위력적인 합창을 한다. 그러나 사나운 바람이 지나가고 나면 모든 구멍은 텅 비게 된다. 그 떨림이 점차 잦아들다 진정되는 모습을[19] 설마 못 본 건 아닐 것이다!"

"대지의 피리, 이것은 각양각색의 구멍들이군요. 인간의 피리, 이것은 관들을 나란히 붙여놓은 것이겠구요. 그렇다면 하늘의 피리에 대해 여쭙겠습니다."

"똑같은 게 하나도 없는 수만 가지 구멍에 숨을 가득 불어넣는 자, 그것들이 스스로 멈출 때 그것들을 꽉 봉하는 자, 그것들이 스스로

无의 또 다른 예가 있음을 지적하고 있다("그와는 논쟁을 벌이지 않는 것이 좋을 게다 [若唯无詔]"). 둘을 비교해보면 『장자』에서 유무는 '~하지만 않는다면'을 의미한다는 것을 알 수 있다(동일한 글자 조합이 빈번히 등장하는 『묵자墨子』에서는 그렇지 않다).

18) [원] 畏佳: '嵬崔'와 같다. 朱桂曜, 『莊子內篇證補』, 41.
19) [원] 勻勻: 통용본은 '刁刁'로 되어 있다. '勻勻'으로 교정한다. 朱桂曜, 『莊子內篇證補』, 44.

택할 때 그것들에게 힘을 몰아대는 자, 그자는 누구인가?[20]

南郭子綦隱机而坐. 仰天而噓. 荅焉似喪其耦. 顏成子游立侍乎前. 曰. 何居乎. 形固可使如槁木. 而心固可使如死灰乎. 今之隱机者非 昔之隱机者也. 子綦曰. 偃. 不亦善乎而問之也. 今者吾喪我. 汝知之 乎. 女聞人籟而未聞地籟. 女聞地籟而未聞天籟夫. 子游曰. 敢問其 方. 子綦曰. 夫大塊噫氣. 其名爲風. 是唯无作. 作則萬竅怒呺. 而獨 不聞之翏翏乎. 山陵之畏佳. 大木百圍之竅穴. 似鼻. 似口. 似耳. 似 枅. 似圈. 似臼. 似洼者. 似污者. 激者. 謞者. 叱者. 吸者. 叫者. 譹 者. 宎者. 咬者. 前者唱于而隨者唱喁. 泠風則小和. 飄風則大和. 厲

---

20) [원] 夫吹萬不同. 而使其自己也咸. 其自取也怒者. 誰邪: '咸'은 '緘'과 같다. 통용 본에는 '其自取' 뒤에 '也'가 없지만 '也'를 삽입한다. 이 구절은 글자 그대로 해석 하면 다음과 같다. "만 가지 서로 다른 것들에 숨을 가득 불어넣고, 그것들이 스 스로 멈출 때 그것들이 봉해지도록 만들며, 그것들이 스스로 택할 때 그것들이 갑자기 터져 나오도록 만드는 자, 그자는 누구인가?"
원이둬聞一多는 처음으로 이 문장에 대해 설득력 있는 구두점을 제시하였다(聞一多, 『莊子內篇校釋』, 242)[통상적으로 이 구절의 구두점은 다음과 같이 표시된다. "夫吹萬不同, 而使其自己也, 咸其自取, 怒者誰邪?"]. 원이둬는 2/12[「齊物論」]에 나오는 "其厭也如緘"에서 '봉하다seal up'라는 의미의 함緘(여기서는 부수 없이(咸) 표기됨)을 사마 표 판본의 14/2[「天運」]에 나오는 함咸과 동일한 것으로 보았다[14/2에는 "意者其有 機緘而不得已邪"라는 문장이 있는데, 육덕명陸德明의 『경전석문經典釋文』에 따르면 사마 표의 판본에는 緘이 咸으로 되어 있다고 한다]. 예전에 이 글자는 동사 앞에 오는 허사 인 함咸, 즉 '모두all'를 의미하는 것으로 간주되었다. 이 경우 어쩔 수 없이 구두 점을 "使其自己也, 咸其自取"로 표시할 수밖에 없는데, 그렇게 되면 정합적인 해 석의 여지는 거의 사라진다. 그러나 어떤 경우든 함咸이 '모두'를 의미하는 허사 로 사용된 것은 고전 시대 이전이며, 이후에는 개皆로 대체된다(그것이 고전으로 신성시된 『서경書經』에서 차용한 고어로 되살아난 것은 후대의 일일 뿐이다). 『장자』에서 는 그런 허사로 사용된 경우가 없다. 딱 한 번 하나의 단어로 사용되었을 뿐이다 (22/47[「知北遊」]의 "周徧咸三者. 異名同實", 즉 "'보편적인[周]', '도처에[徧]', '모두[咸]', 이 세 가지는 동일한 실체에 대한 서로 다른 이름들이다").

風濟則衆竅爲虛. 而獨不見之調調之刁刁乎. 子游曰. 地籟則衆竅是已. 人籟則比竹是已. 敢問天籟. 子綦曰. 夫吹萬不同. 而使其自己也咸. 其自取也怒者. 誰邪.

하늘은 돌고 돌지 않는가!
땅은 굳게 자리 잡고 있지 않는가!
해와 달은 한 자리를 놓고 다투지 않는가!
그것들을 발사한 활은 누구의 것일까?
그것들을 담고 있는 그물은 누구의 것일까?
누가 아무 하는 일 없이 앉아서 그들을 떠밀어 보내는 것일까?

다른 무언가가 있어서 그것들을 촉발시켰다 봉했다 하는 것이지, 그것들로서는 아무런 선택의 여지가 없다고 생각해보면 어떨까?
아니면 그것들이 돌고 도는 운행 속에서 스스로는 멈출 수 없다고 생각해보면 어떨까?
구름이 비를 만드는 것일까?
아니면 비가 구름을 만드는 것일까?
누가 그것들에게 은혜를 베푸는 것일까?
누가 아무 하는 일 없이 앉아서 황홀경에 빠진 듯 그것들을 다그치는 것일까?

바람은 북쪽에서 일어나
서쪽으로 불고 동쪽으로 분다.
그리고 지금 다시 빙빙 휘돌아 위로 높이 불어 오른다.
누가 그것을 내쉬고, 누가 그것을 들이쉬는 것일까?

누가 아무 하는 일 없이 앉아서 그것들 사이를, 그것들 위를 휩쓸고 있는 것일까?"[21]

天其運乎. 地其處乎. 日月其爭於所乎. 孰主張是. 孰維綱是. 孰居无事推而行是. 意者其有機緘而不得已邪. 意者其運轉而不能自止邪. 雲者爲雨乎. 雨者爲雲乎. 孰隆施是. 孰居无事淫樂而勸是. 風起北方. 一西一東. 有上彷徨. 孰噓吸是. 孰居无事而披拂是.

21) [원] 天其運乎. … 孰居无事而披拂是: 통용본에서 이 시는 〈외편〉에 있는 「하늘의 운행[천운天運]」의 도입부(14/1-4)에 나오는데, 본래는 남곽 자기의 일화(2/1-9[「齊物論」])의 결론이었을 것이다. 형계荊溪(711-781)가 쓴 불교의 『지관보행전홍결止觀輔行傳弘決』에서는 이 부분을 〈내편〉의 구절로 인용하고 있다(『大正新脩大藏經』No. 1912, 440C). 형계는 〈내편〉과 〈외편〉의 주제들을 구별하고 있고, 이 시를 이용해서 〈내편〉에 있는 자연自然, 즉 자발성의 주제를 설명하고 있기 때문에, 그의 인용이 단순 착오일 가능성은 거의 없다. 아마도 곽상郭象이 『장자』를 축약할 때 이 시를 「하늘의 운행」의 도입부와 중복된다고 보아 〈내편〉에서 삭제했을 것이다. 「하늘의 운행」의 경우, 이 편명이 이 도입부의 시에서 따온 것이기 때문에 손을 댈 수가 없었을 것이다. 이 시는 남곽 자기의 대화의 끝 부분에 두면 아주 깔끔하게 맞아떨어진다.

1. 남곽 자기의 마지막 대답["똑같은 게 하나도 없는 수만 가지 구멍에 숨을 가득 불어넣는 자, 그것들이 스스로 멈출 때 그것들을 꽉 봉하는 자, 그것들이 스스로 택할 때 그것들에게 힘을 몰아대는 자, 그자는 누구인가?"]은 한 문장으로 그쳤기 때문에 완결되었다고 볼 여지가 거의 없다. 사람들은 이 대화가 웅장한 클라이맥스에 이르기를 기대할 것이다.
2. 이 시는 모든 것에 부는 바람이라는 동일한 비유를 사용해서, 사물들을 시작하게 만들고 끝나게 만드는 자가 누구인지를 묻는 남곽 자기의 질문을 재개하고 있다.
3. 제2편[「齊物論」]의 처음 두 일화에서 사물들의 끝남은 '스스로 멈춤'(14/2[「天運」]의 '自止', 2/9[「齊物論」]의 '自己'와 유사함)과 '봉해짐'(사마표 판본의 14/2[「天運」]에 나오는 '咸'의 이체자異體字인 '緘', 2/9[「齊物論」]의 '咸', 2/12[「齊物論」]의 '緘'과 유사함)으로 묘사되고 있다. 우리는 사물들을 출발시키는 방아쇠의 비유(14/2[「天運」]의 機. 2/11[「齊物論」] 참조)도 발견하게 된다.

|주| 팬파이프의 여러 관은 똑같이 숨을 불어넣어도 관의 길고 짧음에 따라 서로 다른 음을 만들어내고, 구멍들도 바람이 불면 그 각양각색의 모양에 따라 서로 다른 울림을 만들어낸다. 장자의 바람 우화는 철학자들 간의 상충되는 언설들을 그 소리들에 비유한다. 서로 다르게 형성된 개인들이 다르게 생각하는 것은 당연한 것이다. 그들의 견해들 사이에서 결정하려고 하지 말고, 그들에게 숨을 불어넣는 하늘에 귀를 기울여라.

남곽 자기의 무아지경은 〈잡편〉의 한 단편(279-280쪽)에서 다시 나타난다. 그 단편에서 그는 잇따라 등장하는 자아들이 점진적으로 객관화되는 것에 대해서 이야기하고 있다. 그는 자신을 그 자아들로부터 분리해낸다. 여기서 그는 '그 자신의 짝'과 '그 자신의 자아' 둘 다를 잃음으로써 궁극적으로는 이분법을 깨고 나온다.

"저 거대한 흙덩이[夫大塊]"는 〈내편〉에서만 독특하게 나타나는 어구이다(230-237쪽). 아득히 멀리 있는 우주의 이미지를 순식간에 한 손에 움켜쥘 만한 한 덩이 흙으로 불러내는 듯하다.

이 대화의 결론으로 붙인 시는 현재는 〈외편〉의 「하늘의 운행[천운]」(제14편)에만 남아 있다. 그러나 불교의 『지관보행전홍결 止觀輔行 傳弘決』(766년에 서문이 쓰인 것으로 추정)에서는 이 시를 〈내편〉에서 따온 것으로 인용하고 있다(『大正新脩大藏經』 No. 1912, 440C). 이 시는 『장자』를 축약한 자가 중복을 피하기 위해 〈내편〉에서 삭제한 부분이다. [「사물들을 고르게 만드는 분류」의] 이 부분에 아주 깔끔하게 맞아떨어지므로 어느 정도 확신을 갖고 여기로 옮겨놓아도 될 것이다.

● ● ●

"큰 지혜는 힘이 안 들지만,
작은 지혜는 흠을 들춰내느라 바쁘다.
큰 말은 담박하여 아무 맛도 없지만,[22]
작은 말은 구구절절 늘어놓는다.[23]

그것[마음]이 잠든 동안에는 혼들이 오고 가다 마주치고,
그것이 깨어나면 신체가 열린다.
우리가 감지하는 것은 뭐든 그것을 얽어매며
날마다 우리는 우리의 저 마음을 다투는 데 쓴다."

잠잠하게 가라앉은 것들, 깊이 빠져든 것들, 치밀한 것들.

"작은 공포들은 겁먹게 하지만,
극도의 공포는 착 가라앉게 한다.
오늬를 끼운 활시위를 당겼다 놓듯 그것이 발사되는 것",

이는 그것이 '그것이다, 아니다[是非]'를 따져대는 것을 가리킨다.

"그것이 맹세나 맹약에 의한 것인 양 우리를 단단히 묶어두는 것",

이는 그것이 꼭 승자가 되겠다고 다짐하는 것을 가리킨다.

---

22) [원] 炎炎: '淡'과 같다. 이이李頤의 판본(육덕명이 인용한 이이의 판본)에는 '淡'으로 되어 있다[이이의 판본은 현존하지는 않는다].
23) [원] 詹詹: '말이 많은verbose.' 朱桂曜, 『莊子內篇證補』, 47.

"그것이 마치 가을과 겨울처럼 쇠락해가는 것",

이는 그것이 날로 악화되는 것에 대해 말한 것이다. 그것이 침몰하면, 그것의 행위들의 원천[24]이 되는 것으로도 그 행위들을 회복시킬 수 없다.

"그것이 마치 봉인되고 있는 양 꽉 막히는 것",[25]

이는 노년에 그것이 고갈되어가는 것[26]에 대해 말한 것이다. 마음이 죽음에 가까워지면 그 무엇으로도 그것을 양陽으로 돌려놓을 수 없다.

사물들에 대해 느끼는 기쁨과 그것들에 대한 분노, 슬픔과 즐거움, 사전 숙고와 후회, 변화와 정지, 딱히 이렇다 할 목적 없이 우리의 몸짓들을 일으키는 작용들[27] — 음악은 텅 빈 곳으로부터 나오고, 수증기는 버섯으로 응결된다 — 이 밤낮으로 그 앞에서 번갈아 일어나지만, 그것들이 어느 땅에서 싹텄는지는 누구도 모른다. 그만 됐다! 그것이 아침저녁으로 이런 것들을 갖게 된 원천은 그것이 태어난 원천

---

24) [원] 所爲之: 문장이 와전된 것이 아니라면, 이것은 '그것의 행위가 이루어지는 곳(/유래되는 곳)(마음의 활동들이 나오는 원천)'을 의미하는 것으로 보아야 한다. 2/14에 대한 주[각주 28]을 참조하라.
25) [원] 厭: '막다stop up.' 朱桂曜, 『莊子內篇證補』, 50.
26) [원] 洫: '고갈되다dry up.' 錢穆, 『莊子纂箋』, 10.
27) [원] 姚佚啓態: 앞의 두 어구['喜怒哀樂'과 '慮嘆變慹']는 대비되는 단어들이 쌍을 이루고 있는 패턴이지만, 이 구는 억지로 그 패턴에 맞추기보다는 (이렇다 할 목적 없이 행동을 유발하는 감정들이) '경박하게 몸가짐을 일으킨다'는 의미로 이해하는 것이 더 나을 듯하다.

이 아니겠는가?[28]

大知閑閑. 小知閒閒. 大言炎炎. 小言詹詹. 其寐也魂交. 其覺也形開. 與接爲搆. 日以心鬪. 縵者. 窖者. 密者. 小恐惴惴. 大恐縵縵. 其發若機栝. 其司是非之謂也. 其留如詛盟. 其守勝之謂也. 其殺若秋冬. 以言其日消也. 其溺之所爲之不可使復之也. 其厭也如緘. 以言其老洫也. 近死之心莫使復陽也. 喜怒哀樂慮嘆變慹姚佚啓態. 樂出虛. 蒸成菌. 日夜相代乎前而莫知其所萌. 已乎已乎. 旦暮得此. 其所由以生乎.

|주| 여기 나오는 시구들은 사고 기관인 마음[심장]에 대한 것으로, 장자는 이 시구들의 저자일 수도 있고 주석자일 수도 있다. 착 가라앉게 만드는 "극도의 공포[大恐]"는 죽음에 대한 공포일 것이다. 죽음과의 화해는 장자의 주요 관심사이다.

• • •

"다른 것[彼]이 없으면 자기[我]도 없고, 자기가 없으면 어느 하나만 택하고 다른 하나는 버리는 일도 없다."

이 말은 그것의 근처까지 가긴 했지만, 우리는 그것들이 누구에

---

28) [원] 旦暮得此. 其所由以生乎: 글자 그대로 풀이하자면 "그것(마음)은 그것이 나온 곳으로부터, 그리고 그것을 태어나게 한 것으로부터 아침저녁으로 이런 것들을 얻는 것인가?"

게 부려지고 있는지를 모른다. 진정으로 통솔하고 있는 무언가가 있는 듯하지만, 그것의 조짐도 발견할 수 없다는 게 문제이다. '도'처럼 그 위를 걸어다닐 수 있다는 것은 틀림없는 사실이지만, 우리는 그것의 형체를 볼 수가 없다. 그것은 그것만의 정체를 가지고 있지만 어떤 형체도 없다. 백 개의 관절, 아홉 개의 구멍, 여섯 개의 장기가 전부 갖춰져 있는데, 그중 어느 것을 다른 것들보다 내게 더 가까운 것으로 보아야 할까? 그대들은 그것들이 다 좋은가? 사실 그 가운데 특별히 좋아하는 기관이 있을 것이다. 그대들의 가정대로라면, 그것은 나머지 다른 기관들을 신하와 첩으로 갖게 되는 것인가? 그 신하들과 첩들은 서로를 다스리기에는 부족한가? 아니면 그것들은 번갈아가며 서로 군주와 신하가 되는 것인가? 그것도 아니라면 그들에게는 진정한 군주가 존재하는 것인가? 그것의 정체가 무엇인지를 파악하는 데 성공하지 못한다 해도, 그것의 진정한 모습에는 아무런 보탬도 해도 되지 않을 것이다.

非彼无我. 非我无所取. 是亦近矣. 而不知其所爲使. 若有眞宰. 而特不得其眹. 可行已信. 而不見其形. 有情而无形. 百骸九竅六藏. 賅而存焉. 吾誰與爲親. 汝皆說之乎. 其有私焉. 如是皆有爲臣妾乎. 其臣妾不足以相治乎. 其遞相爲君臣乎. 其有眞君存焉. 如求得其情與不得. 無益損乎其眞.

|주| 시작 부분은 인용문이거나 장자 자신이 임시로 정식화한 문장일 것이다. 그의 주제는 또다시 사고 기관인 마음이다. 마음이 우리 인생을 책임지고 떠맡아도 괜찮은 것일까? 마음은 수많은 기관 가운데 하나일 뿐이며, 각 기관은 우리 너머에 있는 도道로부터 나오

는 질서에 따라 각자 고유한 기능을 수행하고 있는 것은 아닐까?

• • •

일단 완성된 신체를 받으면, 우리는 줄곧 그것을 의식하면서 소멸할 때를 기다린다. 다른 사물들과 서로 치고받고 밀쳐대면서, 무엇으로도 막을 수 없는 속도로 질주하듯 앞을 향해 내달리니,[29] 어찌 슬프지 않겠는가? 평생 수고롭게 일하면서도 성공을 보지 못하고, 기진맥진할 정도로 고생하지만 어디서 끝날지를 모르니, 어찌 애석해하지 않을 수 있겠는가? 인간은 자기는 죽지 않을 거라고 말하는데, 신체가 사라지면 마음도 함께 사라지는 이상, 그게 무슨 소용이 있겠는가? 어찌 더없이 애석하다고 하지 않을 수 있겠는가? 인간의 삶은 정말이지 이렇게 한심한 것인가? 아니면 나만 한심한 사람이고, 다른 사람들은 그다지 한심하지 않은 것인가? 그러나 이미 완성된 마음을 따르면서 그 마음을 자신의 권위로 삼는다면, 누구에게 그런 권위가 없겠는가? 사물들이 어떻게 교체되는지를 알고, 누구에게 그런 권위가 있는지를 자기 마음으로 스스로 판단하는 자만이 어찌 꼭 그렇다고 하겠는가? 그런 마음은 어리석은 자도 마찬가지로 지니고 있는 것이다. 마음속에 그것들이 형성되기도 전에 '그것이다, 아니다'의 분별이 있다고 하는 것은 "오늘 월越나라에 갔는데 어제 도착했다"고 하는 것과 같다. 이것은 있지도 않은 것을 있다고 믿는 것이다. 만일 그대들이 그것을 믿는다면, 아무리 신묘한 우禹라고 해도 그대들을 이

---

29) [원] 進: 통용본은 '盡'으로 되어 있다. 옌링펑嚴靈峰의 『도가사자신편道家四子新編』에 따라 '進'으로 교정한다.

해할 수 없을 것이다. 하물며 어떻게 내게 이해받을 것이라고 기대할 수 있는가?

一受其成形. 不忘以待盡. 與物相刃相靡. 其行進如馳. 而莫之能止. 不亦悲乎. 終身役役而不見其成功. 苶然疲役而不知其所歸. 可不哀邪. 人謂之不死奚益. 其形化. 其心與之然. 可不謂大哀乎. 人之生也. 固若是芒乎. 其我獨芒. 而人亦有不芒者乎. 夫隨其成心而師之. 誰獨且无師乎. 奚必知代而心自取者有之. 愚者與有焉. 未成乎心而有是非. 是今日適越而昔至也. 是以無有爲有. 無有爲有. 雖有神禹. 且不能知. 吾獨且奈何哉.

|주| "오늘 월나라에 갔는데 어제 도착했다"는 명가인 혜시惠施의 역설 중 하나이다(735쪽). 여기서는 이것을 터무니없는 말로만 언급하고 있다.

• • •

말이란 단순히 숨을 내쉬는 것이 아니다. 말은 무언가를 말한다. 다만 말하는 바가 결코 고정되어 있지 않다는 것이 문제이다. 우리는 과연 무언가를 말하는가? 아니면 말하는 바가 전혀 없는 것인가? 말이 어린 새들이 지저귀는 소리와 다르다고 생각한다면, 다르다는 증거가 과연 있는가? 아니면 어떤 증거도 없는 것인가? 도道가 무엇에 의해 은폐되었기에 참 아니면 거짓이라는 식의 양자택일이 있게 되었는가? 말은 무엇에 의해 어두워졌기에 어떤 때는 '그것이다[是]'라고 하고, 어떤 때는 '아니다[非]'라고 하는 것일까? 우리가 어디를 걸어가든, 도가 어떻게 없을 수 있겠는가? 우리가 어떤 관점에 서 있든, 말이 어떻게 허용될 수 없는[不可] 것일 수 있겠는가? 도는 하찮은 것의 형성[小成]으로 인해 은폐되고, 말은 그것의 이파리들과 꽃들로 인해 어두워진다. 그래서 유가와 묵가의 '그것이다, 아니다'가 있게 되었고, 그로 인해 한쪽에서 그것인 것이 다른 쪽에서는 아닌 것이 되고, 한쪽에서 아닌 것이 다른 쪽에서는 그것인 것이 된다. 만일 그들이 부정하는 것을 긍정하고 그들이 긍정하는 것을 부정하고 싶다면, 가장 좋은 방법은 밝게 비춤[明]이다.

어떤 사물도 '다른 것[彼]'이 아닌 게 없고, 어떤 사물도 '그것[是]'이 아닌 게 없다. 그대들이 자기 자신 역시 '다른 것'으로 대한다면, 그것들[다른 것과 그것]은 나타나지도 않을 것이다. 그대들이 자기 자신에 대해 안다면, 그것들에 대해서도 알게 될 것이다. 따라서 이렇게 말하는 것이다.

> "'다른 것'은 '그것'으로부터 나온다. '그것'도 마찬가지로 '다른 것'을 따른다."

이는 '그것'과 '다른 것'이 동시에 생겨난다는 견해이다. 그러나

> "우리는 살아 있는 동시에 죽어간다."

그리고 우리는 죽어가는 동시에 살아 있다. 어떤 것은 허용될 수 있는[可] 동시에 허용될 수 없는[不可] 것이 되고, 또 허용될 수 없는 동시에 허용될 수 있는 것이 된다. 상황에 따라 그것[因是]이면 상황에 따라 아니고[因非], 상황에 따라 아니면 상황에 따라 그것이다.[30]

성인이 이 경로를 따르지 않고 사물들을 하늘의 빛으로 열어놓는 것
도 바로 이 때문이다. 이 경우도 역시 상황에 따른 '그것이다'의 하나
이다.[31]

30) [원] 因是: 나는 다른 논문에서 인시因是(2/28, 29, 37, 39, 55[「齊物論」], 25/55[「則陽」])
와 위시爲是(2/35, 36, 47, 55[「齊物論」], 23/63[「庚桑楚」], 27/3[「寓言」])가 대조를 이루
는 전문용어들이며, 공시公是(24/39[「徐无鬼」])와 이시移是(23/62, 63, 65[「庚桑楚」])
도 똑같은 유형임을 논증하였다(A. C. Graham, "Chuang-tzu's 'Essay on seeing things
as equal'", History of Religions 9, 1969/70, 143ff.). 이 네 가지 표현은 『장자』 제2편[「齊物
論」] 및 그 편과 밀접한 관련이 있는 〈잡편〉의 특정 단편들에 국한되어 등장한다.
나는 인시에 대해서는 "적응적인 '그것이다' adaptive 'That's it'"라는 번역을, 위시에
대해서는 "인위적으로 꾸며낸 '그것이다' contrived 'That's it'"라는 번역을 제안했었
다. 그러나 지금은 그보다는 그것들을 『묵경墨經』 및 논쟁과 관련된 문헌에 남아
있는 여타의 자료들에 나타난 인因과 위爲의 전문적 용법과 더 연결시키고 싶다.
위는 어떤 대상이 X라는 명칭에 적합하다면 그 대상은 X로 '간주되고 deemed' 있
음을 말한다. 반면 인은 X로 간주되기 위한 기준으로서 일정 부분들이나 사례들
을 '따르는 go by' 것을 말한다(A. C. Graham, Later Mohist logic, ethics and science, 117, 126,
209ff., 214-216, 462).
제2편에서 시是를 '그것이다 That's it'로 번역한 것은 불편하기는 하지만, 이것
이 시是(피彼, 즉 '저것/다른 것'과 대조를 이루는 대명사 '이것/그것')와 관련이 있음
을 보여주기 위해서는 꼭 필요하다고 본다. 또한 나는 구문론적으로 인시와 위시
를 명사화된 동사들의 쌍이고 전자는 후자에 종속되어 있다고 보는데, 이 번역
은 이런 사실을 잘 드러내리라고 본다. 인시는 [『장자』에 있는] 혼합주의자의 논
문(13/33[「天道」])과 『한비자韓非子』 제43편[「定法」] 및 제50편[「顯學」](陳奇猷, 『韓
非子集釋』, 906/3; 1093/1)에서 발견되는 인임因任, 즉 '자질에 따라 책임을 부여함'
이라는 전문용어와 큰 유사점이 있다. 인임은 동사구가 명사화된 것으로, 좀 더
상세한 형태로 '因而任之', 즉 '그는 자질에 따라 그들에게 책임을 부여했다'라
는 표현으로 등장하기도 한다(제5편[「主道」], 제8편[揚權], 陳奇猷, 『韓非子集釋』, 67/3;
121/1). 『장자』에서 최초로 나타나는 인시의 사례는 명사화를 통해 그 용어를 독
창적으로 조어造語한 것으로 이해할 수도 있을 것이다.
31) 是亦因彼. ⋯ 因是因非. ⋯ 亦因是也: [글자 그대로 풀이하자면] "'그것'도 마찬가지
로 '다른 것'을 따른다. ⋯ 만일 당신이 다른 어떤 것을 따라 긍정한다면('그것'이
라고 판단한다면), 그때 당신은 다른 어떤 것을 따라 부정하게 된다. ⋯ 이것 역시
다른 어떤 것을 따라 긍정하는 것이다."

夫言非吹也. 言者有言. 其所言者特未定也. 果有言邪. 其未嘗有言
邪. 其以爲異於鷇音. 亦有辯乎. 其無辯乎. 道惡乎隱而有眞僞. 言惡
乎隱而有是非. 道惡乎往而不存. 言惡乎存而不可. 道隱於小成. 言
隱於榮華. 故有儒墨之是非. 以是其所非. 而非其所是. 欲是其所非.
而非其所是. 則莫若以明. 物无非彼. 物无非是. 自彼則不見. 自知則
知之. 故曰. 彼出於是. 是亦因彼. 彼是. 方生之說也. 雖然. 方生方
死. 方死方生. 方可方不可. 方不可方可. 因是因非. 因非因是. 是以
聖人不由. 而照之於天. 亦因是也.

|주| 논쟁에서는 어떤 대상이 '소[牛]'라는 이름을 붙이기에 적합하면, 지시사인 시是, 즉 '그것이다'를 써서 긍정을 표시한다. 만일 그 대상이 소와 다른 어떤 것이라면, 비非, 즉 '아니다'를 써서 부정을 표시한다. 그런데 장자는 변화가 일어나는 순간에는 '그것이다'와 '아니다'가 둘 다 허용될 수 있다는 반론을 제기함으로써 논쟁이 갖는 신빙성을 떨어뜨리려고 한다. 그는 "해는 중천에 떠오르는 동시에 기울고, 사물은 살아 있는 동시에 죽어간다"는 혜시의 역설(735쪽)에 호소해서, 어떤 진술이든 그것이 허용할 수 있는 것이 되는 바로 그 순간에 허용할 수 없는 것이 되어버린다는 결론으로 일반화한다. 더욱이 (『묵경墨經』에서 볼 수 있듯이) 당시 유행하던 논쟁에서는 (X와 비교해서) 'Y는 길다'와 (Z와 비교해서) 'Y는 짧다'를 둘 다 말할 수 있다는 사실이 널리 인지되고 있었다. 심지어 비교와 무관한 '검다'와 '희다' 같은 용어들을 쓸 때도, 어떤 사람을 '검은 사람'으로 간주하려면 그 사람의 검은 부분을 '기준으로 따를지(인因)' 흰 부분을 '기준으로 따를지(인因)'를 결정해야만 한다는 것이다. 장자는 무엇을 대상으로 하든, 그 대상의 어떤 특성에 대해 이야기하든 그것을 긍정할 권리

도 있고 부정할 권리도 있다는 것, 이것이 바로 논쟁이 우리에게 주는 교훈이라고 본다. 그는 유가와 묵가가 자신들의 긍정과 부정을 완고하게 고집하는 것을 두고, 인생의 작은 영역들만 밝히고 나머지 부분들은 어둠에 방치해놓는 꼴이라고 여긴다. 반면 성인의 밝게 비춤[明]은 모든 것을 밝게 드러내는 시각으로 간주된다.

● ● ●

그것 또한 다른 것이고, 다른 것 또한 그것이다. 저기서 그들이 어떤 한 관점에서 '그것이다, 아니다'를 말하면, 여기서 우리는 다른 관점에서 '그것이다, 아니다'를 말한다. 그것과 다른 것은 정말로 있는 것일까? 그것도 다른 것도 그 반대쪽을 얻지 못하는 곳, 그곳을 도의 축[道樞]이라고 부른다. 그 축이 원의 중심에 놓이기만 하면, 어느 쪽에 반응하든 한계가 없을 것이다. 한편으로 그것인 것에도 한계가 없고, 다른 한편으로 아닌 것에도 한계가 없다. 그러므로 나는 이렇게 말할 것이다. "가장 좋은 방법은 밝게 비춤이다."

"그 의미는 그 의미가 아니다[指之非指]"

라는 것을 보여주려면, 그 의미[指]를 사용하기보다는 그 의미가 아닌 것[非指]을 사용하라.

"말은 말이 아니다[馬之非馬]"

라는 것을 보여주려면, 말[馬]을 사용하기보다는 말 아닌 것[非馬]을 사용하라. 하늘과 땅은 하나의 의미이며, 만물은 한 마리 말이다.

是亦彼也. 彼亦是也. 彼亦一是非. 此亦一是非. 果且有彼是乎哉. 果且无彼是乎哉. 彼是莫得其偶. 謂之道樞. 樞始得其環中. 以應无窮. 是亦一无窮. 非亦一无窮也. 故曰. 莫若以明. 以指喩指之非指. 不若以非指喩指之非指也. 以馬喩馬之非馬. 不若以非馬喩馬之非馬也. 天地一指也. 萬物一馬也.

|주| 명가인 공손룡公孫龍이 "흰 말은 말이 아니다[白馬非馬]"라고 주장하고, "어떤 사물도 그 의미가 아님이 없을 때, 그 의미는 그 의미가 아니다[物莫非指. 而指非指]"라고 주장한 논문들이 현존하고 있다. 그러나 장자는 그가 쓸데없이 시간을 낭비했다고 생각한다. 모든 논쟁은 자의적인 명명의 행위로부터 출발하기 때문에 그는 다른 어떤 것을 그 단어의 의미로 골라잡고, 다른 어떤 것을 '말'이라고 명명하기만 하면 되었다는 것이다. 그러면 그에게는 그 밖의 사람들이 말이라고 부르는 것은 말이 아닌 게 되었을 것이다.

• • •

허용될 수 있는가? 허용될 수 있다. 허용될 수 없는가? 허용될 수 없다. 도道는 우리가 걸어 다녀서 생기는 것이다. 사물[物]로 말하자면 우리가 그것을 무언가로 불러서 그러한 것이다. 어째서 그러한 것인가? 그러함에 따라 그러한 것이다. 어째서 그러하지 않은 것인가? 그러하지 않음에 따라 그러하지 않은 것이다. 한 사물이 어딘가로부터 그러하다는 것, 그 사물이 어딘가로부터 허용될 수 있다는 것, 이것은 그 사물에 고유한 것이다. 그러하지 않은 사물도 없고, 허용될 수 없는 사물도 없다. 그러므로 그런 것으로 간주된 '그것이다'[爲是]가 가느다란 식물 줄기와 굵은 기둥을 구별하고 못생긴 추녀와 아름다운 서시西施를 구별할 때, 도는 아무리 유별나거나 기이한 사물들이라고 할지라도 그것들을 다른 것으로 바꿔놓고, 또 그것들을 하나로 간주한다. 그것들의 구분은 곧 형성이고, 그것들의 형성은 곧 해소이다. 모든 사물은 형성되든 해소되든 되돌아감으로써 다른 것으로 바뀌고, 또 하나로 간주된다. 정확히 꿰뚫어 보는 사람만이 [도가] 그것들을 어떻게 다른 것으로 바꿔놓는지, 또 하나로 간주하는지를 안다. 그는 그런 것으로 간주된 '그것이다'를 쓰지는 않지만, 일상적인 것 속에서 그것들이 임시로 머물 거처를 발견한다. '일상적인 것[庸]'은 쓸 수 있는 것이고, '쓸 수 있는 것[用]'은 다른 것으로 바뀔 수 있는 것이다. 어떤 것을 '다른 것으로 바뀔 수 있는 것[通]'으로 보는 것은 곧 터득하는 것이다. 그것들을 일단 터득하기만 하면 거의 다 온 것이다. 상황에 따른 '그것이다'는 끝이 나기 마련이다. 그것이 끝날 때,[32] 그렇게 되는지를 모르는 사이에 그렇게 되는 것, 그것을 '도道'라고 부른다.

   그것들이 동일한 것임을 모른 채, 우리 속에 있는 신묘하고 밝은 힘[神明]을 지치게 하면서 그것들을 억지로 하나로 간주하는 것, 나는 이것을 '매일 아침 세 개'라고 부른다. '매일 아침 세 개'라는 것은 무슨 의미인가? 한 원숭이 사육사가 원숭이들에게 나무 열매를 나눠주

---

32) [원] 因是已. 已而 … : 3/1[「養生主」]의 '殆已. 已而 …'를 참조하라. 이 반복되는 패턴은 앞 문장의 끝에 오는 '已'와 다음 문장이 시작되면서 나오는 '已'가 허사가 아니라, '멈추다cease'라는 의미의 본동사임을 확증해준다.

면서 말했다. "매일 아침 세 개 그리고 매일 저녁 네 개[朝三而暮四]." 그러자 원숭이들이 모두 화를 냈다. 그는 말했다. "그럼 어쩔 수 없지. 매일 아침 네 개 그리고 매일 저녁 세 개[朝四而暮三]." 그러자 원숭이들이 모두 기뻐했다. 명칭에 있어서나 실질에 있어서나 아무것도 놓친 것 없이, 원숭이들의 기쁨과 분노가 잘 이용되었다. 이 경우도 역시 상황에 따른 '그것이다'이다. 성인이 자신의 '그것이다, 아니다'를 가지고 사물들을 고르게 하면서 하늘의 녹로[天鈞] 위의 정지된 지점에 머무는 것도 바로 이 때문이다. 이것을 일컬어 '양자택일적 선택지들을 모두 나아가게 하는 것[兩行]'이라고 부른다.

可乎可. 不可乎不可. 道行之而成. 物謂之而然. 惡乎然. 然於然. 惡乎不然. 不然於不然. 物固有所然. 物固有所可. 无物不然. 无物不可. 故爲是擧莛與楹. 厲與西施. 恢恑憰怪. 道通爲一. 其分也成也. 其成也毁也. 凡物无成與毁. 復通爲一. 唯達者知通爲一. 爲是不用而寓諸庸. 庸也者用也. 用也者通也. 通也者得也. 適得而幾矣. 因是已. 已而不知其然謂之道. 勞神明爲一. 而不知其同也. 謂之朝三. 何謂朝三. 狙公賦芧. 曰. 朝三而暮四. 衆狙皆怒. 曰. 然則朝四而暮三. 衆狙皆悅. 名實未虧. 而喜怒爲用. 亦因是也. 是以聖人和之以是非. 而休乎天鈞. 是之謂兩行.

|주| "그런 것으로 간주된 '그것이다'(위시 爲是)": 어떤 대상이 '소'라는 명칭에 맞는지를 놓고 벌어진 논쟁에서, 그 대상은 '그것이다(시 是)'라는 판단에 의해 소로 '간주된다(위 爲)'. 장자는 유연하게 결정되는 "상황에 따른 '그것이다'(인시 因是)"는 허용하지만, 완고하게 고집되는 "그런 것으로 간주된 '그것이다'"는 전적으로 거부한다.

"양자택일적 선택지들을 모두 나아가게 하는 것": 논쟁에서 어떤 한 대상을 'X'라고 부르기로 한 결정은 그 대상과 동일한 종의 모든 대상에게로 '나아간다(行)'. 그러나 장자가 보기에 사람들은 하나의 선택지로부터 다른 선택지로 옮겨 갈 권리를 잃은 적이 없으며, 둘 가운데 어느 쪽을 택하든 특수한 사례로부터 보편적 종으로 '나아갈' 권리를 잃은 적도 없다.

● ● ●

옛사람들은 그 앎이 어딘가에 이르렀다. 어디에 이르렀는가? 사물들이 아직 존재한 적도 없다고 생각한 사람들이 있었다. 그 사람들의 앎은 지극하고 철저하여 더할 나위가 없다. 그다음 사람들은 사물들은 존재하지만 사물들 간의 경계가 아직 존재한 적도 없다고 생각하였다. 또 그다음 사람들은 그것들 간에 경계는 있지만 '그것이다, 아니다'의 분별이 아직 존재한 적도 없다고 생각하였다. '그것이다, 아니다'의 분별이 밝게 드러나는 것, 그것이 바로 도道에 흠집이 가는 이유이다. 도에 흠집이 가는 이유, 그것이 바로 애착이 완전해지는 이유이다. 완전한 것, 또는 흠집이 난 것, 이런 것들이 과연 존재하는 것일까? 아니면 완전한 것, 또는 흠집이 난 것, 이런 것들은 과연 존재하지 않는 것일까? 완전한 것으로 보거나 흠집이 있는 것으로 보는 것은 거문고를 연주할 때의 소씨昭氏를 본보기로 하는 것이다.[33] 완

---

33) [원] 故: 이 문장에서 고故는 동사적으로 사용되었다. 이것은 17/15「秋水」의 "終始无故", 즉 "시종 그 모습 그대로 있는 것은 없다"와 17/18「秋水」의 "知終始之不可故也", 즉 "시종 그 모습 그대로 있을 수 있는 것은 없음을 아는 것"의 '故'처럼 동사로 이해해야 한다.

전한 것으로 보지도 않고 흠집이 있는 것으로 보지도 않는 것은 거문고를 연주하지 않을 때의 소씨를 본보기로 하는 것이다. 거문고를 탔던 소문昭文, 지팡이를 짚었던 음악의 스승 광[사광師曠], 오동나무에 기대어 있던 혜시, 이 세 사람의 앎은 다른 사람들보다 훨씬 더 멀리까지 미치지 않았는가? 그들은 모두 앎이 절정에 이르렀고, 그러다 보니 너무 늦은 때에 그것을 이룬 사람들이었다. 그러나 그들이 알고 있는 바가 다른 것과 차이가 있다면, 그들이 그것을 더 좋아하였다는 점뿐이다. 그들은 그것을 더 좋아했기 때문에 그것을 분명하게 밝히고 싶었던 것이다. 그러나 그들은 그것을 밝히느라 다른 것은 밝히지 못했다. 그래서 그 끝은 결국 [견백론堅白論이라는] 억지 논리의 암흑이었다. 소문의 아들 역시 그의 거문고 줄로 생을 마감했지만, 죽을 때까지 그의 음악적 자질은 완성되지 못했다. 이런 사람들을 완전하다고 할 수 있을까? 이들이 완전하다면 나 역시 그럴 것이다. 아니면 이들을 완전하다고 할 수 없을까? 이들이 완전하지 않다면 나 역시 그렇지 않고, 다른 무엇도 그렇지 않을 것이다.

그러므로 번드르르하지만 개연성은 없는 현란한 말들을 성인은 경멸한다.[34] 그는 그런 것으로 간주된 '그것이다'를 쓰지 않고, 일상적인 것 속에서 사물들이 임시로 머물 거처들을 발견한다. '밝게 비춤의 방법을 쓴다[以明]'는 것도 바로 이런 의미이다.

古之人其知有所至矣. 惡乎至. 有以爲未始有物者. 至矣盡矣. 不可以加矣. 其次以爲有物矣. 而未始有封也. 其次以爲有封焉. 而未始有是非也. 是非之彰也. 道之所以虧也. 道之所以虧. 愛之所以成. 果

---

34) [원] 圖: '鄙'와 같다. 원이둬의 『장자내편교석莊子內篇校釋』, 246에 따른다.

且有成與虧乎哉. 果且无成與虧乎哉. 有成與虧. 故昭氏之鼓琴也. 無成與虧. 故昭氏之不鼓琴也. 昭文之鼓琴也. 師曠之枝策也. 惠子之據梧也. 三子之知幾乎. 皆其盛者也. 故載之末年. 唯其好之也. 以異於彼. 其好之也. 欲以明之. 彼非所明而明之. 故以堅白之昧終. 而其子又以文之綸終. 終身无成. 若是而可謂成乎. 雖我亦成也. 若是而不可謂成乎. 物與我無成也. 是故滑疑之耀. 聖人之所圖也. 爲是不用而寓諸庸. 此之謂以明.

|주| 앎의 체계들은 거문고를 연주하는 양식들처럼 부분적이고 일시적이다. 그 양식들이 형성될 때에는 음악이 지닌 모든 잠재력 가운데 일부를 희생시킨다. 그 양식들의 바로 그 탁월함 때문에 그 유파들은 쇠퇴하면서 화석화되어간다. 거문고를 타지 않는 소문, 아직 연주에 빠져들지 않아 모든 잠재력이 온전한 채로 있는 소문을 본보기로 취하라.

● ● ●

"지금 내가 어떤 것에 대해 말하고 있는데, 말하고 있는 그것이 문제가 되는 '그것'과 같은 종류인지 같은 종류가 아닌지를 모른다고 해보자. 같은 종류인 것과 같은 종류가 아닌 것이 서로 같은 종류로 간주된다면, 더 이상 '다른 것'과의 차이가 없을 것이다."

그렇다고는 하지만 그것에 대해 시험 삼아 말해보자.
'시작[始]'이라는 것이 있고, '시작이라는 것이 아직 있지도 않다[未

始有夫未始有始]'는 것이 있다.

— "'시작이라는 것이 아직 있지도 않다'는 것이 아직 있지도 않다[未始有夫未始有始]"는 것이 있다.

'어떤 것[有]'이 있고, '아무것도 아닌 것[无]'이 있다.

— '어떤 것이 없다는 것이 아직 있지도 않다[未始有无]'는 것이 있다.

— "'어떤 것이 없다는 것이 아직 있지도 않다'는 것이 아직 있지도 않다[未始有夫未始有无]"는 것이 있다.

갑자기 '아무것도 아닌 것이 있다'고 하는데, 우리는 어떤 것과 아무것도 아닌 것 중에 정말로 어느 것이 있고 어느 것이 없는지를 아직 모른다. 지금 나로 말할 것 같으면 이미 어떤 것을 언급하였다. 그러나 나의 언급이 정말로 어떤 것을 언급한 것인지, 아니면 어떤 것도 언급하지 않은 것인지 나는 아직 모른다.

今且有言於此. 不知其與是類乎. 其與是不類乎. 類與不類. 相與爲類. 則與彼无以異矣. 雖然. 請嘗言之. 有始也者. 有未始有始也者. 有未始有夫未始有始也者. 有有也者. 有无也者. 有未始有无也者. 有未始有夫未始有无也者. 俄而有无矣. 而未知有无之果孰有孰无也. 今我則已有謂矣. 而未知吾所謂之其果有謂乎. 其果无謂乎.

|주| 이 구절과 다음 구절에서 장자는 사물들이 구분되기 이전의 전체를 말로 기술한 두 가지 사례를 가정한 뒤, 그것들을 비판하고 있다. 그가 생각하기에 분석이란 항상 빠뜨리는 잔여물을 남기기 마련이며, 부분들을 다시 모아놓는 것으로는 전체를 복구할 수가 없다. 당시 유행했던 논리에 따르면 어떤 한 대상은 소이거나 소가 아니거

나 둘 중 하나이고, 따라서 소인 것과 소가 아닌 것, 이 둘을 구별했다면, 소인 것에 소가 아닌 것을 더함으로써 [우주] 전체를 복구할 수 있어야만 한다. 이 가정에 대한 장자의 반박은 너무 생략적이다. 장자는 이 부분을 다시 읽을 때마다 마음이 새로운 방향으로 날아가버리게 하는 효과를 노렸을 가능성도 있다. 그러나 다른 철학에서와 마찬가지로 중국철학에서도 이해에 지장을 주는 논증상의 빈틈(논증상의 결함은 우리에게 이해가 된다는 점에서 논증상의 빈틈과는 다르다)은 일반적으로 그 논증의 바탕에 있는 암묵적인 물음들과 전제들을 검토함으로써 메울 수 있다. 여기서 장자는 소와 소 아닌 것 사이의 공통점들을 집어내고 있다. 그 공통점들은 소와 소 아닌 것 둘 다를, 여전히 남게 되는 다른 것과 구별시켜준다. 우선 소와 소 아닌 것은 둘 다 시작이 있으며, 그것은 사물들의 시작에 앞서는 것이라면 무엇이건 간에 그 둘 다로부터 배제시킨다. 그렇다면 우리는 부정하고 첨가함으로써 이 남는 잔여물을 계속 병합시켜서 [우주] 전체가 되게 할 수는 없을까? 사물들에 앞서는 것, 그 속에서 사물들은 "시작이라는 것이 아직 있지도 않다." 그러나 우리는 이렇게 소급적으로 말하면서 마치 사물들이 시작되기 이전에 그것들이 어쩐지 현존하고 있는 듯이 이야기하게 된다. 그래서 우리는 부득불 부정을 한 번 더 추가할 수밖에 없다. "'시작이라는 것이 아직 있지도 않다'는 것이 아직 있지도 않다."

또한 소와 소가 아닌 것은 둘 다 '아무것도 아닌 것'과 대비되는 '어떤 것'이라는 점, 즉 있지 않은 것과 대비되는 있는 것이라는 점에서 공통성을 갖는다. 아무것도 없는 텅 빈 공간도 우주의 측정 가능한 일부분이다. 그러나 유有에 무無를 더함으로써 [우주] 전체에 도달할 수는 없지 않겠는가? 여기서 장자는 현대의 독자들에게는 생경하지만 초기 도가의 문헌에서는 도처에 암시되어 있는 한 가지 입장을 취한다. 유가 있을 때에만 무가 있을 수 있고, 대상들이 서로 간격을 두고 있을 때에만 빈 곳이 있을 수 있다. 양자는 유도 아니고 무도 아닌 전체로부터 구분되어 나온다. 각 사물은 제한된 속성들을 가지고 있으며, '어떤 것이 없는 것'이다. 그러나 각 사물이 분화되어 나오기 이전의 전체는 사물들이 아직 출현하지 않았다는 점에서 '어떤 것도 없는' 것이기도 하고, 또 모든 사물이 그것으로부터 출현한다는 점에서 '아무 것도 아닌 것도 없는' 것이기도 하다. 유에 무를 더했다고 하더라도, 여전히 "어떤 것이 없다는 것이 아직 있지도 않다"는 잔여물을 첨가해야만 한다. 그러나 다시 우리는 현존하거나 부재하는 사물들이 이미 있기라도 한 것처럼 소급적으로 이야기하고 있으며, 그래서 다시 부정을 해야만 한다. "'어떤 것이 없다는 것이 아직 있지도 않다'는 것이 아직 있지도 않다." 장자의 두 결론 모두 의심의 여지없이 무한후퇴로 빠지는 것을 노리고 있다.

장자는 우리가 무無를 잔여물로 들여오자마자 심지어 있지도 않은 것에 대해 '있다'고 말하는 자가당착에 빠진다는 더 단순한 주장으로 마무리한다.

• • •

"세상에 가을 털끝보다 더 큰 것은 없고, 태산은 작다. 어려서 명이 다한 아이보다 더 오래 산 사람은 없고, [장수했다고 알려져 있는] 팽조는 요절하였다. 하늘과 땅은 나와 함께 태어났고, 만물과 나는 하나이다."

우리가 이미 하나인데도, 내가 어떤 것을 말할 수 있겠는가? 그러나 우리를 이미 하나라고 불렀다면, 어떤 것을 말하지 않는 데 성공했다고 하겠는가? 하나와 ['하나'라는] 말은 둘을 만들고, 둘과 하나는 셋을 만든다. 여기서 계속 나아간다면 아무리 셈을 잘하는 전문가라도 그 끝에 이를 수가 없을 것이다. 하물며 평범한 사람들이야 어떻겠는가! 이처럼 아무것도 아닌 것으로부터 어떤 것으로 나아가도 셋에 이르는데, 하물며 어떤 것으로부터 어떤 것으로 나아가면 어떻게 되겠는가? 조금도 나아가지 마라. 그러면 상황에 따른 '그것이다'도 끝나게 될 것이다.

> 天下莫大於秋毫之末. 而大山爲小. 莫壽於殤子. 而彭祖爲夭. 天地與我並生. 而萬物與我爲一. 旣已爲一矣. 且得有言乎. 旣已謂之一矣. 且得无言乎. 一與言爲二. 二與一爲三. 自此以往. 巧歷不能得. 而況其凡乎. 故自无適有以至於三. 而況自有適有乎. 无適焉. 因是已.

|주| 혜시는 "하늘과 땅은 한 단위로 친다"라고 말했다(735쪽). 언뜻 보기에는 장자가 적어도 그 말에는 동의할 것이라고 예상하게 된다. 그러나 양자택일적 선택지들을 분별하는 것을 거부하면 '사물들은 다수이다'라는 주장에 맞서 '모든 것은 하나이다'라고 단언하는 것도 거부하게 된다. 장자는 '모든 것은 하나이다'라고 말하면 그 진술 자체가 그것이 말하고 있는 '하나'에 부가되어 이미 둘이 존재하게 된다고 말한다(플라톤은 『소피스트』에서 하나와 그것의 명칭에 대해 유사한 주장을 펼친다).[35] 장자는 모든 것이 하나라고 말한 적이 없고(역설의

---

35) [역] 제1부의 각주 86을 참조하라.

일면으로서 언급한 걸 제외하면(202쪽)), 단지 모든 것을 하나로 대하는 성인에 대해 항상 주관적으로 언급한다는 점을 알 수 있을 것이다.

• • •

　도道에는 애초부터 정해진 경계들이 없었고, 말에는 애초부터 정해진 규범들이 없었다. 그런 것으로 간주된 '그것이다'로 인해서 경계선이 그어진다. 경계선을 긋는 것에 대해 이야기해보자. 그곳으로 자리를 정해서[在] 선으로 둘러치며[宥],[36] 분류하고[倫] 평가하며[義], 양자택일적 선택지들을 구분하고[分] 분별하며[辯], 겨루고[競] 싸울[爭] 수 있다. 나는 이것들을 여덟 가지 덕[八德]이라고 부른다. 우주의 외부에 있는 것에 대해서 성인은 거기 그대로 두기만 하고 분류를 하지는 않는다. 우주의 내부에 있는 것에 대해서 성인은 분류는 하지만 평가를 하지는 않는다. 『춘추春秋』에 실려 있는 대대로 통치했던 선왕들에 관한 기록에 대해서 성인은 평가는 하지만 양자택일

---

36) [원] 有在有宥: 통용본에 '有左有右'로 되어 있다. 그러나 '왼쪽이 있고 오른쪽이 있다'는 구문은 연속적으로 이어지는 여덟 가지 덕의 첫 번째 쌍으로는 미심쩍은 데가 있다. 그리고 다시 시작되는 구절에서 첫 번째 중요 단어는 존存이다(2/56「齊物論」). 그래서 이전에 나는 '有在有存'으로 읽자고 제안했었다(A. C. Graham, "Chuang-tzu's 'Essay on seeing things as equal'", 155, n. 13). 그러나 육덕명의 『경전석문』의 주에 따르면 최선崔譔의 판본에는 '右'가 '宥'로 되어 있다. 당장 원 시주의자의 편인 「재유在宥」는 막연하게 다음 문장으로 시작한다. "聞在宥(=囿)天下", 즉 "나는 세상으로 하여금 제자리를 지키게 하고 도를 넘지 않게 한다는 소리를 들었다."(11/1「在宥」]) 재유在宥가 이미 통용되던 조합일 때에만 이것은 즉시 이해 가능한 것이 된다. 그 출처가 바로 이 구절에 있는 것은 아닐까? 최선의 판본에 있는 '左'에 한 획만 추가하면 '在'가 된다. "有在有宥", 즉 "그곳으로 자리를 정함이 있고, 경계선으로 둘러침이 있다."

적 선택지들을 두고 왈가왈부하지는 않는다.

아무리 '구분한다' 해도 구분되지 않는 어떤 것이 남게 되고, 아무리 '양자택일적 선택지들을 분별한다' 해도 그 선택지들 가운데 어느 쪽도 아닌 어떤 것이 남게 된다. 사람들은 '무엇'이냐고 묻는다. 성인은 그것을 가슴속으로 간직하지만, 보통 사람들은 양자택일적 선택지들을 두고 왈가왈부하면서 그것을 서로에게 보여준다. 그러므로 나는 이렇게 말할 것이다. "'양자택일적 선택지들을 분별하는 것'은 어떤 것을 보는 데 실패하는 것이다."

夫道未始有封. 言未始有常. 爲是而有畛也. 請言其畛. 有左有右. 有倫有義. 有分有辯. 有競有爭. 此之謂八德. 六合之外. 聖人存而不論. 六合之內. 聖人論而不議. 春秋經世先王之志. 聖人議而不辯. 故分也者有不分也. 辯也者有不辯也. 曰. 何也. 聖人懷之. 衆人辯之. 以相示也. 故曰. 辯也者有不見也.

• • •

가장 큰 도도道는 권위 있는 근거로서 언급되지 않는다.
가장 큰 분별은 말로 표현되지 않는다.
가장 큰 호의는 잔혹하다.
가장 큰 정직함은 남에게 까다롭게[37] 굴지 않는다.
가장 큰 용기는 싸우고 싶어 안달하지 않는다.

---

37) [원] 嗛: '磏'과 같다. 朱桂曜, 『莊子內篇證補』, 67.

도는 빛을 발할 때에도 이끌지는 않는다.
말로 분별하면 목적을 이루는 데 실패한다.
호의가 너무 한결같으면 누군가 희생된다.[38]
정직함이 너무 순수하면 신뢰를 받지 못한다.
싸우고 싶어 안달 난 용기는 미성숙하다.

이 다섯 가지는 그 모난 부분들만 둥글둥글하게 만들면, 우리가 가야 할 방향을 거의 알려주게 될 것이다. 따라서 무지의 영역 안에 머물 줄 아는 것은 가장 높은 경지에 도달한 것이다. 입 밖에 내지 않는 분별, 말로 다 할 수 없는 도를 아는 자 누구일까? 만약 그것을 알 수 있는 자가 있다면, 그야말로 이른바 하늘의 보고[天府]인 것이다. 그 속은 아무리 쏟아부어 넣어도 가득 차지 않고 아무리 퍼내도 고갈되지 않는다. 사람들은 그것이 어떤 원천으로부터 나오는지를 모른다. 이른바 요광瑤光[39]이라는 것이 바로 그것이다.

夫大道不稱. 大辯不言. 大仁不仁. 大廉不嗛. 大勇不忮. 道昭而不道. 言辯而不及. 仁常而不周. 廉淸而不信. 勇忮而不成. 五者園而幾向方矣. 故知止其所不知. 至矣. 孰知不言之辯. 不道之道. 若有能知. 此之謂天府. 注焉而不滿. 酌焉而不竭. 而不知其所由來. 此之謂瑤光.

---

38) [원] 仁常而不周: 통용본은 '周'가 '成'으로 되어 있다. 『장자궐오』의 이체자에 따라 '周'로 교정한다.
39) [원] 瑤光: 통용본은 '葆光'으로 되어 있는데, '瑤光'으로 교정한다. 『회남자淮南子』 제8편[「本經訓」](劉文典, 『淮南鴻烈集解』, 8/7A/4; 聞一多, 『莊子內篇校釋』, 247에서 재인용)에 유사한 구절이 있다["아무리 취해도 줄어들지 않고 아무리 퍼내도 마르지 않지만, 어디로부터 나오는지를 알 수 없는 것, 그것을 '요광'이라고 한다. 요광이란 만물을 길러내는 것이다(取焉而不損, 酌焉而不竭, 莫知其所出, 是謂瑤光. 瑤光者資糧萬物者也)"].

|주| "요광": 통용본에는 모호하게 **보광**葆光('덮여 가려진 빛'(?))이라고 되어 있는데, 요광瑤光이라는 그럴듯한 이체자가 있다. 요광, 즉 '베네트나쉬Benetnash'는 국자 모양으로 된 북두칠성의 손잡이 맨 끝에 있는 별이다. 북두칠성은 그 손잡이가 상하와 동서로 회전함으로써 사계절의 경과를 **나타낸다**(Joseph Needham, *Science and civilization in China*, 3/250을 참조). 장자는 사물들의 운동을 이끄는 제1의 운동자에 대한 메타포로 움직이지 않는 북극성을 택하지 않고 주기적 운동을 일으키는 주극성周極星[40]을 택한다.

● ● ●

그러므로 옛날에 요堯가 순舜에게 물었다.

"나는 종宗과 회膾와 서오胥敖를 치고 싶다. 그런데 남면南面하는 왕위에 있으면서도 편치 않은 것은 어째서일까?"

순이 말했다.

"이 세 지역은 무성한 잡초들 사이에서 겨우 살아남았는데, 어째서 불안해하십니까? 옛날 열 개의 태양이 일제히 떠올라 만물을 모두 환히 비추었습니다. 하물며 태양보다 더 밝은 덕德을 지닌 사람이 비춘다면 어떻겠습니까?"

故昔者堯問於舜曰. 我欲伐宗膾胥敖. 南面而不釋然. 其故何也. 舜曰. 夫三子者. 猶存乎蓬艾之間. 若不釋然. 何哉. 昔者十日並出. 萬

---

40) [역] 주극성circumpolar star: 하늘의 극極(북반구에서는 북극, 남반구에서는 남극)을 회전하여 밤새 지평선 아래로 지지 않는 별.

物皆照. 而況德之進乎日者乎.

|주| 이 이야기는 위치가 부적절해 보인다. 아마도 앞에 나온 "성인이 이 경로를 따르지 않고 사물들을 하늘의 빛으로 열어놓는 것도 바로 이 때문이다"(128쪽)에 대한 한 가지 실례로 이야기되었을 것이다.

• • •

벌어진 이빨[설결齧缺]이 왕예王倪에게 물었다.
"당신은 모두가 '그것이다'라는 데 동의할 무언가를 알고 있겠지요?"
"내가 그것을 어떻게 알겠는가?"
"당신은 당신이 무엇을 모르는지는 알고 있겠지요?"
"내가 그것을 어떻게 알겠는가?"
"그렇다면 그 무엇도 어떤 것을 알 수가 없다는 말씀입니까?"
"내가 그것을 어떻게 알겠는가? 하지만 시험 삼아 말해보겠네. '내가 앎이라고 부르는 것이 무지가 아닌지를 내가 어떻게 알겠는가? 내가 무지라고 부르는 것이 앎이 아닌지를 내가 어떻게 알겠는가?'
그리고 내 자네에게 질문 하나 해보겠네. 사람은 습한 곳에서 자면 허리가 상하고 관절이 뻣뻣해지지. 하지만 미꾸라지도 과연 그럴까? 사람은 나무 위에 앉아 있으면 후들후들 떨리고 이리저리 흔들리지. 하지만 원숭이도 과연 그럴까? 그렇다면 이 셋 중에 누가 올바른 거처를 알고 있는 것일까? 사람은 꼴과 곡물을 먹인 가축들의 고기를 먹고, 사슴은 풀을 먹으며, 지네는 뱀을 달게 먹고, 올빼미와 까마귀는 쥐를 몹시 좋아하지. 그렇다면 이 넷 중 누가 정확한 미각을 가지고 있을까? 개코원숭이는 긴팔원숭이를 짝으로 여겨 쫓아다니고, 고라니는 사슴 무리를 좋아하며, 미꾸라지는 물고기들과 함께 논다네. 모장毛嬙과 여희麗姬는 사람들 눈에는 아름답게만 보였지. 그러나 물고기들은 그들을 보면 물속 깊이 내려갔고, 새들은 그들을 보면 높이 날아갔으며, 사슴은 그들을 보면 줄행랑을 쳤다네. 이 넷 중 누가 세상에서 진정으로 아름다운 것이 무엇인지를 알고 있는 것일까? 내가 보기에 인仁과 의義의 원리들, 그리고 '그것이다, 아니다'의 길은 빠져나올 수 없을 정도로 혼란스럽다네. 그것들 사이에서 분별하는 방법을 내가 어떻게 알겠는가?"

"당신이 이로움과 해로움을 구별할 줄 모른다고 해서, 지극한 사람이 이로움과 해로움을 구별할 줄 안다는 것을 부정하시는 겁니까?"

"지극한 사람은 신묘하다네. 넓은 삼림이 활활 타올라도 그를 태울 수 없고, 황하와 한수漢水가 얼어붙어도 그를 춥게 할 수 없으며, 순식간에 벼락이 산을 쪼개고 회오리바람이 바다를 뒤흔들어도 그를 놀라게 할 수 없다네. 그와 같은 사람은 구름을 수레에 이어 매고 해와 달을 몰고서 사면의 바다 밖에서 노닐지. 죽음과 삶도 그를 전혀 바꿔놓을 수 없는데, 하물며 이로움과 해로움의 원리들은 어떻겠는가!"

齧缺問乎王倪曰. 子知物之所同是乎. 曰. 吾惡乎知之. 子知子之所不知邪. 曰. 吾惡乎知之. 然則物无知邪. 曰. 吾惡乎知之. 雖然. 嘗試言之. 庸詎知吾所謂知之非不知邪. 庸詎知吾所謂不知之非知邪. 且吾嘗試問乎女. 民溼寢則腰疾偏死. 鰌然乎哉. 木處則惴慄恂懼. 猨猴然乎哉. 三者孰知正處. 民食芻豢. 麋鹿食薦. 蝍蛆甘帶. 鴟鴉耆鼠. 四者孰知正味. 猨. 猵狙以爲雌. 麋與鹿交. 鰌與魚游. 毛嬙麗姬.

人之所美也. 魚見之深入. 鳥見之高飛. 麋鹿見之決驟. 四者孰知天下之正色哉. 自我觀之. 仁義之端. 是非之塗. 樊然殽亂. 吾惡能知其辯. 齧缺曰. 子不知利害. 則至人固不知利害乎. 王倪曰. 至人神矣. 大澤焚而不能熱. 河漢冱而不能寒. 疾雷破山風振海而不能驚. 若然者. 乘雲氣. 騎日月. 而遊乎四海之外. 死生无變於己. 而況利害之端乎.

|주| 대화를 시작하면서 벌어진 이빨은 우리가 알 수 있는 무언가가 틀림없이 있다는 것을 인정해달라고 조르고 있다. (1) 당신은 모두가 동의할 무언가에 대해 아는가? 왕예는 그것을 부정하는데, 보편적으로 공유되는 의견이라고 판단할 독립적 관점이 있을 수 없기 때문일 것이다. (2) 그렇다면 적어도 사람들은 자신이 알지 못하는 것이 무엇인지는 알고 있는 것 아닌가? 그러나 이것은 모순이다. 아니, 장자는 (플라톤의 대화록에 나오는 메논처럼) 그렇게 생각한다.『묵경』B48에서는 이 문제에 대해 논의하면서, 사람들은 어떤 대상들이 그 이름에 적합한지를 모르면서도 이름을 통해 무언가를 알 수 있다고 지적한다. (3) 그렇다면 그 누구도 아는 게 없음을 안다는 것, 이것은 또 다른 모순이다.

● ● ●

구작자瞿鵲子가 장오자長梧子에게 물었다.

"저는 우리 스승님으로부터 이런 말을 들었습니다. '성인은 목표를 정해놓고 일하는 법이 없고, 이익으로 쏠리거나 해로움을 피하는 법도 없다. 얻으려고 애쓰는 것을 좋아하지 않고, 한 가지 도道에 따라 길을 정하지도 않는다. 아무 말도 하지 않으면서도 무언가를 말하고,

무언가를 말하면서도 아무 말도 하지 않으며, 먼지와 때로 오염된 세상 너머에서 노닌다.' 스승님께서는 이 말을 허황되다고[41] 여기셨지만, 제게는 가장 오묘한 도를 따라 걷고 있는 것으로 보였습니다. 선생께서 보시기에는 어떻습니까?"

"이것은 황제黃帝도 곤혹스럽게 만들었을 말이네. 저 늙은 공자가 그것에 대해 뭘 알겠는가? 게다가 자네는 또 자네대로 얻을 것들을 너무 성급하게 계산하고 있네. 이것은 달걀을 보고 새벽닭 울음소리를 기대하고, 활을 보고 올빼미 구이를 기대하는 격이지. 내 자네에게 내 멋대로 말해볼 테니, 자네도 똑같이 멋대로 들어보게나.

'해와 달과 나란히 가고,
온 우주의 시간과 공간[宇宙]을 두루 순회하라.[42]
그것들의 빈틈없는 결합을 연출해내고
그것들의 격렬한 소란에는 초연하라.

---

41) [원] 孟浪: 맹랑孟浪과 뒤에 나오는 적궤弔詭에 대략 상응하는 번역어를 찾자면 맹랑에는 '터무니없는extravagant'이, 적궤에는 '비범한extraordinary'이 어울릴 것이다. 그러나 그런 연어들은 항상 의미의 정확한 뉘앙스가 우리에게 잘 전달되지 않는다는 문제점이 있다. 이 경우 두 용어는 공자가 했다고 하는 그 말에 대해 두 명의 화자, 즉 구작자와 장오자가 보이는 호기심 어린 태도와 관련이 있다. 공자 자신은 그 말을 맹랑지언孟浪之言으로만 여기지만, 구작자는 매우 심오해 보인다는 언급과 함께 그 말을 들려주고 있다. 공자는 그것을 그다지 심각하게 받아들일 의향이 없는 어떤 것으로, 즉 '허황된' 것으로 생각하고 있었다. 그러나 두 번째 화자인 장오자는 그것을 공자로서는 이해할 수 없는 난해하고 불가사의한 발언이라고 단언하면서, 그것에 적합한 이름은 적궤弔詭라고 말한다. 적궤는 완전히 독창적인 사고나, 인습에서 벗어난 영감으로 가득 차 있어서, 그 말을 하는 당사자에게도 낯선 것이고 그 스스로 그 진가를 알아보지 못한 채 오해하고 있는 것일 수 있다.
42) [원] 挾: '浹'과 같다. 諸橋轍次, 『大漢和辭典』, 12118 sense 2/2를 참조하라.

각자가 서로에게 하인인 듯 서로를 존경하자.
보통 사람들은 호들갑을 떨며 안달하지만,
성인은 얼간이에 굼벵이다.
만년을 지나면서 가지런히 정렬되어, 일체성, 전체성, 단순성을 이루어라.
만물은 모두 본래 모습 그대로 존재하고,
본래 모습 그대로 총체성을 이룬다.

삶을 좋아하는 것이 미혹이 아닌지를 내 어찌 알겠는가? 죽음을 싫어하는 것이 어려서부터 유랑하여 집으로 가는 길을 잊어버린 것이 아님을 내 어찌 알겠는가? 여희는 애艾 땅의 국경지기 딸이었네. 진국晉國에서 처음 그녀를 잡아갈 때, 그녀는 눈물로 옷을 적셨지. 그러나 궁궐로 들어와 왕과 네모반듯한 침상을 함께 쓰고 꿀과 곡물을 먹인 가축들의 고기를 먹게 되자, 그제야 눈물 흘렸던 것을 후회하기 시작했다네. 이와 마찬가지로 죽은 자가 이전에 간절히 살고 싶어 했던 것을 후회하지 않을지 내 어찌 알겠는가? 꿈속에서 연회를 즐기던 자도 날이 새면 울부짖으며 눈물을 흘리고, 꿈속에서 울부짖으며 눈물을 흘리던 자도 날이 새면 사냥을 떠난다네. 우리는 꿈을 꾸는 동안 꿈을 꾸고 있다는 사실을 모르며, 꿈꾸는 도중에 그 속에서 꾼 꿈을 해몽하기도 하지. 꿈에서 깨어나서야 꿈을 꾸고 있었음을 알게 되는 것일세. 최종적으로 깨어날 때에만 우리는 이것이 최종적으로 꿈임을 알게 되겠지. 그런데 어리석은 자들은 자신들이 깨어 있다고 생각하고 자신들이 어떤 상태에 있는지를 잘 안다고 확신한 나머지, 제후입네, 마소 치는 사람입네 한다네. 참으로 구제 불능이지! 자네와 공자, 두 사람 다 꿈이고, 자네를 꿈이라고 부르는 나 역시 한바탕 꿈

일세. 공자가 했다는 그 말에 대한 적절한 이름은 '번뜩이는 기발함
[弔詭]'[43]이라네. 만대가 지난 뒤 위대한 성인이 나타나 그 의미를 설
명할 수 있다면, 그것은 마치 아침저녁 사이에 벌어진 듯한 일일 것
이네.

瞿鵲子問乎長梧子曰. 吾聞諸夫子. 聖人不從事於務. 不就利. 不違
害. 不喜求. 不緣道. 无謂有謂. 有謂无謂. 而遊乎塵垢之外. 夫子以
爲孟浪之言. 而我以爲妙道之行. 吾子以爲奚若. 長梧子曰. 是黃帝
之所聽熒也. 而丘也何足以知之. 且女亦大早計. 見卵而求時夜. 見
彈而求鴞炙. 予嘗爲女妄言之. 女以妄聽之矣. 旁日月. 挾宇宙. 爲其
脗合. 置其滑涽. 以隸相尊. 衆人役役. 聖人愚芚. 參萬歲而一成純.
萬物盡然. 而以是相蘊. 予惡乎知說生之非惑邪. 予惡乎知惡死之非
弱喪而不知歸者邪. 麗之姬. 艾封人之子也. 晉國之始得之也. 涕泣
沾襟. 及其至於王所. 與王同筐牀. 食芻豢. 而後悔其泣也. 予惡乎
知夫死者不悔其始之蘄生乎. 夢飮酒者. 旦而哭泣. 夢哭泣者. 旦而
田獵. 方其夢也. 不知其夢也. 夢之中又占其夢焉. 覺而後知其夢也.
且有大覺而後知此其大夢也. 而愚者自以爲覺. 竊竊然知之. 君乎牧

43) [원] 弔詭: 적궤弔詭라는 연어는 '弔'을 '誂'으로 써서(두 글자는 음성학적으로는 바꿔
쓸 수 있다. 朱桂曜,『莊子內篇證補』, 80을 참조하라) 두 번 더 등장한다. 5/29[「德充符」]
의 "彼且蘄以諔詭. 幻怪之名聞", 즉 "그는 아직도 독특하고 비범한 자로 이름을 날
리고 싶은 충동을 가지고 있습니다." 33/67[「天下」]의 "其辭雖參差. 而諔詭可觀",
즉 "(*장자 자신에 대해) 그의 문체는 들쭉날쭉함에도 불구하고, 그의 독창성은 볼
만한 가치가 있다."[그레이엄은 본문에서는 이 구절을 "그가 정식화해낸 표현들은 들쭉날
쭉함에도 불구하고, 그것들이 품은 수수께끼는 깊이 생각해볼 만한 가치가 있다"라고 번역하
였다] 또한『여씨춘추呂氏春秋』5/2[「仲夏紀」](許維遹,『呂氏春秋集釋』, 5/8A)의 "儗詭
殊瑰. 耳所未嘗聞. 目所未嘗見", 즉 "(*타락한 음악에 대해) 독창적이고 이상한 것,
즉 귀로 결코 들은 적 없고 눈으로 결코 본 적 없는 것"도 참조하라.

乎. 固哉. 丘也與女皆夢也. 予謂女夢亦夢也. 是其言也. 其名爲弔詭. 萬世之後. 而一遇大聖知其解者. 是旦暮遇之也.

• • •

 그대와 내가 양자택일의 선택지들을 두고 논쟁을 벌인다고 해보자. 내가 아니라 그대가 이긴다면, 그대는 과연 그것에 대해 잘 알고 있고 나는 그렇지 않은 것일까? 그대가 아니라 내가 이긴다면, 나는 과연 그것에 대해 잘 알고 있고 그대는 그렇지 않은 것일까? 우리 중 한 사람은 그것에 대해 잘 알고 있고 다른 한 사람은 그렇지 않은 것일까? 아니면 우리 둘 다 그것에 대해 잘 알고 있기도 하고, 우리 둘 다 그렇지 않기도 한 것일까? 그대와 내가 우리가 어디에 서 있는지를 알 수 없다면, 다른 사람들도 틀림없이 우리 때문에 깜깜부지가 될 것이다. 그렇다면 누구를 불러다 그것을 결정해야 할까? 그대 편인 사람을 데려와 결정하게 한다면, 이미 그대 편인 사람이 어떻게 제대로 결정할 수 있겠는가? 내 편인 사람을 데려와 결정하게 한다면, 이미 내 편인 사람이 어떻게 제대로 결정할 수 있겠는가? 우리 둘과 다른 편에 있는 사람을 데려와 결정하게 한다면, 이미 우리 둘과 다른 편인 사람이 어떻게 결정을 내릴 수 있겠는가? 우리 둘과 같은 편에 있는 사람을 데려와 결정하게 한다면, 이미 우리 둘 다와 같은 편에 있는 사람이 어떻게 결정을 내릴 수 있겠는가? 따라서 그대와 나, 그리고 다른 사람, 이 세 사람은 모두 우리가 어디에 서 있는지를 알 수가 없다. 그렇다면 의지할 만한 제3자를 또 찾아야 하는 것일까?
 변화 중에 있는 그 목소리들은 서로에게 의지하든 안 하든 차이가 없다. 그것들을 하늘의 숫돌로$^{44)}$ 매끄럽게 고르고, 그것들을 판단의 준거로 사용하면서, 흐름이 스스로 제 갈 길을 찾아가게 하라. 이것이 천수를 다하는 방법이다. 나이를 잊고 의무를 잊어라. 한계 없는 것의 자극에 진동하면서 움직여라. 그리하여 사물들에게 한계 없는 것 속에서 임시로 머물 거처들을 찾아주어라.$^{45)}$

'그것들을 하늘의 숫돌로 매끄럽게 고른다'는 것은 무슨 뜻인가? 그것이 아닌 것조차도 '그것'으로서 다루고, 그러하지 않은 것조차도 '그러한' 것으로서 다루어라. '그것'이 정말로 그것이라면, 그것이 아닌 것과 논쟁을 위한 차이는 더 이상 없다. '그러한' 것이 정말로 그러한 것이라면, 그러하지 않은 것과 논쟁을 위한 차이는 더 이상 없다.$^{46)}$

---

44) [원] 天倪: '天研'의 이체자다('研'은 '硯'라는 이체자를 갖는다). '하늘의 숫돌whetstone of Heaven'(朱桂曜, 『莊子內篇證補』, 81).

45) [원] 振於无竟. 故寓諸无竟: "한계 없는 것의 자극에 진동하면서 움직여라. 그리하여 사물들에게 한계 없는 것 속에서 임시로 머물 거처들을 찾아주어라." 두 가지 선택지를 놓고 양자택일하는 대신, 하늘에 따라 자발적으로 움직여라. 고정된 관점으로 판단하는 대신, 일시적 관점들 사이를 유동하라. 진振, 즉 '떨리다shake'는 『예기禮記』「월령月令」(『四部備要』 6/2A/1)의 "蟄蟲始振", 즉 "겨울잠 자던 벌레들이 처음으로 움찔댄다"에서처럼 '자극을 받아 움직인다'는 의미로 이해할 수 있다. 전통적인 주석가들이 제안한 의미들('止也[멈춘다]', '暢也[통한다]')[곽상과 성현영成玄英은 '暢'으로 풀이하고, 최선은 '止'로 풀이한다(郭慶藩, 『莊子集釋』, 北京: 中華書局, 2004, 110)]은 설득력 있는 이전의 전거들을 찾는 데 실패하였다. 다음을 참조하라. 7/21「應帝王」의 "萌乎不震不正(正은 止로 교정)", 즉 "(마음이 완전히 고요한 상태가 되어) 나는 계속해서 싹을 틔우면서도 진동하지도 않고 멈추지도 않았다."[그레이엄은 본문에서 이 구절을 "싹이 돋아나고 있을 때에는 진동도 없지만 중단도 없다"라고 번역하였다] 25/10「則陽」의 "復命搖作, 而以天爲師", 즉 "그는 자신의 운명으로 돌아가고 반향하는 식으로만 움직이며, 하늘을 자신의 스승으로 삼는다."

46) [역] 통용본에는 이 단락 전체가 이 앞 단락인 "변화 중에 있는 그 목소리들"의 앞에 나오는데, 그레이엄은 두 단락의 위치를 바꾸었다. 앞 단락의 "그것들을 하늘의 숫돌로 매끄럽게 고르고"라는 구문이 먼저 나와야만 이 단락에서 "'그것들을

既使我與若辯矣. 若勝我. 我不若勝. 若果是也. 我果非也邪. 我勝若. 若不吾勝. 我果是也. 而果非也邪. 其或是也. 其或非也邪. 其俱是也. 其俱非也邪. 我與若不能相知也. 則人固受黮闇. 吾誰使正之. 使同乎若者正之. 既與若同矣. 惡能正之. 使同乎我者正之. 既同乎我矣. 惡能正之. 使異乎我與若者正之. 既異乎我與若矣. 惡能正之. 使同乎我與若者正之. 既同乎我與若矣. 惡能正之. 然則我與若與人俱不能相知也. 而待彼也邪. 化聲之相待. 若其不相待. 和之以天倪. 因之以曼衍. 所以窮年也. 忘年忘義. 振於无竟. 故寓諸无竟. 何謂和之以天倪. 曰. 是不是. 然不然. 是若果是也. 則是之異乎不是也亦無辯. 然若果然也. 則然之異乎不然也亦無辯.

|주| 무엇이든 한번쯤은 '그것[是]'으로 지목될 수 있기 때문에, '그것'이 정말로 어떤 것의 이름이라면(서양의 문법적 용어로 대명사가 아니라 명사라면), '그것'은 모든 것의 이름이 될 것이다. 장자는 어떤 것을 택하여 그것만을 '그것'이라고 인정하는 대신, 모든 것을 다 포괄하여 인정하는 데 그 용어를 사용함으로써 온 우주에 대해 '네!'라고 말할 수 있다는 발상을 좋아한다. 우리는 270-272쪽에서 그가 그렇게 하고 있음을 보게 될 것이다.

• • •

그림자 가장자리의 어스름이 그림자에게 물었다.

하늘의 숫돌로 매끄럽게 고른다'는 것은 무슨 뜻인가?"라는 물음이 자연스럽게 제기될 수 있다고 본 듯하다.

"조금 전에 그대는 걸어 다녔는데, 지금은 멈춰 있소. 조금 전에 그대는 앉아 있었는데, 지금은 서 있소. 어째서 그대는 이걸 할지 저걸 할지 결단을 내리지 못하고 있는 것이오?"

"내가 무언가에 의존해 있어서 그런 것일까? 그렇다면 내가 의존해 있는 것 역시 다른 무언가에 의존해 있어서 그런 것일까? 그렇다면 내가 뱀의 비늘이나 매미의 날개에 의존해 있다는 것일까? 왜 그런지를 내가 어찌 알겠으며, 왜 그렇지 않은지를 내가 어찌 알겠는가?"

罔兩問景曰. 曩子行. 今子止. 曩子坐. 今子起. 何其无特操與. 景曰. 吾有待而然者邪. 吾所待又有待而然者邪. 吾待蛇蚹蜩翼邪. 惡識所以然. 惡識所以不然.

● ● ●

간밤에 장주는 나비가 된 꿈을 꾸었다. 영혼이 훨훨 날아오르는 듯, 그는 한 마리 나비였고(그는 자신이 어떤지를 보여주면서 스스로 마음에 들었던 것이 아닐까?),[47] 장주에 대해서는 조금도 알지 못했

---

47) [원] 自喩適志與: 육덕명의 『경전석문』의 주에서는 동사인 유喩를 유愉, 즉 '행복하다happy'의 동의어로 보며, 끝에 붙은 허사['與']를 감탄사로 본다. "자연스러운 즐거움 속에서 그는 만족스러워했다[自快得意]!" 곽상이 이미 이 문장을 이렇게 이해했고, 통상 이 이해를 따라왔다. 그러나 한대漢代 이전의 고전 문헌들 곳곳에서 문장 끝에 붙은 허사 여與는 감탄사가 아니라 의문사로서 야호也乎(~가 아닐까?)와 동의어이고, 유喩는 '이해하다/이해시키다'라는 의미를 갖는다. 『순자荀子』 「정명正名」에서 동사 유喩는 어떤 것이 무엇인지를 보여주는 이름들에 대해 한 차례 이상 사용되고 있다. 『순자』 제22편[「正名」](梁啓雄, 『荀子簡釋』, 314/3)의 "單足以喩則單. 單不足以喩則兼", 즉 "단 하나만으로도 그것이 무엇인지를 충분히 보여줄 수 있다면 그것은 단일한 것이다. 그러나 단 하나만으로는 그것이 무

다. 그런데 화들짝 깨어나 보니 틀림없는 장주였다. 그는 자신이 나비가 된 꿈을 꾸고 있는 장주인지, 장주가 된 꿈을 꾸고 있는 나비인지 알 수 없었다. 장주와 나비 사이에는 물론 구분이 있었다. 이것이 바로 '사물들의 변화[物化]'가 뜻하는 것이다.

昔者莊周夢爲胡蝶. 栩栩然胡蝶也. (自喩適志與.) 不知周也. 俄然覺. 則蘧蘧然周也. 不知周之夢爲胡蝶. 胡蝶之夢爲周與. 周與胡蝶 則必有分矣. 此之謂物化.

|주| '자신이 어떤지를 보여준다[自喩]'는 것은 말이 말이 아님을 '보여주는[喩]' 앞의 언급(130 - 131쪽)과 관련이 있는 것으로 보인다. 이것이 맞다면, 이 단락의 핵심은 다음과 같다. 도가는 자신을 영원 불변하게 인간 혹은 나비라고 간주하지 않고, 어떤 한 이름에 적합한 것으로부터 다른 이름에 적합한 것으로 자연스럽게 옮겨 간다. "그는 어떤 순간에는 자신을 논리학자들이 말한 '말[馬]'로 간주하고, 그다

엇인지를 충분히 보여줄 수 없다면 그것은 복합적인 것이다"를 참조하라. 우리는 『장자』 2/31「[齊物論]」이하에서 똑같은 용법을 발견한다. "以馬喩馬之非馬", 즉 "말을 사용하여 말이 말이 아님을 보여주는 것."
나는 이 문장["自喩適志與"]을 예전에는 다음과 같이 번역했다. "그는 어떠해야 자신이 기쁠지를 몸소 보여준 것이었을까?"(A. C. Graham, "Chuang-tzu's 'Essay on seeing things as equal'", 159) 그러나 지금은 성현영의 소疏에 가까운 해석을 더 선호한다. "그는 자신이 자연스럽게 어떠한지를 보여주면서 스스로 마음에 들었던 것이 아닐까?" 장자는 더 이상 명가의 이분법, 즉 소와 소 아닌 것, 말과 말 아닌 것의 이분법에 얽매여 있지 않기 때문에 자신이 인간이든 나비든 간에 만족스러울 수 있었다. 7/3「[應帝王]」의 "一以己爲馬. 一以己爲牛", 즉 "그는 어떤 순간에는 자신을 논리학자들이 말한 '말[馬]'로 간주하고, 그다음 순간에는 논리학자들이 말한 '소[牛]'로 간주하였다"를 참조하라. 이 문장은 삽입된 것이며, 행간의 주석으로 보아 빼버려야 하지 않을까 싶다(劉文典, 『莊子補正』).

음 순간에는 논리학자들이 말한 '소[牛]'로 간주하였다"(252쪽)를 참조하라.

3
생명을 기르는 데 중요한 것
(제3편[「양생주」])

　　이 편의 주제는 생명 활동의 자발성을 회복하는 것이다. 이 자발성은 우리가 분석적 앎을 포기하고 저 너머 하늘로부터 우리 속으로 들어온 신묘한 통찰력과 재능을 믿을 때 회복될 수 있다는 것이다. 이 편은 분량이 짧고 조각조각 나 있다. 원문의 훼손으로 인한 것이 분명하다. 『장자』의 편찬자들에게는 이처럼 기본적인 주제를 다룬 자료가 부족하지는 않았을 것이다. 시작하는 절은 심하게 손상되어 있지만, 주제와 어법의 유사점들을 감안할 때 이 절로 와야 할 단편들이 세 개 더 있다. 통용본에서 이 단편들은 〈잡편〉의 두 편, 즉 제24편[「서무귀」]과 제32편[「열어구」]의 맨 끝 부분에 붙어 있다. 나는 완전하다고 장담은 못 하겠지만 이 단편들을 사용하여 이 편의 도입부에 해당하는 논문을 복원했다.

|||||||||||||

내 생명은 제한된 범위 내에서 흐르지만, 앎에는 제한된 범위가 없다. 제한된 것을 동원해서 제한이 없는 것을 쫓아다니면 생명의 흐름이 멎어버릴 위험이 있다. 생명의 흐름이 멎는데도[48] 앎을 휘두르는 것은 더없이 위태롭다.

> 좋은 일을 행하는 자, 명성을 가까이 하지 마라.
> 나쁜 일을 행하는 자, 형벌을 가까이 하지 마라.
> 신체 중앙을 흐르는 맥을 따르며, 그것을 네 기준으로 삼아라.
> 네 신체를 보호할 수 있고,
>> 생명을 온전하게 지킬 수 있으며,
>> 네 부모를 봉양할 수 있고,
>> 네 천수를 다할 수 있다.[49]

---

48) [원] 殆已. 已而: 앞서 나온 2/37[「齊物論」]의 "因是已. 已而"를 참조하라.
49) [원] 제3편[「養生主」]의 짧은 분량과 조각조각 나 있는 상태는 원문에 훼손이 일어났음을 암시한다. 이상의 몇 행은 도입부에 해당하는 논문의 유실되지 않고 남은 부분인 것처럼 보인다. 〈잡편〉의 제24편[「徐无鬼」]과 제32편[「列禦寇」]의 끝 부분에 붙어 있는 세 개의 단편(24/105-111, 32/50-52, 24/103-105)은 원래 이 부분에 있었던 것으로 볼 수 있다. (나는 이전에 25/51-54[「則陽」]도 그런 단편일 것이라고 했었는데(A. C. Graham, "How much of Chuang-tzu did Chuang-tzu write?", *Journal of the American Academy of Religion Thematic Issue: Studies in Classsical Chinese Thought*, edited by Henry Rosemont, Jr. and Benjamin I. Schwartz, 47/3, Sept. 1979, 473을 참조하라), 이후에 그 점에 대한 확신을 잃었다.) 주제상의 대체적인 유사점들은 차치하더라도, 어법상으로 이 단편들 사이에, 또 이 단편들과 제3편[「養生主」]의 이 시작 부분(3/1ff.) 사이에 나타나는 다음의 연결 고리들에 주목할 수 있을 것이다.
3/1[「養生主」]의 '有/无涯', 즉 '제한된 범위가 있음/없음'; 24/109ff.[「徐无鬼」]의 '有/无崖', 즉 '제한된 범위가 있음/없음'과 비교하라.
3/1[「養生主」]의 '殆', 즉 (앎의) '위태로움'; 24/103[「徐无鬼」]의 '殆', 즉 (감각과 마음을 발휘하는 것의) '위태로움'과 비교하라.
24/107, 108, 109, 111[「徐无鬼」]의 '解', 즉 (문제들을) '풀다'; 3/2, 6, 11[「養生主」]의

吾生也有涯. 而知也无涯. 以有涯隨无涯. 殆已. 已而爲知者. 殆而已矣. 爲善无近名. 爲惡无近刑. 緣督以爲經. 可以保身. 可以全生. 可以養親. 可以盡年.

그러므로 발로 딛고 서 있는 지면은 얼마 되지 않는다. 그것은 얼마 되지 않지만, 발로 딛고 있지 않은 지면에 의존해야만 걸어다닐 여지가 생긴다. 이와 마찬가지로 인간에게 필요한 앎은 적다. 그것은 적지만, 인간은 자신이 알지 못하는 것에 의존해서 '하늘'이 의미하는 바를 알게 된다. 그대가 궁극적 하나[大一], 궁극적 음[大陰], 궁극적 눈[大目], 궁극적 조정자[大均], 궁극적 시야[大方], 궁극적으로 믿을 만한 것[大信], 궁극적으로 안정되어 있는 것[大定], 이것들을 알게 되면, 그대는 지극한 경지에 도달하게 될 것이다. 궁극적 하나는 사물들을 서로 뒤바뀔 수 있게 만들고, 궁극적 음은 그것들을 풀어버리며, 궁극적 눈은 그것들을 내다보고, 궁극적 조정자는 그것들에 따라 경로를 설정하며, 궁극적 시야는 그것들과 일체를 이루고, 궁극적으로 믿을 만한 것은 그것들을 입증해주며, 궁극적으로 안정되어 있는 것은 그것들을 지탱해준다.

우리에게 하늘이 있어 그것들을 모두 껴안고 우리에게 그 빛이 있

'解', 즉 (소를) '가르다'(여기서는 소를 가르는 것이지만, 가르는 방법은 도가에게는 전형적인 문제이다)와 비교하라.
24/106[「徐无鬼」]의 "恃其所不知", 즉 "자신이 알지 못하는 것에 의존한다"(좋은 것); 32/51[「列禦寇」]의 "恃其所不見", 즉 "자기들이 보고 있는 것에 의존한다"(나쁜 것)와 비교하라.
3/6[「養生主」]의 '神//目(눈보다 더 우선시되는 신묘한 힘)'; 32/51[「列禦寇」]의 '神//明 (시력보다 더 우선시되는 신묘한 힘)'과 24/103[「徐无鬼」]의 "故目之於明也殆", 즉 "그러므로 눈의 보는 능력은 위태로움을 야기한다"와 비교하라.

어 제 갈 길을 간다면, 그리고 어둠 속에서도 우리에게 사물들의 회전축이 있고, 우리 자신이 아닌 다른 것[彼]으로부터 출발한다면, 그때 우리가 푸는 것은 풀지 못하는 것과 흡사할 것이며 우리의 앎은 무지와 흡사할 것이다. 우리가 오로지 무지하기 때문에 알게 되는 것, 그것에 대해 우리가 제기하는 의문들은 제한된 범위가 있을 수 없으면서도 제한된 범위가 없을 수 없다. 우리가 모든 것을 억지로 떼어내어[50] 대상들이 존재하게 되고 그 대상들이 과거든 현재든 자기 자리에만 있다면, 그리고 우리가 그것들 가운데 어떤 것도 무시할 형편이 못 된다면, 모든 것의 총합이[51] 있음을 부정할 수 있겠는가? 어째서 그것[是]에 대해 의문을 제기하지 않는 것인가?

어째서 의심에 시달리는가? 의심 가지 않는 것을 써서 의심 가는 것을 풀고, 그래서 그것을 의심 가지 않는 것으로 바꿔놓는 것, 이것은 의심 가지 않는 것을 너무 지나치게 존중하는 것이다.[52] 평평하지 않은 것을 써서 평평하게 만들면, 그렇게 평평하게 만든 것은 평평하지 않을 것이다. 시험되지 않은 것을 써서 시험하면, 그렇게 시험한 것은 제대로 된 시험이 아닐 것이다. 눈의 시력은 사용되는 것일 뿐이고, 그것을 시험하는 것은 우리 속에 깃들어 있는 신묘한 힘이다.

---

50) [원] 頡滑: 위치를 옮긴 이 단편에서 우리는 다음과 같은 사실에 주목할 수 있다. '頡滑'이라는 어구의 의미에 대한 유일하게 확실한 증거는 10/36「胠篋」의 "頡滑堅白解垢同異", 즉 "단단한 것과 흰 것[堅白]'을 억지로 떼어놓는 행태들, '같은 것과 다른 것[同異]'을 뒤범벅으로 만드는 행태들"이다. 이것은 17/66「秋水」의 "合同異, 離堅白", 즉 "같은 것과 다른 것을 결합시키고, 단단한 것과 흰 것을 분리시킨다"라는 공식에 대한 보다 강력한 변주이다.
51) [원] 揚摧: '총수total number, 총합sum of all.' 『사통辭通』, 2298에 모아놓은 예들을 참조하라.
52) [역] 이 이야기가 시작하는 앞 쪽의 "그러므로 발로 딛고 서 있는 지면은"부터 여기까지는 「서무귀」의 끝 부분에 있는 단락을 옮겨놓은 것이다.

시력이 그 신묘한 힘을 능가할 수 없다는 것은 새삼스러운 일이 아니다. 어리석은 자들은 자기들이 보고 있는 것에 의존해서 스스로를 인간의 틀 속에 가둬버린다. 그래서 그들이 성취하는 것은 외적인 것에 지나지 않으니, 슬프지 않겠는가?[53]

그러므로 눈의 보는 능력은 위태로움을 야기하고, 귀의 듣는 능력도 위태로움을 야기하며, 위험천만한 야망을 좇는 마음의 능력도 위태로움을 야기한다. 우리 몸의 기관들과 관련된 능력들은 모두가 위태로움을 야기한다. 위태로운 상황들이 실제로 벌어지고 나면 손쓰기엔 너무 늦다. 재앙이 자라나고 문제가 커지면, 본래 상태로 돌이키기 위해서 효과적인 조치에 기대야 하고 성공적인 결과를 얻기 위해서 장기간 노력을 기울여야 한다. 그런데도 사람들은 그 위태로운 기관들을 그들의 최대 보물로 생각하려 하니, 슬프지 않겠는가? 그러므로 망하는 나라들과 살육당하는 백성들이 끝없이 이어지는 것은 우리가 그것[是]에 대해 의문을 제기하는 법을 모르기 때문이다.[54]

故足之於地也踐. 雖踐. 恃其所不蹍而後善博也. 人之於知也少. 雖少. 恃其所不知. 而後知天之所謂也. 知大一. 知大陰. 知大目. 知大均. 知大方. 知大信. 知大定. 至矣. 大一通之. 大陰解之. 大目視之. 大均緣之. 大方體之. 大信稽之. 大定持之. 盡有天. 循有照. 冥有樞.

---

53) [역] "평평하지 않은 것을"부터 여기까지는 「열어구」의 끝 부분에 있는 단락을 옮겨놓은 것이다.
54) [역] "그러므로 눈의 능력은"부터 여기까지 역시 「서무귀」에서 옮겨놓은 단락이다. 「서무귀」에서 이 단락은 그레이엄이 이 앞으로 옮긴 단락 "그러므로 발로 딛고 서 있는 지면은 얼마 되지 않는다. … 이것은 의심 가지 않는 것을 너무 지나치게 존중하는 것이다"의 바로 앞에 나온다.

始有彼. 則其解之也. 似不解之者. 其知之也. 似不知之也. 不知而後知之. 其問之也. 不可以有崖. 而不可以无崖. 頡滑有實. 古今不代. 而不可以虧. 則可不謂有大揚搉乎. 闔不亦問是已. 奚惑然爲. 以不惑解惑. 復於不惑. 是尙大不惑. 以不平平. 其平也不平. 以不徵徵. 其徵也不徵. 明者唯爲之使. 神者徵之. 夫明之不勝神也久矣. 而愚者恃其所見. 入於人. 其功外也. 不亦悲乎. 故目之於明也殆. 耳之於聰也殆. 心之於殉也殆. 凡能其於府也殆. 殆之成也不給改. 禍之長也玆萃. 其反也緣功. 其果也待久. 而人以爲己寶. 不亦悲乎. 故有亡國戮民无已. 不知問是也.

|주| "궁극적 음[大陰]": 성인은 어떤 문제를 풀기 위해 자신의 에너지를 활동적인 양陽의 양상으로 발산하지 않고 수동적인 음陰의 양상으로 수렴시켜 절대적 고요에 이르게 하며, 그 속에서 문제들이 저절로 풀리는 것을 본다.

"축[樞]": 우리의 중심부에 있는 정지된 지점으로서, 마치 회전하는 바퀴의 움직이지 않는 중심처럼 우리는 이 지점에서 사건들의 순환을 지켜볼 수 있다(130쪽 참조).

• • •

요리사 정[포정庖丁]이 문혜군文惠君을 위해 소를 가르고 있었다. 손으로 철썩 때리고 어깨를 쑥 내밀고 발로 꽉 밟고 무릎을 구부림에 따라, '쉬익! 퍼억!' 하는 소리와 함께 휘두른 칼날이 소를 갈라내는데, 결코 리듬을 잃지 않았다. 어떤 순간에는 박자가 뽕나무 숲[상림桑林]의 춤에 들어맞았고, 또 어떤 순간에는 악단이 경수經首를 연주하는 것 같았다.

문혜군이 말했다.

"아, 훌륭하도다! 기술이 이런 단계에까지 이르다니!"

[요리사 정이 말했다.]

"신이 마음을 쓰는 것은 도道일 뿐입니다. 제게 기술은 뒷전입니다. 제가 처음 소를 가르기 시작했을 때에는 어디를 본들 소 말고는 아무것도 보이지 않았습니다. 그러다 삼 년이 지나자 소가 온마리로는 보이지 않게 되었습니다. 지금은 제 속에 깃들어 있는 신묘한 힘을 통해 접촉하고, 눈으로는 보지 않습니다. 감각으로 멈춰야 할 곳을 알고, 신묘한 힘이 가는 대로 따르려고 할 뿐입니다. 하늘이 구성해 놓은 것[天理]에 의지하고 큰 틈새를 따라 가르며, 큰 구멍이 이끄는 대로 저를 맡기고 본래부터 그러한 바에 따릅니다. 단단한 뼈는 말할 것도 없고 인대나 힘줄도 결코 건드리지 않습니다. 좋은 요리사는 칼을 일 년에 한 번 바꿉니다. 세게 내려쳐서 가르기 때문이지요. 보통의 요리사는 한 달에 한 번 바꿉니다. 마구 후려쳐서 부서뜨리기 때문이지요. 지금 제 칼은 십구 년이나 되었고 소를 수천 마리나 해체했지만, 칼날이 숫돌에서 막 갈아낸 것 같습니다. 저 소의 관절에는 틈이 있고 칼날에는 두께가 없습니다. 두께 없는 것을 틈 있는 곳에 넣으면, 더 물어볼 것도 없이 칼날을 놀릴 충분한 여유가 생깁니다. 이것이 제가 십구 년이나 칼을 썼는데도 칼날이 숫돌에서 막 갈아낸 것 같은 이유입니다.

하지만 저도 복잡하게 얽힌 부분에 맞닥뜨릴 때면 다루기 어렵다는 것을 알아차리고 조심스러운 태세를 갖추며 그곳에 시선을 고정시키고 움직임의 속도를 늦춥니다. 거의 보이지 않을 정도로 칼놀림을 미세하게 하지요. 그러다 일격에 얽힌 곳이 풀어지니, 마치 흙덩이가 땅으로 툭 떨어지는 듯합니다. 그러면 저는 칼을 들고 일어서서 당당하게 모든 이를 빙 둘러보고는 어물쩍거리면서 흡족할 때까지 승리를 만끽합니다. 그런 뒤에 칼을 닦아 거두지요."

문혜군이 말했다.

"훌륭하도다! 요리사 정의 말을 듣고 나는 생명을 기르는 방법을 알았다."

庖丁爲文惠君解牛. 手之所觸. 肩之所倚. 足之所履. 膝之所踦. 砉然嚮然. 奏刀騞然. 莫不中音. 合於桑林之舞. 乃中經首之會. 文惠君曰. 譆. 善哉. 技蓋至此乎. 庖丁釋刀對曰. 臣之所好者道也. 進乎技矣. 始臣之解牛之時. 所見无非全牛者. 三年之後. 未嘗見全牛也. 方今之時. 臣以神遇. 而不以目視. 官知止而神欲行. 依乎天理. 批大卻. 導大窾. 因其固然. 技經肯綮之未嘗. 而況大軱乎. 良庖歲更刀. 割也. 族庖月更刀. 折也. 今臣之刀十九年矣. 所解數千牛矣. 而刀刃若新發於硎. 彼節者有閒. 而刀刃者无厚. 以无厚入有閒. 恢恢乎其於遊刃必有餘地矣. 是以十九年而刀刃若新發於硎. 雖然. 每至於族. 吾見其難爲. 怵然爲戒. 視爲止. 行爲遲. 動刀甚微. 謋然已解. 如土委地. 提刀而立. 爲之四顧. 爲之躊躇滿志. 善刀而藏之. 文惠君曰. 善哉. 吾聞庖丁之言. 得養生焉.

● ● ●

공문헌公文軒이 오른쪽 장수[우사右師]를 보고는 깜짝 놀라며 말했다.

"이 어찌 된 사람인가? 어쩌면 이리도 특이한가?[55] 그것은 하늘로

164 제2부 장자의 저술

부터 왔는가, 아니면 인간으로부터 왔는가?"

[오른쪽 장수가 말했다.]

"하늘로부터 온 것이지 인간으로부터 온 것이 아니오. 하늘은 어떤 것을 낳을 때 그것을 유일무이하도록 만든다오. 반면 인간으로부터 온 겉모습은 우리를 서로에게 동화시킬 뿐이오. 이로써 나는 그것이 인간으로부터 온 것이 아니라 하늘로부터 온 것임을 안다오."

公文軒見右師而驚曰. 是何人也. 惡乎介也. 天與. 其人與. 曰. 天也. 非人也. 天之生是使獨也. 人之貌有與也. 以是知其天也. 非人也.

|주| 주석가들은 공문헌의 발이 하나밖에 없을 거라고, 죄를 지어 형벌에 처해진 「덕이 충만하다는 징표[덕충부]」의 등장인물들처럼 한쪽 발이 잘렸을 것이라고 추정한다. 그러나 이 이야기는 그가 외모나

55) [원] 介: 곽상과 『경전석문』에 언급된 그의 동시대인들 이후로 편집자들은 이 부분과 23/76[「庚桑楚」]에 나오는 모호한 문장인 "介者侈畫. 外非譽也"의 개介를 '다리가 하나뿐'이라는 의미로 이해해왔다(이 단어가 갖는 '단 하나뿐인, 유일무이한'이라는 의미를 확장시킨 것이다). 『경전석문』의 주에 따르면 어떤 사람은 그것을 올兀('잘린 발')로 읽는다. 그리고 5/23[「德充符」]과 23/76[「庚桑楚」]에서 ['介'와 '兀'] 두 글자는 서로 이체자로 나오기도 한다["吾與夫子遊十九年矣. 而未嘗知吾兀者也."(5/23) "介者侈畫"(23/76)]. 그러나 둘의 발음상의 차이와 글자 모양의 유사성은 이것이 단지 우연히 발생한 와전에 지나지 않을 수 있음을 암시한다. 공문헌의 이야기를 제5편[「德充符」]의 발 잘린 사람들에 대한 이야기에 비추어 독해하는 것이 정말로 꼭 필요한 것일까? 그를 외모나 성격에 있어서 단 하나뿐이고 유일무이한 사람으로 본다면 의미가 훨씬 더 잘 통한다. '단 하나뿐인'이라는 의미는 충분히 입증되고(諸橋轍次, 『大漢和辭典』, 359 def. 17, 18 참조), 23/10[「庚桑楚」]의 "夫函車之獸. 介而離山. 則不免于罔罟之患", 즉 "수레를 삼킬 정도로 큰 짐승도 홀로 산을 떠나면 덫에 걸릴 위험을 벗어날 수 없다"에도 용례가 있다. 그러나 '발이 하나뿐인'이라는 의미는 『장자』에 근거할 때에만 사전으로 편입될 수 있다(諸橋轍次, 『大漢和辭典』, 359 def. 19).

성격에 있어서 특이할 때, 즉 기형이라거나 유별스럽다거나 할 때 의미가 더 잘 통한다.

• • •

삼림에 사는 꿩은 먹이를 한번 쪼기 위해 열 걸음을 걷고 물을 한 모금 마시기 위해 백 걸음이나 걷지만, 새장 안에서 보살핌을 받고 싶은 충동이 없다. 자기 속에 깃든 신묘한 힘은 심지어 왕이 되는 것도 좋은 줄 모른다.[56)]

澤雉十步一啄. 百步一飮. 不蘄畜乎樊中. 神雖王. 不善也.

|주| 이 단락은 잘못된 위치에 놓은 단편인 것처럼 보인다. 「목적지 없이 거닐기」의 허유許由(106쪽)처럼 왕위를 거절하는 은둔자에 대한 이야기로 보는 게 적절하다.

• • •

늙은 담[노담老聃]이 죽자, 진일秦失이 조문을 가서 세 번 곡을 하더니 나와버렸다.

---

56) [원] 神雖王. 不善也: "자기 속에 깃든 신묘한 힘은 심지어 왕이 되는 것도 좋은 줄 모른다(*왕위를 차지하는 것을 심지어 감옥에 갇히는 것으로 본다)." 이 해석은 '雖 … 不善'의 패턴이 31/25「漁夫」의 "雖善不善", 즉 "심지어 좋은 사람이라고 해도 그는 좋은지 모른다"[그레이엄은 본문에서는 이 구절을 "그들이 아무리 좋은 사람들이라고 해도 나쁘다고 단언하는"으로 번역하였다]처럼 기능한다고 가정한 것이다.

한 제자가 진일에게 물었다.

"선생은 우리 스승님의 친구가 아니십니까?"

"그렇다네."

"그렇다면 이렇게 스승님을 조문하는 것이 맞는 것인지요?"

"그러하네. 나는 그를 그 사람이라고 생각했는데, 지금 그는 그 사람이 아니네.[57] 방금 그를 조문하러 들어갔을 때, 노인들이 그의 죽음을 애통해하고 있었는데, 마치 아들이 죽어 곡을 하는 것 같았다네. 또 젊은이들도 그의 죽음을 애통해하고 있었는데, 마치 자기 어머니가 죽어 곡을 하는 듯했네. 늙은 담이 어떻게 그들을 여기에 모이도록 만들었는지, 별로 말하고 싶지 않은데도 말을 하는 자들이 있었고, 별로 곡을 하고 싶지 않은데도 곡을 하는 자들이 분명히 있었다네. 이것은 하늘로부터 숨은 것이고 우리의 있는 그대로의 진정한 모습을 외면한 것이며, 우리가 받은 타고난 재능을 망각한 것일세. 옛날에는 그것을 '하늘로부터 숨은 데 대한 형벌[遁天之刑]'이라고 불렀다네. 선생이 왔을 때에는 때맞춰 그렇게 온 것이고, 선생이 떠났을 때에는 예정된 길을 따른 것일 뿐이네. 때맞춰 오는 것을 편안하게 받

---

57) [원] 始也吾以爲其人也. 而今非也: "나는 그를 그 사람the man이라고 생각했는데, 지금 그는 그 사람이 아니네."(노담에 대한 실망을 표현한 것) 이에 맞서는 또 다른 해석인 "나는 그를 한 명의 인간a man으로 생각했는데, 지금 그는 인간이 아니네"(그는 죽으면서 인간에 속하기를 멈추었다)도 구미가 당긴다. 당기지만 이렇게 해석하면 기其를 설명하기가 어렵게 된다. 문법적인 법法mood을 나타내는 기其는 양자택일적 선택지 가운데 선호되는 쪽임을 표시하는 용어로서 〈내편〉에 흔하게 나타나고, 마쉬룬馬敍倫의 『장자의증莊子義證』에서는 한 가지 가능한 유사 어구에 주목한다. 3/12「「養生主」]의 "天與. 其人與", 즉 "그것은 하늘로부터 왔는가? 아니면 인간으로부터 왔는가?"이다. 그러나 거기서 형식적 용어인 기其는 주절 앞에 온다. 지금처럼 이위以爲, 즉 '~으로서 생각하다'의 뒤에 나오는 종속절 속에 있을 것 같지는 않다.

아들이고 예정된 길을 잘 따른다면, 슬픔과 기쁨이 그 속에 자리할 수 없을 것일세. 옛날에는 이것을 '속박으로부터 풀려난 하느님의 경지[帝之縣解]'라고 불렀다네.

의미가 '장작'으로 간주되는 것에 국한된다면, 불이 한 장작개비로부터 다음 장작개비로 넘어갈 때, 우리는 그것이 '재'라는 사실을 모른다네."58)

老聃死. 秦失弔之. 三號而出. 弟子曰. 非夫子之友邪. 曰. 然. 然則弔焉若此可乎. 曰. 然. 始也吾以爲其人也. 而今非也. 向吾入而弔焉. 有老者哭之如哭其子. 少者哭之如哭其母. 彼其所以會之. 必有不蘄言而言不蘄哭而哭者. 是遯天倍情. 忘其所受. 古者謂之遁天之

58) [원] 指窮於爲薪. 火傳也. 不知其盡也: 논쟁에 사용되는 전문용어들이 등장하는 것에 비추어, 나는 이 구절을 많은 논쟁이 이루어졌던 구절로 이해한다.

1. 지指: '의미meaning', 하나의 이름에 의해 지시되는 것(A. C. Graham, *Later Mohist logic, ethics and science*, 458-460). 22/47[「知北遊」]의 "周徧咸三者. 異名同實. 其指一也", 즉 "'周[보편적인]', '徧[도처에]', '咸[모두]', 이 세 가지는 동일한 실체에 대한 서로 다른 이름들이니, 그 이름들이 가리키는 것[指]은 하나일 뿐이오"를 참조하라.
2. 위爲: 한 대상이 어떤 사물의 이름에 적합하면 그것은 그 사물로 '간주된다' (2/27-29[「齊物論」]에 대한 주[각주 30]를 참조하라). 그다음 盡을 '타고 남은 재'라는 의미로 — 이것에 대해서는 『묵경』A85(A. C. Graham, *Later Mohist logic, ethics and science*, 332)에 그럴듯한 예가 하나 있다 — 본다면(諸橋轍次, 『大漢和辭典』, 23029, def. 9 燼), "指窮於爲薪. 火傳也. 不知其盡也"는 "의미가 '장작'으로 간주되는 것에 국한된다면, 불이 한 장작개비로부터 다음 장작개비로 넘어갈 때, 우리는 그것이 '재'라는 사실을 모른다네"가 된다.
'살아 있음'의 의미를, '살아 있음'이라는 이름에 따라 우리가 항구적으로 변화하고 있는 전체로부터 뽑아낸 것에만 국한한다면, 우리는 그것이 죽음에 이르러 끝이 난다고 가정한 채, 그것이 무한한 변화 과정의 다음 단계에서 우리가 '죽은' 것이라고 부르는 것과 동일하다는 것을 인식하지 못하게 될 것이다.

刑. 適來. 夫子時也. 適去. 夫子順也. 安時而處順. 哀樂不能入也. 古者謂是帝之縣解. 指窮於爲薪. 火傳也. 不知其盡也.

|주| 늙은 담이 보이는 것처럼 위대한 스승이었다면, 그의 제자들은 평정심을 가지고 그의 죽음을 받아들였지 이렇게 야단법석을 떨지는 않았을 것이다. 마지막 문장은 내용이 모호하다. 나는 이 문장이 논쟁의 전문용어를 사용하고 있다고 본다. 우리는 변화하는 전체를 구분하고, '삶'과 '장작'과 같은 명칭들을 사용해서 부분적이고 일시적인 것을 따로 떼어내고, 그런 다음에 그것들이 무한한 변화 과정의 다음 국면에서 '죽은 자'와 '재'라고 불릴 것과 동일한 사물이라는 것을 망각한 채 죽음과 불타오름이 그것들을 끝낸다고 가정한다.

4
사람들 사이의 세속적 업무
(제4편[「인간세」])

이 편은 두 부류의 일화들로 이루어져 있다. 첫 번째 부류의 일화들은 도가적 입장을 가진 자가 관직에 있을 때 부딪힐 수 있는 기만적이고 대처하기 힘든 문제들에 대해 다룬다. 그는 스스로는 밝게 깨달은 상태의 삶을 사는 동시에 통치자들을 도道로 더 가까이 데려가려는 희망을 어느 정도까지 실현할 수 있을까? 두 번째 부류의 일화들은 쓸모없고 기용할 수 없어서 정부로부터 간섭받지 않는 것의 이점들에 대해 찬양한다.

|||||||||||||

1) 첫 번째 연작

안회顔回가 공자를 찾아와 여행을 떠나겠다고 청했다.
"어디로 가려는 것이냐?"

"위衛나라로 가려고 합니다."

"거기서 뭘 하려고?"

"제가 듣기로 위나라의 군주는 나이가 젊은데다 행실이 제멋대로라고 합니다. 경솔하게 나라를 희생시키면서도 자신의 잘못은 보지 못하고, 너무나 가볍게 백성들의 목숨을 희생시켜 죽은 자들이 마치 방화와 학살로 유린당한 듯 위나라 국경까지 넘쳐난다고 합니다.59) 그래서 백성들은 어디에도 의지할 데가 없습니다. 저는 선생님께서 이렇게 말씀하시는 것을 들었습니다. '잘 다스려지는 나라는 신경 쓰지 말고, 잘 다스려지지 못하는 나라로 가라. 의원의 집에 들르는 자

---

59) [원] 死者以國量. 若燒若蕉: 통용본은 '死者以國量乎澤若蕉'라고 되어 있다. [이 경우 '澤'은 못, '蕉'는 파초로 풀이된다. 곽상은 이를 "온 나라 사람들을 사지로 몰아넣어 죽은 자들의 수를 헤아릴 수 없었으니, 그들을 풀과 지푸라기 보듯 한 것이다[舉國而輸之死地, 不可稱數, 視之若草芥也]"라고 풀이한다.] '乎澤'을 '若燒'로 교정하고 이 앞에서 끊어 읽는다. '蕉'는 '焦'와 같다. "죽은 자들이 마치 방화와 학살로 유린당한 듯 위나라 국경까지 넘쳐난다고 합니다." 주구이야오는 원문의 손상이 일어난 이 단락에서 관용구를 식별해내긴 했지만(『莊子內篇證補』, 101), 충분히 만족스러운 교정안을 제시하지는 않았다. 지금 내가 제시하는 교정안은 차라리 일도양단一刀兩斷의 사례가 될 것이다. 이것은 주구이야오가 예로 든 두 어구의 용례를 통합한 것이다. 두 어구는 다음과 같다.

1. 『회남자』 제13편 [「氾論訓」] (劉文典, 『淮南鴻烈集解』, 13/12A/3)의 "道路死人以溝量", 즉 "길에서 죽은 사람들로 도랑이 가득 찼다."
2. 『순자』 제10편 [「富國」] (梁啓雄, 『荀子簡釋』, 127/2)의 "天下放然, 若燒若焦", 즉 "천하가 다 불살라진 듯, 검게 탄 듯 유린당했다."

그러나 이 교정안은 주구이야오가 예로 든 세 번째 어구(『呂氏春秋』 21/3 [「恃君覽」]; 許維遹, 『呂氏春秋集釋』 21/7B "其死者量於澤矣", 즉 "삼림이 죽은 사람들로 가득 차 있다")는 무시한 것이다. 원문의 손상은 필사자의 머릿속에 뛰어들어온 잘못된 관용구로 인해 일어난 것일 수 있지만, 우리가 손상된 구절의 잔재만을 보고 있을 가능성도 크다. 즉 "死者以國量. … 量乎澤. … 若焦"의 형태가 아니었을까?

들은 대부분 환자들이다.' 저는 선생님께서 가르쳐주셨던 것에 따라 제 할 일을 찾고 싶습니다. 그리하면[60] 그 나라도 안정을 되찾을 수 있겠지요."

"음. 나는 네가 가서 처형이나 당하지 않을까 걱정이구나. 누구나 도道가 잡동사니가 되는 걸 원치 않는다. 그렇게 되면 도는 번다해지고, 번다해지면 갈피를 못 잡게 된다. 갈피를 못 잡으면 근심에 빠지게 되고, 일단 근심에 빠지면 아무런 가망이 없게 된다. 옛날의 지극한 사람은 먼저 자기 속에 확립한 것만을 다른 사람도 확립하게 하였다. 그것이 네 속에서 굳게 확립되지도 않았는데, 폭군이 하는 일에 할애할 시간이 어디 있겠느냐?

더욱이 우리 안의 덕德을 사라지게 만드는 것, 그것은 지식을 낳는 것과 똑같은 것임을 너는 잘 알고 있지 않느냐? 덕은 이름을 떨침으로써 사라져버리고, 지식은 경쟁으로부터 나온다.[61] '이름을 떨치는' 것은 다른 사람들과 알력을 일으키는 것이고, '지식'이란 경쟁의 도구이다. 둘 다 불길한 도구이다. 품행을 완성하는 데에는 쓸모가 없다.

또 덕이 도탑고 신실함으로 속이 꽉 차 있다 하더라도 타인의 기질을 간파해내는 능력이 부족하고, 명성을 다투는 일에 뛰어들지는 않

---

60) [원] 願以所聞思其所行, 則…: 통용본은 "願以所聞思其則"으로 되어 있다. 『장자궐오』의 이문에 의거해서 이렇게 복원한다.
61) [원] 且若亦知夫德之所蕩而知之所爲出乎哉. 德蕩乎名, 知出乎爭: "더욱이 우리 안의 덕德을 사라지게 만드는 것, 그것은 지식을 낳는 것과 똑같은 것임을 너는 잘 알고 있지 않느냐? 덕은 이름을 떨침으로써 사라져버리고, 지식은 경쟁으로부터 나온다."
X와 Y가 둘 다 명사처럼 사용될 때, 'X而Y'라는 패턴은 다음처럼 이해할 수밖에 없다. 'X인 것, 그것은 바로 Y이다' / 'X는 Y와 똑같은 것이다.' 피동형 동사 앞에 동작의 주체로서 '所'를 사용한 것은 주목할 만한 것이다(2/15[「齊物論」]의 "不知其所爲使", 즉 "우리는 그것들이 누구에게 부려지고 있는지를 모른다"를 참조하라).

더라도 타인의 마음을 간파해내는 능력이 부족하다면, 게다가 폭군의 면전에서 인의仁義와 우리한테 맞도록 규정해놓은 말들을 고집스럽게 설교한다면, 이것은 결국 누군가의 추함을 이용해서 네 자신을 멋있게 보이려고 하는 게 될 것이다. 그것을 이름하여 '자신을 해로운 존재로 만드는 것'이라고 한다. 자신을 해로운 존재로 만들면, 그 답례로 다른 사람들은 틀림없이 자기들을 해로운 존재로 만들 것이다. 누군가 네게 해로운 존재가 될 것 같은 생각이 드는구나.

한 가지 더 말하자면 너는 위나라 군주가 현명한 사람들을 좋아하고 어리석은 자들을 싫어할 거라고 생각하느냐? 그렇다면 특별히 더 현명해지려고 애쓰는 것이 네게 무슨 소용이 있겠느냐? 그와는 논쟁을 벌이지 않는 것이 좋을 게다.[62] 위나라 군주처럼 왕공王公의 지위에 있는 사람은 틀림없이 자기 배후의 권위의 무게를 다 동원해서라도 다른 사람과 지혜를 겨루려고 할 것이다.

> 네 눈은 그로 인해 어지러워질 테고,
> 네 안색은 겁을 집어먹게 될 테며,
> 네 입은 그에게 조종당할 테고,
> 네 몸짓은 그가 정할 테며,
> 네 마음은 그가 만드는 대로 될 테지.

네 스스로 깨닫게 되겠지만, 불을 불로써 끄려 하고 물을 물로써 잠재우려 하는 것, 그것을 이름하여 '악화일로[益多]'라고 한다. 처음

---

62) [원] 若唯无詔: 통용본은 '詔'이 '詔'로 되어 있다. 최선의 판본에 따라 '詔'를 '詔'으로 교정한다.

부터 순종적이면 항상 그럴 것이다. 나는 그가 네 지나친 언사에 신뢰하는 마음을 잃을까 걱정이다. 그렇게 되면 너는 틀림없이 그 폭군의 손에 죽게 될 테니 말이다.

또 한 가지 더 말하자면 옛날 관용봉關龍逢은 걸桀에게 죽임을 당했고, 왕자 비간比干은 주紂에게 죽임을 당했다. 둘 다 품행을 세심하게 닦은 자들로, 백성들을 동정하여 황제를 거슬리게 한 자들이다.[63] 그 결과 그 군주들은 그들의 세심한 태도에서 그들을 제거할 구실을 찾았던 것이다. 이들은 명성을 갈구한 사람들이다. 그리고 옛날 요堯는 총叢·지枝·서오胥敖를 공격하고 우禹는 유호有扈를 공격해서, 그 나라들은 텅 빈 폐허와 굶주린 귀신들만 남게 되고 그 나라의 통치자들은 모두 처형을 당했다. 그들은 군대를 동원하는 일이 끝이 없었고, 큰 행적을 남기려는 열망이 쉴 새가 없었다. 이 사람들은 모두가 명성이나 행적을 좇은 자들이다. 그들에 대해 들어보지 못했다고 말하지는 마라. 명성과 훌륭한 행적은 심지어 성인도 유혹한다. 네가 더 나을 거라고 생각하느냐?

그렇지만 너도 틀림없이 뜻한 바가 있을 것이다. 그것에 대해 들어보자꾸나."

顔回見仲尼. 請行. 曰. 奚之. 曰. 將之衛. 曰. 奚爲焉. 曰. 回聞衛君. 其年壯. 其行獨. 輕用其國. 而不見其過. 輕用民死. 死者以國量. 若燒若蕉. 民其无如矣. 回嘗聞之夫子曰. 治國去之. 亂國就之. 醫門多疾. 願以所聞思其所行. 則庶幾其國有瘳乎. 仲尼曰. 譆. 若殆往而刑

---

63) [원] 以拂其上者也: 통용본은 "以下拂其上者也"로 되어 있다. 첸무錢穆의 『장자찬전莊子纂箋』, 28에 의거해 '下'를 삭제한다.

耳. 夫道不欲雜. 雜則多. 多則擾. 擾則憂. 憂而不救. 古之至人. 先
存諸己而後存諸人. 所存於己者未定. 何暇至於暴人之所行. 且若亦
知夫德之所蕩而知之所爲出乎哉. 德蕩乎名. 知出乎爭. 名也者相軋
也. 知者也爭之器也. 二者凶器. 非所以盡行也. 且德厚信矼. 未達人
氣. 名聞不爭. 未達人心. 而强以仁義繩墨之言術暴人之前者. 是以
人惡有其美也. 命之曰菑人. 菑人者人必反菑之. 若殆爲人菑夫. 且
苟爲悅賢而惡不肖. 惡用而求有以異. 若唯无詔. 王公必將乘人而鬪
其捷. 而目將熒之. 而色將平之. 口將營之. 容將形之. 心且成之. 是
以火救火. 以水救水. 名之曰益多. 順始无窮. 若殆以不信厚言. 必死
於暴人之前矣. 且昔者桀殺關龍逢. 紂殺王子比干. 是皆修其身以下
傴拊人之民. 以拂其上者也. 故其君因其修以擠之. 是好名者也. 昔
者堯攻叢枝胥敖. 禹攻有扈. 國爲虛厲. 身爲刑戮. 其用兵不止. 其
求實无已. 是皆求名實者也. 而獨不聞之乎. 名實者聖人之所不能勝
也. 而況若乎. 雖然. 若必有以也. 嘗以語我來.

안회가 말했다.
"격식에 맞으면서도 사심이 없고, 부지런하면서도 한결같으면 되
겠습니까?"
"아, 안 된다! 전혀 좋지 않다. 양陽이 극에 달했는데도 음陰으로 돌
아가지 않으면 그 사람은 극심한 중압감에 시달리게 되고, 그 긴장이
얼굴에 나타나게 된다. 그런 사람의 심기는 평범한 사람들로서는 거
역하고 싶지 않으며, 그래서 그들은 그 상대방이 자기들에게 불러일
으키는 것을 억눌러서 마음을 가라앉히려고 한다. 이름하여 '날마다
조금씩 나아지는 덕'이라는 것도 그에게서는 충분히 자라지 못할 텐
데, 하물며 최고의 덕은 말할 것도 없을 것이다! 그는 자기 모습을 고

집하면서 바꾸려고 하지 않을 테고, 겉으로는 네게 동의하겠지만 속으로는 이해하지[64] 못할 것이다. 그게 뭐가 좋다는 것이냐?"

안회가 말했다.

"그런 경우에는 저는 안으로는 꼿꼿하면서도 겉으로는 굽히겠습니다. 심사숙고하여 스스로 판단하면서도 저보다 나은 사람들이 있으면 따를 것입니다. '안으로 꼿꼿할' 때에는 저는 하늘의 무리에 속하게 될 것입니다. 하늘의 무리가 된 자는 하늘의 눈으로 보면 자기도 천자天子와 똑같이 하늘의 아들이라는 점을 알고 있습니다. 그런 그가 어찌 자기를 위해 말하면서 넋이 나갈 정도로 들떠서 다른 사람들이 환호해주기를 간절히 바라거나, 아니면 넋이 나갈 정도로 들떠서 다른 사람들이 비난해주기를 간절히 바라는 사람이겠는지요?[65] 그런 사람은 다른 사람들이 어린아이 같다고 너그럽게 봐줄 사람입니다. 이것이 바로 제가 말하는 '하늘의 무리에 속하게 되는 것'입니다.

'겉으로 굽힐' 때에는 저는 인간의 무리에 속하게 될 것입니다. 양손으로 홀을 들어 올리고 무릎을 꿇고 허리 굽혀 절을 하는 것, 이것은 신하의 예입니다. 다른 사람들도 모두 그렇게 하는데, 저라고 어찌 감히 예외가 되겠습니까? 다른 사람들이 하는 대로 한다면, 다른 사람들도 역시 흠을 찾지 못할 것입니다. 이것이 바로 제가 말하는 '인간의 무리에 속하게 되는 것'입니다.

---

64) [원] 訾: '평가하다estimate, 진가를 인정하다appreciate.' 諸橋轍次, 『大漢和辭典』, 35344 def. 1/4.
65) [원] 蘄乎: 동사 뒤에 붙어 그 동사의 상相을 나타내는 허사인 호乎는 여기서 동작의 개시를 나타낸다. 기호 蘄乎는 '열망으로 넋이 나가다get carried away by an urge'라는 의미이다(A. C. Graham, "A post-verbal aspectual particle in Classical Chinese: the supposed preposition hu乎", 377ff.).

'심사숙고하여 스스로 판단하면서도, 저보다 나은 사람들이 있으면 따름'으로써 저는 옛사람들의 무리에 속하게 될 것입니다. 그 말들은 실질적으로는 훈계나 비판이지만, 옛사람들에게서 나온 것이기 때문에 제게 책임을 지울 수는 없습니다. 그런 사람은 마음껏 꿋꿋하면서도 곤란에 빠지지 않을 수 있습니다. 이것이 바로 제가 말하는 '옛사람들의 무리에 속하게 되는 것'입니다. 그렇게 하면 어떻겠습니까?"

"아, 안 된다! 그것도 전혀 좋지 않다. 너무 지나치게 이런저런 방안을 강구한 것이다. 형식에 끝까지 충실하면서 너무 스스럼없이[66] 굴지 않는다면, 네가 어리석다 해도 죄는 면할 것이다. 그러나 이것이 말할 수 있는 전부이다. 네가 어떻게 그를 새사람으로 만드는 데 성공하겠는가? 그것은 여전히 마음을 자신의 권위로 삼고 있는 것이다."

顔回曰. 端而虛. 勉而一. 則可乎. 曰. 惡. 惡可. 夫以陽爲充孔揚. 采色不定. 常人之所不違. 因案人之所感. 以求容與其心. 名之曰日漸之德不成. 而況大德乎. 將執而不化. 外合而內不訾. 其庸詎可乎. 然則我內直而外曲. 成而上比. 內直者與天爲徒. 與天爲徒者. 知天子之與己. 皆天之所子. 而獨以己言蘄乎而人善之. 蘄乎而人不善之邪. 若然者. 人謂之童子. 是之謂與天爲徒. 外曲者與人爲徒也. 擎跽曲拳人臣之禮也. 人皆爲之. 吾敢不爲邪. 爲人之所爲者. 人亦無疵焉. 是之謂與人爲徒. 成而上比者. 與古爲徒. 其言雖敎. 謫之實也. 古之有也. 非吾有也. 若然者. 雖直而不病. 是之謂與古爲徒. 若是則可乎. 仲尼曰. 惡. 惡可. 大多政法而不諜. 雖固亦無罪. 雖然. 止是

---

66) [원] 諜: 통용본은 '諜'으로 되어 있다. 가오형高亨의 『장자금전莊子今箋』, 13A에 따라 '諜'로 교정한다.

耳矣. 夫胡可以及化. 猶師心者也.

안회가 말했다.
"더 이상 내놓을 게 없습니다. 감히 이 문제를 해결할 비결에 대해 여쭙습니다."
공자가 말했다.
"재계하여라. 내 네게 일러주겠다. 마음으로 생각해낸 일을 하는 것,[67] 그건 너무 쉽지 않느냐? 너무 쉽게 일을 하는 자는 하늘의 밝은 빛에 어울리지 않는다."
"저희 집은 가난합니다. 그래서 몇 달 동안 술을 마시지도 못했고 양념한 요리를 먹지도 못했습니다. 이것이면 재계하고 있는 셈이 아니겠는지요?"
"그런 종류의 재계는 제사 지내기 전에 하는 것이지 마음의 재계[心齋]가 아니다."
"마음의 재계에 대해 감히 여쭙습니다."
"네 주의력을 하나로 집중시켜라.[68] 귀로 듣기보다는 마음으로 들어라. 마음으로 듣기보다는 기운[氣]으로 들어라. 듣는 것은 귀에서 멈추고, 마음은 생각과 부합하는 것에서 멈춘다. 기운으로 말하자면 그것은 허허로운[虛] 것으로 다른 사물들이 깨우기를 기다린다. 오로지 도道만이 허허로움을 모을 수 있다. 허허로워지는 것, 그것이 마음

---

67) [원] 有心而爲之: 통용본에는 '心'이 없다. 『장자궐오』의 이문에 따라 '心'을 삽입한다.
68) [원] 若一志: "네 주의력을 하나로 집중시켜라." 리우웬디안劉文典은 『장자보정莊子補正』에서 첫 두 글자의 위치를 바꿨다["一若志"]. 그러나 4/73「人間世」의 "若無言", 즉 "그런 말 말거라"를 참조하라.

의 재계이다."

顔回曰. 吾无以進矣. 敢問其方. 仲尼曰. 齋. 吾將語若. 有心而爲之. 其易邪. 易之者皥天不宜. 顔回曰. 回之家貧. 唯不飮酒不茹葷者數月矣. 如此則可以爲齋乎. 曰. 是祭祀之齋. 非心齋也. 回曰. 敢問心齋. 仲尼曰. 若一志. 无聽之以耳. 而聽之以心. 无聽之以心. 而聽之以氣. 耳止於聽. 心止於符. 氣也者虛而待物者也. 唯道集虛. 虛者心齋也.

[안회가 말했다.]
"회回가 행위의 주체가 되는 데 아직 성공하지 못했을 때에는 행위가 회로부터 나왔습니다.[69] 그런데 행위의 주체가 되는 데 성공하자, 회는 애초에 존재한 적도 없었습니다. 이것이 선생님께서 말씀하신 허허로움인지요?"

"완벽하다! 내 네게 말하겠노라. 너는 이제 위나라 군주의 새장 안으로 들어가 그 안에서 자유롭게 노닐 수 있으면서도, 이름을 떨치는

---

69) [원] 實自回也: "행위가 회로부터 나왔습니다." 이 대화 전체를 통해 회回는 명성(名, 4/6, 7, 13, 14, 29[「人間世」])과 훌륭한 행적(實, 4/14[「人間世」]에서 세 번)을 추구하려는 유혹을 경계하라는 충고를 듣는다. 얼핏 보면 이 구의 첫 글자 실實을 부사인 '실제로really'로 받아들이는 것이 더 자연스러워 보일 수도 있다. 그러나 '실제로'를 의미하는 부사 실實은 『한비자』 이전의 문헌에는 존재하지 않으며, '실제로'라는 의미로 쓰인다 해도 거의 언제나 '이름상으로'를 의미하는 명名과 대비를 이루고 있고, 부사적 용법은 이 용법으로부터 발전해나간 것으로 볼 수 있다. 『좌전左傳』까지만 해도 동사 앞의 실實은 시是와 같은 종류의 고어투의 지시사이다. 『묵자』의 표준 판본에서 '실제로'의 실實은 송대宋代에 휘자諱字가 되어 성誠으로 대체되었고, 이 점은 송대 이전의 인용문들을 통해 확인된다(樂調甫, 『墨子硏究論文集』, 155).

일에는 아무런 감흥이 없을 것이다. 그 말들이 이해되면 너의 꾸밈없는 음색으로 노래하고, 그 말들이 이해되지 못하면 관두어라. 네 앞에 문도 없고 출구[70]도 없을 때, 그리고 모든 거처를 하나로 대하면서 부득이한 것 속에서 머물 곳을 찾게 될 때, 너는 거의 다 온 것이다.

발자국 남기기를 그만두는 것은 쉽지만, 땅 위를 걷지 않기란 어렵다. 인간을 행위 주체로 하는 것은 쉽게 거짓으로 꾸며댈 수가 있지만, 하늘을 행위 주체로 하는 것은 거짓으로 꾸며대기가 어렵다. 너는 양 날개를 사용해서 난다는 소리는 들었어도, 날개 없이 난다는 소리는 들어보지 못했을 것이다. 지력을 사용해서 안다는 소리는 들었어도, 무지를 사용해서 안다는 소리는 들어보지 못했을 것이다.

저 우리의 노고를 덜어주는 것을 보라.
텅 빈[71] 방에서 밝음이 생겨난다.
길한 것, 상서로운 것은 조용히 정지해 있는 것을 정지하게 한다.

---

70) [원] 竇: 통용본은 '毒'으로 되어 있다. 해동奚侗의 『장자보주莊子補註』를 따라 '竇'로 교정한다.
71) [원] 閴: '텅 빈empty'이라는 의미가 사전에 들어오게 된 근거는 여기 이 사례에 대한 주석가들의 언급뿐이다(諸橋轍次, 『大漢和辭典』, 41430 def. 1/7). 그들은 사마표의 설명을 계속해서 반복하고 있다. 그러나 『설문해자說文解字』에서 결閴은 "일이 끝나 문을 닫다", 즉 "事已閉門"으로 정의된다. 음악 연주를 끝맺는다는 용법도 거의 확실하게 입증된다(諸橋轍次, 『大漢和辭典』, 41430 def. 1/4). 또한 『시경詩經』 191/5[「小雅·節南山之什·節南山」]의 "君子如屆, 俾民心闋", 즉 "군자가 온화하면 백성들의 마음은 안정된다"(Kalgren, Book of Odes)를 참조하라. "瞻彼闋者"라는 구는 『시경』의 흔한 상투적 문구를 따른 것이며(『시경』 33/3[「國風·邶風·雄雉」]의 "瞻彼日月", 즉 "저 해와 달을 쳐다보라"를 참조하라), 사언절구四言絶句의 첫 행(운이 딱 맞아떨어지지는 않지만)임을 알 수 있다. 나는 다음과 같이 번역할 것을 제안한다. "저 우리의 노고를 덜어주는 것을 보라."(백성들에게 안정을 가져다주는 군주의 유비 뒤에 보이는 도道)

막 무언가가 되려고 하는 것은 조용히 정지해 있지 않다.[72]

72) [원] 夫且不止: "막 무언가가 되려고 하는 것은 조용히 정지해 있지 않다." 화제를 꺼낼 때 사용하는 부夫는 명사로 사용된 차且, 즉 '막 무언가가 되려고 하는 것'을 부각시키고 있는 듯 보인다. 이런 용법은 이상하게 보일지 모르겠지만, 장자는 논쟁술에 정통해 있었으며, 논쟁술에서 차且는 하나의 독립적 개념으로서 주의를 끈다. 『묵경』(A33)에서는 이 글자를 따로 정의하고 있으며, 또한 다음과 같이 온전한 하나의 동사로도 사용하고 있다. "方然亦且", 즉 "바로 지금 그러한 것은 또한 막 그렇게 되려고 하고 있다."
이 4행시는 완벽한 정지 상태에 대해 묘사하고 있다. 이 상태에서는 "막 무언가가 되려고 하는 것은 조용히 정지해 있지 않다." 그리고 이것이 바로 장자가 '坐馳', 즉 '앉아 있으면서도 전속력으로 내달리기'라고 이름 붙인 상태이다. 곽상 이래 주석가들은 이 점을 놓친 채, 다음과 같이 『회남자』 제6편[『覽冥訓』](劉文典, 『淮南鴻烈集解』, 6/5A/5)에 그 반대임을 보여주는 명백한 증거가 있는데도 '앉아 있으면서도 전속력으로 내달리기'는 바람직하지 못한 정신적 불안정 상태라고 단정해왔다. "故卻走馬以糞, 而車軌不接於遠方之外. 是謂坐馳陸沈", 즉 "(성인의 통치에서는) 그러므로 빠른 준마들은 물러나서 땅에 거름을 준다(*『노자』 46장을 참조하라). 그리고 멀리 떨어져 있는 지역에 수레바퀴 자국을 남기지 않는다(*『장자』 10/34[『胠篋』]를 참조하라). 이것을 '앉아 있으면서도 전속력으로 내달리기[坐馳]' 및 '육지에 잠겨 있기[陸沈]'라고 부른다."(여기서는 ['坐馳'와 '陸沈'이라는] 두 가지 비유가 결합하여 바람직한 상태를 나타낸다. 전자는 『장자』[『人間世』]의 이 부분에서, 후자는 『장자』 25/35[『則陽』]에서 온 것이다)
'막 무언가가 되려고 하는' 것은 우리가 성찰을 멈추지 않는다면 우리가 막 하려고 하는 찰나에 있는 일이다. 12/38[『天地』]의 "且然无間. 謂之命", 즉 "어떤 간격도 없이(*즉 어떤 사고의 개입도 없이) 막 그렇게 되려고 하는 것은 운명이다"[그레이엄은 본문에서는 이 구절을 "어떤 것의 개입도 없이 막 그렇게 되려고 하는 것, 이것을 우리는 '운명'이라고 부른다"라고 번역하였다]를 참조하라. 이 개념은 주제상 관련이 있는 두 개의 모호한 구절을 해명하는 데에도 도움을 준다.

6/80[『大宗師』]의 "是自其所以乃且也相與吾之耳矣", 즉 "그들이 '막 무언가가 되기' 위해 의존하고 있는 것으로부터 줄곧 그는 그와 함께하면서 그를 '나'로 인식하였을 뿐이다."
23/50ff.[『庚桑楚』]의 "與物窮者. 物入焉. 與物且者. 其身之不能容. 焉能容人. 不能容人者无親. 无親者盡人", 즉 "다른 사물들과 함께하면서 한계에 도달하는 자는 다른 사물들이 자기 안으로 들어온다(*소유물들이나 다른 사람의 의견들이 그의 일부가 된다). 다른 사물들과 함께하면서 '막 무언가가 되려고' 하는 자는 (*자

이것을 나는 '앉아 있으면서도 전속력으로 내달리기[坐馳]'라고 부른다. 눈과 귀를 따라 안으로 통하는 통로들을 깨끗하게 하고 마음에서 지식을 쫓아낸다면, 귀신같이 신묘한 힘도 찾아와 네게 깃들 텐데, 하물며 사람이야 말할 것도 없을 것이다! 이것은 만물과 더불어 변화하는 것이다. 여기서 순舜과 우禹는 모든 실이 하나로 합쳐지는 매듭을 발견했고, 여기서 복희伏羲와 궤거几蘧는 여정을 마쳤으니, 하물며 이들보다 더 못한 사람들이야 말할 것도 없을 것이다!"

顏回曰. 回之未始得使. 實自回也. 得使之也. 未始有回也. 可謂虛乎. 夫子曰. 盡矣. 吾語若. 若能入遊其樊. 而無感其名. 入則鳴. 不入則止. 無門無毒. 一宅而寓於不得已. 則幾矣. 絶迹易. 无行地難. 爲人使易以僞. 爲天使難以僞. 聞以有翼飛者矣. 未聞以无翼飛者也. 聞以有知知者矣. 未聞以无知知者也. 瞻彼闋者. 虛室生白. 吉祥

발성에 내맡겨) 다른 사람들은 말할 것도 없고 자신의 자아를 위한 여지도 전혀 남겨두지 않는다. 자신에게 다른 사람들을 위한 여지가 전혀 없는 자는 특별히 누군가와 더 친하지도 않다. 특별히 누군가와 더 친하지도 않은 자는 어느 누구도 무시하지 않는다."

또한 문맥상 명백히 날마다 자발적으로 전진하는 것에 관한 문장이지만, 얼핏 보면 그 단어가 '~로 가다go to'라는 의미의 조徂인 것처럼 보이는 다음 문장도 참조하라.

21/21「田子方」의 "丘以是日徂(*이체자 徂)", 즉 "이런 식으로 나는 날마다 '막 되어가려고 하던' 대로 되어가고 있다.

조徂의 부수['彳']는 무시해도 된다. 조徂는 『장자』에서 사용된 적이 없고, 『시경』이나 『시경』에서 따온 인용문을 제외하면 한대 이전의 고전 문헌 어디에서도 사용된 적이 없는 고전 시대 이전의 단어이기 때문이다.

止止. 夫且不止. 是之謂坐馳. 夫徇耳目內通. 而外於心知. 鬼神將來舍. 而況人乎. 是萬物之化也. 禹舜之所紐也. 伏羲几蘧之所行終. 而況散焉者乎.

|주| 안회(공자가 가장 아낀 제자)가 좋은 취지와 면밀한 계획을 가득 안고 위나라 왕에게 가는 것은 도움이 되기는커녕 해만 될 것이다. 그는 다른 사람으로 하여금 자연스럽게 도道를 향해 나아갈 수 있도록 하는 동작들을 자기 자신부터 먼저 익혀야만 한다. 그는 (숨을 내쉬고 들이쉴 때처럼) 양陽으로서의 능동성과 음陰으로서의 수동성 사이를 번갈아 오고 가는 기氣('기운energies'으로 번역), 숨, 기타 활력을 불어넣는 유동체들에 의지해야 한다. 그리고 본서의 다른 곳에서 언급한(115-116, 224, 258-261쪽) 호흡 조절을 포함해서 명상의 기술들로 그것들을 단련시켜야 한다. 순수하게 정화된 유동체가 완벽하게 허허로워지면, 마음은 개념적 지식을 비워내고 감각의 통로들은 깨끗해져서, 그 사람은 단지 지각하고 반응하기만 할 것이다. 그렇게 하면 자아는 해체되고, 그에게 낯설면서도 그가 가진 것보다 더 높은 수준의 에너지('신묘한 힘')가 외부에서 들어오게 되며, 그가 하는 행위들의 주체는 더 이상 인간이 아니라, 그를 통해 작용하는 하늘이 된다. 그러나 역설적이게도(그리고 안회가 자신이 알아들었음을 공자에게 납득시키는 것은 이 역설에 맞닥뜨리면서이다) 안회는 더 심층적인 자아를 발견하면서 처음으로 진정한 행위의 주체가 된다. 그는 더 이상 의도적인 목표를 갖지 않는다. 그의 중심부에서 '막 무언가가 되려고 하는' 것은 하늘과 땅의 변화해가는 과정에 속한다. 그때 그는 본능적으로 말해야 할 때와 침묵해야 할 때를 알게 되고, 새가 노래하는 것처럼 자연스럽게 올바른 것을 말하게 될 것이다.

"발자국 남기기를 그만두기": 은둔자가 되어 세상으로부터 물러나는 것은 쉽지만, 세상 속에 살면서 세상 위에 있기는 힘들다.

• • •

섭공葉公 자고子高가 제齊나라에 사신으로 가게 되자 공자에게 의견을 물었다.

"폐하께서 저를 사신으로 보내면서 내리신 임무가 막중합니다. 아시겠지만 제나라는 사신을 대하는 방식이 매우 정중합니다만 일 처리를 무한정 미룹니다. 일개 필부를 대할 때에도 무리하게 서두르는 것은 아무 소용이 없는데, 하물며 일국의 제후야 말할 것도 없겠지요! 저는 이 때문에 심히 불안합니다. 선생께서 언젠가 제게 이렇게 말했지요. '큰일이든 작은 일이든 성공해야 한다는 압박이 없는 경우는 드물다.'[73] 일이 실패하면 틀림없이 인간의 도道를 어긴 대가를 치르게 되고, 일이 성공하면 틀림없이 음양陰陽의 병을 앓게 된다. 성공하든 성공하지 못하든 불행한 결과를 피하는 것은 덕德을 지닌 사람만이 할 수 있다.' 저는 담박하고 간소한 음식으로 된 식단을 고수해온 사람입니다. 저희 집 부엌의 화로 곁에서는 누구도 열기 때문에 투덜대는 일이 없지요. 그런데 지금 저는 아침에 명을 받들었는데 저녁 무렵엔 얼음물을 들이켜야 될 지경입니다. 열이 나는 게 분명합니다. 저는 사태의 진상에 다가가기도 전에 벌써 선생이 말한 그 '음양

---

73) [원] 凡事若小若大, 寡不迫以勸成: "큰일이든 작은 일이든 성공해야 한다는 압박이 없는 경우는 드물다." 통용본은 '迫'이 '道'로, '勸'이 '懽'으로 되어 있다. 같은 이야기의 뒷부분(4/52)에 나오는 '勸成', 즉 '성공을 요구하다push for success'라는 사례를 근거로 교정한다.

의 병'을 앓고 있는 것입니다. 더욱이 일이 실패하면 틀림없이 선생이 말한 '인간의 도를 어긴 대가'도 치르게 되겠지요. 이건 양 방면에서 다 최악의 상황에 이르는 것입니다. 신하 된 자로서 제게 주어진 책임을 다 감당해낼 수가 없습니다. 유일한 희망은 선생께서 제게 해줄 조언이 있었으면 하는 것뿐입니다."

공자가 말했다.

"세상에는 지고의 명령이 두 가지 있습니다. 하나는 운명[命]이고 하나는 의무[義]입니다. 아이가 부모를 사랑하는 것은 운명으로 정해진 것입니다. 그래서 마음에서 떨칠 수가 없는 것이지요. 신하가 군주를 섬기는 것은 의무입니다. 어디를 가든 군주는 군주지요. 이 두 가지는 하늘과 땅 사이에서 피할 수 없는 명령이므로, 저는 이 둘을 지고의 명령이라 칭한 것입니다. 부모를 섬기는 데에는 부모가 어디에 거주하든 편안히 살게 해드리는 것보다 더 큰 효가 없고, 군주를 섬기는 데에는 맡은 일이 무엇이든 만족스럽게 해내는 것보다 더 큰 충성은 없습니다. 자신의 마음을 섬기는 데에는 그 앞에 기쁨과 슬픔이 번갈아가며 나타나는 일이 없게 하고, 이 일들이 달리 어찌할 수 없는 일이었음을 알아 편안하게 운명으로 받아들이는 것보다 더 높은 덕도 없습니다. 자식으로서든 신하로서든 윗사람을 섬기는 데에는 본래 부득이한 무언가가 있는 법입니다. 공께서 상황의 진상에 따라 행동하고 자기 자신을 잊는다면, 어찌 죽기보다 살기를 더 바라는 일이 있을 수 있겠습니까? 자, 공께서는 가셔도 좋습니다.

葉公子高將使於齊. 問於仲尼曰. 王使諸梁也甚重. 齊之待使者. 蓋將甚敬而不急. 匹夫猶未可動. 而況諸侯乎. 吾甚慄之. 子常語諸梁也. 曰. 凡事若小若大. 寡不迫以勸成. 事若不成. 則必有人道之患.

事若成. 則必有陰陽之患. 若成若不成而後无患者. 唯有德者能之.
吾食也執粗而不臧. 爨无欲淸之人. 今吾朝受命而夕飮冰. 我其內熱
與. 吾未至乎事之情. 而旣有陰陽之患矣. 事若不成. 必有人道之患.
是兩也. 爲人臣者不足以任之. 子其有以語我來. 仲尼曰. 天下有大
戒二. 其一. 命也. 其一. 義也. 子之愛親. 命也. 不可解於心. 臣之事
君. 義也. 無適而非君也. 無所逃於天地之間. 是之謂大戒. 是以夫事
其親者. 不擇地而安之. 孝之至也. 夫事其君者. 不擇事而安之. 忠之
盛也. 自事其心者. 哀樂不易施乎前. 知其不可柰何而安之若命. 德
之至也. 爲人臣子者. 固有所不得已. 行事之情而忘其身. 何暇至於
悅生而惡死. 夫子其行可矣.

제가 들었던 이야기를 다시 들려드리지요. 우리가 가까이 있는 사람들과 사귈 때에는 신뢰에 기반해서 사이좋게 지내야 합니다. 그러나 좀 거리가 있는 사람들과는 말로써 성의를 보여야 하고, 그 말들을 전해주는 자가 있어야만 하겠지요. 그런데 양쪽이 다 기뻐할 말이나 양쪽이 다 화를 낼 말을 전하는 것은 세상에서 가장 곤란한 일입니다. 전자의 경우에는 틀림없이 과장된 찬사들이 난무할 테고, 후자의 경우에는 틀림없이 과장된 욕설이 난무할 테지요. 모든 종류의 과장은 무책임합니다. 그리고 언어가 무책임해지면 신뢰가 떨어지고, 신뢰가 떨어진 결과, 그 말을 전한 자는 운이 다한 사람이 됩니다. 그러므로 규칙들을 수록한 책[法言]에서는 이렇게 말합니다. '사실만을 똑바로 보고하고 과장된 언어는 전하지 마라. 그러면 그런대로 안전할 것이다.'

한 가지 더 들려드리지요. 기교를 두고 경합을 벌이는 자들은 밝은 양의 분위기에서 시작하지만 점차 어두워져 음의 분위기로 끝맺기 십상입니다. 도가 지나치면 점점 더 부당한 속임수를 부리게 되지요. 격식 있는 연회에서 술을 마시는 자들도 처음에는 예절 바르지만 대개는 난폭함으로 끝맺게 됩니다. 도가 지나치면 점점 더 앞뒤를 안 가리고 장난을 치게 되지요. 모든 일에서 이런 사태가 벌어집니다. 점잖게 시작한 것이 자칫 상스럽게 끝나고 마는 것입니다. 시작할 때는 간단했던 일도 머지않아 걷잡을 수 없는 일이 되고 말지요. 말은 바람과 파도이고, 행동은 그것을 실행에 옮기거나 그것의 신뢰를 떨어뜨립니다. 바람과 파도는 동요를 불러일으키기가 쉽고, 실행에 옮기거나 신뢰를 떨어뜨리는 것은 위태롭게 만들기가 쉽습니다. 그러므로 분노가 일어나는 것은 다른 이유가 있는 게 아니라 간교한 말과 치우친 표현 때문입니다.

짐승은 죽음에 직면하면 마구잡이로 울어대고 그 숨소리가 광포해지지요. 그리고 이것은 사냥꾼이나 쫓기는 쪽이나 모두에게 사나운 충동을 불러일으킵니다. 도가 지나치게 상대방에게 결론을 강요하려고 애쓰면, 그는 틀림없이 허술한 판단으로 응할 것이고, 자신에게 무슨 일이 일어나고 있는지조차 모르겠지요. 자신에게 무슨 일이 일어나고 있는지도 모른다면, 그 일이 어디에서 끝날지 누가 짐작할 수 있겠습니까? 그러므로 규칙들을 수록한 책에서는 이렇게 말합니다. '명령에서 이탈하지 말고 성공을 위해 밀어붙이지 마라. 적정선을 넘으면 월권이 된다.' 명령에서 이탈하고 성공을 위해 밀어붙이는 것은 그 일을 위태롭게 만들 것입니다. 멋지게 성공하려면 시간이 걸리고, 험악한 결과는 돌이킬 수가 없지요. 그러니 신중하지 않을 수 있겠습니까?

더욱이 마음을 다른 사물들에 실어 노닐게 하고, 자신의 중심을 기르기 위해 부득이함에 스스로를 내맡기는 것은 한 사람이 이를 수 있는 가장 지극한 경지입니다. 어째서 공께서 가지고 돌아온 답변에 공께서 제안하는 뭔가가 꼭 있어야 하는지요? 중요한 것은 공에게 명해진 바를 완수하는 것입니다. 그리고 그것이 무엇보다도 어려운 일이겠지요."

丘請復以所聞. 凡交近則必相靡以信. 遠則必忠之以言. 言必或傳之. 夫傳兩喜兩怒之言. 天下之難者也. 夫兩喜必多溢美之言. 兩怒必多溢惡之言. 凡溢之類妄. 妄則其信之也莫. 莫則傳言者殃. 故法言曰. 傳其常情. 无傳其溢言. 則幾乎全. 且以巧鬪力者. 始乎陽. 常卒乎陰. 大至則多奇巧. 以禮飮酒者. 始乎治. 常卒乎亂. 大至則多奇樂. 凡事亦然. 始乎諒. 常卒乎鄙. 其作始也簡. 其將畢也必巨. 夫言者風波也. 行者實喪也. 風波易以動. 實喪易以危. 故忿設无由. 巧言偏辭. 獸死不擇音. 氣息茀然. 於是並生心厲. 剋核大至. 則必有不肖之心應之. 而不知其然也. 苟爲不知其然也. 孰知其所終. 故法言曰. 无遷令. 无勸成. 過度益也. 遷令勸成殆事. 美成在久. 惡成不及改. 可不愼與. 且夫乘物以遊心. 託不得已以養中. 至矣. 何作爲報也. 莫若爲致命. 此其難者.

|주| 놀랍게도 [이 일화에서] 장자는 군주를 섬기는 '의무[義]'에 대해 도덕주의자처럼 말하고 있음을 알 수 있다. 왜냐하면 그는 특히 다른 곳에서는 이 단어를 늘 부정적으로 사용하기 때문이다(152쪽의 "나이를 잊고 의무를 잊어라"를 참조하라). 그러나 이것은 질문자가 그의 군주로부터 특수한 명을 하달받은 단독 일화이다. 장자는 가족제도와 국가제도에 대해 많은 이야기를 하지도 않지만, 그렇다고 그것들을 문제 삼지도 않는다. 사람들은 결국 자신들이 살고 있는 국가에

대한 의무를 인정하고, 선택에 의해서든 필요에 의해서든 관직에 나아가게 되면 거기서 요구하는 규칙들을 '부득이한' 것으로 받아들이게 된다. 운신의 폭이 아무리 좁아도 자신이 지닌 에너지의 감응적 능력을 보존하는 한, 사람들은 바로 앞의 일화에 나온 안회처럼 '새장 안에 들어가서도 자유롭게 노닐' 수 있을 것이다.

"공에게 명해진 바": 왕의 명령 그리고/또는 하늘이 운명으로 정한 것. 역설적이게도 (178쪽에서 '너무 쉽'다고 기술되었던) 자기 이익과 도덕의 관점에서 사고하지 않고, 운명을 실행에 옮기거나 하늘로부터 온 충동에 항복하는 것은 지극히 어렵다.

• • •

안합顔闔은 위나라 영공靈公의 태자를 가르칠 사부로 임명되자 거백옥蘧伯玉에게 물었다.

"여기 한 사람이 있다고 상상해봅시다. 그의 덕德은 타고나기를 아주 잔혹합니다. 제가 그와 어울리면서 앞뒤 안 가리고 행동했다가는 우리나라를 위태롭게 만들 테고, 그렇다고 올바르게 행동했다가는 제 생명을 위태롭게 만들 테지요. 그는 어떤 사람이 잘못을 하면 그걸 알아차릴 정도의 지혜만 가지고 있을 뿐, 그가 왜 잘못을 했는지는 모릅니다. 그런 사람은 어떻게 대해야 하겠습니까?"

"참으로 좋은 질문이다! 방심하지 말고 조심하게나! 자네 자신부터 똑바로 잡아야 하네! 지금 자네의 처신에서 중요한 것은 그와 가까워지는 것이고, 마음가짐에서 중요한 것은 평화로운 상태를 유지하는 것이지. 하지만 양쪽 다 어려움이 있다네. 자네는 가까워지면서도 말려들기를 원치 않고, 마음속 평화가 밖으로 달아나기를 원치 않겠지. 자네가 너무 가깝게 처신해서 말려들게 되면, 그것은 몰락이자 파멸이고 붕괴이자 짓밟힘이 될 것일세. 자네 마음속의 평화가 밖으로 달아나면, 그것은 달갑지 않은 명망과 명성이고, 곧 재앙이자 저주가 될 것일세.

그가 어린아이처럼 굴고 싶어 하거든 그와 함께 어린아이처럼 굴게나. 그가 울타리를 뛰어넘고 싶어 하거든 그와 함께 울타리를 뛰어넘게나. 그가 강가를 허물고 싶어 하거든 그와 함께 강가를 허물게나. 그를 곧장 간파해서, 그가 지닌 흠 없는 순수함으로 끌려들어가게.

자네도 저 사마귀에 대해서 모르진 않겠지? 사마귀는 앞발을 사납게 치켜들면서 바퀴 자국 한가운데 떡 버티고 서 있다네. 수레바퀴가 자기 힘으로 감당하기에는 턱도 없이 무겁다는 것을 모르는 것이지. 이것은 그것의 재질이 지나치게 고고하기 때문이라네. 방심하지 말고 조심하세나! 자네 안에 무언가를 쌓아두고 고상함을 뽐내면서 그에게 맞선다면, 자네는 오래가지 못할 것이네.

자네도 저 호랑이를 기르는 자가 어떻게 하는지를 모르진 않겠지? 그는 감히 호랑이에게 살아 있는 동물을 먹이로 주지는 않는다네. 호랑이가 벌컥 격분해서 그것을 죽일까 봐서이지. 또 동물을 통째로 주지도 않는다네. 벌컥 격분해서 그것을 찢어발길까 봐서이지. 그는 호랑이가 언제 배고프고 언제 배부른지 때를 놓치지 않고, 호랑이의 성난 마음을 구슬리는 비결을 잘 안다네. 호랑이가 인간과 유類가 다른데도 자기를 길러주는 사람에게 아양을 떠는 것은 그 사람이 호랑이의 기질을 잘 따라주기 때문이네. 그러므로 호랑이가 잔혹해지는 것은 사람이 호랑이의 기질을 거스르기 때문이라네.

말을 아끼는 사람은 광주리로 똥을 받고 대합조개의 껍질로 오줌을 받으면서 오냐오냐 다 받아준다네. 그러나 파리나 모기가 말 주변을 맴도는 걸 보고 엉겁결에 그것을 찰싹 때리면, 말은 깜짝 놀라 재갈을 물어뜯으며 그의 머리를 내려치고 가슴을 걷어차버리지. 그의 의도는 전혀 나쁘지 않았지만, 그 아끼는 마음이 오히려 해를 입힌 것일세. 그러니 자네도 정말로 조심하게나!

顏闔將傳衛靈公大子. 而問於蘧伯玉曰. 有人於此. 其德天殺. 與之爲无方. 則危吾國. 與之爲有方. 則危吾身. 其知適足以知人之過. 而不知其所以過. 若然者. 吾柰之何. 蘧伯玉曰. 善哉問乎. 戒之愼之. 正女身也哉. 形莫若就. 心莫若和. 雖然. 之二者有患. 就不欲入. 和不欲出. 形就而入. 且爲顚爲滅. 爲崩爲蹶. 心和而出. 且爲聲爲名. 爲妖爲孼. 彼且爲嬰兒. 亦與之爲嬰兒. 彼且爲无町畦. 亦與之爲无町畦. 彼且爲无崖. 亦與之爲无崖. 達之入於无疵. 汝不知夫螳蜋乎. 怒其臂以當車轍. 不知其不勝任也. 是其才之美者也. 戒之愼之. 積伐而美者以犯之. 幾矣. 汝不知夫養虎者乎. 不敢以生物與之. 爲其殺之之怒也. 不敢以全物與之. 爲其決之之怒也. 時其飢飽. 達其怒心. 虎之與人異類. 而媚養己者. 順也. 故其殺者. 逆也. 夫愛馬者. 以筐盛矢. 以蜄盛溺. 適有蚉䖟僕緣. 而拊之不時. 則缺銜毀首碎胸. 意有所至而愛有所亡. 可不愼邪.

2) 두 번째 연작

목수 석[장석匠石]이 제나라로 가다가 길의 굽이진 곳에 있는 한 마을에 이르렀다. 그는 그곳에서 토지신을 모신 제단 옆에 서 있는 상수리나무를 보았다. 수천 마리의 소를 그늘로 뒤덮을 만큼 거대하고,

끈으로 그 둘레를 측정하면 백 아름이 될 정도였다. 언덕에서 내려다 봐야 할 정도로 높았고, 가장 낮게 드리운 가지들도 열 길 되는 높이에 있었으며, 배 한 척을 만들 수 있을 법한 큰 가지들이 수십 개나 헤아릴 정도였다. 그 나무를 구경하러 몰려든 인파가 시장에 북적대는 군중 같았지만, 목수 석은 눈길 한번 주지 않은 채 발걸음을 멈추지 않고 곧장 걸어갔다.

목수 석의 제자는 그 나무를 한껏 쳐다본 뒤, 황급히 달려가 목수 석을 따라잡았다. 그가 물었다.

"저는 도끼를 들고 선생님을 따라다닌 이래로 저토록 귀한 목재를 본 적이 없습니다. 그런데 선생님께서는 거들떠보시지도 않고, 심지어 발걸음도 멈추지 않으셨으니 어째서입니까?"

"됐느니라. 그 나무에 대해서는 다시 말도 꺼내지 마라. 그건 아무 짝에도 쓸모없는 나무[散木]이다. 그 나무로 배를 만들면 가라앉고, 관을 만들면 대번에 썩어버릴 것이다. 그것으로 그릇을 만들면 단번에 깨지고, 대문이나 문을 만들면 진액이 새어 나오고, 기둥을 만들면 벌레 먹게 될 것이다. 그 나무는 어디에도 쓸모없는 형편없는 목재이니라. 그래서 그렇게 오래 살 수 있었던 것이다."

목수 석이 집으로 돌아온 뒤, 그 신성한 나무가 꿈속에 나타나서 말했다.

"너는 나를 무엇에 견줄 작정이냐? 결이 고운 나무에 견주려느냐? 아가위, 배, 귤, 유자같이 과일이나 열매를 맺는 나무들은 그 열매가 익으면 뜯겨져 나간다. 뜯겨져 나가면 망신스럽게도 욕을 당하며, 큰 가지들은 부러지고 잔가지들은 툭툭 꺾이게 된다. 이 나무들은 자신들이 가진 능력으로 인해 스스로 삶을 참혹하게 만든 나무들이다. 그래서 하늘이 내린 수명을 다하지 못하고 도중에 요절하는 것이다. 이

나무들은 스스로를 세속적인 상스러움의 희생자로 만든다. 이건 모든 사물이 맞이하는 결말이기도 하다. 덧붙이자면 내가 오랫동안 추구해온 것은 누구에게도 쓰일 수 없게 되는 것이었다. 이제 겨우 죽기 직전에 이르러서야 뜻을 이루었으니, 나로서는 이것이야말로 가장 크게 쓸모 있는 것이다. 만일 내게 네가 말하는 쓸모가 있었다고 해보자. 이렇게까지 크게 자랄 기회나 있었겠는가?

게다가 너나 나나 둘 다 사물이다. 그런데 우리 중 한쪽이 다른 쪽을 보고 사물이라고 생각하니 참 어이없지 않은가! 곧 죽을 아무짝에도 쓸모없는 인간[散人]이 아무짝에도 쓸모없는 나무에 대해 대체 뭘 안다는 겐가!"

목수 석은 깨어나 그 꿈 이야기를 들려주었다.

제자가 말했다.

"쓸모없는 쪽이 더 낫다면서 신성한 나무 노릇을 하고 있는 건 어째서입니까?"

"쉿! 그런 말 말거라. 그 나무는 단지 구실 삼아 그걸 이용하고 있을 뿐이다. 자기의 진가를 모르는 사람들에게 시달릴 거라고 생각해서이지. 신성한 나무가 되지 않으면 잘려 나갈 위험에 처하지 않겠는가? 게다가 저 나무가 보호하고 있는 것은 상스러운 것과는 상관이 없으니, 우리가 의무를 다한답시고 그걸 칭찬한다면 한참 잘못 짚은 것이 아니겠는가?"

匠石之齊. 至於曲轅. 見櫟社樹. 其大蔽數千牛. 絜之百圍. 其高臨山十仞. 而後有枝. 其可以爲舟者旁十數. 觀者如市. 匠伯不顧. 遂行不輟. 弟子厭觀之. 走及匠石. 曰. 自吾執斧斤以隨夫子. 未嘗見材如此其美也. 先生不肯視. 行不輟. 何邪. 曰. 已矣. 勿言之矣. 散木也. 以

爲舟則沈. 以爲棺槨則速腐. 以爲器則速毁. 以爲門戶則液樠. 以爲柱則蠹. 是不材之木也. 無所可用. 故能若是之壽. 匠石歸. 櫟社見夢曰. 女將惡乎比予哉. 若將比予於文木邪. 夫柤梨橘柚果蓏之屬. 實熟則剝. 剝則辱. 大枝折. 小枝泄. 此以其能苦其生者也. 故不終其天年而中道夭. 自掊擊於世俗者也. 物莫不若是. 且予求无所可用久矣. 幾死. 乃今得之. 爲予大用. 使予也而有用. 且得有此大也邪. 且也若與予也. 皆物也. 柰何哉其相物也. 而幾死之散人. 又惡知散木. 匠石覺而診其夢. 弟子曰. 趣取無用. 則爲社何邪. 曰. 密. 若無言. 彼亦直寄焉. 以爲不知己者詬厲也. 不爲社者. 且幾有翦乎. 且也. 彼其所保與衆異. 而以義喩之. 不亦遠乎.

• • •

남백南伯의 자기子綦가 상의 언덕[상구商丘]을 거닐다 나무를 하나 보았는데, 주변에서도 확 띌 정도로 거대했다. 네 필의 말이 끄는 수레 천 대를 매어놓을 수 있고 그 수레들을 그늘로 다 가릴 수 있을 정도였다.

자기가 말했다.

"이 무슨 나무란 말인가. 범상치 않은 재목이 틀림없군. 그렇고말고!"

그러나 가느다란 가지들을 올려다보았더니 너무 꾸불꾸불해서 그것으로는 들보와 서까래를 만들 수가 없었다. 그 밑동을 내려다보았더니 조직이 너무 꼬인 데다 푸석푸석해서 그것들로는 관을 만들 수도 없었다. 그 이파리를 핥으면 입이 따끔따끔 쩔려 쓰라림만 남을 것이고, 그 냄새를 맡으면 정신이 나가 사흘 내내 미쳐 날뛸 것이다.

자기가 말했다.

"실로 형편없는 재목이로다. 이 때문에 이렇게 크게 자랐구나. 아! 신묘한 사람들[神人]이 그렇게 보잘것없는 재질로 되어 있는 것도 이 때문이란 말인가!"

南伯子綦遊乎商之丘. 見大木焉. 有異. 結駟千乘. 隱將芘其所藾. 子綦曰. 此何木也哉. 此必有異材夫. 仰而視其細枝. 則拳曲而不可以爲棟樑. 俯而視其大根. 則軸解而不可以爲棺槨. 咶其葉. 則口爛而爲傷. 嗅之. 則使人狂酲. 三日而不已. 子綦曰. 此果不材之木也. 以至於此其大也. 嗟乎. 神人以此不材.

• • •

송나라에 형씨荊氏라는 곳이 있는데, 그곳에서는 개오동나무, 측백나무, 뽕나무가 잘 자란다. 그러나 한두 아름 되는 나무는 원숭이를 묶어둘 말뚝이 필요한 사람들이 베어 가고, 서너 아름 되는 나무는 으리으리한 지붕의 마룻대를 구하는 사람들이 베어 간다. 일고여덟 아름 되는 나무는 관의 옆 널빤지로 사용할 두꺼운 판자를 찾는 귀족이나 부유한 상인 집안에서 베어 간다. 그래서 그 나무들은 천수를 다하지 못하고 도중에 도끼에 찍혀 요절하고 마는 것이다. 그것은 어딘가에 좋은 재료라서 겪는 환란이다. 이와 마찬가지로 강의 신에게 산 제물을 바칠 때, 흰 이마를 가진 소나 들창코가 심한 돼지, 치질이 있는 사람은 강물에 던지는 것이 금지된다. 무당이나 축관祝官이라면 이들을 제물에서 제외시켜야 함을 다 안다. 액운을 불러올 존재들로 간주하기 때문이다. 그러나 신묘한 사람이라면 이들을 지극히 상서로운 존재로 간주할 것이다.

宋有荊氏者. 宜楸柏桑. 其拱把而上者. 求狙猴之杙者斬之. 三圍四圍. 求高名之麗者斬之. 七圍八圍. 貴人富商之家. 求樿傍者斬之. 故未終其天年. 而中道之夭於斧斤. 此材之患也. 故解之以牛之白顙者. 與豚之亢鼻者. 與人有痔病者. 不可以適河. 此皆巫祝以知之矣. 所以爲不祥也. 此乃神人之所以爲大祥也.

• • •

불구자 소[지리소支離疏]는 턱이 배꼽 아래에 묻혀 있고, 어깨가 정수리보다 높으며, 목덜미에 있는 우툴두툴한 뼈는 하늘을 가리키고, 척추로 이어지는 다섯 가지 관상 기관은 위로 솟아올랐으며, 두 넓적다리뼈는 갈비뼈를 한 쌍 더 보태고 있다. 그러나 그는 부지런히 바느질을 하고 빨래를 해서 충분히 자기 밥벌이를 하고, 산가지를 덜그럭거리고 한 움큼의 쌀알로 점을 쳐서 열 명을 족히 먹여 살린다. 정부에서 병사들을 강제로 징집할 때면 이 불구자는 소맷자락을 훽훽 뿌리치면서 사람들 사이를 돌아다니고, 또 부역꾼들을 징발할 때면 만성질환자라 하여 면제받으며, 병자들에게 곡식을 나눠줄 때면 세 포대의 곡식과 열 묶음의 땔나무까지 얻는다. 몸에 불구가 있는 자도 자신을 용케 부양하면서 천수를 다한다. 하물며 덕을 불구로 만든 자는 훨씬 더 나을 것이다!

支離疏者. 頤隱於臍. 肩高於頂. 會撮指天. 五管在上. 兩髀爲脇. 挫鍼治繲. 足以餬口. 鼓筴播精. 足以食十人. 上徵武士. 則支離攘臂而遊於其間. 上有大役. 則支離以有常疾不受功. 上與病者粟. 則受三鍾與十束薪. 夫支離其形者. 猶足以養其身. 終其天年. 又況支離其

德者乎.

• • •

공자가 초楚나라에 갔을 때, 초나라의 광인 접여接輿가 공자가 머물던 집 대문 앞을 배회하면서 외쳤다.

"봉황새야! 봉황새야!
덕이 쇠하였으니 어찌해야 좋을까?
다가올 시대에 대해선 확신할 수 없고,
지나간 시대로는 돌아갈 길이 없다.

천하에 도道가 있을 때에는
성인은 성공을 거둔다.
천하에 도가 없을 때에는
성인은 살아남는다.
우리가 사는 시대에는
처형을 면하는 것으로 족하다.

행복은 깃털보다 가벼운데
아무도 그 무게를 감당할 줄 모른다.
재앙은 땅보다 무거운데
아무도 피할 줄 모른다.

관두어라, 관두어라!

덕을 이용해 사람들에게 군림하는 짓은.
조심해라, 조심해라!
땅에 금을 그어놓고 그 안에서 우리를 부산하게 움직이게 하는 짓은.

엉겅퀴야, 엉겅퀴야.
내가 걸을 때 상처 입히지 마라.
내 걸음은 물러나기도 하고 꾸불꾸불 돌아가기도 할 테니,
내 발을 상하게 하지 마라.

산속의 나무들은 약탈당하는 것을 자초하고
기름은 불길 속에서 스스로를 지글지글 태운다.
계피는 향이 있다.
　　그래서 사람들이 잘라 간다.
옻은 쓸모가 있다.
　　그래서 사람들이 그 껍질을 벗겨 간다.

사람들은 모두 쓸모 있는 것의 쓸모는 알지만, 쓸모없는 것의 쓸모는 모른다."

孔子適楚. 楚狂接輿遊其門曰. 鳳兮鳳兮. 何如德之衰也. 來世不可待. 往世不可追也. 天下有道. 聖人成焉. 天下無道. 聖人生焉. 方今之時. 僅免刑焉. 福輕乎羽. 莫之知載. 禍重乎地. 莫之知避. 已乎已乎. 臨人以德. 殆乎殆乎. 畫地而趨. 迷陽迷陽. 无傷吾行. 吾行郤曲. 无傷吾足. 山木自寇也. 膏火自煎也. 桂可食. 故伐之. 漆可用. 故割

之. 人皆知有用之用. 而莫知无用之用也.

|주| 『논어』 제18편[「미자微子」]의 다음 구절과 비교하라.

"초나라의 광인 접여가 공자 곁을 지나가며 노래를 불렀다.

'봉황새야! 봉황새야!
덕이 쇠하였으니 어찌해야 좋을까?
과거는 비난할 수가 없지만,
미래는 그래도 따를 수가 있다.
관두어라, 관두어라!
요즘 같은 때에 관직을 맡는 것은 위험천만이다.'

공자는 수레에서 내려와 그와 이야기를 나누려 했지만, 그가 공자를 피해 서둘러 떠나는 바람에 이야기할 기회를 얻지 못했다 [楚狂接輿歌而過孔子曰,「鳳兮鳳兮! 何德之衰? 往者不可諫, 來者猶可追. 已而已而! 今之從政者殆而!」孔子下, 欲與之言. 趨而辟之, 不得與之言]."

이 민요는 아이러니하게도 타락해가는 시대에 이상적 통치에 대해 설교하는 공자를 성인이 왕위에 있을 때 찾아오는 길조인 봉황새로 환대하고 있다. 장자는 이것을 자기식으로 각색했다(이것은 틀림없이 장자의 저술이다. 쓸모없음에 대한 무조건적인 찬사는 『장자』에서도 그가 직접 쓴 저술에서만 독특하게 나타나는 주제이기 때문이다(110-112, 266쪽을 참조하라). 접여를 도가의 대변자로 활용하는 시도 역시 장자에게만 국한된다 (107-109, 253-254쪽을 참조하라)).

5
덕이 충만하다는 징표
(제5편[「덕충부」])

　한 인간이 자기 안에 있는 덕德에 따라 살아가고 있고 자기 외부에 있는 모든 것으로부터 완전히 독립해 있다고 판단할 기준은 그가 돌이킬 수 없는 큰 재난과 죽음 및 신체의 기형에 대해 보여주는 초연함에 있다. 죄를 지어 한쪽 발이 잘린 것같이 눈에 띄는 신체 훼손과 사회적 규탄의 흔적이 남아 있다 하더라도, 그런 초연한 태도를 가지고 있으면 다른 사람들도 역시 그 흔적을 무시하게 된다. 죽음이라는 주제는 「근원적 조상인 스승[대종사]」에서 주로 다루어지고, 이 편에는 죄를 지어 신체가 훼손된 자들, 기형을 가진 자들, 불구자들에 대한 이야기들이 실려 있다. 이 이야기들은 장자 본인의 글쓰기가 갖는 독특한 측면을 보여주는 것으로, 〈내편〉을 끝으로 『장자』에서 거의 사라지고 없다.

||||||||||||

노魯나라에 한쪽 발이 잘린 왕태王駘라는 사람이 있었는데, 그를 따르는 제자들이 공자를 따르는 제자들만큼이나 많았다. 상계常季가 공자에게 물었다.

"왕태는 한쪽 발이 잘린 사람인데도, 그를 따르는 제자들이 선생님을 따르는 제자들과 노나라를 반분하고 있습니다. 그는 서서는 가르치지 않고 앉아서는 이런저런 논의를 하지도 않습니다. 그런데도 그들은 그에게 텅 빈 채로 갔다가 가득 찬 채로 돌아옵니다. 정말로 말 없는 가르침이라는 게 있으며, 몸이 훼손되어도 온전한 마음이라는 게 있는 것입니까? 대체 왕태는 어떤 사람입니까?"

공자가 말했다.

"선생은 성인이시다. 나도 미루지만 않았더라면 진작 그를 찾아갔을 것이다. 나 같은 사람도 그를 스승으로 받들고 싶은데 나보다 못한 사람들이 그러는 게 뭐가 놀랍겠느냐? 노나라는 말할 것도 없거니와, 세상 사람들을 다 이끌고 가서 그를 따를 것이다."

"한쪽 발이 잘렸는데도 선생님보다 더 위대하다면, 그는 정말 평범한 사람들과는 거리가 멀 것입니다. 그런 사람은 마음을 쓰는 데 뭔가 특별한 것이 있습니까?"

"죽음과 삶은 정말로 중대한 문제이지만, 그는 그 문제로 인해 자신이 변하는 것은 거부한다. 하늘이 무너지고 땅이 꺼진다 해도 그는 그 문제로 전혀 영향을 받지 않을 것이다. 그는 흠 없음[无假]에 대해 알고 있으며, 다른 사물들과 함께 옮겨 다니지를 않는다. 그는 사물들의 변화를 스스로 명명하면서 그것들의 조상을 굳게 붙잡고 있다."

"무슨 뜻인지요?"

"간과 쓸개도 다르다는 관점에서 보면 초楚나라와 월越나라만큼 멀리 떨어져 있다. 그러나 같다는 관점에서 보면 만물이 모두 하나이다. 그런 사람은 심지어 눈이 하는 기능과 귀가 하는 기능도 구별할 수 없고, 마음을 덕으로부터 오는 평화로움 속에서 노닐게 할 뿐이다. 그는 다른 사물들을 대할 때에는 그것들이 하나가 되는 곳을 응시하지 사물들 각자가 무엇을 잃었는지는 보지 않는다. 그래서 그는 자기 발을 잃은 것을 흙을 털어낸 것쯤으로 본다."

"그가 관심을 갖는 것은 자기 자신뿐이고, 자신의 지혜도 자기의 마음을 발견하는 데 쓰며, 또 그 마음은 그것을 넘어서 있는 변치 않는 마음을 발견하는 데 쓸 뿐입니다. 그런데도 다른 사람들이 그의 주변으로 몰려드는 것은 어째서입니까?"

"누구든 흐르는 물에서 거울을 찾지 않고 고요한 물에서 거울을 찾는다. 고요하게 정지해 있는 것만이 고요하게 정지된 것을 고요하게 정지시킬 수 있다. 땅으로부터 운명을 받은 것들 중에 오로지 소나무와 측백나무만이 마땅히 가야 할 길을 간다. 그래서 그 나무들은 겨울이나 여름이나 똑같이 푸르다. 하늘로부터 운명을 받은 것들 중에 오로지 요堯와 순舜만이 마땅히 가야 할 길을 간다. 그래서 그들은 만물의 우두머리가 된다.[74] 다행히도 자신의 삶이 마땅히 가야 할 길을 가도록 할 수 있는 능력이 있는 자는 살아 있는 모든 것에 대해 그렇게 한다."

만물의 시원을 굳게 지키고 있다고 판단할 기준은 두려움이 없다는 사실에 있다. 일개 용감한 무사도 대군과의 전투에서 과감하게 몸을 던진다. 이름을 떨치겠다는 공명심에서 있는 힘을 다하는 자도 이

---

74) [역] 受命於地. 唯松柏獨也正. 在冬夏青青. 受命於天. 唯堯舜獨也正. 在萬物之首: 통용본은 "受命於地. 唯松柏獨也在. 冬夏青青. 受命於天. 唯舜獨也正"으로 되어 있다. 그레이엄은 자신의 교정안에 대해 특별한 언급이 없지만, 장군방본張君房本을 따른 것으로 보인다. 陳鼓應,『莊子今註今譯』을 참조하라.

렇게 할 수 있는데, 하물며 하늘과 땅을 자신의 궁궐로 삼고 만물을 자신의 창고로 여기는 자, 자신의 몸통과 사지를 임시로 머무는 거처로 삼고 자신의 눈과 귀를 자기가 지각하는 상으로 삼는 자, 지력으로 인식하는 모든 것을 하나로 대하며 결코 죽지 않는 마음을 가진 자, 이런 자야말로 어떻겠는가! 그는 날을 잡아 세상을 떠나 위로 올라갈 것이다. 다른 사람들로 말하자면 스스로 그의 뒤를 쫓아가는 것이다. 그가 어찌 다른 사람들 일을 자기 일로 삼으려 하겠는가?"

魯有兀者王駘. 從之遊者與仲尼相若. 常季問於仲尼曰. 王駘兀者也. 從之遊者與夫子中分魯. 立不敎. 坐不議. 虛而往. 實而歸. 固有不言之敎. 無形而心成者邪. 是何人也. 仲尼曰. 夫子聖人也. 丘也直後而未往耳. 丘將以爲師. 而況不若丘者乎. 奚假魯國. 丘將引天下而與從之. 常季曰. 彼兀者也. 而王先生. 其與庸亦遠矣. 若然者. 其用心也獨若之何. 仲尼曰. 死生亦大矣. 而不得與之變. 雖天地覆墜. 亦將不與之遺. 審乎无假. 而不與物遷. 命物之化. 而守其宗也. 常季曰. 何謂也. 仲尼曰. 自其異者視之. 肝膽楚越也. 自其同者視之. 萬物皆一也. 夫若然者. 且不知耳目之所宜. 而遊心乎德之和. 物視其所一. 而不見其所喪. 視喪其足. 猶遺土也. 常季曰. 彼爲己. 以其知得其心. 以其心得其常心. 物何爲最之哉. 仲尼曰. 人莫鑑於流水. 而鑑於止水. 唯止能止衆止. 受命於地. 唯松柏獨也正. 在冬夏靑靑. 受命於天. 唯堯舜獨也正. 在萬物之首. 幸能正生. 以正衆生. 夫保始之徵. 不懼之實. 勇士一人. 雄入於九軍. 將求名而能自要者. 而猶若是. 而況官天地. 府萬物. 直寓六骸. 象耳目. 一知之所知. 而心未嘗死者乎. 彼且擇日而登假. 人則從是也. 彼且何肯以物爲事乎.

• • •

신도가申徒嘉는 한쪽 발이 잘린 사람으로, 아무도 아닌 자 백혼[백혼무인伯昏无人]의 문하에서 정鄭나라의 재상인 자산子産과 동문수학하였다.

자산이 말했다.

"내가 떠나려고 먼저 움직이면 자네는 그대로 있게나. 자네가 떠나려고 먼저 움직이면 내가 그대로 있겠네."

다음 날 자산은 신도가가 전날과 마찬가지로 자기와 똑같은 자리에서 똑같은 가르침을 받으려고 앉아 있는 것을 보았다.

[자산이 말했다.]

"내가 떠나면 자네는 그대로 있게나. 자네가 떠나면 나는 그대로 있겠네. 나는 지금 떠날 참이네. 그대로 있는 게 자네에게 그렇게 힘든 일인가? 아니면 그렇게 하고 싶지 않은 겐가? 그리고 자네는 재상을 보고서도 길을 비켜주지 않는데, 자기가 재상과 동급이라고 생각하는 겐가?"

[신도가가 말했다.]

"자네 말인즉 여기 스승님의 문하에 재상이니 뭐니 하는 것이 정말로 있다는 것인가? 그렇다면 자네는 자기가 재상이라는 사실이 너무 좋은 나머지 다른 모든 사람에게 등을 돌리는 자이네.[75] 나는 이렇게 들었네. '거울이 밝으면 먼지가 앉지 않을지니. 먼지가 앉는다면 거울

---

75) [원] 子而悅子之執政而後人者也: "자네는 자기가 재상이라는 사실이 너무 좋은 나머지 다른 모든 사람에게 등을 돌리는 자이네." 반복해서 나오는 '而'는 문법적 변칙으로서가 아니라 문체의 기교로서 주목받을 만하다.

이 밝지 않은 것이다. 현인과 오래도록 함께 있을지니. 그러면 자기 안의 죄가 없어질 것이다.' 지금 자네가 가장 위대하다고 인정하고 있는 분을 우리는 스승님으로 모시고 있네.[76] 그런데도 자네가 내게 이렇게 말할 수 있다니. 부끄러운 짓이라고 생각하지 않는가?"

[자산이 말했다.]

"자네에게 그 일이 일어났었는데도, 자네는 아직도 자네와 요堯 중에 누가 더 선한 사람인지를 다투려 하는군. 자네가 지닌 덕을 다 합해도 자기 하나 정직하게 들여다볼 만큼도 안 되는 겐가?"

[신도가가 말했다.]

"우리 중에 자기 죄에 대해 터놓고 말하면서도[77] 벌을 받을 만하지는 않았다고 생각하는 사람은 많지만, 자기 죄에 대해 말하기를 거부하면서 벌을 면할 정도는 아니었다고 생각하는 사람은 드물다네. 그 일이 피할 수 없는 것이었음을 인정하고 그것을 운명으로 편안히 받아들이는 것은 자기 안에 덕을 지닌 사람만이 할 수 있는 일이지. 궁수 예羿의 사정거리 안에 있으면서도 그의 화살을 맞지 않는다면, 그건 운명일 수밖에 없네.[78] 두 발을 온전하게 가진 자들 중에는 내가

---

76) [원] 今子之所取大者先生也: '取'는 '最'와 같다. "지금 자네가 가장 위대하다고 인정하고 있는 분을 우리는 스승님으로 모시고 있네." 19/34「『達生』」의 "人之所取畏者"('取'는 『장자궐오』의 이체자로는 '最'), 즉 "사람들이 가장 두려워하는 대상들"을 참조하라.
77) [원] 狀: '牀'과 같다. 高亨, 『莊子今箋』, 16B.
78) [원] 遊於羿之彀中然而不中者, 命也: 통용본은 "遊於羿之彀中. 中央者. 中地也. 然而不中者. 命也"로 되어 있는데, '中央者. 中地也'는 삭제한다. "궁수 예의 사정거리 안에 있으면서도 그의 화살을 맞지 않는다면, 그건 운명일 수밖에 없네." 삭제한 구("중앙은 중심에 있는 땅이다")는 주석임이 분명하다. 그러나 지금 이 구절의 '~안에[中]'에 대한 주석이 아니라, 7/33「『應帝王』」의 "中央之帝爲渾沌", 즉 "중앙의 황제는 혼돈이다"에 대한 주석인 것으로 보인다.

그렇지 않다고 해서 나를 비웃는 자들이 참 많지. 나는 그게 울화통이 터질 정도로 화가 난다네. 하지만 스승님께서 계신 곳에 오면 침울한 기분이 사라져 집으로 돌아가게 되지. 스승님께서 당신의 선함으로 나를 씻어주신 것인지, 아니면 내 스스로 깨달은 것인지는 모르겠네.[79] 나는 지금까지 십구 년 동안 스승님과 함께 어울리고 있지만, 내가 한쪽 발이 잘린 사람이라는 걸 전혀 의식하지 못했네. 자네와 나는 지금 살과 뼈 안에서 노닐고 있는데, 자네가 나를 끌어내어 살과 뼈 밖에서 나를 훑어보고 있네. 자네는 그게 부끄러운 짓이라고 생각하지 않는가?"

이에 당황한 자산은 안색과 태도를 고치면서 말했다.

"더 이상[80] 아무 말도 말게나."

申徒嘉兀者也. 而與鄭子産同師於伯昏无人. 子産謂申徒嘉曰. 我先出則子止. 子先出則我止. 其明日. 又與合堂同席而坐. 子産謂申徒嘉曰. 我先出則子止. 子先出則我止. 今我將出. 子可以止乎. 其未邪. 且子見執政而不違. 子齊執政乎. 申徒嘉曰. 先生之門. 固有執政焉如此哉. 子而悅子之執政而後人者也. 聞之曰. 鑑明則塵垢不止. 止則不明也. 久與賢人處則無過. 今子之所取大者先生也. 而猶出言若是. 不亦過乎. 子産曰. 子旣若是矣. 猶與堯爭善. 計子之德. 不足以自反邪. 申徒嘉曰. 自狀其過以不當亡者衆. 不狀其過以不當存者寡. 知不可奈何而安之若命. 唯有德者能之. 遊於羿之彀中然而不中

---

79) [원] 不知先生之洗我以善邪. 吾之自寤邪: 통용본에는 '吾之自寤邪'가 없다. 『장자궐오』의 이문에 따라 삽입한다.
80) [원] 乃: '仍'과 같다. 王闓運, 『莊子內篇註』.

者. 命也. 人以其全足笑吾不全足者多矣. 我怫然而怒. 而適先生之所. 則廢然而反. 不知先生之洗我以善邪. 吾之自寤邪. 吾與夫子遊十九年矣. 而未嘗知吾兀者也. 今子與我遊於形骸之內. 而子索我於形骸之外. 不亦過乎. 子産蹵然改容更貌曰. 子無乃稱.

|주| "거울이 밝으면": 제자의 마음이 자기중심주의로 흐려지지 않고 스승의 가르침을 밝게 투영한다면, 그 제자에게는 흠이 없을 것이다.

• • •

노나라에 한쪽 발이 잘린 사람이 있었다. 숙산叔山의 무지无趾였다. 그가 발꿈치로 걸어와 공자를 만났다.

공자가 말했다.

"조심하지 않아 이렇게 되었구려. 그대는 전에 그런 곤란을 겪고 이제야 나를 찾아와서 어찌자는 것이오?"

"저는 단지 조심해야 한다는 감이 없었고 제 안전을 당연한 것으로 여겼을 뿐입니다. 그래서 발을 잃게 되었지요. 지금 선생을 찾아온 것은 발을 가치 있는 것으로 만들어주는 것이 제게 아직 남아 있기 때문이고, 바로 이런 이유로 제 관심은 그것을 온전하게 지키는 데 있습니다. 하늘은 덮어주기를 마다하는 것이 없고 땅은 받쳐주기를 마다하는 것이 없습니다. 저는 선생이 제게 하늘과 땅이 되어줄 것이라고 생각했습니다. 선생이 결국 이것밖에 안 된다는 걸 제가 어찌 알았겠습니까?"

"제가 무례했소이다. 들어오지 않겠소, 선생. 제가 들은 것을 선생께 알려드리리다."

무지가 떠나자 공자가 말했다.

"제자들아, 열심히 해라! 저 숙산의 무지는 발이 잘리는 형벌을 당했는데도 배우는 데 관심을 두고 자신의 이전의 악행을 고치려고 한다. 하물며 덕이 온전한 사람이야 뭘 더 말하겠느냐!"

무지가 늙은 담[노담老聃]에게 말했다.

"지극한 사람이 되려는 열망을 품은 자로서 공자는 아직 갈 길이 멀군요. 그렇지 않습니까? 그는 어째서 성가시게 당신을 계속 찾아와서 배우겠다는 것일까요? 그는 아직도 독특하고 비범한 자로 이름을 날리고 싶은 충동을 가지고 있습니다. 지극한 사람은 그런 것을 자기를 속박하는 족쇄와 수갑쯤으로 여긴다는 사실을 모르는 것일까요?"

늙은 담이 말했다.

"그냥 그로 하여금 죽음과 삶이 한 줄기로 이어져 있고, 허용될 수 있는 것과 허용될 수 없는 것이 한 줄로 꿰어져 있음을 인식하게 하는 것이 어떻겠소? 틀림없이 그를 속박하는 족쇄와 수갑을 푸는 것이 가능할 것이오."

[무지가 말했다.]

"하늘이 그에게 그런 형벌을 내렸다면, 그것들을 어떻게 풀 수 있겠습니까?"

(그는 형벌을 받아 절단된 상태를 일종의 신체적 특징으로 여겼고, 예禮를 그의 지지물로, 무엇을 해야 할지 아는 것을 적시성의 문제로, 덕을 정해진 길을 벗어나지 않고 따르는 능력으로 여겼다.

'그는 형벌을 받아 절단된 상태를 일종의 신체적 특징으로 여겼다', 즉 그는 신체 절단을 당연한 것으로 여겼다.

'예를 그의 지지물로', 즉 예를 세속적인 사람들 사이에서 처신하는 방법으로.

'무엇을 해야 할지 아는 것을 적시성의 문제로', 즉 주어진 상황 속에서 부득이한 것은 무엇이든 하는 것으로.

'덕을 정해진 길을 벗어나지 않고 따르는 능력으로 여겼다', 즉 이것은 그가 두 발을 다 가진 자들과 더불어 늙은 공자[丘]를 찾아왔고, 다른 사람들은 정말로 그가 행동을 조심한다고 여겼음을 의미한다.)[81]

魯有兀者叔山无趾. 踵見仲尼. 仲尼曰. 子不謹. 前旣犯患若是矣. 雖今來何及矣. 無趾曰. 吾唯不知務而輕用吾身. 吾是以亡足. 今吾來也. 猶有尊足者存. 吾是以務全之也. 夫天無不覆. 地無不載. 吾以夫子爲天地. 安知夫子之猶若是也. 孔子曰. 丘則陋矣. 夫子胡不入乎. 請講以所聞. 無趾出. 孔子曰. 弟子勉之. 夫無趾兀者也. 猶務學以復補前行之惡. 而況全德之人乎. 無趾語老聃曰. 孔丘之於至人. 其未邪. 彼何賓賓以學子爲. 彼且蘄以諔詭. 幻怪之名聞. 不知至人之以是爲己桎梏邪. 老聃曰. 胡不直使彼以死生爲一條. 以可不可爲一貫者. 解其桎梏. 其可乎. 无趾曰. 天刑之. 安可解. (以刑爲體. 以禮爲翼. 以知爲時. 以德爲循. 以刑爲體者. 綽乎其殺也. 以禮爲翼者. 所以行於世也. 以知爲時者. 不得已於事也. 以德爲循者. 言其與有足者至於丘也. 而人眞以爲勤行者也.)

81) [원] 제6편「大宗師」(6/17-19)에 실려 있는 이 골치 아픈 삽입절은 틀림없이 [여기에 나오는] 공자와 한쪽 발이 잘린 사람의 이야기에 대한 주석일 것이다. 특히 '丘'라는 이름으로 공자를 언급하고, "두 발을 다 가진 자들(有足者)"에 대해 언급한 것에 주목하라. 일련의 명제들을 차례로 반복해서 주석을 붙인 이런 형식과 유사한 부분들이 4/17-22「人間世」, 24/88-95「徐无鬼」, 27/1-10「寓言」에 있다.

|주| 괄호 안에 있는 단락은 이 이야기에 대한 오래된 해설이지만 통용본에서는 제6편[「근원적 조상인 스승」] 한가운데 덩그러니 있어 이해하기가 어렵다.

무지는 일반적으로 통용되는 예의범절들을 내적인 충실성 없이 현실적 편의상 배우려 하고 있다. 진짜 불구자는 공자 자신이다. 그를 떠받쳐줄 규범 없이는 살아갈 수가 없기 때문이다. 그것은 그의 잘못은 아니다. 뒤에 나오는 일화에서 공자 스스로 인정하듯이, 타고나기를 결함이 있는 인간이어서 하늘에 의해 형벌을 받고 투옥된 것이다.

● ● ●

노나라의 애공哀公이 공자에게 물었다.

"위衛나라에 소름 끼치게 생긴 사람이 한 명 있었는데, 못생긴 얼굴의 타[애태타哀駘它]라고 불렸다오. 그런데 그와 함께 생활해본 젊은 사내들은 그에게 매료된 나머지 도무지 떠나질 못했고, 그를 만나본 젊은 여성들 중에는 부모에게 가서 '다른 사람의 처가 되느니 그의 첩이 되겠어요'라며 간청하는 자가 수십 명을 헤아렸다 하오. 하지만 누구도 그가 뭔가 새로운 이야기를 하는 걸 들어보지 못했고, 그가 하는 일이라고는 다른 사람들에게 장단 맞춰주는 것이 전부였다 하오. 군주의 지위에 있지 않아 사람을 죽음에서 구해줄 수도 없었고 사람들의 쪼그라든 배를 채워줄 수입도 없었소. 거기에 더해 못생겼기로는 온 세상을 소스라치게 만들 정도였고, 뭔가 새로운 이야기를 하는 일 없이 맞장구만 쳐줄 뿐이었소. 아는 것이라곤 일상의 테두리에서 벗어나지도 않았소. 그런데도 야생동물들이 그가 있는 곳에서 짝짓기를 하는 게 아니겠소. 이 사람은 뭔가 다른 걸 지닌 사람이 틀림없다고 생각되었소. 나는 그를 지켜보려고 조정으로 불러들였다오. 그는 정말 온 세상을 소스라치게 할 정도로 못생겼었소. 그렇게 그는 내 곁에 머물게 되었는데, 몇 달도 채 되기 전에 나는 그의 사람됨에 흥미를 갖게 되었소. 그리고 한 해가 채 되기도 전에 그는 완전히 나의 신뢰를 얻게 되었다오. 마침 나라에 재상이 없었던 터라 나는 그에게 그 자리를 맡겼소. 그는 잠시 주저하다 수락하긴 했지만 마치 거절하는 듯 냉담한 목소리였다오. 내가 얼마나 무안했는지 모르오! 그러나 결국에 나는 그의 손에 나라를 맡겼소. 그후 얼마 되지 않아 그는 나를 두고 떠나버렸다오. 나는 가까운 이와 사별한 듯 심하게 동요했고, 나라를 가진 즐거움을 함께 나눌 자가 없어진 듯했소. 이 자는 대체 어떤 사람이오?"

공자가 말했다.

"제 이야기를 하나 들려드리지요. 언젠가 초나라에 사신으로 간 적이 있었는데, 우연히 돼지 새끼들이 죽은 어미 돼지의 젖을 빨고 있는 광경을 목격했습니다. 그런데 오래지 않아 그 새끼들은 눈꺼풀을 깜빡이면서 모두 어미를 버리고 달아났습니다. 그건 그 새끼들이 더 이상 어미에게서 자기들을 보지 못했고 어미가 자기들과 같은 종이라고 인지할 수 없었기 때문입니다. 새끼들이 사랑한 것은 어미의 형체가 아니라 어미의 형체를 움직이도록 만드는 것이었습니다. 전장에서 죽은 사람들을 위해 장례를 치를 때에는 관에 깃털 장식을 하지 않고, 발이 잘린 사람은 신발을 빌려주는 것을 아까워하지 않습니다. 둘 다 그들을 중요하게 만드는 것을 가지고 있지 않아서입니다.[82]

---

82) [원] 5/41-52["爲天子之諸御, 不爪翦, 不穿耳. … 人不忘其所忘, 而忘其所不忘, 此謂誠忘"]에는 통용본에 착간錯簡이 있었음을 보여주는 상당한 증거가 있다.

1. 통용본의 시작 부분에서는 관의 깃털 장식과 신발에 대한 언급으로부터 아무런 준비 없이 갑자기 천자의 후궁과 새신랑에 대한 언급으로 건너뛰고 있는데, 앞의 이야기와 무관하게 완전히 새로운 주제에 대해 설명한 것이다. 그런데 끝 부분에 가면 이 이야기가 일단락된 뒤에 다시 앞의 이야기와 밀접한 연관성이 있는 단락이 나온다(5/49-52["闉跂支離无脤說衛靈公. 靈公說之. … 人不忘其所忘. 而忘其所不忘. 此謂誠忘"]). 나는 이 단락을 옮겨서 시작 부분에 있는 틈새를 메울 것을 제안하고자 한다.
2. 통용본에 나오는 애공과 공자의 마지막 문답(5/46ff.["何爲德不形. 曰. 平者水停之盛也. 其可以爲法也. 內保之而外不蕩也. 德者成和之脩也. 德不形者. 物不能離也"])을 보면 질문은 한창 고조되어 있는 데 반해서 답변은 실망스러울 정도로 빈약하고 지리멸렬하다. 통용본의 〈잡편〉에 있는 제24편[「徐无鬼」]의 끝 부분에는 일련의 단편들이 수록되어 있는데, 그 가운데 마지막 다섯 구절은 우연히도 모두가 고故, 즉 '그러므로'로 시작하고 있다. 이 구절들은 단지 고故로 시작한다는 점 때문에 함께 모아두었음이 분명하다(24/100ff.["故曰. 鴟目有所適. 鶴脛有所節. 解之也悲"], 24/101ff.["故曰. 風之過河也. 有損焉. 日之過河也. 有損焉. 請只風與日相與守河. 而河以爲未始其攖也. 恃源而往者也. 故水之守土也審. 影之守人也審. 物之守物也審"], 24/103-105["故目之於明也殆. 耳之於聰也殆. 心之於殉也殆. 凡能其於府也殆. 殆之成也不給改. 禍之長也兹萃. 其反也緣功. 其果也待久. 而人以爲己寶. 不亦悲乎. 故有亡國戮民无已. 不知問是也"], 24/105-111["故足之於地也踐. 踐踐. 恃其所不蹍. 而後善博也. 人之於知也少. 雖少. 恃其所不知. 而後知天之所謂也. … 以不惑解惑. 復於不惑. 是尙大不惑"], 24/104["故有亡國戮民无已"]의 고故는 논증상 없어서는 안 될 논리적 요소로 보인다). 마지막 두 단편은 제3편[「養生主」]의 도입부에 해당하는 논문의 잔재들임을 우리는 이미 확인한 바 있다. 그리고 앞의 두 단편(24/101ff., 102ff.)은 여기에 있는 틈새를 메우는 데 적절할 것으로 보인다. 아울러 제7편[「應帝王」]에 있는 열자列子와 무당의 이야기에 끼어들어 있는 당혹스러운 단편(7/26ff.["鯢桓之審爲淵. 止水之審爲淵. 流水之審爲淵. 淵有九名. 此處三焉"])도 여기에 두면 적절할 것으로 보인다. 이 단편은 『열자』 제2편[「黃帝」](楊伯峻, 『列子集釋』, 45/4-13)에서 좀 더 긴 형식의 유사 단락으로 발견된다. 유월兪樾은 이미 이 단편을 착간이 일어난 대나무 조각으로 보고, 『장자』를 축약시킨 사람이 그것을 줄여서 맥락에 적합하다는 환상을 주려 했다고 주장하였다(『諸子平議』, 310). (이전에 나는 『열자』의 버전이 더 확장된 버전이라는 정반대의 견해를 취했는데(A. C. Graham, *Book of Lieh Tzu*, London: John Murray, 1960, 51), 사실상 적합성이 너무 떨어져서 확실히 잘못된 견해였다.)
3. 이 편의 마지막 절(5/52-60["故聖人有所遊. 而知爲孼. 約爲膠. 德爲接. 工爲商. … 子以堅白鳴"])은 고故로 시작하는데, 이 단어는 용법이 영어의 'therefore[그러므로]'라는 엄격한 논리적 접속어로부터 영어의 'so[그래서], thus[따라서], then[그렇다면]'으로 표기되는 느슨한 접속어에 이르기까지 널리 걸쳐 있기는 하지만,

불구에 입술이 없는 데다 굽은 다리를 가진 자[인기지리무신闉跂支離无脤]가 있었는데, 그가 위나라 영공靈公에게 조언을 해주었습니다. 영공은 그가 너무 마음에 들었던 나머지 정상적인 사람들을 보면 그들의 다리가 너무 앙상해[83] 보였습니다. 또 큰 갑상샘종이 있는 항아

앞에 나오는 것과 아무런 연관성이 없는 새로운 일화를 소개하는 데 사용될 수 없음은 확실하다. 5/41-52에 착간이 일어나면서 틀림없이 뭔가 유실되었을 것이다. 나는 시험 삼아 〈잡편〉의 다른 한 대목, 즉 23/66ff.[「庚桑楚」]의 한 단락["蹍市人之足. 則辭以放驁. 兄則以嫗. 大親則已矣. … 警乎大哉. 獨成其天"]을 여기서 유실된 부분으로 보고자 한다.

따라서 5/41-52를 다음으로 대체할 것이다.

5/49-52[「德充符」]	68자
5/41-47[「德充符」]	194자
24/101ff.[「徐无鬼」]	42자
『列子』(楊伯峻, 45/4-13)	59자
24/102ff.[「徐无鬼」]	19(+59=78)자
5/47-49[「德充符」]	83자
23/66ff.[「庚桑楚」]	42자

죽간의 대나무 조각 1매에 들어가는 단어 수를 대략 40개로 보면, 우리는 『열자』의 단편과 24/102ff.[「徐无鬼」]가 2매이고, 그중 두 번째는 중간 부분이 파손된 것으로 볼 수 있고, 5/49-52[「德充符」]를 불완전한 것으로 볼 수도 있을 것이다. 40이라는 글자 수는 『묵자』와 『목천자전穆天子傳』의 본문의 저술 단계들로 확실하게 입증된다(A. C. Graham, *Later Mohist logic, ethics and science*, 89ff.). 그러나 나는 요즘에는 이 수학 놀이에 대한 확신이 과거보다는 줄었다. 우웨이武威와 린이臨沂에서 발굴된 한漢의 죽간들을 보면 특별히 40자를 선호했다고 볼 수 없으며, 똑같은 길이의 연속적으로 이어지는 죽간임에도 거기에 쓰인 글자 수들은 매우 다양하다. 제3편[「養生主」]의 시작 부분을 재구성하는 데 사용된 단편들(물론 잘못된 곳에 위치한 단편들일 수 있다)은 명확한 수학적 규칙성을 전혀 보여주지 않는다.

83) [원] … 其脛肩肩, … 其肫肩肩: 통용본은 '脛'이 '脰'로 되어 있어, 똑같은 구가 반복되고 있다. "그들의 목이 지나치게 앙상했다." 이 문구가 변주 없이 그대로 반복되고 있는 것은 놀라운 일이다. '脰'라는 단어, 즉 '목'은 갑상샘종을 가진 항아

리 목[옹앙甕瓷]이라는 자가 있었는데, 제나라 환공桓公에게 조언을 해주었습니다. 환공은 그가 너무 마음에 들었던 나머지 정상적인 사람들을 보면 그들의 목이 너무 앙상해 보였습니다. 덕德이 두드러지면 그만큼 신체적 형태는 보이지 않는 법입니다. 사람들이 보이지 않는 것을 보지 못할 때가 아니라 뚜렷이 보이는 것을 보지 못할 때, 우리는 그것을 '사물들을 있는 그대로 보고 있는 못 봄[誠忘]'이라고 할 수 있습니다.

천자의 후궁이 된 여인은 손톱을 깎지 않고 귀를 뚫지 않습니다. 새로 신부를 맞이한 남자는 조정 밖에 머물러야 하고 더 이상 사신으로 갈 수도 없습니다. 우리는 몸을 온전하게 하는 것도 이렇게까지 중요하게 여기는데, 하물며 사람이 자기 안의 덕을 온전하게 지키는 데 있어서는 무슨 말이 더 필요하겠습니까? 지금 저 못생긴 얼굴의 타는 한마디 말도 하기 전에 신뢰를 얻고, 어떤 공을 세우지 않았는데도 친근한 사람으로 받아들여집니다. 어떤 사람은 그에게 나라를 넘겨주면서도 오로지 그가 그것을 받지 않을까만 걱정합니다. 그는 분명 재능은 온전하지만[才全], 덕이 신체의 모습으로 나타나지 않는[德不形] 사람입니다."

魯哀公問於仲尼曰. 衛有惡人焉. 曰哀駘它. 丈夫與之處者. 思而不能去也. 婦人見之. 請於父母曰. 與爲人妻寧爲夫子妾者. 十數而未止也. 未嘗有聞其唱者也. 常和人而已矣. 无君人之位. 以濟乎人之死. 无聚祿以望人之腹. 又以惡駭天下. 和而不唱. 知不出乎四域. 且

리 목에게 해당한다. 앞에 나오는 불구에 입술이 없는 자의 경우는 경脛, 즉 '다리'로 교정하도록 한다.

而雌雄合乎前. 是必有異乎人者也. 寡人召而觀之. 果以惡駭天下. 與寡人處. 不至以月數. 而寡人有意乎其爲人也. 不至乎期年. 而寡人信之. 國无宰. 寡人傳國焉. 悶然而後應. 汜若辭. 寡人醜乎卒授之國. 無幾何也. 去寡人而行. 寡人卹焉. 若有亡也. 若無與樂是國也. 是何人者也. 仲尼曰. 丘也嘗使於楚矣. 適見㹠子食於其死母者. 少焉眴若. 皆棄之而走. 不見己焉爾. 不得類焉爾. 所愛其母者. 非愛其形也. 愛使其形者也. 戰而死者. 其人之葬也. 不以翣資. 刖者之屨. 无爲愛之. 皆无其本矣. 闉跂支離无脤說衛靈公. 靈公說之. 而視全人. 其脰肩肩. 甕㼜大癭說齊桓公. 桓公說之. 而視全人. 其脰肩肩. 故德有所長. 而形有所忘. 人不忘其所忘. 而忘其所不忘. 此謂誠忘. 爲天子之諸御. 不爪翦. 不穿耳. 取妻者止於外. 不得復使. 形全猶足以爲爾. 而況全德之人乎. 今哀駘它. 未言而信. 无功而親. 使人授己國. 唯恐其不受也. 是必才全而德不形者也.

[애공이 말했다.]

"재능이 온전하다는 것은 무슨 뜻이오?"

[공자가 말했다.]

"죽음과 삶, 생존과 몰락, 성공과 실패, 가난함과 부유함, 유능함과 무능함, 비방과 칭찬, 배고픔과 목마름, 이런 것들은 사태의 변화이고 운명의 추이입니다. 그것들은 밤낮으로 우리 앞에서 번갈아 일어나지만, 지식으로는 그것들이 시작된 곳으로 되돌아갈[84] 수 없습니다. 그러므로 그것들 때문에 우리의 평화를 어지럽혀봤자 아무 의미가 없으며, 그것들을 영험한 창고[靈府] 안으로 들여놓아서도 안 됩니다.

---

84) [원] 規: '闚'와 같다. 馬敍倫,『莊子義證』.

그 창고 안에 있는 것이 평화롭고 즐거울 수 있도록 잘 지키고, 감각의 통로[85]가 아무리 깨끗하게 치워져 있더라도 이를 통해 그 안에 있는 것이 조금도 빠져나가지 않게 하는 것, 밤낮으로 한 치의 틈도 없이 그것이 모든 사물과 함께 나눌 봄을 만들어내도록 하는 것,[86] 이것은 마주침의 순간마다 자기 마음속에서 그 계절을 생겨나게 하는 사람만이 할 수 있습니다."

"그렇다면 덕이 신체의 모습으로 나타나지 않는다는 것은 무슨 뜻이오?"

"평평한 것으로는 정지해 있는 물이 최고입니다. 물의 평평함이 평평함의 표준으로 기능할 수 있는 것은 물이 안으로부터 보호되고 밖으로부터 동요되지 않기 때문입니다. 이런 말이 있지요. '바람이 강 위를 지나가도 강물이 줄어들고, 태양이 강 위를 지나가도 강물이 줄어든다. 그러나 바람과 태양이 둘 다 강에 머문다 해도 강은 그것들이 자기를 결코 침해한 적이 없다고 생각할 것이다. 강물은 자신의 원천으로부터 흘러나오기 때문이다.' 소용돌이치는 물, 고요하게 정지해 있는 물, 흐르는 물, 콸콸 솟는 물, 똑똑 떨어지는 물, 옆에서 뿜어져 나오는 물, 가로막혀 방향을 바꾸는 물, 괴어 있는 물, 수원이 여

---

85) [원] 兌: 『노자』 52장과 56장의 태兌처럼 '구멍opening'을 의미한다(錢穆, 『莊子纂箋』, 44).

86) [원] 不可入於靈府. 使之和豫 …: [글자 그대로 풀이하자면] "그것들을 영험한 창고 안으로 들여놓아서도 안 됩니다. 그것(*그 창고에서 생겨나는 것)이 평화롭고 즐거울 수 있도록 잘 지키고 …." 모든 내적 자원의 저장소인 영험한 창고에 대한 언급으로부터 그곳에서 생겨나는 것에 대한 언급으로 비약하는 것은 그다지 갑작스러운 것은 아니다. 2/61[「齊物論」]의 "此之謂天府. 注焉而不滿, 酌焉而不竭, 而不知其所由來", 즉 "그야말로 이른바 하늘의 보고인 것이다. 그 속은 아무리 쏟아 부어 넣어도 가득 차지 않고 아무리 퍼내도 고갈되지 않는다. 사람들은 그것이 어떤 원천으로부터 나오는지를 모른다"를 참조하라.

러 곳인 물, 어떤 물이든 땅의 윤곽선[87]을 가득 채우면 똑같이 깊은 연못을 만듭니다. 그러므로 물은 땅에 머물면서 그것의 윤곽선을 채우고, 그림자는 형체에 머물면서 그것의 윤곽선을 채우며, 다른 사물에 머무는 것은 무엇이든 그것의 윤곽선을 가득 채웁니다. 덕이란 일치해가는[88] 과정을 통해서 그 자체와 완전히 평화를 이루는 능력입니다. 덕이 신체의 모습으로 나타나지 않는 것은 다른 사물들이 그것으로부터 떨어져 있을 수 없기 때문입니다.

哀公曰. 何謂才全. 仲尼曰. 死生存亡. 窮達貧富. 賢與不肖. 毁譽. 飢渴. 寒暑. 是事之變命之行也. 日夜相代乎前. 而知不能規乎其始者也. 故不足以滑和. 不可入於靈府. 使之和豫通而不失於兌. 使日夜无郤. 而與物爲春. 是接而生時於心者也. 是之謂才全. 何爲德不形. 曰. 平者水停之盛也. 其可以爲法也. 内保之而外不蕩也. 故曰. 風之過河也. 有損焉. 日之過河也. 有損焉. 請只風與日相與守河. 而

---

[87] [원] 7/26[「應帝王」](=『列子』; 楊伯峻, 『列子集釋』, 45/4-13[「黃帝」]), 24/102[「徐无鬼」]. 두 구절에서 '審'이라는 글자는 명백히 동일한 단어를 나타낸다. 『열자』에는 '潘'이라고 쓰여 있다(최선의 판본에 이 글자로 되어 있다). 7/26과 『열자석문列子釋文』에 대한 사마표의 주는 모두 이 단어를 蟠, 즉 '휘감다coil around'와 동일시한다(이 비유는 가장자리를 모두 휘감고 있는 뱀에 대한 비유이다). 15/19[「刻意」]의 "精神四達並流. 无所不極. 上際於天. 下蟠於地", 즉 "생명의 정수이자 신묘한 작용을 하는 힘은 사방으로 뻗어가고 모든 것과 함께 흐르며 어디에서든 제한을 받지 않는다. 그것은 위로는 하늘과 접해 있고, 아래로는 땅을 휘감고 있다"를 참조하라. 나는 이 단어를 물이 땅의 불규칙적인 윤곽선을 채우는 것을 가리키는 것으로 보고자 한다.

[88] [원] 脩: '循'과 같다. '循'은 6/17[「大宗師」]과 12/9[「天地」]에서 '脩'의 이체자로 쓰인다. 이 글자들은 『묵자』에서도 종종 구별 없이 쓰인다(A. C. Graham, *Later Mohist logic, ethics and science*, 81을 참조하라). 그리고 예서隸書로 쓰인 어떤 단계의 다른 텍스트들에서 두 글자는 거의 구별이 불가능하다.

河以爲未始其攖也. 恃源而往者也. 鯢旋之潘爲淵. 止水之潘爲淵. 流水之潘爲淵. 濫水之潘爲淵. 沃水之潘爲淵. 氿水之潘爲淵. 雍水之潘爲淵. 汧水之潘爲淵. 肥水之潘爲淵. 故水之守土也審. 影之守人也審. 物之守物也審. 德者成和之脩也. 德不形者. 物不能離也.

그후 어느 날 애공이 민자閔子에게 말했다.

"얼마 전까지만 해도 나는 남면南面하여 천하를 다스리고 중앙에서 백성들을 통제하면서 그들이 살아갈 수 있는 방도를 걱정하는 것, 이 일에 대해서는 내가 더 배울 게 없다고 생각했소. 그런데 지금 나는 지극한 사람의 말을 듣고는, 내가 그 실질을 결여하고 있는 것은 아닌지, 그리고 나 자신을 돌보는 일을 소홀히 해서 나라를 망하게 하는 것은 아닌지 두려워졌소. 나와 공자는 군주와 신하의 관계가 아니오. 그는 내게 덕을 베푼 친구일 뿐이오.

哀公異日以告閔子曰. 始也吾以南面而君天下. 執民之紀而憂其死. 吾自以爲至通矣. 今吾聞至人之言. 恐吾無其實. 輕用吾身而亡其國. 吾與孔丘. 非君臣也. 德友而已矣.

|주| 못생긴 얼굴의 타에 대한 이야기의 끝 부분과 다음 일화의 시작 부분은 본문 내용상 착간의 흔적들을 보여준다. 이 사이에는 틈새가 있는데, 이 틈새는 제7편[「황제와 왕에게 응답하기」]에 나오는 열자와 무당의 이야기에 잘못 끼어들어간 단편과 〈잡편〉인 제23편[「경상초]과 제24편[「서무귀」]의 단편들로 메울 수 있다. 본서의 이 번역은 철저한 재구성에 기초한 것이다.

고대 중국 사상에서는 심리적인 것과 물리적인 것 사이에 본질적

인 구분을 가하지 않는다. 신체를 적절한 형태로 성장할 수 있게 하는 것은 반성적 사고의 개입 없이 도道에 따라 반응하는 능력, 즉 덕德이다. (617쪽을 참조하라. 그 일화에서 공자는 도둑 척[도척盜跖]의 강인하고 잘생긴 풍모는 그의 내면에 있는 덕이 극도로 발현된 것이라고 하면서 위선을 떤다. 그리고 207-208쪽에서 공자는 신체의 절단은 덕을 손상시킨다고 가정함으로써 무지无趾를 "덕이 온전한" 자들에서 제외시키는 실수를 범한다.) 그렇다면 덕이 어떻게 불구자들이나 기형이 있는 자들에게서 최고도에 달할 수 있을까? 도에 부합하는 성인은 외부로부터 오는 모든 압박에 민감할뿐더러 그것에 잘 적응한다. 신체를 형성하는 데 있어서 덕은 물과 같다. 물은 그 원천과 상관없이 그것이 처한 장소의 지형이 그것에 부과하는 형태를 띤다. 순수한 자발성의 매력에 강하게 이끌려 못생긴 얼굴의 타가 태어난 바로 그날부터 그의 주변으로 몰려가서는, 더할 나위 없이 민감하고 적응력이 뛰어난 그의 유기적 신체를 우리가 추하다고 판단하는 어떤 형태 속으로 억지로 밀어 넣은 자들은 바로 범속한 우리 자신인 듯이 보인다.

● ● ●

우리는 시장에서 누군가의 발을 밟으면, 자신의 부주의함에 대해 정중히 사과를 한다. 형이 발을 밟으면 아프지 않았으면 한다고 말한다. 부모는 뭐라고 말하기에는 너무 가까운 피붙이다. 그래서 이런 말이 있다.

지극한 예의 바름[禮]에는 인간으로서 하지 않는 것이 있다.
지극한 의무[義]는 다른 사람을 향한 것이 아니다.

지극한 지식[知]은 계획을 세우지 않는다.
지극한 호의[仁]는 누구와도 친하지 않다.
지극한 정직함[信]은 돈에 신경 쓰지 않는다.

따라서 성인이 어디에서 노닐든, 그에게 지식이란 화근이고 약속이란 아교이며, 다른 사람에게 덕을 베푸는 것은 거래를 하는 것이고 자신의 공을 인정받는 것은 행상을 하는 것이다. 성인은 계획을 세우지 않는데, 그에게 지식이 무슨 쓸모가 있겠는가? 성인은 조각조각 자르지 않는데, 그에게 아교가 무슨 쓸모가 있겠는가? 성인은 아무것도 잃은 게 없는데, 그에게 보상이 무슨 쓸모가 있겠는가? 성인은 사물들을 상품으로 대하지 않는데, 그에게 행상을 하는 것이 무슨 쓸모가 있겠는가? 그는 이 네 가지를 하늘의 시장에서 구입한다. "하늘의 시장에서 구입한다"는 것은 곧 하늘이 먹여준다는 것이다. 하늘로부터 먹을 걸 얻는데, 그에게 인간이 무슨 소용이 있겠는가? 그는 인간의 형체를 가지고 있기는 하지만, 자신을 본질적으로 인간으로 만드는 요소는 가지고 있지 않다. 그는 인간의 형체를 하고 있어서 인간과 군집을 이루지만, 자신을 본질적으로 인간으로 만드는 요소는 가지고 있지 않다. 그래서 그 사람에게서는 '그것이다, 아니다[是非]'를 찾아볼 수 없다. 식별할 수 없을 정도로 작구나. 그를 인간의 일원이 되게 하는 요소는! 말로 표현할 수 없을 정도로 크구나. 그의 내부에 있는 하늘은! 그는 혼자서 그 하늘을 완성하리라.

蹍市人之足. 則辭以放鶩. 兄則以嫗. 大親則已矣. 故曰. 至禮有不人. 至義不物. 至知不謀. 至仁无親. 至信辟金. 故聖人有所遊. 而知爲孼. 約爲膠. 德爲接. 工爲商. 聖人不謀惡用知. 不斲. 惡用膠. 无

喪惡用德. 不貨惡用商. 四者天鬻也. 天鬻者天食也. 旣受食於天. 又惡用人. 有人之形. 无人之情. 有人之形. 故羣於人. 无人之情. 故是非不得於身. 眇乎小哉. 所以屬於人也. 謷乎大哉. 獨成其天.

혜시가 장자에게 말했다.
"인간에게 정말로 인간을 구성하는 본질적 요소들[情]이 없을 수 있소?"
"그럴 수 있소."
"인간에게 인간을 이루는 본질적 요소들이 없다면, 우리가 어떻게 그를 인간이라고 부를 수 있겠소?"
"도道가 인간에게 겉모습을 주었고 하늘이 인간에게 형체를 주었는데, 우리가 어떻게 그를 인간이라고 부르기를 마다할 수 있겠소?"
"하지만 우리가 그를 인간이라고 부르는 이상, 어떻게 그에게 인간을 이루는 본질적 요소들이 없을 수 있겠소?"
"'그것이다, 아니다'를 판단하는 것이 내가 말한 '인간의 본질적 요소들'이 아니오. 내가 본질적 요소가 없다고 한 것은 인간이 좋아함과 싫어함 때문에 안으로 자기 자신을 해치지 않고, 항상 자발적인 것[自然]을 따르면서 생명 활동에 어떤 것도 덧붙이지 않는 것을 의미하오."
"생명 활동에 어떤 것도 덧붙이지 않고서 어떻게 그 사람이 있을 수 있겠소?"
"도는 우리에게 겉모습을 주었고 하늘은 우리에게 형체를 주었소. 좋아함과 싫어함 때문에 안으로 자기 자신을 해쳐서는 안 되오. 그런데 지금 그대는

그대 속에 깃든 신묘한 힘을 계속 밖으로 밀쳐내고
그대의 정기를 소진시키고 있소.
나무에 기댄 채 축 늘어져 중얼거리고
말라빠진 오동나무에 기대어 깜빡깜빡 졸기나 하오.
하늘은 그대에게 형체를 하나 골라주었는데,
그대는 억지 논리를 그대의 타고난 음색인 양 노래하고 있소.

惠子謂莊子曰. 人故无情乎. 莊子曰. 然. 惠子曰. 人而无情. 何以謂之人. 莊子曰. 道與之貌. 天與之形. 惡得不謂之人. 惠子曰. 旣謂之人. 惡得无情. 莊子曰. 是非吾所謂情也. 吾所謂无情者. 言人之不以好惡內傷其身. 常因自然而不益生也. 惠子曰. 不益生何以有其身. 莊子曰. 道與之貌. 天與之形. 无以好惡內傷其身. 今子外乎子之神. 勞乎子之精. 倚樹而吟. 據槁梧而瞑. 天選子之形. 子以堅白鳴.

|주| "말라빠진 오동나무[槁梧]": 다른 곳(135쪽)에서도 혜시가 오동나무(*sterculia platanifolia*)로 된 목재에 기대 있다고 언급된 적이 있다. 아마도 오동나무로 만든 책상이나 팔걸이였을 것이다. 이것은 생기 없는 나무에 축 기대어 있는 탈진한 변자辯者에 대한 구체적인 기억으로서, 순전히 분석적으로만 사고하려고 노력하는 태도의 부자연스러움과 무익함에 대한 장자 자신의 인상을 요약한 것이라고 추측해 볼 수 있다.

6
근원적 조상인 스승
(제6편 [「대종사」])

    도가는 사고 기관인 마음을 자신의 스승이나 권위로 삼지 않는다 (154, 177-178쪽을 참조하라). 그가 인정하는 유일한 스승은 모든 사물을 낳는 '근원적 조상[大宗]'이다. 그 조상이 알려주는 지침은 순수한 자발성으로 복귀하는 데에서 발견된다. 그것의 가장 심오한 교훈은 죽음과의 화해이다. 살고 죽는 과정을 하늘과 땅의 무궁한 변화 속에서 일어나는 일회적 사건에 지나지 않는 것으로 받아들이면서 죽음에 저항 없이 자신을 맡길 때 우리는 죽음과 화해하게 된다.

|||||||||||||

    "하늘이 하는 일이 무엇이고 인간이 하는 일이 무엇인지를 아는 것, 이것이야말로 앎의 극치이다. 하늘이 하는 일이 무엇인지를 아는 자는 하늘이 낳아준 삶을 살아간다. 인간이 하는 일이 무엇인지를 아는 자는 자신의 지력으로 아는 것을 이용해 자신의

지력으로 알지 못하는 것을 기른다. 하늘이 자신에게 정해준 천수를 다하고 중간에 요절하지 않는 것, 이것이 바로 앎의 완성이다."

그렇지만 난점이 하나 있다. 앎이란 무언가에 의존해 있으며, 그것과 딱 맞아떨어져야만 한다. 문제는 앎이 의존하고 있는 바가 결코 고정되어 있지 않다는 점이다. 내가 '하늘'이라고 부르는 행위자가 인간이 아님을 내 어찌 알겠는가? 내가 '인간'이라고 부르는 행위자가 하늘이 아님을 내 어찌 알겠는가? 더욱이 참된 사람이 있을 때에만 참된 앎도 있을 수 있지 않은가. 그렇다면 참사람[眞人]이란 무엇을 의미하는가? 옛날의 참사람들은 소수자가 되는 데 전혀 개의치 않았고, 성장하면서는 자기 속의 암컷보다 수컷을 더 키우지도 않았으며, 자신들의 행동을 면밀히 계획하지도 않았다.[89] 그런 사람들은 실패했다고 후회하는 법도 없었고 성공했다고 만족하는 법도 없었다. 그런 사람들은 높은 곳에 올라가도 벌벌 떨지 않았고 물속에 들어가도 젖지 않았으며 불속에 들어가도 타지 않았다. 이것이야말로 도道를 따라 세상 위로 올라갈 수 있는 앎이다. 옛날의 참사람들은 잠을 자도 꿈을 꾸지 않았고 깨어 있으면서도 걱정이 없었다. 어떤 음식이든 다 달다고 여겼으며, 자기 속의 가장 깊은 곳으로부터 숨을 쉬었다. (참사람의 숨은 발꿈치에서 나오고, 평범한 사람들의 숨은 목구멍에서 나온다. 겁먹은 자들, 굽실대는 자들은 마치 토해내듯 헐떡거리며 말

---

89) [원] 不謀事: [글자 그대로 풀이하자면] "그들은 일을 계획하지 않았다." 통용본은 '謀'가 '謨'로, '事'가 '士'로 되어 있다. 주구이야오의 『장자내편증보』, 153에 따라 '謀'와 '事'로 교정한다.

을 해댄다. 욕구와 갈망이 깊으면 하늘로부터 온 충동[天機]은 얕다.)

知天之所爲. 知人之所爲者. 至矣. 知天之所爲者. 天而生也. 知人之所爲者. 以其知之所知. 以養其知之所不知. 終其天年而不中道夭者. 是知之盛也. 雖然. 有患. 夫知有所待而後當. 其所待者. 特未定也. 庸詎知吾所謂天之非人乎. 所謂人之非天乎. 且有眞人而後有眞知. 何謂眞人. 古之眞人. 不逆寡. 不雄成. 不謀事. 若然者. 過而弗悔. 當而不自得也. 若然者. 登高不慄. 入水不濡. 入火不熱. 是知之能登假於道者也若此. 古之眞人. 其寢不夢. 其覺无憂. 其食不甘. 其息深深. (眞人之息以踵. 衆人之息以喉. 屈服者. 其嗌言若哇. 其耆欲深者. 其天機淺.)

옛날의 참사람들은 자신들이 살아 있음을 기뻐할 줄 몰랐고 죽음을 싫어할 줄도 몰랐다. 나오는 것을 기꺼워하지 않았고 들어가는 것을 꺼려하지도 않았다. 거침없이 오더니 거침없이 떠났다. 자신들이 시작된 원천을 잊지 않았고 자신들이 도달할 종착지를 애써 찾지도 않았다. 자신들이 받은 선물에 기뻐하면서도 그것을 돌려줄 때에는 그것을 까맣게 잊었다. 이를 일러 "마음의 사고 작용으로 도道를 손상시키지[90] 않고, 인간의 것을 사용해서 하늘의 일을 하지도 않는 것"이라고 한다. 그런 자를 우리는 참사람이라고 부른다. 그런 사람들은 망각하는[91] 마음, 차분한 얼굴, 환한 이마를 가지고 있었다. 그들은

---

90) [원] 損: 통용본은 '捐'으로 되어 있다. 주구이야오의 『장자내편증보』, 156에 따라 '損'으로 교정한다.
91) [원] 忘: 통용본은 '志'로 되어 있다. 왕수민王叔岷의 『장자교석莊子校釋』에 따라 '忘'으로 교정한다.

가을처럼 서늘하고, 봄처럼 따뜻했다. 사계절 내내 고르게 기뻐하거
나 분노하였고, 다른 사물들에게 적합한 바를 행했다. 그들이 어느 지
점까지 도달할 수 있는지는 아무도 몰랐다.[92] 옛날의 참사람은 다음

92) [원] 이다음부터는 다시 착간이 일어나고 있다. 다음 세 단락이 맥락에 맞지 않게
다른 곳에서 여기로 잘못 끼어들어와 있다.

1. 6/11-14["故聖人之用兵也. 亡國而不失人心. 利澤施乎萬世. 不爲愛人. 故樂通物. 非聖人
也. 有親. 非仁也. 時天. 非賢也. 利害不通. 非君子也. 行名失己. 非士也. 亡身不眞. 非役人
也. 若狐不偕·務光·伯夷·叔齊·箕子·胥餘·紀他·申徒狄. 是役人之役. 適人之適. 而不自
適其適者也"]. 원이둬는 이것을 잘못된 곳에 위치한 구절로 본다(聞一多,『莊子內
篇校釋』, 265ff.). 이것은 6/82-89[「大宗師」 후반부]에 나오는 의이자意而子와 허
유許由의 대화에 대한 주석일 가능성이 있다.

2. 6/17-19["以刑爲體. 以禮爲翼. 以知爲時. 以德爲循. 以刑爲體者. 綽乎其殺也. 以禮爲翼
者. 所以行於世也. 以知爲時者. 不得已於事也. 以德爲循者. 言其與有足者至於丘也. 而人眞
以爲勤行者也"]. 후쿠나가 미쓰지福永光司는 이 구절을 삭제하였다(福永光司,『莊
子』, 269ff.). 그러나 형벌과 예에 대한 언급들이 장자의 사상과 양립할 수 없다
고 보아서 그렇게 한 것은 잘못이다. 이 구절을 공자와 무지의 이야기에 대한
주석으로 본다면, 그 내용들이 장자 사상에 일반적으로 적용되지 않음이 밝혀
질 것이다(5/24-31[「德充符」]을 참조하라).

3. 6/22-24["泉涸. 魚相與處於陸. 相呴以濕. 相濡以沫. 不如相忘於江湖. 與其譽堯而非桀也.
不如兩忘而化其道"]. (14/59ff.[「天運」]에서 반복되고 있는) 육지로 나온 물고기에 대
한 짧은 일화는 6/73[「大宗師」]의 자리로 가야 훨씬 더 적절하다.

우리는 이미 제24편[「徐无鬼」]의 끝 부분에 있는 단편들 중에서 두 개의 단편을
따로 뽑아 다른 곳으로 보낸 바 있다(3/1ff.[「齊物論」], 5/41-52[「德充符」]를 참조하
라). 그 단편들 중에는 본래 이 부분에 있었음이 분명한 단편도 있다. 이 단편은
두 부분으로 이루어져 있는데["以目視目. 以耳聽耳. 以心復心. 若然者. 其平也繩. 其變
也循. / 古之眞人. 以天待人. 不以人入天. 古之眞人"], 이 두 부분의 순서를 다음과 같이
24/97ff.+96ff.로 바꿔야 한다. "古之眞人. 以天待人. 不以人入天. 古之眞人. / 以目
視目. 以耳聽耳. 以心復心. 若然者. 其平也繩. 其變也循." 그 증거는 "古之眞人"이
라는 어구와 "若然者"라는 어구의 관련성과 세 개로 묶을 수 있는 절들의 리듬에
있다. 둘 다 6/1-20[「大宗師」]에서 독특하게 나타난다. 다음과 같이 정리할 수 있
을 것이다.

과 같았다.

    풍모는 우뚝 솟은 듯 보이지만 결코 무너지는 법이 없고,[93)]
    부족한 듯 보이지만 거저 가져가는 법이 없다.
    확신에 차 있구나! 그의 안정감이여. 그렇다고 완고하지도 않구나.
    그러면서도 널리 퍼져나가는구나! 그의 허허로운 영향력이여. 그렇다고 과시하지도 않는구나.
    명랑하구나! 자기가 하고 싶은 대로 하는 듯 보이니.
    그러면서도 불가피하구나! 그가 그렇게 하는 것은 부득이하니.
    격렬하구나! 자기만의 방식을 고수하니.
    그러면서도 조심스럽구나! 자신의 덕을 자제하니.
    무척 관대하구나! 세속적인 듯 보이니.
    그러면서도 무척 거만하구나! 지배되기를 거부하니.

    6/1-11[「大宗師」]
    6/14-17[「大宗師」]
    24/97ff., 96ff.[「徐无鬼」]
    6/19-22[「大宗師」]

93) [원] 이 열광적 어조의 시는 난해해서 무시하고 싶은 생각이 들게 만든다. 번역에서는 모호한 단어들, 즉 몇몇 매우 의심스러운 단어들을 다음의 단어들로 간주할 것이다.

    6/14 義=峩, 朋=崩(兪樾)
    6/15 與=趣(陳鼓應)
          崔=催(陳鼓應)
    6/16 與=豫(朱桂曜)
          廣: 통용본은 '厲'로 되어 있는데, 최선의 판본에 나온 이체자인 '廣'으로 교정한다.

신중하구나! 입을 굳게 다물고 있기를 좋아하는 듯 보이니.

그러면서도 산만하구나! 자기가 한 말을 다 잊으니.

옛날의 참사람들은 하늘의 것을 사용해서 오는 것을 기다렸고, 인간이 하늘을 침범하지 못하게 하였다. 옛날의 참사람들은 눈을 사용해서 눈을 바라보고, 귀를 사용해서 귀를 살피며, 마음을 사용하여 마음을 회복하였다. 그런 사람들은 공평할 때에는 목수의 먹줄에 들어맞는 듯했고, 변할 때에는 정해진 길에서 벗어나지 않았다. 따라서 그들은 자신들이 좋아하는 것과도 하나였고, 자신들이 싫어하는 것과도 하나였다. 그들은 하나일 때도 하나였고 하나가 아닐 때에도 하나였다. 하나일 때 그들은 하늘의 무리에 속했고, 하나가 아닐 때에는 인간의 무리에 속했다. 자신 안에서 하늘과 인간이 서로를 이기는 법이 없는 사람, 이것이 바로 참사람의 의미이다.

古之眞人. 不知說生. 不知惡死. 其出不訢. 其入不距. 翛然而往. 翛然而來而已矣. 不忘其所始. 不求其所終. 受而喜之. 忘而復之. 是之謂不以心損道. 不以人助天. 是之謂眞人. 若然者. 其心忘. 其容寂. 其顙頯. 凄然似秋. 煖然似春. 喜怒通四時. 與物有宜. 而莫知其極. 古之眞人. 其狀義而不朋. 若不足而不承. 與乎其觚而不堅也. 張乎其虛而不華也. 邴邴乎其似喜也. 崔乎其不得已也. 滀乎進我色也. 與乎止我德也. 廣乎其似世也. 謷乎其未可制也. 連乎其似好閉也. 悗乎忘其言也. 古之眞人. 以天待人. 不以人入天. 古之眞人. 以目視目. 以耳聽耳. 以心復心. 若然者. 其平也繩. 其變也循. 故其好之也一. 其弗好之也一. 其一也一. 其不一也一. 其一與天爲徒. 其不一與人爲徒. 天與人不相勝也. 是之謂眞人.

|주| 제5편[「덕이 충만하다는 징표」]의 끝 부분에서 장자는 인간에 맞서 하늘의 편에 선다. 그러나 여기에서는 인간과 하늘의 이분법을 해소하려고 한다. 제2편[「사물들을 고르게 만드는 분류」]의 여러 사례에서 알 수 있듯이 장자는 자신이 직접 제시하는 것이든 알려져 있지 않은 출처로부터 인용한 것이든 간에, 일단 어떤 입장을 정식화하는 것으로부터 출발하며, 그런 다음에 그것에 의문을 제기한다. 정식화할 때에는 이분법을 당연한 것으로 받아들이며, 인간의 사고와 행동의 목적은 하늘에서 온 자발적 활동을 기르는 것이라고 단언한다. 이것은 마치 신체를 기르는 것과 같다. 신체는 하늘에 의해 생겨난 것으로, 인간이 그것을 적절히 잘 돌보기만 하면 지긋한 나이가 될 때까지도 지속될 수 있다. 그러나 자발적인 움직임과 의도적인 행동을 궁극적으로 구분할 수 있을까? 결국 장자는 성인은 하늘에 의해 사물들과 일체가 되든, 아니면 자신을 사고하는 인간으로서 분리해내든 간에, 근본적으로는 사물들과 하나라는 역설로 재정식화를 함으로써 이 이분법을 공격한다.

• • •

죽음과 삶은 운명지어진 것이다. 죽음과 삶이 밤과 낮처럼 항상성을 갖는 것은 하늘로 인한 것이다. 인간이 관여할 수 없는 것들, 그것들은 모두 사물들이 각자 지닌 그 사물들의 본질[情]에 속한다. 그것들은 단지 하늘을 아비로 삼고 있을 뿐인데도, 우리는 그것들을 사랑한다. 하물며 그것들보다 더 고귀한 것이라면 어떻겠는가! 사람들은 군주가 단지 자기보다 더 낫다는 생각만으로도 그를 위해 죽으려 한다. 하물며 군주들 중에서도 가장 참된 군주라면 어떻겠는가![94]

저 거대한 흙덩이는 내게 육체라는 짐을 주어 평생 나를 고생하게 만들지만, 늙음으로 나를 편하게 해주고 죽음으로 나를 쉴 수 있게 해준다. 그러니 사는 것을 좋다고 여기는 것, 그것은 죽는 것을 좋다고 여기는 바로 그 이유이기도 하다. 우리는 배를 골짜기에 보관해두고 물고기 잡는 그물을 늪에 보관해두고는 거기가 안전하다고 말한다. 그러나 한밤중에 힘센 사람이 그것을 짊어지고 달아난다 해도, 둔한 자들은 모를 것이다. 작은 것을 큰 것 속에 보관하는 것은 작은 것을 적절한 곳에 둔 것이다. 그런데도 달아날 여지가 있다. 세상 속에 저장되어 있는 세상은 달아날 곳이 없다. 그것은 변치 않는 사물의 궁극적 본질[大情]이다. 우리는 우연히 인간의 형체가 주어졌다는 것만으로도 무척 기뻐한다. 인간의 형체 같은 그런 형체가 만 번의 변화를 거치면서도 그 끝을 모른다면, 우리가 누릴 기쁨은 이루 다 헤아릴 수도 없을 것이다. 그러므로 성인이 노닐려고 하는 곳은 사물들이 달아날 데가 없어 모두 다 존재하고 있는 그런 곳이다. 성인은 젊어서 죽는 것도 좋다고 하고 늙어가는 것도 좋다고 하며, 시작하는 것도 좋다고 하고 끝나는 것도 좋다고 하니, 그것만으로도 사람들이 충분히 본보기로 삼을 만하다. 하물며 만물이 다 매여 있는 곳, 우리가 단 한 차례 변화할 때에도 의지해 있는 것, 그것이라면 어떻겠는가!

死生命也. 其有夜旦之常. 天也. 人之有所不得與. 皆物之情也. 彼特以天爲父. 而身猶愛之. 而況其卓乎. 人特以有君爲愈乎己. 而身猶死之. 而況其眞乎. 夫大塊載我以形. 勞我以生. 佚我以老. 息我以死. 故善吾生者. 乃所以善吾死也. 夫藏舟於壑. 藏山於澤. 謂之固

---

94) [역] 통용본에서는 각주 92의 3번 항목에서 언급된 구절이 이어진다.

矣. 然而夜半有力者負之而走. 昧者不知也. 藏小大有宜. 猶有所遯. 若夫藏天下於天下. 而不得所遯. 是恒物之大情也. 特犯人之. 形而猶喜之. 若人之形者. 萬化而未始有極也. 其爲樂可勝計邪. 故聖人將遊於物之所不得遯而皆存. 善妖善老. 善始善終. 人猶效之. 又況萬物之所係. 而一化之所待乎.

• • •

무릇 도道란 그것만의 본질을 지닌 것이고 믿을 만한 것이기도 하지만, 아무것도 함이 없으며[无爲] 어떤 형체도 없다[无形]. 도는 전해 줄 수는 있지만 내 것으로 취할 수는 없고, 붙잡을 수는 있지만 눈으로 볼 수는 없다. 도는 그 자체로 몸통이자 그 자체로 뿌리이며, 하늘과 땅이 아직 존재하지 않았던 오랜 옛날부터 있었던 그 모습 그대로이다. 도는 귀신을 신성하게 만들고 하느님[帝]도 신성하게 만들며, 하늘을 낳고 땅도 낳았다. 가장 멀리 있는 극[太極]보다 더 멀리 있으면서도 높다고 간주되지 않고, 우주의 여섯 방위[六極]보다 아래에 있으면서도 깊다고 간주되지 않으며, 태곳적보다 더 오래되었지만 늙었다고 간주되지 않는다. 시위씨狶韋氏는 도를 얻어서 하늘과 땅을 손에 넣었다. 복희씨伏羲氏는 도를 얻어서 모든 숨의 어미[氣母]에게로 나아갔다. 뭇별들을 인도하는 북두칠성은 그것을 얻어서 예나 지금이나 한 치의 오차도 없다. 해와 달은 그것을 얻어서 예나 지금이나 결코 쉬지 않는다. 감배堪坏는 그것을 얻어서 곤륜산崐崙山으로 들어갔고, 풍이馮夷는 그것을 얻어서 큰 강에서 헤엄쳤으며, 견오肩吾는 그것을 얻어서 태산大山에서 살았고, 황제黃帝는 그것을 얻어서 구름이 떠다니는 하늘로 올라갔고, 전욱顓頊은 그것을 얻어서 검은 궁궐

[현궁玄宮]에서 살았다. 우강禹强은 그것을 얻어서 북극北極에 우뚝 섰고, 서쪽의 여왕 어미[서왕모西王母]는 그것을 얻어서 소광少廣에 자리 잡았다. 누구도 그들의 시작을 알지 못하고 누구도 그들의 끝을 알지 못한다. 팽조는 그것을 얻어서 위로는 순舜의 시대부터 아래로는 오패五伯의 시대까지 살았다. 부열傅說은 그것을 얻어서 무정武丁의 재상이 되었고 곧 천하를 가졌으며, 동쪽 모퉁이[동유東維]를 타고 궁수자리와 전갈자리에 걸터앉아 뭇별들의 이웃이 되었다.

夫道有情有信. 无爲无形. 可傳而不可受. 可得而不可見. 自本自根. 未有天地. 自古以固存. 神鬼神帝. 生天生地. 在太極之先而不爲高. 在六極之下而不爲深. 先天地生而不爲久. 長於上古而不爲老. 狶韋氏得之. 以挈天地. 伏羲氏得之. 以襲氣母. 維斗得之. 終古不忒. 日月得之. 終古不息. 堪坏得之. 以襲崑崙. 馮夷得之. 以遊大川. 肩吾得之. 以處大山. 黃帝得之. 以登雲天. 顓頊得之. 以處玄宮. 禹强得之. 立乎北極. 西王母得之. 坐乎少廣. 莫知其始. 莫知其終. 彭祖得之. 上及有虞. 下及五伯. 傅說得之. 以相武丁. 奄有天下. 乘東維. 騎箕尾. 而比於列星.

・・・

남백南伯의 자규子葵가 우우라는 여성에게 물었다.
"그대는 나이를 먹었는데도 어떻게 안색이 어린아이처럼 생기가 넘치는 것이오?"
"도道에 대해 들었기 때문이라오."
"도라는 것이 배울 수 있는 것이오?"

"오오, 저런! 배울 수 없소. 그대는 그럴 만한 사람이 못 되오! 복량의 卜梁倚는 성인의 재질은 갖추었으나 성인의 도를 갖추지 못했고, 나는 성인의 도는 가졌으나 성인의 재질을 갖지는 못했소. 나는 그에게 도를 가르쳐주고 싶었다오. 하지만 그런다고 그가 정말 성인이 될 수 있었겠소? 아무튼 성인의 재질을 가진 자에게 성인의 도에 대해 말해주는 게 그리 어려운 것은 아니오. 그래서 나는 그를 그냥 내버려두지 않고 말해주었다오. 그랬더니 사흘이 지나자 그는 세상을 자신 밖에 둘 수 있게 되었소. 그가 세상을 자기 밖에 두었는데도 나는 그를 내버려두지 않았다오. 그랬더니 이레째 되자 그는 살아가는 데 필요한 사물들을 자기 밖에 둘 수 있게 되었소. 살아가는 데 필요한 사물들을 자기 밖에 두게 되었는데도 나는 전과 마찬가지로 그를 내버려두지 않았다오. 그랬더니 아흐레째 되자 그는 삶 자체를 자기 밖에 둘 수 있게 되었소. 일단 삶 자체를 자기 밖에 두게 되자, 그는 아침 햇살처럼 환히 꿰뚫을 수 있게[朝徹] 되었고, 또 그렇게 된 뒤에는 오직 하나뿐인 것을 볼 수 있게[見獨] 되었다오. 그러자 그에게 과거와 현재가 없어졌고, 또 그런 뒤에는 죽지도 않고 살지도 않는 경지로 들어갈 수 있었소. 살아 있는 것을 죽이는 자는 죽지 않으며, 살아 있는 것을 낳는 자는 결코 태어난 적이 없소. 그런 종류의 존재로 말하자면, 저쪽에서는 떠나는 것을 배웅하는가 하면 이쪽에서는 오는 것을 맞이하고, 모든 것을 무너뜨리는가 하면 모든 것을 이룬다오. 그것의 이름은 '그것이 밀고 들어간 곳에서 편안함을 느끼는 것[攖寧]'이라오. '그것이 밀고 들어간 곳에서 편안함을 느끼는 것'은 그것이 다른 어떤 것의 자리에 밀고 들어갔을 때에만 일어나는 일이오."[95]

95) [원] 攖寧也者. 攖而後成者也: 성현영의 소疏에서는 영攖을 '혼란스럽게 하다(擾

"하고많은 사람 중에 당신은 그것을 어디서 들었소?"

"나는 먹물 자국[부묵副墨]의 아들에게서 들었고, 먹물 자국의 아들은 책벌레[낙송洛誦]의 손자에게서, 책벌레의 손자는 크게 뜬 눈[첨명瞻明]에게서, 크게 뜬 눈은 엿들음[섭허聶許]에게서, 엿들음은 잡담[수역需役]에게서, 잡담은 단조로운 노래[오구於謳]에게서, 단조로운 노래는 어둑어둑함[현명玄冥]에게서, 어둑어둑함은 신비로움[참요參寥]에게서, 신비로움은 만물의 시원이었을지도 모르는[의시疑始]에게서 들었소."

南伯子葵問乎女偊曰. 子之年長矣. 而色若孺子. 何也. 曰. 吾聞道矣. 南伯子葵曰. 道可得學邪. 曰. 惡. 惡可. 子非其人也. 夫卜梁倚有聖人之才. 而无聖人之道. 我有聖人之道. 而无聖人之才. 吾欲以敎之. 庶幾其果爲聖人乎. 不然. 以聖人之道. 告聖人之才. 亦易矣.

動)'로 설명하였다. 이 소에 의거하면 이 문장은 "'혼란 속의 안정'이란 혼란스러워진 뒤에 오는 것이다"라는 식으로 번역해야 할 것이다. 그러나 이것은 도道 자체로 보이는 것에 대한 묘사로는 뭔가 이상하다. 그리고 어찌 되었건 전체 대화 속에는 혼란에 관한 이야기가 전혀 없다. '혼란스럽게 하다'라는 의미의 영擾이라는 단어는 주로 이미 점유된 공간 속에 밀고 들어가는 경우에 대해 사용되는 듯이 보인다(A. C. Graham, *Later Mohist logic, ethics and science*, 314). 기하학적 내용을 다루는『묵경』에서 그것은 '동시에 같은 공간을 차지하는 것'을 가리키는 데 사용되는 용어이고(A67-69), '서로 점유하는 것(相得)'으로 정의되고 있으며, 다음 해설이 붙어 있다. "단단함과 흰색은 동시에 같은 공간에 있으면서 서로를 소진시키고, 셀 수 있는 것들은 동시에 같은 공간에 있으면서 서로를 소진시키지 않는다(堅白之攖相盡, 體攖不相盡)."『장자』의 이 구절은 도는 그것을 따라가는 무언가가 없다면, 그것 역시 없음을 말한 것이다. 2/33[「齊物論」]의 "道行之而成", 즉 "도道는 우리가 걸어 다녀서 생기는 것이다"를 참조하라. 그러므로 이 부분을 이렇게 번역할 것이다. "'그것이 밀고 들어간 곳에서 편안함을 느끼는 것'은 그것이 다른 어떤 것의 자리에 밀고 들어갔을 때에만 일어나는 일이오."

吾猶守而告之. 參日而後能外天下. 已外天下矣. 吾又守之. 七日而後能外物. 已外物矣. 吾又守之. 九日而後能外生. 已外生矣. 而後能朝徹. 朝徹. 而後能見獨. 見獨而後能无古今. 无古今而後能入於不死不生. 殺生者不死. 生生者不生. 其爲物無不將也. 無不迎也. 無不毀也. 無不成也. 其名爲攖寧. 攖寧也者. 攖而後成者也. 南伯子葵曰. 子獨惡乎聞之. 曰. 聞諸副墨之子. 副墨之子. 聞諸洛誦之孫. 洛誦之孫. 聞之瞻明. 瞻明聞之聶許. 聶許聞之需役. 需役聞之於謳. 於謳聞之玄冥. 玄冥聞之參寥. 參寥聞之疑始.

• • •

자사子祀, 자여子輿, 자리子犁, 자래子來, 이 네 사람이 함께 이야기를 나누고 있었다.

"우리 중에 누가 무无를 머리로, 삶을 척추로, 죽음을 엉덩이로 여길 수 있을까? 우리 중에 누가 살아 있는 것과 죽은 것, 살아남은 것과 망한 것 모두가 한 몸임을 알까? 그자는 내 친구가 될 텐데."

네 사람은 서로 쳐다보며 미소를 지었고, 누구도 마음에 거슬리는 것이 없었다. 그렇게 그들은 모두 친구가 되었다.

얼마 안 되어 자여가 병이 들어 자사가 병문안을 갔다.

[자여가 말했다.]

"훌륭하도다, 저 조물자造物者여! 나를 이렇게 뒤틀린 존재로 만들고 있다니. 그는 나를 구부러뜨려 등을 튀어나오게 하고, 척추로 이어지는 다섯 가지 관상 기관을 위로 솟아오르게 했다. 내 턱은 배꼽 아래로 숨고, 내 어깨는 정수리보다 높으며, 내 목의 우툴두툴한 뼈는 하늘을 가리키고 있다. 음陰과 양陽의 기운이 모두 어그러졌도다."

6. 근원적 조상인 스승 235

그의 마음은 편안하였고 아무 일도 없는 듯했다. 그는 비틀거리며 나가서 우물에 비친 자신의 모습을 쳐다보았다.

"우우! 저 조물자는 계속 나를 뒤틀린 존재로 만들고 있구나."

[자사가 말했다.]

"자네는 그것이 싫은가?"

[자여가 대답했다.]

"아니, 내가 왜 싫어하겠는가? 저 조물자는 차츰차츰 내 왼팔을 빌려 그것을 수탉으로 변화시킬 테지. 그러면 나는 그 덕분에 새벽에 닭 울음소리를 듣지 않겠나. 그는 차츰차츰 내 오른팔을 빌려 그것을 석궁으로 변화시킬 테지. 그러면 나는 그 덕분에 저녁으로 구운 올빼미를 기다리게 되지 않겠나. 그가 차츰차츰 내 엉덩이를 수레바퀴로, 내 속에 깃든 신묘한 존재를 말로 변화시키면 나는 거기에 올라탈 것이니, 마구를 채울 필요가 전혀 없을 것이네! 더욱이 생명을 얻은 것은 때가 되어서이고, 생명을 잃는 것도 예정된 길을 따르는 것이라네. 그때에 만족하고 예정된 길을 따르면, 슬픔과 즐거움이 그 속에 끼어들 수가 없다네. 이것이 바로 옛날에 '속박으로부터의 풀려남[縣解]'이라고 부르던 것일세. 스스로 풀려날 수 없는 자는 다른 사물들이 더욱 더 단단히 옥죈다네. 피조물들이 하늘을 이기지 못한다는 건 새삼스러운 일도 아니네. 그러니 이것을 싫어할 이유가 뭐가 있겠는가?"

子祀·子輿·子犁·子來. 四人相與語曰. 孰能以无爲首. 以生爲脊. 以死爲尻. 孰知死生存亡之一體者. 吾與之友矣. 四人相視而笑. 莫逆於心. 遂相與爲友. 俄而子輿有病. 子祀往問之. 曰. 偉哉. 夫造物者將以予爲此拘拘也. 曲僂發背. 上有五管. 頤隱於齊. 肩高於頂. 句贅指天. 陰陽之氣有沴. 其心閒而无事. 跰𨇤而鑑於井. 曰. 嗟乎. 夫造

物者又將以予爲此拘拘也. 子祀曰. 汝惡之乎. 曰. 亡. 予何惡. 浸假而化予之左臂而爲雞. 予因以求時也. 浸假而化予之右臂以爲彈. 予因以求鴞炙. 浸假而化予之尻以爲輪. 以神爲馬. 予因以乘之. 豈更駕哉. 且夫得者時也. 失者順也. 安時而處順. 哀樂不能入也. 此古之所謂縣解也. 而不能自解者. 物有結之. 且夫物不勝天久矣. 吾又何惡焉.

얼마 안 있어 자래가 병이 들었다. 죽음이 가까워 숨을 헐떡이며 누워 있었다. 그의 아내와 아이들이 빙 둘러싸고 서서 애통해하고 있었다. 자리가 병문안을 왔다.
그가 말했다.
"훠이! 비켜나시오! 저 친구는 변화를 겪고 있는 중이니 놀라게 하지 마시오."
자리는 자래의 집 문에 축 기대어서 그와 이야기를 나누었다.
"훌륭하도다, 우리를 만들고 변화시키는 저 조화造化의 작용이여! 그것은 자네를 장차 무엇으로 변화시키고, 자네를 이용해 어디로 가려는 것인가? 자네를 쥐의 간으로 만들려나? 아니면 날벌레의 다리로 만들려나?"
[자래가 말했다.]
"부모가 있는 아이는 동서남북 어디로 가든 오로지 부모의 명령에 따라야 하네. 인간에게 음과 양은 부모 그 이상이지. 나와 다른 무언가가 가까이 다가오면 나는 죽는다네. 내가 그것에 따르기를 거부한다면 나로서는 도발을 하는 게 될 뿐이니, 내가 어찌 그를 비난할 수 있겠나? 저 거대한 흙덩이는 나에게 육체라는 짐을 주어 평생 나를 고생하게 만들었지만, 늙음으로 나를 편하게 해주었고 이제 죽음으

로 나를 쉴 수 있게 해주려 하네. 그러니 사는 것이 좋다고 여기는 것, 그것은 죽는 것이 좋다고 여기는 바로 그 이유이기도 하지. 지금 검을 만드는 우두머리 장인이 쇠붙이를 녹이고 있는데, 그 쇠붙이가 튀어오르면서 '나는 막야鏌鋣 같은 명검이 될 테야'라고 말한다면, 검을 만드는 장인은 틀림없이 그것을 저주 붙은 쇠붙이라고 생각할 것이네. 지금 내가 우연히 인간의 형체를 한번 갖게 되었다고 해서 '나는 인간이 될 테야, 오로지 인간이'라고 말한다면, 우리를 만들고 변화시키는 저 조화자造化者는 틀림없이 나를 불길한 인간이라고 여길 것이네. 지금 내가 딱 잘라서 하늘과 땅을 거대한 주조소로 여기고, 우리를 만들고 변화시키는 조화자를 우두머리 대장장이로 여긴다면, 내가 어디를 가든 왜 거부하겠는가? 나는 곤히 잠들었다 개운하게 일어날 것일세."

俄而子來有病. 喘喘然將死. 其妻子環而泣之. 子犁往問之. 曰. 叱避. 无怛化. 倚其戶與之語曰. 偉哉造化. 又將奚以汝爲. 將奚以汝適. 以汝爲鼠肝乎. 以汝爲蟲臂乎. 子來曰. 父母於子. 東西南北. 唯命之從. 陰陽於人. 不翅於父母. 彼近吾死. 而我不聽. 我則悍矣. 彼何罪焉. 夫大塊載我以形. 勞我以生. 佚我以老. 息我以死. 故善吾生者. 乃所以善吾死也. 今之大冶鑄金. 金踊躍曰. 我且必爲鏌鋣. 大冶必以爲不祥之金. 今一犯人之形. 而曰. 人耳人耳. 夫造化者必以爲不祥之人. 今一以天地爲大鑪. 以造化爲大冶. 惡乎往而不可哉. 成然寐. 蘧然覺.

・・・

자상호子桑戶, 맹자반孟子反, 자장금子琴張, 이 세 사람이 함께 이야기를 96) 나누고 있었다.

"우리 중에 누가 서로 함께함[與]이 없는 곳에서 함께할 수 있고, 서로 위함[爲]이 없는 곳에서 서로 위할 수 있을까? 우리 중에 누가 하늘로 올라가 안개 속에서 노닐고 빙빙 돌면서 무한성 속으로 들어가, 서로를 잊은 채 영원토록 살 수 있을까?"

세 사람은 서로 쳐다보며 미소를 지었고, 누구도 마음에 거슬리는 것이 없었다. 그렇게 그들은 친구가 되었다.

그들이 평온하게 산 지 얼마 되지 않아 자상호가 죽었다. 그를 묻기 전, 공자는 소식을 듣고 자공子貢을 보내 장례식을 돕게 하였다. 그런데 자공이 가서 보니 그 사람들 중 한 사람은 누에를 치기 위한 틀을 엮고 있었고, 다른 한 사람은 현을 타고 있었다. 그들은 함께 이런 노래를 불렀다.

"여어, 상호여!
여어, 상호여!
자네는 참된 모습으로 돌아갔구나.
하지만 우리는 계속 인간으로 존재하고 있네, 오!"

자공은 서둘러 앞으로 나아가 물었다.

"여쭙건대, 시신을 발치에 두고 노래를 부르는 것이 예禮에 맞는 것인지요?"

두 사람은 서로 힐끗 보더니 미소를 지었다.

---

96) [원] 語: 통용본은 '友'로 되어 있다. '語'로 교정한다.

"저자가 예의 의미에 대해 뭘 안다고?"

子桑戶·孟子反·子琴張. 三人相與語. 曰. 孰能相與於无相與. 相爲於 无相爲. 孰能登天遊霧. 撓挑無極. 相忘以生. 无所終窮. 三人相視而 笑. 莫逆於心. 遂相與爲友. 莫然有閒而子桑戶死. 未葬. 孔子聞之. 使子貢往侍事焉. 或編曲. 或鼓琴. 相和而歌. 曰. 嗟來桑戶乎. 嗟來 桑戶乎. 而已反其眞. 而我猶爲人猗. 子貢趨而進曰. 敢問臨尸而歌. 禮乎. 二人相視而笑曰. 是惡知禮矣.

자공은 돌아와서 공자에게 고했다.

"그들은 대체 어떤 사람들입니까? 품위 있는 행동은 안중에도 없고, 몸의 뼈들도 자기들 밖에 있는 것인 양 대합니다. 그들은 시신을 발치에 두고 노래를 부르면서도 얼굴빛 하나 변하지 않았습니다. 그들을 뭐라고 불러야 할지 모르겠습니다. 대체 어떤 사람들입니까?"

공자가 말했다.

"그들은 정해진 테두리 밖에서 노니는 부류이고, 나는 테두리 안에서 노니는 부류이다. 밖과 안은 공통점이 없는데도, 너를 보내 조문하게 한 내가 어리석었다. 그들은 지금 저 조물자와 한 동료가 된 단계에 이르렀으며, 하늘과 땅 사이를 오가는 단 하나의 숨[一氣] 속에서 노닌다. 그들은 삶을 잘 낳지 않는 사마귀나 덜렁거리는 혹 정도로만 생각하고, 죽음을 종기를 터뜨리거나 고름을 짜내는 것쯤으로 생각한다. 그런 사람들이 어떻게 죽음과 삶, 앞과 뒤를 구별하겠는가? 그들은 서로 다른 사물들에게서 통행권을 빌려 쓰면서도, 저 똑같은 몸에서 하룻밤 묵는다.[97] 간과 쓸개까지 스스로 망각하고 귀와 눈까지 내버린 채, 그들은 시작과 끝을 거꾸로 뒤바꾸며, 시작점과 기준에 대해서는 전혀 알지 못한다. 그들은 무심히 먼지와 때로 가득한 이 세상 너머에서 방랑하고, 해야 할 일이 없음[无爲]을 가르치는 교훈 속에서 거닌다. 그들이 어떻게 상스러운 대중의 호기심 가득한 눈과 귀를 살피면서 세속적 관습의 예에나 신경 쓸 수 있겠는가?"

"그렇다면 선생님께서는 왜 정해진 테두리에 의존하시는 것입니까?"

"나는 하늘로부터 형을 받은 사람이다. 그렇다 하더라도 우리가 함께할 수 있는 것이 무엇인지 알아봐야겠지."

"그 비결을 감히 여쭙겠습니다."

"물고기들이 물속에서 서로에게 적합한 방향을 정하듯이[98] 사람들은 도道 안에서 서로에게 적합한 방향을 정한다. 물속에서 서로에게 적합한 방향을 정하는 물고기들에게는 못을 파주기만 하면 적절한 양육이 제공된다. 도 안에서 서로에게 적합한 방향을 정하는 우리 자신의 경우, 분주하게 사는 것을 중단하기만 하면, 삶은 제 갈 길을

---

97) [원] 假於異物. 託於同體: "서로 다른 사물들에게서 통행권을 빌려 쓰면서도, 저 똑같은 몸에서 하룻밤 묵는다." 14/51[「天運」]의 "假道於仁. 託宿於義", 즉 "인仁에서 통행권을 빌려 쓰고 의義에서 하룻밤 묵는다"를 참조하라.

98) [원] 造: '만들다make'라는 의미의 조造는 '~로 가다go to'라는 의미의 조造의 사역적 용법에 기원을 둔 것으로 보이며, '가게 하다'라는 기본 의미를 계속 간직하고 있는 듯이 보인다. 『시경』 250/4[「大雅·生民之什·公劉」]의 "乃造其曹, 執豕于牢", 즉 "그는 하인을 보내서 우리에서 돼지를 잡게 했다"(Kalgren, *Book of Odes*)와 『맹자孟子』 8/14[「離婁」下]의 "君子深造之以道, 欲其自得之也", 즉 "군자가 도를 통해 그것을 깊이 나아가게 하는 것은 그가 그것을 자기 속에서 얻고 싶어서이다"를 참조하라.
내가 보기에 여기서 장자가 떠올리고 있는 이미지는 떼 지어 다니는 물고기들이 몸을 이리저리 돌리면서 자발적으로 서로 부딪치지 않게 헤엄치는 모습이다. 물고기들은 "서로의 방향을 정한다[相造]". 이것은 그 이미지를 이상적인 도가적 공동체의 자발적 조화에 대한 완벽한 메타포로 만들어준다.

정하게 될 것이다. 물고기들은 샘이 말라 뭍에서 함께 오도 가도 못하게 되면 서로에게 수분을 내뿜고 거품으로 서로를 적셔준다. 그러나 그들이 양자강이나 호수 안에서 서로를 잊고 있느니만 못하다. 성군인 요堯를 칭찬하고 폭군인 걸桀을 비난하는 것은 그 둘 다를 잊고 그들의 도가 변화의 과정으로 들어가게 하느니만 못하다.[99] 옛말에 이르기를 '물고기들은 모두 양자강과 호수 속에서 서로를 잊고, 사람들은 도에 대한 가르침[道術] 속에서 서로를 잊는다'고 하였다."

"기이한 사람들[畸人]에 대해 감히 여쭙겠습니다."

"기이한 사람들이란 사람들의 눈에 기이한 것이지 하늘의 눈에는 평범하다. 옛말에 따르면 '하늘의 소인小人은 인간의 군자君子이고, 인간의 군자는 하늘의 소인이다.'"

子貢反. 以告孔子. 曰. 彼何人者邪. 修行无有. 而外其形骸. 臨尸而歌. 顏色不變. 无以命之. 彼何人者邪. 孔子曰. 彼遊方之外者也. 而丘遊方之內者也. 外內不相及. 而丘使女往弔之. 丘則陋矣. 彼方且與造物者爲人. 而遊乎天地之一氣. 彼以生爲附贅縣疣. 以死爲決疣潰癰. 夫若然者. 又惡知死生先後之所在. 假於異物. 託於同體. 忘其肝膽. 遺其耳目. 反覆終始. 不知端倪. 芒然彷徨乎塵垢之外. 逍遙乎无爲之業. 彼又惡能憒憒然爲世俗之禮. 以觀衆人之耳目哉. 子貢曰. 然則夫子何方之依. 孔子曰. 丘. 天之戮民也. 雖然. 吾與汝共之. 子貢曰. 敢問其方. 孔子曰. 魚相造乎水. 人相造乎道. 相造乎水者. 穿池而養給. 相造乎道者. 无事而生定. 泉涸. 魚相與處於陸. 相呴以濕. 相濡以沫. 不如相忘於江湖. 與其譽堯而非桀也. 不如兩忘而

---

99) [역] 각주 92의 3번 항목을 참조하라.

化其道. 故曰. 魚相忘乎江湖. 人相忘乎道術. 子貢曰. 敢問畸人. 曰. 畸人者. 畸於人而侔於天. 故曰. 天之小人. 人之君子. 人之君子. 天之小人也.

• • •

안회顔回가 공자에게 질문했다.

"맹손재孟孫才는 그의 어머니가 죽었을 때 곡을 하긴 했지만 눈물을 한 방울도 흘리지 않았습니다. 그는 마음속으로 괴로워하지도 않았고 장례를 치르는 동안 슬퍼하지도 않았습니다. 이 세 가지 결함에도 불구하고 그는 노魯나라 어디를 가든지 상을 가장 잘 치른 자로 명성이 자자합니다. 실질적 내용을 갖추지 못했는데도 거기에 어울리는 명성을 얻는 자들이 정말로 있는 것입니까? 저는 그것이 너무나 놀랍습니다."

"저 맹손은 그 비결을 온전하게 간직하고서 지식으로 미칠 수 없는 데까지 나아갔다. 그것을 단지 단순화하려고만 하면 성공하지 못할 것이다. 그것을 완전히 끊어버려야만 단순화되는 것이 있을 것이다.[100] 맹손은 자신이 무엇에 의지해서 태어났는지도 모르고 무엇에 의지해서 죽을지도 모른다. 앞서서 그 시간에 다가갈 줄도 모르고, 이후에 그 시간에 다가갈 줄도 모른다. 그가 변화하여 다른 사물이 아닌 어떤 한 사물이 되었다면, 그가 알지 못하는 것이 변화되기를 끝마쳤

---

100) [원] 唯簡之而不得. 夫已有所簡矣: "그것(*지식)을 단지 단순화하려고만 하면 성공하지 못할 것이다. 그것을 완전히 끊어버려야만 단순화되는 것이 있을 것이다." 이 해석에서는 4/32「人間世」에서 부夫가 차且를 부각시켰듯이, 부夫가 이已를 화제로 부각시키는 역할을 하고 있다고 보았다.

어야 하지 않겠는가? 더욱이 변화되고 있는 단계에 있다면, 그가 어떻게 변화되지 않는 것에 대해 알겠는가? 또 변화되지 않고 있는 단계에 있다면, 그가 어떻게 변화되는 것에 대해서 알겠는가? 그렇다면 너나 나나 아직 꿈에서 전혀 깨어나지 못한 사람들이 아니겠는가?

더욱이 그는 육체적으로는 아무리 격한 변동을 겪어도 마음에는 어떤 손상도 입지 않고, 어딘가에 머물 때에는 아침나절을 넘기는 법이 없으면서도 정말로 죽는 법도 없다. 맹손은 깨어났을 뿐이다. 그러나 다른 사람이 곡을 하면 그 역시도 곡을 한다. 그들이 막 무언가가 되기 위해 의존하고 있는 것으로부터 줄곧 그는 그와 함께하면서 그를 '나'로 인식하였을 뿐이다.[101] 내가 '나'라고 부르는 것이 무엇인지를 내가 어떻게 알겠는가?

너는 새가 되어 하늘로 날아가는 꿈을 꾸기도 하고, 물고기가 되어 깊은 못 속으로 가라앉는 꿈을 꾸기도 할 것이다. 그렇다면 지금 말하고 있는 사람이 깨어 있는 자인지 꿈을 꾸고 있는 자인지를 구별할 수가 없다. 네게 적합한 것 쪽으로 가려고 하느니 그냥 웃어라. 웃음으로 그것을 인정하느니, 그것을 네게서 밀쳐내라. 그것을 네게서 밀쳐내고 변화들도 두고 가라. 그러면 너는 아무런 특색이 없는 하늘의

---

101) [원] 是自其所以乃且也相與吾之耳矣: "우리가 순간적인 추세(*말 그대로 하자면 '막 무언가가 되려고 하는' 것)를 위해 의존하고 있는 것으로부터 줄곧 맹손은 그와 함께하면서 그를 '나'로 인식하였을 뿐이다." 이렇게 풀이하자는 주구이야오의 제안(『莊子內篇證補』, 185)은 4/21[「人間世」]에서 살펴보았던 '막 무언가가 되려 함being about to'의 용법을 통해 뒷받침된다[각주 72를 참조하라]. 다른 편집자들은 '其所以乃' 뒤에 구두점을 찍고 이 구를 '그것이 이와 같은 이유'로 풀이하며, 내乃를 ('如此'에 해당하는) '이와 같다'라는 의미의 온전한 동사로 받아들인다. 그러나 내乃의 이런 의미를 인정하는 페이쉐하이裴學海조차도 매우 의심스러운 사례를 두 가지 더 찾아내는데, 둘 다 동사 앞에 온다(『古書虛字集釋』, 494).

일체성 속으로 들어갈 것이다."

顔回問仲尼曰. 孟孫才其母死. 哭泣无涕. 中心不戚. 居喪不哀. 无是三者. 以善處喪蓋魯國. 固有无其實而得其名者乎. 回壹怪之. 仲尼曰. 夫孟孫氏盡之矣. 進於知矣. 唯簡之而不得. 夫已有所簡矣. 孟孫氏不知所以生. 不知所以死. 不知孰先. 不知孰後. 若化爲物. 以待其所不知之化已乎. 且方將化. 惡知不化哉. 方將不化. 惡知已化哉. 吾特與汝其夢未始覺者邪. 且彼有駭形而无損心. 有旦宅而无情死. 孟孫氏特覺人哭亦哭. 是自其所以乃且也相與吾之耳矣. 庸詎知吾所謂吾之乎. 且汝夢爲鳥而厲乎天. 夢爲魚而沒於淵. 不識今之言者. 其覺者乎. 其夢者乎. 造適不及笑. 獻笑不及排. 安排而去化. 乃入於寥天一.

• • •

의이자意而子가 허유許由를 찾아갔다.
허유가 말했다.
"너는 요에게서 어떤 재물을 얻었는가?"
[의이자가 말했다.]
"요가 제게 말했습니다. '너는 인仁과 의義에 자기를 바치고, '그것이다, 아니다'를 분명하게 말해야 한다.'"
"그렇다면 너는 여기서 뭘 하고 있느냐? 요가 이미 네 몸에 인과 의의 낙인을 찍어놓았고, 자기가 판단하는 '그것이다, 아니다'로 네 코를 싹둑 베어버렸는데, 어떻게 네가 마음 내키는 대로 방향을 바꾸면서 자유롭고 편안하게 노닐겠다는 것이냐?"

"어찌 되었건 저는 그 울타리 근처에서라도 노닐고 싶습니다."

"그렇지 않다. 눈동자가 있어도 시력을 잃은 사람과는 아름다운 눈썹과 얼굴을 함께 볼 수가 없고, 눈이 있어도 눈동자가 없는 사람과는 청색과 황색 예복의 화려한 모습을 함께 볼 수가 없는 것이다."

"무장無莊이 그 아름다움을 잃고, 거량據梁이 그 힘을 잃고, 황제가 지혜를 잃는 것은 모두가 쇠붙이처럼 용해되었다 망치질로 단련되었다 하는 과정에 있는 것이었습니다. 조물자가 제게 새겨져 있는 낙인을 지워주고 잘려나간 제 코를 자라나게 해서, 제가 다시 온전해진 모습으로 선생님의 제자가 될 수 없으리라고 어떻게 장담하겠습니까?"

"음, 꼭 장담할 수는 없겠지. 그렇다면 내 너를 위해 간단히 일러주겠다. 나의 스승이여, 나의 스승이여! 그는 만물을 잘게 부수지만 그건 잔혹한[102] 것이 아니라네. 그가 베푸는 은혜는 만대에 미치지만 그건 호의가 아니라네. 그는 상고시대 이전부터 살았지만 그건 늙어가는 것이 아니라네. 그는 하늘 위에 드리워져 있고 땅을 지탱하고 있으면서 온갖 형상을 깎고 새기지만 그건 기교를 부리는 것이 아니라네.

이것이 바로 네가 노닐어야 할 곳이다."

(그러므로 성인은 전쟁에 나가 다른 나라들을 멸망시킨다고 하더라도 사람들의 마음을 잃지는 않는다. 그의 은혜가 만대에 미친다 해도 그가 인류를 사랑한 것으로 간주되지는 않는다. 이렇듯 사물들에 정통했다고 좋아하는 것은 성인의 태도가 아니고, 누군가와 각별히

---

102) [원] 戾: 통용본은 '義'로 되어 있다. 13/12[「天道」]의 유사 구절에 따라 '戾'로 교정한다(楊樹達, 『莊子拾遺』).

더 친한 것은 호의[仁]가 아니며, 하늘에 속하는 것[103]을 엿보려는 것은 현명함이 아니다. 또 자신에게 이로운 것들과 해로운 것들이 서로 뒤바뀔 수가 없는 자는 군자가 아니고, 명성을 좇느라 자기 자신을 잃어버린 자는 선비가 아니며, 자기의 본모습을 망각하여 진정성을 잃은 자는 사람들을 부리는 자가 아니다. 호불해狐不偕, 무광務光, 백이伯夷, 숙제叔齊, 기자箕子, 서여胥餘, 기타紀他, 신도적申徒狄 같은 자들은 다른 사람들을 위해 일하는 자들을 위해 일하며, 자기 자신에게 적합한 것이 아니라 다른 사람들에게 적합한 것에 적합한 사람들이다.)[104]

意而子見許由. 許由曰. 堯何以資汝. 意而子曰. 堯謂我. 汝必躬服仁義. 而明言是非. 許由曰. 而奚來爲軹. 夫堯既已黥汝以仁義. 而劓汝以是非矣. 汝將何以遊夫遙蕩恣睢轉徙之塗乎. 意而子曰. 雖然. 吾願遊於其藩. 許由曰. 不然. 夫盲者无以與乎眉目顔色之好. 瞽者无以與乎靑黃黼黻之觀. 意而子曰. 夫无莊之失其美. 據梁之失其力. 黃帝之亡其知. 皆在鑪捶之間耳. 庸詎知夫造物者之不息我黥而補我劓. 使我乘成以隨先生邪. 許由曰. 噫. 未可知也. 我爲汝言其大略. 吾師乎. 吾師乎. 䪠萬物而不爲戾. 澤及萬世而不爲仁. 長於上古而不爲老. 覆載天地. 刻彫衆形而不爲巧. 此所遊已. (故聖人之用兵也. 亡國而不失人心. 利澤施乎萬世. 不爲愛人. 故樂通物. 非聖人也. 有親. 非仁也. 時天. 非賢也. 利害不通. 非君子也. 行名失己. 非

---

103) [원] 時天: 통용본은 '天時'로 되어 있는데, 곽상의 주와 성현영의 소가 함의하는 바대로 '時天'으로 바꾼다. '時'는 '伺'와 같다(馬敍倫,『莊子義證』).
104) [역] 각주 92의 1번 항목을 참조하라.

士也. 亡身不眞. 非役人也. 若狐不偕·務光·伯夷·叔齊·箕子·胥餘·紀他·申徒狄. 是役人之役. 適人之適. 而不自適其適者也.)

|주| 도道를 "나의 스승"이라고 열광적인 어조로 언급한 것은 혼합주의적 관점을 지닌 편집자에게 특별히 호소력을 가졌음이 분명하다. 그것이 「근원적 조상인 스승」이라는 편명에 영감을 준 점이나 혼합주의적 논문에서 장자의 말로서 인용되고 있다는 점(675-676쪽)을 보면 알 수 있다. 괄호에 들어 있는 구절은 이 편의 앞부분에서 여기로 옮겨놓았다. 장자에 의한 것이든 다른 사람에 의한 것이든, 이 구절은 의이자와 허유의 대화에 대한 주석이나 그것을 발전시킨 내용으로 보인다. 끝 부분에 열거된 이름들은 명예라는 하찮은 말단 때문에 자신을 무의미하게 희생시킨 사람들의 이름이다. '양가의 문집'에서도 그들의 이야기가 여러 번 나오는데, 거기서도 비난을 면치 못하고 있다.

● ● ●

안회가 말했다.
"제게 진전이 있었습니다."
공자가 말했다.
"어떤 점에서?"
"저는 예禮와 음악[105]을 잊었습니다."

105) [원] 禮樂: 통용본은 '仁義'로 되어 있다. 『회남자』 제12편[「道應訓」](劉文典, 『淮南鴻烈集解』, 12/19B/1-3)에 있는 유사 구절에는 '仁義'와 뒤에 오는 '禮樂'의 위치가 바뀌어 있다. 서사의 전개 양상으로 볼 때 바꿔놓는 것이 더 좋다(王叔岷, 『莊子校釋』).

248 제2부 장자의 저술

"좋구나. 하지만 아직 갈 길이 멀었다."

다른 날 그는 다시 공자를 만났다.

"제게 진전이 있었습니다."

"어떤 점에서?"

"저는 인仁과 의義를 잊었습니다."

"좋구나. 하지만 아직도 갈 길이 멀었다."

다른 날 그는 다시 공자를 만났다.

"제게 진전이 있었습니다."

"어떤 점에서?"

"저는 가만히 앉아서 잊었습니다[坐忘]."

공자는 크게 당황하며 말했다.

"무슨 소리냐, 가만히 앉아서 잊었다니?"

"저는 제 몸의 기관과 팔다리를 내려놓고 보고 듣는 작용을 내쳤으며 형체와 헤어지고 지식을 내쫓았습니다. 그리고 어디로든 통하는 큰길을 따르게 되었습니다. 이것이 제가 말한 '가만히 앉아서 잊었다'는 것입니다."

"네가 그 길을 따른다면 특별히 좋아하는 것들이 없어질 것이다. 네 자신을 변화시킨다면 규범들을 갖지 않게 될 것이다. 과연 너는 우리보다 훌륭한 것이 맞구나! 나를 네 제자로 받아주려무나."

顔回曰. 回益矣. 仲尼曰. 何謂也. 曰. 回忘禮樂矣. 曰. 可矣. 猶未也. 他日復見. 曰. 回益矣. 曰. 何謂也. 曰. 回忘仁義矣. 曰. 可矣. 猶未也. 他日復見. 曰. 回益矣. 曰. 何謂也. 曰. 回坐忘矣. 仲尼蹵然曰. 何謂坐忘. 顔回曰. 墮肢體. 黜聰明. 離形去知. 同於大通. 此謂坐忘. 仲尼曰. 同則无好也. 化則无常也. 而果其賢乎. 丘也請從而後也.

자여는 자상子桑과 친구 사이였다. 언젠가 열흘 동안 비가 그칠 새 없이 내렸다. 자여는 "자상이 곤란을 겪을까 걱정이다"라고 말하면서 밥을 싸서 자상에게 가져갔다. 자여가 자상의 집 대문에 이르렀을 때, 현을 타며 마치 노래 부르는 듯 울부짖는 소리가 들려왔다.

　　"아버지였던가? 어머니였던가? 하늘이었던가? 인간이었던가?"

　　그 목소리가 너무 힘이 없어 더 이상 버티지 못하고 황급히 시를 끝내는 것이었다.

　　자여가 들어오면서 물었다.

　　"자네가 노래한 그 시는 무슨 의미인가?"

　　"나는 누가 나를 이 지경까지 오게 했는지를 생각해보았네만, 답을 찾지 못했다네. 내 부모님이 어찌 내가 가난하기를 바라셨겠는가? 하늘은 그것이 감싸고 있는 모든 것에 대해 공평하고, 땅은 그것이 싣고 있는 모든 것에 대해 공평하다네. 하늘과 땅이 어찌 나만 차별하여 가난하게 만들었겠는가? 나를 이렇게 만든 것이 누구인지 도저히 알아낼 수가 없었네. 그럼에도 불구하고 이 지경까지 이르렀으니, 이것을 운명이라고 해야 하지 않겠는가?"

> 子輿與子桑友. 而霖雨十日. 子輿曰. 子桑殆病矣. 裹飯而往食之. 至子桑之門. 則若歌若哭. 鼓琴曰. 父邪母邪. 天乎人乎. 有不任其聲而趨擧其詩焉. 子輿入曰. 子之歌詩. 何故若是. 曰. 吾思夫使我至此極者而弗得也. 父母豈欲吾貧哉. 天无私覆. 地无私載. 天地豈私貧我哉. 求其爲之者而不得也. 然而至此極者. 命也夫.

7
황제와 왕에게 응답하기
(제7편[「응제왕」])

〈내편〉의 마지막 편인 이 편은 이상적인 왕의 자질에 대한 장자의 몇 안 되는 발언들을 모아놓은 것이다. 혼합주의자였던 『장자』의 편집자에게 이상적 왕의 자질은 가장 중요한 주제였겠지만, 분명 장자가 남긴 유고에서 이 주제와 조금이라도 관련이 있는 부분을 찾기 위해서 그 편집자는 유고를 샅샅이 뒤지지 않으면 안 되었을 것이다. 이 편의 첫 번째 대목의 내용은 제2편[「사물들을 고르게 만드는 분류」]에 이미 나왔던 대화(145-146쪽)의 결론에 해당한다. 편집자가 그 결론 부분만 따로 떼어내어 이곳으로 옮겨놓고, 앞의 대화('벌어진 이빨[설결齧缺]이 왕예王倪에게 질문을 했는데, 네 번이나 물었지만 네 번 다 왕예는 모른다고 했다'는 내용)를 재개하는 도입부를 첨가한 것이 틀림없다.

편집자가 장자의 유고에서 왕의 자질과 직접적 연관성이 있는 것으로 찾아낸 대목은 네 개뿐이다. 이것들을 '첫 번째 연작'으로 분류하자. '두 번째 연작'은 성인의 면모에 대해 설명한 부분으로, 아마도 편집자는 그것이 특별히 통치의 문제와 관련된다고 생각한 듯하다.

따라서 편집자가 끝에서 두 번째 단락에 있는 일화(263쪽)를 이 편에 포함시킨 이유는 이 일화가 거울을 메타포로 사용해서 성인의 마음을 설명하고 있다는 점에 있다. 이 거울 메타포는 왕의 자질에 대한 혼합주의자의 이론(673-674쪽)에서 중요한 역할을 한다.

||||||||||||

1) 첫 번째 연작

벌어진 이빨이 왕예에게 질문을 했는데, 네 번이나 물었지만 네 번 다 왕예는 모른다고 했다. 그러자 벌어진 이빨은 깡충깡충 뛰면서 크게 기뻐했고, 그 길로 갈대 옷 스승[포의자蒲衣子]을 찾아가 그 일에 대해 고했다.

갈대 옷 스승이 말했다.

"너는 여태까지 그걸 몰랐단 말이냐? 유우씨有虞氏는 태씨泰氏에게 미치지 못한다. 유우씨는 아직도 사람들을 장악하기 위해 친절함을 비축하고, 실제로도 사람들의 마음을 사로잡는다. 그러나 그는 결코 인간이 아닌 근원으로부터 나온 적이 없다. 반면 태씨는 깊이 잠들었다 개운하게 깨어났다. 그는 어떤 순간에는 자신을 논리학자들이 말한 '말[馬]'로 간주하고, 그다음 순간에는 논리학자들이 말한 '소[牛]'로 간주하였다. 그의 지식은 필수적이고 신뢰할 만하였으며, 그의 덕德은 무척 참되었다. 그리고 그는 결코 인간이 아닌 영역으로 들어간 적도 없다.

齧缺問於王倪. 四問而四不知. 齧缺因躍而大喜. 行以告蒲衣子. 蒲

衣子曰. 而乃今知之乎. 有虞氏不及泰氏. 有虞氏其猶藏仁以要人. 亦得人矣. 而未始出於非人. 泰氏. 其臥徐徐. 其覺于于. 一以己爲馬. 一以己爲牛. 其知情信. 其德甚眞. 而未始入於非人.

|주| 벌어진 이빨과 그의 친구들은 유가의 이상적 성인 중 한 사람인 전설적 순舜(그는 유우씨 집안 사람이다)의 치하에서 살았다. 그러나 순은 하늘로부터 온 자발성[自然]보다는 인간으로부터 나온 도덕을 더 좋아했다. 장자는 하늘과 인간의 이분법조차 없었고 'X'와 'Y', '소'와 '말'을 구별하는 논리학자들이 존재하기도 전의 아득히 먼 과거에 살았던 한 명의 성인(태씨泰氏. 태泰의 의미는 '근원적'이다)을 상상해내는 쪽을 택한다.

• • •

견오肩吾가 광인인 접여接輿를 찾아갔다.
광인인 접여가 말했다.
"정오의 시작[일중시日中始]이 네게 뭐라고 하더냐?"
견오가 말했다.
"이렇게 말하더군요. 사람들을 다스리는 군주는 자기 독단으로 규칙들과 관례들, 형식들과 규제들을 공포한다. 누가 감히 그것들에 순순히 따르지 않고 교화되기를 거부하겠는가?"
접여가 말했다.
"그것은 약자들을 괴롭히는 종류의 덕德이다. 천하를 다스리는 것으로 말하자면, 그렇게 하느니 차라리 걸어서 바다를 건너거나 강에 구멍을 뚫거나, 아니면 모기에게 산을 짊어지고 가라고 명하는 편이 더 나을 것이다. 성인이 다스리려고 하면서 어찌 밖에 있는 것을 다스리겠는가? 성인의 다스림은 행동에 앞서 자기 자신을 바로잡는 것, 즉 자기 자신의 일부터 확고하게 해낼 수 있는 것의 문제이다.

새는 높이 날아서 주살의 위험을 피하고, 들쥐는 신성시되는 언덕 아래로 깊숙이 굴을 판다. 거기서는 누구도 들쥐를 잡겠다고 굴을 판다거나 연기를 피운다거나 할 수 없기 때문이다. 저 두 생물도 정오의 시작만큼 어리석지는 않을 것이다."

肩吾見狂接輿. 狂接輿曰. 日中始何以語女. 肩吾曰. 告我君人者以己出經式義度. 人孰敢不聽而化諸. 狂接輿曰. 是欺德也. 其於治天下也. 猶涉海鑿河而使蚉負山也. 夫聖人之治也. 治外乎. 正而後行. 確乎能其事者而已矣. 且鳥高飛以避矰弋之害. 鼴鼠深穴乎神丘之下以避熏鑿之患. 而曾二蟲之无知.

• • •

하늘 뿌리[천근天根]가 광활한 산[은양殷陽]의 남쪽을 거닐다가 맑은 강[요수蓼水] 기슭에 이르렀다. 마침 이름 없는 사람[무명인无名人]을 만나게 된 하늘 뿌리가 그에게 물었다.

"천하를 다스리는 법에 대해 여쭙습니다."

"저리 가라! 촌뜨기 같으니! 무슨 그런 따분한 이야기를 하느냐! 나는 바야흐로 조물자造物者와 함께 인간이 되어가고 있는 중이다. 그리고 여기에도 싫증이 나면 저 하늘로 사라져가는 새를 타고 여섯 방위가 끝나는 곳 너머로 갈 것이다. 그래서 아무것도 없는[무하유无何有의] 영역을 여행하고 한없이 넓은[광은壙垠의] 황야에 정착할 것이다. 너는 무슨 의도로 천하를 다스리는 것 따위의 하찮은 일로 내 마음속에 생각을 일으키려고 하느냐?"

하늘 뿌리가 재차 천하를 다스리는 법에 대해 묻자, 이름 없는 사람은 말했다.

"네 마음을 담박함 속에서 노닐게 하고, 네 기운을 특색 없음과 융합시키며, 자발적으로 다른 사물들과 조화를 이루어 사사로움의 여지를 남겨놓지 마라. 그러면 천하는 다스려질 것이다."

天根遊於殷陽. 至蓼水之上. 適遭无名人而問焉. 曰. 請問爲天下. 无名人曰. 去. 汝鄙人也. 何問之不豫也. 予方將與造物者爲人. 厭則又乘夫莽眇之鳥. 以出六極之外. 而遊无何有之鄕. 以處壙垠之野. 汝又何帠以治天下感予之心爲. 又復問. 无名氏曰. 汝遊心於淡. 合氣於漠. 順物自然. 而无容私焉. 而天下治矣.

|주| 이것은 성인의 두 단계를 명확하게 구별하고 있는 유일한 단락이다. (1) "조물자와 함께 인간"으로서 황홀하게 노니는 단계. 상을 치르면서 현의 반주에 맞춰 노래를 불러 공자에게 충격을 안겨주었던 두 사람처럼(239-240쪽) 아직은 인간이기를 멈추지는 않은 단계이다. (2) 어머니의 상을 치른 맹손孟孫처럼(243쪽) 삶과 죽음을 넘어서서 최종적으로 무덤덤함 속으로 들어간 단계. 맹손에게는 과거와 현재가 똑같고, 자기가 '나'인 만큼 다른 모든 사람도 '나'이며, 감각의 모든 경험은 마치 꿈처럼 나타난다. 최종적인 도약을 죽기 직전에 주어질 법한 하나의 선택에 달려 있는 것처럼 이야기하는 것은 의도적인 행위들을 조롱하는 도가의 입장이 갖는 기이한 역설이다. 공자는 불구자인 왕태가 직접 날을 잡아서 세상을 떠나 위로 올라갈 것이라고

말한다(203쪽).

  통치에 대한 이름 없는 사람의 발언에서 중요한 것은 그 내용이라기보다는 천하의 통치를 바라보는 관점이다. 천하의 통치는 무시해도 될 정도의 중요성만 가질 뿐이다. 그 정도의 중요성은 세상의 다른 일들도 다 가지고 있는 것이다.

· · ·

  양자거陽子居가 늙은 담[노담老聃]을 찾아가 말했다.
  "여기 어떤 사람이 있는데, 민첩하고 기운이 넘치며 박식하고 머리가 명석할뿐더러, 도道를 배우는 데에도 싫증을 내지 않습니다. 이런 자라면 밝게 깨우친 왕들[明王]과 어깨를 나란히 할 수 있겠는지요?"
  "자네가 열거한 특성들은 성인에게는 노비의 고된 신세와 장인의 매인 신세를 보여주는 것들이다. 몸을 지치게 하고 마음을 조마조마하게 할 뿐이다. 게다가 호랑이와 표범의 멋진 무늬는 사냥꾼을 불러들이고, 원숭이와 개의 쥐 잡는 날렵한 솜씨는 그것들을 가죽끈에 묶여 있는 신세가 되게 한다. 그런 자가 어찌 밝게 깨우친 왕들과 어깨를 나란히 할 수 있겠는가?"
  양자거가 크게 당황하며 말했다.
  "밝게 깨우친 왕들은 어떻게 다스리는지 여쭈어도 되겠습니까?"
  [늙은 담이 말했다.]

  "밝게 깨우친 왕이 다스릴 때에는
    그의 공이 온 세상에 퍼져 나가지만
      그 공이 그에게서 나온 것 같지는 않다.

그의 부[106]를 만물에게 빌려주지만

　백성들은 그에게 의지하지 않는다.

그가 있어도 누구도 그의 이름을 거론하지 않는다.

그는 사물들이 스스로 기쁨을 발견하게 한다.

그는 헤아릴 수 없는 것을 발판으로 삼고 아무것도 없는 곳에서 노니는 자이다."

陽子居見老聃. 曰. 有人於此. 嚮疾强梁. 物徹疏明. 學道不勸. 如是者可比明王乎. 老聃曰. 是於聖人也. 胥易技係. 勞形怵心者也. 且曰. 虎豹之文來田. 猨狙之便. 執斄之狗來藉. 如是者可比明王乎. 陽子居蹴然曰. 敢問明王之治. 老聃曰. 明王之治. 功蓋天下. 而似不自己. 化貸萬物. 而民弗恃. 有莫擧名. 使物自喜. 立乎不測. 而遊於无有者也.

2) 두 번째 연작

정鄭나라에 계함季咸이라고 하는 영험한 무당이 있었다. 그는 한 사람이 살지 죽을지, 망할지 살아남을지, 운이 좋을지 나쁠지, 요절할지 천수를 다할지를 알아맞혔고 연年·월月·순旬·일日, 그 날짜까지 정확히 예상해서, 꼭 신들린 듯하였다. 정나라 사람들은 그를 보면 모

---

106) [원] 貨: 통용본은 '化'로 되어 있다. 주구이야오의 『장자내편증보』, 201에 따라 '貨'로 교정한다.

두 피해 달아났다. 열자列子는 그를 만나더니 심취된 채로 돌아와 호자壺子에게 말했다.

"선생님, 저는 한때 선생님의 도道가 가장 높다고 생각했습니다. 그러나 선생님보다 훨씬 더 높은 자가 있더군요."

"나는 네게 도의 경전들은 다 가르쳐주었지만, 그 실질적 내용에 대해서는 아직 다 가르쳐주지 않았다. 그런데도 너는 정말로 도를 파악했다는 것이냐? 암탉이 아무리 많아도 수탉이 없는데 무슨 알을 기대할 수 있겠느냐? 너는 도를 가지고 세상과 겨루는 데 온 힘을 다 발휘하고[107] 있음이 분명하다. 그래서 너는 다른 사람에게 네 얼굴을 읽어낼 기회를 준 것이다. 한번 그자를 여기 데리고 와서 내 관상을 보게 해라."

鄭有神巫曰季咸. 知人之死生存亡禍福壽夭. 期以歲月旬日若神. 鄭人見之. 皆棄而走. 列子見之而心醉. 歸以告壺子. 曰. 始吾以夫子之道爲至矣. 則又有至焉者矣. 壺子曰. 吾與汝旣其文. 未旣其實. 而固得道與. 衆雌而无雄. 而又奚卵焉. 而以道與世亢必信. 夫故使人得而相女. 嘗試與來. 以予示之.

다음 날 열자는 계함을 데리고 와서 호자를 만나보게 하였다. 나오면서 계함은 열자에게 말했다.

"음, 그대의 스승은 죽은 사람이나 마찬가지외다. 다시 살아나지 못할 것이오. 살날이 열흘도 채 남지 않았소. 내 그에게서 이상한 것을 보았다오. 축축하게 젖어 있는 재 말이오."

---

107) [원] 信: 왕선겸王先謙의 『장자집해莊子集解』에 따르면 '伸'과 같다.

열자는 눈물로 옷깃을 적시며 들어와 호자에게 이 이야기를 고했다.

호자가 말했다.

"방금 나는 그자에게 땅의 생김새를 보여주었다. 싹이 돋아나고 있을 때에는 진동도 없지만 중단도 없다.[108] 그자는 내가 덕德의 충동들을 누르고 있는 모습을 보았던 것으로 생각된다. 그를 다시 데리고 와보아라."

明日. 列子與之見壺子. 出而謂列子曰. 嘻. 子之先生死矣. 弗活矣. 不以旬數矣. 吾見怪焉. 見濕灰焉. 列子入. 泣涕沾襟. 以告壺子. 壺子曰. 鄉吾示之以地文. 萌乎不震不止. 是殆見吾杜德機也. 嘗又與來.

다음 날 열자는 계함을 데리고 와서 다시 호자를 만나보게 하였다. 나오면서 계함은 열자에게 말했다.

"그대의 스승이 나를 만난 것은 행운이었소! 그는 회복되었다오. 재에서 다시 불이 타오르고[109] 있고, 그는 되살아났소. 나는 그가 저울의 지렛대를 누르고 있는 모습을 보았다오."

열자는 들어와 호자에게 고했다.

호자가 말했다.

---

108) [원] 萌乎不震不止: '싹이 돋아나고 있다go on sprouting'는 의미의 '萌乎'는 본동사 앞에 오면서 그것에 의존해 있는 동사구이다. '乎'는 동사 뒤에 붙어서 지속상continuative aspect[동작이나 상태의 지속을 나타내는 동사의 문법적 형태]을 나타낸다. 이런 구성에 대해서는 A. C. Graham, "A post-verbal aspectual particle in Classical Chinese: the supposed preposition hu乎", 326, example 48을 참조하라.

109) [원] 灰然: 통용본은 '灰'가 '全'으로 되어 있다. 『열자』(楊伯峻, 『列子集釋』, 44/4)에 있는 유사 어구 "재에서 불이 타오르고 있다(*然=燃)"에 따라 '灰'로 교정한다.

"방금 나는 그자에게 하늘과 비옥한 땅을 보여주었다. 명칭과 실질은 들어갈 방법을 찾지 못했지만, 충동들이 내 발꿈치에서부터 올라오고 있었다. 그자는 선을 향한 내 충동들을 보았던 것으로 생각된다. 그를 다시 데리고 와보아라."

明日. 又與之見壺子. 出而謂列子曰. 幸矣子之先生遇我也. 有瘳矣. 灰然有生矣. 吾見其杜權矣. 列子入以告壺子. 壺子曰. 鄕吾示之以天壤. 名實不入. 而機發於踵. 是殆見吾善者機也. 嘗又與來.

다음 날 열자는 계함을 데리고 와서 다시 호자를 만나보게 하였다. 나오면서 계함은 열자에게 말했다.
"그대의 스승이 재계를 하지 않아서 그의 얼굴에서 아무것도 읽어낼 수가 없소. 재계하라고 하시오. 그러면 다시 그의 관상을 봐드리리다."
열자가 들어와서 호자에게 고했다.
[호자가 말했다.]
"방금 나는 그자에게 어떤 조짐도 없는[110] 절대 공허를 보여주었다. 그자는 숨[氣]의 충동을 고르게 했을 때의 내 모습을 본 것이라고 생각된다.[111] 그를 다시 데리고 와보아라."

明日又與之見壺子. 出而謂列子曰. 子之先生不齊. 吾无得而相焉. 試齊. 且復相之. 列子入以告壺子. 壺子曰. 吾鄕示之以太沖莫朕. 是

110) [원] 莫朕: 통용본은 '朕'이 '勝'으로 되어 있다. 『열자』(楊伯峻, 『列子集釋』, 45/3)의 유사 어구에 따라 '朕'으로 교정한다
111) [원] 통용본에 나오는 구절["鯢桓之審爲淵. 止水之審爲淵. 流水之審爲淵. 淵有九名. 此處三焉"]을 삭제한다. 5/41－52[「德充符」]를 참조하라.

殆見吾衡氣機也. 嘗又與來.

다음 날 열자는 계함을 데리고 와서 다시 호자를 만나보게 하였다. 그런데 계함은 호자 앞에 멈춰 서기도 전에 어쩔 줄 몰라 하더니 도망쳐버렸다.

호자가 말했다.

"쫓아가라."

열자가 계함을 쫓아갔으나 따라잡지 못했다. 그는 돌아와 호자에게 고했다.

"사라져서 보이지를 않습니다. 따라잡지를 못했습니다."

호자가 말했다.

"방금 나는 그자에게 우리가 조상에게서 나오기도 전에 어떠했는지를 보여주었다.

    그를 대하면서 나는 허허로워졌고 벌레처럼 꿈틀꿈틀 움직였다.
    우리가 누구인지 또는 무엇인지 모른 채.
    그로 인해 그는 자신이 사라져간다고 생각했고,
    그로 인해 그는 자신이 파도에 휩쓸려간다고[112] 생각했다.

이게 바로 그가 도망간 이유이다."

明日又與之見壺子. 立未定. 自失而走. 壺子曰. 追之. 列子追之不

---

112) [원] 隨: 통용본은 '流'로 되어 있다. 최선의 판본에 나오는 이체자인 '隨'가 운韻에 맞아떨어지므로, '隨'로 교정한다.

及. 反以報壺子曰. 已滅矣. 已失矣. 吾弗及已. 壺子曰. 鄕吾示之以 未始出吾宗. 吾與之虛而委蛇. 不知其誰何. 因以爲弟靡. 因以爲波 隨. 故逃也.

그제야 열자는 자신이 애초에 배운 게 없다고 결론짓고는 집으로 돌아갔다. 그러고는 삼 년 동안 집에서 나오지 않았다.

> 그는 아내를 위해 음식을 요리하고,
> 마치 사람을 먹이듯 돼지를 먹였으며,
> 자신이 하는 모든 일에 무심한 채로 있었다.
> 그는 세공한 보석에서 자르지 않은 온전한 통나무로 돌아갔다.
> 유일무이하게 자신만의 형태를 띠고 우뚝 섰다.
> 어지럽게 뒤섞여 있는 것을 반듯하게 정돈하지도 않았다.[113]
> 그렇게 그는 일생을 마쳤다.

然後列子自以爲未始學而歸. 三年不出. 爲其妻爨. 食豕如食人. 於 事无與親. 雕琢復朴. 塊然獨以其形立. 紛而封戎. 一以是終.

|주| 제1편[「목적지 없이 거닐기」](103쪽)에서처럼 여기서도 열자는 마법적 힘에 매료되어 잘못된 길로 빠진 도가이다. 그의 스승인 호자

---

113) [원] 紛而封戎: 통용본은 '戎'이 '哉'로 되어 있다. 이 교정은 최선의 판본에 나온 이체자에 따른 것이며, 이것은 『열자』의 유사 어구(楊伯峻, 『列子集釋』, 46/2)에 의해 뒷받침되고 운韻으로 확증된다. 그러나 봉융封戎은 다른 방식으로는 입증되지 않는 연어이다(『辭通』, 臺北, 0010). 따라서 이 네 단어로 된 어구의 번역은 추측에 따라 지면을 채우는 것 그 이상이 될 수는 없을 것 같다.

는 점치는 데에는 관심이 없다. 그는 물러나서 삶과 죽음 너머의 저 평온한 상태에(겉보기에는 죽은 상태와 구별할 수 없는 '불 꺼진 재와 같은 마음'과 '말라비틀어진 나무와 같은 형체'로. 115쪽 참조) 있을 수 있었기 때문이다. 〈내편〉의 다른 부분에서처럼 그가 유일하게 취하는 기술이라면 "발꿈치에서"(224쪽 참조) 아주 깊이 숨을 내쉼으로써 기氣(신체의 숨과 여타의 에너지들)를 조절하는 것이며, 기의 조절에 숙달된 자는 전혀 숨을 쉬지 않는 것처럼 보이기까지 한다. 삶에 집착하는 초심자로서는 이런 상태를 살짝 엿보는 것만으로도, 극한의 고독 속에서 자기가 해체될 것 같은 공포에 휩싸이게 될 것이다.

• • •

> 이름에 홀린 영매가 되지 말고,
> 모략의 창고가 되지 마라.
> 중대한 일들을 떠맡지 말고,
> 지혜의 담당자가 되지 마라.

무궁한 것과 온전히 일체가 되어 그 어떤 조짐도 없는 곳에서 노닐어라. 하늘로부터 얻은 것을 다하고, 이득에 눈길을 주지 마라. 단지 자기 자신을 허허롭게 만들어라. 지극한 사람은 마음을 거울처럼 사용한다. 그는 사물들이 간다고 해서 배웅하지도 않고, 사물들이 온다고 해서 맞이하지도 않는다. 그는 응하기만 하고 저장하지는 않는다. 따라서 그는 상처 입는 일 없이 다른 사물들을 이길 수 있다.

无爲名尸. 无爲謀府. 无爲事任. 无爲知主. 體盡无窮. 而遊无朕. 盡

其所受乎天. 而无見得. 亦虛而已. 至人之用心若鏡. 不將不迎. 應而不藏. 故能勝物而不傷.

• • •

남쪽 바다의 황제는 급속함[숙儵]이고, 북쪽 바다의 황제는 맹렬함[홀忽]이며, 중앙의 황제는 혼돈渾沌이다. 급속함과 맹렬함은 때로 혼돈의 땅에서 만났는데, 혼돈이 그들을 아주 후하게 대접하였다. 급속함과 맹렬함은 혼돈의 덕에 어떻게 보답할지 의논하였다.
"사람들은 모두 일곱 개의 구멍을 가지고 있어서 그걸 통해 보고 듣고 먹고 숨을 쉰다. 그러나 혼돈만 그런 구멍이 하나도 없다. 우리가 그걸 뚫어주자."
그들은 매일 구멍을 하나씩 뚫었고, 이레째 되던 날 혼돈은 죽었다.

南海之帝爲儵. 北海之帝爲忽. 中央之帝爲渾沌. 儵與忽時相與遇於渾沌之地. 渾沌待之甚善. 儵與忽謀報渾沌之德. 曰. 人皆有七竅以視聽食息. 此獨无有. 嘗試鑿之. 日鑿一竅. 七日而渾沌死.

|주| 혼돈은 원초적 덩어리로서 먼저 하늘과 땅으로 분리되었고, 그런 다음 만물로 분화되었다. 중국적 우주론에서 원초적인 것은 부과된 법에 따라 질서로 환원되는 카오스가 아니다. 그것은 모든 것이 함께 모여 있는 하나의 융합물이다. '혼돈渾沌'이라는 단어는 영어 '호치포치 hotchpotch[뒤범벅]', '롤리폴리 rolypoly[땅달막]' 같은 유형의 첩어疊語이며, 중국 음식점에서 식사하는 사람들은 고기만두의 일종인 '완탕'의 형태로 혼돈을 만나게 될 것이다.

8
〈내편〉과 관련된 구절들

〈잡편〉 가운데 제23-27편[「경상초」, 「서무귀」, 「칙양」, 「사물들을 자기 밖에 두다」, 「임시 거처로부터 나온 말」]과 제32편[「열어구」], 이 여섯 편은 다방면의 주제를 다룬 글을 연달아 수록하고 있으며, 일부는 불완전한 단편의 형태로만 남아 있다. 『장자』의 저자들 가운데 누구든 이 글들의 저자일 수 있다. 이 가운데 다수는 〈내편〉 이외에는 나타나지 않는 주제를 다시 다루기 시작한다. 조물자라든가, 무용함이 가진 이점들, 장자가 좋아하는 논리를 이용한 말장난들이 다시 등장한다. 장자는 명가名家에 대한 반동으로 자신의 철학을 전개했기 때문에 자기 입장을 명료하게 하기 위해 자기만의 고유한 용어들을 고안해내지 않으면 안 되었다. 그러나 그렇게 해야 할 필요성은 그의 당대로 거의 끝이 났다. 대체로 사람들은 장자의 경우 논리가 무엇인지를 잘 알고 있으면서도 논리에 반대한 사람이었던 반면 그의 계승자들은 논리를 잘 알지 못했다는 인상을 받게 된다. '그것이다'를 의미하는 '시是'를 장자 특유의 방식으로 변주한 용어들(그런 것으로 간주된 시[爲是], 상황에 따른 시[因是], 공통된 시[公是], 옮겨 다니는 시[移是]), '그것[是]'과 '다른 것[彼]'의 대비, '임시 거처[寓]'로부터 판단하기, '하늘의 숫돌[天倪]', '하늘의 녹로[天鈞]' 등은 「사물들을 고르게 만드는 분류」와 〈잡편〉의 이 일화들에서만 발견된다. 기원전 2세기의 혼합주의자였던 편집자들에게 이 자료들은 이해할 수 없었던 것은 아니었지만 내키지 않았던 것도 분명하다. 이 때문에 그들은 이 자료들의 많은 부분을 「사물들을 고르게 만드는 분류」로 편입시키지 않고 잡동사니 주머니 역할을 하는 편들 속으로 보내버렸다. 『장자』의 문학적 측면에 주로 관심을 갖는 현대의 독자들은 이 자료를 읽는 보람을 그다지 크게 느끼지는 못할 것이다. 그러나 그 철학과 맞붙어 진지하게 씨름하려는 사람들은 이 자료가 매우 중요하다는 것을 깨닫게 될 것이다.

|||||||||||||

혜시가 장자에게 말했다.
"그대가 하는 말들은 쓸모가 없소."
"쓸모 있음에 대해 이야기하는 것이 의미가 있으려면 쓸모없음에 대해 잘 아는 자와 이야기해야 합니다. 하늘과 땅이 아무리 광대하다고 해도 한 사람에게 쓸모가 있는 곳은 그가 발 딛고 있는 공간뿐이지요. 그러나 그렇다고 해서 발 딛고 있는 곳만 남겨두고 그 주변 땅을 저 지하 황천黃泉에 이를 때까지 다 파내버린다고 해봅시다. 그러고도 그곳이 여전히 그 사람에게 쓸모 있는 것일 수 있겠습니까?"
"쓸모없을 것이오."
"그렇다면 쓸모없음이 쓸모 있음에 도움이 된다는 건 분명합니다."

惠子謂莊子曰. 子言无用. 莊子曰. 知无用而始可與言用矣. 天地非不廣且大也. 人之所用容足耳. 然則廁足而墊之致黃泉. 人尙有用乎. 惠子曰. 无用. 莊子曰. 然則无用之爲用也亦明矣.

(『장자』 제26편 [「사물들을 자기 밖에 두다」])

• • •

장자가 말했다.

"활 쏘는 자들이 미리 과녁으로 정해두지 않은 것을 쏘아 맞혔는데도 좋은 궁수로 불린다면, 세상 모든 사람이 예羿같이 대단한 궁수가 될 것이오. 이렇게 말해도 괜찮겠소?"

혜시가 말했다.

"괜찮소."

"온 세상이 공통으로 '그것이다'라고 인정할 만한 것[公是]이 없고, 우리 각자에게 '그것'인 바를 정말 '그것'으로서 대한다면, 세상 모든 사람이 요堯같이 대단한 성인이 될 것이오. 이렇게 말해도 괜찮겠소?"

"괜찮소."

"유가와 묵가, 양주楊朱와 병秉[공손룡公孫龍]의 입장 넷에 선생의 입장까지 합치면 다섯이 되는데, 이 가운데 어느 입장이 참으로 '그것'이오? 아마도 선생은 노거魯遽 같은 사람이 아닌지 모르겠소. 그의 한 제자가 이렇게 말했다 하오. '저는 선생님의 도道를 파악했습니다. 그래서 찬 겨울에는 큰솥에 불을 땔 수 있고 더운 여름에는 얼음을 만들 수 있습니다.' 이에 노거가 대답했소. '이것은 양陽을 이용해 양을 불러내고, 음陰을 이용해 음을 불러내는 데 지나지 않는다.

내가 말하는 도는 아니다. 내 네게 도에 대해 보여주겠다.' 그러더니 노거는 제자를 위해 이십오현금 두 대를 조율해서 하나는 대청마루에 놓고 다른 하나는 방 안에 놓아두었소. 그가 한쪽에서 궁宮 음을 뜯자 다른 쪽에서 궁 음이 공명하며 울렸고, 그가 한쪽에서 각角 음을 뜯자 다른 쪽에서 각 음이 공명하며 울렸소. 음과 높낮이가 양쪽 다 똑같았기 때문이오. 만약 다른 누군가가 현 하나를 오음五音 중 어디에도 맞지 않게 다시 조율하여 그것을 튕겼다면, 이십오 현이 모두 공명하며 울렸을 것이오. 소리는 달라진 게 전혀 없지만, 음계의 지배적 음이 이탈해버렸기 때문이라오. 그대도 노거와 같지 않소?"

"지금 저 유가와 묵가, 양주와 병이 논쟁으로 내게 도전해 오고 있소. 우리는 서로 반박하기 위해 많은 명제를 만들어내고 큰소리로 서로를 위협한다오. 진정 그대는 그들이 내 입장을 부정하지 못했다고는 생각하지 않소?"

"'송나라에서 자기 아들을 책망한[躪子於宋]'[114) 제齊나라 사람이 있었다오. 그는 문지기에게 명을 내리면서 자기 말을 알아듣게 이해시키지 못했소. '그가 찾고 있는 것이 견鈃이라는 종이라면 그는 그로 인해 체포될[115) 것이고, 그가 찾고 있는 것이 잃어버린 아들이라면 그들은 그 나라를 떠난 적이 없었던 것이다.' 여기에는 못 보고 지나친 범주가 있다오.[116) 그렇지 않소? 문지기를 책망한 초楚나라 유숙객이 있었소. 그는 아무도 없는 한밤중에 뱃사공과 싸웠지요. 그 일은 언덕을 떠나기도 전에 원한을 사기에 충분했던 것이오."

---

114) [원] 躪: '謫'과 같다.
115) [원] 束縛: '(죄수를) 결박하다'(諸橋轍次, 『大漢和辭全』, 14480/52).
116) [원] 遺類: '못 보고 지나친 범주overlooked category.' 논쟁에서 유遺는 논증하면서 간과된 것에 대해 사용되는 용어이다.

莊子曰. 射者非前期而中謂之善射. 天下皆羿也. 可乎. 惠子曰. 可. 莊子曰. 天下非有公是也. 而各是其所是. 天下皆堯也. 可乎. 惠子曰. 可. 莊子曰. 然則儒墨楊秉四. 與夫子爲五. 果孰是邪. 或者若魯遽者邪. 其弟子曰. 我得夫子之道矣. 吾能冬爨鼎而夏造冰矣. 魯遽曰. 是直以陽召陽. 以陰召陰. 非吾所謂道也. 吾示子乎吾道. 於是爲之調瑟. 廢一於堂. 廢一於室. 鼓宮宮動. 鼓角角動. 音律同矣. 夫或改調一弦. 於五音无當也. 鼓之二十五弦皆動. 未始異於聲. 而音之君已. 且若是者邪. 惠子曰. 今夫儒墨楊秉. 且方與我以辯. 相拂以辭. 相鎭以聲. 而未始吾非也. 則奚若矣. 莊子曰. 齊人蹢子於宋者. 其命閽也不以完. 其求鈃鍾也以束縛. 其求唐子也. 而未始出域有遺類矣. 夫楚人寄而蹢閽者. 夜半於无人之時而與舟人鬪. 未始離於岑. 而足以造於怨也.

(『장자』제24편「서무귀」])

|주| 장자가 말하려는 것은, 궁극적으로 철학자들은 무엇을 '의무[義]'나 '도道' 등등으로 부를지를 정하는 데 있어서만 의견이 다를 뿐, 그들이 전개하는 논증의 상세한 부분들은 매우 불명료하다는 점이다. 음악의 예가 보여주는 핵심은 내가 보기에는 다음과 같다. 노거에 따르면 올바른 생각이란 '의무'가 무엇을 의미하는지에 대해서 마치 두 대의 현악기가 음가에 있어서 일치하는 것처럼, 즉 그것들의 교감적 공명이 보여주듯이 절대적으로 의견이 일치하는 것이다. 노거는 음계의 음들이 조율을 어떻게 하느냐에 따라 높낮이가 달라지며, 공명은 음의 높낮이가 일치한다는 점만 보여준다는 것을 잊었다. (이 해석에서는 두 악기 다 현 하나를 다시 조율한 것으로 보았다.)

마지막 대화에서 장자는 달리 알려진 게 없는 어떤 이야기에 대해

언급하고 있다. 제나라 사람이 송견宋鈃(송자宋子)을 찾아가려고 했던 이야기가 아닐까 짐작해볼 수 있다. 송견은 제나라 직하稷下 학파에 속한 철학자로서, 『장자』의 다른 곳(102, 719쪽)에서도 언급된 바 있다. 문지기는 [송견宋鈃의] '송'을 같은 이름의 나라로, 견鈃을 같은 이름으로 불리는 종의 일종으로, 그리고 [송자宋子의] 자子를 '아들'이라는 통상적인 의미로 잘못 알아들었다. 초나라 출신의 유숙객에 대해서는 과감한 추측을 내놓지는 않겠다. 여기서 핵심은 가장 격렬한 의견 불일치는 말에 서로 다른 의미를 부여하는 것으로부터 출발할 수 있다는 점이다.

• • •

장자가 혜시에게 말했다.

"공자는 예순 살이 될 때까지 예순 번 마음을 바꿨습니다. 그는 처음에는 '그것이다'라고 판단했다가도 막판에는 '아니다'라고 판단했지요. 우리가 지금 긍정하는 것도 앞으로 쉰 번 넘게 부정하게 될지도 모를 일입니다."

"공자는 자신의 의지를 끝까지 고수하면서, 아는 데 일신을 바친 분이오."

"공자는 그런 건 다 버렸습니다. 그는 입으로는 말을 했을지 몰라도, 마음으로는 결코 말한 적이 없습니다.[117] 공자에 따르면 우리는

---

117) [원] 而其口雖言. 其心未之嘗言: 통용본은 '其心未之嘗言'이 '而其未之嘗言'으로 되어 있다. 25/33ff.[「則陽」]에 있는 유사 어구에 따라 '口雖言. 其心'을 넣어 복원한다.

근원적 뿌리로부터 재능을 끌어오고, 그것의 영험한 힘으로 되돌아 감으로써 성장합니다. 그대의 타고난 음조를 율관律管[118])에 맞추고 그대의 말을 규범에 부합하게 하는 것, 이익과 의무를 그대 앞에 펼쳐놓는 것, 호오를 분별하고 '그것이다'와 아니다'를 판단하는 것, 이것은 단지 사람들을 입으로만 복종시킬 뿐입니다. 그대가 사람들을 마음으로 복종하게 만들고 감히 도전적인 태도를 취하지 못하게 한다면, 그대는 천하를 곱절로 안정시킬 수 있을 것입니다. 관두십시오, 관두십시오! 우리는 아직 공자의 수준까지 미치지 못합니다."

莊子謂惠子曰. 孔子行年六十而六十化. 始時所是. 卒而非之. 未知今之所謂是之. 非五十九非也. 惠子曰. 孔子勤志服知也. 莊子曰. 孔子謝之矣. 而其口雖言. 其心未之嘗言. 孔子云. 夫受才乎大本. 復靈以生. 鳴而當律. 言而當法. 利義陳乎前. 而好惡是非. 直服人之口而已矣. 使人乃以心服. 而不敢蘁. 立定天下之定. 已乎已乎. 吾且不得及彼乎.

(『장자』 제27편[「임시 거처로부터 나온 말」])

• • •

거백옥은 예순 살이 될 때까지 예순 번이나 마음을 바꾸었다. 그는 처음에 긍정했던 것도 끝에 가서는 꼭 부정으로 일축했다. 우리가 지금 긍정하는 것도 앞으로 쉰아홉 번 넘게 부정하게 될지도 모를 일이다. 만물은 어딘가로부터 생장했지만 누구도 그 뿌리를 모르고, 어

---

118) [역] 律: '율관pitch tubes.' 음을 조율할 때 사용하던 원통형의 관들.

딘가로부터 나왔지만 누구도 그 문을 모른다. 사람들은 다들 지력으로 아는 것은 존중하지만, 지력으로 알지 못하는 것에 의지해서 아는 법은 누구도 모른다. 이것이야말로 최고의 의혹[大疑]이라고 부를 수 있지 않을까? 그만두어라, 그만두어라! 그것을 피할 수 있는 곳은 없다.[119] 그것은 이른바 '그러하다는 선택지와 더불어 그러하다는 선택지'가 아니겠는가?[120]

蘧伯玉行年六十而六十化. 未嘗不始於是之. 而卒詘之以非也. 未知今之所謂是之非. 五十九非也. 萬物有乎生而莫見其根. 有乎出而莫見其門. 人皆尊其知之所知. 而莫知恃其知之所不知而後知. 可不謂大疑乎. 已乎已乎. 且无所逃. 此所謂然與然乎.

(『장자』 제25편 [「칙양」])

|주| 마지막 문장은 '그러하지 않은 것조차도 그러한 것으로 다룸'으로써 논쟁에서의 양자택일적 선택지들을 폐기하라는 장자의 요구를 반복한 것이다(152쪽).

---

119) [원] 且无所逃: "그것(*미분화된 총체성)을 피할 수 있는 곳은 없다." 23/74[「庚桑楚」]의 "以天下爲之籠. 則雀無所逃", 즉 "온 세상을 참새를 가두는 새장으로 대한다면, 참새는 피할 곳이 없을 것이다"를 참조하라.
120) [원] 此所謂然與然乎: "그것은 이른바 '그러하다는 선택지와 더불어 그러하다는 선택지'가 아니겠는가?" 2/90ff.[「齊物論」]의 "然不然. … 然若果然也. 則然之異乎不然也亦無辯", 즉 "그러하지 않은 것조차도 '그러한' 것으로서 다루어라. … '그러한' 것이 정말로 그러한 것이라면, 그러하지 않은 것과 논쟁을 위한 차이는 더 이상 없다"를 참조하라. 그러나 양자택일의 선택지를 구별하기를 계속 고집한다면, 그 양쪽 다 '그러한' 것이 되어야 할 것이다.

∙ ∙ ∙

도道에 의해 사물들이 서로 뒤바뀌는 것이라면, 사물들이 구분되는 것은 곧 그것들이 형성되는 것이고,[121] 사물들이 형성되는 것은 곧 그것들이 해소되는 것이다. 구분하는 것을 싫어하는 이유는 그것이 그 구분들을 완성된 집합으로 만들어버리기 때문이다. 완성을 싫어하는 이유는 그것이 존재하는 모든 것을 완성된 집합으로 만들어버리기 때문이다. 그러므로 나오기만 하고 되돌아가지 않으면, 우리는 그것의 귀신을 보게 될 것이다. 나와서 어딘가에 '이른다'는 것은 곧 죽음에 이르는 것이다. 소멸되었는데도 견고하게 존속한다면, 그것은 하나[一]라 할지라도 귀신에 불과하다. 그것은 형체가 없는 것을 상상하는 데 형체가 있는 것을 이용함으로써 고정되어버린 것이다.

그것은 나오는 뿌리도 없고 들어가는 통로도 없다. 그것은 견고성[實]을 갖지만 그 어디에도 거하지 않으며, 지속성을 갖지만 뿌리도 말단도 없다. (어딘가로부터 나오기는 하지만 그 통로가 없는 것은 견고성을 갖는다.) 견고성을 갖지만 그 어디에도 거하지 않는 것은 공간적 우주이고, 지속성을 갖지만 뿌리도 말단도 없는 것은 시간적 우주이다.

우리가 태어난 곳이자 우리가 죽어서 갈 곳, 우리가 나온 곳이자 우리가 들어갈 곳, 이것이 바로 하늘의 문[天門]이라 불리는 것이다.

---

121) [원] 道通. 其分也成也: 통용본에는 '成也'가 없다. 일본 고잔지高山寺가 소장하고 있는 필사본과 2/35[「齊物論」]에 있는 유사 어구 "道通爲一. 其分也成也"에 따라 복원한다.

하늘의 문은 아무것도 없는 것[无有]이다. 만물은 아무것도 없는 것으로부터 나온다. 존재하는 어떤 것[有]은 존재하는 다른 어떤 것에 의해서는 그것으로 존재할 수가 없다. 그것은 반드시 아무것도 없는 것으로부터 나와야 한다. 그러나 아무것도 없는 것은 언제까지나 아무것도 없는 것이다. 성인은 자신을 그것[是] 속에 간직한다.

道通. 其分也成也. 其成也毁也. 所惡乎分者. 其分也以備. 所以惡乎備者. 其有以備. 故出而不反. 見其鬼. 出而得. 是謂得死. 滅而有實. 鬼之一也. 以有形者象无形者而定矣. 出无本. 入无竅. 有實而无乎處. 有長而无乎本剽. (有所出而无竅者有實.) 有實而无乎處者宇也. 有長而无本剽者宙也. 有乎生. 有乎死. 有乎出. 有乎入. 入出而无見其形. 是謂天門. 天門者. 无有也. 萬物出乎无有. 有不能以有爲有. 必出乎无有. 而无有一无有. 聖人藏乎是.

(『장자』 제23편 [「경상초」])

|주| 후기 묵가를 제외하고, 초기 중국 사상가들 가운데 공간 개념과 시간 개념을 완전히 추상화했다고 알려진 자는 없다. 우宇와 주宙에 상응하는 단어는 차라리 '공간적 우주cosmos-as-spatial'와 '시간적 우주cosmos-as-temporal'인 것으로 보인다. 여기서 장자는 『장자』의 다른 곳에서는 분명하게 나타나지 않는 생각을 하나 보여주고 있다. 즉 분석하는 습관은 우리를, 변화의 과정이 계속되고 있음에도 불구하고 마치 죽은 인간의 귀신처럼 존속하는, 경직되고 정태적인 사물들로 이루어진 가공의 우주 한가운데로 데려간다는 것이다. 특히 유有를 무無로부터 분리해냄으로써 우리는 우주를 빈 공간 속에 붕 떠 있는 것처럼 상상하고, 그것을 사물들이 자라나온 살아 있는

뿌리로부터 단절시킨다. 성인은 아직 개개의 사물들로 구분되지 않은 전체, 즉 '아무것도 없는[无有]' (그래서 그 반대로 '아무것도 아닌 것도 없는[无无]', 60쪽 참조) 전체로 되돌아간다.

• • •

공간적 우주[宇]에서 궁극적으로 고정되어 있는 것은 하늘의 빛으로부터 계속해서 나온다. 하늘의 빛으로부터 계속해서 나오는 것, 그것을 다른 사람들은 한 명의 인간으로 보고, 다른 사물들은 하나의 사물로 본다.[122] 정해진 길을 따르는[123] 사람만이 항구성을 지닌다. 항구성을 지닌 자, 인간은 그를 저버리지만, 하늘은 그를 돕는다. 인간이 저버리는 자는 '하늘의 백성[天民]'이라 불리고, 하늘이 돕는 자는 '하늘의 아들[天子]'이라 불린다.

宇泰定者. 發乎天光. 發乎天光者. 人見其人. 物見其物. 人有循者. 乃今有恒. 有恒者. 人舍之. 天助之. 人之所舍. 謂之天民. 天之所助. 謂之天子.

(『장자』 제23편[「경상초」])

---

122) [원] 人見其人. 物見其物: 통용본은 '物見其物'이 없다. 『장자궐오』의 이문에 따라 복원하였다. 곽상의 주["하늘의 빛이 스스로 발하면, 인간은 그것을 인간으로 보고, 사물은 그것을 사물로 본다. 사물들은 각자 자기만 보고 다른 것은 보지 않는다. 그래서 태연하게 정해진다[天光自發, 則人見其人, 物見其物. 物各自見而不見彼, 所以泰然而定也]"]도 이를 뒷받침한다.
123) [원] 循: 통용본은 '脩'로 되어 있다. 마쉬룬의 『장자의증』에 따라 '循'으로 교정한다. 5/47[「德充符」]을 참조하라.

|주| 이 단락은 앞 단락과 긴밀하게 관련되어 있다. 지성에 의해 구분된 사물들의 인위적 고정성과 반대로, "궁극적으로 고정되어 있는 것[泰定]"은 사물들의 뿌리에서 계속해서 발생함으로써 도道의 유동적 경로에 따라 방향을 바꾸는 것이다(159쪽의 "궁극적으로 안정되어 있는 것은 그것들을 지탱해준다"를 참조하라). 이런 경로로 되돌아갈 수 있는 자는 행위 주체로서의 자신을 자신을 통해 작용하는 하늘로부터 구별해내는 분석의 습관을 떨쳐버리고, 단지 인간이라는 형체와 겉모습만을 가질 뿐이다.

• • •

옛사람들은 그 앎이 어딘가에 이르렀다. 어디에 이르렀는가? 어떤 사물도 아직 있지도 않다고 생각한 사람들이 있었다. 지극하고 철저하여 더 이상 덧붙일 게 없다. 그다음으로는 사물들이 있다고 생각한 사람들이 있었다. 그렇지만 그들은 삶을 어떤 것의 상실로 보고 죽음을 그것의 회복으로 보면서 죽음으로써 구분하는 일도 끝난다고 생각하는 쪽을 택하였다. 그다음 사람들은 이렇게 말했다. "처음에는 아무것도 없지만, 그후에는 삶이 있고, 살면 곧 죽는다. '아무것도 없음'을 머리로 삼고, '삶'을 몸통으로, '죽음'을 엉덩이로 삼아라. 누가 유有와 무无, 죽음과 삶의 조상[124]이 하나라는 것을 알고 있는가? 나는 그와 친구가 될 것이다."

이 셋은 비록 다르긴 해도 같은 왕족이다. [같은 왕족이지만 초나라의]

---

124) [원] 宗: 통용본은 '守'로 되어 있다. 『장자궐오』에 나온 이체자인 '宗'으로 교정한다.

'소씨[昭]'와 '경씨[景]'는 세습된[125] 지위에 주목하게 하고, '굴씨屈氏'는[126] 분봉받은 봉토에 주목하게 한다는 점에서 셋은 하나가 아니다. '생명'을 갖는다는 것은 시야를 흐리는 것이 들러붙는 것이다. 그것을 벗겨내는 것을 '옮겨 다니는 그것[移是]'이라고 한다. 옮겨 다니는 그것에 대해 말해보자. [말하는 순간 그것은 이미 달라져서] 말하고 있는 것은 그것이 아닌 게 된다. 그러나 그것이 무엇인지는 알 수가 없다. 동지 무렵 납臘제사에서 바치는 제물은 내장들과 발굽들로 이루어져 있는데, 이것은 널리 나눠줄 수 있으면서도 결코 나눠줄 수 없다. 집을 보는 자는 방들과 사당을 둘러보며, 그것들을 다 둘러보고 나서는 그 집의 뒷간으로 간다.

그런 것으로 간주된 '그것이다'는 옮겨 다니는 그것을 하나의 참조을 근거로 하여 집어낸다.[127] 그대가 옮겨 다니는 그것에 대해 이야기할 때 무슨 일이 벌어지는지를 보자. 이것은 '삶'을 그대의 뿌리로 삼고 지력을 그대의 권위로 삼는 것이며, 그것들을 판단의 근거로 사용하여 '그것이다, 아니다'를 운용하는 것이다. 이름과 실질[名實], 그대에게 정말로 그런 것들이 있어 그것들을 판단의 근거로 사용한다면, 그대는 스스로를 인질로 만드는 것이다. 그대에게 명예로운 것이 무엇인지를 다른 사람들로 하여금 결정하게 하고 그것을 판단의 근거로 사용한다면, 그대는 명예를 되찾기 위해 죽음도 불사할 것이

---

125) [원] 代: 통용본은 '戴'로 되어 있다. 장빙린章炳麟의 『장자해고莊子解故』에 따라 '代'로 교정한다.
126) [원] 屈: 통용본은 '甲'으로 되어 있다. 마쉬룬의 『장자의증』에 따라 '屈'로 교정한다.
127) [원] 爲是擧移是: "그런 것으로 간주된 시是는 옮겨 다니는 시를 식별해낸다." 2/35「齊物論」의 "故爲是擧莛與楹", 즉 "그러므로 그런 것으로 간주된 시是가 가느다란 식물 줄기와 굵은 기둥을 구별한다"를 참조하라.

다. 그런 사람들은 관직에 등용되는 것을 지혜롭다고 여기고 관직에서 물러나는 것을 어리석다고 여기며, 성공을 영광스러운 것으로, 실패를 치욕스러운 것으로 여긴다. 그것은 옮겨 다니는데도 불구하고, 요즘 사람들은 매미와 비둘기처럼 군다. 누구나 다 똑같은 생각을 하듯, 매미와 비둘기도 똑같은 생각을 한다.

古之人其知有所至矣. 惡乎至. 有以爲未始有物者. 至矣. 盡矣. 弗可以加矣. 其次以爲有物矣. 將以生爲喪也. 以死爲反也. 是以分已. 其次曰. 始无有. 旣而有生. 生俄而死. 以无有爲首. 以生爲體. 以死爲尻. 孰知有无死生之一守者. 吾與之爲友. 是三者雖異. 公族也. 昭景也. 著戴也. 甲氏也. 著封也. 非一也. 有生黬也. 披然曰移是. 嘗言移是. 非所言也. 雖然. 不可知者也. 臘者之有膍胲. 可散而不可散也. 觀室者周於寢廟. 又適其偃焉. 爲是擧移是. 請常言移是. 是以生爲本. 以知爲師. 因以乘是非. 果有名實. 因以己爲質. 使人以爲己節. 因以死償節. 若然者. 以用爲知. 以不用爲愚. 以徹爲名. 以窮爲辱. 移是今之人也. 是蜩與學鳩. 同於同也.

(『장자』제23편[「경상초」])

|주| 우리는 마치 초나라 왕족에 세 계파가 있는 것처럼 '삶'을 세 부분으로 구분해서 식별한다. 우리는 봉토처럼 경계로 둘러쳐진 사물은 (굴씨 계파가 분봉받은 봉토의 이름을 따서 명명되듯이) '살아 있다[生]'고 명명하고, 다른 둘의 위상은 그들의 선후의 지위에 따라 (소씨와 경씨가 초나라 왕들의 계보에 있는 조상들의 이름을 따서 명명되듯이) 명명한다. 성인은 구분짓는 습관을 버림으로써 "그것이다, 아니다"로 판가름될 국면들로부터 "옮겨 다니는 그것"으로 되돌아간다. 전자는

후자로부터 추상화된 것일 뿐이다. 그러나 우리는 매미와 비둘기가 장거리 비행은 불가능하다는 데에서 의견 일치를 보는 것(100쪽 이하를 참조하라)만큼이나 무의미한 국지적이고 일시적인 의견 일치로 스스로를 뒷받침하면서, 살아 있는 국면을 근본적인 것으로 보고, 당대인들에게 무엇이 그것이고 무엇이 그것이 아닌지를 우리를 위해 결정하게 한다.

• • •

남백南伯의 자기子綦가 팔걸이에 팔꿈치를 기댄 채 앉아 있었다. 하늘을 우러러보면서 숨을 내쉬는데, 마침 안성자顔成子가 들어오면서 그를 보고는 말했다.

"선생님께서는 만물들 가운데 가장 으뜸이십니다! 정말로 형체를 말라빠진 뼈처럼 만들 수 있고 마음을 불 꺼진 재처럼 만들 수 있는 것입니까?"

자기가 말했다.

"내 일찍이 산속의 동굴에 산 적이 있었다. 그때 전화田禾가 내게 인사하러 한번 왔었는데, 제나라 백성들이 그 일로 세 차례나 그에게 축하를 해주었다. 이건 분명 내가 먼저 선수를 친 것이고, 그가 그것을 알았던 것이다. 내가 분명 무언가를 팔려고 내놓았고, 그가 그것을 사간 것이다. 내가 먼저 선수를 치지 않았다면,[128] 그가 어떻게 알았겠는가? 내가 팔려고 내놓지 않았다면, 그가 어떻게 살 수 있었겠

---

128) [원] 我必先之. … 若我而不先之: 통용본은 '我必先之. … 若我而不有之'로 되어 있다. 대구법에 따라 '有'를 '先'으로 교정한다.

는가? 아! 나는 자아를 상실한 사람을 안타깝게 여겼고, 또 그 사람을 안타깝게 여기는 사람을 안타깝게 여겼고, 또 그 사람을 안타깝게 여기는 사람을 안타깝게 여겼다. 그 뒤로 나는 매일 점점 더 물러나게 되었다."

南伯子綦隱几而坐. 仰天而嘘. 顏成子入見曰. 夫子物之尤也. 形固可使若槁骸. 心固可使若死灰乎. 曰. 吾嘗居山穴之中矣. 當是時也. 田禾一覩我. 而齊國之衆三賀之. 我必先之. 彼故知之. 我必賣之. 彼故鬻之. 若我而不先之. 彼惡得而知之. 若我而不賣之. 彼惡得而鬻之. 嗟乎. 我悲人之自喪者. 吾又悲夫悲人者. 吾又悲夫悲人之悲者. 其後而日遠矣.

(『장자』 제24편 [「서무귀」])

|주| 남백의 자기는 안타까워하는 것은 호오의 대상을 구별하는 잘못을 범하는 것임을 잘 알고 있다. 그래서 자신이 안타까워했다는 사실을 안타까워하고 있으며, 안타까워하는 자아와 안타깝게 여겨지는 자아의 순환에 빠지고 있다. 제2편[「사물들을 고르게 만드는 분류」]에 나오는 첫 번째 일화(115쪽 이하)에서 자기는 '그 자신의 짝'과 '그 자신의 자아' 양쪽 모두를 상실하는 무아지경 속에서 이분법을 벗어나며, 안성자유는 그가 더 이상 전날 팔걸이에 기대 있던 사람이 아니라고 선언한다. [「서무귀」의] 이 이야기는 원래 제2편의 도입부에 있다가 폐기된 내용이 틀림없고, 편집자는 그 부분을 새롭게 시작하기 위해 적어도 첫 번째 문장을 수정하였던 것이 분명하다.

● ● ●

안성자유顔成子游가 남곽南郭[129]의 자기子綦에게 말했다.

"저는 선생님의 말씀을 들은 지 일 년이 지나서는 거칠게 날뛰었지만, 이 년이 지나서는 유순해졌습니다. 삼 년이 지나서는 사물들이 서로 뒤바뀌었지만, 사 년이 지나서는 사물들은 단지 사물들일 뿐이었습니다. 오 년이 지나서는 신묘한 것[130]이 찾아왔고, 육 년이 지나서는 귀신이 들어왔습니다. 칠 년이 지나서는 저는 완전히 하늘에 속하게 되었고, 팔 년이 지나서는 삶과 죽음을 구별하지 않게 되었습니다. 구 년이 지나자 위대한 비결을 갖게 되었습니다.

'살아 있는' 것도 때가 되면 '죽은' 것으로 간주됩니다. 삶과 죽음 양쪽에 대해 공평할 것을 권하는 것은 우리가 죽음에 대해 사사로운 태도를 보여왔기 때문입니다.[131] 어떤 근원이 있기 때문에 우리는 살아 있는 양陽의 국면에 있게 된 것입니다. 그 근원이 없었더라면 과연 그렇게 되었겠습니까? 우리는 언제쯤 나아가고 언제쯤 나아가지 않을까요? 하늘에는 역법의 수[曆數]가 있고, 땅에는 사람들이 셈할 때 의거하는 날짜가 있습니다. 저는 어디에서 그 답을 찾아야 할까요?

'우리가 어디에서 끝날지를 누구도 모르는데, 어떻게 운명이라는

---

129) [역] 南郭: 통용본은 '東郭'이라고 되어 있다. 그레이엄은 「사물들을 고르게 만드는 분류」의 도입부에 나오는 남곽南郭 자기의 일화를 고려하여 이 일화에 나오는 동곽東郭 자기도 남곽 자기가 되어야 한다고 본 듯하다.

130) [원] 五年而神來: 통용본에는 '神'이 없다. 첸무의 『장자찬전』, 230에 따라 '神'을 삽입한다.

131) [원] 生有爲死也. 勸公以其私死也: '有'는 '又'와 같다. 통용본에는 '私'가 없다. 『장자궐오』의 이문에 따라 '私'를 복원한다. 곽상의 주["지금 공평할 것을 권하는 이유는 그 죽음이 사사로움으로부터 말미암기 때문이다[今所以勸公者, 以其死之由私耳]"]와 성현영의 소["사람이 살아 움직이면서 죽을 자리로 가는 이유는 그 삶을 사사롭게 아껴서 공정할 수 없기 때문이다. 그래서 권면하여 인도하는 것이다[所以人生而動之死地者, 由私愛其生, 不能公正, 故勸導也]"]도 이 점을 뒷받침한다.

것이 없을 수 있겠는가?' — 우리가 어디에서 시작되었는지를 누구도 모르는데, 어떤 운명이 있을 수 있었겠습니까? '그대가 한 일에 응하는 것이 있다면, 그것이 귀신 말고 뭐라는 말인가?' — 응하는 것이 아무것도 없었다면, 그것이 어찌 귀신일 수 있었겠습니까?"

顔成子游謂南郭子綦曰. 自吾聞子之言. 一年而野. 二年而從. 三年而通. 四年而物. 五年而神來. 六年而鬼入. 七年而天成. 八年而不知死不知生. 九年而大妙. 生有爲死也. 勸公以其私死也. 有自也. 而生陽也. 无自也. 而果然乎. 惡乎其所適. 惡乎其所不適. 天有歷數. 地有人據. 吾惡乎求之. 莫知其所終. 若之何其无命也. 莫知其所始. 若之何其有命也. 有以相應也. 若之何其无鬼邪. 无以相應也. 若之何其有鬼邪.

(『장자』 제27편 [「임시 거처로부터 나온 말」])

|주| 장자는 (136-137쪽에서와 마찬가지로) 사물들의 시작이라는 관념을 가지고 논리적인 유희를 벌이고 있다. 삶과 죽음을 구별하는 순간, 두 국면 가운데 더 뒤에 오는 쪽에 '죽음'이라는 명칭을 부여해야 하고, 따라서 죽음에 삶보다 더 유리한 위상을 부여해야 한다. 또한 인간이 천수를 다하거나 아니면 요절을 하는 이유가 무엇인가라는 쟁점을 제기한다면, 공자는 '운명'이라고 대답할 것이고 묵가는 '귀신에 의한 상과 벌'이라고 대답할 것이다. 그러나 어떤 근원이 있다고 가정하는 것은 그 근원 이전에 어떤 시간이 있음을 뜻하는 것이고, 따라서 앞에 오는 (양陽, 즉 삶의) 국면은 그것에 앞서는 국면보다는 뒤에 오는 국면으로 간주될 수 있다. 그렇다면 어떻게 근원을 운명지어진 것으로 보거나(그 운명을 명하는 것이 아직 없을 텐데 말이다) 귀

신의 작용으로 볼 수 있겠는가(귀신이 상을 주거나 벌을 내릴 것이 아무것도 없을 텐데 말이다)?

• • •

궁수인 예羿는 아주 작은 표적을 맞추는 데에는 뛰어났지만, 다른 사람들이 자신을 칭찬하는 일을 그만두게 하는 데에는 서툴렀다. 성인은 하늘에 속한 것에는 뛰어나지만 인간에 속한 것에는 서툴다. 하늘에 속한 것에도 뛰어나고 인간에 속한 것에도 능숙한 것, 이것은 오로지 완전한 사람[全人]만이 할 수 있다. 동물만이 동물일 수 있고, 동물만이 하늘의 것일 수 있다. 완전한 사람은 하늘을 싫어하고 하늘로부터 인간에게 들어온 것을 싫어하며, 무엇보다도 '그것이 하늘로부터 내게 왔는가, 아니면 인간으로부터 내게 왔는가?'라는 질문을 싫어한다.[132]

---

[132] [원] 唯蟲能蟲. 唯蟲能天. 全人惡天. 惡人之天. 而況吾天乎人乎: "동물만이 동물일 수 있고, 동물만이 하늘처럼 처신할 수 있다. 완전한 사람은 하늘 같은 특성을 싫어하고, 인간 속에 있는 하늘 같은 특성을 싫어하며, 무엇보다도 '나는 하늘처럼 처신하고 있는가 인간처럼 처신하고 있는가?'라는 질문을 싫어한다." [위의 본문 번역과는 해석이 조금 다르다] '하늘처럼 처신한다'는 의미의 천天과 '인간처럼 처신한다'는 의미의 인人의 동사적 용법은 『장자』에서는 매우 흔하지만, 하늘의 작용을 싫어하도록 유도하는 것은 유례가 없는 일이다. 곽경번郭慶藩(『莊子集釋』, 831)은 오惡를 '어디에?', '어떻게?'라는 의문사로 보려고 하였고, ['全人惡天'을] "全人惡知天"으로, 즉 "완전한 사람은 하늘에 대해 어떻게 아는가?"로 바꾸어 썼다. 많은 사람이 더 좋은 제안이 없어서 이 사례를 따르지만(최근에는 천구잉陳鼓應의 『장자금주금역莊子今註今譯』, 676), 구문론적으로 볼 때 '어떻게'를 의미하는 오惡 뒤에는 동사가 오고, '하물며~'를 의미하는 황況 앞에는 긍정문이 와야 한다는 사실을 회피할 수는 없을 것이다.

羿工乎中微. 而拙乎使人无己譽. 聖人工乎天而拙乎人. 夫工乎天而俍乎人者. 唯全人能之. 唯蟲能蟲. 唯蟲能天. 全人惡天. 惡人之天. 而況吾天乎人乎.

(『장자』 제23편[「경상초」])

|주| 장자는 대체로 하늘을 높이거나 하늘과 인간의 이분법을 부정한다. 그가 인간의 편을 드는 것은 아주 드문 일이어서, 그런 구절이 있으면 많은 사람이 거기서 억지로 다른 의미를 끌어내려고 한다. 그러나 좀 더 면밀히 고찰해보면 다음과 같은 사실을 알 수 있다. 장자는 자신의 사상에서 최후로 남는 가장 완강한 이분법과 맞붙어 씨름하기 위해 하늘과 인간 중 하늘이 **그릇된** 쪽으로 보이는 관점을 찾지 않을 수 없었고, 그를 통해 하늘을 옳은 쪽으로만 보는 너무도 잘 알려져 있는 그 관점과 균형을 유지하려고 하였다. 도가나 장인의 숙련된 기술이 보여주는 자발성에서는 결국 하늘의 작용과 인간의 작용을 구별할 수가 없다. 만약 구별하려고 한다면, 하늘에 속하는 것으로 남는 것은 순수하게 동물적인 것이 될 테고, 이런 관점에서는 하늘을 택하는 것이 그릇된 것이 된다.

• • •

"임시 거처로부터 나온 말[寓言]은 열에 아홉은 효과가 있다. 무게가 나가는 말[重言]¹³³⁾은 열에 일곱은 효과가 있다. '넘쳐흐르

---

133) [원] 重言: '무게가 나가는 말.' 화자의 배후에 깔린 경험의 정도가 권위가 되는 말. 현대의 편집자들은 이것을 고대의 성인으로부터 인용한 말로 보려는 경향

는' 말[巵言]은 매일 새로워져 하늘의 숫돌로 그것을 매끄럽게 고른다."

"임시 거처로부터 나온 말은 열에 아홉은 효과가 있다."— 어떤 일을 분류하기 위해 외부의 관점을 차용하는 것이다. 아버지가 자기 아들의 중매를 서지는 않는다. 아버지가 아들을 칭찬하는 것은 아버지가 아닌 자가 칭찬하는 것만큼 감명을 주지는 못하기 때문이다. 이 관점의 책임은 내게 있는 것이 아니다. 그 책임은 다른 사람에게 있다. 내 관점이 그의 관점과 똑같을 경우 그는 응하겠지만, 그렇지 않을 경우 그는 다른 방향으로 돌아설 것이다. 그는 자기 관점과 일치하는 것에 대해서는 그런 것으로 간주된 '그것이다'로 찬성하고, 자기 관점과 일치하지 않는 것에 대해서는 그런 것으로 간주된 '아니다'로 거부할 것이다.

이 있다. 그러나 곽상이나 성현영 같은 옛 주석가들은 그렇게 생각하지 않았다. 27/3ff.[「寓言」]에 나오는 설명["자신이 지닌 권위에 따라 말하는 것이다. 여기서는 스승으로서 존경받을 만한지가 문제가 된다. 나이는 앞서면서도 나이 많은 사람에게 기대되는 경위와 본말이 없다면, 이것은 앞서는 것이 아니다. 다른 사람들보다 앞서는 자질이 없는 사람은 인간의 도[人道]가 없는 것이고, 인간의 도가 없는 사람은 진부한 사람이다"]은 성인에 대한 설명이 아니라 화자에 대한 설명이며, 그의 신용을 보증해주는 것들은 나이가 많다는 사실을 제외하면 비판적인 검토를 필요로 한다. 「천하의 아래쪽」에서는 무게가 나가는 말을 다른 두 유형의 말들과 구별하면서, 그것을 가장 '참된'(33/65 眞) 것으로 본다. 이는 분명 ['중언重言']이 그 화자가 인용을 한 것이 아니라 직접 말하고 있는 것임을 의미한다. 아무튼 장자는 『서경』과 『시경』, 또는 공자와 노자의 것으로 널리 정평이 나 있는 말들을 인용함으로써 자신의 주장을 뒷받침한 적이 결코 없는 작가라는 점에서 시선을 끈다. 그는 대놓고 가상의 대화를 만들어내는 것을 좋아한다. 그 대화들 속에서 공자가 자신의 의견으로 표현하는 것들은 실제로는 그랬을 법하지 않은 것들이다. 이것을 성인의 권위 뒤로 숨은 것과 매한가지라고 볼 수는 없을 것이다.

"무게가 나가는 말은 열에 일곱은 효과가 있다."— 자신이 지닌 권위에 따라 말하는 것이다.[134] 여기서는 스승으로서 존경받을 만한지가 문제가 된다. 나이는 앞서면서도 나이 많은 사람에게 기대되는 경위와 본말이 없다면, 이것은 앞서는 것이 아니다. 다른 사람들보다 앞서는 자질이 없는 사람은 인간의 도[人道]가 없는 것이고, 인간의 도가 없는 사람은 진부한 사람이다.

"'넘쳐흐르는' 말은 매일 새로워져 하늘의 숫돌로 그것을 매끄럽게 고른다."— 그것을 판단의 근거로 사용하고, 그 흐름이 스스로 제 갈 길을 찾아가게 하라. 이것은 천수를 다하는 방법이다. 말하는 것을 삼가면 모든 것이 고르게 된다. 고른 것은 말하는 것과 고르지 않고, 말하는 것은 고른 것과 고르지 않다. 그래서 "말을 하면서도 아무 말도 하지 않는다"는 격언이 있는 것이다. 말을 하면서도 아무 말도 하지 않으면, 평생 동안 말을 하면서도 말을 한 적이 없는 것이고,[135] 평생 동안 말하기를 거부하면서도 말을 못한 적도 없는 것이다.

---

134) [원] 所以己言也: "자신이 지닌 권위에 따라 말하는 것이다." 『장자』의 통용본은 관례적으로 己己, 즉 '자기self'와 이己, 즉 '그치다cease'의 자형字形의 차이를 선명하게 드러내지 않는다. 이 문장에서도 각 판본들의 선택은 마구잡이인 듯하다. 그러나 곽상과 성현영은 己로 읽으며, 이는 가장 오래된 원전의 권위를 갖는다. 현대의 편집자들은 대부분 이己로 읽으며, 그 문장을 "그것은 말하는 것을 그만두는 수단이다"로 이해한다. 그러나 이들에게는 무게가 나가는 말은 말을 하는 본인의 권위가 아니라 성인의 권위를 갖는다는 가정 말고는 다른 지침이 없었던 것으로 보인다. 4/19[「人間世」]의 "以己言", 즉 "자신이 지닌 권위에 따라 말하다"[그레이엄은 본문에서는 '자기를 위해 말하다'로 번역하였다]와 7/4ff.[「應帝王」]의 "以己出經式義度", 즉 "자기 독단으로 규칙들과 관례들, 형식들과 규제들을 공포한다"를 참조하라.
135) [원] 言无言. 終身言. 未嘗言: 통용본은 "无言. 終身言. 未嘗不言"으로 되어 있다. 일본 고잔지가 소장하고 있는 필사본에 따라 맨 앞에 '言'을 삽입하고 '不'을 삭제한다.

어떤 관점에서는 허용할 수 있는 것도 다른 관점에서는 허용할 수 없다. 어떤 관점에서는 그러한 것도 다른 관점에서는 그렇지 않다. 어째서 그러한가? 그러함에 따라 그러하다. 어째서 그렇지 않은가? 그렇지 않음에 따라 그렇지 않다. 어째서 허용할 수 있는가? 허용할 수 있음에 따라 허용할 수 있다. 어째서 허용할 수 없는가? 허용할 수 없음에 따라 허용할 수 없다. 어떤 관점에서는 그러하고, 어떤 관점에서는 허용할 수 있는 것은 그 사물에 고유한 것이다. 어떤 사물도 그렇지 않은 것이 없고, 어떤 사물도 허용할 수 없는 것이 없다. '넘쳐흐르는' 말이 매일 새로워져서 하늘의 숫돌로 갈아 그것을 매끄럽게 고르는 일이 없다면, 어느 누가 오래도록 지속될 수 있겠는가? 만물은 모두 씨앗들이며, 그 씨앗들로부터 그것들은 자라난다.

그것들은 서로 다른 형태를 하고서 차례로 물러난다.
시작과 끝이 하나로 이어진 고리와 같다.
누구도 어디에서 등급을 매겨야 할지를 파악하지 못한다.
그것을 '하늘의 녹로[天均]'라고 부른다.

'하늘의 녹로'는 바로 하늘의 숫돌[天倪]이다.

寓言十九. 重言十七. 巵言日出. 和以天倪. 寓言十九. 藉外論之. 親父不爲其子媒. 親父譽之. 不若非其父者也. 非吾罪也. 人之罪也. 與己同則應. 不與己同則反. 同於己爲是之. 異於己爲非之. 重言十七. 所以已言也. 是爲耆艾. 年先矣. 而无經緯本末以期年耆者. 是非先也. 人而无以先人. 无人道也. 人而无人道. 是之謂陳人. 巵言日出. 和以天倪. 因以曼衍. 所以窮年. 不言則齊. 齊與言不齊. 言與齊不齊

也. 故曰. 言无言. 言无言. 終身言. 未嘗言. 終身不言. 未嘗不言. 有自也而可. 有自也而不可. 有自也而然. 有自也而不然. 惡乎然. 然於然. 惡乎不然. 不然於不然. 惡乎可. 可於可. 惡乎不可. 不可於不可. 物固有所然. 物固有所可. 无物不然. 无物不可. 非卮言日出. 和以天倪. 孰得其久. 萬物皆種也. 以不同形相禪. 始卒若環. 莫得其倫. 是謂天均. 天均者. 天倪也.

(『장자』제27편[「임시 거처로부터 나온 말」])

|주| 이 세 가지 종류의 말은 책의 끝 부분[「천하의 아래쪽」](732쪽)에서 장자에 대해 설명하면서 장자 자신이 구사한 세 가지 언어 양식으로 거론된다.

(1) "임시 거처로부터 나온 말"은 전통적인 이해에 따르면 『장자』 특유의 방편인 가상적 대화를 통해 관념들을 표현하는 방식이다. 그러나 '임시 거처[寓]'는 「사물들을 고르게 만드는 분류」에 나오는 전문 용어이다. 이 용어는 일찍감치 쓰이지 않게 되었지만 이 절에서는 두루 쓰이고 있는데, 성인이 취하는 일시적 관점들을 가리킨다. 성인은 한 관점에 고착되지 않고 상황의 변화에 따라 그 관점들 사이를 왔다 갔다 한다(132-137, 151-152쪽). 여기서 임시 거처는 문맥상 논쟁을 벌이고 있는 상대편의 관점을 뜻한다. 모든 이가 시작부터 자기식으로 명칭을 사용하는 논쟁에서는 아무것도 해결될 수 없다. 그러나 일시적으로 상대방의 관점을 취해서 그 관점으로부터 논증을 진행한다면 그 사람을 설득하는 것이 가능하다 — 사실상 **대인논증**argumentum ad hominem은[136] 장자로서는 유일하게 쓸모 있는 논쟁 방법이었을 것이다.

---

[136] [역] 대인논증에 대해서는 제1부의 각주 103를 참조하라.

(2) "무게가 나가는 말"은 그 배후에 화자의 경험이 갖는 무게를 담지한 경구이다.

(3) "넘쳐흐르는 말"은 가장 중요한 언어 양식으로서, 전통적으로 일종의 그릇을 본떠서 이런 이름이 붙여진 것으로 추정되어왔는데, 그럴듯한 추정이다. 이 그릇은 내용물이 가득 차면 뒤집어져서 그것을 쏟아낸 뒤 다시 똑바로 서도록 설계되어 있다. 넘쳐흐르는 말은 도가적 행위 일반의 지적 자발성을 특징으로 하는 말하기이다. 이것은 의미와 관점의 변화를 통해서 평형을 유지해가는 유동적 언어이다.

• • •

정鄭나라 사람인 완緩이 구씨裘氏의 땅에서 자기가 배운 것을 단조롭게 웅얼대고 읊조리고 있었다. 그러더니 단 삼 년 만에 완은 유가의 학자가 되었다. 황하의 물이 물가에서 구 리 이내의 땅만 적시듯이, 완이 베푸는 은혜는 그의 친가와 외가와 처가에만 미쳤다. 그 때문에 그의 동생은 묵가가 되었다. 유가와 묵가가 논쟁을 벌이자 그들의 아버지는 나이 든 묵자[翟]를[137] 지지했다. 그러다 십 년 후 완은 자살하였다. 완은 그의 아버지의 꿈속에 나타나더니 이렇게 말했다. "아버지의 아들을 묵가가 되게 한 사람은 바로 저였습니다."

어째서 그는 자기 무덤을 돌아보지 않는 것일까? 그는 이미 가을의 측백나무에 맺힌 열매가 되어 있었다. 조물자가 한 인간에게 보답할

---

137) [원] 翟: 적翟은 묵자墨子의 이름이다[묵자의 본명은 묵적墨翟이다]. 곽상과 성현영은 이것을 완의 동생의 이름으로 간주하는데, 언뜻 보기에는 묵자의 이름으로 생각된다. 이것은 분명 공자를 종종 구丘로 부르듯이 묵자를 [성 없이] 이름으로만 가볍게 부른 것이다.

때에는 그 인간에게 보답하는 것이 아니라, 하늘로부터 들어와 그 인간 안에 깃들어 있는 것에 보답한다. 그는 다른 것[彼]으로 대했고, 그래서 다른 것으로 대하도록 만들었다. 저런 부류의 사람은 어떤 식으로든 자기를 다른 사람들과 다르다고 생각해서, 그 부모도 자기 밑에 두는 지경에 이르게 된다. 그것은 똑같이 신분이 천한 마을 사람들이 우물물을 마시려고 하면서 서로 머리채를 잡고서 싸우는 것과 같다. 그래서 요즘 같은 시대에는 모든 사람이 完 같은 사람이라고 말할 수 있을 것이다. 자신의 입장을 '그것[是]'인 선택지로 생각하는 것, 덕德을 지닌 자는 그렇게 할 줄 모르며,[138] 도道를 지닌 자는 더 말할 것도 없다. 옛날에는 이것을 '하늘로부터 달아난 것에 대한 형벌'이라고 불렀다.

鄭人緩也. 呻吟裘氏之地. 祇三年. 而緩爲儒. 河潤九里. 澤及三族. 使其弟墨. 儒墨相與辯. 其父助翟. 十年而緩自殺. 其父夢之曰. 使而子爲墨者予也. 闔胡嘗視其良. 旣爲秋柏之實矣. 夫造物者之報人也. 不報其人. 而報其人之天. 彼. 故使彼. 夫人以己爲有以異於人.

---

138) [원] 使其弟墨. … 使而子爲墨者予也. … 彼. 故使彼. … 自是. 有德者以不知也: "그 때문에 그의 동생은 묵가가 되었다. … '아버지의 아들을 묵가가 되게 한 사람은 바로 저였습니다.' … 그는 피彼로 대했고, 그래서 피彼로 대하도록 만들었다. … 자신의 입장을 시是인 선택지로 생각하는 것, 덕德을 지닌 자는 그렇게 할 줄 모른다. …" 이 구절은 제2편[「齊物論」]에서처럼 양자택일의 시是와 피彼를 대비시키면서, 전자와 마찬가지로 후자를 동사적 용법으로 사용하고 있다. 2/27[「齊物論」]의 "自彼則不見. 自知則知之", 즉 "그대들이 자기 자신 역시 피彼로 대한다면, 그것들(*시是와 피彼)은 나타나지도 않을 것이다. 그대들이 자기 자신에 대해 안다면, 그것들에 대해서도 알게 될 것이다"와 26/37[「外物」]의 "彼敎不學. 承意不彼", 즉 "피彼로 대하는 가르침을 그는 배우지 않았고, 그 관념을 받아들였으나 피彼로 대하지는 않았다"를 참조하라.

以賤其親. 齊人之井. 飮者相捽也. 故曰. 今之世皆緩也. 自是. 有德者以不知也. 而況有道者乎. 古者謂之遁天之刑.

(『장자』 제32편 [「열어구」])

|주| 이것은 유가와 묵가의 '그것이다, 아니다'의 구체적 사례이다(126-127쪽을 참조하라). 유가의 도덕에서는 가족이 우선하고, 묵가에서 사랑은 모든 사람에게 평등하다. 처음에 그것[是]과 다른 것[彼]을 찢어놓으면서 그런 쟁점을 제기한 사람은 자기가 거부한 선택지를 다른 누군가가 선택하는 데 대해 스스로 책임이 있다.

• • •

공자가 사관인 대도大弢와 백상건伯常騫과 희위狶韋에게 물었다.
"위衛나라의 영공靈公은 술고래에다 쾌락에 탐닉하였고, 나라의 정사는 돌보지 않은 채 사냥개를 앞세우고 그물과 주살로 사냥하는 것을 일삼았으며, 다른 나라의 제후들을 상대하는 데 소홀했습니다. 그런데도 그가 영공, 즉 '영험한 제후'로 여겨지는 건 어째서입니까?"
대도가 말했다.
"그건 바로 상황에 따른 '그것이다' 때문이오."
백상건이 말했다.
"영공은 세 아내와 같은 통 속에서 목욕을 하곤 했소.[139] 그러나 사추史鰌가 어명을 받들어 알현할 때면 다른 사람들을 시켜 폐백을 들

---

139) [원] 목욕의 일과 세 아내의 일은 별개인 듯이 보인다. 陳鼓應, 『莊子今註今譯』, 750ff.를 참조하라.

게 하고 그가 어전을 향해 올 때에는 팔로 그를 부축하게 하였소. 영공은 그야말로 경박하기 짝이 없으면서도, 현인을 대할 때에는 그렇게 기품이 있었던 것이오. 이것이 바로 그가 영험한 제후로 여겨졌던 까닭이오."

희위가 말했다.

"영공이 죽자 사람들이 그를 선산에 묻으려고 점을 쳤는데 점괘가 불길하다고 나왔소. 그래서 모래언덕[사구沙丘]에 묻으려고 점을 쳤더니 점괘가 길하다고 나왔소. 그런데 땅을 몇 길 파 들어갔더니 돌로 된 관이 하나 나오는 게 아니겠소. 사람들이 그 관을 깨끗이 씻어 살펴보았더니, 거기에 이런 문장이 새겨져 있었소.

'내 자손들이 나를 계속 여기에 두려 할지 못 믿겠도다.
영공이 이곳을 빼앗아 그의 무덤으로 만들지니.'

영공이 영험하게 생각된 것은 오래전으로 거슬러 올라간다오. 이 두 사람이 그것에 대해 뭘 알겠소!"

仲尼問於大史大弢伯常騫狶韋曰. 夫衛靈公飮酒湛樂. 不聽國家之政. 田獵畢弋. 不應諸侯之際. 其所以爲靈公者何邪. 大弢曰. 是因是也. 伯常騫曰. 夫靈公有妻三人. 同濫而浴. 史鰌奉御而進所. 搏幣而扶翼. 其慢若彼之甚也. 見賢人若此其肅也. 是其所以爲靈公也. 狶韋曰. 夫靈公也. 死卜葬於故墓. 不吉. 卜葬於沙丘而吉. 掘之數仞. 得石槨焉. 洗而視之. 有銘焉. 曰. 不馮其子. 靈公奪而里之. 夫靈公之爲靈也久矣. 之二人何足以識之.

(『장자』 제25편 「칙양」])

|주| 영靈, 즉 '영험함magical'은 그 공公의 사후에 붙여진 시호로서, 어떤 점에서는 그의 통치 방식을 묘사하는 단어로 선택된 것이다. 이것은 악의적 의미를 띤 것일 수도 있지만, 공자는 그 제후에게 어울리지 않는 찬사로 보고 있다. 사실상 『장자』의 곳곳에서 이 단어는 좋은 의미로 사용되고 있다(성인은 "영험한 창고[靈府]"에서 자신의 재능을 꺼내 오고, "영험한 망루[靈臺]"에 올라 보다 넓은 시야를 확보한다). 무덤을 발견한 이 불가사의한 일은 영공이 태어나기 전부터 하늘의 축복을 받았거나 저주를 받았음을 보여주는데, 어느 쪽인지는 분명치 않다.

이 이야기의 핵심은 영공(자연의 힘으로 깊은 인상을 주는 부류의 사람)의 자질은 하늘이 그를 낳을 때 형성된 그의 바탕 속에 있는 것이지, 인간의 도덕적 판단이나 인생을 어떻게 살아야 할지에 대한 의도적 선택과는 아무런 상관이 없다는 점이다. "조물자가 한 인간에게 보답할 때에는 그 인간에게 보답하는 것이 아니라, 하늘로부터 들어와 그 인간 안에 깃들어 있는 것에 보답한다."(289-290쪽)

• • •

공자가 초나라로 가다가 의구蟻丘에 있는 한 객사에 묵게 되었다. 마침 이웃에 살고 있는 사람들이 남편과 아내, 가신과 하녀 할 것 없이 모두 지붕에 올라가 있었다.

자로子路가 말했다.

"이 북적대는 사람들은 대체 뭐 하는 자들입니까?"

공자가 말했다.

"저들은 한 성인을 따르는 종복들이다. 그 성인은 백성들 사이에

파묻혀 살고 논밭 사이에 몸을 숨기고 있다. 그의 이름을 둘러싼 소문은 사라졌지만, 그 스스로는 무한한 목표를 품었다. 그는 입으로는 말을 하지만 마음으로는 결코 말한 적이 없다. 그는 세상을 떠나고 있는 중이니, 내심 세상은 상관할 만한 가치가 없다고 여기기 때문이다. 그는 육지에 잠겨 있는 자이다. 그 사람은 바로 시남市南의 의료宜僚가 아닐까 싶다."

자로가 그를 부르자고 청했다.

공자가 말했다.

"그러지 말거라. 그는 내가 자기보다 사람들의 주의를 더 끈다는 것을 알고 있고,[140] 내가 초나라로 가고 있는 길이라는 것도 알고 있다. 내가 틀림없이 초나라 왕에게 부탁해 자신을 조정에 불러들일 거라고 생각할 것이다. 나를 제후들에게 아첨 떠는 사람쯤으로 여기겠지. 그런 자는 아첨꾼과 직접 만나는 것은 말할 것도 없고, 그 사람의 이름만 들어도 당황할 것이다. 상황이 이런데 어째서 그가 아직 그곳에 있을 거라고 생각하느냐?"

자로가 가서 보았더니, 그 집에는 아무도 없었다.

孔子之楚. 舍於蟻丘之漿. 其隣有夫妻臣妾登極者. 子路曰. 是稯稯何爲者邪. 仲尼曰. 是聖人僕也. 是自埋於民. 自藏於畔. 其聲銷. 其

---

140) [원] 彼知丘之著於己也: "그는 내가 자기보다 사람들의 주의를 더 끈다는 것을 알고 있다." 곽상은 저著를 명明으로 정의하고, 성현영은 그 명明을 '알고 있다aware of(明識)'는 의미로 받아들여, "그는 내가 그를 알고 있다는 것을 안다"고 풀이한다. 그러나 한대 이전의 저著의 일상적 용법은 능격동사ergative verb로서, '눈에 띄게 되다become visible, 주의를 끌다attract attention'라는 의미이다. ['능격동사'에 대해서는 뒤에 오는 제3부의 각주 108에 포함된 옮긴이 설명을 참조하라.] 나는 이런 의미 말고 저著가 명明과 일치한다는 증거를 보지 못했다.

志无窮. 其口雖言. 其心未嘗言. 方且與世違. 而心不屑與之俱. 是陸沈者也. 是其市南宜僚邪. 子路請往召之. 孔子曰. 已矣. 彼知丘之著於己也. 知丘之適楚也. 以丘爲必使楚王之召己也. 彼且以丘爲佞人也. 夫若然者. 其於佞人也. 羞聞其言. 而況親見其身乎. 而何以爲存. 子路往視之. 其室虛矣.

(『장자』 제25편 [「칙양」])

|주| 지붕 위에 있던 사람들은 아마도 그 유명한 성인을 보고 있었을 것이다.

• • •

"거드름 피우며 잘난 체하는 자들이 있는가 하면, 한 치 앞을 못 보는 자들도 있고, 어깨가 구부정한 자들도 있다."

'거드름 피우며 잘난 체한다'고 불리는 자들은 스승의 말을 익힐 때, 거드름을 피우고 잘난 체하면서 사사롭게 자기만족에 빠져 자기는 더 이상 배울 게 없다고 생각한다. 그러나 그들은 어떤 사물도 아직 있지도 않다는 것을 아직 모르고 있다. 그래서 '거드름 피우며 잘난 체한다'고 한 것이다.

'한 치 앞을 못 보는' 자들로 말하자면, 돼지 몸에 붙어사는 이[蝨]와 같은 부류이다. 그 이는 돼지의 길고 억센 털이 드문드문 난 곳을 골라 살면서 그곳을 널따란 저택과 훤히 트인 공원이라고 생각하고, 돼지의 가랑이나 발굽, 젖통이나 허벅다리 사이의 깊숙이 구석진 곳을 안전한 집이나 편안한 숙소로 여긴다. 그러나 그 이가 모르는 게 있다. 어느 날 아침 백정이 팔을 휘두르면서 부싯깃을 펼쳐놓고 연기 나는 횃불을 피워 올리면 돼지와 그 이는 둘 다 파삭하게 구워질 것이다. 이런 자들은 자신을 둘러싼 환경에 따라 앞으로 나아가고, 환경에 따라 뒤로 물러난다. 이들을 '한 치 앞을 못 보는 자들'이라 부른다.

'어깨가 구부정한 자들'은 순舜이 바로 그 예가 될 것이다. 양의 살코기는 개미를 탐하지 않지만 개미는 양의 살코기를 탐한다. 양의 살코기에서 풍기는 냄새가 구미를 자극하기 때문이다. 순의 행적은 구미를 당기는 냄새를 풍기고 백성들은 그 냄새에 즐거워한다. 그래서 순은 그들을 피해 사는 곳을 세 번이나 옮겼지만, 가는 곳마다 모두 도회지로 변했다. 그가 지등至鄧의 황무지로 갔을 때에는 십만 호의 가구가 형성되었을 정도였다. 요는 순의 탁월함에 대해 듣고는 불모의 땅에서 그를 발탁하면서 말했다. "부디 와서 우리를 번성케 해주길 바라오." 순은 불모의 땅에서 발탁될 무렵에 이미 늙어서 시력과 청력이 떨어지고 있었지만, 그에겐 평화롭게 천수를 마치는 것이 허락되지 않았다. 그래서 그는 '어깨가 구부정한 자'로 불리게 되었다.

이 때문에 신묘한 사람은 군중이 몰려드는 것을 싫어한다. 군중이 몰려들어도 그는 냉담할 뿐이다. 냉담하기 때문에 군중은 그로부터 얻을 게 없다. 그래서 그는 누구와도 지나치게 친밀한 일이 없고, 또 누구와도 지나치게 소원한 일이 없다. 그는 자신이 가진 덕德을 소중하게 여기고 자기 안의 평화를 길러서[141] 하늘[142]에 따르려고 한다.

---

141) [원] 煬: '養'과 같다(奚侗, 『莊子補註』).
142) [원] 天: 통용본은 '天下'로 되어 있다. 둔황의 필사본과 『회남자』 제7편 [「精神訓」]에 있는 유사 어구에 따라 '下'를 삭제한다(劉文典, 『淮南鴻烈集解』, 7/6B/3ff.).

참사람[眞人]이 의미하는 것도 바로 이것이다. 그는 자신의 지식은 개미에게 던져줘버리고, 물고기에게서 어림잡는 법을 발견하며, 의도적인 속셈들은 양에게 던져줘버린다.

有暖姝者. 有濡需者. 有卷婁者. 所謂暖姝者. 學一先生之言. 則暖暖姝姝而私自說也. 自以爲足矣. 而未知未始有物也. 是以謂暖姝者也. 濡需者. 豕蝨是也. 擇疏鬣. 自以爲廣宮大囿. 奎蹄曲隈. 乳間股脚. 自以爲安室利處. 不知屠者之一旦鼓臂布草. 操煙火. 而己與豕俱焦也. 此以域進. 此以域退. 此其所謂濡需者也. 卷婁者. 舜也. 羊肉不慕蟻. 蟻慕羊肉. 羊肉羶也. 舜有羶行. 百姓悅之. 故三徙成都. 至鄧之虛. 而十有萬家. 堯聞舜之賢. 擧之童土之地. 曰冀得其來之澤. 舜擧乎童土之地. 年齒長矣. 聰明衰矣. 而不得休歸. 所謂卷婁者也. 是以神人惡衆至. 衆至則不比. 不比則不利也. 故无所甚親. 无所甚疏. 拘德煬和. 以順天. 此謂眞人. 於蟻棄知. 於魚得計. 於羊棄意.

(『장자』 제24편 [「서무귀」])

|주| 떼 지어 다니는 물고기들은 별다른 노력 없이도 서로 간에 적절한 거리를 정확하게 유지하면서 이리저리 누비고 다닌다. 이 점이 장자를 매혹시킨 듯하다. 241-242, 325쪽을 참조하라.

• • •

염상[冉相氏]이 상황에 따라 생성의 방향이 바뀌는 고리의 중심을 얻었다. 다른 사물들과 그는 끝도 없고 시작도 없었으며, '얼마 동안?'이라는 물음도 없었고 이런저런 때도 없었다. 다른 사물들과 함게 날마다 변화된다는 것은 단 한 번도 변화된 적이 없는 것이다. 어째서 그것들을 놓아주려고 하지 않는가? 그대는 하늘을 스승이라고 하면서도 정작 하늘을 스승으로서 따르지 못한 채 다른 사물들과 함께 희생물이 되고 있으니, 어째서 그런 일들로 동분서주해야만 하는가? 성인에게는 하늘도 존재한 적이 없고 인간도 존재한 적이 없다. 사물들의 시작이 있었던 적도 없고 사물들이 있었던 적도 없다. 그대가 같은 시대를 살고 있는 사람들과 나란히 길을 걸어가면서 떨어져 나가지 않는다면, 그리고 그대를 걸어가게 한 원천이 그대 뜻대로 되고 고갈되는 일도 없다면, 그대가 일부러 합치되려고 애쓸 이유가 뭐가 있겠는가?

탕湯이 온 세상을 지배하게 되었을 때, 관문의 관리자였던 등항登恒이 그에게 이것을 가르쳐주었다. 탕은 그를 사부로서 따르면서도 그의 학파 안에 갇히지는 않았다. 탕은 등항에게서 생성의 방향이 상황에 따라 어떻게 바뀌는지를 배웠다. 이를 행하기 위해 그는 명칭들을 제정하였고, 또 이 명칭들에는 상응하는 규칙들이 있었다. 그러면서도 그는 그것에 대한 이중의 관점을 관철시켰다. 공자로 말하자면 그에게 이것을 가르친 사부는 바로 그 자신의 철저한 사유였다.

용성[容成氏]이 말했다.

"하루하루를 빼버리면 한 해도 없다.

그 안에 아무것도 없는 것은 그 밖에도 아무것도 없다."

冉相氏得其環中以隨成. 與物无終无始. 无幾无時. 日與物化者. 一不化者也. 闟嘗舍之. 夫師天而不得師天. 與物皆殉. 其以爲事也若之何. 夫聖人未始有天. 未始有人. 未始有始. 未始有物. 與世偕行而不替. 所行之備而不洫. 其合之也若之何. 湯得其司御門尹登恒. 爲

之傅之. 從師而不囿. 得其隨成. 爲之司其名. 之名贏法. 得其兩見.
仲尼之盡慮. 爲之傅之. 容成氏曰. 除日无歲. 无內无外.

(『장자』 제25편[「칙양」])

제3부

'장자 학파'의 선집

1
장자에 관한 이야기들

장자가 죽은 뒤, 조직화된 장자 학파가 존재했다는 증거는 전혀 없다. 사실 장자 생전에 그에게 정식으로 가르침을 받은 제자도 거의 없었다.[1] 그러나 〈외편〉의 후반부에 있는 여섯 편(제17-22편[「가을 홍수」, 「지극한 즐거움」, 「본성에 통달하기」, 「산 나무」, 「전자방」, 「지가 북쪽에서 노닐다」])에는 〈내편〉의 사상과 어법이 곳곳에 스며들어 있으며, 〈잡편〉에도 그런 자료들이 다수 있다. 장자로부터 직접 영향을 받았든 아니면 순전히 글을 통해서 영향을 받았든 간에, 기원전 3세기나 2세기에는 장자식으로 생각하고 쓰는 전통이 분명히 존재했다.

그렇다면 우리는 그 자료들이 장자 본인이 쓴 것이 아님을 어떻게 알 수 있을까? 그 자료들은 대체로 사상과 문체 양 방면에서 장자를 깎아내리려고 하지 않으며, 때로는 장자의 사상을 더 명쾌하고 더 직접적으로 설명함으로써 그를 밝게 조명해주기도 한다. 그러나 선을

---

1) 311쪽을 참조하라.

너무 분명하게 긋는 것은 좋지 않겠지만, 〈내편〉에서 〈외편〉으로 넘어가면서 영락없이 무언가가 변했다는, 즉 온건화되었다는 인상을 받게 된다. 그리고 〈잡편〉에 있는 '잡동사니' 편들[「경상초」, 「서무귀」, 「척양」, 「사물들을 자기 밖에 두다」, 「임시 거처로부터 나온 말」] 중 약간을 제외하면, 장자 자신의 목소리를 다시는 선명하게 들을 수 없다는 인상도 받는다. 장자의 보다 대담하고 난폭한 측면 — 불구자들, 기형을 가진 자들, 죄를 지어 신체 일부를 훼손당한 자들 같은 등장인물들, 초나라 광인 접여의 허튼소리, 쓸모없음에 대한 과도한 찬사, 깨어 있는 상태와 꿈꾸는 상태의 동일시, 상식을 타파하면서 죽음과 직면하는 태도(이것은 장자 자신에 관한 몇몇 이야기 속에서 만나긴 한다) — 이 사라진다. 그렇다 보니 장자의 지성적 차원, 즉 이성을 가지고 놀고 이성에 도전하면서 즐거워하는 그의 면모가 두드러진다. 물론 〈외편〉에도 그것을 아름답게 보여주는 사례가 있기는 하다. 물고기가 행복한지를 두고 혜시와 벌인 논쟁이 그것이다.[2] 공자에 대한 태도에 있어서도 변화가 있다. 〈내편〉의 장자는 이 위대한 도덕주의자인 공자에 대해 근본적인 존경심을 버린 적이 없다. 그러나 〈외편〉에서는 (장자에게는 부차적 인물에 불과했던) 늙은 담[노담老聃]이 두드러지게 부상해서 공자를 **내려다볼** 수 있을 정도가 된다. 〈외편〉에서는 늙은 담의 책으로 간주되는 『노자』의 메아리가 울려 퍼지기 시작하지만, 〈내편〉에서 장자는 『노자』의 존재에 대해 알고 있음을 밝힌 적이 없다. 또한 이후의 도가에게는 중요하지만 〈내편〉에서는 아직 발견되지 않는 철학적 용어들이나 용어들의 합성어들도 〈외편〉에서 볼 수 있게 된다. 예컨대 인간의 '본성(성性)', 도가들이 벗어나려고 한 세속적

---

[2] 325-326쪽을 참조하라.

'속박들(루累)', 동등한 위치에서 쌍을 이루고 있는 '도道와 덕德', 성인의 고요함을 표현하는 새로운 용어인 '정靜' 등이 그러하다. 반면 마술로 불러낸 듯 우리 앞에 불쑥 "저 거대한 흙덩이[夫大塊]"로 등장하는 우주의 형상은 더 이상 볼 수 없고,『장자』의 마지막 편인 「천하의 아래쪽[천하]」에서 장자에 대한 설명이 나오기 전까지는 사물들을 만드는 '조물자'에 대한 이야기도 다시는 들을 수 없다.

장자 학파의 진수인 〈외편〉의 후반부에 있는 여섯 편에서는 학자들도 널리 공유하는 한 가지 막연한 인상을 받게 된다.『장자』의 편집자가 〈내편〉을 편집하기 위해 선정했던 주제들을 중심으로 해서 다시 장자 학파의 자료들을 분류하려고 했다는 점이다. 이를테면 「지극한 즐거움[지락]」(제18편)은 「근원적 조상인 스승[대종사]」과 죽음의 주제를 공유하는가 하면, 「본성에 통달하기[달생]」(제19편)는 「생명을 기르는 데 중요한 것[양생주]」을 떠올리게 한다. 서로 다른 저자들이 쓴 단락들을 이렇게 다시 모아놓았다는 사실은 이 편들 가운데 단 한 사람의 손에서 나왔다는 분명한 증거를 보여주는 편이 어째서 한 편도 없는지, 또 명백히 하나의 전체를 이뤄야 할 자료들이 어째서 이 편 저 편에 분산되어 있는지(예컨대 379-381쪽에서 논의할 '큰 사람[大人]' 단락들을 보라)를 잘 해명해준다. 본서에서는 '장자 학파'의 자료들을 전부 다, 또는 죽 이어서 번역하지는 않을 것이다. 역자가 방향감각을 상실한 채 장황한 흐름 속에 표류할 위험이 상존하는 책에서는, 정합적인 맥락 속에 배치할 수 있는 단락들만을 뽑아서 병렬시키고, 이를 통해 그 단락들이 서로를 해명하는 데 도움이 되도록 하는 편이 더 안전할 것이다.

〈내편〉의 제2편[「사물들을 고르게 만드는 분류」] 끝 부분에서 장자는 딱 한 차례 자신이 겪은 개인적 사건에 대해 언급하고 있다. 자신이 꿈에 나비가 되었던 사건이다. 이 경우를 제외하면 〈내편〉에서 장자를 등장인물로 만날 수 있는 경우는 그가 혜시와 주고받은 대화 속에서뿐이다. 그러나 장자 학파는 장자에 대한 많은 설화를 보존하거나 만들어냈고, 그 설화들은 〈외편〉과 〈잡편〉 곳곳에 흩어져 있다. 이 설화들 속에서 장자는 결코 다른 이야기들 속에 등장하는 노자老子처럼 이상적인 유형의 도가적 성인으로만 나오지는 않는다. 그 설화들이 보여주는 유머와 시, 논리와 죽음에 대한 불경스러운 태도, 세속적 성공에 대한 경멸, 새와 동물과 나무의 이미지들, 이런 요소들은 그 속에 등장하는 장자를 영락없이 〈내편〉의 저자인 장자와 연관 짓게 한다. 그 설화들이 기원전 3세기 이전에 만들어진 것인지, 아니면 대부분 기원전 2세기에 만들어진 것인지는 확실하지 않다. 그러나 그것들이 만일 전설이라면, 그 전설은 강한 개성을 가진 한 역사적 인물을 둘러싸고 축적된 것이며, 그가 살아 있을 때 이미 그를 유명하게 만들고 단순화시키고 또 위장시킨 것이다. 오스카 와일드나 아인슈타인, 처칠 같은 사람들의 일화는 확실한 증거가 없을지라도 믿을 만한 것들이거나 불신을 접어도 될 만한 것들이다. 장자에 대한 설화들 역시 마찬가지이다. '어쨌거나 그는 그런 사람이었으니까(실제 그렇지 않았다 해도 그렇게 할 만한 사람이었으니까)!'

  중국이 기원전 1000년경으로 거슬러 올라가는 견고한 정치사와 신빙성 있는 연대를 가지고 있다고는 해도, 관직에 있는 사람이 아니고서는 기록으로 남지 못했다. 그리고 관직에 있었던 사람이라도 생몰 연대가 모호해지는 데 몇 세대가 걸리지 않았다. 장자가 기원전 4세기 후반에 살았던 것이 확실하다고 보는 것은 그의 친구인 혜시가 (기원전 370-319년에 재위한 양梁나라 혜왕惠王의 치하에서) 관직을 맡았고, 또 중국의 사상사와 문학사에서 일반적으로 그의 연대를 그쯤으로 잡기 때문이다. 그러나 『장자』에서 장자에 관한 이야기들을 쓴 저자들은 장자가 언제쯤 살았는지 확실하게 말하는 법이 없으며, 자신들이 거론하는 통치자들의 이름을 정확하게 밝히는 일도 좀처럼 없다. 어떤 이야기는 시대 설정에 명백하게 착오가 있는데, 유가를 놀리기 위해 일부러 그렇게 한 것으로 보인다. 그 이야기는 장자가 공자와 동시대인인 노魯나라 애공哀公(기원전 494-468)을 방문한 것으로 되어 있어, 거기에 등장하는 무명의 유자儒者가 공자(기원전 479년에 사망)임을 암시한다.[3] 기원전 2세기 말의 위대한 역사가 사마천司馬遷은 장자의 연대를 밝히려고 시도했다. 그에게는 『장자』라는 책(아직은 33편으로 축약되지 않은) 자체를 제외하면 도움 받을 수 있는 자료가 거의 없었지만, 그의 짤막한 기록의 도입부가 되는 몇 문장에는 [『장자』에는 없는] 정보들이 조금 덧붙어 있다.

"장자는 몽蒙 지역 사람이다. 이름은 주周이다. 그는 한때 옻나무 정원(칠원漆園)의 관리였다. 그는 양나라의 혜왕(기원전 370-319[재위])과 제齊나라의 선왕宣王(기원전 319-301[재위])과 같은 시대 사람이었다."

몽은 송宋나라, 지금의 허난성河南省에 있는 지역이었다. '옻나무 정원'은 말 그대로 정원이었을 수도 있고 정원 이름을 딴 도시였을 수도 있지만, 장자가 나무들과 동물들에 대해 보여주는 전문적 식견으로 볼 때 전자일 가능성이 크다. 사마천은 또한 『장자』에 훼손된 채로 실려 있는 한 이야기의 전문을 그대로 복원해주고 있다(본서에서는 이 전문을 사용할 것이다). 그것은 어떤 왕이 장자에게 사신을 보낸 이야기인데, 역사가들은 그 왕을 초나라의 위왕威王(기원전 339-329[재위])과 동일시한다.

---

3) [역] 323쪽을 참조하라.

여기에는 장자에 관한 이야기들(장자가 단지 그의 철학의 대변자로만 나오는 대화들과는 뚜렷이 구별되는 이야기들)을 전부 모아놓았는데, 〈내편〉에 나오는 장자 관련 일화들과 '양가의 문집'에 나오는 한 편의 일화는 해당 부분에 번역해 실어놓았으므로 제외시켰다. 이 이야기들을 읽을 때 기억해야 할 것이 있다. 이 이야기들은 다른 무엇보다도 장자가 그의 사후에 여섯 세대를 거치면서 어떻게 **보였는**지를 증언하고 있다는 점이다. 예를 들어 그의 냉정한 숭배자들은 〈내편〉에서 보여준 쓸모없음에 대한 무조건적 찬사에 대해 유보적 입장을 취했을 것이라고 짐작해볼 수 있다. 산목山木의 이야기는 그들의 존재를 재확인시켜줄 것이다.[4] 그 이야기에서 장자는 쓸모없음과 쓸모 있음 사이에서 신중한 타협안을 제시한다. (이 이야기는 다른 전거로도 입증되는 가장 오래된 이야기로서, 기원전 240년경의 『여씨춘추呂氏春秋』에 완전한 형태로 나타난다.) 장자가 당당하게 높은 관직을 거부하는 설화들에 열광하는 사람들 중에는 자신의 신념에 따라 세속적 성공을 경멸하는 자들도 있을 테고, 자신의 실패에 대한 변명의 구실을 찾는 자들도 있을 것이다. 장자가 누더기를 입은 채 위魏나라 왕을 찾아가 그 시대가 재능 있는 사람들에게 불리하다고 한탄하는 이야기가 있는데, 이 이야기를 쓴 저자는 후자에 속하는 사람일 것이다.[5]

전설을 통해서 그 인간 자체를 꿰뚫어 보는 데에도 어떤 비결이 있지는 않을까? 일화를 수집하는 자들과 전설을 퍼뜨리고 다니는 자들은 우리가 한 사상가에 대해 가장 알고 싶어 하는 것, 즉 그 사상가의 지적 성장의 단계들과 방향에는 별 관심을 두지 않는다. 공자의 삶과

---

4) 320쪽을 참조하라.
5) 318-319쪽을 참조하라.

전설에 대한 집착이 스며들어 있는 〈내편〉의 경우, 그 저자가 틀림없이 유가로 성장했을 것이라는 의혹을 불러일으킨다.[6] 그러나 장자를 등장인물로 하는 일화들 속에는 그런 추측을 지지할 만한 것이 전혀 없다. 단지 장자가 유생의 복장을 하고 나타났다는 언급이 이례적으로 한 차례 있을 뿐이다.[7] 그러나 그 이야기들을 살펴보는 것은 장자의 지적 발전의 궤적을 더듬어가는 데 보기만큼 무익하지는 않을 것이다. 장자는 중국 역사를 통틀어 공적인 삶보다 사적인 삶을 우선시하는 대안적 전통을 대표하는 최초의 사상가로서 후대에 '도가道家'로 분류되긴 하지만, 그 전통은 기원전 350년경 '양생養生' 학파와 더불어 시작되었다. 이 학파에 속한 사람들은 신비주의적 요소가 없는 사상가인 양주楊朱를 따르는 '양가楊家'이다. 양주는 육체의 생명과 건강이 세속적인 소유물들보다 더 중요하다고 주장하는 데 만족했다. 장자가 이 입장으로부터 출발했을 것이라고 추측해볼 수도 있다. 만약 그렇다면 장자에 관한 이야기들은 도가들뿐만 아니라 기원전 200년경까지 존속했던 양가 학파 사이에서도 퍼져 있었을지 모른다. 현재 『장자』에는 이런 경향을 대변하는 부분이 있는데, 네 개의 편이 한 조를 이루고 있다. 본서에서는 그 부분을 '양가의 문집'이라는 제목으로 번역하였다. 이 가운데 하나인 「검에 대한 연설[설검]」은 장주莊周가 어떤 왕에게 검술을 장려하는 일을 관두라고 설득하고 있는 내용의 설화이다. 여기서 장주는 철학자로서의 특성이 너무 결여되어 있어 그와 동명이인인 다른 어떤 사람에 관한 이야기가 아닐까 하는 생각이 들 정도이다. 이 이야기의 핵심은 생명이란 무용하게 희생

---

6) 49쪽 이하를 참조하라.
7) 641쪽 이하를 참조하라.

되어서는 안 된다는 것이다. '양가의 문집' 말고도 장주가 감하의 제후[감하후監河侯]에게 들려준 길 위의 물고기 이야기[8]에도 유사한 주장이 나온다. 한 사람이 생존을 위한 도움을 필요로 할 때에는 그 이외의 도움들은 모두 공허한 제스처에 지나지 않는다는 주장이다. 더 주목할 만한 이야기도 있다. 장주가 조릉雕陵에 몰래 들어갔다가 불안에 시달리게 되는 섬뜩한 이야기이다. 이 이야기는 장자가 의혹에 빠지는 유일한 사례이다.[9] 여기서 장자는 틀림없이 '양생'을 가르치는 선생이며, 그의 관심사는 오로지 자신의 몸을 돌보고 자신을 위태롭게 하는 속박들을 피하는 데에만 있다. 그는 이상한 까치를 사냥하려다 동물들이 서로 잡아먹는 장면을 목격하게 되고, 그리고 이번에는 자신이 숲의 관리인에게 쫓기게 된다. 그는 이 경험을 통해 자연의 전체 질서는 생존에 불리하다는 점을 발견하고는 사흘 동안 혼란에 빠진다. 이 이야기에서 단순히 '앞으로는 더 조심하라'는 교훈만을 얻는 사람도 있을 것이다. 그러나 장자는 "사물들이 서로에게 속박된다는 것은 사물들의 고유한 모습"임을 발견하며, 외적으로 연루되는 관계들을 끊음으로써 생존을 확보할 수 있다는 희망은 점차 무너져간다. 이 이야기는 장자의 철학적 전환을 가져올 위기에 대한 기억을 간직하고 있는 것이 아닐까? (나는 리 이얼리Lee H. Yearley와의 대화에서 이런 생각을 하게 되었다.) 어쩌면 이 사흘을 보내면서 장자는 자기중심적 태도로부터 자기를 버리는 태도로, 즉 개인의 생존에 대한 양가적 강박으로부터 「근원적 조상인 스승」의 주제인 죽음과의 화해로 나아갔을지도 모른다.

---

8) 315쪽을 참조하라.
9) 312-313쪽을 참조하라.

장자가 '장주'라는 성과 이름으로 불리고 있는 이야기들은 (사마천의 이야기[10]와 장자가 자신에 대해 이야기하고 있는 나비 일화를 제외하면) 조릉에 몰래 들어갔던 이야기와 길 위의 물고기 이야기뿐이다. 이것은 '자子'라는 존칭 접미사를 얻기 이전의 그의 삶의 한 단계에 대해 암시해준다. 조릉의 이야기는 그에게 인저繭且라는 이름을 가진 제자와 이름이 밝혀져 있지 않은 스승이 한 명 있었음을 알려준다는 점에서 독특하다. 이 이외에 장자에게 제자가 있었다고 언급한 부분은 단 두 차례뿐이다.[11] 이로부터 장자에 대한 개략적인 전기를 써보고 싶은 마음이 일어난다. 아마도 그는 유가적 훈도를 받으며 자랐을 것이다. 그러나 그는 양가 밑에서 공부를 했고, 오래지 않아 양가의 훌륭한 선생이 되어 제자들도 생겨났다. 그러나 조릉의 이야기에 반영되어 있을 법한 위기를 겪으면서 그는 그만의 길을 갔다. 더 독특한 설화들에 나오는 불경스러운 이탈은 그 정황을 잘 보여준다. 그는 혜시를 찾아갔고, 혜시가 시간과 공간의 역설들을 이용해서 만물이 하나라는 점을 증명하는 것을 들었다. 그러나 장자의 태도는 논리에 저항하는 방향으로 굳어져갔고, 그는 황홀경을 체험하면서 모든 구분, 특히 삶과 죽음의 이분법을 해소하는 전망을 발견하였다. 그는 두 번 다시 형식적인 교사가 되지 않았다 — 한 이야기에서 그는 생계를 위해 짚신 짜는 일을 한다.[12] 그리고 그의 제자들이란 「덕이 충만하다는 징표」의 첫머리에 나오는 발이 잘린 왕태를 따라다니는 사람들처럼 그가 평상시 하는 말에서 무언가를 얻기 위해, 또는 그가 눈앞에

---

10) 314쪽 이하를 참조하라.
11) 320, 331쪽을 참조하라.
12) [역] 316쪽을 참조하라.

있다는 사실만으로도 무언가를 얻으리라 생각해서 그의 주변을 어슬렁거린 사람들이었다. 이 모든 것은 추측이지만, 그 이야기들을 배열하는 데 필요한 전체 틀거리를 만들어줄 것이다. 그 이야기들은 조릉에서의 위기로부터 시작해서 장자의 임종으로 끝을 맺는다.

||||||||||||

장주가 울타리로 둘러쳐져 있는 조릉의 금렵구 안을 돌아다니다, 남쪽에서 이상한 까치 한 마리가 날아오는 것을 보았다. 그 까치는 날개의 너비가 일곱 척이나 되고 눈의 지름은 한 치가 족히 되었다. 그 새는 장주의 이마를 건드리고 지나가더니 밤나무 숲에 내려앉았다.

장주가 말했다.

"이 무슨 새란 말인가? 저렇게 거대한 날개를 가지고도 멀리 날아가지 못하고, 저렇게 큰 눈을 가지고도 나를 알아차리지 못하다니."

그는 옷을 걷어 올리고 잰걸음으로 다가가서는 활을 들어 금방이라도 쏠 태세를 갖추었다.

그러다 그는 매미 한 마리가 있음을 알아차렸다. 그 매미는 아름다운 그늘 한 뙈기를 막 찾아 들어왔는데, 자신에게 무슨 일이 일어날 수 있는지를 잊고 있었다. 마침 나뭇잎 뒤에 숨어 있던 사마귀 한 마리가 그 매미를 낚아채려는데, 그 사마귀도 이득만 눈에 보여 자신에게도 몸이 있다는 사실을 까맣게 잊고 있었다. 그리고 그 이상한 까치는 이익에 눈이 멀어 자신의 가장 참된 추동력을 잊은 채 사마귀를 잡을 틈만 엿보고 있었던 것이다.

장주는 거북한 듯이 말했다.

"음! 사물들이 서로에게 속박된다는 것은 사물들의 고유한 모습이

구나. 한 종이 다른 종을 불러들인다."

그가 활을 내던지고 숲 밖으로 달려가는데, 마침 숲의 관리인이 그를 쫓아오면서 큰소리로 욕을 퍼부었다.

집으로 돌아온 장주는 사흘간[13] 침울해했다. 그러자 인저가 물었다.

"선생님께서는 요즘 왜 그렇게 침울해하십니까?"

"나는 몸을 돌보면서도 내게 무슨 일이 일어날 수 있는지를 까맣게 잊고 있었다. 진흙탕 물에 비친 영상들을 바라보고 있느라 맑은 연못을 잃어버렸다. 게다가 나는 스승님께서 이렇게 말씀하시는 것을 들었다. '그것이 그곳의 관습이라면 그 관습이 하라는 대로 하라.'[14] 나는 조릉을 돌아다니면서 내게 무슨 일이 일어날 수 있는지를 까맣게 잊었다. 이상한 까치가 내 이마를 건드리고 지나가자 밤나무 숲으로 잘못 들어갔고 나의 가장 참된 추동력을 잃어버렸다. 그래서 밤나무 숲의 관리인은 나를 범인 취급한 것이다. 이것이 내가 침울해하는 이유이다."

莊周遊於雕陵之樊. 覩一異鵲自南方來者. 翼廣七尺. 目大運寸. 感周之顙而集於栗林. 莊周曰. 此何鳥哉. 翼殷不逝. 目大不覩. 蹇裳躩步. 執彈而留之. 覩一蟬. 方得美蔭而忘其身. 螳蜋執翳而搏之. 見得而忘其形. 異鵲從而利之. 見利而忘其眞. 莊周怵然曰. 噫. 物固相累. 二類召也. 捐彈而反走. 虞人逐而誶之. 莊周反入. 三日不庭. 藺

13) [원] 三日: 통용본은 '三月'로 되어 있다. 『경전석문經典釋文』에 나온 이체자인 '三日'로 교정한다.
14) [원] 從其令: 통용본은 '令'이 '俗'으로 되어 있다. 『장자궐오莊子闕誤』에 나온 이체자인 '令'으로 교정한다.

且從而問之. 夫子何爲頃間甚不庭乎. 莊周曰. 吾守形而忘身. 觀於濁水而迷於淸淵. 且吾聞諸夫子曰. 入其俗. 從其令. 今吾遊於雕陵而忘吾身. 異鵲感吾顙. 遊於栗林而忘眞. 栗林虞人以吾爲戮. 吾所以不庭也.

(『장자』 제20편[「산 나무」])

• • •

초나라의 위왕이 장주가 뛰어나다는 소문을 듣고는 사신을 보내 귀한 예물로 그를 맞이하여 재상으로 삼으려고 하였다. 장주는 웃으면서 초나라 사신에게 말했다.

"천금이라면 실로 막대한 이익이고, 경卿과 재상은 무척 존귀한 지위요. 그러나 그대는 교제郊祭 때 제물로 바쳐지는 소를 보지 못했소? 몇 년간 배불리 먹이다 수놓은 비단으로 치장해 태묘太廟로 끌고 들어가오. 그때 가서 그 소가 한낱 어미 잃은 송아지이기를 바란다 한들 무슨 도움이 되겠소? 당장 떠나서 나를 욕보이지 마시오. 나는 차라리 더러운 시궁창에서 즐겁게 헤엄치고 놀지언정, 한 나라를 좌지우지하는 자에게 붙들리지는 않을 것이오. 평생토록 관직을 거부하며 내 뜻대로 살고자 하오."[15]

---

15) [역] 통용본은 다음과 같다. "어떤 왕이 장자를 초빙하려 했다. 장자는 왕의 사신을 응대하며 말했다. '그대는 저 제물로 바쳐지는 소를 보지 못했소? 수놓은 비단으로 치장하고 꼴과 콩을 먹이다가, 제사 때 태묘로 끌고 들어가오. 그때 가서 그 소가 한낱 어미 잃은 송아지이기를 바란다 한들 무슨 도움이 되겠소?'[或聘於莊子. 莊子應其使曰. 子見夫犧牛乎. 衣以文繡. 食以芻菽. 及其牽而入於大廟. 雖欲爲孤犢. 其可得乎]"

楚威王聞莊周賢. 使使厚幣迎之. 許以爲相. 莊周笑謂楚使者曰. 千金. 重利. 卿相. 尊位也. 子獨不見郊祭之犧牛乎. 養食之數歲. 衣以文繡. 以入大廟. 當是之時. 雖欲爲孤犢. 豈可得乎. 子亟去. 無汚我. 我寧游戱汚瀆之中自快. 無爲有國者所羈. 終身不仕. 以快吾志焉.

(『장자』 32편 [「열어구」]. 훼손된 부분이 있어 『사기』 제63편에 따라 복원했다)

• • •

장주가 집이 가난해서, 감하의 제후에게 곡식을 꾸러 갔다.
그 제후가 말했다.
"꼭 꿔드리겠소. 내 머잖아 영지에서 세금을 거둘 텐데, 거기서 삼백 금을 그대에게 빌려드리리다. 그러면 되겠소?"
그러자 장주가 불끈 화를 내며 말했다.
"어제 제가 이리로 올 때 큰길 한가운데에서 저를 부르는 게 있었습니다. 고개를 돌려 수레바퀴 자국 속을 쳐다봤더니 거기에 붕어 한 마리가 있었습니다. 제가 물었습니다. '어이, 붕어야! 대체 어찌 된 일이냐?' 붕어가 말했습니다. '나는 동해東海의 파도를 관장하는 신하라네. 자네가 물 한 바가지만 갖다주면 나를 살릴 수 있을 것 같네만.' 저는 말했습니다. '꼭 갖다주겠네. 나는 지금 남쪽으로 여행을 가서 오나라와 월나라 왕을 찾아갈 참인데, 가서 서강西江의 물줄기를 그대가 있는 곳으로 돌리도록 하겠네. 그러면 되겠지?' 그러자 그 붕어는 발끈 화를 내면서 말했습니다. '나는 여태까지 한 번도 없던 적이 없는 걸 잃어서 몸 둘 곳이 없어졌네. 내게 필요한 것은 단지 나를 살려줄 물 한 바가지일 뿐이네. 자네가 말을 그렇게밖에 못 하겠다면, 건어물 가게의 진열대 맨 앞쪽에서 나를 찾는 게 더 나을 것일세.'

莊周家貧. 故往貸粟於監河侯. 監河侯曰. 諾. 我將得邑金. 將貸子三百金. 可乎. 莊周忿然作色曰. 周昨來. 有中道而呼者. 周顧視車轍中. 有鮒魚焉. 周問之曰. 鮒魚來. 子何爲者邪. 對曰. 我. 東海之波臣也. 君豈有斗升之水而活我哉. 周曰. 諾. 我且南遊吳越之王. 激西江之水而迎子. 可乎. 鮒魚忿然作色曰. 吾失我常與. 我无所處. 吾得斗升之水然活耳. 君乃言此. 曾不如早索我於枯魚之肆.

(『장자』 제26편 [「사물들을 자기 밖에 두다」])

● ● ●

송나라 사람 중에 조상曹商이라는 자가 있었는데, 왕의 명으로 진秦나라에 사신으로 갔다. 그가 출발할 때 수레 몇 대가 주어졌는데, 진나라 왕이 그가 마음에 들어 수레를 백 대 더 주었다. 그는 송나라로 돌아오는 길에 장자를 찾아가 말했다.

"빈민가의 좁은 골목에 사는 것, 곤궁하고 비참해져서 짚신이나 삼으며 생계를 유지하는 것, 목은 앙상하게 마르고 얼굴은 누렇게 뜨는 것, 나는 이런 것은 그리 잘하지 못한다오. 하지만 단번에 만 대의 수레를 보유한 군주의 눈에 들어 수레 백 대를 얻어서 내 뒤를 따르게 하는 것, 이것은 내가 잘하는 일이오."

장자가 말했다.

"진나라 왕이 병이 나서 의사를 부를 때면, 왕의 곪은 부위를 터뜨리거나 종기를 짜내는 자는 수레 한 대를 얻고, 왕의 치질을 핥는 자는 다섯 대를 얻는다 하오. 역겨운 부위를 치료할수록 수레를 많이 얻는다 하오. 물론 그대가 왕의 치질을 치료한 것은 아닐 테지요? 그런데 그대는 수레가 왜 이렇게 많은 것이오?

당장 나가주시오!"

宋人有曹商者. 爲宋王使秦. 其往也. 得車數乘. 王說之. 益車百乘. 反於宋. 見莊子曰. 夫處窮閭阨巷. 困窘織屨. 槁項黃馘者. 商之所短也. 一悟萬乘之主而從車百乘者. 商之所長也. 莊子曰. 秦王有病召醫. 破癰潰痤者得車一乘. 舐痔者得車五乘. 所治愈下. 得車愈多. 子豈治其痔邪. 何得車之多也. 子行矣.

(『장자』제32편[「열어구」])

• • •

어떤 사람이 송나라 왕을 알현하였는데, 왕이 그에게 수레 열 대를 하사했다. 그는 그 수레들을 뽐내며 자랑하려고 장자를 찾아왔다.

장자가 말했다.

"강가에 한 가족이 살고 있는데, 골풀을 짜서 생계를 꾸려가는 가난한 사람들이오. 그런데 어느 날 그 집 아들이 물속 깊이 잠수를 했다가 천금이나 나가는 진주를 발견했다오. 그런데 그 아버지가 아들에게 이렇게 말했소. '돌을 가지고 와서 이 진주를 산산이 부숴버려라. 천금이나 나갈 진주라면 틀림없이 구중 심연의 바닥에 사는 검은 용의 턱밑에 있었을 것이다. 그 용이 잠들어 있는 틈이 아니었다면, 너는 이 진주를 결코 얻지 못했을 것이다. 용이 깨어 있었다면, 네가 아주 작은 흔적이나마 남아 있었겠느냐?'

지금 송나라의 깊은 수렁은 구중의 심연에 비할 바가 못 되고, 송나라 왕은 검은 용보다도 더 사납소. 그가 잠들어 있는 틈이 아니었다면, 그대는 결코 수레를 얻지 못했을 것이오. 만일 송나라 왕이 깨어 있었다면, 그대는 가루가 되지 않았겠소?"

人有見宋王者. 錫車十乘. 以其十乘驕穉莊子. 莊子曰. 河上有家貧
恃緯蕭而食者. 其子沒於淵. 得千金之珠. 其父謂其子曰. 取石來鍛
之. 夫千金之珠. 必在九重之淵而驪龍頷下. 子能得珠者. 必遭其睡
也. 使驪龍而寤. 子尙奚微之有哉. 今宋國之深. 非直九重之淵也. 宋
王之猛. 非直驪龍也. 子能得車者. 必遭其睡也. 使宋王而寤. 子爲鳌
粉矣.

(『장자』 제32편 [「열어구」])

• • •

장자가 거친 천을 기워 만든 누더기 옷을 입고 끈으로[16] 단단히 동여맨 신발을 신고 위魏나라 왕에게 들렀다.
왕이 말했다.
"선생은 어찌 그리 풀이 죽어 있는 것이오?"
"가난한 것이지 풀이 죽은 것이 아닙니다. 도道와 덕德을 지닌 사람은 그것들을 행할 수 없을 때 풀이 죽습니다. 넝마를 걸치고 구멍 난 신발을 신고 있는 것은 가난한 것이지 풀이 죽은 것이 아닙니다. 이것은 불운한 때를 타고났다고 하는 것입니다. 폐하께서는 긴팔원숭이가 나무를 오르는 것을 못 보셨는지요? 녀석은 삼나무, 개오동나무, 녹나무를 보면 가지들 위로 튀어 올라가서 그 한가운데서 뛰어놉

---

16) [원] 以縻: 통용본은 '以'가 '正'으로 되어 있다. 천구잉陳鼓應에 따라 '以'로 교정한다(『莊子今註今譯』, 565).

니다. 그러면 예羿나 봉몽逢蒙 같은 자들도 활을 겨눌 틈을 찾지 못하지요. 그러나 녀석은 침이 돋은 뽕나무, 가시나무, 산사나무, 가시 많은 유자나무 사이에 있을 때에는 조심스럽게 나아가고 옆을 흘끗거리며 벌벌 떨고 주춤대고 후들거립니다. 뼈나 힘줄이 더 긴장해 있거나 덜 유연해서가 아닙니다. 녀석에게 어울리지 않는 환경인 데다, 녀석이 얼마나 날렵한지를 증명해 보일 여지가 전혀 없는 처지에 있기 때문입니다. 지금 파렴치한 재상들과 타락한 제후 사이에 있으면서 풀 죽지 않으려고 해봤자 얼마나 오래갈 수 있겠는지요? 심장이 도려내진 비간比干이 그 증거가 아니겠습니까?"

莊子衣大布而補之. 以廔係履而過魏王. 魏王曰. 何先生之憊邪. 莊子曰. 貧也. 非憊也. 士有道德不能行. 憊也. 衣弊履穿. 貧也. 非憊也. 此所謂非遭時也. 王獨不見夫騰猿乎. 其得枏梓豫章也. 攬蔓其枝而王長其間. 雖羿蓬蒙不能眄睨也. 及其得柘棘枳枸之間也. 危行側視. 振動悼慄. 此筋骨非有加急而不柔也. 處勢不便. 未足以逞其能也. 今處昏上亂相之間. 而欲无憊. 奚可得邪. 此比干之見剖心徵也夫.

(『장자』 제20편[「산 나무」])

• • •

장자가 산속을 가다가 큰 나무를 하나 보았는데, 잎과 가지가 무성하였다. 그런데 벌목하는 자가 그 옆에 멈춰 서기는 했지만 그 나무를 택하지는 않았다. 장자가 왜 그런지를 묻자 그가 말했다.

"이 나무로는 아무것도 할 수 없소이다."

장자가 말했다.

"이 나무는 목재로는 어디에도 쓸모가 없어 천수를 누리게 될 것이다. 그렇지 않겠는가?"[17]

산에서 내려온 장자는 한 친구 집에 머물게 되었다. 그 친구는 기뻐하며 어린 머슴에게 장자에게 대접할 거위를 한 마리 잡으라고[18] 하였다. 그 머슴이 물었다.

"두 마리 거위 중 한 마리는 꽥꽥거릴 수 있는데, 한 마리는 꽥꽥거리지를 못합니다. 어느 놈을 잡을까요?"

"꽥꽥거리지 못하는 놈을 잡아라."

다음 날 한 제자가 장자에게 물었다.

"어제 그 나무는 목재로는 어디에도 쓸모가 없어 천수를 누릴 수 있을 거라 하셨습니다. 그런데 오늘 주인장의 거위는 어디에도 쓸모가 없어 죽었습니다. 선생님의 입장은 어느 쪽이십니까?"

장자가 웃으며 말했다.

"나라면 어딘가에 쓸모가 있는 것과 어디에도 쓸모가 없는 것, 그 사이 중간쯤으로 입장을 정하고 싶을 것이다. 하지만 이것도 그럴듯해 보이기만 할 뿐 실제로는 그렇지 않다. 여전히 속박들을 떨쳐내지는 못했다. 그러나 도道와 덕德을 수레 삼아 타고 함께 떠돌아다닌다면, 그렇지 않을 것이다.

칭찬도 없이 비난도 없이

---

17) [원] 終其天年夫: 통용본은 "終其天年夫子"로 되어 있다. 『경전석문』의 본문에 따라 '子'를 삭제한다(陳鼓應, 『莊子今註今譯』, 546).
18) [원] 享: 통용본은 '烹'으로 되어 있다. 곽경번郭慶藩에 따라 '享'으로 교정한다(『莊子集釋』, 667).

어떤 때는 용이 되었다 어떤 때는 뱀이 되었다
때와 더불어 변화한다.
꼭 한 가지만 되는 걸 수긍치 말지니.

어떤 때는 올라갔다 어떤 때는 내려갔다 하면서, 얼마나 조화로운지를 척도로 삼아라. 만물의 조상을 따라 떠돌아다니면서 사물들을 사물들로 대하면서도 사물들에 의해 일개 사물이 되는 것을 마다한다면, 어떻게 속박당할 수 있겠는가? 이것은 신농神農과 황제黃帝의 법칙이다. 그러나 만물을 둘러싼 사실들이나 사람들에게 대대로 전해져오는 행위규범은 그렇지가 않다.

합쳐놓은 것은 곧 떨어질 것이고,
성취한 것은 곧 퇴락할 것이다.
정직함은 그 단단한 모서리가 무뎌질 것이고,
존경받으면 곧 비난도 받을 것이다.
무언가를 하면 놓치는 것이 꼭 있을 것이다.

우리가 현명하면 사람들이 나쁜 짓을 꾸밀 것이고, 우리가 어리석으면 사람들이 속이려 들 것이다. 그러니 어떤 일이 벌어질지를 어떻게 확신할 수 있겠는가? 슬프지 않은가? 제자들이여, 기록해두어라. 도道와 덕德이 아니면 어느 방향을 취하리오?"

莊子行於山中. 見大木. 枝葉盛茂. 伐木者止其旁而不取也. 問其故. 曰. 无所可用. 莊子曰. 此木以不材得終其天年夫. 出於山. 舍於故人之家. 故人喜. 命豎子殺雁而享之. 豎子請曰. 其一能鳴. 其一不能

鳴. 請奚殺. 主人曰. 殺不能鳴者. 明日. 弟子問於莊子曰. 昨日山中之木. 以不材得終其天年. 今主人之雁. 以不材死. 先生將何處. 莊子笑曰. 周將處乎材與不材之間. 材與不材之間. 似之而非也. 故未免乎累. 若夫乘道德而浮遊則不然. 无譽无訾. 一龍一蛇. 與時俱化. 而无肯專爲. 一上一下. 以和爲量. 浮遊乎萬物之祖. 物物而不物於物. 則胡可得而累邪. 此神農黃帝之法則也. 若夫萬物之情. 人倫之傳. 則不然. 合則離. 成則毀. 廉則挫. 尊則議. 有爲則虧. 賢則謀. 不肖則欺. 胡可得而必乎哉. 悲夫. 弟子志之. 其唯道德之鄕乎.

(『장자』 제20편 [「산 나무」])

• • •

장자가 노나라의 애공을 알현하였다.

애공이 말했다.

"우리 노나라에는 유가의 문도들은 많지만, 선생의 가르침을 닦는 자들은 많지 않소."

"노나라에는 유가들도 그리 많지 않습니다."

"온 나라가 유생의 복장[儒服]을 하고 있소. 그런데도 그리 많지 않다니, 무슨 뜻이오?"

"저는 유가들이 머리에 둥근 관을 쓴 사람은 하늘의 계절을 알고 있고, 발에 네모난 신발을 신은 사람은 땅의 지형을 알고 있으며, 허리띠에 반원 모양의 옥을 찬 자는 문제가 발생하면 이쪽인지 저쪽인지 단호하게 판단 내릴 수 있다고 말하는 것을 들었습니다. 그러나 도道를 지닌 군자가 꼭 그런 복장을 하는 것도 아니고, 그런 복장을 한 자가 꼭 도에 대해 아는 것도 아닙니다. 폐하께서 진실로 그렇지 않다고 생각하신다면, 나라 전역에 '도가 없는데도 이런 복장을 한 자는 사형에 처할 것이다'라고 선포해보지 않으시겠습니까?"

이에 애공이 장자가 말한 대로 선포하자, 닷새 만에 노나라에 감히 유생의 복장을 한 자가 사라졌다. 다만 한 사나이만이 그 복장을 하고 애공의 궁궐 문 앞에 서 있었다. 애공은 당장 그를 불러 그에게 나랏일에 대해 물었다. 그는 천변만화하여 결코 막힘이 없었다.

장자가 말했다.

"노나라 전역에 유가는 딱 한 사람 있을 뿐입니다. 그런데도 많다고 하시겠습니까?"

莊子見魯哀公. 哀公曰. 魯多儒士. 少爲先生方者. 莊子曰. 魯少儒. 哀公曰. 擧魯國而儒服. 何謂少乎. 莊子曰. 周聞之. 儒者冠圜冠者. 知天時. 履句屨者. 知地形. 緩佩玦者. 事至而斷. 君子有其道者. 未必爲其服也. 爲其服者. 未必知其道也. 公固以爲不然. 何不號於國中曰. 无此道而爲此服者. 其罪死. 於是哀公號之五日. 而魯國无敢儒服者. 獨有一丈夫儒服而立乎公門. 公卽召而問以國事. 千轉萬變而不窮. 莊子曰. 以魯國而儒者一人耳. 可謂多乎.

(『장자』 제21편 「전자방」])

• • •

장자가 복수濮水에서 낚시를 하고 있었다. 초나라 왕이 두 명의 대부를 시켜 그에게 다음과 같은 전갈을 보냈다.

"그대를 묶어둘 선물이 있소. 이 나라 전체이오."

장자는 낚싯대에 집중한 채 고개도 돌리지 않고 말했다.

"내 듣기로 초나라에는 신성한 거북이가 있다는데, 그 거북이는 죽은 지 삼천 년이나 되었다 하더군요. 왕께서는 그것을 잘 싸서 상자에 넣고는 조상들의 사당 높은 곳에 모셔두었다지요. 이 거북이가 죽어서 뼈만 남은 채 영예를 누리려 했겠습니까, 아니면 살아서 진흙 속에서 꼬리를 끌고 다니려 했겠습니까?"

"살아서 진흙 속에서 꼬리를 끌고 다니려고 했겠지요."

"얼른 가시오! 나는 진흙 속에서 꼬리를 끌고 다닐 것이오."

莊子釣於濮水. 楚王使大夫二人往先焉. 曰. 願以境內累矣. 莊子持竿不顧. 曰. 吾聞楚有神龜. 死已三千歲矣. 王巾笥而藏之廟堂之上. 此龜者. 寧其死爲留骨而貴乎. 寧其生而曳尾於塗中乎. 二大夫曰. 寧生而曳尾塗中. 莊子曰. 往矣. 吾將曳尾於塗中.

(『장자』 제17편 「가을 홍수」)

• • •

혜시가 양나라의 재상으로 있을 때, 장자가 그를 만나러 갔다. 그러자 누군가가 혜시에게 말했다.

"장자가 오고 있다 합니다. 그는 당신 대신 재상이 되고 싶어 합니다."

이에 혜시는 겁에 질려 사흘 밤낮을 온 나라를 뒤져 장자를 찾게 했다.

장자가 제 발로 찾아와 혜시에게 말했다.

"남쪽에 새가 한 마리 있다 하오. 봉황[원추鵷鶵]으로 불리는데, 알고 계시오? 그 봉황은 남해南海에서 출발해서 북해北海로 날아가지요. 그 사이 그 새는 오동나무가 아니면 앉아 쉬지 않고, 대나무에 맺히는 씨앗이 아니면 먹지 않으며, 달디 단 샘물만을 마신다오. 그런데 그때 마침 올빼미가 썩은 쥐 한 마리를 얻게 되었소. 봉황이 그 위를 날아가자, 올빼미는 그것을 올려다보고는 눈을 부릅뜨고 '쉬이!' 하고 소리를 질렀다 하오. 지금 그대는 그대의 양나라 때문에 소리 질러 나를 쫓아버리고 싶은 것이오?"

惠子相梁. 莊子往見之. 或謂惠子曰. 莊子來. 欲代子相. 於是惠子恐. 搜於國中三日三夜. 莊子往見之. 曰. 南方有鳥. 其名爲鵷鶵. 子知之乎. 夫鵷鶵. 發於南海而飛於北海. 非梧桐不止. 非練實不食. 非醴泉不飮. 於是鴟得腐鼠. 鵷鶵過之. 仰而視之曰. 嚇. 今子欲以子之梁國而嚇我邪.

(『장자』 제17편 [「가을 홍수」])

• • •

장자와 혜시가 호수濠水를 가로지르는 다리 위를 거닐고 있었다. 장자가 말했다.
"작은 물고기들이 나와서 자유롭고 편안하게 헤엄치고 있군요. 저것이 바로 물고기들의 행복이지요."
[혜시가 말했다.]
"그대는 물고기가 아닌데, 물고기들이 행복한지를 어떻게[19] 아

---

19) [역] 安: '安'이 의문사처럼 쓰일 때에는 '어떻게'를 의미할 수도 있고, '어디에서'를 의미할 수도 있다. 그레이엄은 이것을 'whence'라고 번역한다. 'whence' 역시

시오?"

[장자가 말했다.]

"그대는 내가 아닌데, 내가 물고기들이 행복한지를 모른다는 것을 어떻게 아시오?"

[혜시가 말했다.]

"나는 그대가 아니므로 그대에 대해 모른다는 것을 인정하겠소. 그러면 그대도 그대가 물고기가 아니라는 것을 인정해야 할 것이오. 그렇다면 그대가 물고기들이 행복한지를 모른다는 것도 충분히 사실이 아니겠소."

[장자가 말했다.]

"출발점으로 다시 돌아가봅시다. '그대가 물고기들이 행복한지를 어떻게 아시오?'라고 말했을 때, 그대는 이미 내가 알고 있다는 것을 알고서 내게 그렇게 물은 것이오. 나는 그것을 호수 위로부터 알았소."

莊子與惠子遊於濠梁之上. 莊子曰. 儵魚出遊從容. 是魚之樂也. 惠子曰. 子非魚. 安知魚之樂. 莊子曰. 子非我. 安知我不知魚之樂. 惠子曰. 我非子. 固不知子矣. 子固非魚也. 子之不知魚之樂. 全矣. 莊子曰. 請循其本. 子曰. 汝安知魚樂. 云者. 旣已知吾知之而問我. 我知之濠上也.

(『장자』 제17편 [「가을 홍수」])

'어떻게 how' 또는 '어디로부터 from where'를 의미한다. "어떻게 아시오 [安知]?"라는 혜시의 물음에 대해 장자는 마지막 문장에서 "호수 위로부터 알았소"라고 대답함으로써 '安'의 의미의 이중성을 활용해서 논쟁을 마치고 있다.

|주| 〈외편〉에서 이 일화는 장자가 혜시와 논쟁을 벌이고 있는 유일한 사례로서(명가에 대한 관심이 이미 뜸해지고 있는 것이다) 장난기가 두드러지며, 논리적 논쟁을 패러디하는 데 있어서 『장자』의 다른 어떤 부분보다도 구성의 디테일에 충실하다. 혜시는 「천하의 아래쪽」(734쪽 이하)에 별다른 설명 없이 열거되어 있는 그 역설들을 옹호하면서 후기 묵가가 『묵경』의 일부 설명에서 그랬던 것처럼 틀림없이 이런 식으로 말했을 것이다. 우리로서는 그가 구체적으로 뭐라고 말했는지 알 수 없다는 것이 유감스러울 뿐이다! 장자 자신의 재치 넘치는 최후 일격은 단순한 편법 이상으로, 안지安知~, 즉 '그대는 ~을 어떻게/어디로부터 아는가? Whence do you know~?'라는 숙어를 이용한 것이다. 이 숙어는 '그대는 ~을 어떻게 아는가? How do you know~?'라고 말하는 통상적인 방식 중 하나이다. 장자가 여기서 말하려는 바는 다음과 같다. '그대가 주장하는 것이 무엇이든 간에, 그것은 내가 여기 이 다리에 서 있으면서 물고기를 보는 방식과 마찬가지로 관점에 따라 상대적인 것이다.'

• • •

장자의 아내가 죽자, 혜시가 조문을 갔다. 장자는 마침 무릎을 웅크린 채 주저앉아 항아리를 두드리며 노래를 부르고 있었다.

혜시가 말했다.

"그대는 저 사람과 함께 살면서 아이들을 키우고 또 같이 늙어왔소. 그런 사람의 죽음을 애통해하지 않는 것도 충분히 나쁜데 항아리를 두드리며 노래까지 부르다니, 이보다 더 창피한 일이 어디 있겠소."

[장자가 말했다.]

"그렇지 않소. 그녀가 처음 죽었을 때 어찌 나라고 상실감을 느끼지 않을 수 있었겠소? 그러다 돌이켜 그녀의 시작을 응시하게 되었다오. 그녀에게는 아직 삶이 없었던 때가 있었소. 삶이 없었을 뿐만 아니라, 어떤 형체가 없었던 때도 있었소. 형체가 없었을 뿐만 아니라, 어떤 생명의 기운[氣]이 없었던 때도 있었소. 무정형의 어떤 것 속에 뒤섞여 있다 무언가 변해서 기운이 있게 되었고, 그 기운의 변화에 따라 형체가 있게 되었으며, 그 형체의 변화에 따라 삶이 있게 되었던 것이오. 지금 그녀는 또다시 변해서 죽음으로 건너갔소. 이것은 사계절의 행렬 속에서 봄과 가을, 여름과 겨울의 동행자가 되는 것이오. 저 사람이 우주의 가장 큰 저택에 누워 막 잠이 들려고 하던 순간에는 나도 흐느껴 울면서 그녀의 죽음을 애통해하는 것 말고는 달리 할 게 없었소. 그러나 내가 운명에 대해 이해하지 못하고 있다는 데 생각이 미치자 애통해하는 걸 멈추었던 것이오."

莊子妻死. 惠子弔之. 莊子則方箕踞鼓盆而歌. 惠子曰. 與人居. 長子老身. 死不哭亦足矣. 又鼓盆而歌. 不亦甚乎. 莊子曰. 不然. 是其始死也. 我獨何能无概然. 察其始而本无生. 非徒无生也而本无形. 非徒无形也而本无氣. 雜乎芒芴之間. 變而有氣. 氣變而有形. 形變而有生. 今又變而之死. 是相與爲春秋冬夏四時行也. 人且偃然寢於巨室. 而我噭噭然隨而哭之. 自以爲不通乎命. 故止也.

(『장자』 제18편 [「지극한 즐거움」])

● ● ●

장자가 조문객들 사이에 끼어 장례 행렬을 따르다가, 마침 혜시의 묘를 지나가게 되었다. 그는 뒤돌아보더니 따르던 자들에게 말했다.

"영郢[초나라 수도]에 어떤 사람이 있었는데, 그는 파리 날개만큼 얇은 회반죽을 코끝에 묻히고는 목수 석[장석匠石]에게 그것을 베게 했었네. 목수 석은 손도끼를 휘둘러 바람을 일으키더니 순식간에 그것을 베어냈지. 코에는 상처 하나 없이 회반죽의 미세한 알갱이들이 깨끗이 제거되었는데, 그런 와중에도 그 영 사람은 태연하게 그대로 서 있었다네.

송나라의 원군元君이 그 이야기를 듣고는 목수 석을 불러 '내게 그걸 보여달라'고 했지. 그러자 목수 석은 이렇게 말했다네. '그 일은 제쪽에서만 이야기하자면, 싹 베어내는 게 가능했던 때가 있었습니다. 그러나 제 짝이 오래전에 죽었습니다.'

선생이 죽은 뒤로 내겐 짝으로 삼을 만한 사람도, 함께 이야기를 나눌 사람도 없다네."

莊子送葬. 過惠子之墓. 顧謂從者曰. 郢人堊漫其鼻端若蠅翼. 使匠石斲之. 匠石運斤成風. 聽而斲之. 盡堊而鼻不傷. 郢人立不失容. 宋元君聞之. 召匠石曰. 嘗試爲寡人爲之. 匠石曰. 臣則嘗能斲之. 雖然. 臣之質死久矣. 自夫子之死也. 吾无以爲質矣. 吾无與言之矣.

(『장자』 제24편 [「서무귀」])

• • •

장자가 초나라로 가다가 속이 빈 해골을 발견했는데 뼈 모양이 그대로 드러나 있었다. 그는 말채찍으로 해골을 가볍게 치면서 그 틈을 타 질문을 해댔다.

"선생은 삶을 탐하다 판단을 잘못해서 이렇게 된 것이오? 아니면 망국의 분란에 휘말리거나 망나니의 도끼에 처형을 당해서 이렇게 된 것이오? 아니면 악행을 저질러 부모와 처자식에게 망신을 준 것이 부끄러워 이렇게 된 것이오? 아니면 추위와 배고픔의 고통 때문에 이렇게 된 것이오? 그것도 아니면 제 명을 다하여 여기에 이른 것이오?"

말을 마치더니 그는 해골을 끌어다 머리에 베고 잠이 들었다. 한밤중에 해골이 꿈속에 나타나 말했다.

"그대는 말하는 게 꼭 변사辯士 같구려. 그대가 한 말은 잘 생각해보면 모두가 다 살아 있는 사람들을 속박하는 것일 뿐, 죽은 자들에게는 더 이상 없는 것들이오. 죽음에 대해 내가 설명하는 걸 들어보시겠소?"

"그러지요."

"죽으면 위로는 군주가 없고 아래로는 신하가 없소. 사계절마다 철철이 해야 할 힘든 일도 없소. 어디에도 속박되지 않은 채 하늘과 땅과 수명을 함께하오. 남면하는 왕의 즐거움도 이보다 더할 수는 없소."

장자는 그 말을 믿을 수 없어 하며 말했다.

"내가 운명을 결정하는 자를 설득해 선생의 몸에 생명을 되돌려주고 뼈와 살과 피부를 만들어주며 부모, 처자식, 마을 사람과 이웃, 친구들과 지인들에게 그대를 돌려준다면, 그렇게 하고 싶소?"

그 해골은 눈살을 찌푸린 채 난색을 표하며 말했다.

"내가 왜 남면하는 왕의 즐거움을 버리고 인간의 힘든 일을 다시 겪어야 한단 말이오?"

莊子之楚. 見空髑髏. 髐然有形. 撽以馬捶. 因而問之. 曰. 夫子貪生
失理. 而爲此乎. 將子有亡國之事. 斧鉞之誅. 而爲此乎. 將子有不善
之行. 愧遺父母妻子之醜. 而爲此乎. 將子有凍餒之患. 而爲此乎. 將
子之春秋故及此乎. 於是語卒. 援髑髏. 枕而臥. 夜半. 髑髏見夢曰.
子之談者似辯士. 視子所言. 皆生人之累也. 死則无此矣. 子欲聞死
之說乎. 莊子曰. 然. 髑髏曰. 死. 无君於上. 无臣於下. 亦无四時之
事. 從然以天地爲春秋. 雖南面王樂. 不能過也. 莊子不信. 曰. 吾使
司命復生子形. 爲子骨肉肌膚. 反子父母妻子閭里知識. 子欲之乎.
髑髏深矉蹙頞曰. 吾安能棄南面王樂而復爲人閒之勞乎.

(『장자』 제18편 「지극한 즐거움」])

• • •

장자가 막 죽으려 하자 그의 제자들이 호화로운 장례를 치러주고
싶어 했다. 장자가 말했다.

"나는 하늘과 땅을 내가 들어갈 관의 속널과 겉널로, 해와 달을 한
쌍의 둥근 옥으로, 별을 진주로, 만물을 내 이별의 선물로 삼으련다.
빠진 장례 도구가 있느냐? 여기에 뭘 더 보태려고 하느냐?"

"선생님, 저희는 까마귀와 솔개가 선생님을 파먹을까 걱정입니다."

"땅 위로는 까마귀와 솔개에게 먹히고 땅 아래로는 개미와 땅강아
지에게 먹히겠지. 너희들은 한쪽 것을 뺏어다 다른 쪽에 다 주겠다는
것이냐? 어째서 편애가 그렇게 심한 것이냐?"

莊子將死. 弟子欲厚葬之. 莊子曰. 吾以天地爲棺槨. 以日月爲連璧.
星辰爲珠璣. 萬物爲齎送. 吾葬具豈不備邪. 何以加此. 弟子曰. 吾恐

烏鳶之食夫子也. 莊子曰. 在上爲烏鳶食. 在下爲螻蟻食. 奪彼與此.
何其偏也.

(『장자』제32편[「열어구」])

2
공자와 늙은 담의 대화들

『장자』〈외편〉에는 공자와 '늙은 담(노담老聃, 보통은 노자老子라고 불린다)' 사이에 오고 간 대화들이 여기저기 흩어져 있다. 그 일곱 편의 대화들은 동질적인 듯이 보이는 한 무리를 이루고 있다. 다만 한 가지 언급하자면, 두 사람의 첫 만남이 두 편의 대화에서 중복되는 것처럼 보인다.[20] 그 두 대화에서 공자는 늙은 담에게서 배운 철학 때문에 이루 말할 수 없이 겸손한 태도로 유가를 순순히 포기한다. 그것은 장자가 펼쳐 보이는 도가의 다양한 버전 중 하나로, 물리적이고 생물학적인 자연적 과정의 구체적인 사례들을 인간 자발성의 본보기로서 강조하는 것을 특징으로 한다. 이 대화들에는 〈내편〉의 부단한 반향이 있지만, 늙은 담이 쓴 것으로 여겨지는 『노자』의 반향은 전혀 없다. 이 일곱 편의 일화들은 냉정하고 품위 있으면서도 느긋한 문체로 아름답게 쓰여 있어서 장자의 문체와는 다른 맛을 보여준다. 확

---

20) 339, 341쪽을 참조하라.

증된 것은 아니지만, 이 일련의 일화들이 『장자』에서도 매우 늦게 형성된 지질층에 속한다는 암시들이 있다. 이 지질층은 기원전 202년 한漢왕조가 건립된 이후에 형성된 것으로 보인다. 한 일화에서 공자는 '육경六經'에 대해 언급하는 사람으로 나온다.[21] 육경은 유가 학파 내에서 아주 서서히 모여 경전화되었으며, 여섯이라는 수가 한대 이전에 확정되었다는 증거는 없다. 또한 '십이경十二經'에 관한 기이한 언급도 있다.[22] 이것은 보통 육경과 여섯 개의 위서緯書,[23] 즉 육경에 붙은 한대의 외경外經을 더한 것으로 간주된다.

전통적인 중국 사상사에서 늙은 담은 도가의 창시자이자 도가의 가장 위대한 책인 『노자』의 저자이다. 『노자』라는 책으로 말하자면, 기원전 3세기 말에 엄청난 속도와 안정성을 가지고 부상하기는 했지만 기원전 250년 이전에 존재했다는 확실한 증거는 없다.[24] 이 책은 『장자』에서 원시주의자가 쓴 논문들(기원전 205년경)과 여타 부분에서 빈번하게 인용되지만, 〈내편〉에서는 인용된 적이 없다. 공자와 만나는 이야기는 좀 더 오래되었으며, 도가적 버전뿐만 아니라 유가적 버전으로도 존재한다. 『예기禮記』의 「증자문曾子問」에는 공자가 장례식에서의 적절한 처신과 관련해서 늙은 담의 조언을 겸손하게 참고하는 이야기가 나온다.[25] 여기서 늙은 담은 철학자로서가 아니라 순

---

21) 355쪽을 참조하라.
22) 339쪽을 참조하라.
23) [역] 위서에 대해서는 제1부의 각주 111을 참조하라.
24) [역] 제1부의 각주 6을 참조하라.
25) [역] 『예기』 「증자문」에는 공자가 증자曾子 및 자하子夏로부터 상례와 관련된 질문을 받고서 "나는 노담에게서 이렇게 들었다[吾聞諸老聃]"고 하면서 노담의 말로 답변을 대신하는 단락들이 있다. 사당의 신주를 옮기는 문제, 발인 중에 일식을 만났을 때의 조치, 하상下殤(8-13세 사이에 죽는 것)에서 관棺을 사용하게 된 유래,

전히 의례 전문가로서 소개되고 있으며, 공자를 친밀하게 '구丘'라는 이름으로 부를 만큼 지적 권위와 연륜을 확실하게 지니고 있다. 『예기』는 다양한 기원을 갖는 글들을 편집해놓은 책으로 기원전 1세기에 그 모양이 갖춰졌다. 그렇기 때문에 그 이야기의 기원에 더 근접해 있는 것이 『장자』인지 「증자문」인지를 보여줄 문헌적 증거는 없다. 늙은 담이 항상 도가의 영웅이기만 했다는 편견을 깨기 위해서는 상상력을 발휘해야 하는 수고가 들기는 하지만, 사실 그가 유가들로부터 차용되었다는 강력한 징후들이 있다.

(1) 도가들은 자신들의 사상을 공자를 포함한 타인의 입을 빌려 표현하기를 좋아한다. 그러나 유가들이 무엇 때문에 그 창시자가 도가의 창시자의 말에 겸손하게 귀 기울이는 이야기를 쓸데없이 넘겨받아 경쟁자에게 꼼짝 못하는 상황을 만들겠는가?

(2) 『장자』의 여러 대화편에서 늙은 담은 주周의 천자의 줄어든 영토 내에 있던 장서실藏書室을 관리하던 사람이다. 「증자문」에는 그런 세세한 설명이 없다. 그러나 [『장자』에서의] 이런 상세한 설명은 늙은 담을 공자가 주의 의례에 대해 상의하기에 딱 적합한 인물로 만든다. 공자는 주의 전통의 회복을 꿈꾼 자이기 때문이다. 그러나 노자의 무미건조한 업무는 도가의 성인에게는 어울리지 않는 듯하다. 예를 들어 장자만 해도 그를 강가에서 낚시질하는 태평스러운 은둔자로 떠올릴 때 가장 장자다워 보인다.

(3) 늙은 담이 성姓을 얻기까지는 오랜 시간이 걸렸다. 철학자들은 대개 성에 접미사 자子가 붙은 이름으로 알려져 있는데, 늙은 담의 경

삼년상에서 졸곡卒哭이 끝난 뒤 전쟁에 나가는 문제 등 노담은 특수한 상황에서의 의례에 대해 조언을 주는 전문가로 나온다.

우 자는 '늙음'을 뜻하는 노老에 붙어야만 했고, 그렇게 부르는 관례가 자리 잡기까지도 시간이 걸렸다. 『장자』의 통용본에서 우리는 우리의 오랜 친구들인 공자, 혜자(혜시), 열자, 장자 본인을 주기적으로 만나게 되지만, '노자老子'라는 이름은 다섯 편의 일화에서만 등장하며, 이 가운데 그가 늙은 담으로 소개되지 않은 것은 단 한 번뿐이다. 그렇다면 도가들은 왜 그 창시자의 성을 기억하거나 만들어내지 못한 것일까? 한 가지 그럴듯한 대답이 있다. 그는 유가의 한 이야기에 나오는 일개 주변적 인물로서 아무것도 가진 게 없었으며, 도가들이 그를 창시자로 채택했을 때 결정적이었던 것은 그가 공자에게 하대하는 듯한 말투를 쓰곤 했던 늙은 담과 동일 인물로 간주될 수 있었기 때문이 아닐까.

(4) 늙은 담이 기원전 4세기 말에 이미 알려져 있었다는 것은 〈내편〉에서 처음으로 입증된다. 〈내편〉에서 늙은 담은 장자가 자기 사상의 대변자로 동원한 공자의 삶이나 전설 속에 나오는 등장인물 중 한 명이다(그 외 인물은 초나라의 광인 접여, 위나라의 현인 거백옥, 그리고 당연한 소리겠지만 공자 본인이다). 그는 초나라의 광인보다도 유명하지 않으며, 세 번 출현하는 동안 단 한 차례만 길게 이야기할 뿐이다.[26] 장자가 공자 주변에 운집시켜놓은 인물들은 역사 속에서든 전설 속에서든 이전에 실존했던 인물이라고 추정할 수는 있겠지만, 그들이 도가였을 것이라고 추정할 이유는 전혀 없다. 한 이야기에서 늙은 담의 장례식에 참석한 그의 친구는 늙은 담의 제자들이 처신하는 방식은 죽음에 대한 이해의 불충분함을 보여준다고 해서 죽은 늙은 담에게 환멸을 느낀다.[27] 도가가 자신의 철학의 아버지로 존경받는 사람에

---

26) 256-257쪽을 참조하라. 166쪽, 208쪽 이하도 참조하라.
27) 166-168쪽을 참조하라.

대해, 특히 장자에게 시금석이 되는 죽음의 문제를 두고 이런 식으로 이야기한다는 것은 이상하다. 장자의 늙은 담은 단지 장례식에 대해 공자에게 가르침을 주었던 사람으로만 보인다.

(5) 기원전 100년경까지 문헌에 기록된 늙은 담의 이야기는 그가 공자와 만났다는 이야기뿐이다. 〈내편〉에서는 언뜻 공자가 그의 문하에서 수학했음을 암시한다.[28] 그리고 『여씨춘추』(기원전 240년경)에서는 "공자가 늙은 담에게서 배웠다"고 언급하는데,[29] 맥락상 공자가 도가로 돌아섰다기보다는 늙은 담이 전문가적 입장에서 공자의 지식에 도움을 주었음을 암시한다. 기원전 1세기의 역사가 사마천은 마침내 늙은 담에게 하나의 성姓을 만들어주고 그의 전기를 쓰려고 하였다. 그러나 사마천이 반신반의하면서 노자와 동일 인물일 것이라고 추정했던 사람들에 대한 몇몇 소문과 단편적 정보를 제외하면, 그가 제시할 것이라고는 공자와의 만남뿐이었다. 한 가지 더 있다면, 노자가 서쪽으로 가려고 관문을 통과하다 만난 '관문을 지키는 자(관윤關尹)'에게 자신의 책을 남기고 영원히 사라졌다는 이야기이다. 이 이야기보다 더 오래된 증거로는 『장자』 후반부[30]와 여타의 문헌들에서 언급된 관윤이라는 이름뿐이다. 그러나 그 이름 자체는 결정적인 증거가 못 된다.

모든 이야기에서 늙은 담은 비범한 권위의 어조로 공자를 내려다 보고, 별 볼 일 없는 사람들에 대해서는 대놓고 가차 없이 비판한다. 그런 권위는 그가 도가의 창시자이자 도가 경전의 저자라는 사실에서 나온다는 생각이 당연시되어왔다. 그러나 유가들에게 늙은 담은

---

28) 208쪽을 참조하라.
29) [역] "나라에만 물들임이 있는 것이 아니다. 공자는 노담, 맹소기, 정숙에게서 배웠다[非獨國有染也. 孔子學於老聃·孟蘇夔·靖叔]."(『呂氏春秋』「仲春紀·當染」)
30) 363, 727쪽을 참조하라.

무엇보다도 그들의 스승인 공자에게 말을 놓을 수 있고 그를 '구丘' 라고(요즘의 번역으로는 '이보게, 공자' 같은 표현에 반영되어 있는 친근함으로) 부를 수 있는 사람이었다는 가정만으로도 그런 권위는 충분히 설명되는 것이다. 장자가 그의 대변자로 동원한 역사적 또는 전설적 인물들 가운데 늙은 담만이 유일하게 이러한 이점을 가지고 있으며, 반反유가적 고전인 『노자』가 그의 이름으로 통한다는 것은 절묘하기까지 하다. 도가의 창시자로서의 늙은 담에 대해 말하자면 철학적 학파들은 후대에 소급적으로 창조되는 경향이 있다. 장자는 자신이 '도가'라는 것을 결코 알지 못했다. 그러나 기원전 200년 무렵에 이르러 장자의 저술들과 『노자』로서 막 유통되기 시작한 짧은 걸작을 숭배한 자들은 스스로를 반反유가 학파로 자처하면서, 그 학파의 기원은 최소한 공자만큼이나 옛날로 거슬러 올라가는 것이 좋겠다고 생각했다. 그럴 경우 늙은 담은 소급적으로 창시자로서 선택되기에 안성맞춤인 난공불락의 후보로 대두되었을 것이다.

오늘날에는 이토록 혼란스러운 전설의 주인공은 실존하지 않았다고 보는 것이 당연시되는 경향이 있다. 이렇게 생각해보면 재미있지 않을까? 늙은 담은 충분히 역사적 실존 인물일 수는 있지만, 결코 도가는 아니었을 것이다. 오히려 그는 장서실의 관리인이자 의례를 가르치던 자로서, 공자는 그를 지나치게 엄격하고 무미건조하고 시대에 뒤떨어졌다고 생각했을지도 모른다.

|||||||||||||

공자가 주나라 왕실에 책을 맡기려고 서쪽으로 여행을 갔을 때, 자로가 그에게 권했다.

"제가 듣기로, 주의 장서실을 관리하는 자들 중에 늙은 담이라는 사람이 있는데 은퇴해서 집에 있다고 합니다. 선생님께서 책을 맡기고 싶으시다면, 그가 도와줄 수 있는지 가서 만나보시지요."

공자는 "그거 좋겠구나"라고 말하고는 늙은 담을 만나러 갔다. 그런데 늙은 담은 소장을 허용하지 않았다. 공자는 십이경을 죽 펼쳐놓고는 설명했다.

늙은 담은 설명을 자르면서 말했다.

"너무 장황하오. 핵심만 들려주시오."

"핵심은 인仁과 의義에 있습니다."

"인과 의가 인간의 본성에 속하는지 물어봐도 되겠소?"

"물론 본성에 속합니다. 군자가

악의에 차 있다면 성숙하지 못하고,
의무를 다하지 않으면 아직 태어나지 않은 것과 진배없습니다.

인과 의는 참사람의 본성인데, 뭘 더할 게 있겠습니까?"

"그대가 말하는 인과 의가 무엇인지 묻고 싶소."

"마음속 깊이 모든 사람을 공평무사하게 사랑하고[兼愛] 싶어 하는 것,[31] 이것이 인과 의의 본질입니다."

"음, 그대가 마지막에 한 말은 위험하오. 모든 사람을 사랑한다는 것은 결국 미친 짓이오. 모든 이에게 공평무사하다는 것이 바로 사사

---

[31] [원] 物愷: 『경전석문』에는 '物'이 '勿'이라는 이체자로 나와 있다. 개愷는 '愷慷', '愷悌', '樂愷'(『辭通』, 0895, 1329, 1342)와 같이 즐거움을 표현하는 연어連語에서가 아니면 보기 드물다. 이 물개物愷는 아마도 그중 하나일 것이다.

로움인 게요. 선생은 세상이 소박함[32]을 잃는 것을 막고 싶소? 하늘과 땅은 본래부터 항구성을 가지고 있고, 해와 달은 본래부터 빛을 발하고 있소. 별들은 본래부터 별자리를 이루고 있고, 새들과 짐승들은 본래부터 무리를 짓고, 나무들은 본래부터 똑바로 자라오. 그대 역시 그대 안에 있는 덕德을 믿고 나아가고 도道와 일치하는 방향을 따른다면, 그것으로 이미 지극한 경지에 이른 게 될 것이오. 왜 굳이 북을 치면서 도망자들을 찾아다니는 사람처럼 인과 의를 번잡스럽게 내걸고 다니는 것이오? 음, 선생은 인간의 본성을 어지럽히고 있소!"

孔子西藏書於周室. 子路謀曰. 由聞周之徵藏史有老聃者. 免而歸居. 夫子欲藏書. 則試往因焉. 孔子曰. 善. 往見老聃. 而老聃不許. 於是繙十二經以說. 老聃中其說. 曰. 大謾. 願聞其要. 孔子曰. 要在仁義. 老聃曰. 請問. 仁義. 人之性邪. 孔子曰. 然. 君子不仁則不成. 不義則不生. 仁義. 眞人之性也. 又將奚爲矣. 老聃曰. 請問. 何謂仁義. 孔子曰. 中心物愷. 兼愛无私. 此仁義之情也. 老聃曰. 意. 幾乎後言. 夫兼愛. 不亦迂乎. 无私焉. 乃私也. 夫子若欲使天下无失其朴乎. 則天地固有常矣. 日月固有明矣. 星辰固有列矣. 禽獸固有羣矣. 樹木固有立矣. 夫子亦放德而行. 循道而趨. 已至矣. 又何偈偈乎揭仁義. 若擊鼓而求亡子焉. 意. 夫子亂人之性也.

(『장자』 제13편 [「하늘의 도」])

• • •

---

32) [원] 朴: 통용본은 '牧'으로 되어 있다. 14/58[「天地」]에 있는 유사 어구에 따라 '朴'으로 교정한다(福永光司, 『莊子外篇』, 255).

공자가 늙은 담을 찾아가 인과 의에 대해 설명하였다.

늙은 담이 말했다.

"키질할 때[33] 흩날리는 겨에 눈앞이 흐려지면 천지 사방 자리가 뒤바뀌고, 모기와 등에게 물리면 밤새 잠을 못 잔다오. 인과 의는 우리 마음을 괴롭히고 편치 못하게 하니,[34] 이보다 더한 혼란도 없을 것이오. 세상이 소박함을 잃는 것을 막고 싶다면, 그대 역시[35] 마음이 떠미는 대로 움직이고, 그대 안에 모여 있는 덕이 그대를 꼭 붙들고 있을 수 있게 하시오. 왜 등에 큰북을 짊어지고 도망자들을 찾으러 다니는 사람처럼 이다지도 급박한 것이오? 흰 기러기는 하얗게 되겠답시고 매일 목욕하지 않고, 당까마귀는 검게 되겠답시고 매일 먹물을 칠하지 않소. 흑백의 소박함은 논쟁할 만한 거리가 아니고, 유명해지고 칭찬받기 위해 창피한 꼴을 보이는 것이 우리를 대단한 사람으로 만드는 것도 아니오. 물고기들은 샘이 말라 뭍에서 오도 가도 못하게 되면, 서로 수분을 내뿜고 거품으로 적셔준다오. 하지만 그들이 양자강과 호수 안에서 서로를 잊고 있느니만 못하오."

孔子見老聃而語仁義. 老聃曰. 夫簸穅眯目. 則天地四方易位矣. 蚊蝱噆膚. 則通昔不寐矣. 夫仁義憯然乃憤吾心. 亂莫大焉. 吾子若欲使天下无失其朴. 吾子亦放風而動. 總德而立矣. 又奚傑然揭若負建

---

33) [원] 簸: 통용본은 '播'으로 되어 있다. 마쉬룬馬敍倫의 『장자의증莊子義證』에 따라 '簸'로 교정한다.
34) [원] 憤: 통용본은 '憒'으로 되어 있다. 『경전석문』의 이체자인 '憤'로 교정한다.
35) [원] 吾子若欲使 …. 吾子亦 …: "세상이 소박함을 잃는 것을 막고 싶다면, 그대 역시 …." 통용본에는 '若欲'이 없다. 13/50-52「天道」에 있는 유사 어구인 "夫子若欲使 … 夫子亦 …"에 따라 복원하였다.

鼓而求亡子者邪. 夫鵠不日浴而白. 烏不日黔而黑. 黑白之朴. 不足以爲辯. 名譽之觀. 不足以爲廣. 泉涸. 魚相與處於陸. 相呴以溼. 相濡以沫. 不若相忘於江湖.

(『장자』 제14편 「하늘의 운행」])

• • •

공자가 쉰한 살이 되도록 도道에 대해 듣지 못하자, 남쪽의 패沛에 가서 늙은 담을 만났다.

늙은 담이 말했다.

"오셨소? 내 듣기로 그대는 북방에서 가장 뛰어난 자라 하던데, 그래, 도는 얻으셨소?"

"아직 얻지 못했습니다."

"도를 어디서 찾았소?"

"척도와 수[度數]에서 찾았는데, 오 년이 되도록 못 얻었습니다."

"그렇다면 그다음에는 어디서 찾았소?"

"음양陰陽에서 찾았는데, 십이 년이 되도록 못 얻었습니다."

"그럴 것이오. 도가 누군가에게 바칠 수 있는 것이라면, 군주에게 바치지 못할 사람이 없을 것이오. 도가 선물로 줄 수 있는 것이라면, 자기 부모에게 선물하지 못할 사람이 없을 것이오. 도가 다른 사람에게 말해줄 수 있는 것이라면, 자기 형제에게 말해주지 못할 사람이 없을 것이오. 도가 다른 사람에게 물려줄 수 있는 것이라면, 자기 후손들에게 물려주지 못할 사람이 없을 것이오. 우리가 아무리 그렇게 하고 싶어도 그렇게 할 수 없는 것은 다름 아니라 다음과 같은 이유 때문이라오. 안으로 도를 자기 것으로 만들어 사용할 주체가 없으면,

도는 머물지 않을 것이오. 또 밖으로 도를 참된 방향으로 향하게 할 조정자가 없다면, 도는 옮겨 가지 않을 것이오.[36] 안에서 나가는 것이 밖에서 받아들여지지 않을 것 같으면 성인은 그것을 내놓지 않소. 밖에서 들어오는 것이 안에서 주체적으로 사용되지 않으면, 성인은 그것에 의지하지 않소.

이름들은 공적으로 사용되기 위한 도구이므로 그것들을 두고 지나치게 강한 선호를 보여서는 안 되오. 인과 의의 규범은 풀로 만든 선왕의 오두막일 뿐이오. 하룻밤 머물 수는 있겠지만 오랫동안 거처할 수는 없소. 그대가 눈에 띄는 게 길어질수록 그대에게 요구되는 것도 많아질 것이오. 옛날의 지극한 사람들은 인에서 통행권을 빌려 쓰고 의에서 하룻밤 묵었으며, 목적지 없이 거니는 텅 빈 곳을 돌아다녔고, 간편하고 간소한 것의 밭에서 먹을 걸 취했으며, 모든 과일을 남에게 주지 않고 지킬 수 있는 과수원에 서 있었소. 목적지 없이 거닌다는 것은 곧 아무것도 함이 없는 것[无爲]이오. 간편하고 간소하다는 것은 쉽게 길러질 수 있다는 말이오. 모든 과일을 남에게 주지 않고 지킨다는 것은 어떤 것도 자기 밖으로 나가지 않게 한다는 말이오. 옛날에는 이것을 '참된 것만을 캐며 노니는 것[采眞之遊]'이라고 불렀소.

부자가 되는 것이 중요하다고 생각하는 자들은 녹봉을 포기하지 못하오. 유명해지는 것이 중요하다고 생각하는 자들은 명성을 포기하지 못하오. 남들을 지배하기를 몹시 좋아하는 자들은 다른 사람이

---

36) [원] 主와 正: 주主, 즉 '주인master'과 정正, 즉 '감독자director'. 이 흥미로운 개념 쌍은 25/62[「則陽」]와 29/79[「盜跖」]에 다시 나온다. 대화를 할 때 당신이 말하는 것은 내 안에 그것을 전유하고 소화하여 나 자신의 지식으로 만들 主가 없다면 그냥 지나쳐 가버릴 것이다. 이와 마찬가지로 내가 말하는 것은 당신 안에 그것을 당신의 방향으로 조종할 정正이 없다면 당신에게 가닿지 못할 것이다.

주도권을 잡도록 내버려두지 못하는 법이오. 그런 사람들은 주도권을 잡고 있을 때에는 전전긍긍하고, 주도권을 잃게 되면 못내 갈구한다오. 자신의 불안의 근원을 엿보게 해줄 거울이 없는 자는 하늘로부터 형벌을 받은 자요.

원한과 은혜, 받음과 줌, 충고와 가르침, 살려둠과 죽임, 이 여덟 가지는 모두 통치의 도구에 속하오. 큰 변화들을 거치면서도 제 갈 길을 가며 어디에도 그를 방해할 게 없는 자라야만 그것들을 사용할 능력이 있다고 간주될 수 있소. 이런 말이 있다오. '통치한다는 것은 참된 방향으로 향하게 하는 것이다.' 이와 다르게 생각하는 마음을 지닌 사람에게는 하늘의 문이 열리지 않을 것이오."

孔子行年五十有一而不聞道. 乃南之沛見老聃. 老聃曰. 子來乎. 吾聞子. 北方之賢者也. 子亦得道乎. 孔子曰. 未得也. 老子曰. 子惡乎求之哉. 曰. 吾求之於度數. 五年而未得也. 老子曰. 子又惡乎求之哉. 曰. 吾求之於陰陽. 十有二年而未得. 老子曰. 然. 使道而可獻. 則人莫不獻之於其君. 使道而可進. 則人莫不進之於其親. 使道而可以告人. 則人莫不告其兄弟. 使道而可以與人. 則人莫不與其子孫. 然而不可者. 无佗也. 中无主而不止. 外无正而不行. 由中出者. 不受於外. 聖人不出. 由外入者. 無主於中. 聖人不隱. 名. 公器也. 不可多取. 仁義. 先王之蘧廬也. 止可以一宿而不可久處. 覯而多責. 古之至人. 假道於仁. 託宿於義. 以遊逍遙之虛. 食於苟簡之田. 立於不貸之圃. 逍遙. 无爲也. 苟簡. 易養也. 不貸. 无出也. 古者謂是采眞之遊. 以富爲是者. 不能讓祿. 以顯爲是者. 不能讓名. 親權者. 不能與人柄. 操之則慄. 舍之則悲. 而一無所鑒. 以闚其所不休者. 是天之戮民也. 怨恩取與諫敎生殺. 八者. 正之器也. 唯循大變无所湮者爲能

用之. 故曰. 正者. 正也. 其心以爲不然者. 天門弗開矣.

(『장자』 제14편 「하늘의 운행」])

• • •

공자가 늙은 담을 만나러 갔다. 막 목욕하고 나온 늙은 담은 머리카락을 등 뒤로 늘어뜨린 채 말리고 있었는데, 꼼짝도 하지 않아 마치 사람이 아닌 듯이 보였다. 공자는 상황이 좋아지기를 기다렸다. 잠시 후 그는 나서서 말했다.

"제가 눈이 부셔서 잘 보지 못하는 것일까요? 아니면 정말로 그랬던 것일까요? 방금 선생의 몸은 말라죽은 나무처럼 움직임이 없어서, 마치 모든 것을 버리고 인간으로부터도 떨어져 나와 유일무이한 경지[獨]에 서계신 것 같았습니다."

"나는 마음을 사물들이 시작되는 곳에서 노닐게 하고 있었다."[37]

"무슨 말씀이신지요?"

"그것은 마음을 곤란하게만 할 뿐 알 수가 없고, 입을 딱 벌어지게만 할 뿐 말로 표현할 수가 없다. 그렇지만 내 너를 그것으로 인도하기 위해 뭔가 말해보도록 하겠다.

지극한 음陰은 어두침침하고, 지극한 양陽은 눈부시게 빛난다. 어두침침한 것은 하늘로부터 계속해서 나오고, 눈부시게 빛나는 것은 땅으로부터 계속해서 발한다. 이 두 가지가 서로 스며들어 조화가 완

---

[37] [역] 이 앞의 일화들에서 늙은 담은 공자를 '선생[夫子]' 또는 '그대[子]'로 부르고 있지만, 이 일화부터는 '너[汝]' 또는 공자의 이름인 '구丘'로 부르기도 한다. 그레이엄의 영역문에서는 이 차이가 드러나지 않지만, 우리말로 옮길 때에는 이 점을 고려하여 높임말과 낮춤말의 차이를 두었다.

벽하게 이루어지면 사물들이 발생한다. 모든 실 가닥을 쥐고 있는 어떤 것이 있기는 하지만, 누구도 그것의 형체를 보지 못한다. 그것은 줄어들었다 늘어났다, 가득 찼다 텅 비었다, 흐려졌다 밝아졌다, 날마다 새로워졌다 달마다 변화했다 하며, 매일매일 작용하고 있지만, 누구도 결과를 보지 못한다. 살아 있는 것은 무언가로부터 나왔고, 죽어 가는 것은 무언가로 귀향하기 마련인데, 어떤 기점도 없는 경로를 따라 출발점과 종착점이 계속해서 서로 뒤바뀌며, 누구도 그 경로의 끝이 어디인지를 모른다. 이것 말고 우리가 유래된 조상이 또 뭐가 있겠는가?"

孔子見老聃. 老聃新沐. 方將被髮而乾. 慹然似非人. 孔子便而待之. 少焉見. 曰. 丘也眩與. 其信然與. 向者先生形體掘若槁木. 似遺物離人而立於獨也. 老聃曰. 吾遊心於物之初. 孔子曰. 何謂邪. 曰. 心困焉而不能知. 口辟焉而不能言. 嘗爲汝議乎其將. 至陰肅肅. 至陽赫赫. 肅肅出乎天. 赫赫發乎地. 兩者交通成和而物生焉. 或爲之紀而莫見其形. 消息滿虛. 一晦一明. 日改月化. 日有所爲. 而莫見其功. 生有所乎萌. 死有所乎歸. 始終相反乎无端而莫知乎其所窮. 非是也. 且孰爲之宗.

"선생께서 이 경지에서 '노니는' 것에 대해 여쭙겠습니다."
"그것을 포착하는 것은 지극히 아름답고 지극히 즐거운 일이다. 지극한 아름다움을 포착하고 지극한 즐거움 속에서 노니는 자를 '지극한 사람[至人]'이라고 부른다."
"그 비결을 듣고 싶습니다."
"풀을 뜯어먹는 짐승들은 목초지가 바뀐다고 질색하지 않고, 물속에 사는 생물들은 물이 바뀐다고 질색하지 않는다. 작은 변화를 겪는다고 해서 그들 안에 있는 궁극적으로 항구적인 것을 상실하지 않기 때문이다. 그들의 기쁨이나 분노, 슬픔이나 즐거움은 가슴속 거처로 들어가는 법이 없다. 무릇 '세상[天下]'이란 만물이 하나가 되는 곳이다. 네가 만물이 하나가 된 전체를 포착하고 네 자신을 그것에 동화시킨다면, 사지四肢와 몸의 온갖 기관은 먼지와 때가 되고 죽음과 삶, 끝과 시작은 낮과 밤이 될 것이며, 그 어떤 것도 너를 어지럽힐 수 없을 것이다! 얻음과 잃음, 행운과 재앙의 구분은 더욱 그러할 것이다.

부리던 종을 진흙 털어내듯 버리는 것은 자신이 자신의 부속물보다 귀중하다는 것을 알기 때문이다. 귀중한 것은 자기 자신에게 있으며, 그것은 변화에 의해 상실되지 않는다. 게다가 온갖 변화 속에서도 우리가 결코 한계에 다가가지 않을 수만 있다면, 어떤 변화든 마음을 괴롭힐 이유가 있겠는가? 도를 닦는 사람은 이런 것들로부터 자유롭다."

공자가 말했다.

"선생은 선생이 지닌 덕에 의해 하늘과 땅의 짝이 되셨는데도, 여전히 가장 원대한 말들에 의지해서 마음을 단련하고 계십니다. 옛날의 군자들 중에 누가 그런 것들이 없을 수 있었겠습니까?"

"그렇지 않다. 물은 졸졸 흐를 때에는 아무것도 함이 없으며[无爲], 그 능력은 자발적[自然]이다. 지극한 사람의 덕으로 말하자면, 그것을 굳이 단련하지 않아도 다른 사물들은 그를 떠날 수가 없다. 하늘이 저절로 높고 땅이 저절로 단단하며 해와 달이 저절로 빛나는 것과 같다. 그에게 단련할 것이 뭐가 있겠는가?"

孔子曰. 願問遊是. 老聃曰. 夫得是. 至美至樂也. 得至美而遊乎至

樂. 謂之至人. 孔子曰. 願聞其方. 曰. 草食之獸不疾易藪. 水生之蟲不疾易水. 行小變而不失其大常也. 喜怒哀樂不入於胸次. 夫天下也者. 萬物之所一也. 得其所一而同焉. 則四肢百體將爲塵垢. 而死生終始將爲晝夜而莫之能滑. 而況得喪禍福之所介乎. 棄隷者若棄泥塗. 知身貴於隷也. 貴在於我而不失於變. 且萬化而未始有極也. 夫孰足以患心. 已爲道者解乎此. 孔子曰. 夫子德配天地. 而猶假至言以修心. 古之君子. 孰能脫焉. 老聃曰. 不然. 夫水之於汋也. 无爲而才自然矣. 至人之於德也. 不修而物不能離焉. 若天地自高. 地之自厚. 日月之自明. 夫何修焉.

공자는 물러나, 안회에게 이 일에 대해 이야기했다.

"도道에 관한 한 나는 식초에 슨 미세한 벌레만큼밖에 보지 못했다. 선생께서 내 눈가리개를 벗겨주지 않았다면 하늘과 땅의 크기를 짐작도 못했을 것이다."

孔子出. 以告顔回曰. 丘之於道也. 其猶醯鷄與. 微夫子之發吾覆也. 吾不知天地之大全也.

(『장자』제21편[「전자방」])

• • •

선생이 늙은 담에게 물었다.

"도道를 연구하면서, 허용할 수 없는 것을 허용할 수 있는 것이라고 하고, 그렇지 않은 것을 그러한 것으로 다루는 자들이 있습니다. 마치 그것들이 상호 의존해 있는[38] 것인 양 말이지요. 변자辯者들이

하는 말 중에 이런 말이 있습니다. '단단한 것과 흰 것을 분리시키는 것은 그것들을 허공에 따로따로 매달아놓는 것과 같다.' 우리는 그런 자들을 성인이라고 불러야 할까요?"

"이런 건 노비의 고된 신세와 장인의 매인 신세를 보여주는 것들이다. 몸을 지치게 하고 마음을 조마조마하게 할 뿐이다. 개는 쥐를 잡기 때문에[39] 개줄에 묶이게 되고, 원숭이는 누구보다도 날쌔기 때문에 산림에서 잡혀 온다. 이보게, 공자[丘]! 너로서는 들을 수도 없고 말할 수도 없는 것을 일러주겠다. 머리와 발이 있는 것들 중에 심장과 귀가 없는 것들이 대다수이다! 형체가 있는 것들 중에는 형체 없는 것[无形], 특색 없는 것[无狀]과 함께 지속될 수 있는 것은 없다. 그것들의 움직임과 멈춤, 죽음과 탄생, 흥성과 몰락, 이런 것들은 그것들을 존재하게 만든 '원인[所以]'은 아니다. 무엇을 연구하든 그것들은 다 인간의 영역에 속한다. 사물들에 대해 모든 걸 잊고, 하늘에 대해 모든 걸 잊는 것, 그것을 이름하여 '자기를 잊는 것[忘己]'이라고 한다. 자기를 잊는 자를 하늘의 영역으로 들어가는 자라고 한다."

夫子問於老聃曰. 有人治道若相放. 可不可. 然不然. 辯者有言曰. 離堅白若縣宇. 若是則可謂聖人乎. 老聃曰. 是胥易技係勞形怵心者也. 執畱之狗來藉. 猿狙之便自山林來. 丘. 予告若. 而所不能聞與而

---

38) [원] 相放: '더 많음과 더 적음', '더 나이 많음과 더 나이 적음'처럼 '상호 의존해 있는 것', 상관자들.『묵경墨經』A88에 "상호작용 속에서 의존하게 되는(交得放)" 것으로 묘사되어 있다. A. C. Graham, *Later Mohist logic, ethics and science*, 186ff.를 참조하라.
39) [원] 來藉: 통용본은 '成思'로 되어 있다. 미심쩍지만 7/13「應帝王」에 있는 유사 어구에 따라 '來藉'로 복원하였다.

所不能言. 凡有首有趾无心无耳者衆. 有形者與无形无狀而皆存者.
盡无. 其動止也. 其死生也. 其廢起也. 此又非其所以也. 有治在人.
忘乎物. 忘乎天. 其名爲忘己. 忘己之人. 是之謂入於天.

(『장자』 제12편 [「하늘과 땅」])

|주| "머리와 발이 있는 것들 중에 …": 인간을 제외한 모든 생물은 사고하거나 배우지 않고도 도를 따른다.

• • •

공자가 늙은 담에게 물었다.
"오늘, 한가하신 틈을 타서 감히 지극한 도道에 대해 여쭙고자 합니다."
"재계하여 네 마음의 통로들부터 깨끗하게 만들어라. 네 속에 있는 생명의 정수이자 신묘한 작용을 하는 힘[精神]을 깨끗하게 정화하고, 네가 가진 지식을 부서뜨려라. 도는 심오하여 말로 표현하기가 어렵다. 하지만 내 너를 위해 대략적 윤곽을 말해보겠다.

　　밝은 것은 어두운 것에서 생겨나고,
　　질서 정연한 것은 형체 없는 것에서 생겨나며,[40]

---

40) [원] 有倫生於无形: "윤倫(*일정한 배열 속의 자리)을 갖는 것은 형체가 없는 것에서 생겨난다." 이것은 이 일화의 뒷부분에 나오는 다음 문장을 통해 알 수 있듯이, 삶과 죽음의 연속성에 대해 언급한 것이다. 22/41ff.[「知北遊」]의 "不形之形. 形之不形. … 此衆人之所同論也", 즉 "형체가 없는 것이 이렇게 형체를 띠고(*탄생) 형체가 있는 것이 이렇게 형체를 떠나는 것(*죽음), … 이것은 평범한 인간들이 다

생명의 정수이자 신묘한 작용을 하는 힘은 도道에서 생겨나고,
형체가 있는 것은 그 근원에 있어서는 생명의 정수[精]에서 생겨나며,

만물은 각자 자기만의 고유한 형체들을 재생산하면서 생겨난다. 따라서 아홉 개의 구멍을 가진 것들은 태胎에서 생겨나고, 여덟 개의 구멍을 가진 것들은 알에서 생겨난다. 그것들이 올 때에는 어디를 거쳐왔는지 흔적이 전혀 없고, 떠날 때에는 어디로 넘어가는지 그 경계가 전혀 없다. 드나드는 문도 없고 머무는 방도 없다. 그것은 벽이 없어 사방으로 열려 있는 집[41]이다. 바로 이것들[만물]과 똑같은 경로를 밟는 사람은 사지가 강해지고 사고가 빈틈없고 예리해지며, 보고 듣는 것이 날카로워지고 마음을 써도 힘들지 않으며, 사물에 응할 때에도 물 흐르듯 유연해진다.

하늘로서는 높지 않을 수가 없다.
땅으로서는 넓지 않을 수가 없다.
해와 달로서는 정해진 경로로 나아가지 않을 수가 없다.

같이 논論하는(*일정한 배열 속에 두는) 것이다." 명사적인 논論과 동사적인 논論에 대해서는 A. C. Graham, *Later Mohist logic, ethics and science*, 194를 참조하라["한대 이전의 용법에서 논論은 사물들을 분류하여 그것들을 적절한 위치에 배치하고 등급을 매기는 사고나 담론이다. 『묵경』에서 이 용어는 기지의 것과 미지의 것(B34), 인정할 수 있는 것과 인정할 수 없는 것(B78), 긴 것과 짧은 것(B78)을 분류하는 데 사용된다. 이 동사는 명사인 윤論(A9에서는 論으로 표기)과 밀접한 관련이 있다. 윤倫은 상대적인 사회적 지위(군주와 신하, 아버지와 아들)에 따라 규정되는 개인들 사이의 차별화된 행위 양식들을 가리키는 일반명사이다"].

41) [원] 皇: 장빙린章炳麟의 『장자해고莊子解故』에 따르면 '벽이 없는 집'이다(諸橋轍次, 『大漢和辭典』, 22701 def. 1/13).

만물로서는 증식하지 않을 수가 없다.

그것은 이것들의 도인가?[42]
더욱이 정보가 많다고 해서 꼭 잘 안다고 할 수 없고, 세세하게 구별한다고 해서 꼭 지혜롭다고 할 수도 없다. 성인은 그런 것들을 딱 잘라버린다. 더하려 해도 더해지지 않고 덜어내려 해도 덜어지지 않는 것, 성인은 그런 것을 빈틈없이 지킬 뿐이다. 헤아릴 수 없을 정도로 깊으니, 저 바다와 같지 않은가! 아련할 정도로 높고, 끝나는가 하면 다시 시작되는구나! 그것은 두루 운행하면서 만물을 어느 것도 빠뜨리는[43] 일 없이 잘 측량하여 배분한다. 그렇다면 네가 추구하는 '군자의 도'는 저것[참된 도]의 바깥이 되는가? 만물은 모두 그것으로

---

42) [원] 이 단락에서 두 차례 나오는 '此其道與'와 한 차례 나오는 '彼其外與'는 구문론적으로 애매해서 다음과 같이 두 가지로 이해될 수 있다.

   1. 문법적인 법法mood을 표시하는 '其'를 써서 원하는 답을 끌어내려는 유도적 질문('이것은 도가 아니겠는가?' '저것은 외부가 아니겠는가?')으로 이해하거나,
   2. 지시대명사를 강조하면서 소유격으로 만드는 대명사 '其'를 가진 단순 질문으로 이해할 수 있다(A. C. Graham, *Later Mohist logic, ethics and science*, 123을 참조하라)["회생대명사 — 관계절에서 관계대명사의 선행사를 지시하는 대명사 — 인 '其'는 '是'와 '之'가 도치된 목적어를 강조하는 것과 똑같은 방식으로 주어를 강조한다(『左傳』「宣公·十二年」'惟敵是求', 즉 '우리는 오로지 적을 찾을 뿐이다')]. '그것은 이것들(사고하는 인간이 아닌 자연적 사물들)의 도인가?' '그것은 저것(참된 도)의 바깥인가?'

   세 문장을 비교해보면 문맥상 2가 설득력이 있다. 이 일화의 마지막 문장(22/43)에 나오는 정형화된 '此之謂~', 즉 '이것을 일러 ~라고 한다'를 제외하면, 이 일화 전체에서 '此'는 항상 구체적인 사물들을 가리키는 것으로 보인다(22/32, 33, 36, 42). 사실상 처음 세 가지 사례에서 '此'는 짧은 간격을 두고 '萬物'에 뒤따라 나오며 그 용어를 반복하고 있는 것으로 볼 수 있다(22/30, 33, 35).

43) [원] 遺: 통용본은 '貫'로 되어 있다. 『장자궐오』의 이체자인 '遺'로 교정한다.

부터 필요한 걸 끌어내려고 몰려들지만, 그것은 소진되지 않는다. 그것은 이것들의 도인가?"

孔子問於老聃曰. 今日晏閒. 敢問至道. 老聃曰. 汝齋戒. 疏瀹而心. 澡雪而精神. 掊擊而知. 夫道. 窅然難言哉. 將爲汝言其崖略. 夫昭昭生於冥冥. 有倫生於无形. 精神生於道. 形本生於精. 而萬物以形相生. 故九竅者胎生. 八竅者卵生. 其來无迹. 其往无崖. 无門无房. 四達之皇皇也. 邀於此者. 四肢彊. 思慮恂達. 耳目聰明. 其用心不勞. 其應物无方. 天不得不高. 地不得不廣. 日月不得不行. 萬物不得不昌. 此其道與. 且夫博之不必知. 辯之不必慧. 聖人以斷之矣. 若夫益之而不加益. 損之而不加損者. 聖人之所保也. 淵淵乎其若海. 魏魏乎其終則復始也. 運量萬物而不遺. 則君子之道. 彼其外與. 萬物皆往資焉而不匱. 此其道與.

[계속해서 늙은 담은 말했다.]
"중앙에 있는 나라에 인간이 있는데, 음도 아니고 양도 아닌 채 하늘과 땅 사이에 자리하고 있다. 그는 다만 잠깐 동안만 인간으로 있을 뿐, 결국 그의 조상으로 돌아갈 것이다. 살아 있다는 것은 그 근원에서 보자면 수증기가 한 번 뿜어져 나오는 것이다. 일찍 죽든 늦게 죽든 그 시간 차이가 얼마나 되겠는가? 다 한순간의 문제이다. 성군인 요堯나 폭군인 걸桀이 옳은지 그른지 하는 문제가 어찌 골머리를 썩일 만한 것이겠는가? 과일과 열매에는 결[理]이 있다. 인간관계의 질서[人倫]는 어렵기는 해도 사람들이 서로에게 맞추는 방법이다. 성인은 그것이 눈앞에 있을 때에는 기회를 놓치지 않고, 그것이 지나가 버렸을 때에는 집착하지 않는다. 성인은 자신을 조율함으로써 그것

에 응하니, 이것이 바로 덕德이다. 성인은 그것과 짝을 이룸으로써 그것에 응하니, 이것이 바로 도道이다. 이런 과정으로부터 황제들이 일어나고 왕들이 시작되는 것이다.

하늘과 땅 사이에서 인간의 삶은 흰 망아지가 벽의 갈라진 틈새를 언뜻 지나가는 것처럼 순식간에 가버린다. 분출하듯 돌진하듯 만물은 거기서 나오고, 녹아들듯 흡수되듯 만물은 거기로 들어간다. 한 차례 변화에 의해 너는 태어났고, 또 한 차례 변화에 의해 너는 죽어간다. 살아 있는 모든 것은 거기서 슬픔을 느끼고 인간은 그것을 서러워한다. 그러나 하늘에서 온 활집을 풀어버리고, 하늘에서 온 학자의 예복도 내던져버려라. 확 떨쳐버리고 확 쥐버려라! 혼魂animus과 백魄anima이[44] 각자 다른 길을 가고 자아가 그것들을 뒤따르면, 너는 죽음을 맞이하게 된다. 형체가 없는 것이 이렇게 형체를 띠고, 형체가 있는 것이 이렇게 형체를 떠나는 것, 이것은 모두가 다 똑같이 알고 있는 것이지만, 바야흐로 도에 이른 사람에게는 중요하지 않다. 그런 단계들은 평범한 사람들이 다 같이 순서대로 배열하는 것이지만, 도에 이른 사람은 순서대로 배열하지 않으며, 순서대로 배열하는 사람은 도에 이르지 않은 것이다.

예리하게 보는 것은 흘끗 보는 것을 따라가지 못한다.

---

44) [역] 그레이엄은 칼 융Carl Gustav Jung의 용어를 빌려 '혼魂'을 'animus'로, '백魄'을 'anima'로 번역한다. 융은 영혼 또는 혼을 뜻하는 라틴어 'anima'를 남성에게 내재되어 있는 여성성의 원형적 심상을 가리키는 데 사용하고, 이 단어의 남성형인 'animus'를 여성에게 내재되어 있는 남성성의 원형적 심상을 가리키는 데 사용하였다. 그레이엄은 고대 중국인들이 '백'을 음陰으로, '혼'을 양陽으로 보았던 점에 착안하여 '백'을 여성형인 'anima'로, '혼'을 남성형인 'animus'로 번역한 것으로 보인다.

침묵은 논쟁보다 낫다.
누구도 도에 대해 듣지 못했다.
들으려고 하느니, 차라리 귀를 막아라.

그것을 완전히 포착한다는 것은 바로 이런 의미이다."

中國有人焉. 非陰非陽. 處於天地之間. 直且爲人. 將反於宗. 自本觀之. 生者. 喑醷物也. 雖有壽夭. 相去幾何. 須臾之說也. 奚足以爲堯桀之是非. 果蓏有理. 人倫雖難. 所以相齒. 聖人遭之而不違. 過之而不守. 調而應之. 德也. 偶而應之. 道也. 帝之所興. 王之所起也. 人生天地之間. 若白駒之過郤. 忽然而已. 注然勃然. 莫不出焉. 油然漻然. 莫不入焉. 已化而生. 又化而死. 生物哀之. 人類悲之. 解其天弢. 墮其天袠. 紛乎宛乎. 魂魄將往. 乃身從之. 乃大歸乎. 不形之形. 形之不形. 是人之所同知也. 非將至之所務也. 此衆人之所同論也. 彼至則不論. 論則不至. 明見无值. 辯不若默. 道不可聞. 聞不若塞. 此之謂大得.

(『장자』 제22편 「지가 북쪽에서 노닐다」])

• • •

공자가 늙은 담에게 말했다.
"저는 『시詩』, 『서書』, 『예禮』, 『악樂』, 『역易』, 『춘추春秋』, 이 육경을 연구해왔습니다. 제가 보기에는 시간도 꽤 많이 들였고 내용도 투철하게 알고 있는 것 같습니다. 그래서 저는 이 육경에 대한 지식을 가지고 일흔두 명의 제후들을 만나 저를 소개하면서, 선왕의 도道에 대해 논하고 주공周公과 소공召公의 발자취를 분명하게 밝혔지요. 그러나 제 이야기에서 냉큼 쓸 만한 것을 알아본 제후는 단 한 사람도 없었습니다. 도를 밝히는 일이 이렇게까지 어려운 것입니까?"

"그대가 늦게 태어나서 치세의 제후들을 만나지 못한 것이 정말이지 얼마나 다행인지 모르겠다! 육경은 선왕들의 닳고 닳은 발자국일 뿐이지, 그들이 발자국을 만드는 데 사용한 신발은 아니다. 그대가 지금 이야기하고 있는 것 역시 발자국들이고, 그 발자국들은 신발이 지나간 곳을 보여줄 뿐 신발 자체는 아니다! 흰 물수리새는 암수가 눈동자를 꼼짝하지 않은 채 서로 빤히 쳐다만 봐도 수정이 되고, 곤충들은 수컷이 바람 부는 위쪽에서 울고 암컷이 바람 부는 아래쪽에서 응하기만 해도 수정이 되며, 유類라고 불리는 생물은 자웅동체라서 그 자체로 수정이 된다. 사물들의 본성은 바뀔 수 없고 운명은 변할 수 없으며 시간은 멈추게 할 수가 없고 도는 막을 수가 없다. 도와 일치한다면 어떤 길도 허용 안 될 것이 없고, 도에서 벗어난다면 어떤 길도 허용될 수 없다."

孔子謂老聃曰. 丘治詩書禮樂易春秋六經. 自以爲久矣. 孰知其故矣. 以奸者七十二君. 論先王之道而明周召之迹. 一君无所鉤用. 甚矣夫. 人之難說也. 道之難明邪. 老子曰. 幸矣子之不遇治世之君也. 夫六經. 先王之陳迹也. 豈其所以迹哉. 今子之所言. 猶迹也. 夫迹. 履之所出. 而迹豈履哉. 夫白鶂之相視. 眸子不運而風化. 蟲. 雄鳴於上風. 雌應於下風而風化. 類自爲雌雄. 故風化. 性不可易. 命不可變. 時不可止. 道不可壅. 苟得於道. 无自而不可. 失焉者. 无自而可.

공자는 석 달 동안 문밖을 나가지 않았다. 그는 다시 늙은 담을 찾아가서는 말했다.

"저는 그것을 포착했습니다. 까마귀와 까치는 알을 부화시키고, 물고기는 거품을 내뿜으며, 가는 허리를 가진 생물들은 탈피를 합니다. 형은 동생이 태어나면 울고불고합니다. 저는 오랫동안 한 명의 인간으로서 변화하는 사물들의 동료가 되지 못했습니다. 그런데 어떻게 인간들을 변화시킬 수 있겠습니까?"

늙은 담이 말했다.

"아주 좋다. 이보게, 공자[丘]! 너는 이제 그것을 얻었다."

孔子不出. 三月復見曰. 丘得之矣. 烏鵲孺. 魚傅沫. 細要者化. 有弟而兄啼. 久矣夫丘不與化爲人. 不與化爲人. 安能化人. 老子曰. 可. 丘得之也.

(『장자』 제14편[「하늘의 운행」])

3
자발성의 이점들

〈내편〉에서 전문 기교에 대해 다룬 이야기로는 요리사 정[포정 庖丁]의 일화(162쪽 이하)가 유일하다. 그러나 〈외편〉의 「삶에 통달하기」(제19편)[45]와 다른 편들에는 자의식을 거부할 때 얻게 되는 다른 이점들에 대한 이야기들과 함께 이런 종류의 이야기들이 더 많이 실려 있다.

|||||||||||

목공 경[재경 梓慶]이 나무를 깎아 종의 지지대를 만들었다. 종의 지지대가 완성되자 구경꾼들은 그 신들린 듯한 모습에 경탄해 마지않았다. 노나라의 제후가 참관하고는 그에게 물었다.

---

45) [역] 그레이엄은 제19편의 편명인 '달생達生'을 주로 '본성에 통달하기Fathoming nature'로 번역하는데, 여기서는 '삶에 통달하기Fathoming life'로 번역하고 있다. 그레이엄은 『장자』에서 '性'은 '生'과 의미상의 차이가 없다고 본다. 181쪽에 있는 그레이엄의 설명을 참조하라.

"그대는 어떤 비결로 이걸 만들었는가?"

"신은 일개 장인일 뿐인데, 무슨 비결이 있겠는지요? 하지만 한 가지 지침이 있기는 합니다. 신은 종의 지지대를 만들려고 할 때면, 기운을 낭비하지 않기 위해 조심하고, 마음을 고요하게 만들기 위해 반드시 재계를 합니다. 재계한 지 사흘이 지나면 축하의 말이나 상, 작위나 녹봉을 별로 마음에 담아두지 않게 됩니다. 재계한 지 닷새가 지나면 비난이나 칭찬, 기량의 뛰어남이나 서투름도 별로 마음에 담아두지 않게 됩니다. 재계한 지 이레가 지나면 너무 집중한 나머지 제게 몸뚱이와 사지가 있다는 것도 잊어버릴 정도가 됩니다.

그러는 사이 임금이 계신 조정은 제게는 없는 것과 마찬가지가 됩니다. 제 솜씨가 그 일에만 집중하고 밖으로 흐트러지는 마음이 서서히 사라지면, 그제야 저는 산림으로 들어가 하늘이 내려준 나무의 본성[天性]을 관찰합니다. 신체의 능력이 절정에 달하면, 그제야 저는 종의 지지대의 완성된 모습을 떠올려보고, 그런 다음에야 나무에 손을 댑니다. 그렇지 않으면 다 관두지요. 그래서 저는 하늘의 것을 하늘의 것에 결합시킵니다. 이것이 바로 이 기물이 신들린 듯이 보이는 이유가 아니겠는지요?"

梓慶削木爲鐻. 鐻成. 見者驚猶鬼神. 魯侯見而問焉. 曰. 子何術以爲焉. 對曰. 臣工人. 何術之有. 雖然. 有一焉. 臣將爲鐻. 未嘗敢以耗氣也. 必齊以靜心. 齊三日. 而不敢懷慶賞爵祿. 齊五日. 不敢懷非譽巧拙. 齊七日. 輒然忘吾有四枝形體也. 當是時也. 无公朝. 其巧專而而滑消. 然後入山林. 觀天性. 形軀至矣. 然後成見鐻. 然後加手焉. 不然則已. 則以天合天. 器之所以疑神者. 其是與.

(『장자』 제19편 「본성에 통달하기」)

• • •

기성자紀渻子가 왕을 위해 투계를 훈련시켰다. 열흘이 지나 왕이 물었다.

"닭들이 준비가 되었는가?"

"아직 안 됐습니다. 녀석들이 계속 허세를 부리며 활개를 치고 흥분해서 날뛰고 있습니다."

또 열흘이 지나 왕이 다시 물었다.

"아직 안 됐습니다. 녀석들이 아직도 그림자가 아른거리고 소리가 울리기만 해도 덤벼듭니다."

또 열흘이 지나 왕이 다시 물었다.

"아직 안 됐습니다. 녀석들이 아직도 맹렬하게 노려보며 분기로 가득 차 있습니다."

또 열흘이 지나 왕이 다시 물었다.

"이제 됐습니다. 다른 닭이 아무리 울어대도 녀석들은 더 이상 어떤 변화도 보이지 않을 것입니다. 멀리서 보면 나무로 된 닭처럼 보일 것입니다. 녀석들의 덕德이 완전하니까요. 잘 모르는 닭도 감히 녀석들에게 달려들지 못하고 돌아서 달아날 것입니다."

紀渻子爲王養鬪雞. 十日而問. 雞已乎. 曰. 未也. 方虛憍而恃氣. 十日又問. 曰. 未也. 猶應嚮景. 十日又問. 曰. 未也. 猶疾視而盛氣. 十日又問. 曰. 幾矣. 雞雖有鳴者. 已无變矣. 望之似木雞矣. 其德全矣. 異雞无敢應. 反走矣.

(『장자』 제19편 「본성에 통달하기」)

∙ ∙ ∙

공자가 여량呂梁의 경관을 바라보고 있었다. 폭포의 높이가 삼십 길이나 되고, 거기서 이는 포말이 사십 리를 뒤덮었다. 물고기와 자라와 악어도 헤엄칠 수 없는 곳이었다. 마침 공자는 한 사나이가 거기서 헤엄치고 있는 모습을 발견했다. 공자는 그가 괴로운 일이 있어 죽으려는 사람이라고 생각했고, 제자를 시켜 강을 따라 내려가 그를 건져 올리라고 하였다. 그러나 그 사나이는 수백 걸음을 헤엄쳐 나와서 강기슭을 어슬렁거리더니 머리카락을 등 뒤로 늘어뜨린 채 걸으면서 노래를 불렀다. 공자는 기회를 엿보아 그에게 물었다.

"나는 그대가 귀신일 거라고 생각했는데, 지금 가까이 와서 보니 살아 있는 사람이구려. 물 위에 떠 있는 데에도 도道가 있는지 묻고 싶소."

"아니오. 그런 도는 없소. 나는 타고난 것[故]에서 시작했고, 내 본성[性]에 따라 자랐으며, 내게 주어진 운명[命]에 따라 성숙했소. 나는 유입되는 흐름과 함께 들어가고 유출되는 흐름과 함께 나온다오. 나는 물의 도를 따를 뿐, 내 사사로움을 조금도 개입시키지 않소. 이것이 내가 물 위에 떠 있을 수 있는 방법이오."

"그대가 타고난 것에서 시작해서 본성에 따라 자라고 주어진 운명에 따라 성숙했다는 건 무슨 뜻이오?"

"육지에서 태어나 육지를 편안해하는 것, 이것은 내가 타고난 것이오. 물속에서 자라 물을 편안해하는 것, 이것은 내 본성이오. 왜 그런지 알 수 없지만 그런 것, 이것은 내게 주어진 운명이라오."

孔子觀於呂梁. 縣水三十仞. 流沫四十里. 黿鼉魚鱉之所不能游也.

見一丈夫游之. 以爲有苦而欲死也. 使弟子並流而拯之. 數百步而出. 被髮行歌而游於塘下. 孔子從而問焉. 曰. 吾以子爲鬼. 察子則人也. 請問. 蹈水有道乎. 曰. 亡. 吾无道. 吾始乎故. 長乎性. 成乎命. 與齊俱入. 與汨偕出. 從水之道而不爲私焉. 此吾所以蹈之也. 孔子曰. 何謂始乎故. 長乎性. 成乎命. 曰. 吾生於陵而安於陵. 故也. 長於水而安於水. 性也. 不知吾所以然而然. 命也.

(『장자』제19편 [「본성에 통달하기」])

∙ ∙ ∙

안회가 공자에게 물었다.

"언젠가 상심觴深에 있는 깊은 못을 건넌 적이 있는데, 사공이 배를 조종하는 것이 마치 신들린 듯하였습니다. 저는 사공에게 배를 조종하는 법을 배울 수 있는지 물었습니다. 그는 이렇게 대답했습니다. '그렇소. 배울 수 있소. 헤엄을 잘 치는 사람은 그 방법을 빨리[46] 습득할 것이고, 잠수할 줄 아는 자라면 이전에 배를 본 적이 없어도 솜씨 좋게 배를 조종할 것이오.' 저는 더 물었지만 그는 더 이상 대답하지 않았습니다. 그가 한 말이 무슨 뜻인지 여쭙습니다."

"헤엄을 잘 치는 사람은 물을 잊기 때문에 그 방법을 빨리 습득한다. 잠수할 줄 아는 자는 물속 깊은 곳을 마치 육지 보듯 하고, 배가 뒤집히는 것을 마치 수레가 뒤로 미끄러지는 것 보듯 하기 때문에 이전에 배를 본 적이 없어도 솜씨 좋게 배를 조종할 것이다. 뒤집히거나 미끄러지거나 하는 온갖 광경이 눈앞에 펼쳐진다고 해도, 그것들

---

46) [원] 數: 마쉬룬의 『장자의증』에 따르면 '速'과 같다.

이 그가 머물고 있는 곳을 침범해 들어올 수는 없다. 그러니 그가 어디에 간들 편치 못할 이유가 뭐가 있겠는가?

기와를 걸고 내기를 하면 기량을 잘 발휘하지만, 허리띠의 고리를 걸고 내기를 하면 자신감을 잃게 되고, 금을 걸고 내기를 하면 안절부절못하게 된다. 기량은 여느 때와 같더라도, 무언가 중요시하는 게 있으면 자기 외부에 있는 것에 무게를 두게 된다. 자기 외부에 있는 것에 무게를 두는 자는 누구든 안으로는 서툴게 된다."

顏淵問仲尼曰. 吾嘗濟乎觴深之淵. 津人操舟若神. 吾問焉. 曰. 操舟可學邪. 曰. 可. 善游者數能. 若乃夫沒人. 則未嘗見舟而便操之也. 吾問焉而不吾告. 敢問何謂也. 仲尼曰. 善游者數能. 忘水也. 若乃夫沒人之未嘗見舟而便操之也. 彼視淵若陵. 視舟之覆猶其車卻也. 覆卻萬方陳乎前而不得入其舍. 惡往而不暇. 以瓦注者巧. 以鉤注者憚. 以黃金注者殙. 其巧一也. 而有所矜. 則重外也. 凡外重者內拙.

(『장자』 제19편 [「본성에 통달하기」])

• • •

스승 열자[자열자子列子]가 관윤에게 물었다.

"지극한 사람은 물속을 헤엄쳐도 숨이 막히지 않고,
불을 밟아도 타지 않으며,
만물 위를 걸어도 떨지 않는다.

어떻게 이런 경지에 이를 수 있는지 여쭙겠습니다."

"순수한 기운[純氣]을 굳게 지켜서 그런 것이지, 지식이나 기교, 과단성이나 대담성 따위와는 아무런 상관이 없네. 거기 앉게나, 내 네게 들려주겠다. 무릇 생김새나 겉모습, 소리나 색깔을 가지고 있는 것들은 모두 일개 사물일 뿐이다. 한 사물과 다른 사물들 사이에 거리가 얼마나 되겠는가? 한 사물이 다른 사물들을 앞지를 만하다면 무엇에 따라 그렇겠는가? 그 사물이 가진 형태와 색깔에 따라 그럴 뿐이다.[47] 사물들은 형체가 없는 것 속에서 자신이 나아갈 방향을 찾고 어떤 변화도 없는 지점에 머문다.[48] 이 점에 대한 이해가 극에 달한 사

---

47) [원] 是形色而已: 통용본에는 '形'이 없다. 『장자궐오』의 이문에 따라 '形'을 삽입한다.
48) [원] 則物之造乎不形而止乎无所化: 이 구절(나는 『열자』에 있는 유사 구절을 어설프게 번역했다. A. C. Graham, *Book of Lieh Tzu*, 37)은 문맥에 꼭 들어맞게 번역하기가 어렵고 손상되었을 수도 있다. 그러나 가장 큰 난점은 造라는 단어에 있다. 여기서는 이 단어를 6/72[「大宗師」]의 문장["물고기들이 물속에서 서로에게 적합한 방향을 정하듯이 사람들은 도道 안에서 서로에게 적합한 방향을 정한다[魚相造乎水, 人相造乎道]"]에서처럼 '어떤 한 방향을 취하다' 또는 '어떤 한 방향으로 움직이다'라는 의미로 이해할 것이다.

> 6/72[「大宗師」]의 "魚相造乎水", 즉 "물고기들이 물속에서 서로에게 적합한 방향을 정한다."
> 6/72의 "人相造乎道", 즉 "사람들은 도 안에서 서로에게 적합한 방향을 정한다."
> 19/10[「達生」]의 "物之造乎不形", 즉 "사물들은 형체가 없는 것 속에서 자신이 나아갈 방향을 찾는다."
> 19/12의 "以通乎物之所造", 즉 "다른 사물들이 각자 나아갈 방향을 찾는 그곳 주변을 순환할 것이다."

이것은 성인은 그 무엇에도 손상될 수 없음을 설명한 것이며, 이것이 이 일화의 주제이다. 성인은 다른 사물들과 결코 충돌하지 않는다. 왜냐하면 모든 것은 도道 위에서 물속을 헤엄치는 물고기 떼처럼 상호작용을 통해 결정되는 방향에 따라 자발적으로 움직여나가기 때문이다.

람이라면, 사물이 어떻게 그에게 머물 수 있겠는가? 그는 도를 넘지 않아 다른 사물들을 침해하는 일이 없고, 저 멀리 모든 실이 모여 시작도 없이 이어져 있는 실타래를 따라 저장해두며, 만물들이 끝나고 시작되는 곳에서 노닐 것이다. 그는 자신의 본성을 한결같게 하고 자신의 기운을 돌보며 덕德을 품고서,[49] 다른 사물들이 각자 나아갈 방향을 찾는 그곳 주변을 순환할 것이다. 이와 같은 사람에게서는 하늘로부터 온 것이 온전하게 유지되고, 그의 신묘한 힘에는 아무런 결함이 없다. 그러니 다른 사물들이 어디에서 들어올 길을 찾겠는가?

　술 취한 사람은 수레에서 떨어질 때, 아무리 빨리 떨어져도 죽지는 않는다. 뼈와 관절은 다른 사람들과 같지만, 해로운 일을 당했을 때 다른 사람들과 다른 것은 그 안에 있는 신묘한 힘이 온전하기 때문이다. 그는 수레를 타고 가면서도 가는지 모르고, 수레에서 떨어지면서도 떨어지는지 모른다. 죽음과 삶, 놀라움과 공포가 결코 그의 가슴속으로 들어오지 못한다. 그래서 그는 다른 사물들과 충돌할 때에도 위축되지 않는다. 그가 술로부터 온전함을 얻을 때에도 이러할진대, 하물며 하늘로부터 온전함을 얻을 때에는 어떻겠는가! 성인은 하늘에 저장해둔다. 그렇기 때문에 그 무엇도 그에게 상처를 줄 수가 없는 것이다."

子列子問關尹曰. 至人潛行不窒. 蹈火不熱. 行乎萬物之上而不慄. 請問何以至於此. 關尹曰. 是純氣之守也. 非知巧果敢之列. 居. 予語女. 凡有貌象聲色者. 皆物也. 物與物何以相遠. 夫奚足以至乎先. 是

---

49) [원] 合:『열자』제2편[「黃帝」](楊伯峻, 『列子集釋』, 31/2)에 따라 '合'을 '含'으로 교정한다.

形色而已. 則物之造乎不形而止乎无所化. 夫得是而窮之者. 物焉得而止焉. 彼將處乎不淫之度. 而藏乎无端之紀. 遊乎萬物之所終始. 壹其性. 養其氣. 含其德. 以通乎物之所造. 夫若是者. 其天守全. 其神无郤. 物奚自入焉. 夫醉者之墜車. 雖疾不死. 骨節與人同而犯害與人異. 其神全也. 乘亦不知也. 墜亦不知也. 死生驚懼不入乎其胸中. 是故遻物而不慴. 彼得全於酒而猶若是. 而況得全於天乎. 聖人藏於天. 故莫之能傷也.

(『장자』 제19편 [「본성에 통달하기」])

| 주 | "저장하기[藏]": 평범한 사람들은 자기 자신을 다른 사물들로부터 분리시킨 채, 그것들을 소유물이나 기억에 저장될 정보로서 축적하는 식으로만 그것들을 대한다. 그러나 성인은 "응하기만 하고 저장하지는 않"아서(263쪽), 다른 사물들이 그의 안으로 들어와서 자리 잡고 그를 꼼짝 못하게 만들 수 있도록 여지를 주는 결함이 전혀 없이 온전하기만 하다. 성인은 자신이 그 뿌리에 있어서는 다른 사물들과 똑같다는 것을 알고 있고 자신의 "영험한 창고"(215쪽)에 그것들이 이미 들어 있기 때문에 그것들을 딱히 필요로 하지 않는다. 그 영험한 창고는 "세상 속에 저장되어 있는 세상[藏天下於天下]"(230쪽)이다. 그는 자아와 타자 사이의 장벽을 해체하고, 마치 한 떼의 물고기들이 서로 건드리는 일 없이 이리저리 누비고 다니듯이 사물들로 하여금 자연스럽게 서로가 주는 해를 피하도록 만드는 유동적인 상호작용 속으로 진입한다(241-242쪽을 참조하라. "물고기들이 물속에서 서로에게 적합한 방향을 정하듯이 사람들은 도道 안에서 서로에게 적합한 방향을 정한다").

● ● ●

공자가 초나라로 여행을 하는 중에 숲속으로 난 길을 가다가 한 곱사등이가 끈적이는 막대로 매미를 잡고 있는 것을 보았다. 그 모습이 마치 매미들을 땅에서 줍는 듯했다. 공자가 말했다.

"그대는 재주만 좋은 것이오, 아니면 도道가 있는 것이오?"

"내게는 도가 있소이다. 오륙 개월마다 철이 돌아올 때면 나는 공들을 차례로 쌓아 올려서 균형을 이루게 한다오. 공 두 개를 쌓아 올려 떨어뜨리지 않고 균형을 이루게 할 수 있으면 많은 매미를 놓치지 않을 수 있소. 공 세 개를 쌓아 올려 균형을 이루게 할 수 있으면 열에 하나만 놓칠 뿐이오. 공 다섯 개를 쌓아 올려 균형을 이루게 할 수 있으면 매미들을 땅에서 줍듯이 잡을 수 있게 되오. 나는 내 몸을 뿌리를 단단히 내린 나무의 그루터기처럼 안정시키고, 내 팔을 말라죽은 나뭇가지처럼 만든다오. 하늘과 땅이 아무리 광대하고 만물이 아무리 많다 해도, 내가 아는 건 오로지 매미의 날개뿐이오. 시선이 거기서 벗어나거나 흔들리는 법이 없소. 나는 만물을 다 준다 해도 매미 날개와 바꾸지 않을 것이오. 그러니 내가 어찌 성공하지 않을 수 있겠소?"

공자가 제자들을 돌아보며 말했다.

"'의지를 분산시키지 않으면
신들린 상태에 가까워질 것이다.'[50]

이것은 저 곱사등이 노인장을 두고 한 말이 아닐까?"

---

50) [원] 疑於神: 통용본은 '疑'가 '凝'으로 되어 있다.『열자』제2편[「黃帝」](楊伯峻,『列子集釋』, 40)에 있는 유사 어구에 따라 '凝'을 '疑'로 교정한다. 19/50[「達生」]의 '疑(=凝)神', 즉 '신들린 상태에 비견할 만하다'를 참조하라[그레이엄은 본문에서는 '신들린 듯이 보인다'로 번역하였다].

仲尼適楚. 出於林中. 見痀僂者承蜩. 猶掇之也. 仲尼曰. 子巧乎. 有
道邪. 曰. 我有道也. 五六月累丸二而不墜. 則失者錙銖. 累三而不
墜. 則失者十一. 累五而不墜. 猶掇之也. 吾處身也. 若厥株拘. 吾執
臂也. 若槁木之枝. 雖天地之大. 萬物之多. 而唯蜩翼之知. 吾不反不
側. 不以萬物易蜩之翼. 何爲而不得. 孔子顧謂弟子曰. 用志不分. 乃
疑於神. 其痀僂丈人之謂乎.

(『장자』 제19편 [「본성에 통달하기」])

• • •

장인 수[공수工倕]가 도형을 그리면 그림쇠와 곱자에 꼭 들어맞았다.[51] 그의 손가락은 사물들의 변화와 함께할 뿐, 마음으로 생각하면서 따져보는 데 의존하지 않았다. 그 결과, 그의 영험한 망루[영대靈臺]는 하나로 통일되어 있었고, 그는 어떤 방해도 받지 않고 그곳을 올라갔다 내려갔다 할 수 있었다. 신발이 우리에게 가장 잘 맞는 경우는 우리가 발을 잊었을 때이고, 허리띠가 우리에게 가장 잘 맞는 경우는 우리가 허리를 잊었을 때이다. 마음이 우리에게 가장 잘 맞는 경우는 '그것이다, 아니다'의 분별을 잊는 법을 알 때이다. 상황과 잘 맞물리는 경우는 우리가 안으로 변치 않고 밖으로 외적 압력에 굴복하지 않을 때이다. 애초부터 꼭 맞고, 또 꼭 맞지 않은 적이 없었던 것은 무엇이 꼭 맞는지조차 잊은 꼭 맞음이다.

---

51) [원] 蓋: 해동奚侗의 『장자보주莊子補註』에 따르면 '合', 즉 '꼭 맞다'는 의미의 '盍'과 같다. 諸橋轍次, 『大漢和辭典』, 22980 def. 2.

工倕旋而蓋規矩. 指與物化. 而不以心稽. 故其靈壹一而不桎. 忘足. 履之適也. 忘要. 帶之適也. 忘是非. 心之適也. 不內變. 不外從. 事會之適也. 始乎適而未嘗不適者. 忘適之適也.

(『장자』제21편[「전자방」])

• • •

송나라의 원군元君이 그림을 한 점 갖고 싶어 했다. 서화가들이 모두 도착하여 화판52)을 받고는 줄지어 서더니, 붓을 핥아 고르고 먹을 갈았다. 같은 수의 사람들이 밖에서 대기하고 있었다. 맨 마지막으로 도착한 서화가가 한 명 있었는데, 그는 마치 세상 시간이 다 제 것인 양 빈둥거리며 들어와 화판을 받더니 다른 서화가들의 대열에 합류하지 않고 자신의 처소로 가버렸다. 원군이 사람을 보내어 살펴보게 했더니, 그는 옷을 벗어던지고 무릎을 쭉 뻗은 채 벌거벗고 앉아 있었다.

원군이 말했다.

"그가 그리면 되겠다. 그야말로 참된 화공이다."

宋元君將畫圖. 衆史皆至. 受揖而立. 舐筆和墨. 在外者半. 有一史後至者. 儃儃然不趨. 受揖不立. 因之舍. 公使人視之. 則解衣般礴臝. 君曰. 可矣. 是眞畫者也.

(『장자』제21편[「전자방」])

• • •

---

52) [원] 揖: 마쉬룬의『장자의증』에 따르면 '牒'과 같다.

3. 자발성의 이점들 369

대사마[大馬] 밑에서 조임쇠를 만드는 대장장이가 있었는데, 나이가 여든이나 되었지만 한 치의 오차도 없었다.

대사마가 말했다.

"그대는 재주만 좋은 것인가, 아니면 도道가 있는 것인가?"

"신에게 도[53]가 있습니다. 신은 스무 살 때에도 조임쇠를 벼려서 만드는 걸 무척 좋아했습니다. 뭐든 볼 수야 있었지만 조임쇠가 아니면 자세히 살펴보지 않았습니다. 사용하고 있는 자는 사용하고 있지 않았던 자에게 의존해서 오래도록 사용할 수 있습니다. 하물며 모든 것을 다 사용하는 저 도에 의존하는 것은 말할 것도 없겠지요! 어떤 사물이 저 도에 의존하지 않겠습니까?"

大馬之捶鉤者. 年八十矣. 而不失豪芒. 大馬曰. 子巧與. 有道與. 曰. 臣有道也. 臣之年二十而好捶鉤. 於物无視也. 非鉤无察也. 是用之者. 假不用者也以長得其用. 而況乎无不用者乎. 物孰不資焉.

(『장자』 제22편 [「지가 북쪽에서 노닐다」])

• • •

세상이 도道를 귀하게 여기는 것은 그것이 책에서 발견될 수 있을 때이다. 책이란 말을 모아놓은 것에 지나지 않지만, 말 속에는 귀한 가치가 있다. 말에서 귀한 가치를 갖는 것은 곧 생각이다. 생각이란 어떤 것에 대한 것이다. 그 어떤 것은 말로 전할 수 있는 것이 아니

---

53) [원] 道: 통용본은 '守'로 되어 있다. 왕념손王念孫의 『독서잡지讀書雜志』에 따라 '道'로 교정한다.

지만, 그것 때문에 세상은 말을 귀하게 여기고 책을 전한다. 그러나 세상이 말을 아무리 귀하게 여긴다 해도, 내가 보기엔 무가치한 것이다. 말에서 귀하게 여겨지는 것은 귀하게 여길 만한 것이 아니기 때문이다.

시력으로 볼 수 있는 것은 형체와 색깔이다. 청력으로 들을 수 있는 것은 명칭과 소리이다. 세상 사람들은 형체와 색깔, 명칭과 소리가 저 도의 정체를 파악할 수 있는 충분한 수단이 된다고 생각하는데, 이 얼마나 서글픈 일인가! 형체, 색깔, 명칭, 소리는 저 도의 정체를 파악하기에는 실로 불충분한 수단이다. 그래서 아는 자는 말하지 않고 말하는 자는 알지 못하는 것인데, 세상이 그것을 어떻게 알겠는가?

환공桓公이 당堂 위에서 책을 읽고 있었는데, 마침 당 아래에서는 수레바퀴 장인 편[윤편輪扁]이 수레바퀴를 깎고 있었다. 그는 망치와 끌을 옆에 치워놓더니 올라가서 환공에게 물었다.

"공께서 지금 어떤 말들을 읽고 계신지 여쭈어도 되겠습니까?"

"성인의 말씀이다."

"그 성인은 살아 있습니까?"

"죽었다."

"그렇다면 공께서는 옛사람들의 찌꺼기를 읽고 계시는군요. 그렇지 않습니까?"

"무슨 용무로 수레바퀴 장인이 과인이 읽고 있는 것에 대해 품평을 한단 말이냐? 네 발언에 대해 해명할 수 있다면 무사하겠지만, 그렇지 못할 시엔 죽음을 면치 못할 것이다."

"신의 생각을 말씀드리자면, 신이 하는 일의 견지에서 그렇게 본 것입니다. 바퀴를 깎을 때 손놀림이 너무 느리면 끌이 미끄러져서 잡을 수가 없게 됩니다. 그렇다고 너무 빠르면 끌이 나무에 끼이고 걸리게 됩니다. 너무 느려서도 안 되고 너무 빨라서도 안 되는 것이지요. 손으로 느끼고 마음으로 응할 뿐, 말로 표현할 수는 없습니다. 뭔가 비결이 있기는 하지만 신은 신의 아들에게도 그것을 전해줄 수가 없고, 신의 아들도 그걸 신에게서 배울 수가 없습니다. 이 때문에 신은 일흔 살이 되도록 수레바퀴를 깎으면서 늙어온 것입니다. 옛사람들도, 또 전할 수 없는 그들의 뜻도 모두 죽었습니다. 그렇다면 공께서 지금 읽고 계신 것은 옛사람들의 찌꺼기가 아니겠는지요?"

世之所貴道者書也. 書不過語. 語有貴也. 語之所貴者意也. 意有所隨. 意之所隨者. 不可以言傳也. 而世因貴言傳書. 世雖貴之. 我猶不足貴也. 爲其貴非其貴也. 故視而可見者. 形與色也. 聽而可聞者. 名與聲也. 悲夫. 世人以形色名聲爲足以得彼之情. 夫形色名聲果不足以得彼之情. 則知者不言. 言者不知. 而世豈識之哉. 桓公讀書於堂上. 輪扁斲輪於堂下. 釋椎鑿而上. 問桓公曰. 敢問. 公之所讀者何言邪. 公曰. 聖人之言也. 曰. 聖人在乎. 公曰. 已死矣. 曰. 然則君之所讀者. 故人之糟魄已夫. 桓公曰. 寡人讀書. 輪人安得議乎. 有說則可. 无說則死. 輪扁曰. 臣也以臣之事觀之. 斲輪. 徐則甘而不固. 疾則苦而不入. 不徐不疾. 得之於手而應於心. 口不能言. 有數存焉於其間. 臣不能以喩臣之子. 臣之子亦不能受之於臣. 是以行年七十而老斲輪. 古之人與其不可傳也死矣. 然則君之所讀者. 故人之糟魄已夫.

(『장자』 제13편 「하늘의 도」)

• • •

문왕文王이 장臧을 유람하다 한 노인장이 낚시를 하고 있는 모습을 보았다. 그런데 그의 낚시질에는 정작 낚시하는 사람이 없었다. 그는 어떤 것을 낚으려고 낚싯대를 들고 있는 사람이 아니었다. 그는 항상 그렇게 낚시를 하고 있었던 것처럼 보였다.

문왕은 그를 발탁해서 그에게 정치를 맡기려고 했으나, 대신들과 그의 백부들과 형들이 불만을 품을까 염려되었다. 그렇다고 포기하고 그를 내버려두자니 백 개의 일족들[百姓] 위에 하늘이 없는 게 견딜 수가 없었다. 그래서 그는 다음 날 아침 대부들에게 알렸다.

"간밤에 과인은 꿈속에서 어떤 훌륭한 사람을 만났소. 그는 얼굴색이 검고 구레나룻이 나 있었고 한쪽 발굽이 붉은 얼룩말을 타고 있었소. 그는 큰소리로 이렇게 외쳤다오. '장臧에 사는 노인장에게 정치를 맡겨라. 그가 백성들을 구제할 수 있으리라.'"

그러자 대부들은 위세에 눌려 이렇게 말했다.

"돌아가신 선왕이십니다."

"그렇다면 점을 쳐보도록 하시오."

"선왕의 명령이시니 전하께서 의심하실 일이 아닙니다. 뭘 더 점을 치겠습니까?"

그 뒤 문왕은 장의 노인장을 맞아들여 정치를 맡겼다.

그런데 그는 법규에 어떤 개정도 가하지 않고 특별히 명령을 내리지도 않았다. 삼 년 뒤 문왕이 나라를 둘러보았는데, 선비 집단은 우두머리가 없어 해산하고, 고위 관리들은 자신들의 잠재력을 다 발휘하지 않았으며, 상인들은 감히 용량을 재는 기구들을 국경 안으로 가져오지 않았다. 선비 집단이 우두머리가 없어 해산한 것은 그들이 위로 통치자에게 순응하였기 때문이다. 고위 관리들이 자신들의 잠재력을 다 발휘하지 않은 것은 모든 사람이 함께 일하였기 때문이다. 상인들이 감히 용량을 재는 기구들을 국경 안으로 가져오지 않은 것은 다른 나라들이 전적으로 신뢰했기 때문이다.

그러자 문왕은 그를 가장 위대한 스승이라고 여겨서, 제자로서 북면北面하여 그에게 질문을 했다.

"그 정책이 온 천하에 미치게 할 수 있겠습니까?"

장의 노인장은 멍한 표정으로 대답을 하지 않았고 얼이 나간 듯 둘러댔다. 그는 아침에 이 질문을 받았는데 저녁에 달아나버려 그후로는 영영 그의 소식을 들을 수 없었다.

안회가 공자에게 물었다.

"문왕은 아직 경지에 이르지 못했던 것입니다. 어째서 터무니없는 꿈 이야기를 꾸며냈을까요?"

"쉿, 그런 말 말거라! 문왕은 자신이 할 일은 다 했다. 그에게 비판할 게 뭐가 있겠느냐? 그는 단지 그 순간에 자기를 맞추었을 뿐이다."

文王觀於臧. 見一丈人釣. 而其釣莫釣. 非持其釣有釣者也. 常釣也. 文王欲擧而授之政. 而恐大臣父兄之弗安也. 欲終而釋之. 而不忍百姓之无天也. 於是旦而屬之大夫曰. 昔者寡人夢見良人. 黑色而頾. 乘駁馬而偏朱蹄. 號曰. 寓而政於臧丈人. 庶幾乎民有瘳乎. 諸大夫蹵然曰. 先君王也. 文王曰. 然則卜之. 諸大夫曰. 先君之命. 王其无它. 又何卜焉. 遂迎臧丈人而授之政. 典法无更. 偏令无出. 三年. 文王觀於國. 則列士壞植散羣. 長官者不成德. 䤼斛不敢入於四竟. 列士壞植散羣. 則尙同也. 長官者不成德. 則同務也. 䤼斛不敢入於四竟. 則諸侯无二心也. 文王於是焉以爲大師. 北面而問曰. 政可以及天下乎. 臧丈人昧然而不應. 泛然而辭. 朝令而夜遁. 終身无聞. 顔淵問於仲尼曰. 文王其猶未邪. 又何以夢爲乎. 仲尼曰. 默. 汝无言. 夫

文王盡之也. 而又何論刺焉. 彼直以循斯須也.

(『장자』 제21편[「전자방」])

• • •

성인은 복잡하게 뒤얽혀 있는 것을 뚫고 나와 모든 것을 하나로 보는 포괄적인 전망에 이르지만 그렇다는 사실을 모르고 있으니, 그것이 그의 본성이기 때문이다. 그는 자신의 운명으로 돌아가고 반향하는 식으로만 움직이며, 하늘을 자신의 스승으로 삼는다. 다른 사람들이 그후에 이런저런 이름들을 붙일 뿐이다. 앎의 문제로 계속 근심하고, 관여하는 일마다 순식간에 끝나버린다면, 그것이 멈추었을 때 그대는 무엇을 하겠는가?

태어날 때부터 아름다운 자들에게는 다른 사람들이 거울을 가져다 준다. 아름답다고 일러주지 않으면 그들은 자신들이 다른 사람들보다 아름답다는 것을 모를 것이다. 그러나 그들이 알건 모르건 들었건 듣지 못했건, 그들이 매혹적이라는 것은 결코 부정할 수 없고, 다른 사람들이 그들을 보면 즐거워한다는 것도 결코 부정할 수 없다. 그것이 그들의 본성이기 때문이다. 성인이 인간을 사랑하는 것을 보고 다른 사람들이 그렇다고 이름을 붙인다. 그렇다고 일러주지 않으면 성인은 자신이 인간을 사랑한다는 것을 모를 것이다. 그러나 그가 알건 모르건 들었건 듣지 못했건, 그는 인간을 사랑하는 것을 결코 그만두지 않을 것이며, 다른 사람들은 그에게서 위안을 찾는 일을 결코 그만두지 않을 것이다. 그것이 그의 본성이기 때문이다.

자기가 옛날에 살던 나라, 옛날에 살던 도시는 멀리서 바라보아도 그곳의 모든 것을 분간할 수 있다. 미로처럼 얽혀 있는 구릉과 초목이 그곳의 십분의 구를 차지하고 있더라도 모든 것을 분간할 수 있다. 하물며 눈으로 직접 보는 자와 귀로 직접 듣는 자의 경우는 어떻겠는가! 그는 군중들 위로 열 길 높이로 솟아 있는 망루 위에 있는 사람이다.

> 聖人達綢繆. 周盡一體矣. 而不知其然. 性也. 復命搖作. 而以天爲師. 人則從而命之也. 憂乎知而所行恒无幾時. 其有止也若之何. 生而美者. 人與之鑑. 不告則不知其美於人也. 若知之. 若不知之. 若聞之. 若不聞之. 其可喜也終无已. 人之好之亦无已. 性也. 聖人之愛人也. 人與之名. 不告則不知其愛人也. 若知之. 若不知之. 若聞之. 若不聞之. 其愛人也終无已. 人之安之亦无已. 性也. 舊國舊都. 望之暢然. 雖使丘陵草木之緡. 入之者十九. 猶之暢然. 況見見聞聞者也. 以十仞之臺縣衆閒者也.
>
> (『장자』 제25편 「칙양」)

• • •

양자陽子가 송나라로 여행을 가서 한 객사에서 하룻밤 묵게 되었다. 객사의 주인에게는 첩이 두 명 있었는데, 그중 한 명은 아름답고 한 명은 못생겼었다. 그런데 그는 못생긴 첩을 소중하게 대하고 아름다운 첩은 홀대하였다. 양자가 그 이유를 묻자 객사의 어린 머슴이 대답했다

"아름다운 여자는 스스로 아름답다고 생각하지만, 우리는 그 여자가 아름다운 줄 모르겠습니다. 못생긴 여자는 스스로 못생겼다고 생각하지만, 우리는 그 여자가 못생긴 줄 모르겠습니다."

양자가 말했다.

"제자들은 명심하거라. 너희들이 현명하게 행동하면서도 스스로 현명하다고 자부하는 마음[54]을 버린다면, 어디에 간들 사랑받지 않겠느냐?"

陽子之宋. 宿於逆旅. 逆旅人有妾二人. 其一人美. 其一人惡. 惡者貴而美者賤. 陽子問其故. 逆旅小子對曰. 其美者自美. 吾不知其美也. 其惡者惡. 吾不知其惡也. 陽子曰. 弟子記之. 行賢而去自賢之心. 安往而不愛哉.

(『장자』 제20편 [「산 나무」])

• • •

여러 척의 배를 함께 묶어서 황하를 건너고 있는데 빈 배가 떠내려 와 부딪힌다면, 성미가 아무리 급한 사람이라도 화를 내지는 않을 것이다. 그러나 그 배에 어떤 사람이 타고 있으면, 그에게 비키라고 소리를 지르게 될 것이다. 처음 소리를 질렀는데 그가 듣지 못하고, 두 번째 소리를 질렀는데도 듣지 못한다면, 세 번째 소리를 지를 때에는 틀림없이 험악한 명칭들을 사용해서 그를 부르게 될 것이다. 전에는 화를 내지 않았는데 지금은 화를 내고 있으니, 전에는 배가 비어 있었기 때문이고 지금은 배 안에 누군가가 있기 때문이다. 사람이 자기를 비우고서 세상에서 노닐 수 있다면, 누가 그를 방해할 수 있겠는가?

---

[54] [원] 自賢之心: 통용본은 '心'이 '行'으로 되어 있다. 해동의 『장자보주』에 따라 '心'으로 교정한다.

方舟而濟於河. 有虛船來觸舟. 雖有偏心之人不怒. 有一人在其上. 則呼張歙之. 一呼而不聞. 再呼而不聞. 於是三呼邪. 則必以惡聲隨之. 向也不怒而今也怒. 向也虛而今也實. 人能虛己以遊世. 其孰能害之.

(『장자』제20편 [「산 나무」])

기교가 뛰어난 자는 힘들게 일하고, 똑똑한 사람은 근심에 시달린다.
아무런 능력이 없으면 야심도 갖지 않을 것이다.
배불리 먹고 마음대로 노닐어라.
매여 있다 풀려난 배처럼 정처 없이 떠돌아다녀라.

이런 사람은 자신을 텅 비운 채 마음대로 노니는 자이다.

巧者勞而知者憂. 无能者无所求. 飽食而敖遊. 汎若不繫之舟. 虛而敖遊者也.

(『장자』제32편 [「열어구」])

4
도道를 합리화하기:
'큰 사람'

『장자』에는 '큰 사람(대인大人)'과 '넓은 시야(대방大方)'에 대한 주제를 공유하는 세 가지 대화편이 있다. 본서에서는 그것들을 '가을 홍수[秋水]' 대화편, '조금밖에 모름[少知]' 대화편, '달팽이[蝸]' 대화편이라고 부를 것이다. 분량도 길고 철학적으로도 흥미로운 앞의 두 대화편은 사상뿐만 아니라 어법에 있어서 매우 비슷하다. 따라서 한 명의 저자가 쓴 것으로 보는 데 주저할 필요가 없다. '달팽이' 대화편도 아마 그 저자가 썼을 것이다. 그의 연대에 대해 살펴보자. 그는 왕조 성립 이전의 황제인 요堯의 선양과 기원전 316년 연왕燕王 쾌噲의 선양을 나란히 '옛날'의 사건들로 언급한다.[55] 따라서 그는 기원전 3세기 말이나 2세기 이전의 인물일 가능성은 거의 없다. 그 밖에 이 세 가지 대화편과 관련된 구절들이 여럿 있다. 특히 큰 사람에 대한 세 가지 설명, 즉 큰 사람의 '성실성[誠]'과 '가르침[敎]' 및 '행실[行]'

---

55) 391쪽을 참조하라.

에 대한 설명이 있다. 그 설명들은 서로 다른 편들에 흩어져 있기는 하지만, 하나의 전체를 이루고 있고, '가을 홍수' 대화편의 훼손된 끝부분에서 떨어져 나간 단편들로 보인다. 큰 사람과 그의 넓은 시야는 도가가 지닌 하나의 특수한 경향을 보여주는 구호들이다. '달팽이' 대화편에서는 실제로 큰 사람을 성인보다도 우위에 두고 있다.[56] '가을 홍수' 대화편에서 황하의 신 하백河伯은 바다의 신 약若에게 가르침을 구하면서 그가 느끼는 두려움에 대해 다음과 같이 표현한다. "당신의 문하에 와서 가르침을 받지 않는다면, 저는 넓은 시야를 추구하는 학파에게 영원히 비웃음거리가 될 것입니다."[57]

이 절들의 가장 두드러진 특징은 지극히 비도가적인 것으로 생각될 수도 있는 지성에 대한 신뢰이다. '가을 홍수' 대화편과 '조금밖에 모름' 대화편은 하나의 정합적인 형이상학적 체계에 대한 일관된 해설들이다. 약간의 수사학적 점층법을 예외로 하면 도가에서 흔히 쓰는 다의성과 역설의 유희도 전혀 없다. 놀랍게도 여기서는 '지식[知]'이라는 단어가 항상 좋은 의미로만 사용된다. 세 대화편과 그 관련 구절들을 제외한 다른 곳에서 '큰 사람'이라는 용어는 딱 한 차례 사용되었는데, 그것은 다른 도가들이 이 합리화의 경향 때문에 큰 사람의 철학에 대해 의심을 품고 있다는 점을 확증시켜주는 유일한 사례이다. 바로 「지가 북쪽에서 노닐다[지북유]」의 도입부에 있는 이야기이다. 이 이야기에서 지식에 대한 활발한 공격이 이루어지는데,[58] 거기서 의인화되어 등장하는 지식, 즉 지知는 황제黃帝에게 도道에 대

---

56) 414쪽을 참조하라.
57) 385쪽을 참조하라.
58) 426-427쪽을 참조하라.

해 설명해줄 것을 간청하여 그 설명을 듣는다. 황제의 설명에서는 큰 사람이 사물들의 뿌리로 쉽게 돌아간다고 선언된다. 그러나 곧바로 황제는 자기와 지知는 둘 다 도에 대해 알고 있다는 바로 그 이유 때문에 도에서 벗어나 있다고 덧붙임으로써 자기가 했던 설명을 번복한다. 여기서 큰 사람은 매우 지성적인 유형의 도가를 확인시켜줄 하나의 문구로 기능한다.

'큰 사람' 형이상학의 기초는 유한성과 무한성의 구분이다. 유한한 사물들은 셀 수 있고 이름 붙이고 분류할 수 있으며 그것들을 조직화하는 '양식들patterns(이理)'을 입증할 수가 있다. 그러나 그것들이 분화되어 나오기 이전의 전체는 마치 무한하게 많은 수를 표시하기 위하여 '만萬'이라는 단어(영어 'myriad'와 마찬가지로 한자 '萬'도 일차적으로는 숫자 10,000을 가리키는 데 쓴다)를 사용하는 것처럼 무한하고 이름이 없으며, 유한한 것에서 따온 이름을 그것에 적용시켜서 단지 '도道'라고 부를 뿐이다. 유한한 사물들의 영역에서는 하나의 사건이 어떤 원인이나 동인을 갖는지, 아니면 갖지 않는지를 물을 수 있다. 그러나 그 물음을 우주적 과정 전체로 확대하는 것은 오류이다. 그 전체는 유有와 무無의 구분조차도 초월해 있기 때문이다.[59] (이 주제와 관련해 경쟁자로 거론된 철학자들인 계진季眞과 접자接子는 불행히도 현존하는 저술이 없다.)

큰 사람은 자기 자신을 그 전체와 동일시함으로써 자신의 관점을 모든 것이 다 들어오는 시야로 확장한다. 그 결과 그는 유한한 사물들을 균형감 있게 본다. 큰지 작은지, 좋은지 나쁜지를 상대적인 것으로 보는 것이다. 이런 상대주의에 대해서는 무한성의 문제를 다룰

---

59) 407쪽 이하를 참조하라.

때처럼 명가의 영향을 추측해볼 수도 있다. 우리는 장자가 명가인 혜시를 조롱하면서도 그에게 큰 빚을 지고 있다는 점에 이미 주목하였다.60) 그러나 도가들은 구분들의 비실재성을 주장하는 혜시의 논증에는 큰 감명을 받았지만, 상식적으로 보기에는 동일한 것을 계속 구별함으로써 정반대 길을 간 공손룡公孫龍 같은 명가들은 항상 혐오했다. 공손룡의 입장은 '단단한 것과 흰 것을 분리시키는[離堅白]' 것으로 알려져 있는데, 〈내편〉에서는 견백堅白, 즉 '단단함과 흰색'이라는 말을 논리에 대한 경멸을 표시하는 용어로 사용한다(본서에서는 그것을 '억지 논리chop-logic'로 번역하였다).61) 여기서 이 명가의 대가들이 둘 다 인간적인 모습을 드러낸다는 점은 흥미롭다. '달팽이' 대화편에서 무한성에 대해 논하는 큰 사람은 혜시가 직접 조정에 소개해준 인물이다. 그로부터 우리는 혜시가 존경받으면서도 그 자신은 큰 사람으로 인정받지 못했다고 추론할 수 있다. 다른 한편 다른 이야기에서 공손룡은 장자의 가르침을 들으면서 웃음거리가 되고 당황하며 굴욕을 당한다.62)

'가을 홍수' 대화편의 절정에서는 모든 가치 판단이 전면적으로 거부되자 혼란에 빠진 질문자가 "그렇다면 도道에서 귀하게 여길 게 뭐가 있겠습니까?"라는 물음을 제기한다(『장자』의 그 어디에서도 직접적으로 제기된 적 없는 질문이다). 실망스럽게도 대답은 온건하고 상식

---

60) 29쪽을 참조하라.
61) 135, 222쪽을 참조하라.
62) 「가을 홍수」(제17편)의 끝 부분에는 장자와 혜시가 다리 위에서 나눈 대화가 나오는데(325쪽), 그 대화도 당연히 '큰 사람' 대화편의 저자에게서 나왔을 것이다. 그 저자를 「가을 홍수」 전체의 저자로 돌리는 것은 망설여지지만, '가을 홍수' 대화편과 공손룡의 일화들은 이 편의 상당 부분을 차지하고 있다.

적이다. 도를 지니게 되면 '양식들', 즉 우주적 질서의 국지적 규칙성들을 깨닫게 되고, 그러면 사물들을 정당하게 비교 검토해서 해로움을 피할 수 있다는 것이다. 여기서 도덕철학에 관심이 있는 서양인이라면 의구심이 들 것이다. 도가들은 가치 표준을 인정하지 않는데, 가치 표준들과 무관하게 사물들을 비교 검토하는 것이 어떻게 가능하겠느냐는 것이다. 이 주제에 대해서는 이미 서론에서 언급하였다.[63] 큰 사람의 궁극적 움직임들은 자발적인 것이며, 하늘로부터 온 것이지 인간에게서 온 것이 아니다. 또 큰 사람이 사물을 비교 검토하는 것은 가치를 평가하는 것이 아니라, 사물들의 상호 연관성과 중요성에 대한 충분한 자각을 가지고 그것들에게 반응할 수 있기 위해 단지 그것들이 서로에게, 또 자신에게 얼마나 크고 작은 효과들을 미치는지 객관적으로 평가하는 것이라고 생각해볼 수도 있다. 따라서 여기서 취하는 유일한 가치 판단은 자각적 반응들이 비자각적 반응들보다 더 낫다는 것이다. 그것은 결국 진리를 거짓보다 더 좋아하고, 실재를 환상보다 더 좋아하는 것일 뿐이다. 서양의 용어로 그것은 도덕철학을 완전히 벗어나 있는 판단이다. 그러나 그것은 성인에게 다름 아닌 일종의 초기 반응에 따라 행위할 것을 권하는 것이고, 따라서 그에게 하나의 행위 원리를 제공하는 것이 된다.

|||||||||||||

---

[63] 40쪽 이하를 참조하라.

'가을 홍수' 대화편[64]

　　가을 홍수 철이 되자 온갖 하천이 황하로 흘러들었다. 그 몰려드는 흐름이 얼마나 장대했는지 강의 양쪽 기슭에 있는 벼랑과 작은 섬에서 보면 맞은편에 있는 것이 소인지 말인지 구별할 수 없을 정도였

---

64) [원] '가을 홍수'와 '조금밖에 모름', 이 두 대화편은 '넓은 시야(大方)'를 가진 '큰 사람(大人)'의 합리화된 도가 사상에 대해 상세히 설명하고 있다. 두 대화편은 언어로 소통 가능한 유한한 것과 언어로 소통 불가능한 무한한 것의 구분에 초점을 맞추고 있는데, 사상 면에서나 문체 면에서 단일 저자의 작품인 것으로 입증된다.

〈표 1〉

	『장자』 17/1-53[「秋水」]의 '가을 홍수' 대화편] (+ 22/16-21[「知北遊」의 단편])	『장자』 25/59-82[「則陽」]의 '조금밖에 모름' 대화편]	『장자』의 여타 부분
號, '칭하다'	17/11 號萬物之數謂之萬	25/67 今計物之數. 不止於萬. 而期曰萬物者. 以數之多者號而讀之也 25/68	한 번(8/21[「駢拇」])
計 X 之 Y	17/10, 11, 18	25/66	한 번(5/9[「德充符」])
殊	17/26, 36, 37(두 번), 39(두 번)	25/62, 63(두 번), 65	
差	17/30, 31, 39	25/65	
不可圍	17/20ff. 至精无形. 至大不可圍	25/76 精至於无倫. 大至於不可圍	
形+天地 氣+陰陽	17/9 自以比形於天地而受氣於陰陽. 吾在天地之間. 猶小石小木之在大山也	25/67 是故天地者. 形之大者也. 陰陽者. 氣之大者也	
丘山	17/31, 37	25/61	한 번(26/40[「外物」])
江河	17/8	25/61	
无止	17/15 量无窮. 時无止 17/17	25/79(두 번) 无窮无止	한 번(14/21[「天運」])
萬物+理	17/46; 22/18 萬物之理 22/17 萬物有成理	25/63 萬物殊理	한 번(33/13[「天下」])

다. 이에 황하의 우두머리[하백河伯]는 날아갈 듯 기뻐하며 세상의 아름다운 것들이 모두 자기에게 있다고 생각하게 되었다. 그는 황하의 흐름을 따라 동쪽으로 항해하여 마침내 북해에 이르렀다. 동쪽을 향해 쳐다보았더니 바다가 끝이 보이지 않을 정도로 널리 펼쳐져 있었다. 이때 처음으로 황하의 우두머리는 얼굴을 찌푸렸다. 그는 저 멀리 북해의 신 약[북해약北海若]을 향해 응시하더니 탄식하며 말했다.

"이런 속담이 있습니다. '도道에 대해 백분의 일을 듣게 되면 자기만 한 사람이 없다고 생각하게 된다.' 이게 바로 저를 두고 한 말이었습니다. 또 저는 공자의 명성을 하찮게 생각하고 백이伯夷의 의로움을 비난하는 사람들이 있다고 들었는데 그 말을 결코 믿을 수가 없었지요. 그러나 당신이 얼마나 광대한지를 본 지금, 당신의 문하에 와서 가르침을 받지 않는다면, 저는 넓은 시야를 추구하는 학파에게 영원히 비웃음거리가 될 것입니다."

북해의 약이 말했다.

"우물 안 개구리에게 바다에 대해 이야기해줄 수 없는 것은 그것이 좁은 구덩이 속에 갇혀 있기 때문이다. 여름철 벌레들에게 얼음에 대해 이야기해줄 수 없는 것은 그것들이 자기들이 사는 계절에 고착되어 있기 때문이다. 시원찮은 학자들에게 도에 대해 이야기해줄 수 없는 것은 그들이 자신들의 가르침에 속박되어 있기 때문이다. 이제 너는 강기슭 사이에서 나와 넓은 바다를 보고 마침내 스스로를 부끄럽게 여길 줄 알게 되었다. 네게 웅대한 양식[大理]에 대해 이야기하는 게 가능해졌다.

세상의 물 가운데 바다보다 광대한 것도 없다. 온갖 하천이 쉬지 않고 바다로 흘러들어 언제 그칠지 누구도 모르지만, 바다는 가득 차는 법이 없다. 바닷물이 미려尾閭에서 계속해서 빠져나가 얼마나 오래 갈지 누구도 모르지만, 바다는 텅 비는 법이 없다. 봄에서 가을로 철이 바뀌어도 바다는 변하지 않으며 홍수나 가뭄도 전혀 모른다. 바닷물이 황하와 양자강의 흐름을 얼마나 능가하는지는 측정할 수도 계산할 수도 없다. 그럼에도 불구하고 나는 나 자신을 대단하다고 생각한 적이 없다. 내가 하늘과 땅으로부터 몸을 보호받고[65] 음양으로부터 기운을 끌어오면서 하늘과 땅 사이에 존재하는 것은 조약돌 하나, 작은 관목 하나가 큰 산에 있는 것과 마찬가지임을 잘 알기 때문이다. 비교하면 나도 작은 것에 속하는데, 무슨 근거로 나를 대단하다고 생각하겠는가?

사면의 바다[사해四海]도 하늘과 땅과 비교해보면 넓은 황야에 있는 개밋둑 같지 않겠는가? 중앙의 나라[중국中國]도 사면의 바다와 비교해보면 어마어마하게 큰 곡물 창고에 있는 쌀 한 톨 같지 않겠는가? 우리는 사물들의 수를 칭하면서 '만'이라는 용어를 쓰는데, 인류는 그중 하나에 불과하다. 사람들은 아홉 지역[九州]에 거주하지만, 곡식이 자라고 배와 수레가 다니는 곳 가운데 한 사람이 차지하는 공간은 한 곳에 불과하다. 한 사람을 '만물'과 비교한다면, 그는 말의 몸에 붙은 털 한 올의 끄트머리 같지 않겠는가? 다섯 황제[오제五帝]가 선양[66]을 한 일, 세 왕[삼왕三王]이 쟁탈을 벌였던 일, 인자한 사람이 근심하는 일, 책임감 있는 사람이 애쓰는 일도 이런 것에 지나지 않는다. 백이는 그것을 사양함으로써 명성을 얻었고, 공자는 그것에 대해 이야기함으로써 박식한 자로 간주되었다. 그들이 스스로를 대단

---

65) [원] 比: 가오헝高亨의 『장자금전莊子今箋』에 따르면 '庇'와 같다. 1/17「「逍遙遊」의 "한 지역을 보호할 만큼만 유능한 자들[行比一鄕]"의 '比'도 마찬가지다]을 참조하라.
66) [원] 禪: 통용본은 '連'으로 되어 있다. 왕수민王叔岷의 『장자교석莊子校釋』에 따라 '禪'으로 교정한다.

하다고 생각한다면, 방금 전에 자기를 물의 으뜸이라고 생각했던 너와 비슷하지 않겠는가?"

秋水時至. 百川灌河. 涇流之大. 兩涘渚崖之間. 不辯牛馬. 於是焉河伯欣然自喜. 以天下之美爲盡在己. 順流而東行. 至於北海. 東面而視. 不見水端. 於是焉河伯始旋其面目. 望洋向若而歎曰. 野語有之曰. 聞道百以爲莫己若者. 我之謂也. 且夫我嘗聞少仲尼之聞而輕伯夷之義者. 始吾弗信. 今我睹者之難窮也. 吾非至於子之門則殆矣. 吾長見笑於大方之家. 北海若曰. 井䵷不可以語於海者. 拘於虛也. 夏蟲不可以語於冰者. 篤於時也. 曲士不可以語於道者. 束於敎也. 今爾出於崖涘. 觀於大海. 乃知爾醜. 爾將可與語大理矣. 天下之水. 莫大於海. 萬川歸之. 不知何時止而不盈. 尾閭泄之. 不知何時已而不虛. 春秋不變. 水旱不知. 此其過江河之流. 不可爲量數. 而吾未嘗以此自多者. 自以比形於天地而受氣於陰陽. 吾在天地之間. 猶小石小木之在大山也. 方存乎見少. 又奚以自多. 計四海之在天地之間也. 不似礨空之在大澤乎. 計中國之在海內. 不似稊米之在大倉乎. 號物之數謂之萬. 人處一焉. 人卒九州. 穀食之所生. 舟車之所通. 人處一焉. 此其比萬物也. 不似豪末之在於馬體乎. 五帝之所禪. 三王之所爭. 仁人之所憂. 任士之所勞. 盡此矣. 伯夷辭之以爲名. 仲尼語之以爲博. 此其自多也. 不似爾向之自多於水乎.

[황하의 우두머리가 말했다.]

"그렇다면 하늘과 땅은 크고 털끝은 작다고 판단하는 것은 괜찮겠습니까?"

[북해의 약이 말했다.]

"그렇지 않다. 무릇 사물들의 영역이란 측정하자면 한이 없고, 시간에는 멈춤이 없으며, 분배되는 몫에는 일정불변함이 없고, 시종 그 모습 그대로 있는 것은 없다. 가장 지혜로운 이들은 멀리 있는 것과 가까이 있는 것을 모두 다 볼 수 있기 때문에 더 작은 것이라고 해서 하찮게 본다거나 더 큰 것이라고 해서 대단하게 생각한다거나 하는 일이 없다. 측정하자면 한이 없음을 아는 것이다. 또 그들은 과거와 현재에 대해서 확실한 이해를 가지고 있기 때문에 막연히 늦춰진다고 낙담한다거나 가까이 왔다고 해서 크게 기대하는 일도 없다. 시간에는 멈춤이 없음을 아는 것이다. 또 그들은 차고 기우는 것의 순환을 뚜렷이 인식하고 있기 때문에 얻었다고 기뻐한다거나 잃었다고 근심하는 일도 없다. 분배되는 몫에는 일정불변함이 없음을 아는 것이다. 또 그들은 우리가 가야 할 변치 않는 길에 밝기 때문에 살아 있는 것을 기뻐하지 않고 죽는 것을 재앙이라고 생각하지도 않는다. 시종 그 모습 그대로 있을 수 있는 것은 없음을 아는 것이다. 한 사람이 아는 것을 셈해보면, 그가 모르는 것과 비교도 안 된다. 그가 살아 있는 시간도 그가 태어나기 이전의 시간과 비교도 안 된다. 그런데도 그는 가장 작은 것을 써서 가장 큰 것의 전 범위를 다 규명하려고 한다. 그것이 바로 그가 길을 잃고 혼란에 빠져 정신을 차리지 못하는 이유이다. 이런 관점에서 본다면 털끝으로 가장 미세한 것의 기준을 충분히 세울 수 있다는 것을 내가 어찌 알겠는가? 또 하늘과 땅으로 가장 큰 것의 전 범위를 충분히 망라할 수 있다는 것을 내가 어찌 알겠는가?"

河伯曰. 然則吾大天地而小毫末. 可乎. 北海若曰. 否. 夫物. 量无窮. 時无止. 分无常. 終始无故. 是故大知觀於遠近. 故小而不寡. 大而不多. 知量无窮. 證曏今故. 故遙而不悶. 掇而不跂. 知時无止. 察乎盈

虛. 故得而不喜. 失而不憂. 知分之无常也. 明乎坦塗. 故生而不說. 死而不禍. 知終始之不可故也. 計人之所知. 不若其所不知. 其生之時. 不若未生之時. 以其至小求窮其至大之域. 是故迷亂而不能自得也. 由此觀之. 又何以知毫末之足以定至細之倪. 又何以知天地之足以窮至大之域.

[황하의 우두머리가 말했다.]
"세상의 논자들은 모두 가장 정밀한 것은 어떤 형체도 없고, 가장 큰 것은 에워쌀 수 없다고 말합니다. 이것이 진정 사실일까요?"

[북해의 약이 말했다.]
"큰 것은 미세한 것의 관점에서 보면, 시야에서 벗어나는 부분이 있다. 미세한 것은 큰 것의 관점에서 보면, 아예 눈으로 볼 수조차 없다. 정밀한 것은 더 이상 눈으로 식별이 안 될 때 작은 것이 되고, 넓게 뻗어 있는 것은 시야에서 멀어질 때 큰 것이 된다. 따라서 그것들은 편의상 구별되는 것이다. 그것은 어떤 상황에서 보느냐의 문제이다. 정밀하다 덩치가 크다 하는 것도 형체를 가진 사물들을 상대로 정하는 것이다. 형체가 전혀 없는 것은 수로 구분할 수가 없고, 에워쌀 수 없는 것은 수로 다 규명할 수가 없다. 언어로 분류될 수 있는 것들은 사물들 가운데에서도 덩치가 큰 것들이고, 관념을 통해 전달할 수 있는 것들은 사물들 가운데에서도 정밀한 것들이다. 언어로 분류할 수 없고 관념으로 전달할⁶⁷⁾ 수 없는 것들에 대해서는 정밀한지 덩치가 큰지를 정할 수가 없다.⁶⁸⁾

---

67) [원] 致: 통용본은 '察致'로 되어 있다. '察'은 삭제한다.
68) [원] [통용본에서는 다음 단락이 이어진다. "是故大人之行. 不出乎害人. 不多仁恩. 動不爲利.

河伯曰. 世之議者皆曰. 至精无形. 至大不可圍. 是信情乎. 北海若曰. 夫自細視大者不盡. 自大視細者不明. 夫精. 小之微也. 垺. 大之殷也. 故異便. 此勢之有也. 夫精粗者. 期於有形者也. 无形者. 數之所不能分也. 不可圍者. 數之所不能窮也. 可以言論者. 物之粗也. 可以意致者. 物之精也. 言之所不能論. 意之所不能致者. 不期精粗焉.

[황하의 우두머리가 말했다.]

"사물들의 영역 밖이든 사물들의 영역 안이든, 어떤 관점에 서야만 귀함과 천함, 작음과 큼의 기준을 발견할 수 있겠습니까?"

[북해의 약이 말했다.]

"도와 관련해서 사물들을 보자면, 그것들은 귀하지도 않고 천하지도 않다. 그러나 사물들을 다른 사물들과 관련해서 보자면, 사물들은 자기를 귀하게 여기고 상대를 천하게 여긴다. 관습과 관련해서 보자면, 귀함과 천함은 자기에게 달려 있는 것이 아니다.

등급의 관점에서 보자면, 그것이 크게 보이는 관점을 취하게 될 때 그것을 크다고 보게 되고, 만물 가운데 어느 것도 크지 않은 것이 없게 된다. 그러나 그것이 작게 보이는 관점을 취하게 될 때 그것을 작다고 보게 되고, 만물 가운데 어느 것도 작지 않은 것이 없게 된다. 하늘과 땅이 쌀 한 톨과 같고 털 한 올의 끄트머리가 언덕이나 산과 같다는 것을 안다면 등급의 양이 감지될 것이다.

不賤門隷. 貨財弗爭. 不多辭讓. 事焉不借人. 不多食乎力. 不賤貪汚. 行殊乎俗. 不多辟異. 爲在從衆. 不賤佞諂. 世之爵祿不足以爲勸. 戮恥不足以爲辱. 知是非之不可爲分. 細大之不可爲倪. 聞曰. 道人不聞. 至德不得. 大人无己. 約分之至也."(17/24-28)] 천구잉(『莊子今註今譯』)이 인지하였듯이 이 단락은 맥락에서 벗어난다. 본서에서는 뒤에 오는 399쪽의 각주 71의 (3)에서 고찰하였다.

공功의 관점에서 보자면, 그것이 공이 있는 것으로 보이는 관점을 취하게 될 때 그것에 공이 있다고 보게 되고, 만물 가운데 어느 것도 공이 없는 것이 없게 된다. 그러나 그것이 공이 없는 것으로 보이는 관점을 취하게 될 때 그것에 공이 없다고 보게 되고, 만물 가운데 어느 것도 공이 있는 것이 없게 된다. 동쪽과 서쪽이 정반대 쪽에 있으면서도 서로 없으면 안 된다는 것을 안다면 공의 몫이 결정될 것이다.

의향의 관점에서 보자면, 그것이 옳은 것으로 보이는 관점을 취하게 될 때 그것을 옳다고 보게 되고, 만물 가운데 어느 것도 옳지 않은 것이 없게 된다. 그것이 그른 것으로 보이는 관점을 취하게 될 때 그것을 그르다고 보게 되고, 만물 가운데 어느 것도 그르지 않은 것이 없게 된다. 성인인 요와 폭군인 걸이 서로 자기는 옳고 상대는 그르다고 생각했다는 것을 안다면 의향의 배후에 있는 다짐이 감지될 것이다.

옛날에 순은 요로부터 왕위를 넘겨받아 황제가 되었지만, 지之는 쾌噲로부터 왕위를 넘겨받고 몰락하였다. 탕湯과 무武는 왕위를 두고 싸워서 왕이 되었지만, 백공白公은 왕위를 두고 싸우다 파멸하였다. 이런 사례들로 판단하자면, 싸우거나 양보하는 예禮와 요나 걸의 행위도 어떤 때에는 귀하고 또 어떤 때에는 천한 것이 되니, 일정 불변의 것으로 받아들여서는 안 된다. 성을 공격하는 데 쓰는 나무는 성벽을 무너뜨리기에는 좋지만 구멍을 막는 데에는 좋지 않다. 말하자면 그것은 특수한 용도를 지닌 도구인 것이다. 화류驊騮라는 혈통 좋은 말은 하루에 천 리를 달리지만 쥐를 잡는 데에는 살쾡이나 족제비만 못하다. 말하자면 그것은 특수한 기예를 가지고 있는 것이다. 수리부엉이는 한밤에는 벼룩을 잡아채고 털끝도 분간하지만, 낮이 되면 눈을 껌벅거리면서 산도 보지 못한다. 말하자면 그것은 특수한 본성을 가지고 있는 것이다. 그러므로 '옳은 것을 권위로 삼아 그른 것 없이 살며, 질서 정연한 것을 권위로 삼아 어지러운 것을 없애는 것이 왜 안 되는가?'라고 말하는 것은 하늘과 땅의 양식[理]과 만물의 본질적인 모습을 이해하는 데 실패한 것이다. 그것은 마치 하늘을 권위로 삼아 땅 없이 살려고 하고, 음을 권위로 삼아 양 없이 살려고 하는 것과 같다. 그것이 실행 불가능하다는 것은 너무나 분명하다. 그런데도 계속 우리더러 그렇게 하라고 말한다면, 그것은 어리석은 것이거나 정직하지 못한 것이다. 제왕들이 선양한 데에는 특수한 상황들이 있었고, 삼대가 이어진 데에도 특수한 상황들이 있었다. 때를 만나지 못하고 관습을 경멸하여 따르지 않는 자는 침탈자라고 불리고, 때를 잘 만나고 관습에 잘 따르는 자는 의로운 사람으로 불린다. 쉬잇, 황하의 우두머리야! 어느 문파가 귀하고 천한지, 어느 학파가 크고 작은지를 네가 어찌 알겠는가?"

河伯曰. 若物之外. 若物之內. 惡至而倪貴賤. 惡至而倪小大. 北海若曰. 以道觀之. 物无貴賤. 以物觀之. 自貴而相賤. 以俗觀之. 貴賤不在己. 以差觀之. 因其所大而大之. 則萬物莫不大. 因其所小而小之. 則萬物莫不小. 知天地之爲稊米也. 知毫末之爲丘山也. 則差數覩矣. 以功觀之. 因其所有而有之. 則萬物莫不有. 因其所无而无之. 則萬物莫不无. 知東西之相反而不可以相无. 則功分定矣. 以趣觀之. 因其所然而然之. 則萬物莫不然. 因其所非而非之. 則萬物莫不非. 知堯桀之自然而相非. 則趣操覩矣. 昔者堯舜讓而帝. 之噲讓而絶. 湯武爭而王. 白公爭而滅. 由此觀之. 爭讓之禮. 堯桀之行. 貴賤有時. 未可以爲常也. 梁麗可以衝城. 而不可以窒穴. 言殊器也. 騏驥驊騮. 一日而馳千里. 捕鼠不如狸狌. 言殊技也. 鴟鵂夜撮蚤. 察毫末.

晝出瞋目而不見丘山. 言殊性也. 故曰. 蓋師是而无非. 師治而无亂乎. 是未明天地之理. 萬物之情者也. 是猶師天而无地. 師陰而无陽. 其不可行明矣. 然且語而不舍. 非愚則誣也. 帝王殊禪. 三代殊繼. 差其時. 逆其俗者. 謂之篡夫. 當其時. 順其俗者. 謂之義之徒. 默默乎河伯. 女惡知貴賤之門. 小大之家.

[황하의 우두머리가 말했다.]
"그렇다면 저는 무엇을 해야 하고 무엇을 하지 말아야 할까요? 최종적으로 어떤 점을 고려해서 거절하거나 받아들이고, 좋아하거나 버리고 해야 할까요?"
[북해의 약이 말했다.]
"도의 관점에서 보자면

 우리가 무엇을 귀하다고 여기고 무엇을 천하다고 여기겠는가?
 이것을 근원으로 돌아가 떠도는 것[反衍]이라고 부른다.
 의지를 한 분야로만 고정시키지 말지어다.
 심하게 절뚝거려 길을 갈 수가 없을 테니.
 우리가 무엇을 하찮다고 하고 무엇을 대단하다고 하겠는가?
 이것을 번갈아가며 순서가 오는 것[謝施]이라고 부른다.
 항상 하나의 경로로만 다니지 말지어다.
 도道와 어긋나게 될 테니.

 엄격하도다!
 한 나라의 군주로서 사사롭게 덕을 베푸는 법이 없다.
 넉넉하도다!

제사 때의 토지신처럼 사사롭게 복을 내림이 없다.
어디로든 흐르는구나!
무한하게 펼쳐지는 사방처럼 어디에도 가로막힘이 없다.

만물을 모두 품었는데
그중 먼저 도울 만한 것이 뭐가 있겠는가?
이것을 모든 방향으로 열려 있음[无方]이라고 부른다.
만물은 모두 하나이고 평등하다.
그중 뭐가 짧고 뭐가 길겠는가?

도에는 끝도 없고 시작도 없다.
죽는 사물들도 있고 태어나는 사물들도 있다.
삶의 전성기를 믿지 마라.
텅 비는 때도 있고 꽉 차는 때도 있다.
그것들의 형체를 위해 남겨둔 자리는 없다.

해가 바뀌는 것을 막을 수 없고,
시간이 가는 것을 멈추게 할 수 없다.
줄어들었다 자라났다, 채웠다 비웠다 하니,
끝은 또한 시작이기도 하다.

　이것은 대의大義가 미치는 범위에 대해 말하고 만물의 양식들[理]을 분류하는 방법이다. 한 사물의 삶은 앞다투어 내달리는 듯, 질주하는 듯하며, 자극이 올 때마다 변하여 옮겨 가지 않는 때가 없다. 우리는 무엇을 해야 할까? 우리는 무엇을 하지 말아야 할까? 모든 것은 본래 스스로 변화하기 마련이다."

河伯曰. 然則我何爲乎. 何不爲乎. 吾辭受趣舍. 吾終奈何. 北海若曰. 以道觀之. 何貴何賤. 是謂反衍. 无拘而志. 與道大蹇. 何少何多. 是謂謝施. 无一而行. 與道參差. 嚴乎若國之有君其无私德. 繇繇乎. 若祭之有社其无私福. 泛泛乎. 其若四方之无窮. 其无所畛域. 兼懷萬物. 其孰承翼. 是謂无方. 萬物一齊. 孰短孰長. 道无終始. 物有死生. 不恃其成. 一虛一盈. 不位乎其形. 年不可擧. 時不可止. 消息盈虛. 終則有始. 是所以語大義之方. 論萬物之理也. 物之生也. 若驟若馳. 无動而不變. 无時而不移. 何爲乎. 何不爲乎. 夫固將自化.

[황하의 우두머리가 말했다.]

"그렇다면 도에서 귀하게 여길 게 뭐가 있겠습니까?"

[북해의 약이 말했다.][69]

---

69) [원] 이 대화편의 끝 부분은 훼손된 흔적들을 보여준다. 그래서 이 바로 뒤에 22/16–21[「知北遊」]의 단락[지知와 황제黃帝의 대화에 이어서 나오는 "天地有大美而不言. … 可以觀於天矣"]을 삽입하도록 한다. 제22편에서 이 단락은 두 대화 사이에 끼어 있는 단편 또는 단편들인데, 이 단락이 없으면 그 편은 선명하게 구별되는 대화들로 구성된다. 여러 부분에서 이 단락과 '가을 홍수' 대화편의 연관성을 볼 수 있다.

22/17ff.[「知北遊」]의 "達萬物之理[만물의 양식들을 꿰뚫어 보다]." 다음을 참조하라. 17/46[「秋水」]의 "論萬物之理[만물의 양식들을 분류하다]." 17/48의 "必達於理[반드시 양식들을 꿰뚫어 보다]."

22/18, 21의 "觀於 X", 즉 "X를 보다." 다음을 참조하라. 17/6, 16["넓은 바다를 보다[觀於大海]." "멀리 있는 것과 가까이 있는 것을 모두 다 보다[觀於遠近]"].

22/20의 "終身不故[평생 그 모습 그대로 머물지 않는다]." 다음을 참조하라. 17/15, 18의 "終始无故. … 終始之不可故也[시종 그 모습 그대로 있는 것은 없다. … 시종 그

"하늘과 땅은 최고의 아름다움을 지녔지만 말하지 않고, 사계절은 선명한 기준들을 지녔지만 판단하지 않으며, 만물은 완벽한 양식들을 지녔지만 설명하지 않는다. 성인은 하늘과 땅의 아름다움을 간파하면서 만물의 양식들을 꿰뚫어 본다. 따라서 '지극한 사람은 아무것도 함이 없으며, 위대한 성인은 일을 일으키지 않는다'라는 말은 그런 사람은 하늘과 땅 전체를 다 본다는 의미이다. 지금 저 신묘하고 밝은 것의 정수에서든 저 백 가지 변화에서든, 이미 사물들은 살고 죽으며 둥글거나 네모나지만, 누구도 그 근원을 알지 못한다. 그것들이 아무리 만물로 번창한다고 해도, 그 근원은 옛날부터 본래 그 모습 그대로이다. 우주가 아무리 광대하다고 해도 그 근원으로부터 분리된 적이 없고, 가을의 털이 아무리 작다 해도 그 근원에 의지해서 형성된다. 세상의 모든 것이 떠올랐다 가라앉았다 하면서 평생 그 모습 그대로 머물지 않고, 음양과 사계절이 주기적으로 운행을 하면서 각자 질서 정연하게 제자리를 지키지만, 그 근원은 침침하여 없어진 듯 보이면서도 존재하고, 흐릿하게 형체가 없지만 신묘하게 작용하며, 만물은 그 근원에 의해 길러지면서도 그것을 알지 못한다. 이것이 바로 내가 근본적인 뿌리[本根]라고 부르는 것이다. 그것으로부터 우리는 하늘을 다 볼 수가 있다.

도道를 아는 자는 반드시 그 양식들을 꿰뚫어 보며, 그 양식들을 꿰뚫어 보는 자는 반드시 사물들의 경중을 명석하게 헤아린다. 사물들의 경중을 명석하게 헤아리는 자는 다른 사물들을 이용하느라 자

모습 그대로 있을 수 있는 것은 없다]."
22/21의 "此之謂本根. 可以觀於天矣[이것이 바로 내가 '근본적인 뿌리'라고 부르는 것이다. 그것으로부터 우리는 하늘을 다 볼 수가 있다]." 다음을 참조하라. 17/50의 "本乎天[하늘에 뿌리내린 채로 있다]."

기 자신에게 해를 끼치는 일을 하지는 않을 것이다. 지극한 덕을 가진 사람은

> 불도 그를 태울 수 없고
> 물도 그를 빠뜨릴 수 없으며,
> 더위와 추위도 그를 해칠 수 없고
> 짐승과 새도 그를 찢어발기지 못한다.

이는 그가 그것들을 무시한다는 말이 아니다. 이 말이 의미하는 것은 그가 안전과 위험에 대해 통찰력이 있고 행운과 불운을 편안하게 받아들이며 다가가고 피하는 데 신중하여, 그것들 가운데 어느 것도 그를 해칠 수 없다는 것이다. 그래서 '하늘은 안에 있고 인간은 밖에 있다'는 말이 있으며, 덕은 하늘로부터 온 것에 머무는 것이다. 하늘이 하는 일들과 인간이 하는 일들을 잘 안다면,

> 하늘에 뿌리내린 채로 있고,
> 덕에 자리 잡은 채로 있으면서,
> 나아갔다 물러났다 펼쳤다 굽혔다 하여라.
> 중요한 것으로 되돌아가서 가장 지극한 것을 설명하여라."

河伯曰. 然則何貴於道邪. 北海若曰. 天地有大美而不言. 四時有明法而不議. 萬物有成理而不說. 聖人者. 原天地之美而達萬物之理. 是故至人无爲. 大聖不作. 觀於天地之謂也. 今彼神明至精. 與彼百化. 物已死生方圓. 莫知其根也. 扁然而萬物自古以固存. 六合爲巨. 未離其內. 秋毫爲小. 待之成體. 天下莫不沈浮. 終身不故. 陰陽四

時運行. 各得其序. 惛然若亡而存. 油然不形而神. 萬物畜而不知. 此之謂本根. 可以觀於天矣. 知道者必達於理. 達於理者必明於權. 明於權者不以物害己. 至德者. 火弗能熱. 水弗能溺. 寒暑弗能害. 禽獸不能賊. 非謂其薄之也. 言察乎安危. 寧於禍福. 謹於去就. 莫之能害也. 故曰. 天在內. 人在外. 德在乎天. 知天人之行. 本乎天. 位乎得. 蹢躅而屈伸. 反要而語極.

[황하의 우두머리가 말했다.]
"'하늘'은 무엇을 의미하고, '인간'은 무엇을 의미합니까?"
[북해의 약이 말했다.]
"소와 말의 다리가 네 개인 것, 이것을 하늘에 속하는 것이라고 한다. 말의 머리에 고삐를 매고 소의 코에 코뚜레를 꿰는 것, 이것을 인간에 속하는 것이라고 한다. 그러므로 이렇게 말한다.

'인간으로 하늘을 멸하려 들지 마라.
의도적인 것으로 운명을 멸하려 들지 마라.
조심스럽게 지켜 잃지 않도록 하라.
그것을 '참된 것으로 되돌아감'이라고 부른다.'"[70]

河伯曰. 何謂天. 何謂人. 北海若曰. 牛馬四足. 是謂天. 落馬首. 穿

---

70) [원] 无以人滅天. 无以故滅命. 謹守而勿失. 是謂反其眞: 통용본에는 '无以故滅命'과 '謹守而勿失' 사이에 '无以得殉名'이라는 구가 있는데, 여기서는 삭제한다. 이것은 AABA의 압운 구도를 가진 오언절구이다. 天 TIĚN, 命 MIĚN(命의 또 다른 발음 MIĂNG이 아니라), 眞 TIEN이 압운을 이룬다. 하늘과 운명은 좋은 것들이지만, 명성(名)은 그렇지 않다는 점에서도 삭제된 구는 비대칭적이다.

牛鼻. 是謂人. 故曰. 无以人滅天. 无以故滅命. 謹守而勿失. 是謂反其眞.

(『장자』 제17편[「가을 홍수」])

|주| '가을 홍수' 대화편은 끝 부분이 훼손된 것으로 보인다. 다음에 나올 세 단락은 큰 사람의 성실성과 가르침 및 행실에 대한 내용으로, 훼손된 결론 부분의 잔재일 가능성이 크다.[71]

71) [원] '가을 홍수' 대화편의 끝 부분에 시험 삼아 큰 사람에 대한 세 가지 단편을 붙여보았다.

(1) 24/70-73[「徐无鬼」]에서 '大人之誠'으로 끝나는 단락. 이 단락은 초나라에 간 공자에 대한 이야기에 이어서 나오는데, 둘 사이에 분명한 연관성이 없다.
(2) 11/63-66[「在宥」]에서 '大人之敎'로 시작하는 단락. 이 단락은 육덕명陸德明의 『경전석문』에서 곽상 이전의 어떤 주석에서도 언급하고 있지 않은 일련의 단락들(11/57-74[" 世俗之人. 皆喜人之同乎己而惡人之異於己也. … 覩有者. 昔之君子. 覩无者. 天地之友"])에 포함되어 있다. 다케우치 요시오武內義雄는 곽상이 자신이 『장자』의 축약본을 만들 때 생략해버린 편들에서 이 단락들을 가져와서 제11편에 병합시켰다는 결론을 끌어낸다(『老子原始』, 154).
(3) 17/24-28[「秋水」]에서 '是故大人之行'으로 시작하는 단락. 이 단락은 「가을 홍수」의 중간에 끼어 있는데, 천구잉은 그 자리에 어울리지 않는다고 본다(『莊子今註今譯』).

깔끔하게 대구를 이루는 핵심 어구들, 즉 '큰 사람의 성실성/가르침/행실'은 이 세 단락이 하나의 전체가 됨을 암시한다. 더욱이 (3)은 요약하는 말로 끝맺고 있다. "나는 이렇게 말하는 것을 들었다. 도道를 지닌 사람은 소문이 나지 않고, 지극한 덕德은 어떤 이득도 얻지 못하며, 큰 사람은 자기가 없다." 이중 첫 번째 사항과 세 번째 사항은 (3)이 아니라 (1)("이 때문에 그는 살아서는 작위가 없고 죽어서는 시호가 없으며 그의 행적은 기록으로 남아 있지 않고 그의 명성은 확립되어 있지 않다")과 (2)("궁극적인 동일성 속에서 그것들과 결합한 채로 있어라. 궁극적인 동일성 속에서는 자기가 없다. 자기가 없는데 어디로부터 어떤 것을 얻어서 소유하겠는가?")와 연관성이 있다.

이 단락들이 '가을 홍수' 대화편의 흩어진 단편들disjecta membra일 것이라고 의심

"그러므로 바다가 동쪽으로 흘러드는 것이면 무엇이든 다 받아들여서 모든 사물 가운데 가장 큰 것이 되듯이, 성인은 하늘과 땅을 하나로 아우르고 에워싸며, 그가 베푸는 혜택은 온 세상에 미친다. 그러나 그의 정체와 성씨를 누구도 알지 못한다. 이 때문에 그는 살아서는 작위가 없고 죽어서는 시호가 없으며 그의 행적은 기록으로 남아 있지 않고 그의 명성은 확립되어 있지 않다. 이것이 바로 큰 사람이 의미하는 것이다. 개가 잘 짖는다고 해서 훌륭하다고 생각되는 것도 아니고, 사람이 말을 잘한다고 해서 훌륭하다고 생각되는 것도 아니다. 그런 사람이 큰 사람이라고 여겨지는 것은 더더욱 아니다. 가장

하는 근거는 다음과 같다.

(1) 첫 문장 "그러므로 바다가 동쪽으로 흘러드는 것이면 무엇이든 다 받아들여서 모든 사물 가운데 가장 큰 것이 되듯이"(24/70[「徐无鬼」])는 바다의 신인 약이 황하의 우두머리에게 말하고 있는 것처럼 들린다. 약이 말한 "세상의 물 가운데 바다보다 광대한 것도 없다. 온갖 하천이 쉬지 않고 바다로 흘러들어"(17/7[「秋水」])를 참조하라.
(2) 이것은 대화의 한 부분으로서, 다음과 같이 '너(汝)'로 언급되고 있는 사람이 있다. "挈汝適復之撓撓, 以遊无端, 出入无旁, 與日无始", 즉 "네 쉼 없는 여행을 끝내고 돌아와 무한함 속에서 노닐어라. 들어가는 곳과 나가는 곳 사이에 어떤 둑도 쌓지 말고, 날마다 새롭게 다시 시작하라." 여기서 '너'는 황하의 우두머리에게 어울린다. 황하의 우두머리는 해마다 강을 타고 내려오지만, 강둑과 계절에 갇혀서 감히 끝없는 대양으로 나아간 적이 없다. 또한 황하의 우두머리는 이전에는 공자와 백이의 찬양자였다. 그래서 그는 '어제는 군자(昔之君子)'였지만 지금은 '하늘과 땅의 친구(天地之友)'라고 적절하게 묘사되고 있다.
(3) 이것은 잘못된 위치에 놓여 있기는 하지만, '가을 홍수' 대화편 속에 있으며, 이 대화편이 취하는 상대주의를 되풀이하고 있다. "그는 옳고 그름에는 고정된 구분이 있을 수 없으며, 미세하고 큰 것에도 고정된 기준이 있을 수 없음을 안다(知是非之不可爲分. 細大之不可爲倪)."(17/27[「秋水」]) 또 17/19ff.의 "털끝으로 가장 미세한 것의 기준을 충분히 세울 수 있다는 것을 내가 어찌 알겠는가(又何以知毫末之足以定至細之倪)?"를 참조하라.

크다고 여겨지는 것도 큰 것으로 여겨지기에 부족한데, 하물며 덕德으로 여겨지기에는 더더욱 부족하다! 큰 것은 모든 것을 다 포괄하는 것이다. 그런 것으로는 하늘과 땅만 한 것이 없다. 그러나 우리가 하늘과 땅에서 무언가를 구한다면, 그것이 아무리 큰 것이라고 해도 어찌 모든 것을 다 포괄할 수 있겠는가? 큰 것이 가진 포괄성을 아는 자는 아무것도 구하지 않고 아무것도 잃지 않으며 아무것도 버리지 않는다. 그는 자신을 다른 사물들과 바꾸는 것을 거부하기 때문이다. 무한정 자신을 점검하고, 아무런 마찰 없이 옛것을 따르는 것, 이것은 큰 사람의 성실성이다."

故海不辭東流. 大之至也. 聖人幷包天地. 澤及天下. 而不知其誰氏. 是故生无爵. 死无諡. 實不聚. 名不立. 此之謂大人. 狗不以善吠爲良. 人不以善言爲賢. 而況爲大乎. 夫爲大不足以爲大. 而況爲德乎. 夫大備矣. 莫若天地. 然奚求焉. 而大備矣. 知大備者. 无求. 无失. 无棄. 不以物易己也. 反己而不窮. 循古而不摩. 大人之誠.

(『장자』 제24편 [「서무귀」])

"큰 사람의 가르침은 형체를 따르는 그림자, 소리를 따르는 메아리와 같다. 큰 사람은 물음에 답할 때, 자기 가슴속에 있는 것을 다 끌어냄으로써 온 세상의 짝이 된다. 그는 메아리가 없는 곳에 머물고 방향을 정해두지 않고 여행을 한다. 네 쉼 없는 여행을 끝내고[72] 돌아와 무한함 속에서 노닐어라. 들어가는 곳과 나가는 곳 사이에 어떤

---

72) [원] 挈: '絶', 즉 '툭 끊다'라는 의미의 '契'로 본다. 吳汝綸, 『莊子點勘』; 諸橋轍次, 『大漢和辭典』, 5917 def. 1/5를 참조하라.

둑[73])도 쌓지 말고, 날마다 새롭게 다시 시작하라. 형체와 몸에 대해 묘사하고 분류할 때에는, 궁극적인 동일성[大同] 속에서 그것들과 결합한 채로 있어라. 궁극적인 동일성 속에서는 자기가 없다. 자기가 없는데 어디로부터 어떤 것을 얻어서 소유하겠는가? 유有를 지각하는 사람은 어제의 너처럼 '군자'이고, 무无를 지각하는 사람은 하늘과 땅의 친구이다."

大人之敎. 若形之於影. 聲之於響. 有問而應之. 盡其所懷. 爲天下配. 處乎无響. 行乎无方. 挈汝適復之撓撓. 以遊无端. 出入无旁. 與日无始. 頌論形軀. 合乎大同. 大同而无己. 無己. 惡乎得有有. 覩有者. 昔之君子. 覩无者. 天地之友.

(『장자』 제11편[「제자리를 지키게 하고 도를 넘지 않게 하라」])

"그러므로 큰 사람은 행동할 때 다른 사람들에게 해로운 쪽으로 나아가지는 않지만, 인자하거나 인심 좋은 것을 대단하게 여기지도 않는다. 그는 이익에 이끌려 움직이지는 않지만, 사례금을 기대하는 문지기를 경멸하지도 않는다. 그는 재화와 재산을 두고 경쟁을 하지는 않지만, 양보하고 포기하는 것을 대단하게 여기지도 않는다. 그는 그것들을 위해 일하면서 다른 사람들에게 기대지는 않지만, 자기 노력으로 살아가는 것을 대단하게 여기지도 않고 탐욕스런 자나 부패한 자를 경멸하지도 않는다. 그는 행실에 있어서 세속적인 자들과 다르긴 하지만, 별스럽거나 비범한 것을 대단하게 여기지도 않는다. 그는

---

73) [원] 旁: 예컨대 『관자管子』(제57권, 『國學基本叢書』 3/18/8 cf. -2)에 나오는 '水旁', 즉 '강변riverside'의 '旁'과 같다.

평범한 사람들 가운데 한 명으로 살아가지만, 조정의 아첨꾼들을 경멸하지도 않는다. 세상의 작위와 녹봉으로는 그를 설득하기에 부족하고, 형벌과 치욕으로는 그에게 굴욕감을 주기에 부족하다. 그는 옳고 그름에는 고정된 구분이 있을 수 없으며, 미세하고 큰 것에도 고정된 기준이 있을 수 없음을 안다. 나는 이렇게 말하는 것을 들었다.

도道를 지닌 사람은 소문이 나지 않고,
지극한 덕德은 어떤 이득도 얻지 못하며,
큰 사람은 자기가 없다.

이것은 구분된 부분들을 모조리 묶고 있는 최종적 매듭이다."

是故大人之行. 不出乎害人. 不多仁恩. 動不爲利. 不賤門隷. 貨財弗爭. 不多辭讓. 事焉不借人. 不多食乎力. 不賤貪汚. 行殊乎俗. 不多辟異. 爲在從衆. 不賤佞諂. 世之爵祿不足以爲勸. 戮恥不足以爲辱. 知是非之不可爲分. 細大之不可爲倪. 聞曰. 道人不聞. 至德不得. 大人无己. 約分之至也.

(『장자』 제17편 [「가을 홍수」])

'조금밖에 모름' 대화편

조금밖에 모름[소지少知]이 웅대하고 공정한 조정자[대공조大公調]에게 물었다.
"'한 구역이나 한 지역[丘里]'의 말이란 무엇을 뜻합니까?"

[웅대하고 공정한 조정자가 대답했다.]

"한 구역이나 한 지역은 열 개의 성씨와 백 개의 이름을 모두 합쳐서 그것을 풍속으로서 확립한다. 그것은 상이한 것을 합쳐서 똑같은 것으로 다루고, 똑같은 것을 분산시켜서 상이한 것으로 다룬다. 지금 말[馬]의 백 가지 부분들을 하나하나 가리킨다고 해서 한 마리 말을 얻을 수 있는 것은 아니다. 그러나 이런 사실에도 불구하고 그대 앞에 온전한 말 한 마리가 매어 있는 것은 그대가 그 백 가지 부분들을 다른 층위에 세워놓고서[74] 그것들을 '말'이라고 부르기 때문이다. 이와 마찬가지 이유로 언덕이나 산도 낮은 것들이 쌓여서 높아진 것이고, 양자강과 황하도 작은 것들이 모여서 커진 것이며, 큰 사람도 치우친 것들이 모여서 공정해진 것이다.[75] 이 때문에 큰 사람은 외부로부터 오는 영향들을 자기 것으로 만들어 전유할 수 있는 능력을 가지고 있으며, 이런저런 개별적인 것에 집착하지 않는다. 그리고 내부에서 밖으로 나가는 것들을 올바른 방향으로 나아가도록 규제할 수 있는 능력을 가지고 있으며, 그래서 다른 사람들이 그것들에 저항하지 않는다. 사계절은 각각에 적합한 날씨가 있다. 하늘은 어느 한 계절에만 호의를 베풀지 않으며, 그래서 한 해가 이루어진다. 다섯 개의 관서[五官]에는 각각의 고유한 업무가 있다. 제후는 어느 하나에만 사사로이 치우치지 않으며, 그래서 나라가 다스려진다. 평화[文]와 전

---

74) [원] 立: '세우다stand.' 입立, 즉 '세우다'와 위位, 즉 '자리'는 논쟁에서 수를 세는 층위를 가리키는 데 사용되었다. 그 증거로는 A. C. Graham, *Later Mohist logic, ethics and science*, 363, 431ff.를 참조하라.
75) [원] 丘山積卑而爲高, 江河合小而爲大. 大人合私而爲公: 통용본은 '小'가 '水'로 되어 있고, '私'는 '幷'으로 되어 있다. 유월兪樾은 대구법에 의거해서 '水'를 '小'로 교정할 것을 제안하였다(『諸子平議』). 대구법에 따라 '幷'도 '私'로 교정한다.

쟁[武]은 각각 고유하게 해낼 수 있는 역할이 있다.[76] 큰 사람은 어느 하나에만 호의를 베풀지 않으며, 그래서 그의 덕은 모든 것을 포괄한다. 만물은 각자 고유한 양식이 있다. 도道는 어느 하나에 사사로이 치우치지 않으며, 그래서 특수한 명칭을 갖지 않는다. 특수한 명칭이 없기 때문에 어떤 한 가지 일만 하는 게 아니며, 아무것도 함이 없으면서도 하지 않는 것도 없다[无爲而无不爲].

시간에는 끝과 시작이 있으며, 시대에는 달라짐과 변화가 있다. 행운과 불운은 불가분하게 얽혀서 찾아오며, 어느 한 가지를 멸시한다 해도 그것들은 다른 어떤 것에는 어울린다. 사물들은 각자 자기에게 적합한 방향을 추구한다. 한 관점에서 올바른 길로 보이는 것도 다른 관점에서는 엇나가는 것으로 보인다. 그것들을 넓은 삼림지대에 비유해보자. 백 개의 재목들은 모두 자기만의 척도를 가지고 있다. 큰 산의 전체 경관을 살펴보자. 그곳의 나무들과 바위들은 동일한 터 위에 있다. 한 구역이나 지역의 말이 의미하는 것도 바로 그런 것이다."

少知問於大公調曰. 何謂丘里之焉. 大公調曰. 丘里者. 合十姓百名而以爲風俗也. 合異以爲同. 散同以爲異. 今指馬之百體而不得馬. 而馬係於前者. 立其百體而謂之馬也. 是故丘山積卑而爲高. 江河合小而爲大. 大人合私而爲公. 是以自外入者. 有主而不執. 由中出者. 有正而不距. 四時殊氣. 天不賜. 故歲成. 五官殊職. 君不私. 故國治. 文武殊能. 大人不賜. 故德備. 萬物殊理. 道不私. 故无名. 无名故无爲. 无爲而无不爲. 時有終始. 世有變化. 禍福淳淳. 至有所拂者而有

---

76) [원] 文武殊能: 통용본에는 '殊能'이 없다. 왕수민의 『장자교석』에 따라 '殊能'을 삽입한다.

所宜. 自殉殊面. 有所正者有所差. 比於大澤. 百材皆度. 觀於大山. 木石同壇. 此之謂丘里之言.

[조금밖에 모름이 말했다.]

"그렇다면 그것은 도라고 부르기에는 적합합니까?"

[웅대하고 공정한 조정자가 말했다.]

"그렇지 않다. 사물들의 수를 센다고 가정해보자. 사물들의 수가 만萬에 그치지 않지만, 우리는 그것들을 '만물萬物'이라고 부른다. 만이라는 큰 숫자를 사용해서 우리가 지금 계속 세고 있는[77] 것을 칭한 것이다. 이와 마찬가지로 하늘과 땅은 형체를 가진 것들 중에 가장 큰 것이고, 음양은 기운들 가운데 가장 큰 것이며, '도道'는 양쪽 모두를 치우침 없이 감싸안는 것이다. 그중에 가장 큰 것을 사용해서 우리가 계속해서 세고 있는 것을 칭하는 것은 무방하겠지만, 그렇게 했다고 해서 그것을 여타의 사물과 비교할 수 있는 것으로 다룰 수 있을까? 만일 그것을 조각조각 잘라서[78] 양자택일적으로 논쟁을 벌이는 데 사용한다면, 그리고 그것을 논리학자들이 말하는 '개'나 '말'과[79]

---

77) [원] 讀: 나는 여기서 이 글자의 용법을 설명하는 데 도움이 될 독讀, 즉 '읽다read'의 사례들을 찾지 못했다. Tu/*D'UK 讀은 음운 면에서나 자형 면에서나 hsü/*DZIUK 續, 즉 '계속하다continue'와 관련이 있고, 둘은 서로 바꿔 쓸 수 있는 것으로 알려져 있다(諸橋轍次, 『大漢和辭典』, 36088 def. 1/5). 여기서는 한 구 한 구 구두점을 찍으면서 줄줄 읽어내는 것을 의미하는 것으로 보인다. 그리고 지금 문맥에서는 만 개의 사물을 다 세어보는 과정, 또는 무한대를 향하거나 사물들의 기원으로 거슬러가면서 수를 측정하는 과정으로 보는 것이 적절할 것이다.
78) [원] 斯: 『장자』에는 결코 나오지 않는 지시사 斯, 즉 '이것this'이 아니라, 동사 사斯, 즉 '자르다chop'이다. 몇 문장 뒤에 또 나온다(25/75).
79) [원] 狗馬: 논쟁에서 말[馬]은 전형적인 보통명사이고, 개는 두 가지 이름('犬'와 '狗')을 가진 전형적인 사물이다. A. C. Graham, *Later Mohist logic, ethics and science*,

유사한 것으로 다룬다면, 그것은 훨씬 더 부적절해질 것이다."

少知曰. 然則謂之道. 足乎. 大公調曰. 不然. 今計物之數. 不止於萬. 而期曰萬物者. 以數之多者號而讀之也. 是故天地者. 形之大者也. 陰陽者. 氣之大者也. 道者爲之公. 因其大而號以讀之則可也. 已有之矣. 乃將得比哉. 則若以斯辯. 譬猶狗馬. 其不及遠矣.

[조금밖에 모름이 말했다.]
"사방 안 어디에서, 그리고 여섯 개의 방향으로 뻗은 우주[六合] 안 어디에서 그것이 생겨나고, 어디에서 만물이 태어날까요?"
[웅대하고 공정한 조정자가 말했다.]
"음과 양은 서로 비춰주고 서로 덮어주고 서로 조절하며, 사계절은 서로 교대하고 서로 낳고 서로 죽인다. 이에 욕구와 혐오, 호감과 반감이 번갈아가며 일어나고, 이에 암수가 교합하여 존재가 영속된다.

안전과 위험은 서로 자리를 바꾸고,
행운과 불운은 서로를 낳고,
느긋함과 다급함은 서로 마찰을 일으키며,

결합했다 해체했다 하는 사이에 각자는 자신의 형상을 갖는다.

이것들은 기록될 수 있는 이름과 실체를 갖는 사물들이며, 적어둘 수 있는 가장 본질적인 요소들과 식별 가능한 가장 미세한 요소들을

217-219를 참조하라.

갖는 사물들이다.

그것들은 순서대로 따름으로써 서로의 양식을 형성하고,
그것들의 주기가 반복됨으로써 서로의 원인이 되며,
그 극한에 이르면 다시 되돌아가고,
그 끝에서 다시 시작한다.

이것들은 사물들이 소유하고 있고 말로 표현할 수 있으며 앎으로 도달할 수 있는 규칙적 원리들이다. 그것들은 도처에 미치지만 사물들의 영역을 벗어나지 않는다. 도를 지각한 사람은 사물들이 소멸하는 곳까지 쫓아가지도 않고 그것들이 생겨난 근원을 탐구하지도 않는다. 이것이 바로 논의가 멈추는 지점이다."

少知曰. 四方之內. 六合之裏. 萬物之所生惡起. 大公調曰. 陰陽相照相蓋相治. 四時相代相生相殺. 欲惡去就於是橋起. 雌雄片合於是庸有. 安危相易. 禍福相生. 緩急相摩. 聚散以成. 此名實之可紀. 精微之可志也. 隨序之相理. 橋運之相使. 窮則反. 終則始. 此物之所有. 言之所盡. 知之所至. 極物而已. 覩道之人. 不隨其所廢. 不原其所起. 此議之所止.

[조금밖에 모름이 말했다.]
"계진은 '그렇게 한 것은 아무것도 없다[莫爲]'고 하고, 접자는 '어떤 것이 그렇게 하도록 시킨다[或使]'고 하는데, 이 두 사람의 학파가 제시하는 주장들 가운데 어느 쪽이 사실에 부합하고, 어느 쪽이 그 양식들의 일면만 본 것일까요?"

[웅대하고 공정한 조정자가 말했다.]

"닭이 울고 개가 짖는다는 것은 사람들이 잘 알고 있다. 그러나 아무리 대단한 앎을 가지고 있다 해도, 말로는 그것들의 변화가 시작된 근원으로 거슬러 올라갈 수가 없고, 또 생각으로는 그것들이 장차 무엇이 될지를 헤아릴[80) 수가 없다. 점점 더 작게 자르다 보면, 마침내는 너무 정밀해서 등급을 매길 수 없는 것에 이르게 되고, 또 너무 커서 에워쌀 수 없는 것에 이르게 된다. '어떤 것이 그렇게 하도록 시킨다'라는 관념과 '그렇게 한 것은 아무것도 없다'라는 관념으로는 사물들의 영역을 벗어날 수가 없는데도, 우리는 끝까지 우리가 그 영역을 넘어섰다고 가정한다.

'그렇게 하도록 시키는 어떤 것'은 실체[實]이다.
'그렇게 한 것은 아무것도 없는'은 텅 빔[虛]이다.
하나의 이름이 있고, 하나의 실체가 있다.
― 그렇다면 그것은 다른 사물들과 함께 한 공간을 차지하고 있다.
어떤 이름도 없고, 어떤 실체도 없다.
― 그렇다면 그것은 사물들 사이의 텅 빈 곳을 차지하고 있다.
말해질 수 있는 것, 생각될 수 있는 것,
말을 많이 하면 할수록 그것으로부터 더 멀어진다.
태어나기 이전의 것을 금할 수는 없고,
죽음 뒤에 오는 것을 막을 수는 없다.
죽음과 삶이 멀리 있는 것은 아니다.

---

80) [원] 意測: 통용본에는 '測'이 없다. 왕수민의 『장자교석』에 따라 '測'을 삽입한다.

그러나 그것들의 양식은 지각될 수 없다.

'어떤 것이 그렇게 하도록 시킨다'와 '그렇게 한 것은 아무것도 없다'는 우리가 미심쩍어 하면서 의지하게 되는 가정들이다. 어떤 것을 그것이 자라나온 뿌리부터 살펴본다면, 그것의 과거는 무한할 것이다. 그것을 그것으로부터 뻗어나온 가지들부터 탐색해본다면, 그것의 미래는 결코 멈추지 않을 것이다. 결코 멈추지 않는 그 무한한 것은 말로 표현할 수 있는 것이 아니지만, 그것의 양식을 사물들과 공유한다. 그렇게 하도록 시키는 어떤 것이나 그렇게 한 것은 아무것도 없는 것은 말의 뿌리이지만, 사물들과 더불어 끝나고 시작한다.

도는 어떤 것[有]으로 다룰 수도 없고, 아무것도 아닌 것[无]으로 다룰 수도 없다.[81] 하나의 이름으로서의 '도'는 우리가 그것 위를 걸어가기 위해 차용한[82] 것일 뿐이다. '어떤 것이 그렇게 하도록 시킨다'와 '그렇게 한 것은 아무것도 없다'는 사물들의 영역의 한 귀퉁이에 있을 뿐이다. 그것들이 넓은 시야와 무슨 상관이 있겠는가? 말을 적절하게 사용하면, 아무리 말을 많이 해도 그것들은 모두 도에 대한 것이다. 그러나 부적절하게 사용하면, 아무리 말을 많이 해도 그것들은 모두 사물들의 영역에 대한 것이다. 도와 사물들 양쪽 모두 그것들의 가장 궁극적인 것은 말로도 침묵으로도 충분히 전달할 수 없다.

말도 아니고 침묵도 아닌 것에서

---

81) [원] 有不可无: '有'는 '又'와 같다.
82) [원] 假: 차용해서 명명한다(비유적으로 명명한다)는 의미로 사용된 가假에 대해서는 A. C. Graham, *Later Mohist logic, ethics and science*, 358을 참조하라.

논의는 가장 궁극적인 것을 찾으리라."

少知曰. 季眞之莫爲. 接子之或使. 二家之議. 孰正於其情. 孰徧於其理. 大公調曰. 鷄鳴狗吠. 是人之所知. 雖有大知. 不能以言讀其所自化. 又不能以意測其所將爲. 斯而析之. 精至於无倫. 大至於不可圍. 或之使. 莫之爲. 未免於物而終以爲過. 或使則實. 莫爲則虛. 有名有實. 是物之居. 无名无實. 在物之虛. 可言可意. 言而愈疏. 未生不可忌. 已死不可徂. 死生非遠也. 理不可覩. 或之使. 莫之爲. 疑之所假. 吾觀之本. 其往无窮. 吾求之末. 其來无止. 无窮无止. 言之无也. 與物同理. 或使莫爲. 言之本也. 與物終始. 道不可有. 有不可无. 道之爲名. 所假而行. 或使莫爲. 在物一曲. 夫胡爲於大方. 言而足. 則終日言而盡道. 言而不足. 則終日言而盡物. 道物之極. 言默不足以載. 非言非默. 議有所極.

(『장자』 제25편 「칙양」)

'달팽이' 대화편

위魏나라 왕인 영瑩은 제나라의 전후田侯 모牟와 맹약을 맺었다. 전후 모가 맹약을 깨자 위나라 왕은 분노하여 자객을 보내 그를 찔러 죽이려 하였다.

전쟁을 담당하는 재상[犀首]이었던 공손연公孫衍은 이 이야기를 듣고는 부끄러워하며 왕에게 말했다.

"전하께서는 만 대의 수레를 보유한 군주이십니다. 헌데 일개 필부를 이용해 복수를 하려고 하시다니요. 청컨대 이십만 명을 무장시켜 제게 맡겨주십시오. 제가 전하를 위해 제나라를 공격하여 그 백성들을 다 포로로 만들고, 소와 말을 모조리 붙잡아 매겠습니다. 그리고 제나라 군주에게는 속에 열불이 나게 해서 등에 종기가 돋게 하고, 그런 다음에 그 나라 수도를 취하겠습니다. 제나라 장군인 전기田忌는 급히 도망가기를 기다렸다가 뒤에서 덮쳐서 등골을 부서뜨려놓겠습니다."

계자季子가 그 이야기를 듣고는 부끄러워하며 왕에게 말했다.

"전하께서 열 길 높이의 성벽을 세우고 있다고 해봅시다. 성이 이미 일곱[83] 길 높이로 올라갔는데 전하께서 그것을 무너뜨리려 한다면, 거기에 동원된 죄수들은 자신들이 헛수고했다고 불평할 것입니다. 지금까지 칠 년 동안 우리는 전쟁이 없었습니다. 진정한 왕의 통치를 위한 토대를 세우신 것입니다. 공손연은 혼란을 부추기는 자입니다. 그의 말을 듣지 마십시오."

화자華子가 그 이야기를 듣고는 그들을 다 역겨워 하며 왕에게 말했다.

"제나라를 침입하자고 유창하게 말하는 자도 혼란을 부추기는 자요, 그것에 유창하게 반대하는 자도 역시 혼란을 부추기는 자입니다. 그 둘을 혼란을 부추기는 자라고 부르는 자 또한 혼란을 부추기는 자입니다."

위나라 왕이 말했다.

"그렇다면 어떻게 해야 하겠소?"

"그저 도道를 거기에 적용시킬 방법을 찾아보시지요."

---

83) [원] 七: 통용본은 '十'으로 되어 있다. 유월兪樾의 『제자평의諸子平議』에 따라 '七'로 교정한다.

혜시가 그 이야기를 듣고는 왕에게 대진인戴晉人을 소개하였다. 대진인이 말했다.

"달팽이라 불리는 생물이 있다는 것은 전하께서도 아시지요?"

"알고 있소."

"달팽이의 왼쪽 뿔에는 세게 치는 자들[촉씨觸氏]이라 불리는 나라가 있고, 오른쪽 뿔에는 약자를 괴롭히는 자들[만씨蠻氏]이라 불리는 나라가 있습니다. 이 두 나라는 때때로 영토 분쟁으로 전쟁을 벌이기도 합니다. 그때마다 전장에는 수만 구의 시체가 나뒹굴고, 이기는 쪽이 퇴각하는 쪽을 쫓을 때면 보름이 지나서야 돌아옵니다."

"음, 그대는 지금 나를 바보 취급하는 것이오?"

"전하를 위해 구체적으로 말씀드리겠습니다. 전하께서는 사방과 상하에 끝이 있다고 생각하십니까?"

"무궁하오."

"전하께서는 마음을 무궁함 속에서 노닐게 하는 법을 아십니까? 마음이 그곳에서 노닐다 우리의 시야 안에 있는 나라들로 돌아올 때쯤이면 그 나라들은 거의 존재하지 않는 것처럼 보이지 않겠습니까?"

"그렇소."

"우리의 시야 안에 있는 나라들 가운데에는 위나라가 있습니다. 위나라 안에는 양梁이라는 도성이 있고, 그 도성 안에 전하께서 계십니다. 전하와 세게 치는 자들과 약자를 괴롭히는 자들[84] 사이에 논쟁할 만한 차이가 있는지요?"

"아무런 차이가 없소."

그 객이 나가자, 왕은 멍하니 정신이 나간 듯하였다. 그때 혜시가

---

84) [원] 蠻: 통용본에는 다른 나라 이름('觸')이 없는데, 누락되었음이 분명하다.

나타났다.[85]

왕이 말했다.

"그는 큰 사람이오. '성인'이라는 말만으로는 그를 표현하기에 모자라오."

혜시가 말했다.

"피리에 숨을 불어넣으면 삐익 울리는 소리[86]가 나지만, 칼자루의 고리에 숨을 불어넣으면 쌕쌕대는 숨소리만 납니다. 요와 순은 모든 사람에게 칭송받지만, 대진인 앞에서 요와 순에 대해 언급하는 것은 헐떡이는 숨소리를 내는 것과 같을 것입니다."

魏瑩與田侯牟約. 田侯牟背之. 魏瑩怒. 將使人刺之. 犀首公孫衍聞而恥之曰. 君爲萬乘之君也. 而以匹夫從讎. 衍請受甲二十萬. 爲君攻之. 虜其人民. 係其牛馬. 使其君內熱發於背. 然後拔其國. 忌也出走. 然後抶其背. 折其脊. 季子聞而恥之曰. 築十仞之城. 城者旣十仞矣. 則又壞之. 此胥靡之所苦也. 今兵不起七年矣. 此王之基也. 衍亂人. 不可聽也. 華子聞而醜之曰. 善言伐齊者. 亂人也. 善言勿伐者. 亦亂人也. 謂伐之與不伐亂人也者. 又亂人也. 君曰. 然則若何. 曰. 君求其道而已矣. 惠子聞之而見戴晉人. 戴晉人曰. 有所謂蝸者. 君知之乎. 曰. 然. 有國於蝸之左角者曰觸氏. 有國於蝸之右角者曰蠻氏. 時相與爭地而戰. 伏尸數萬. 逐北旬有五日而後反. 君曰. 噫. 其

---

85) [원] 惠子見: 통용본에는 이 문장 앞에 '客出'이 붙어 있다. 왕선겸王先謙의 『장자집해莊子集解』에 따라 '客出'을 삭제한다.
86) [원] 嚆: '삐익 울리는 소리 scream.' 이 글자를 '피리 소리'를 의미하는 것(諸橋轍次, 『大漢和辭典』, 4041 def. 4/3)으로 보는 근거는 육덕명의 『경전석문』에 있는 주석이 유일하다.

虛言與. 曰. 臣請爲君實之. 君以意在四方上下有窮乎. 君曰. 無窮. 曰. 知遊心於無窮. 而反在通達之國. 若存若亡乎. 君曰. 然. 曰. 通達之中有魏. 於魏中有梁. 於梁中有王. 王與蠻氏. 有辯乎. 君曰. 无辯. 客出而君惝然若有亡也. 惠子見. 君曰. 客. 大人也. 聖人不足以當之. 惠子曰. 夫吹筦也. 猶有嗃也. 吹劍首者. 吷而已矣. 堯舜. 人之所譽也. 道堯舜於戴晉人之前. 譬猶一吷也.

(『장자』 제25편 「칙양」)

• • •

공손룡이 위나라 공자 모牟에게 물었다.

"저는 어려서는 선왕의 도道를 배웠고, 자라서는 인仁과 의義의 행위에 밝게 되었습니다. 저는 같은 것과 다른 것을 결합시키고[合同異], 단단한 것과 흰 것을 분리시켰으며[離堅白], 사람들이 그렇지 않다고 하는 것도 그렇다는 것을 밝혀내고, 사람들이 허용될 수 없다 하는 것도 허용될 수 있다는 것을 밝혀냈습니다. 똑똑하다는 백가百家도 좌절시키고, 달변이라는 자들도 나가떨어지게 했습니다. 제가 보기에 이해력에 있어서는 저를 따를 자가 없는 듯합니다. 그런데 지금 저는 장자의 말을 듣고는 너무 놀라 정신이 멍할 정도입니다. 제가 장자만큼 일관되게 사고하지 않아서 그런 건지, 아니면 장자만큼 많이 알지 못해서 그런 건지 모르겠습니다. 지금은 제 입으로 떠들어 댈 만한 주제도 남아 있지 않습니다. 그 비결을 여쭙습니다."

공자 모는 팔걸이에 팔꿈치를 기댄 채 숨을 길게 내쉬더니 하늘을 올려다보고 웃으며 말했다.

"그대는 저 깊은 우물 안에 사는 개구리에 대해 들어본 적이 없소?

그 개구리가 동해의 자라에게 이렇게 말했다 하오. '전 정말 사는 게 행복합니다! 밖에 나와서는 우물 난간 위에서 깡충깡충 뛰놀고, 안에 들어가서는 우물 내벽의 깨진 벽돌 틈새에서 쉽니다. 물속에 풍덩 뛰어들어 물이 곧장 제 양 겨드랑이까지 차오르면 턱을 치켜들고, 진창을 건널 때는 뒤꿈치가 안 보일 정도로만 발을 담그지요. 주변에 저 장구벌레들과 게들, 올챙이들을 둘러보세요.[87] 누구도 저한텐 상대가 안 됩니다. 온 구덩이의 물을 마음대로 쓰고 깊은 우물 속에서 하고 싶은 대로 다 할 수 있는 이 즐거움, 정말 최고입니다. 선생도 이따금씩 이 속에 들어와 이 광경을 보지 않으시렵니까?'

그런데 동해의 자라는 그곳에 가서 왼발을 우물에 채 들여놓기도 전에 오른발이 걸려버렸다오. 그 자라는 엉거주춤 뒷걸음질하면서, 개구리에게 바다에 대해 들려주었소. '바다는 천 리의 거리로도 그 크기를 상상할 수 없고, 천 길의 높이로도 그 깊이를 감지할 수 없다네. 우禹의 시대에 십 년 동안 아홉 번 홍수가 났는데도 바다는 불지 않았고, 탕의 시대에는 팔 년 동안 일곱 번 가뭄이 들었는데도 바닷물의 수위가 내려가지 않았다네. 기간이 짧든 길든 바다는 옮겨 가라고 내몰린 적이 없고, 빗물이 많든 적든 바다는 앞뒤로 떠밀린 적이 없다네.' 깊은 우물에 사는 개구리는 그 이야기를 듣고는 놀라서 어안이 벙벙해졌고 당황해서 정신이 나갔다 하오.

하던 이야기를 계속 하자면, 그대는 옳고 그름의 경계를 알 정도의 지력도 없으면서 장자가 말한 바를 다 보려고 하고 있소. 그것은 모

---

[87] [원] 還視: 통용본에는 '視'가 없다. 『태평어람太平御覽』(四部叢刊, 189/4A/7)에 따라 '視'를 삽입한다. 성현영成玄英의 소에 나오는 부연 설명이 이를 뒷받침한다(馬敍倫, 『莊子義證』).

기에게 산을 등에 지고 가라고 하는 것과 같고, 노래기에게 황하를 달려서 건너라고 하는 것과 같소. 틀림없이 그대도 그 짐은 감당하지 못할 것이오. 지극히 미묘한 말들을 평가할 줄 아는 지력도 없으면서 자신이 처한 때를 최대한 이용하려는 자가 있다면, 그가 바로 저 깊은 우물 안 개구리가 아니겠소?

게다가 저 장자라는 사람은 황천黃泉을 밟고 하늘의 가장 높은 곳까지 오른다오. 그는 남쪽이다 북쪽이다 할 것 없이 온갖 방향으로 자유롭게 돌아다니고 헤아릴 수 없는 것 속으로 녹아든다오. 또 그는 동쪽이다 서쪽이다 할 것 없이 어두운 심연 속에서 시작해서 어디로든 통하는 곳으로 돌아온다오. 그러나 그대는 당황하면서도 꼬치꼬치 살펴서 찾으려 하고, 논쟁을 통해 캐내려 하고 있소. 그것은 단지 대롱을 사용해 드넓은 하늘을 보려는 것과 같고, 송곳을 사용해 땅의 깊이를 알아보려는 것과 같을 뿐이오. 그런 방법들은 너무 좀스럽지 않소? 그만 가는 게 좋겠소.

한 가지 더 이야기하자면, 그대는 저 수릉壽陵의 소년이 한단邯鄲의 걸음걸이를 흉내 내려 한 일에 대해 들어본 적이 없소? 소년은 그 지역의 걷는 요령을 터득하지 못했을 뿐 아니라, 자기의 본래 걸음걸이도 잃어버렸다오. 그 소년이 할 수 있는 거라곤 손과 무릎으로 기어서 집으로 돌아오는 게 다였소. 그대도 당장 떠나는 게 좋겠소. 안 그러면 그대가 본래 할 수 있었던 것을 다 잊어버리고 그대의 기술도 잃게 될 것이오."

공손룡은 입을 떡 벌린 채 다물지를 못하고 혀를 들었다 내려놓지 못하더니, 곧 달아나버렸다.

公孫龍問於魏牟曰. 龍少學先王之道. 長而明仁義之行. 合同異. 離

堅白. 然不然. 可不可. 困百家之知. 窮衆口之辯. 吾自以爲至達已.
今吾聞莊子之言. 汒焉異之. 不知論之不及與. 知之弗若與. 今吾无
所開吾喙. 敢問其方. 公子牟隱机大息. 仰天而笑曰. 子獨不聞夫埳
井之䵷乎. 謂東海之鼈曰. 吾樂與. 出跳梁乎井幹之上. 入休乎缺甃
之崖. 赴水則接腋持頤. 蹶泥則沒足滅跗. 還視虷蟹與科斗. 莫吾能
若也. 且夫擅一壑之水. 而跨跱埳井之樂. 此亦至矣. 夫子奚不時來
入觀乎. 東海之鼈左足未入. 而右膝已縶矣. 於是逡巡而卻. 告之海
曰. 夫千里之遠. 不足以擧其大. 千仞之高. 不足以極其深. 禹之時十
年九潦. 而水弗爲加益. 湯之時八年七旱. 而崖不爲加損. 夫不爲頃
久推移. 不以多少進退者. 此亦東海之大樂也. 於是埳井之䵷聞之.
適適然驚. 規規然自失也. 且夫知不知是非之竟. 而猶欲觀於莊子之
言. 是猶使蚊負山. 商蚷馳河也. 必不勝任矣. 且夫知不知論極妙之
言而自適一時之利者. 是非埳井之䵷與. 且彼方跐黃泉而登大皇. 无
南无北. 奭然四解. 淪於不測. 无東无西. 始於玄冥. 反於大通. 子乃
規規然而求之以察. 索之以辯. 是直用管闚天. 用錐指地也. 不亦小
乎. 子往矣. 且子獨不聞夫壽陵餘子之學行於邯鄲與. 未得國能. 又
失其故行矣. 直匍匐而歸耳. 今子不去. 將忘子之故. 失子之業. 公孫
龍口呿而不合. 舌擧而不下. 乃逸而走.

(『장자』제17편[「가을 홍수」])

• • •

궁극적 시원에는 아무것도 아닌 것이 있으니, 그 어떤 것도 없고
이름도 없다.[88] 그것으로부터 하나가 일어난다. 하나는 있지만 아직
형체가 갖춰져 있지는 않다. 사물들이 그것을 얻어서 발생할 때, 우리

는 그것을 '덕德'이라고 부른다.

　아직 형체를 갖추고 있지 않은 것에 구분이 있다. 어떤 것의 개입도 없이 막 그렇게 되려고 하는 것, 이것을 우리는 '운명'이라고 부른다. 그것은 움직임을 멈춤으로써 사물들을 발생시킨다. 사물들이 각자 발생의 양식[生理]을 완성하는 것, 이것을 우리는 '형체를 갖춤'이라고 부른다. 형체를 갖춘 각각의 몸이 그 속에 있는 신묘한 힘을 보호하기 위해 자기만의 규범이나 규칙을 갖는 것, 이것을 우리는 그것의 '본성'이라고 부른다.

　우리는 본성의 훈련을 통해서 덕을 회복한다. 덕이 지극한 상태에 이를 때, 우리는 우주의 시원과 같아진다. 같아짐에 따라 우리는 허허로워지고, 허허로워짐에 따라 우리는 커지면서 부리로 지저귀는 소리들을 융합시킨다. 부리로 지저귀는 소리들이 융합될 때, 우리는 하

---

88) [원] 泰初有无. 无有无名: "궁극적 시원에는 아무것도 아닌 것[无]이 있으니, 그 어떤 것[有]도 없고 이름도 없다." 도道를 무無와 동일시하는 것은 300년경의 신도가新道家에게는 흔한 일이었다. 그러나 『장자』의 대체적인 입장은 도道에는 '유有'와 '무無'의 이분법이 적용되지 않는다는 것이다. '큰 사람' 단락들(73-82「則陽」를 참조하라)도 예외가 아니다. 그래서 여러 학자는 다음과 같이 구두점을 한 글자 더 뒤에 찍는 쪽을 택한다. "궁극적 시원에는 아무것도 아닌 것이 없는 것[无无]이 있고, 이름이 없는 것[无名]이 있다[泰初有无无. 有无名]."(錢穆, 『莊子纂箋』; 劉文典, 『莊子補正』) 리미안李勉도 여기에 동의하지만, "泰初有无形. 有无名"으로 고친다(『莊子總論及分篇評注』). "궁극적 시원에는 형체가 없는 것이 있고, 이름이 없는 것이 있다." 그러나 도道는 무無가 아니라 유有와 무無의 이분법을 넘어서 있다고 주장한 도가가 이 주장을 일관되게 고수하지 않는다고 해서 그렇게 놀랄 필요는 없다. 이것은 너무나 추상적인 관념이기 때문이다. 여기서 근본적인 기준은 구두점에 있다. 운율과 대구법은 고전 중국어 구문의 구성 요소들이다. 경험적 방법에 따르는 것이 가장 안전하다. 즉 여덟 글자가 한 단위를 이루고 있는 이 모호한 문장을 네 글자씩 두 개의 하위 단위를 갖는 문장으로 읽을 수 있다면[泰初有无. 无有无名], 사람들이 그 문장의 의미를 무엇으로 보고 싶어 하는지와 상관없이 그렇게 읽어야 한다.

늘과 땅과 더불어 융합된다.

> 그것들의 융합은 흐릿하게 함이니
> 그대는 바보처럼 보이고, 그대는 몽롱해 보인다.
> 이것을 일러 깊은 곳으로부터 오는 덕[玄德]이라 한다.
> 그것은 궁극적으로 따라가야 할 길과 같아지는 것이다.

泰初有无. 无有无名. 一之所起. 有一而未形. 物得以生. 謂之德. 未形者有分. 且然无閒. 謂之命. 畱動而生物. 物成生理. 謂之形. 形體保神. 各有儀則. 謂之性. 性脩反德. 德至同於初. 同乃虛. 虛乃大. 合喙鳴. 喙鳴合. 與天地爲合. 其合緡緡. 若愚若昏. 是謂玄德. 同乎大順.

(『장자』 제12편 [「하늘과 땅」])

|주| 제23편[「경상초」]에 있는 일련의 정의(506-507쪽)를 제외한다면, 이 단락은 『장자』에서 우주론적 구도로 기본 개념들을 체계화하려는 가장 포괄적인 시도이다. 이것은 중국적 사유의 두 가지 전통적인 가정을 공유하고 있다. (1) 사물들이 궁극적 뿌리로부터 발생하는 것은 시간이 시작될 때 일어나는 하나의 사건이 아니라 지속적인 과정이다. (2) 실체적인 것은 비실체적인 것, 즉 기氣(이것에 해당하는 영어 표현으로는 'energy')로부터 응축되고, 또 그것으로 해체된다. 기는 서구의 우주론에서 질료matter가 차지하는 자리에 위치한다. '질료'라는 단어의 배후에 있는 기본 메타포는 목재(라틴어 *materia*)이다. 그것은 활성이 없고 목수에 의해 잘게 잘려 나가기도 하고 또 짜 맞춰지기도 한다. 반면 기는 일차적으로는 숨이다. 그것은 추운 날씨에

는 응축되어 가시적인 것이 되기도 하지만, 운동과 정지 사이를 오가며, 공간을 채우고 있으면서도 비실체적이다. 기는 느리게 움직이면 움직일수록 고체화되지만, 엷을수록 내부를 순환하면서 활성이 없는 것에 에너지를 공급하는 것으로 간주된다. 예컨대 정精, 즉 '생명의 정수'가 그러하다. 그것은 살아 있는 신체에 생명력을 불어넣는 유동체이다. 기의 가장 정제된 상태를 서양의 용어로 순수 에너지pure energy로 생각해볼 수 있다. 여기서 이 순수 에너지는 한편으로는 사물들의 근원인 무無와 동일시되고, 다른 한편으로는 인간의 중추에 있는 덕德과 동일시된다. 그 덕은 인간을 낳고, 선택된 게 아니라 '운명 지어진' 인간의 모든 움직임, 즉 사고가 개입하지 않을 때 바야흐로 일어나려고 하는 모든 움직임을 발생시킨다. 사람은 자기 자신을 가장 허허로운 에너지와 일체가 되게 함으로써 큰 사람의 보다 넓은 시야를 얻게 되고, 철학자들이 하는 말들(장자가 새들이 지저귀는 소리에 비유했던 말들, 126쪽)을 서로 다른 관점들로부터 나온 것이므로 똑같이 타당하고 똑같이 부당하다고 보게 된다. 그 자신의 언어는 그것들을 모두 융합시키면서도, 터무니없는 듯 보인다.

궁극적인 것을 무無와 동일시하는 것은 이후의 도가에서는 공통적으로 나타나는 현상임에도 불구하고, 『장자』로서는 놀라운 것이다. 『장자』에서는 대체로 도道를 유有와 무無의 이분법을 넘어서 있는 것으로, 즉 '유도 아닌' 동시에 '무도 아닌' 것으로 보기 때문이다(137, 274, 276, 410쪽, 437쪽 이하). 따라서 어떤 학자들은 첫 번째 문장의 구두점을 다르게 찍어 "궁극적 시원에는 아무것도 아닌 것이 없는 것이 있고, 이름이 없는 것이 있다[泰初有无无. 有无名]"라고 읽는 쪽을 선호하기도 한다.

5
도道를 비합리화하기:
'지知가 북쪽에서 노닐다'

'가을 홍수' 대화편과 '조금밖에 모름' 대화편, 이 두 대화편의 합리화를 지향하는 접근법과 강력하게 대비되는 일군의 이야기들이 「지가 북쪽에서 노닐다[지북유]」(제22편)와 그 인접한 편들에 있다. 이 이야기들에 따르면 도道에 대해 똑 부러지게 말하는 것은 그 사람이 도를 제대로 파악하지 못했음을 보여줄 뿐이다. 통찰력이 있다는 증거는 말하기를 거부하는 것, 또는 말하려고 했지만 무엇을 말하려고 했는지를 잊어버리는 것, 듣고 있는 동안 황홀경에 빠지는 것, 잘 생각해보면 무의미한 듯 보이는 경구에 자극받아 섬광처럼 깨닫게 되는 것, 난데없이 즉흥적으로 노래를 부르는 것, 음악에 감동을 받으면서도 음악이 자신에게 무엇을 하고 있는지를 이해하지 못하는 것이다. 이중 한 이야기에서 공자는 **공안**公案("한 손으로 손뼉을 치면 어떤 소리가 나는가?"[89])과 흡사한 무언가를 제시하고 있다. 공안이란 그

---

89) [역] 일본 에도시대 임제종臨濟宗의 승려인 하쿠인 에카쿠白隱慧鶴에 의해 널리

로부터 천 년 후 선禪불교의 선사들이 개념적 사고의 틀을 깨기 위해 사용한 것이다. 공자는 명가의 논쟁 스타일을 따라 "과거도 없고 현재도 없고 시작도 없고 끝도 없으니, 네게 자손이 있기 이전에 자손이 있었다"는 말이 과연 "허용될 수 있는" 것인지 여부를 묻는다. 이 물음은 '예'라는 대답을 이끌어내는 것이 아니라, 그 제자가 '아니오'라고 대답할 수 없도록 그의 말문을 막아버리는 어떤 느낌을 불러일으킨다. 그리고 다음과 같은 주장이 뒤따른다. "관두어라. 너는 대답을 하지 못했다!"[90]

모든 구분을 버리는 사람, 양자택일적으로 채택된 한 가지 안만을 정식화하는 것을 거부하는 사람, 이런 사람은 '모든 것은 하나이다'라고 말할 권리조차 없다고 장자는 단언한다.[91] 여기서 우리는 황제黃帝가 자신은 모든 것이 하나임을 알고 있다는 점에서 도에 대해 무지할 수밖에 없다고 시인하는 것을 보게 된다.[92] 안다는 것은 언어적으로 정식화하는 것이고, 무지한 자만이 어리석어서 그렇게 한다 — '안다'는 말을 가지고 장자 자신이 감행했던 것보다 더 기발한 전략들이 펼쳐진다. 합리화를 추구한 '큰 사람' 철학자에게 지식이란 의문의 여지없이 좋은 것이었다. 그러나 황제가 제대로 깨닫지 못한 채 말만 늘어놓는 역할을 맡아서 '큰 사람'을 그의 구호로 사용했을 때, 지식은 오히려 공격의 표적이 된다.[93]

이 일군의 이야기들을 보면 ('지知'와 같은) 우화적 인물들, (원시주

알려진 공안이다.
90) 439쪽을 참조하라.
91) 140쪽을 참조하라.
92) 427쪽을 참조하라.
93) 426쪽을 참조하라.

의자와 양가에게는 악한인) 전설적인 황제, 순수하게 도가의 대변자로 그려져 있는 공자 같은 인물들이 유난히 사랑받고 있음을 알 수 있다. 이 이야기들은 동질성을 갖는 것처럼 보이는데, 아마도 기원전 3-2세기에 저술되었을 것이다. 그 무렵에 황제와, 동명의 책이 있는 노자는 도가의 대변자로 널리 인정받게 되었다. '지가 북쪽에서 노닐다' 이야기에서는 『노자』를 광범위하게 인용하고 있다. 『노자』는 그 외 원시주의자나 '장자 학파'의 여러 구절에서도 인용되지만, 유독 〈내편〉에서는 한 번도 인용된 적이 없다.

‖‖‖‖‖‖‖‖‖‖‖

지知가 북쪽으로 가서 검은빛 물[현수玄水]가에서 노닐다가 어둠 속에 어렴풋이 보인다[은분隱弅]는 언덕으로 올라갔다. 그는 거기서 아무것도 함이 없고 아무 말도 함이 없음[무위위无爲謂]을 만났다. 그가 아무것도 함이 없고 아무 말도 함이 없음에게 말했다.

"내 네게 묻고 싶은 것이 있다. 무엇을 깊이 생각하고 무엇을 궁리해야 도道를 알 수 있겠는가? 어디에 자리 잡고 어디에 종사해야 확고하게 도에 임할 수 있겠는가? 어떤 경로를 따르고 어떤 지침을 따라야 도를 붙잡을 수 있겠는가?"

이 세 가지를 물었지만 아무것도 함이 없고 아무 말도 함이 없음은 대답하지 않았다. 아니, 대답하지 않은 것이 아니라 어떻게 대답해야 할지를 몰랐던 것이다. 지는 아무런 대답도 듣지 못한 채, 흰빛 물[백수白水]의 남쪽으로 돌아와, 의심의 불모지[호결狐闋]의 꼭대기로 올라갔다. 마침 그곳에서 정신이 산만한 자[광굴狂屈]가 눈에 띄었다. 지는 아무것도 함이 없고 아무 말도 함이 없음에게 했던 질문을 정신이 산만한 자에게 다시 했다.

정신이 산만한 자가 대답했다.

"아! 나는 답을 알고 있다. 네게 말해주겠다!"

그러나 정신이 산만한 자는 말하려는 도중에 자기가 무엇을 말하려는지를 잊어버렸다. 지는 아무런 대답도 듣지 못한 채 황제黃帝의 궁으로 돌아왔다. 그는 황제를 만나 다시 물었다.

황제가 말했다.

"깊이 생각하지도 말고 궁리하지도 마라. 그래야만 도를 알게 될 것이다. 어디에도 자리 잡지 말고 어디에도 종사하지 마라. 그래야만 확고하게 도에 임할 것이다. 어떤 경로도 따르지 말고 어떤 지침도 따르지 마라. 그래야만 도를 터득할 수 있을 것이다."

[지知가 말했다.]

"너와 나는 그것을 알지만, 저 두 사람은 모르고 있다. 어느 쪽이 도를 터득한 것인가?"

[황제가 말했다.]

"아무것도 함이 없고 아무 말도 함이 없음은 정말로 그것을 터득하였고, 정신이 산만한 자는 그런 것같이 보인다. 너와 나는 그 근처에도 못 갔다. 아는 자는 말하지 않고, 말하는 자는 알지 못한다. 그래서 성인은 말 없는 가르침을 행하는 것이다.

> 도道는 전달할 수가 없고,
> 덕德은 꿰뚫어 볼 수가 없고,
> 인仁은 꾸며낼 수가 있고,
> 의義는 방치해둘 수가 있고,
> 예禮는 공유된 가식이다.

그래서 이런 말이 있다.

'도를 잃고 난 뒤에야 덕이 있게 되고, 덕을 잃고 난 뒤에야 인이 있게 되며, 인을 잃고 난 뒤에야 의가 있게 되고, 의를 잃고 난 뒤에야 예가 있게 된다. 예는 도를 꾸미는 장식물이요 혼란의 머리이다.'

또 이런 말도 있다.

'도를 행하는 자는 날마다 하는 일이 줄어든다. 줄고 또 줄어 아무것도 함이 없기에 이른다. 아무것도 함이 없지만 그가 하지 않는 것도 없다[无爲而无不爲].'

지금 우리는 이미 사물로서 존재하고 있으니, 그 뿌리로 복귀하고 싶어도 우리로서는 어려운 일이 아니겠는가? 큰 사람 말고 누가 그 일이 쉽겠는가? 삶이란 죽음에 따라오는 것이고, 죽음이란 삶의 근원이다. 그 이어진 실들이 어디로 거슬러 올라가는지 누가 알겠는가? 인간의 삶은 기운이 모인 것이다. 그 기운이 모여 있으면 살아 있는 것으로 간주되고, 흩어지면 죽은 것으로 간주된다. 삶과 죽음조차도 서로 뒤따르는 것들로 간주된다면, 내가 불행으로 볼 수 있는 게 뭐가 있겠는가?

그러므로 만물은 하나이다. 우리가 아름답다고 여기는 것은 그만큼 신묘하고 귀중한 것으로 간주되고, 우리가 추하다고 여기는 것은 그만큼 악취가 나고 썩은 것으로 간주된다. 그러나 악취가 나고 썩은 것은 변화하여 신묘하고 귀중한 것으로 돌아가고, 신묘하고 귀중한 것은 변화하여 악취가 나고 썩은 것으로 돌아간다. 그래서 이런 말이 있다. '온 세상 가득 오로지 하나의 기운이 있을 뿐이다.' 성인이 하나를 귀하게 여기는 것도 이 때문이다."

지가 황제에게 말했다.

"내가 아무것도 함이 없고 아무 말도 함이 없음에게 물었을 때 그는 대답하지 않았다. 아니, 대답하지 않은 것이 아니라 어떻게 대답해야 할지를 몰랐던 것이다. 정신이 산만한 자에게 물었을 때 그는 말하려고 하다가 말하지 않았다. 아니, 말하지 않은 것이 아니라 내게 말하려던 것을 도중에 잊어버린 것이다. 지금 네게 물었더니 너는 알고 있다. 그런데 어째서 우리가 그 근처에도 못 갔다는 것인가?"

[황제가 말했다.]

"저 아무것도 함이 없고 아무 말도 함이 없음이 정말로 그것을 터득했다는 것은 그가 알지 못했기 때문이다. 그다음 정신이 산만한 자가 터득한 것처럼 보인다는 것은 그가 잊어버렸기 때문이다. 너와 내가 그 근처에도 못 갔다는 것은 그것을 알고 있기 때문이다."

정신이 산만한 자는 그 이야기를 듣고는 황제가 말에 대해 아는 자라고 생각했다.

知北遊於玄水之上. 登隱弅之丘. 而適遭无爲謂焉. 知謂无爲謂曰. 予欲有問乎若. 何思何慮則知道. 何處何服則安道. 何從何道則得道. 三問而无爲謂不答也. 非不答. 不知答也. 知不得問. 反於白水之南. 登狐闋之上. 而睹狂屈焉. 知以之言也問乎狂屈. 狂屈曰. 唉. 予知之. 將語若. 中欲言而忘其所欲言. 知不得問. 反於帝宮. 見黃帝而問焉. 黃帝曰. 无思无慮始知道. 无處无服始安道. 无從无道始得道. 知問黃帝曰. 我與若知之. 彼與彼不知也. 其孰是邪. 黃帝曰. 彼无爲

謂眞是也. 狂屈似之. 我與汝終不近也. 夫知者不言. 言者不知. 故聖人行不言之教. 道不可致. 德不可至. 仁可爲也. 義可虧也. 禮相僞也. 故曰. 失道而後德. 失德而後仁. 失仁而後義. 失義而後禮. 禮者. 道之華而亂之首也. 故曰. 爲道者日損. 損之又損之以至於无爲. 无爲而无不爲也. 今已爲物也. 欲復歸根. 不亦難乎. 其易也. 其唯大人乎. 生也死之徒. 死也生之始. 孰知其紀. 人之生. 氣之聚也. 聚則爲生. 散則爲死. 若死生爲徒. 吾又何患. 故萬物一也. 是其所美者爲神奇. 其所惡者爲臭腐. 臭腐復化爲神奇. 神奇復化爲臭腐. 故曰. 通天下一氣耳. 聖人故貴一. 知謂黃帝曰. 吾問无爲謂. 无爲謂不應我. 非不我應. 不知應我也. 吾問狂屈. 狂屈中欲告我而不我告. 非不我告. 中欲告而忘之也. 今予問乎若. 若知之. 奚故不近. 黃帝曰. 彼其眞是也. 以其不知也. 此其似之也. 以其忘之也. 予與若終不近也. 以其知之也. 狂屈聞之. 以黃帝爲知言.

(『장자』 제22편 [「지가 북쪽에서 노닐다」])

|주| 인용문임을 분명하게 밝히고 있는 문장들은 『노자』 38장과 48장에서 따온 것이다. 『노자』 56장과 2장에서 따온 어구들도 있다.

● ● ●

벌어진 이빨[설결齧缺]이 갈대 옷[피의被衣]에게 도道에 대해 물었다. 갈대 옷이 대답했다.

"네 몸을 바로잡고 네 시선을 통일하면, 하늘로부터 조화가 이르게 될 것이다. 네 지식을 모아들이고 네 척도들을 통일한다면, 신묘한 힘이 네게 와서 머물 것이다. 덕德은 네 눈부신 아름다움이 될 것이고,

도는 네가 머물 집이 될 것이다. 이전의 선례들을 찾아다니지 말고 갓 태어난 송아지처럼 순진무구한 눈을 가져라."

갈대 옷이 말을 채 끝내기도 전에 벌어진 이빨은 잠이 들었다. 갈대 옷은 기뻐하더니, 다음과 같이 노래를 부르면서 그곳을 떠났다.

"몸은 바싹 마른 뼈 같고,
마음은 불 꺼진 재 같구나.
참되도다, 그가 지닌 알찬 지식이여.
자기를 지지해줄 어떤 선례도 필요로 하지 않는구나.
어둡고도 어둡고, 나른하고도 나른하도다.
무심하여, 그에게 어떤 조언도 듣지 못할지니.
그는 과연 어떤 사람이런가?"

齧缺問道乎被衣. 被衣曰. 若正汝形. 一汝視. 天和將至. 攝汝知. 一汝度. 神將來舍. 德將爲汝美. 道將爲汝居. 汝瞳焉如新生之犢而无求其故. 言未卒. 齧缺睡寐. 被衣大說. 行歌而去之. 曰. 形若槁骸. 心若死灰. 眞其實知. 不以故自持. 媒媒晦晦. 无心而不可與謀. 彼何人哉.

(『장자』 제22편 [「지가 북쪽에서 노닐다」])

• • •

순舜이 승丞에게 물었다.
"도道란 소유할 수 있는 것입니까?"
승이 말했다.

"네 몸도 네 소유가 아닌데, 어떻게 도를 소유할 수 있겠는가?"

"내 몸이 내 소유가 아니라면, 누구의 소유란 말입니까?"

"그것은 하늘과 땅이 네게 잠깐 빌려준 형체일 뿐이다. 네 생명도 네 소유가 아니다. 그것은 하늘과 땅이 네게 일시적으로 허용해준 힘들 간의 조화이다. 네 본성과 운명[性命]도 네 소유가 아니다. 그것들은 하늘과 땅이 네게 정해준 노정이다. 네 자손도 네 소유가 아니다. 그들은 하늘과 땅이 네게 맡긴 것으로, 곤충이 허물을 벗듯 네 몸을 벗어던지고 나오는 것이다. 그러므로 너는 어디로 가는지 모르는 채 돌아다니고, 무엇에 달라붙어 있는지 모르는 채 머물며, 방법도 모른 채 먹을 뿐이다.[94] 너는 왔다 갔다 하는 하늘과 땅의 숨결일 뿐인데, 어떻게 도를 소유할 수 있겠는가?"

舜問乎丞曰. 道可得而有乎. 曰. 汝身非汝有也. 汝何得有夫道. 舜曰. 吾身非吾有也. 孰有之哉. 曰. 是天地之委形也. 生非汝有. 是天地之委和也. 性命非汝有. 是天地之委順也. 孫子非汝有. 是天地之委蛻也. 故行不知所往. 處不知所持. 食不知所以. 天地之強陽氣也. 又胡可得而有邪.

(『장자』 제22편 [「지가 북쪽에서 노닐다」])

• • •

동곽자東郭子가 장자에게 물었다.

---

94) [원] 食不知所以: 통용본은 '以'가 '味'로 되어 있다. 『열자』 제1편 [「天瑞」]의 유사 어구(楊伯峻, 『列子集釋』, 21/2)에 따라 '以'로 교정한다.

"우리가 도도라고 부르는 것, 그것은 어디에 있소이까?"

"그건 없는 곳이 없소."

"구체적으로 열거하지 않으면 안 될 것이오."

"그건 땅강아지와 개미에게 있소."

"어찌 그리 낮은 것이오?"

"그건 논에 난 잡초에 있소."

"어찌 더 낮아지는 것이오?"

"그건 기와와 사금파리에 있소."

"어찌 한층 더 심해지는 것이오?"

"그건 똥오줌에 있소."

동곽자가 더 이상 대꾸하지 않았다.

장자가 말했다.

"선생의 질문은 핵심을 놓치고 있소. 감독관 확[정확正獲]은 시장의 관리인[감시監市]에게 돼지의 가격을 책정한 근거를 물으면서 발로 돼지를 눌러서 시험하는데, 돼지의 아래쪽으로 내려갈수록 살이 쪄 있으면 돼지 전체가 살이 쪄 있을 가능성이 더 큰 것이오.[95] 그대가 '결코 아니다[莫]'와 '반드시 그러하다[必]'만을 취급한다면,[96] 그대는

---

95) [원] 正獲之問於監市履狶也, 每下愈況: [글자 그대로 풀이하자면] "감독관 확은 시장의 관리인에게 돼지의 가격을 책정한 근거를 물으면서 (*돼지들이 얼마나 살이 쪘는지를 시험하기 위해) 돼지를 발로 밟는데, 돼지의 아래쪽으로 내려갈수록 황況하게 (*부분에서 전체로, 또는 작은 것에서 큰 것으로 일반화하게) 될 것이오."

96) [원] 汝唯莫必: "그대가 '결코 아니다in no case[莫]'와 '반드시 그러하다necessarily [必]'만을 취급한다면."『논어』4/10[「里仁」]의 "君子之於天下也, 無適也, 無莫也", 즉 "군자는 세상을 대할 때 어떤 것도 일정불변하게 위하지 않고, 또 어떤 것도 일정불변하게 반대하지 않는다"(Lau, Confucius: the Analects, 73)와『논어』9/4[「子罕」] 의 "毋意, 毋必, 毋固, 毋我", 즉 "그는 억측을 품거나 확실성을 고집하는 태도를 거부한다. 그는 완고하거나 자기중심적인 태도도 거부한다"(Lau, Confucius: the

어디를 가도 사물들로부터 벗어나지 못할 것이오. 지극한 도에 있어서 그러한 바는 가장 포괄적인 말들에 있어서도 그러한 법이오. '보편적인[周]', '도처에[徧]', '모두[咸]', 이 세 가지는 동일한 실체에 대한 서로 다른 이름들이니, 그 이름들이 가리키는 것은 하나일 뿐이오.

나와 함께 아무것도 없는[무하유無何有의] 궁에서 노닐면 어떻겠소? 그곳에서 사물들을 동일한 것으로 합치시킴으로써 끝나는 곳도 없고 다하는 곳도 없이 그것들이 있어야 할 곳에 두는 거요. 나와 함께 아무것도 함이 없는 게 어떻겠소? 차분하고 고요하게! 텅 빈 채로 순수하게! 어우러지면서 편안하게! 우리의 의지를 분산시키기, 어느 쪽으로도 떠나지 않고 어디에 이르는지도 모르기, 오고 가면서도 그것이 어디에서 멈추는지를 모르기. 나는 이미 거기에 갔다가 돌아왔지만, 그것이 어디에서 끝나는지를 모른다오. 또 그 광활함 속에서 어슬렁거렸지만, 아무리 큰 앎을 그 속에 들여놓아도 그 끝나는 곳을 알지 못할 것이오.

사물들을 사물들로 만드는 자는 그 자신과 사물들 사이에 아무런 경계가 없소. 사물들의 경계라는 것은 바로 사물들 사이에나 있는 경계를 의미할 뿐이오. 사물들을 사물들로 만드는 자는 자신은 그 무엇과도 경계가 없지만 온갖 경계를 만드는 자, 온갖 경계를 만들지만

Analects, 96)를 참조하라. 후기 묵가의 논쟁에서 필必은 논리적으로 필연적인 것을 가리키는 용어이다. 반면 '조금도 ~ 없다none/결코 아니다in no case'를 의미하는 막莫은 기본적인 수량사로서, 그것과 관련해서 '모든all'과 '어떤some'이 정의된다(A. C. Graham, *Later Mohist logic, ethics and science*, 299-301, 294)[A43, "진盡(소진시키는/모두에게 적용되는/모두)은 그렇지 않은 것이 조금도 없는 것이다[盡, 莫不然也]." NO5, "'어떤some'은 '모두all'가 아니다[或也者不盡也]"]. 이 두 용어는 후기 묵가의 변론술적 저술들에서 직접적으로 대비되는 것은 아니지만, 긍정과 부정의 양자택일적 선택지들을 나타내는 데 적합한 용어들이다.

스스로는 그 무엇과도 경계가 없는 자라오. 우리가 '가득 차다'와 '텅 비다', '쇠하다'와 '한창이다'[97]라고 말할 때, 가득 찬 것 또는 텅 빈 것으로 간주되는 것은 가득 차기도 하고 텅 비기도 하는 것이 아니고, 쇠하는 것 또는 한창인 것으로 간주되는 것은 쇠하기도 하고 한창이기도 한 것이 아니오. 뿌리 또는 끄트머리들로 간주되는 것은 뿌리이기도 하고 끄트머리들이기도 한 것이 아니고, 쌓이는 것 또는 흩어지는 것으로 간주되는 것은 쌓이기도 하고 흩어지기도 하는 것이 아니라오."

東郭子問於莊子曰. 所謂道. 惡乎在. 莊子曰. 无所不在. 東郭子曰. 期而後可. 莊子曰. 在螻蟻. 曰. 何其下邪. 曰. 在稊稗. 曰. 何其愈下邪. 曰. 在瓦甓. 曰. 何其愈甚邪. 曰. 在屎溺. 東郭子不應. 莊子曰. 夫子之問也. 固不及質. 正獲之問於監市履狶也. 每下愈況. 汝唯莫必. 无乎逃物. 至道若是. 大言亦然. 周徧咸三者. 異名同實. 其指一也. 嘗相與游乎无何有之宮. 同合而論. 无所終窮乎. 嘗相與无爲乎. 澹而靜乎. 漠而清乎. 調而閒乎. 寥已吾志. 无往焉而不知其所至. 去而來而不知其所止. 吾已往來焉而不知其所終. 彷徨乎馮閎. 大知入焉而不知其所窮. 物物者與物无際. 而物有際者. 所謂物際者也. 不際之際. 際之不際者也. 謂盈虛衰隆. 彼爲盈虛非盈虛. 彼爲衰隆非衰隆. 彼爲本末非本末. 彼爲積散非積散也.

(『장자』 제22편 [「지가 북쪽에서 노닐다」])

---

97) [원] 隆: 통용본은 '殺'로 되어 있다. 마쉬룬의 『장자의증』에 따라 '隆'으로 교정한다.

● ● ●

아하감娿荷甘이 신농과 함께 길한 늙은 용[노룡길老龍吉]에게서 배웠다. 어느 날 신농이 대낮에 문을 닫고는 팔꿈치를 팔걸이에 기댄 채 잠을 자고 있었다. 정오가 되자 아하감이 문을 박차고 들어오더니 말했다.

"늙은 용께서 돌아가셨다."

신농은 팔걸이에 기대 있다가 지팡이를 붙들고 일어서더니, 이내 지팡이를 덜커덕 소리가 나게 마루에 던지면서 웃음을 터트렸다.

"하늘 같으신 선생께서 내가 조잡하고 막돼먹었다는 걸 아셨구나. 그래서 나를 버리고 돌아가셨다. 이제 끝났다! 나를 일깨워줄 광언狂言 한마디 없이 돌아가셨다. 그렇지 않은가?"

엄강조弇堈弔가 그 이야기를 듣고 말했다.

"도道와 일체가 된 사람은 온 세상 군자들이 그에게 끌린다. 지금 늙은 용은 가을날 털끝의 만분의 일만큼도 도에 자리 잡지 못했지만, 죽을 때까지 그런대로 광언을 숨길 줄은 알았다. 도와 일체가 된 사람이야 말할 것도 없다!

　　쳐다보아도 그것은 아무런 형태가 없다.
　　귀 기울여보아도 그것은 아무런 소리가 없다.
　　사람들의 논의 속에서
　　그것은 신비로움[冥冥]이라고 불린다.

그것은 도에 대해 논하는 방법일 뿐, 도는 아니다."

妸荷甘與神農同學於老龍吉. 神農隱几闔戶晝瞑. 妸荷甘日中奓戶
而入曰. 老龍死矣. 神農隱几擁杖而起. 嚗然放杖而笑. 曰. 天知予僻
陋慢訑. 故棄予而死. 已矣夫子. 无所發予之狂言而死矣夫. 弇堈弔
聞之. 曰. 夫體道者. 天下之君子所繫焉. 今於道. 秋豪之端萬分未得
處一焉. 而猶知藏其狂言而死. 又況夫體道者乎. 視之无形. 聽之无
聲. 於人之論者. 謂之冥冥. 所以論道. 而非道也.

그러자 투명함[태청泰淸]이 끝없음[무궁无窮]에게 물었다.

"그대는 도에 대해 아시오?"

"모르오."

투명함은 아무것도 함이 없음[무위无爲]에게도 똑같은 질문을 했다. 아무것도 함이 없음이 말했다.

"나는 도를 알고 있소."

"도를 아는 데 무슨 수數가 있소?"

"있소."

"어떤 종류의 수요?"

"내가 알기로 도는

    귀하게 다룰 수도 있고,
    천하게 다룰 수도 있고,
    한데 묶을 수도 있고,
    흩어지게 할 수도 있소.

이것이 내가 도의 수에 대해 아는 방식이오."

투명함이 이 말에 대해 시작한 적 없음[무시无始]에게 물었다.

"그렇다면 끝없음은 모르고 있고 아무것도 함이 없음은 알고 있다는 것인데, 이중 누가 도를 터득한 것이고 누가 그렇지 않은 것이오?"

시작한 적 없음이 말했다.

"무지는 심오하지만 앎은 피상적이오. 알지 못하면 그것은 안에 있고, 안다면 그것은 밖에 있소."

그러자 투명함은 위를 우러러보며 탄식했다.

"모르는 것에 의해서 아는 것이 아니겠소? 안다면 무지한 것이 아니겠소? 누가 앎이 무지임을 알겠소?"

시작한 적 없음이 말했다.

"도는 들을 수 없으니, 뭔가를 들었다면 그건 도가 아니라 다른 것이오. 도는 볼 수 없으니, 뭔가를 보았다면 그건 도가 아니라 다른 것이오. 도는 말로 표현할 수가 없으니, 뭔가에 대해 말했다면 그건 도가 아니라 다른 것이오. 형체를 가진 것들에게 형체를 부여한 자는 형체를 갖지 않는다는 것을 그대는 알고 있소? 도는 이름에는 적합하지가 않소."

시작한 적 없음이 계속 말했다.

"도에 대해 묻는 자도 도에 대해 결코 듣지 못한 자라오. 도에는 물을 것이 없고 물음에는 답할 것이 없소. 물을 수 없는 것에 대해 물음을 제기하는 것은 유한한 것에 대해 묻는 것이고, 대답할 수 없는 것에 대해 대답을 하는 것은 내적인 것을 결여한 것이오. 내적인 것을 결여했는데도 무한한 것에 대한 물음을 기다린다면 그자는 밖으로는 온 우주의 시간과 공간을 결코 보지 못하고, 안으로는 궁극적인 시원[太初]에 대해 무지한 상태로 남게 될 것이오. 이 때문에 그는 곤륜산[崑崙山]보다 더 높이 올라가지 못하고, 궁극적 텅 빔[太虛] 속에서도 노닐지 못하오."

於是泰淸問乎无窮曰. 子知道乎. 无窮曰. 吾不知. 又問乎无爲. 无爲曰. 吾知道. 曰. 子之知道. 亦有數乎. 曰. 有. 曰. 其數若何. 无爲曰. 吾知道之可以貴. 可以賤. 可以約. 可以散. 此吾所以知道之數也. 泰淸以之言也問乎无始曰. 若是. 則无窮之弗知與无爲之知. 孰是而孰非乎. 无始曰. 不知深矣. 知之淺矣. 弗知內矣. 知之外矣. 於是泰淸中而歎曰. 弗知乃知乎. 知乃不知乎. 孰知不知之知. 无始曰. 道不可聞. 聞而非也. 道不可見. 見而非也. 道不可言. 言而非也. 知形形之不形乎. 道不當名. 无始曰. 有問道而應之者. 不知道也. 雖問道者. 亦未聞道. 道無問. 問無應. 无問問之. 是問窮也. 无應應之. 是无內也. 以无內待問窮. 若是者. 外不觀乎宇宙. 內不知乎大初. 是以不過乎崑崙. 不遊乎太虛.

(『장자』 제22편 [「지가 북쪽에서 노닐다」])

• • •

빛의 번쩍임[광요光曜]이 아무것도 있지 않음[무유无有]에게 물었다.

"선생은 어떤 것[有]이십니까? 아니면 어떤 것도 있지 않음[无有]이십니까?"

아무런 대답이 없자 빛의 번쩍임은 그의 모습을 골똘히 쳐다보았다. 그의 모습은 그 깊이를 헤아릴 수 없는 공허였다. 하루 종일 쳐다보았지만 아무것도 보지 못했고, 하루 종일 귀를 기울였지만 아무것도 듣지 못했으며, 하루 종일 더듬어보았지만 아무것도 만져지지 않았다.

빛의 번쩍임은 말했다.

"지극하도다! 우리 중에 누가 이런 경지에 이를 수 있단 말인가? 나에 대해 말할 수 있는 것은 기껏해야 어떤 것이 있지 않다[有无]는 것일 뿐, 아직 아무것도 아닌 것이 있지 않다[无无]는 것은 아니다. 그런데 그는 어떤 것도 있지 않음[无有]에까지 이르렀다. 어떤 길을 가야 이런 경지에 이르는 것일까?"

光曜問乎无有曰. 夫子有乎. 其无有乎. 光曜不得問. 而孰視其狀貌. 窅然空然. 終日視之而不見. 聽之而不聞. 搏之而不得也. 光曜曰. 至矣. 其孰能至此乎. 予能有无矣. 而未能无无也. 及爲无有矣. 何從至此哉.

(『장자』 제22편 「지가 북쪽에서 노닐다」])

• • •

염구冉求가 공자에게 물었다.
"하늘과 땅보다 앞서는 것에 대해 알 수 있습니까?"
"알 수 있다. 과거든 현재든 차이가 없다."
염구는 뭐라고 질문해야 할지 몰라 물러났다. 다음 날 그는 다시 나타나서 말했다.
"제가 어제 하늘과 땅보다 앞서는 것에 대해 알 수 있는지를 여쭈었더니, 선생님께서는 알 수 있다고 답하셨습니다. 어제는 그 대답이 환하게 와 닿았는데, 오늘은 모호하게만 느껴집니다. 그 의미를 여쭈어도 되겠습니까?"
"어제 네가 환히 알 수 있었던 것은 신묘한 힘이 너보다 먼저 그것을 알아들었기 때문이다. 그런데 오늘 그것이 모호하게만 느껴진다면 이 또한 네가 신묘하지 않은 것을 위해서 그것을 찾고 있기 때문이 아니겠느냐? 과거도 없고 현재도 없고 시작도 없고 끝도 없으니, 네게 자손이 있기 이전에 자손이 있었다고 한다면 그것이 허용될 수 있는 것이겠느냐?"

염구가 대답을 하지 못했다.

"관두어라. 너는 대답을 하지 못했다.[98] 살아 있다는 이유로 죽음을 삶으로 바꾸지 못하고, 죽었다는 이유로 삶을 죽음으로 바꾸지 못한다. 죽음과 삶이 다른 무엇에 의존해 있다는 것인가? 삶과 죽음 둘 다 일체로 간주되는 곳이 있다. 대체 무엇이 하늘과 땅에 앞서 생겨나서 일개 사물로 존재한다는 말인가? 사물들을 사물들로 만드는 것은 일개 사물이 아니다. 일개 사물이 사물들에 앞서서 출현했을 리가 없다. 그건 사물들이 이미 있는 때와 마찬가지인 것이다. 그런 식으로는 사물들이 있는 때와 마찬가지인 상태가 결코 끝나지 않을 것이다. '성인이 인간을 사랑하는 것을 결코 그만두지 않는다'라는 것도 이것과 유사한 점이 있다."

冉求問於仲尼曰. 未有天地可知邪. 仲尼曰. 可. 古猶今也. 冉九失問而退. 明日復見. 曰. 昔者吾問未有天地可知乎. 夫子曰. 可. 古猶今也. 昔日吾昭然. 今日吾昧然. 敢問何謂也. 仲尼曰. 昔之昭然也. 神

---

[98] [원] 冉九未對. 仲尼曰. 已矣. 未應矣: "염구가 대답을 하지 못했다. 공자가 말했다. '관두어라. 너는 대답을 하지 못했다.'" '矣'라는 완료형 어조사가 붙는 동사는 부정문을 만들 때 '不'을 붙이고('不 … 矣.' 구어체인 '不 … 了', 즉 '더 이상 ~ 않다'를 참조하라), 보통 '아직 ~ 않다'를 뜻하는 '未'를 붙이지는 않는다(구어체로는 '沒有 … 呢'. 여기서 '呢' 대신 '了'를 쓰는 것 같지는 않다). 그러나 이것은 고도로 철학적인 맥락이다. 공자는 '염구가 아직 대답하지 않았다'라고 말하는 것이 의미 있는 지점이 되는 것을 넘어서 염구가 대답하는 데 실패하기를 기다리고 있는 것이다.

者先受之. 今之昧然也. 且又爲不神者求邪. 无古无今. 无始无終. 未有子孫而有子孫. 可乎. 冉九未對. 仲尼曰. 已矣. 未應矣. 不以生生死. 不以死死生. 死生有待邪. 皆有所一體. 有先天地生者物邪. 物物者非物. 物出不得先物也. 猶其有物也. 猶其有物也. 无已. 聖人之愛人也終无已者. 亦乃取於是者也.

(『장자』 제22편 [「지가 북쪽에서 노닐다」])

|주| 마지막 문장의 인용문은 앞의 375쪽에서 따온 것이다.

• • •

북문北門의 성成이 황제黃帝에게 물었다.

"폐하께서 동정호洞庭湖의 황야에서 함지咸池라는 음악을 연주하셨을 때, 저는 처음에 그 연주를 듣고는 두려움을 느꼈습니다. 그런데 그다음에 들었을 때는 듣는 내내 나른했고, 마지막으로 들었을 때는 혼란스러워졌습니다. 당황스럽고 말문이 막혀 제 스스로 어찌할 바를 몰랐지요."

황제가 말했다.

"너라면 그랬을 수도 있겠다! 처음에 나는 그 곡을 인간의 작품으로 연주하면서도 하늘에 맞추어 조율하였다. 예禮와 의義에 따라 연주를 진행하면서도 궁극의 맑음[太淸]으로 그것을 세워나갔다.[99]

---

[99] [원] 통용본에는 이다음에 "夫至樂者. 先應之以人事. 順之以天理. 行之以五德. 應之以自然. 然後調理四時. 太和萬物"이 나온다. 이 35자는 오랫동안 곽상의 주석의 일부가 본문에 찬입된 것으로 인식되어왔다. 陳鼓應, 『莊子今註今譯』, 404 이하를 참조하라.

보라. 사계절이 갈마들며 찾아오는 것을,
만물이 차례차례 탄생하는 것을,
한 번은 번성하고 한 번은 쇠락하는 것을,
평화적인 수단과 군사적인 수단이 각자 적절한 자리에 있는 것을.
한 번은 맑은 음색으로, 한 번은 탁한 음색으로
음과 양이 조화롭게 어우러진다.
그 음들을 흐르게 하고, 그것들을 울려 퍼지게 하라.[100]
겨울잠 자던 곤충들이 처음 꿈틀댈 때,
나, 우렛소리로 그것들을 깨우리라!
어떤 마무리로도 끝낼 수 없고,
시작될 때에는 어떤 서곡도 없었으니,
한 번은 죽어가고, 한 번은 살아가고,
한 번은 떨어지고, 한 번은 일어나고,
그것이 공표하는 규범에는 끝이 없다. ─

그러나 끝까지 의지할 수 있는 것은 없다. 그것이 네가 처음에 두려움을 느낀 이유이다.

北門成問於黃帝曰. 帝張咸池之樂於洞庭之野. 吾始聞之懼. 復聞之怠. 卒聞之而惑. 蕩蕩默默. 乃不自得. 帝曰. 汝殆其然哉. 吾奏之以人. 徵之以天. 行之以禮義. 建之以太淸. 四時迭起. 物循生. 一盛一

---

100) [원] 廣: 통용본은 '光'으로 되어 있다. 첸무錢穆의 『장자찬전莊子纂箋』에 따라 '廣'으로 교정한다.

衰. 文武倫經. 一淸一濁. 陰陽調和. 流廣其聲. 蟄蟲始作. 吾驚之以雷霆. 其卒无尾. 其始无首. 一死一生. 一僨一起. 所常无窮. 而一不可待. 汝故懼也.

그다음으로 나는 음과 양의 조화로서 그 곡을 연주하고, 햇빛과 달빛으로 환히 밝혔다. 그 음들은

> 짧아질 수도 길어질 수도 있고,
> 약해질 수도 강해질 수도 있다.
> 달라지고 변화하면서 그것은 하나로 고르게 되고
> 선례들과 규범들을 따르지 않는다.
> 골짜기에서는 골짜기를 가득 채우고,
> 구덩이에서는 구덩이를 가득 채운다.
> 새는 곳을 막아[101] 신묘한 힘을 굳게 지키고
> 사물들 자체를 척도로 삼는다.
> 그 음들은 활기차게 울리고 유려하게 흐르니,
> 그 곡들의 이름이[102] 찬란하고도 숭고하다.

이것은 귀신들을 어둠 속에 머물게 하고, 해와 달과 별들이 각자 제 갈 길로 가도록 만드는 것이다. 나는 그것을 유한한 것의 가장자리에서는 멈추게 했지만, 중단 없는 흐름 속에서는 흐르게 하였다. 너

---

101) [원] 塗: 천구잉의 『장자금주금역莊子今註今譯』에 따르면 '杜'와 같다.
102) [원] 나는 '名', 즉 '이름name'을 연주되는 곡의 제목들로 본다. 이 이상의 암시가 없기 때문이다. 陳鼓應, 『莊子今註今譯』 406을 참조하라.

는 네 종착지에 대해 생각해보려 했지만 알 수가 없었고, 자세히 보려 했겠지만 볼 수 없었으며, 좇아가보았지만 가닿을 수 없었다. 너는 온 사방이 텅 비어 있는 도道에 당황한 채 서 있었던 것이다. 너는 네가 보고 싶은 것에만 눈과 지식을 한정한 채, 네가 좇고 싶은 것에만 노력을 기울인 채 '말라빠진 오동나무에 기대어 중얼거렸다.' 우리는 그 어디에도 이르지 못했다. 그렇지 않은가? 형체들은 속이 차 있었지만, 그 틈들은 비어 있었다. 그러다 어떤 한 시점에 이르러 너는 저항이 가장 적은 쪽으로 방향을 틀었다. 저항이 가장 적은 쪽으로 방향을 튼 것, 이것이 네가 나른해진 이유이다.

吾又奏之以陰陽之和. 燭之以日月之明. 其聲能短能長. 能柔能剛. 變化齊一. 不主故常. 在谷滿谷. 在阬滿阬. 塗卻守神. 以物爲量. 其聲揮綽. 其名高明. 是故鬼神守其幽. 日月星辰行其紀. 吾止之於有窮. 流之於无止. 子欲慮之而不能知也. 望之而不能見也. 逐之而不能及也. 儻然立於四虛之道. 倚於槁梧而吟. 目知窮乎所欲見. 力屈乎所欲逐. 吾旣不及已夫. 形充空虛. 乃至委蛇. 汝委蛇. 故怠.

그다음에 나는 나른하지 않은 음으로 그 곡을 연주하고 운명의 자발적인 경로에 맞추어 조율하였다. 그래서 그것은 마치 이와 같았다.

　　뒤섞이고 융합된 채[103] 빼곡히 싹을 틔우니,
　　원초적 덩어리[104]에는 아무런 형체가 없다.

---

103) [원] 混逐: 마쉬룬의 『장자의증』에 따르면 '逐'은 '遯'과 같다.

퍼지고 흩어져 아무런 자국도 남기지 않으니,
그 깊은 곳 어둠 속에는 아무런 소리도 없다.
정해진 방향 없이 움직이면서
신비로움 속에 머문다.
어떤 이는 그것을 죽음이라 부르고,
어떤 이는 그것을 삶이라 부르며,
어떤 이는 그것을 열매라 부르고,
어떤 이는 그것을 꽃이라 부른다.
앞으로 흘러들고 바깥으로 흩어지면서,
그것은 어떤 음도 규범으로 삼아 따르는 법이 없다.

    세상 사람들은 그것을 믿지 못해 성인으로부터 확증받으려고 한다. '성인'이 된다는 것은 본질적인 요소를 꿰뚫어 보고 운명을 따르는 것이다. 하늘로부터 온 충동들을 발산하지 않으면서도 다섯 가지 감각 모두를 원하는 대로 할 준비가 되어 있는 것, 이것이 바로 '하늘로부터 온 음악[天樂]'이라고 부르는 것이다. 무언중에 마음은 그 음악에 환희를 느끼게 된다. 그래서 유염씨 有焱氏는 그것을 찬미하는 노래를 지었다.

    '귀 기울여도 그 소리가 들리지 않네.
    쳐다보아도 그 형체가 보이지 않네.
    그것은 하늘과 땅을 가득 채우고,

---

104) [원] 林樂: 확인되지 않는 연어(틀림없이 연어이다)는 맥락으로부터 짐작할 수밖에 없다.

우주의 여섯 방위의 극한을 다 둘러싼다네.'

너는 그것에 귀를 기울이려고 했지만, 거기에는 지각할 것이 없었다. 이것이 네가 혼란스러웠던 이유이다.

'즐거움[樂]'은 공포에서 시작된다. 그래서 너는 두려움을 느꼈고 세상을 무섭다고 본 것이다. 그다음으로 그것을 나른하게 연주했더니 너는 나른해졌고, 그래서 세상으로부터 도피했던 것이다. 끝으로 혼란스럽게 연주했더니 너는 혼란스러워졌고, 그래서 바보가 되었다. 네가 바보가 되었기 때문에 도와 만나게 되었고, 도를 네 짐인 양 지니고 다닐 수 있게 된 것이다."

吾又奏之以无怠之聲. 調之以自然之命. 故若混逐叢生. 林樂而无形. 布揮而不曳. 幽昏而无聲. 動於无方. 居於窈冥. 或謂之死. 或謂之生. 或謂之實. 或謂之榮. 行流散徙. 不主常聲. 世疑之. 稽於聖人. 聖也者. 達於情而遂於命也. 天機不張而吾官皆備. 此之謂天樂. 无言而心說. 故有焱氏爲之頌曰. 聽之不聞其聲. 視之不見其形. 充滿天地. 苞裹六極. 汝欲聽之而无接焉. 而故惑也. 樂也者. 始於懼. 懼故祟. 吾又次之以怠. 怠故遁. 卒之於惑. 惑故愚. 愚故道. 道可載而與之俱也.

(『장자』 제14편 「하늘의 운행」])

|주| 유가들은 고대의 의례에서 사용된 음악은 그 의례에 버금가는 도덕적 영향력을 갖는다고 보아 소중하게 여겼다(248쪽에서처럼 '예禮와 음악'이 짝을 이룬다). 초기의 중국 음악은 모두 유실되었기 때문에 지금 이 일화의 내용은 모호할 수밖에 없다. 그러나 우리는 이

5. 도道를 비합리화하기 445

세 가지 연주가 변증법적 발전 속에서 전개되고 있다는 점을 알 수 있다.

(1) 유가의 덕목들을 고취시키는 엄격한 형식적 연주. 그것의 구조가 자연에 부과되어 음과 양을 인위적으로 조화시키고 봄에는 생명체에게 다시 깨어나라고 명한다. 그 연주는 청자를 도덕적 의무를 지닌 사회 구성원으로 대하면서도, 삶에서 죽음으로 냉혹하게 이어지는 과정 속에서 자신은 덧없는 존재라는 느낌을 주어 그를 위협한다.

(2) 자유롭고 자발적인 연주. 그 연주에서 자연은 예술에 반한다. 청자는 여전히 인간적인 목적의식을 그 음악에 부과하려고 애쓴다. 그가 무익한 노력을 그만두고 그 흐름에 몸을 맡기자 그는 자신이 나른해졌다고 생각한다("말라빠진 오동나무에 기대어 중얼거렸다"는 장자가 지적인 문제들로 기진맥진한 명가인 혜시를 비아냥거리는 장면을 떠올리게 한다. 222쪽 참조).

(3) 질서와 방종의 이분법을 벗어난 최종의 완벽한 연주(이런 연주를 상상할 수 있다면, 그것은 사실상 그 사람의 영혼이 도가로 발전했다는 증거이다). 청자는 멜로디와 리듬이 더 이상 구별되지 않는 하나의 전체 속으로 이끌려 들어가고, 모든 감각이 작동할 태세를 갖추었지만 아직 들리는 게 없는 정적으로, 즉 음악이 생겨난 궁극의 침묵으로 다가가게 된다. 그는 사물들이 구분되기 이전의 근원으로 돌아감으로써 분석하기를 멈추고 바보로 남는 데 만족한다. 그러나 그것은 그가 합리적이고 도덕적인 판단을 과감하게 포기할 때에만 가능하다. 우리는 대부분 성인들이 우리에게 무엇을 해야 할지를 말해주기를 바란다.

이 일화의 끝 부분은 악樂, 즉 '음악'이라는 단어의 어원을 암시하고 있다. 이 단어는 아주 초기에 발음상의 분화가 일어나긴 했지만,

락樂, 즉 '즐거움'과 어원이 같고, 계속해서 같은 글자로 표기되었다.

• • •

공자가 진陳나라와 채蔡나라 사이에서 포위를 당해 이레 동안 익힌 음식을 먹지 못하던 때였다. 그는 왼손을 마른나무에 올려놓고 오른손으로는 마른 가지를 툭툭 치면서 염씨焱氏의 곡조를 뽑았다. 악기가 있었지만 박자에 맞게 두드리지 않았고, 목소리를 냈지만 음계를 지키지도 않았다. 하지만 나무 소리와 사람 목소리가 자유분방하게 사람들의 마음을 감동시켰다.

안회는 두 손을 다소곳이 모은 채 꼼짝 않고 서 있다가 눈동자를 굴려 공자를 쳐다보았다. 공자는 안회가 존경심 때문에 자기를 과대평가하지는 않을까, 또 사랑 때문에 자기를 안타까워하는 마음이 들지는 않을까 우려되었다. 그래서 말했다.

"회야,

하늘로부터 오는 손실에 영향을 받지 않기란 쉽다.
— 그러나 인간으로부터 오는 이득에 영향을 받지 않기란 어렵다.
—— 끝이 아닌 시작이란 없다.
——— 인간의 것은 하늘의 것과 하나이다.

지금 막 노래한 자는 누구였는가?"

"'하늘로부터 오는 손실에 영향을 받지 않기란 쉽다'는 것에 대해 감히 여쭙습니다."

"배고프고 목마른 것, 춥고 더운 것, 갇히고 가로막혀 나아가지 못하는 것, 이런 것들은 하늘과 땅이 제 갈 길을 가는 것이고, 사물들의 주기적 운행으로부터 새어 나오는 것이다. 그 말의 핵심은 자기 자신으로 하여금 그것들과 함께 흘러가게 하라는 것이다. 너는 다른 사람의 신하 된 자로서 감히 그를 저버리지 못할 것이다. 신하의 도를 지키는 데에도 이 정도의 충정을 보이는데, 하늘을 받드는 데 그 정도도 발휘하지 못하겠느냐?"

"'인간으로부터 오는 이득에 영향을 받지 않기란 어렵다'는 것은 무슨 뜻입니까?"

"처음 등용되어 모든 일이 순조롭게 진행된다면, 그래서 작위와 녹봉을 원하는 대로 얻을 수 있고 내 앞길을 가로막는 것이 하나도 없다면, 그것은 내가 다른 사물들에 의해 이득을 얻는 것이다. 그것들은 나 자신으로부터 온 것이 아니다. 더욱이 내 운명은 내 밖에 있는 것이다. 군자는 빼앗지 않고 현인은 훔치지 않는다. 내가 어찌 이것들을 내 것이라고 주장하겠는가?

이런 말이 있다. '제비보다 더 지혜로운 새는 없다.' 제비는 내려앉아서는 안 될 곳은 아무리 눈에 보인다 해도 눈길을 주지 않는다. 물고 있던 열매를 떨어뜨려도 그것을 포기하고 급히 그곳을 뜬다. 이런 제비가 사람을 무서워함에도 불구하고 사람들 한가운데로 날아든다면, 그것은 단지 자신이 태어난 나라의 토지신과 곡식신의 제단이 그곳에 있기 때문이다."

"'끝이 아닌 시작이란 없다'라는 것은 무슨 뜻입니까?"

"자기 안에서 만물을 변화시키지만, 만물이 자기 안에서 그들의 자리를 버린다는 것을 알지 못하는 자라면, 만물이 언제 끝날지를 어떻게 알겠으며, 그것들이 언제 시작되는지를 어떻게 알겠는가? 우리는 단지 우리가 갈 길을 똑바로 정하고 그것들이 오기를 기다릴 뿐이다."

"'인간의 것은 하늘의 것과 하나이다'라는 것은 무슨 뜻입니까?"

"인간의 것은 하늘의 것이고, 하늘의 것 또한 하늘의 것이다. 인간이 하늘의 것을 자기 것으로 취할 수가 없는 것은 인간의 본성이다. 성인은 자신을 그 흐름과 고요하게 일체가 되게 함으로써 일생을 마친다."

孔子窮於陳蔡之間. 七日不火食. 左據槁木. 右擊槁枝. 而歌猋氏之風. 有其具而无其數. 有其聲而无宮角. 木聲與人聲. 犂然有當於人之心. 顔回端拱還目而窺之. 仲尼恐其廣己而造大也. 愛己而造哀也. 曰. 回. 无受天損易. 无受人益難. 无始而非卒也. 人與天一也. 夫今之歌者其誰乎. 回曰. 敢問无受天損易. 仲尼曰. 飢渴寒暑. 窮桎不行. 天地之行也. 運物之泄也. 言與之偕逝之謂也. 爲人臣者. 不敢去之. 執臣之道猶若是. 而況乎所以待天乎. 何謂无受人益難. 仲尼曰. 始用四達. 爵祿並至而不窮. 物之所利. 乃非己也. 吾命其在外者也. 君子不爲盜. 賢人不爲竊. 吾若取之. 何哉. 故曰. 鳥莫知於鷾鴯. 目之所不宜處. 不給視. 雖落其實. 棄之而走. 其畏人也. 而襲諸人間. 社稷存焉爾. 何謂无始而非卒. 仲尼曰. 化其萬物而不知其禪之者. 焉知其所終. 焉知其所始. 正而待之而已耳. 何謂人與天一邪. 仲尼曰. 有人. 天也. 有天. 亦天也. 人之不能有天. 性也. 聖人晏然體逝而終矣.

(『장자』제20편[「산 나무」])

|주| 공자가 즉흥적으로 부른 노래는 아마도 바로 앞에 나온 일화

에서 유염씨가 지었다고 하는 4행시일 것이다(444쪽). 공자는 자기를 에워싸고 있는 적들을 마주하고서도 감탄스러울 정도의 침착함을 보여주고 있다. 그러나 그는 자신의 장점과 무관한 뜻밖의 요행들보다도 자신의 결점과 무관한 불행들에 대해 담담하기가 더 쉽다는 점에 근거해서 자신이 감탄의 대상이 되는 것을 거부한다.

마지막 대목은 하늘과 인간의 완고한 이분법을 해소하려는 또 하나의 시도이다. 결국 인간의 자발적인 면모뿐만 아니라, 그의 공으로 인정받는 의도적인 행위들도 하늘로부터 온 것이다. 그 반대 입장, 즉 인간은 아무리 자발적인 반응들이라고 할지라도 그 반응들의 창안자라는 입장은 거부되고 있다.

정치적인 구분들은 하늘이 한 것이 아니라 인간이 한 것이다. 제비는 그런 것들에 대해 전혀 모른다. 제비가 수많은 인파에도 불구하고 어떤 장소로 달려든다면, 그 장소는 그 제비가 태어난 나라의 수도와 같지 않겠는가?

"노래한 자는 누구였는가?"라는 물음에 대한 대답은 물론 인간 공자가 아니라, 그를 통해 이야기하고 있는 하늘이다.

• • •

안회가 공자에게 물었다.

"선생님께서 천천히 걸으시면 저도 천천히 걷습니다. 선생님께서 빨리 걸으시면 저 역시도 빨리 걷습니다. 선생님께서 내달리시면 저도 내달립니다. 선생님께서 너무 빨리 떠나셔서 먼지가 채 가라앉기도 전에 사라지시면, 저는 뒤처져서 선생님의 뒷모습만 바라볼 뿐입니다."

"회야, 너 지금 무슨 이야기를 하고 있는 거냐?"

"선생님께서 천천히 걸으시면 저도 천천히 걷는다는 것은 선생님께서 말씀하신 것을 저도 따라 말한다는 것입니다. 선생님께서 빨리 걸으시면 저 역시도 빨리 걷는다는 것은 선생님께서 논쟁하시는 것을 저도 따라 논쟁한다는 것입니다. 선생님께서 내달리시면 저도 내달린다는 것은 선생님께서 도道에 대해 말씀하시면 저도 따라 말한다는 것입니다. '선생님께서 너무 빨리 떠나셔서 먼지가 채 가라앉기도 전에 사라지시면, 저는 뒤처져서 선생님의 뒷모습만 바라볼 뿐'이라는 것은 선생님께서 딱히 언질을 주지 않으시는데도 신뢰를 받으시고, 패거리에 가담하지 않고 모든 사람을 두루 포용하시며, 권력을 상징하는 물건들이 없으신데도 사람들이 벌떼처럼 몰려와서 선생님께 잘 보이려 하지만, 선생님은 어째서 그런 일이 일어나는지를 모르시는 것을 말합니다."

"아, 이것은 잘 살펴볼 필요가 있다! 마음이 죽는 것보다 더 큰 슬픔은 없으니, 인간의 죽음은 결국 그다음일 뿐이다. 동쪽에서 해가 떠올라 저 멀리 서쪽으로 질 때까지 만물은 모두 그것으로부터 방향을 취한다. 눈과 발을 가진 것은 무엇이든 간에 이것이 없으면 일을 해낼 수가 없고, 이것이 나오면 자기도 존재하고, 이것이 들어가면 자기도 부재한다. 만물이 모두 그와 같다. 만물은 무언가에 의지해서 죽고 무언가에 의지해서 살아간다. 일단 인간의 완성된 형체를 얻으면 나는 변화하지 않은 채로 있으면서 소멸되기를 기다리다, 다른 사물들이 내게 정해준 경로를 따라 그것이 어디에서 끝날지를 모르는 채 밤낮으로 한 치의 틈도 없이 움직인다. 그 완성된 형체 속에서 무엇이 발효하고 있는지는 운명을 아는 자라도 결코 미리 엿볼[105] 수가 없다. 이런 식으로 나는 날마다 막 되어가려고 하던 대로 되어가고

있다.[106)]

너와 나는 평생 동안 어깨를 나란히 하고 살아왔는데, 네가 실패한다면 얼마나 슬프겠느냐! 나는 내가 한때 관심을 끌려고[107)] 했던 것에 네가 계속 관심을 기울이지 않을지 걱정이구나. 그것은 이미 사라졌는데도 너는 그것이 계속 존재한다고 생각하면서 찾고 있다. 그것은 시장에서 사람들이 다 떠난 후에 말을 사려고 찾고 있는 격이다. 나는 네게 관심을 기울이는 동안 완전히 망각에 들었고, 너 역시도 내게 관심을 기울이는 동안 완전히 망각에 들었다. 어찌 됐든 왜 그것 때문에 괴로워하느냐? 내가 과거의 '나'를 계속 망각한다고 해도, 망각하지 않는[108)] 무언가가 내게 남아 있다."

顔淵問於仲尼曰. 夫子步亦步. 夫子趨亦趨. 夫子馳亦馳. 夫子奔逸絕塵. 而回瞠若乎後矣. 夫子曰. 回. 何謂邪. 曰. 夫子步. 亦步也. 夫子言. 亦言也. 夫子趨. 亦趨也. 夫子辯. 亦辯也. 夫子馳. 亦馳也. 夫子言道. 回亦言道也. 及奔逸絕塵而回瞠若乎後者. 夫子不言而信.

105) [원] 規: 마쉬룬의 『장자의증』에 따르면 '闚'와 같다.
106) [원] 徂: '且'와 같다. '막 무언가가 되려고 하다be about to be.' 제2부의 각주 70을 참조하라.
107) [원] 女殆著乎吾所以著也: '著'는 '관심을 끌다attract attention'라는 의미. 제2부의 각주 140을 참조하라. 동사 뒤에 붙은 호乎의 기능은 보통 계속사continuative이다. 이 단락에서는 시종일관 그러하다(21/51, 17 두 번, 21, 22, 23).
108) [원] 不忘者: '망각하지 않는unforgetting('망각되지 않는unforgotten'이 아님)'. 망忘, 즉 '망각하다'는 시코스키Cikoski의 용어로 표현하자면, 능격동사가 아니라, 중립동사neutral verb이다. 실제로 같은 행의 앞부분에 예시가 나온다('甚忘'은 '완전히 망각되다'가 아니라 '완전히 망각하다'이다). [시코스키는 고대 중국어의 동사를 '중립동사'와 '능격동사'로 구분한다. 중립동사는 원칙적으로 목적어가 있든 없든 동작의 주체가 되는 주어와 결합한다. 그러나 능격동사는 중립동사와 달리 동작의 주체가 되는 주어와 결합할 수도 있고 동작의 대상이 되는 주어와 결합할 수도 있다.]

不比而周. 无器而民滔乎前. 而不知所以然而已矣. 仲尼曰. 惡. 可不察與. 夫哀莫大於心死. 而人死亦次之. 日出東方而入於西極. 萬物莫不比方. 有目有趾者. 待是而後成功. 是出則存. 是入則亡. 萬物亦然. 有待也而死. 有待也而生. 吾一受其成形. 而不化以待盡. 效物而動. 日夜无隙. 而不知其所終. 薰然其成形. 知命不能規乎其前. 丘以是日徂. 吾終身與汝交一臂而失之. 可不哀與. 女殆著乎吾所以著也. 彼已盡矣. 而女求之以爲有. 是求馬於唐肆也. 吾服女也甚忘. 女服吾也亦甚忘. 雖然. 女奚患焉. 雖忘乎故吾. 吾有不忘者存.

(『장자』 제21편 [「전자방」])

6
유토피아와 통치의 퇴보
(제16편[「선성」])

도가는 합리적 통제로도 붕괴되지 않는 자발성을 이상으로서 추구한다. 이 입장은 정치적 견지에서는 위로부터 계획적으로 부과되는 질서보다는 사회 내에서 자발적으로 응집되는 힘들에 대한 신념으로 이어진다. 제후의 관점에서 쓰인 『노자』는 정치적 힘들을 통제하려는 시도의 무용성에 대한 인식으로 가득 차 있으면서도, 지배자는 결정적으로 중요한 지점들이 어디이고 결정적으로 중요한 순간들이 언제인지를 파악할 수 있을뿐더러 최소한의 압력을 행사해 최대한의 효과를 거둠으로써 그 정치적 힘들을 좌우할 수 있다고 본다. 반면 『장자』의 대부분은 위로부터의 간섭이 적으면 적을수록 상황이 더 잘 돌아갈 것이라고 생각하는 피지배자의 관점에서 쓰였다. 『장자』 도처에서 우리는 아득히 오래된 옛날이나 멀리 떨어져 있는 지역에서 융성했던 유토피아들에 대한 밑그림과 함께 통치의 퇴보에 대한 개략적 역사들을 볼 수 있다.[109] 이 장에서는 본서의 다른 부분에서 번역하지 않은 몇몇 사례를 모아보았다.

서양에서는 한때 도가의 정치철학을 아나키즘으로 보는 것이 유행이었다. 심지어 『노자』의 정치철학도 그렇게 간주되었다. 그러나 도가 역시 모두는 아닐지라도 대부분은 고대 중국인들의 사고에서 한 가지 기본 전제가 된 관념을 받아들인다. 그것은 바로 사회질서는 한 사람의 지배자를 중심으로 하며, 그가 지닌 덕德, 즉 '힘'으로부터 퍼져 나오는 감화력에 따라 사회질서가 좌우된다는 점이다. 그의 덕은 군사력을 등에 업지 않고도 사람들을 움직여 자신을 따르게 만드는 힘이며, 그것이 사라질 때 그 왕조도 몰락한다. 장자는 사회질서를 지탱하는 감화력이란 어딘가에서 사람들 눈에 띄지 않게 개인적 삶을 살아가고 있을 성인으로부터 나오는 것이지 황제와는 아무런 상관이 없다고 넌지시 말함으로써 그런 견해를 독특하게 뒤틀어 버린다.[110] 그러나 '지배자와 피지배자가 없는' 진정으로 아나키즘적인 유토피아는 『열자』처럼 300년경 새롭게 부활한 도가들의 책에서 발견된다. 특히 포경언鮑敬言에게서 가장 두드러지게 나타나는데, 그는 지배자들은 하늘이 내는 것이 아니라 강자들이 약자들을 억압하기 위해 임명한 것이라고 말하기까지 한다.[111] 포경언은 4세기의 유명한 연단술사인 갈홍葛洪이 길게 발췌해놓은 글을 통해서만 알려져 있는데,[112] 갈홍은 그 글에서 포경언을 반박하고 있긴 하지만 반박의 내용이 맥빠지고 진부해서 의심스러운 면이 있다. 갈홍이 자기 자신

---

109) 538, 541, 551-552쪽, 556쪽 이하, 565-566, 619쪽을 참조하라.
110) 106쪽 이하를 참조하라.
111) Kung-chuan Hsiao, *History of Chinese Political Thought*, translated F. W. Mote, Princeton, 1979, vol. 1, 619-630을 참조하라. 포경언은 에티엔 발라즈Étienne Balazs의 다음 책에 번역되어 있다. *Chinese Civilization and Bureaucracy*, translated H. M. Wright, New Haven, 1964, 242-246.
112) [역] 갈홍葛洪의 『포박자抱朴子』 「힐포詰鮑」편을 말한다.

의 전복적인 사상을 대변해주는 사람으로 포경언이라는 인물을 꾸며낸 것이 아닌가 의심된다. 이러한 의심이 상기시키는 것은 그렇게 위험한 사상의 문헌적 흔적들은 무엇이 되었건 간에 거대한 빙산의 일각에 지나지 않는다는 점이다.

이 장의 시작 부분에 있는 논문은 「본성을 수선하는 자들[선성]」(제16편)의 전편이다. 이 편은 연대 미상의 저자가 은둔자의 삶을 변호해놓은 글로서, 『장자』의 다른 부분에서는 이런 내용을 찾아볼 수가 없다. 이 편의 문체는 평범하지만, 그 저자는 흥미를 불러일으킨다. 그는 이상적인 공동체는 어떤 지배자도 없이 자발적인 일체성 속에서 영위된다고 생각한다. 그 점에서 그는 중국에서 기록으로 입증되는 진정한 아나키스트의 첫 사례이다. 그는 사회질서는 최초의 지배자들인 수인燧人과 복희伏羲를 기점으로 하여 쇠퇴하였다고 보며, 성인은 유토피아의 시대를 제외하면 은둔자라고 공공연하게 말한다. 성인이 세상에 나오는 것은 관직을 맡기 위해서가 아니라, 원초적 일체성 속에 잠기기 위해서이다. 이런 아나키즘은 유가인 맹자가 주창한 성선론性善論의 도가적 변주로 보이는 것에 뿌리를 두고 있다. 이 편의 저자는 유가의 도덕적 덕목들을 권장함으로써 우리를 놀라게 만들기도 한다. 그는 맹자처럼 그 덕목들을 인간이 본성으로 타고나는 것이라고 본다. 그는 우리가 정념을 가라앉혀 평정 상태를 이루고, 그 속에서 평온함과 밝은 인식이 서로를 뒷받침하고 강화한다면, 인仁과 의義의 규범은 당연한 것이 되고, 음악과 예禮 역시 그렇게 된다고 생각한다(그렇지 않으면 음악은 오히려 정념을 불러일으키고 예는 공허한 형식적 의례가 되고 말 것이다).

본성을 수선하는 자들

세속적인[113] 학문으로 본성을 수선해서 자신의 본래 모습을 회복하려고 하는 자들, 세속적인 생각으로 욕구를 어지럽혀 자신의 깨달음을 완성하려는 자들, 우리는 이들을 시야가 가려져 무지몽매한 백성들이라고 부를 수 있을 것이다.

옛날에 도道를 닦던 사람들은 차분함[恬]으로 앎을 길렀다. 그들은 어떻게 살아야 하는지는 알았지만, 앎을 이용해 뭔가를 억지로 하려고[爲] 하지는 않았다. 그들은 앎을 이용해서 차분함을 길렀다고 할 수 있다. 앎과 차분함이 서로를 길러줄 때, 조화[和]와 양식[理]이 우리의 본성으로부터 나온다. 덕은 조화이고, 도는 양식이다. 모든 것을 조화시키는[114] 덕은 인仁이고, 모든 것에 양식을 부여하는 도는 의義이다. 다른 사람들에 대한 의무를 깨달아 동료 의식을 갖는 것은 충忠이고, …은 신信이다.[115] 충절[116]이 순수하고 견고하여 본질적 감정으로 돌아가는 것이 음악이다. 신실함이 표정과 몸짓을 일으켜 형식에 순응하는 것이 예禮이다. 예나 음악 중 어느 한쪽만[117] 행해질 때

---

113) [원] 俗: 통용본은 '俗俗'으로 되어 있다.『장자궐오』의 이문에 따라 한 글자를 삭제하였다.
114) [원] 和: 통용본은 '容'으로 되어 있다. 앞 문장과 대구가 되도록 '和'로 교정한다.
115) [원] 信: 마쉬룬의『장자의증』에서 언급하고 있듯이, 개념 정의를 내리고 있는 이 단락의 구성으로 볼 때, (인仁, 즉 '인자함'로부터 파생되는) 신信, 즉 '신의'에 대한 정의가 들어가야 하는데 통용본에는 빠져 있다.
116) [원] 中: 구성상 '中'은 '忠'과 같다는 점이 암시된다(앞 문장에 나오는 '忠'도 마찬가지로『장자궐오』의 이체자에는 부수인 '心'이 없다).

세상은 혼란에 빠질 것이다. 다른 어떤 것이 그대를 위해 방침을 내려 주면, 그대는 그대 자신의 덕을 덮어서 가릴 것이다.[118] 덕이라는 것은 무턱대고 덤비는 법이 없다. 무턱대고 덤비는 것들은 반드시 자신의 본성을 상실하게 된다.

옛사람들은 융합되어 구별이 없고 특색이 없는 상태 속에서 살았고, 동시대를 살아가는 이들과 함께하면서 고요함과 온화함을 누렸다. 이런 시대에는 음과 양이 조화를 이루어 평화로웠고, 귀신들도 해를 가하지 않았으며, 사계절은 알맞게 균형을 유지했고, 만물은 상처를 입지 않았으며, 살아 있는 모든 것이 요절하는 일이 없었다. 사람들은 지식을 가지고 있어도 그것을 쓸 곳이 없었다. 이것이 이른바 지극한 일체성[至一] 속에 있다고 하는 것이다. 이 시대에는 누구도 일을 억지로 하는 법이 없었으며, 항상 그들 스스로 그러할[自然] 뿐이었다.

---

117) [원] 偏: 통용본은 '徧'으로 되어 있다. 『장자궐오』에 따라 교정한다. 곽상의 주 ["한 몸이 겪은 것, 한 뜻이 즐거워하는 것을 천하에 행하면, 한 방면으로만 얻고 다른 모든 방면에서는 잃게 된다[以一體之所履, 一志之所樂, 行之天下, 則一方得而萬方失也]"]가 이 교정을 뒷받침한다.

118) [원] 彼正而蒙己德. 德則不冒: 크게 확신하지는 못하겠지만, 나는 '彼正'을 뒤의 16/17에 나오는 '正己'와 대비되는 것으로 보고자 한다. '正己'가 '자기 자신을 바로잡는다straighten oneself'를 의미한다면, '彼正'은 '다른 사람이 바로잡는다the other straightens'를 의미한다. (그러나 정正은 능격동사이기 때문에 사람들은 '彼正'이 '다른 사람이 똑바르다the other is straight'를 의미한다고 생각할 것이다.)
'蒙己德'은 16/1에 나온 '시야가 가려져 무지몽매한'을 의미하는 '蔽蒙'을 기준으로 해서 보자면, 호의적이지 않은 의미로 이해해야 한다. 즉 '자기 자신의 덕을 덮어서 가린다'는 뜻이다. 이것은 바로 뒤의 16/5에 나오는 모冒와도 연결된다. 모冒는 『설문해자說文解字』에서 "冢(=蒙)而前也. 從冃從目", 즉 "맹목적으로 나아간다'는 뜻. '冃(*덮어서 가리다)'와 '目(*눈)'을 구성 요소로 한다"라고 정의된다. 여기서도 이런 기본적인 의미로 보면 된다.

繕性於俗學. 以求復其初. 滑欲於俗思. 以求致其明. 謂之蔽蒙之民. 古之治道者. 以恬養知. 知生而无以知爲也. 謂之以知養恬. 知與恬 交相養. 而和理出其性. 夫德. 和也. 道. 理也. 德无不和. 仁也. 道无 不理. 義也. 義明而物親. 忠也. … 信也. 中純實而反乎情. 樂也. 信 行容體而順乎文. 禮也. 禮樂偏行. 則天下亂矣. 彼正而蒙己德. 德則 不冒. 冒則物必失其性也. 古之人. 在混芒之中. 與一世而得澹漠焉. 當是時也. 陰陽和靜. 鬼神不擾. 四時得節. 萬物不傷. 羣生不夭. 人 雖有知. 无所用之. 此之謂至一. 當是時也. 莫之爲而常自然.

그러나 덕이 쇠하는 때가 오자, 수인과 복희가 세상을 지배하기 시작했다. 그 결과 순응은 있었지만 일체를 이루는 일은 없었다. 덕이 한층 더 쇠하자 신농神農과 황제黃帝가 세상을 지배하기 시작했다. 그 결과 통제는 있었지만 순응은 사라졌다. 덕이 한층 더 쇠하자 요堯와 순舜이 세상을 지배하기 시작했다. 그들은 통치를 통해 교화하는 풍조를 일으켰고, 순수함을 사라지게 하고 쪼개져 있지 않은 것을 산산조각 냈으며, 선해진답시고 도道를 떠나고, 행한답시고 덕德을 위험에 빠뜨렸다. 그런 뒤에야 우리는 본성을 버리고 마음을 좇아다니게 되었다. 그러나 마음이 지각 작용과 인식 작용을 예리하게 해도 그것으로는 세상을 안정시키기에 부족한 것으로 드러났다. 그런 뒤에야 우리는 거기에 문화를 덧붙이고 박식함을 부가하게 되었다. 그러자 문화는 본바탕을 없애버리고 박식함은 마음을 옴짝달싹 못하게 만들었다. 백성들은 처음으로 곤혹스러움과 혼란에 빠졌으며, 그들 안에 있는 본성적이고 본질적인 것[性情]으로 돌아가 자신들의 처음 상태를 회복할 길이 없었다.

이런 관점에서 보면, 시대가 도를 버렸고 도가 시대를 버렸다. 시대와 도가 서로를 버렸으니, 도가 있는 사람들은 어디로부터 그 시대에 흥하겠으며, 그 시대는 어디로부터 도에 의해 소생하겠는가? 도가 그 시대에 흥하거나 그 시대가 도에 의해 소생할 방법이 없는 한, 성인이 아무리 산림 속에 살고 있지 않다 하더라도 그의 덕은 가려지게 된다. 덕이 가려진 것이지, 그가 스스로 은둔하기를 택한 것이 아니다.

逮德下衰. 及燧人伏羲始爲天下. 是故順而不一. 德又下衰. 及神農黃帝始爲天下. 是故安而不順. 德又下衰. 及唐虞始爲天下. 與治化之流. 澆淳散朴. 離道以善. 險德以行. 然後去性而從於心. 心與心識知而不足以定天下. 然後附之以文. 益之以博. 文滅質. 博溺心. 然後民始惑亂. 无以反其性情而復其初. 由是觀之. 世喪道矣. 道喪世矣. 世與道交相喪也. 道之人何由興乎世. 世亦何由興乎道哉. 道无以興乎世. 世无以興乎道. 雖聖人不在山林之中. 其德隱矣. 隱. 故不自隱.

옛날에 '은둔하여 산다'는 것의 의미는 자기를 납작 낮추고 있으면서 드러내 보이기를 거부한다든가, 하고 싶은 말을 혼자 간직하면서 공표하기를 거부한다든가, 앎을 가슴속에 감추고서 입 밖에 내기를 거부한다든가 하는 것이 아니었다. 그것은 그 시대의 운명이 크게 어긋났던 것을 의미하였다. 만일 그 사람이 운이 좋아 때를 잘 만나고 세상에서 활동할 기회가 충분히 열려 있다면, 그는 일체성으로 돌아가 어떤 흔적도 남기지 않을 것이다. 그 사람이 불행히도 때를 잘못 만나고 세상에서 활동할 기회가 전혀 없다면, 그는 뿌리를 깊숙이 내린 채 자기 안에 있는 궁극적 요소를 안전하게 지키면서 기다릴 것이다. 이것이 자신의 삶을 지키는 도이다.

옛날에 자신의 삶을 잘 지킨[119] 자들은 논쟁을 이용해 앎을 꾸미려고 하지 않았고, 앎을 이용해 세상을 최대한으로 활용하려고 하지도 않았으며, 앎을 이용해 덕을 최대한 활용하려고 하지도 않았다. 그들은 굴하지 않고 제자리에 머물면서 본성을 회복하였으니, 그들이 뭘 더 할 게 있겠는가? 본래 도는 자잘하게 행하는 것이 아니고, 본래 덕은 자잘하게 지각하는 것이 아니다. 자잘한 지각들은 덕을 손상시키고, 자잘한 행동들은 도를 손상시킨다. 그러므로 "단지 자기를 올바른 방향으로 향하게 하라[正己]"고 하는 것이다. 온전하다는 데에서 오는 행복, 이것이 바로 성공이다.

옛날에 '성공'이라고 불렀던 것은 고관들의 면류관과 수레의 문제가 아니었다. 그것은 단지 더할 나위 없는 행복을 의미할 뿐이었다. 그러나 오늘날 '성공'이라고 부르는 것은 고관들의 면류관과 수레의 문제이다. 면류관과 수레는 자신의 타고난 본성과 운명[性命]에 속하는 것이 아니다. 우연히 우리에게 찾아온 것은 우리 곁에 잠시 머물 뿐이다. 그것을 잠시 머물게 한다고 해도, 그것이 오는 것을 막을 수 없고 그것이 가는 것을 붙잡을 수 없다. 옛사람들은[120] 면류관과 수

---

119) [원] 存: 통용본은 '行'으로 되어 있는데, 세덕당世德堂 판본에 따라 '存'으로 교정한다.
120) [원] 통용본은 '故'로 되어 있는데, 성현영의 소는 '故' 대신, 바로 뒤의 16/20에 나오는 '今'과 대비되는 '古'였음을 암시한다["옛사람들은 곤궁에 처하거나 성공하는 것은 운명임을 체화하고, 번영하고 쇠락하는 것은 자기와 무관함을 깨달았다. 설사 면류관과 고관들의 수레에 권력을 잡는 것이라 해도, 그것으로는 자신의 의지와 기운을 제대로 펼칠 수가 없었다. 혹 검약하게 살아 곤궁함과 군색함에 처한다 할지라도, 어찌 떠들 있는 세속에 영합하여 명리를 다투겠는가[古人體窮通之有命, 達榮枯之非己, 假使軒冕當塗, 亦未足申其志氣, 或儉約以窮窘, 豈趣競於闒茸]!"] 이렇게 보아야만 양쪽 다 의미가 분명해지고, 그다음 문장에 나오는 '따라서'의 '故'와의 반복도 피할 수 있다. 여기에 (성현영의 소에서처럼) '古人'이나 '古者'로 글자를 채워 넣어야 할 것이다.

레를 위해 야심을 불태운 적이 없고, 곤궁하다고 해서 세속에 영합하지도 않았다. 단지 그들은 조건이 어떻든 똑같이 행복했고, 그래서 근심이 없었을 뿐이다. 그러나 오늘날 우리는 머물러 있던 것이 떠나면 불행해한다. 이로부터 알 수 있듯이 우리는 우리가 가진 그런 행복마저도 황폐하게 만들고야 만다. 그래서 이런 말이 있다. "다른 사물들 때문에 자기를 버리는 자들, 세속적인 것 때문에 자기 본성을 잃는 자들, 이런 자들을 '전도된 백성들[倒置之民]'이라고 한다."

古之所謂隱士者. 非伏其身而弗見也. 非閉其言而不出也. 非藏其知而不發也. 時命大謬也. 當時命而大行乎天下. 則反一无迹. 不當時命而大窮乎天下. 則深根寧極而待. 此存身之道也. 古之存身者. 不以辯飾知. 不以知窮天下. 不以知窮德. 危然虛其所而反其性已. 又何爲哉. 道固不小行. 德固不小識. 小識傷德. 小行傷道. 故曰. 正己而已矣. 樂全之謂得志. 古之所謂得志者. 非軒冕之謂也. 謂其无以益其樂而已矣. 今之所謂得志者. 軒冕之謂也. 軒冕在身. 非性命也. 物之儻來. 寄者也. 寄之. 其來不可圉. 其去不可止. 故不爲軒冕肆志. 不爲窮約趨俗. 其樂彼與此同. 故无憂而已矣. 今寄去則不樂. 由是觀之. 雖樂. 未嘗不荒也. 故曰. 喪己於物. 失性於俗者. 謂之倒置之民.

(『장자』 제16편 [「본성을 수선하는 자들」])

• • •

시남市南의 의료宜僚가 노나라 제후를 만났는데, 제후의 얼굴에 수심이 가득했다.

시남자市南子가 말했다.

"왜 그렇게 얼굴에 수심이 가득하십니까?"

"나는 선왕의 도道를 배우고 선조들의 유업을 이으려고 나 자신을 단련해왔소. 나는 귀신들을 공경하고 현자들을 존경하며, 모든 일을 몸소 행하고 단 한순간도 쉰 적이 없소. 그런데도 근심거리가 떠나질 않는다오. 그래서 이렇게 수심이 가득한 것이오."

"임금께서 근심을 없애는 방법은 얄팍합니다. 풍성한 털을 가진 여우와 얼룩무늬 가죽을 지닌 표범은 깊은 산림 속에 서식하고 벼랑의 동굴 속에 숨습니다. 사람들 눈에 띄지 않게 조용히 있으려는 것이지요. 그 녀석들은 밤에 돌아다니고 낮에는 쉽니다. 경계하기 위한 것이지요. 허기가 지고 갈증이 나고 고생스럽더라도 녀석들은 한 번에 하나씩 먹을 것을 찾아 강가나 호숫가로 갑니다. 그런 식으로 훈련되어 있는 것이지요. 이렇게 하는데도 불구하고 그물이나 덫에 걸리는 불행을 면치 못한다면, 그 녀석들에게 무슨 잘못이 있어서 그런 것이겠습니까? 녀석들이 가진 가죽이 스스로에게 재앙이 된 것입니다. 지금 임금께는 노나라가 바로 임금의 가죽이 아닐는지요. 원컨대 임금께서는 몸을 벗어던지고 가죽을 버리고, 마음을 깨끗이 씻고 욕구를 없애십시오. 그리고 다른 사람이 없는 황야에서 노니십시오.

남쪽 월越나라에 도읍이 하나 있는데, 그 이름이 '확고부동한 덕의 나라[建德之國]'입니다. 그곳 사람들은 바보 같고 소박하며, 이기적인 경우가 드물고 욕심이 거의 없습니다. 그들은 일할 줄은 알지만 축적할 줄은 모르고, 남에게 줄 때에는 보답을 바라지 않지요. 그들은 어떤 의무를 두고도 그것이 어떤 상황에 적합한지를 모르며, 어떤 예禮를 두고도 그것이 어떤 상황에 수반되어야 하는지를 모릅니다. 부주의하고 조심성 없이 모든 방향으로 다 열려 있는 길을 누비고 다니지요. 그들은 인생을 즐기고, 그들이 죽으면 그럴듯한 장례가 치러집니다. 원컨대 임금께서는 나라를 떠나 관습을 버리시고 도를 조력자로 삼아 여행을 떠나십시오."

"그 길은 너무 멀고 험하오. 그 사이엔 산과 강이 버티고 있소. 내겐 배와 수레가 없는데, 뭘 할 수 있겠소?"

[시남자가 말했다.]

"완고한 모습을 없애는 것,
　편협한 태도를 없애는 것,
　이것이 바로 임금께 필요한 수레입니다."

[노나라 제후가 말했다.]

"그 길은 어둡고 멀고, 그곳엔 아무도 살지 않소. 나는 누구를 이웃으로 삼아야 하오? 또 내게는 비축해놓은 식량도 없고 싸갈 음식도 없는데, 어떻게 그곳에 이를 수 있겠소?"

"임금께서 쓰시는 비용을 줄이시고 욕구를 적게 하시면 비축해놓은 게 없어도 충분하실 겁니다. 임금께서는 걸어서 강을 건너고 바다 위를 떠다니며, 뭍이 보이지 않는 저 너머의 먼 곳을 응시하시면서 끝이 어딘지를 모른 채 멀리멀리 가시는 겁니다. 임금을 배웅하러 오는 자들은 모두 해안가에서 발길을 돌릴 것입니다. 임금께서는 실로 여기서 멀리 떨어진 곳에 계시게 될 테지요.

임금께서는 다른 사람들을 소유한 자로서는 속박을 느끼시고, 다른 사람들에게 소유된 자로서는 근심을 갖고 계십니다. 이런 이유로 요는 다른 사람을 소유하지도 않고 다른 사람에게 소유되지도 않았지요. 그러니 원컨대 임금께서는 그런 속박으로부터 자유로워지시고 근심거리들을 떨치셔서 홀로 저 지극히 텅 빈 나라[大莫之國]에서 노니십시오."

市南宜僚見魯侯. 魯侯有憂色. 市南子曰. 君有憂色. 何也. 魯侯曰. 吾學先王之道. 修先君之業. 吾敬鬼尊賢. 親而行之. 无須臾離居. 然不免於患. 吾是以憂. 市南子曰. 君之除患之術淺矣. 夫豊狐文豹. 棲於山林. 伏於巖穴. 靜也. 夜行晝居. 戒也. 雖飢渴隱約. 猶旦胥疏於江湖之上而求食焉. 定也. 然且不免於罔羅機辟之患. 是何罪之有哉. 其皮爲之災也. 今魯國獨非君之皮邪. 吾願君剟形去皮. 洒心去欲. 而遊於无人之野. 南越有邑焉. 名爲建德之國. 其民愚而朴. 少私而寡欲. 知作而不知藏. 與而不求其報. 不知義之所適. 不知禮之所將. 猖狂妄行. 乃蹈乎大方. 其生可樂. 其死可葬. 吾願君去國捐俗. 與道相輔而行. 君曰. 彼其道遠而險. 又有江山. 我无舟車. 柰何. 市南子曰. 君无形倨. 无畱居. 以爲君車. 君曰. 彼其道幽遠而无人. 吾誰與爲鄰. 吾无糧. 我无食. 安得而至焉. 市南子曰. 少君之費. 寡君之欲. 雖无糧而乃足. 君其涉於江而浮於海. 望之而不見其崖. 愈往而不知其所窮. 送君者皆自崖而反. 君自此遠矣. 故有人者累. 見有於人者憂. 故堯非有人. 非見有於人也. 吾願去君之累. 除君之憂. 而獨與道遊於大莫之國.

(『장자』 제20편 「산 나무」])

• • •

문무귀門無鬼와 적장만계赤張滿稽가 무왕武王의 군대를 둘러보고 있었다.

적장만계가 말했다.

"무왕은 유우씨有虞氏에게는 못 미치는구나! 그래서 우리가 이런 환란을 겪고 있는 것 아니겠나."

[문무귀가 말했다.]

"세상이 공평하게 다스려지고 있었는데 유우씨가 새삼 세상을 다스렸다는 것인가? 아니면 그전에는 세상이 혼란스러웠는데 그에 의해 다스려졌다는 것인가?"

"세상이 공평하게 다스려지는 것은 사람들이 다 바라는 것이네. 만약 세상이 공평하게 다스려졌더라면 왜 유우씨를 참작하겠는가? 유우씨가 상처에 약을 바르는 것은 이미 벗겨진 머리에 가발을 씌우고 이미 아픈 사람을 위해 의사를 불러오는 것과 같네. 아비를 치료하려고 약을 가져오는 효자의 안색이 초췌한 것, 성인에게 그것은 무안한 상황이라네.

덕이 지극한 시대에는 '현자를 숭상하지[尙賢]' 않았고, '능력 있는 자를 쓰지도[使能]' 않았네. 윗사람은 나뭇가지 끝과 같았고, 백성들은 야생의 사슴과 같았지. 그들은 올바르면서도 그것을 의義로 여길 줄 몰랐고, 서로 사랑하면서도 그것을 인仁으로 여길 줄 몰랐다네. 진실되면서도 그것을 충忠으로 여길 줄 몰랐고, 약속을 지키면서도 그것을 신信으로 여길 줄 몰랐지. 봄날의 벌레들처럼 움직여 서로서로 일을 시켰고, 통치를 하늘에서 내려준 선물로 여기지 않았네. 그래서 그들의 걸음은 발자국을 남기지 않았고, 그들의 행적은 기록을 남기지 않았다네."

門無鬼與赤張滿稽觀於武王之師. 赤張滿稽曰. 不及有虞氏乎. 故離此患也. 門无鬼曰. 天下均治而有虞氏治之邪. 其亂而後治之與. 赤

張滿稽曰. 天下均治之爲願. 而何計以有虞氏爲. 有虞氏之藥瘍也. 禿而施髢. 病而求醫. 孝子操藥以脩慈父. 其色燋然. 聖人羞之. 至德之世. 不尙賢. 不使能. 上如標枝. 民如野鹿. 端正而不知以爲義. 相愛而不知以爲仁. 實而不知以爲忠. 當而不知以爲信. 蠢動而相使. 不以爲賜. 是故行而無迹. 事而無傳.

(『장자』 제12편[「하늘과 땅」])

|주| '현자를 숭상함'과 '능력 있는 자를 씀'은 묵가가 통치 개혁을 위해 내건 구호인데, 세습된 옛 봉토들이 관료화된 국가들로 발전해감에 따라 유가 학파에도 널리 수용되었다. [제19편의 통용본에서] 옮겨 온 다음 단편은 동일한 이야기를 계속 이어가고 있는 것일 수 있다. 이 단편에서는 백성들이 하늘을 따른다면 의로운 전쟁 같은 것은 필요 없다고 설명한다. 그 하늘은 사람들이 자신들의 이론을 뒷받침해줄 권위로서 발명해낸 하늘이 아니라, 그들을 자발적으로 움직이게 하는 하늘이다.

"복수를 하는 자들도 원수가 사용한 막야鏌鋣나 간장干將 같은 명검을 부러뜨리지는 않는다네. 매우 다혈질인 사람도 바람에 날아온 기왓장을 원망하지는 않지. 세상이 평화롭고 공평한 것은 이 때문이라네. 그러므로 침략과 전투에서 오는 혼란이 없고 사형과 몰살에 의한 형벌이 없는 것은 사람들이 이 도道를 따르기 때문이네. 그들은 인간의 하늘이 아니라 하늘의 하늘을 열어젖힌다네. 하늘을 여는 자에게는 덕이 생겨나지만, 인간을 여는 자에게는 폭력이 생겨나지.

자신에게 있는 하늘을 억누르지 않고

자신에게 있는 인간에게 현혹되지 않으면
백성들은 참된 추동력에 따라 행동하는 데 가까워지리라."

復讎者不折鏌干. 雖有忮心者不怨飄瓦. 是以天下平均. 故无攻戰之亂. 无殺戮之刑者. 由此道也. 不開人之天. 而開天之天. 開天者德生. 開人者賊生. 不厭其天. 不忽於人. 民幾乎以其眞.

(『장자』 제19편 [「본성에 통달하기」])

• • •

요가 천하를 통치할 때, 백성자고伯成子高가 제후로 봉해졌다. 요가 순에게 왕위를 넘겨주고 순이 우禹에게 왕위를 넘겨주자, 백성자고는 제후 자리에서 물러나 쟁기를 들었다.

우가 그를 만나러 갔다가 그가 밭에서 쟁기질하고 있는 것을 보았다. 우는 씩씩하게 다가가 아랫사람의 예의를 지키면서 그 앞에 서서 물었다.

"예전에 요가 천하를 통치할 때, 당신은 제후로 봉해졌습니다. 요가 순에게 왕위를 넘기고 순이 제게 왕위를 넘기자, 당신은 제후에서 물러나 쟁기를 들었지요. 왜 그런지 여쭙습니다."

"예전에 요가 천하를 다스릴 때에는 백성들이 상을 주지 않아도 기꺼이 일을 했고, 벌을 주지 않아도 경외심을 가질 줄 알았습니다. 그러나 지금은 당신이 상벌을 행해도 백성들은 악의에 차 있습니다. 앞으로 덕은 쇠할 것이고 형벌은 만연하겠지요. 후세의 실정이 지금 시작되고 있는 것입니다. 저를 내버려두었으면 합니다. 제 일을 방해하지 마시지요."

그는 쟁기질하는 데 바빠서 고개도 돌리지 않았다.

堯治天下. 伯成子高立爲諸侯. 堯授舜. 舜授禹. 伯成子高辭爲諸侯而耕. 禹往見之. 則耕在野. 禹趨就下風. 立而問焉. 曰. 昔堯治天下. 吾子立爲諸侯. 堯授舜. 舜授予. 而吾子辭爲諸侯而耕. 敢問. 其故何也. 子高曰. 昔堯治天下. 不賞而民勸. 不罰而民畏. 今子賞罰而民且不仁. 德自此衰. 刑自此立. 後世之亂自此始矣. 夫子闔行邪. 无落吾事. 俋俋乎耕而不顧.

(『장자』제12편[「하늘과 땅」])

|주| 다양한 종류의 은둔자가 존재했다는 증거가 있다. 그들은 서로 다른 철학을 가지고서 현행의 질서에 반대했다(예컨대 '농부들의 학파[농가農家]'. 523-524쪽 참조). 이 이야기는 도가에 기원을 둔 것 같지는 않다. 우는 왕위를 가장 유능한 사람이 아닌 자기 아들에게 넘겨준 최초의 통치자이며, 따라서 최초의 왕조인 하夏나라를 세운 사람이다. 이 이야기의 더 긴 버전이 『신서新序』(기원전 1세기의 문집) 제7편[「절사節士」]에 보존되어 있는데, 거기서 백성자고가 주로 반대하는 것은 우가 왕위 세습제를 도입한 것이다.

7
불사不死의 숭배[121]

중국을 진秦왕조 아래로 재통일한 시황제始皇帝(기원전 221-210[재위])는 불로불사의 약을 찾아다녔으며, 그 방면으로는 연대가 확실하게 밝혀져 있는 최초의 중국인이다. 육체적 불사에 대한 염원은 이내 강박관념이 되어, 현재까지도 다른 문명권에서는 유례를 찾아보기 힘들 정도로 집요해져갔다. 불사를 위한 방법으로 생명을 연장하는 약초들, 연단술사들이 제조한 광물성 약제들이 동원되었고, 곡물 피하기[辟穀], 호흡 조절을 수반하는 명상법들, 방중술과 여타의 육체적 수련들, 마술적 또는 종교적 의식들도 시도되었다. 이 기술들을 조정에 처음으로 소개한 자들은 제나라 및 연燕나라 출신의 술사들(방사方士)이었다. 중국의 북동부에 있던 이 나라들은 음양가陰陽家

---

121) [역] "Textual Notes to *Chuang Tzu: The Inner Chapters*"에는 이 장(「7. 불사의 숭배」)과 다음 장(「8. '우리의 본성과 운명의 본질적 요소들'」)에 대한 그레이엄의 원문 주가 없다. Harold D. Roth ed., *A Companion To Angus C. Graham's Chuang Tzu: The Inner Chapters*, Honolulu: University of Hawaii Press, 2003, 43을 참조하라.

의 중심지였다. 제자백가의 고대 철학이 쇠퇴하고 모든 사상 조류가 공식적이고 점잖은 '유가'와 비공식적이고 점잖치 못한 '도가'로 양극화되자, 불로불사의 약을 권장하던 자들은 자연히 후자에 끌릴 수밖에 없었다. 늦어도 기원후 1세기부터는 불사를 팔고 다니던 자들이 스스로를 도가로 자처하였고, 곧이어 장도릉張道陵이 창시한 도가적 종교(142년경)는 불사의 약속을 술사들과 연단술사들을 후원하던 상류층 후원자들로부터 평범한 사람들에게까지 확대하였다. '도가'라는 명칭이 두 가지 서로 다른 대상에 동시에 적용되었다는 사실은 지성사에서 아주 흥미진진한 아이러니로 남아 있다. 그중 하나는 삶에서 죽음으로 이어지는 자연적 순환 과정과 화해하고 육체의 퇴화와 개인적 정체성의 상실과 화해할 것을 가장 우선적으로 요구하는 철학이다(이러한 경향은 『장자』와 마찬가지로 300년경의 『열자』에서도 나타난다). 다른 하나는 우리가 갖는 소망 중에 가장 비현실적인, 영원히 살고 싶다는 소망을 이루기 위해 생물학적 과정의 자연적 경로를 거스르는 마술적이거나 종교적인, 또는 원시 과학적인 방책들이다.[122]

『장자』〈내편〉에는 영원히 살았다는 전설적 인물들에 대한 언급일 가능성이 있는 두 가지 사례가 나온다. 고야姑射산에 사는 신묘한 사람은 "오곡을 먹지 않"는데,[123] 이것은 확실히 불사의 신선처럼 식이요법을 하고 있는 것이다. 물론 장자는 그런 문제에 전혀 관심을 기

---

122) 후기 도가의 다양성에 대해서는 Holmes Welch, *The Parting of the Way*, London, 1958; Homes Welch and Anna Seidel(eds.), *Facets of Taoism*, New Haven, 1979를 참조하라. 현대 대만의 종교적 도교에 대해서는 Michael Saso, *Teachings of Taoist Master Chuang*, New Haven and London, 1978을 참조하라. 도교의 연단술에 대해서는 Joseph Needham, *Science and Civilisation in China*, Cambridge, 1974, vol. 5/2; Nathan Sivin, *Chinese Alchemy: preliminary studies*, Havard, 1968을 참조하라.
123) 108쪽을 참조하라.

울이지 않았다. 장자는 황제黃帝의 승천에 대해서도 언급한다.[124] 적어도 후대의 전설 속에서 황제는 죽지 않은 채 용을 타고 하늘로 올라갔다. 그러나 〈내편〉뿐만 아니라 원시주의자의 논문들('우리의 본성과 운명이 본질적으로 어떠한지에 대해 통달한다'는 구호를 내걸고 있다),[125] 그리고 양가와 혼합주의자 및 '장자 학파'가 소개하는 대부분의 일화들은 육체의 소멸과 개인적 정체성의 상실을 긍정하거나 당연한 것으로 가정한다. 우리는 이 이질적인 저술들의 모음집을 보면서, 이후에 도가로 분류할 수 있게 된 기원전 4-2세기의 어떤 경향이든 나타나지 않을까 하고 기대하지만, 이 모음집 전체를 통틀어 불사를 추구할 것을 권하는 부분은 단 두 단락뿐이다. 그 단락들은 〈외편〉의 제11편「제자리를 지키게 하고 도를 넘지 않게 하라」]과 제12편「「하늘과 땅」]에 있는 잡다한 이야기들 사이에 등장하며, 철학적 도가와 불사를 숭배하는 경향 사이의 상호작용을 보여주는 가장 오래된 증거라는 점에서 흥미롭다.

죽음의 문제에 대한 정반대의 태도에도 불구하고, 두 움직임은 한 곳으로 수렴되었다. 바로 명상술이다. 인도의 요가처럼 도가에서도 호흡과 자세를 조절하여 마음을 고요하게 다스리는 것이 무엇보다도 건강에 좋다고 본다. 그 방법은 인간에게 주어진 자연적 수명을 온전히 누릴 수 있게 해줄 뿐만 아니라, 그보다 더 오래 살 수 없다는 사실과도 화해할 수 있게 해준다. 그것은 어떤 경우든 개별적 자아의 파괴를 받아들이는 것이다. 개인의 죽음 따위는 사소한 사건에 불과한 우주적 과정과 자기 자신을 완전히 동일시할 수 있다면, 그래서

---

124) 231쪽을 참조하라.
125) 482쪽을 참조하라.

자신이 우주와 하나가 된다면, 그 사람은 일종의 불사에 이를 수 있다. 다른 측면에서 보아도 불사의 약을 복용하는 자와 단지 천수를 다하기만 바라는 건강 중독자 사이에는 확실한 경계가 없다. 중국의 전 역사를 통틀어도 의술의 원시 과학과 연단술의 원시 과학 사이에는 확실한 경계가 없다. 따라서 본서의 뒷부분에 번역되어 있는 혼합주의자가 저술한 「까다로운 생각들[각의]」[126]에서는 죽음과 화해하는 수단으로서뿐만 아니라 천수를 누리는 수단으로서 신묘하게 작용하면서 생명의 정수가 되는 에너지들을 기를 것을 권하며("죽어서는 다른 사물들과 함께 변화하며 … 그가 죽는 것은 쉬는 것과 같다"), 도인導引, 즉 '(호흡을) 이끌고 (사지를) 당기는' 육체적 수련의 목표를 달성하는 것은 더 이상 필요 없다고 선언한다. 명백히 이것들을 연마하는 자들은 불사보다는 더 온건한 목표를 가졌다.

 곧 번역될 두 이야기 가운데 광성자廣成子의 이야기는 철학적 도가의 기발한 각색이다. 광성자는 외부 세계에 대한 감각을 닫은 채 1200년을 살고 있으며, 그런 식으로 신묘하게 작용하면서 생명의 정수가 되는 에너지들이 빠져나가는 것을 차단한다. 그 에너지들은 몸 속에 머물러 있으면서 몸에 계속해서 생명력을 불어넣고 있다. 그러나 이것은 일시적인 해결책일 뿐이다. 그는 철학적 도가에 따라 우주적 과정과 하나가 됨으로써 죽음으로부터의 최종 탈출을 달성한다. 그것은 삶과 죽음을 넘어선 비행이 아니라, 실제적 불사로 여겨진다. 이 이야기의 끝 부분에서는 다른 사람들은 다 죽어도 자기는 영원히 살 것이라는 터무니없는 듯 보이는 주장을 하는데, 이것은 아마도 자신을 우주와 같아질 정도로 팽창시킴으로써 개별적 자아의 운명에

---

126) 688-692쪽을 참조하라.

불과한 죽음으로부터 벗어나게 된다는 의미일 것이다.

요堯와 국경지기가 등장하는 또 다른 이야기는 철학적 도가와 공통점이 전혀 없다. 아마도 이 이야기는 아직은 도가라는 이름조차 붙일 수 없는 한초漢初의 술사들에게서 나왔을 것이다. 그것은 체념은커녕 기도나 의식儀式을 통해 부의 축복과 많은 자손의 축복, 천국인 '제帝(하느님)의 땅[帝鄕]'에서의 불사의 축복을 받을 것이라고 약속한다.

|||||||||||||

황제黃帝가 천자의 자리에 앉은 지 십구 년이 되자 그의 조서가 온 천하에 하달되었다. 그 무렵 황제는 광성자가 공동空同산에 살고 있다는 소문을 듣고 그를 만나러 갔다.

[황제가 광성자에게 말했다.]

"저는 당신이 지극한 도道에 이르렀다고 들었습니다. 지극한 도의 정수에 대해 감히 여쭙습니다. 저는 하늘과 땅의 정수를 취하여 그것들을 이용해 오곡이 자라는 것을 돕고 백성들을 잘 기르고 싶습니다. 또한 음양을 이용해 살아 있는 모든 것이 성장을 완성할 수 있게 하고 싶습니다. 어떻게 해야 할지 조언을 주시겠습니까?"

광성자가 말했다.

"네가 묻고 싶어 하는 것은 사물들의 본바탕인데, 네가 이용하려고 하는 것은 그것들의 잔해이다. 네가 천하를 다스린 이후로 구름이 모이기도 전에 비가 내리고, 초목들은 노랗게 물들기도 전에 이파리들을 떨구며, 해와 달은 점점 더 그 빛이 어두워지고 있다. 얄팍한 아부꾼의 마음을 지닌 네게 어떻게 지극한 도에 대해 말해줄 수 있겠는가?"

 황제는 물러나 천하에서 손을 뗀 채, 특별한 집을 한 채 지어 흰 갈대풀로 만든 자리를 깔고는 석 달간 은거하였다.

黃帝立爲天子十九年. 令行天下. 聞廣成子在於空同之山. 故往見之. 曰. 我聞吾子達於至道. 敢問至道之精. 吾欲取天地之精. 以佐五穀. 以養民人. 吾又欲官陰陽. 以遂羣生. 爲之奈何. 廣成子曰. 而所欲問者. 物之質也. 而所欲官者. 物之殘也. 自而治天下. 雲氣不待族而雨. 草木不待黃而落. 日月之光益以荒矣. 而佞人之心翦翦者. 又奚足以語至道哉. 黃帝退. 捐天下. 築特室. 席白茅. 閒居三月.

 그후 황제는 다시 광성자를 찾아가서 만남을 청했다. 마침 광성자는 얼굴을 남쪽으로 돌린 채 잠을 자고 있었다. 황제는 무릎을 꿇은 채 그에게 다가가 마치 옥좌 앞에 선 신하처럼 북쪽을 향하고는 머리를 조아려 재배한 뒤 물었다.
 "저는 당신이 지극한 도에 이르렀다고 들었습니다. 감히 여쭙겠습니다. 제 몸을 어떻게 다스려야 오래도록 살 수 있겠는지요?"
 광성자는 깜짝 놀라 일어나더니 말했다.
 "좋은 질문이다! 이리 오너라. 내 네게 지극한 도에 대해 말해주마.

> 지극한 도의 정수는
> 어둡고도 어두우며 비밀스럽고도 비밀스럽다.
> 지극한 도의 극치는
> 신비롭고도 신비로우며 묵묵하고도 묵묵하다.
> 아무것도 보지 말고 아무것도 듣지 말며,

신묘한 힘을 끌어안고 고요하게 있어라.
몸이 스스로 바르게 될 것이다.
항상 고요하고 항상 순수하여라.
네 몸을 과로하게 하지 말고,
네 생명의 정수를 동요하게 하지 말라.
그러면 오래도록 살 수 있을 것이다.

눈으로 보는 것이 없고,
귀로 듣는 것이 없고,
마음으로 아는 것이 없을 때,
네 신묘한 힘은 몸속에 머물 것이다.
그러면 몸은 오래도록 살게 된다.
네 안을 돌보고,
네 바깥쪽은 닫아라.
너무 많이 알면 쇠약해지기 마련이다.

더할 나위 없이 밝은 곳으로 올라가 저 지극한 양의 근원에까지 이를 것이다. 내 너를 위해 어둡고도 비밀스러운 문으로 들어가 저 지극한 음의 근원에까지 이를 것이다.

하늘과 땅은 각자 맡은 일이 있고,
음과 양은 각자의 보고가 있다.
자기 자신 속에 머물러 있을 수 있도록 조심하라.
그러면 다른 사물들은 저절로 번성할 것이다.

나는 그것들이 조화를 이루는 곳에 자리 잡기 위해서 그것들이 하나가 되는 곳에 머문다. 그래서 나는 천이백 년 동안 나 자신을 단련해왔고, 내 몸은 쇠약해진 적이 없었다."

復往邀之. 廣成子南首而臥. 黃帝順下風膝行而進. 再拜稽首而問曰. 聞吾子達於至道. 敢問. 治身奈何而可以長久. 廣成子蹶然而起. 曰. 善哉問乎. 來. 吾語女至道. 至道之精. 窈窈冥冥. 至道之極. 昏昏默默. 无視无聽. 抱神以靜. 形將自正. 必靜必淸. 无勞女形. 无搖女精. 乃可以長生. 无所見. 耳无所聞. 心无所知. 女神將守形. 形乃長生. 愼女內. 閉女外. 多知爲敗. 我爲女遂於大明之上矣. 至彼至陽之原也. 爲女入於窈冥之門矣. 至彼至陰之原也. 天地有官. 陰陽有藏. 愼守女身. 物將自壯. 我守其一以處其和. 故我修身千二百歲矣. 吾形未常衰.

황제가 머리를 조아리며 재배하더니 말했다.
"광성자를 저의 '하늘'로 선언하는 바입니다."
광성자가 말했다.
"이리 오너라. 내 네게 말하겠노라. 저것[彼]에 속하는 사물들은 무궁하지만, 사람들은 다들 끝이 있다고 생각한다. 저것에 속하는 사물들은 헤아릴 수 없지만, 사람들은 다들 한계가 있다고 생각한다. 내 도를 터득하는 자들은 이전에 황제였던 자들, 이후에 왕이 될 자들이다. 그러나 내 도를 놓치는 자들은 동이 트면 생겨났다 그후에 흙이 되고 말 자들이다. 지금 생겨나는 모든 것은 흙에서 태어나 흙으로 돌아간다. 그러므로 내 너를 떠나 저 무궁无窮의 문으로 들어가 무극无極의 들에서 노닐 것이다.

나는 해와 달에 이어 세 번째 빛이 되리니,
나는 하늘과 땅과 함께 항구적일 것이다.
내게 다가오라, 흐릿함이여!
내게서 멀어져라, 멍함이여!
그래, 다른 사람들은 다 죽어도,
나는 홀로 남을지니!"

黃帝再拜稽首曰. 廣成子之謂天矣. 廣成子曰. 來. 余語女. 彼其物无窮. 而人皆以爲有終. 彼其物无測. 而人皆以爲有極. 得吾道者. 上爲皇而下爲王. 失吾道者. 上見光而下爲土. 今夫百昌皆生於土而反於土. 故余將去女. 入无窮之門. 以遊无極之野. 吾與日月參光. 吾與天地爲常. 當我. 緡乎. 遠我. 昏乎. 人其盡死. 而我獨存乎.

(『장자』제11편[「제자리를 지키게 하고 도를 넘지 않게 하라」])

• • •

요가 화華를 유람하는 중이었다.
화의 국경지기가 말했다.
"음, 성인이로다! 성인을 위해 축수드리노라. 성인께서 장수하게 하소서."
요가 말했다.
"원치 않네."
"성인을 부자로 만들어주소서."
"그것도 원치 않네."
"성인께서 아들을 많이 보게 하소서."

"그것도 원치 않네."

[국경지기가 말했다.]

"장수하는 것, 부유한 것, 아들이 많은 것, 이것들은 사람들이 다 욕구하는 것인데, 어째서 너는 그렇지 않은 것이냐?"

"아들이 많을수록 두려운 일이 많고, 부유할수록 성가신 일이 많으며, 오래 살수록 치욕스러운 일이 많은 법이네. 이 세 가지는 덕을 기르는 데에는 아무런 소용이 없네. 그래서 원치 않는 것일세."

"처음에 나는 '저 사람은 성인이 아닐까?'라고 생각했는데, 지금 보니 너는 '군자'일 뿐이다. 하늘이 만민을 낳을 때에는 반드시 그들에게 할 일을 준다. 네가 아무리 아들이 많아도 그들에게 일을 찾아준다면 무슨 두려운 일이 있겠느냐? 네가 아무리 부유해도 사람들에게 각자의 몫을 나눠준다면 무슨 성가신 일이 있겠느냐? 무릇 성인은 이런 사람이다.

　　메추라기처럼 앉아 있고 병아리처럼 먹으며,
　　하늘을 나는 새처럼 흔적을 남기지 않는다.
　　천하에 도道가 있을 때에는
　　모든 사물과 동료가 되어 번창한다.

　　천하에 도가 없을 때에는
　　편안하게 물러나 덕을 닦는다.
　　천 년을 살다가 세상에 싫증 나면
　　훌훌 떠나 위로 올라가 신선이 된다.

　　그는 저 흰 구름을 타고

멀리 하느님[帝]의 왕국에 이른다.
세 가지 불행이 찾아오는 일이 없고,
재앙이 몸에 닥치는 일도 없다.

이와 같은데 성인이 왜 치욕을 당하겠는가?"
국경지기가 서둘러 떠나자, 요가 따라가면서 말했다.
"질문할 기회를 주게나."
국경지기가 말했다.
"물러나라!"

堯觀乎華. 華封人曰. 嘻. 聖人. 請祝聖人. 使聖人壽. 堯曰. 辭. 使聖人富. 堯曰. 辭. 使聖人多男子. 堯曰. 辭. 封人曰. 壽富多男子. 人之所欲也. 女獨不欲. 何邪. 堯曰. 多男子則多懼. 富則多事. 壽則多辱. 是三者. 非所以養德也. 故辭. 封人曰. 始也我以女爲聖人邪. 今然君子也. 天生萬民. 必授之職. 多男子而授之職. 則何懼之有. 富而使人分之. 則何事之有. 夫聖人. 鶉居而鷇食. 鳥行而无彰. 天下有道. 則與物皆昌. 天下无道. 則脩德就閒. 千歲厭世. 去而上僊. 乘彼白雲. 至於帝鄕. 三患莫至. 身常无殃. 則何辱之有. 封人去之. 堯隨之曰. 請問. 封人曰. 退已.

(『장자』 제12편 「하늘과 땅」)

8
'우리의 본성과 운명의 본질적 요소들'

'우리의 본성과 운명의 본질적 요소들[性命之情]'은 원시주의자의 논문들에서 특히 주의를 끄는 문구이다. 원시주의자에게 그것은 하나의 구호처럼 작용하는 듯 보인다. 이 문구의 의미는 제19편 「본성에 통달하기[달생]」의 첫머리에 실려 있는 짧은 논문에 설명되어 있다. 그 기본 원리는, 살아 있을 때에는 하늘이 인간의 생명에 심어놓은 자연적 경로를 따르고, 죽음이 찾아올 때에는 그것을 받아들이는 것이다. 세속적인 야심을 좇는 것은 우리를 외부 사물들에 대한 근심에 휘말리게 하고, '생명의 정수[精]'를 지치게 만든다. '생명의 정수'는 생명을 불어넣는 정액 같은 것으로, 건강과 성장 및 생식을 담당한다. 건강하려고 야단법석 떠는 것은 아무런 의미가 없다. 장수하는 것은 그것에 대해 걱정한다고 되는 게 아니다. 이 문구는 한편으로는 세속적인 태도에 저항하고, 다른 한편으로는 비세속적인 것에 사로잡혀 생명 연장을 숭배하는 태도에 저항하는 구호로 볼 수 있다.

'본성'을 의미하는 단어인 성性은 '태어나다, 살다'라는 의미의 생生으로부터 파생되었고, 또 부수[⺖] 없이 생生으로 쓰기도 한다. 한 사물의 본성은 그 사물이 성장을 완수하고 주어진 수명을 다하려면 반드시 따라야 할 삶의 경로로 보인다. 그 부수[⺖]는 후대에 적어도 텍스트의 글자체가 표준화되고 난 뒤에 보완된 경우가 많으며, '본성과 운명의 본질적 요소들'에서는 '본성을 돌보다', '본성을 손상시키다' 같은 문구들처럼 '본성[性]'과 '생명[生]' 사이에서 어느 쪽을 택하든 의미상의 차이가 없다. 필사筆寫의 전통에서는 부수를 붙이는 데 주저하였고 또 일관성도 없었다. 본서에서는 일관되게 '본성nature'이라는 번역어를 고수할 것이다.

다음 단락에서는 사고의 흐름이 두 번 중단되는데, 그 사고에 동조하지 않는 독자의 적대적 논평처럼 보이는 언급 때문이다. 본서에서는 그것을 행간에 고딕체로 표기하였다.

|||||||||||||

우리의 본성의 본질적 요소들에 통달한 자라면 생명과 관련이 없는 일로 자신을 분주하게 만들지 않을 것이다. 우리의 운명의 본질적 요소들에 통달한 자라면 지식으로 어찌할 도리가 없는 일로 자신을 분주하게 만들지 않을 것이다.

몸을 기르기 위해서는 무엇보다도 다른 사물들에 의존해야 한다. 그러나 때로는 사물들은 남아돌 정도로 넘치는데도 몸을 제대로 기르지 못하는 경우가 있다. 살아 있기 위한 전제 조건은 몸을 떠나지 않는 것이다. 그러나 때로는 몸을 떠나지 않았는데도 삶이 중단되는 경우가 있다. 삶이 오는 것을 막을 수 없고, 그것이 가는 것을 붙잡을 수 없으니, 슬프도다! 그런데도 세속적인 사람들은 몸을 기르는 것으로 삶을 보존하기에 충분하다고 생각한다. 그러나 몸을 기르는 것만 으로는 실제로 삶을 보존하기에 불충분하다면, 세속적인 일들이 어찌 할 만한 것이겠는가?

(그것들이 설사 해볼 만한 가치가 없다 해도, 해야 할 일을 하는 것을 피할 방법도 없다.)

몸과의 관계에서 벗어나고 싶은 사람에게 최선의 방법은 세속적인 야심을 버리는 것이다. 그것을 버리면 그를 속박하는 것들은 사라질 것이다. 속박하는 것들이 사라지면 그가 가는 길은 곧고 평탄할 것이다. 그가 가는 길이 곧고 평탄하면 그는 자기 아닌 다른 것과도 나란히 삶을 새롭게 시작할 수 있을 것이다. 삶을 새롭게 시작한다면 도道에 거의 다 온 것이다.

우리가 일을 버리면 몸은 지치지 않을 것이고, 삶에 대해 잊어버리면 생명의 정수가 손상되지 않을 것이다.

(일이라는 것이 우리가 쉽게 버릴 수 있을 만큼 중요하지 않은 것일까? 삶이라는 것이 우리가 쉽게 잊을 수 있을 만큼 중요하지 않은 것일까?)[127]

몸이 온전하고 생명의 정수가 회복될 때, 우리는 하늘과 하나가 된다. 하늘과 땅은 만물의 부모이다.

> 우리는 응집되면 별개의 개체들이 되고,
> 흩어지면 처음의 상태가 된다.
> 몸과 생명의 정수가 손상되지 않는 것,

---

[127] [역] 事奚足棄而生奚足遺: 통용본에는 이 문장이 "우리가 일을 버리면 몸은 지치지 않을 것이고, 삶에 대해 잊어버리면 생명의 정수가 손상되지 않을 것이다 [棄事則形不勞, 遺生則精不虧]" 앞에 나온다. 그레이엄은 이 문장을 주석이 본문에 편입된 것으로 보아 문장 순서를 바꾼 뒤 괄호에 넣었다.

이것이 바로 '옮겨 갈 수 있음[能移]'이라고 불리는 것이다.

생명의 정수가 더욱더 생명의 정수다워짐으로써 우리는 하늘의 조력자가 되는 데로 돌아간다.

達生之情者. 不務生之所无以爲. 達命之情者. 不務知之所无奈何. 養形必先之以物. 物有餘而形不養者有之矣. 有生必先无離形. 形不離而生亡者有之矣. 生之來不能卻. 其去不能止. 悲夫. 世之人以爲養形足以存生. 而養形果不足以存生. 則世奚足爲哉. (雖不足爲而不可不爲者. 其爲不免矣.) 夫欲免爲形者. 莫如棄世. 棄世則无累. 无累則正平. 正平則與彼更生. 更生則幾矣. 棄事則形不勞. 遺生則精不虧. (事奚足棄而生奚足遺.) 夫形全精復. 與天爲一. 天地者. 萬物之父母也. 合則成體. 散則成始. 形精不虧. 是謂能移. 精而又精. 反以相天.

(『장자』 제19편 [「본성에 통달하기」])

• • •

우리의 본성의 본질들에 통달한 자는 웅대하지만, 아는 방법에 통달한 자는 옹졸하다. 보편적 운명에 통달한 자는 그 운명이 이끄는 대로 따르지만, 작은 운명에 통달한 자는 운의 노예가 될 뿐이다.

達生之情者傀. 達於知者肖. 達大命者隨. 達小命者遭.

(『장자』 제32편 [「열어구」])

9
뜻밖의 관념들

우리는 고대의 텍스트에서 현대적 관념처럼 보이는 것을 발견하는 경우가 있다. 그럴 때면 사상가들이 서로 다른 개념적 구도 속에 있으면서도 과연 똑같은 것을 말할 수 있는가 하는 물음에 마주하게 된다. 경이로워하면서 "그러니까 그들은 수천 년 전에 그걸 이미 알고 있었던 거야!"라고 외치는 것은 별 의미가 없지만, 이 뜻밖의 접점들을 탐구하는 것은 흥미로운 일이다. 그 접점들은 고대 사상가들과 우리 사이의 근접성과 거리를 동시에 드러내 보이는 결정적 지점이기 때문이다.

여기에 네 종류의 사례를 모아보았다.

1) 진화

[제18편 「지극한 즐거움[지락]」에는] 해골에게 말을 거는 열자에 대한

이야기가 나오고(다른 곳에서는 장자 자신이 해골에게 말을 건다),[128] 그 뒤로 범상치 않은 단락이 하나 이어진다. 그 단락에서는 인간을 포함해 살아 있는 모든 생물이 어떻게 서로에게서 발전해왔는지, 그리고 궁극적으로는 어떻게 물속에 있는 원시적 배아로부터 출발했는지를 묘사하고 있다. 이 단락은 열자가 해골에게 말을 거는 이야기의 연장일 수도 있고 그렇지 않을 수도 있다. (본서에서는 연장이라고 가정하였다.) 어찌 되었건 간에 이 바탕에는 개인적 정체성은 실체가 없는 것이기 때문에 죽음은 큰 문제가 되지 않는다는 도가적 명제가 깔려 있다. 나의 탄생과 죽음은 우주적 변화의 과정에서 보면 한순간에 지나지 않는다는 것이다.

이 단락은 『열자』(300년경) 제1편[「천서天瑞」]에서 변형된 채로 반복되고 있는데, 진화론적 사고를 보여주는 초기의 사례로서 오랫동안 서양 독자들의 이목을 끌어왔다. 확실히 이 단락의 저자인 도가는 일부 쟁점들에 대해서 다윈과 의견의 일치를 보인다. 서양인들이 그 저자를 무척 도발적이라고 여기게 된 것도 그 점들 때문이다. 그는 종들은 가변적이고 상호 변화하거나 상호 발생시킨다고 생각하며, 종들의 유동성에 어떤 제한도 두지 않고 인간 역시 그 과정에 포함시킨다. 이것은 19세기 기독교인들에게는 무척 낯설고 충격적이었지만, 도가적인 사물들의 구도에서는 전혀 그렇지 않았다. 나아가 그는 식물과 곤충의 변태metamorphoses에 대한 관찰 사례들과 말에서 태어난 아이 같은 기괴한 보고 사례들을 함께 배열함으로써 인간이 가장 단순한 형태의 생명체로부터 어떻게 진화할 수 있었는지를 보여줄 수 있다는 참신하면서도 단순하고 아름다운 생각을 가지고 있었다. 그

128) 329-330쪽을 참조하라.

러나 그는 이것을 인간과 자연의 연속성을 보여주는 인상적인 실례로만 본다. 그에게 이 실례는 죽음과의 화해라는 문제와 관련되어 있을 뿐이다. 그는 종의 기원을 설명하려고 한 것이 아니다.

『장자』의 통용본에서는 원시적 미생물로부터 인간에 이르는 진화 사슬에 단절된 부분들이 있는데, 이것은 틀림없이 원문의 훼손에 의한 것이다. 본서에서는 『열자』의 유사 단락(여기서는 한 군데만 단절이 있고, 다른 원천들로부터 발생한 변태의 사례들로 채워져 있다)과 10세기의 백과사전인 『태평어람太平御覽』 제887편[「요이妖異」]에 인용된 『장자』의 해당 단락(역시 이 공백을 메우고 있다)으로부터 훼손된 부분을 채워 넣었다. 그러나 이것은 진정한 의미의 진화 사슬은 아니다. 이 단락의 저자에게 문제가 되는 것은 연대기적 순서가 아니라, 시간이야 어떻든 한 사물이 다른 사물로 변하거나 다른 사물을 발생시킬 수 있는 가능성이다. 이 때문에 그에게는 양해羊奚로부터 내려오는 두 계통과 이로頤輅에 이르는 두 계통이 있다.[129]

특정 지역에 사는 동식물들의 명칭을 다른 지역에 사는 동식물들의 명칭으로 번역하는 것은 여전히 문제로 남아 있다. 나는 그중 일부를 영어에 상응하는 단어로 과감하게 번역하긴 했지만, 그것들도 마찬가지이다. 그러나 그 단락 전체를 이해하는 데 결정적인 단어는 기幾/機이다. 이 단어를 여기서는 '배아germ'로 번역하였다. 기는 어

---

[129] 반복해서 등장하는 '生乎 X', 즉 'X에게서 태어난다'를 '生 X', 즉 'X를 낳는다'로 보는 한 가지 편법을 쓰면 이 순서를 연대기적인 것으로 다룰 수도 있다. 그렇게 하면 너무 잘 맞아떨어지기 때문에 '乎'를 삭제하거나 어떤 특별한 숙어를 가정하고픈 유혹에 빠지게 된다. 그리고 나는 『열자』의 유사 단락을 번역하면서 그 유혹에 굴복했다(A. C. Graham, *Book of Lieh-tzŭ*, 21). 그러나 여기서는 버튼 왓슨의 사례를 따라(Burton Watson, *The Complete Works of Chuang Tzŭ*, 196), 원문이 의미하는 그대로 번역하였다.

면 사물이나 어떤 상황에서 일어나는 운동이나 성장, 변화의 궁극적 원천에 일반적으로 적용되는 단어이다. 기계에서 그것은 '그 기계를 작동하게 하는 것'(이에 상응하는 번역어를 곧 나올 496쪽에서 사용하였다), 예컨대 쇠뇌의 방아쇠 같은 것이다. 장자는 천체의 순환 운동에 "그것들을 촉발시"키는 무언가가 있는지를 물으면서[130] 동일한 한자를 썼다.

|||||||||||||||

열자가 여행을 하던 중 길가에서 음식을 먹다 백 년 묵은 해골을 보았다. 열자는 쑥대를 하나 뽑아 들어 해골을 가리키며 말했다.

"오로지 너와 나만이 네가 죽은 적도 없고 산 적도 없다는 것을 알고 있다. 너는 과연 불쌍한 것이고 나는 과연 행복한 것일까?

씨앗에는 하나의 배아[幾]가 있다. 그것은 물속에 있으면 수초가 되고, 물과 뭍이 맞닿은 곳에 있으면 '개구리 옷'이 되고, 마른땅에서 생겨나면 질경이가 된다. 질경이는 비옥한 토양에 있으면 '까마귀 발'이 된다. '까마귀 발'의 뿌리는 딱정벌레가 되고, 그 잎사귀는 나비가 된다. 나비는 얼마 후 곤충으로 변화한다. 곤충은 부뚜막 밑에서 생겨나는데, 그 모양이 허물을 벗은 듯하며, 구철鴝掇이라고 불린다. 구철은 천 일이 지나면 간여골乾餘骨이라는 이름의 새가 된다. 간여골의 침은 사미斯彌가 되고, 사미는 식초에 스는 이로라는 미세 동물이 된다.

이로라는 미세 동물은 황황黃軦이라는 미세 동물에게서 태어나고, 황황은 구유九猷에게서 태어난다. 구유는 각다귀에게서 태어나고, 각

130) 118쪽을 참조하라.

다귀는 개똥벌레에게서 태어나며, 개똥벌레는 양해에게서 태어난다. 양해는 오랫동안 싹을 틔우지 않은 대나무 곁에 살면서 청녕青寧을 낳는다. 청녕은 표범을 낳고, 표범은 말을 낳으며, 말은 인간을 낳는다. 인간은 또 적절한 때에 배아[機]로 돌아간다. 만물은 모두 배아로부터 나와, 모두 배아로 돌아간다."[131]

列子行食於道從. 見百歲髑髏. 攓蓬而指之曰. 唯予與汝知而未嘗死. 未嘗生也. 若果養乎. 予果歡乎. 種有幾. 得水則爲㡭. 得水土之際則爲䵷蠙之衣. 生於陵屯則爲陵舃. 陵舃得鬱棲則爲烏足. 烏足之根爲蠐螬. 其葉爲胡蝶. 胡蝶胥也化而爲蟲. 生於竈下. 其狀若脫. 其名爲鴝掇. 鴝掇千日爲鳥. 其名爲乾餘骨. 乾餘骨之沫爲斯彌. 斯彌爲食醯. 頤輅生乎食醯. 黃軦生乎九猷. 瞀芮生乎腐蠸. 羊奚比乎不箰. 久竹生青寧. 青寧生程. 程生馬. 馬生人. 人又反入於機. 萬物皆出於機. 皆入於機.

(『장자』 제18편 [「지극한 즐거움」])

---

131) [원] 種有幾. … 皆入於機: 이 생물들의 발생적 사슬은 "만물은 모두 배아로부터 나와, 모두 배아로 돌아간다"는 점을 보여주기 위한 것이다. 따라서 사람들은 이 사슬이 완결성을 갖추기를 기대한다. 『태평어람』(四部叢刊, 887/7B/3-5)과 『열자』 제1편 [「天瑞」] (楊伯峻, 『列子集釋』, 9/1-4)의 인용문에 근거해서 다음과 같이 복원할 수 있다. "斯彌爲食醯. 頤輅生乎食醯. 黃軦生乎九猷. 瞀芮生乎腐蠸." → "斯彌爲食醯〈頤輅. 食醯〉ª頤輅生乎食醯〈黃軦. 食醯〉ᵇ黃軦生乎九猷. 〈九猷生乎瞀芮〉ᶜ. 瞀芮生乎腐蠸. 〈腐蠸生乎羊奚.〉ᵈ" (a. 『열자』; b. 『열자』와 『태평어람』; c. 『열자』와 『태평어람』; d. 『태평어람』)

[『태평어람』과 『열자』의 해당 원문은 다음과 같다. 『太平御覽』 「妖異部三·變化上」, "斯彌為食醯, 頤輅生乎食醯黃軦ᵇ黃軦生乎九猷, 九猷生乎瞀芮ᶜ, 瞀芮生乎腐蠸, 腐蠸生乎著奚ᵈ"; 『列子』 「天瑞」, "斯彌為食醯頤輅, 食醯ª頤輅生乎食醯黃軦, 食醯ᵇ黃軦生乎九猷. 九猷生乎瞀芮ᶜ, 瞀芮生乎腐蠸."]

2) 자기소외

『장자』 통용본에는 없지만 다른 책에 인용문의 형태로만 남아 있는 단락이 하나 있는데, 〈내편〉이 그 출처로 되어 있다.[132] 그 단락에서 장자는(그 단락의 저자를 장자로 본다면) 物物, 즉 '사물thing'이라는 용어를 대담하게 다루어서, '사물답게 하다to thing(사물로 만들거나 사물로서 대하다)'라는 동사적 의미로 사용하고 있다. 이것은 하나의 사물을 다른 사물들과 구별되고, 또 그것을 대하는 자와도 구별되는 별개의 존재로 보는 것이다. 거기서 장자는 도道에 대해 다음과 같이 쓰고 있다.

"그것은 일정한 형체가 없지만, 그렇기 때문에 모든 것에 형체를 부여한다. 그것은 사물의 특성이 없지만, 그렇기 때문에 모든 것을 **사물**로 존재하게 한다. 사물의 특성이 없는 것은 사물들을 사물들로 만들 수 있고, 형체가 없는 것은 형체들을 형체들로 만들 수 있다. 따라서 형체를 형체로 존재하게 하고 사물을 사물로 존재하게 하는 것은 어떤 형체도 아니고 어떤 사물도 아니다. 그렇다면 형체도 없고 사물도 아닌 것을 형체들과 사물들 사이에서 찾는 것은 결국 미혹된 짓이 아니겠는가?"[133]

본서의 다른 곳에서는 **물물**物物, 즉 '사물들을 사물답게 하기thing-ing things'를 좀 더 확장해서 '사물들을 사물들로 대하기treating things as things' 또는 '사물들을 사물들로 만들기making things into things'로

---

132) 『止觀輔行傳弘決』, 권10/2(『大正新脩大藏經』 no. 1912, 440 C/20-23).
133) [역] "夫無形故無不形, 無物故無不物. 不物者能物物, 不形者能形形. 故形形物物者, 非形非物也. 夫非形非物者, 求之於形物, 不亦惑乎."(『止觀輔行傳弘決』)

번역하였다.[134] 그 가운데 한 단락을 보면 사물들을 사물답게 하면서도 사물들에 의해 사물화되지 않는 것은 도道가 아니라 성인이며, 주된 초점도 성인이 자신을 다른 사물들과 구분하는 데 있다. 성인은 모든 사물을 자기 외부에 있는 것으로 보며, 외부 사물들로 인해 자신이 일개 사물로 전락하여 다른 사물들 속에 말려들고 거기에 끌려다니는 것을 거부한다.

"사물들을 사물들로 대하면서도 사물들에 의해 일개 사물이 되는 것을 마다한다면, 어떻게 속박당할 수 있겠는가?"[135]

이 추상적 관념은 그것이 상기시키는 헤겔의 '소외' 개념처럼 실천적으로 적용된다. 도가들이 사물들을 자기self와 대비시키면서 가장 먼저 떠올린 것은 주로 소유물이었다. 번역된 단락들을 보면 알 수 있겠지만, 성인은 그의 소유물들을 단지 외적이고 없어도 되는 사물들로만 인지하고, 그것들로부터 완전히 초연해져서 '홀로 존재할[獨有]' 수 있다. 그러나 다른 사람들은 자신이 지닌 소유물과 똑같아짐으로써 스스로를 사물로 만들며, 소유물 없이는 존재하지도 못한다. 유가인 순자荀子도 장자와 마찬가지로 한 가지 사물에만 정통하여 자기의 직업과 동일시되는 농민이나 상인, 장인보다 군자가 우월하다고 평한다.

"하나의 사물에 정통한 사람은 누구든 그 사물에 의해 하나의 사물이 된다. 그러나 도에 정통한 사람은 모든 사물을 사물로서 대한다."
(『순자』 제21편 [「해폐解蔽」])[136]

---

134) 321, 432, 439쪽을 참조하라.
135) 321쪽을 참조하라.
136) [역] "精於物者以物物, 精於道者兼物物." (『荀子』「解蔽」)

중국인들이 '사물화'에 대해 이야기하고 서구의 맑스주의자들과 여타의 사람들이 '소외'에 대해 이야기할 때(둘 다 똑같이 형이상학에서 비롯된 까다롭고 잘 잡히지 않는 용어이다), 우리에게 그들이 동일한 관념을 표현하고 있다고 말할 수 있는 권리는 어느 정도 있을까?

||||||||||||

슬프도다, 땅을 소유한 자들의 무지함이여! 땅을 소유한다는 것은 큰 사물을 소유하는 것이다. 그리고 큰 사물을 소유한 자는 일개 사물로서 대할 수 없다. 사물들로 대하면서도 자신은 일개 사물이 되지 않는 것, 그것이 바로 사물들을 사물들로서 대하는 방법이다. "사물들을 사물들로 만드는 것은 일개 사물이 아니다"라는 것을 분명하게 이해한다면, 어찌 천하의 백 개의 일족들을 잘 다스리는 것으로만 그치리오!

여섯 개의 방향으로 뻗은 우주[六合]를 들어갔다 나왔다 하면서
아홉 지역[九州]을 돌아다닌다.
아무것도 없이 떠나고, 아무것도 없이 온다.
이것이 바로 '아무것도 없이 존재하는 것[獨有]'이다.

아무것도 없이 존재하는 사람, 그야말로 더할 나위 없이 높은 지위에 있다고 할 수 있을 것이다.

悲夫. 有土者之不知也. 夫有土者. 有大物也. 有大物者. 不可以物. 物而不物. 故能物物. 明乎物物者之非物也. 豈獨治天下百姓而已

哉. 出入六合. 遊乎九州. 獨往獨來. 是謂獨有. 獨有之人. 是謂至貴.
(『장자』 제11편 [「제자리를 지키게 하고 도를 넘지 않게 하라」])

3) 기술을 타도하라!

장자는 원시적인 완전무결한 상태는 쇠퇴하기 시작했다고 가정하며, 도덕과 논리, 조직화된 통치 같은 문명의 인위적 산물들에 대해 반감을 가지고 있었다. 기원전 6세기 중국에서는 뒤늦게 철기시대가 시작되었는데, 이후 몇백 년 동안 다소 숨 가쁘게 진행된 기술적 진보의 속도를 장자와 같은 도가는 당연히 탐탁지 않게 여겼을 것이다. 『장자』를 저술한 도가의 저자들은 기술적 향상에 대해 전혀 감사하는 태도를 보이지 않는다. 수인이나 복희, 신농을 성인으로 들먹일 때조차도 수인이 불을, 복희가 사냥을, 신농이 농업을 발견한 것에 대해서는 무시한다. 그러나 그럼에도 불구하고 그들이 기술적 향상에 대해 적극적으로 반대하는 경우도 좀처럼 없다. 원시주의적 저자는 예외적인 경우이며, 본서에서는 '원시주의자 Primitivist'라는 명칭을 붙임으로써 그 점을 나타내려고 하였다. 그가 물고기와 새와 동물을 혼란에 빠뜨리는 주살과 통발 및 함정 같은 교묘한 장치들에 대해서 언급하면서 "산과 강의 정기를 흐트러뜨리며" "사계절의 순환을 방해"한다[137]고 말할 때에는 생태적 피해에 대한 어느 정도의 자각을 보여주기까지 한다.

그러나 원시주의자조차도 기술과 관련된 사례들을 주로 메타포

---

137) 553, 566쪽을 참조하라.

로만 활용할 뿐이다. 그는 도공에게 반감이 있는 것이 아니라, 도공이 찰흙을 주조하듯이 인간 본성을 조작하고 싶어 하는 사람들에게 반감이 있다. "온전한 통나무를 해쳐서 그릇을 만드는 것은 장인의 죄"[138]이다 같은 발언들을 곧이곧대로 받아들이기는 힘들 것이다. 그의 비판은 실용적으로 유용한 장치들이 아니라 도덕주의, 의례주의, 논리적 논쟁, 기예와 사치에 집중되어 있다.

그러나 〈외편〉에 유명한 일화가 하나 있다. 한 은둔자가 공자의 제자가 제안하는 노동 절약 장치를 냉담하게 거절하는 일화이다. 그 은둔자가 반대하는 것은 사회적 또는 생태적 효과들이 아니라, 이익과 손해를 의도적으로 계산하는 태도이다. 그런 태도는 도가적 자발성을 파괴하고 새로운 발명품들을 찾아내도록 부추긴다는 것이다. 그도 밭을 갈고 물을 댈 때에는 과거의 발견들로부터 이점을 취하는 것 아니냐고 항변할 수도 있겠지만, 그런 항변은 명백히 논점을 벗어난 것이다. 이것들은 이미 관습적인 활동들로서, 미래의 전망들을 저울질하도록 내몰지 않는다. 그런 저울질은 이성적으로 생각하는 인간을 자연으로부터 분리시킨다.

이 이야기는 공자의 논평으로 끝을 맺고 있는데, 많은 사람이 그 논평을 기술에 대한 비판을 누그러뜨리려는 의도에서 나온 것으로 이해한다. 공자의 논평에는 애매한 문장이 하나 있는데, 사람들은 그 문장을 '그(그 은둔자)는 문제의 한 면만 알고 다른 면은 모른다'는 의미로 읽는다. 그러나 『회남자淮南子』(기원전 120년경), 제7편[「정신훈精神訓」]에서 그 문장은 더욱더 명료한 문맥에서 다시 등장하는데, "그는 모든 것의 일체성에 대해서만 알고 그것들의 이원성에 대해서는

---

138) 540쪽을 참조하라.

모른다"는 말로 이해될 수 있다.[139] 본서의 번역은 두 번째 안을 따르기로 한다. 이 번역은 그 은둔자가 왜 혼돈씨의 전통[渾沌氏之術]을 지킨다고 하는지를 설명해준다. 혼돈은 신화적 황제로서, 〈내편〉의 마지막 일화에서는 만물이 아직 분화되어 나오기 이전의 태고의 무정형의 덩어리를 상징한다.

|||||||||||||||||

자공이 남쪽으로 가서 초나라를 여행하고 진晉나라로 돌아오고 있을 때였다. 한수漢水의 남쪽 기슭을 따라가다 한 노인이 채소밭을 돌보고 있는 것을 보았다. 그 노인은 통로를 한참 파내려가 우물로 들어가더니, 다시 물 항아리를 안고 나와 밭에 물을 주었다. 촤악, 촤악! 힘은 많이 들었지만 성과는 보잘것없었다.

자공이 말했다.

"장치를 하나 쓰신다면 하루에 백 이랑의 밭에 물을 댈 수 있습니다. 힘은 아주 적게 들지만 거둘 수 있는 성과는 대단하지요. 쓰고 싶지 않으십니까?"

밭을 돌보던 노인은 고개를 들어 그를 쳐다보며 말했다.

"어떻게 작동하는가?"

"나무를 깎아 만든 장치인데, 뒷부분이 앞부분보다 더 무겁도록 만들어져 있습니다. 그것으로 물을 길어 올리면 마치 우물에서 물을 바

---

139) [역] "이른바 참사람이란 본성이 도道에 합치된 자이다. 그러므로 그는 있으면서도 없는 듯하고, 가득 차 있으면서도 텅 빈 듯하며, 하나에 머무를 뿐 둘을 모르고, 안을 다스릴 뿐 밖을 모른다[所謂眞人者, 性合于道也. 故有而若無, 實而若虛, 處其一不知其二, 治其內不識其外]."(『淮南子』「精神訓」)

로 퍼내듯 쉽고 물이 솥에서 끓어 확 넘칠 때처럼 빠릅니다. 그것은 방아두레박이라고 부릅니다."

밭을 돌보던 노인은 불끈 화난 표정을 짓더니 이내 조소를 띠며 말했다.

"나는 내 스승에게서 이런 말을 들었네. 교묘한 방법으로 작동되는 장치[機械]를 가진 자는 반드시 교묘한 수법으로 펼쳐지는 활동들[機事]을 하게 된다. 교묘한 수법으로 펼쳐지는 활동들을 하는 자는 반드시 교묘한 수법으로 일을 진척시키려는 마음[機心]을 갖게 된다. 교묘한 수법으로 일을 진척시키려는 마음이 가슴속에 머물면, 순수함과 소박함이 갖춰지지 않을 것이다. 순수함과 소박함이 갖춰지지 않으면, 신묘한 힘이 자리 잡지 못할 것이다. 신묘한 힘이 자리 잡지 못한 자는 도道가 받쳐주지 않을 것이다. 내가 그 장치를 모르는 것이 아니네. 부끄러워서 만들지 않을 뿐이지."

자공은 당황한 나머지 그를 똑바로 쳐다보지 못한 채 아무 대답 없이 땅만 쳐다보았다.

얼마 있다 밭을 돌보던 그 노인이 말했다.

"그대는 뭐 하는 사람인가?"

"공자의 제자입니다."

"그대가 바로 그런 사람들 중의 하나였군. 자신들을 박식하게 만들어 성인과 비슷해지려고 하고, 뭇 사람들을 내려다보려고 말도 안 되는 이야기에 골몰하는 자들, 세상의 이목이나 끌려고 고독하게 현을 타면서 구슬피 노래하는 자들 말일세. 그대들의 신묘한 기운에 대해서는 잊고 몸도 벗어버리게. 그러면 그대들에게도 희망이 있을지 모르지. 자기 자신을 다스리지 못하는데 어느 겨를에 세상을 다스리겠는가? 그만 가보게나. 내 일을 방해하지 말고."

子貢南遊於楚. 反於晋. 過漢陰. 見一丈人方將爲圃畦. 鑿隧而入井. 抱甕而出灌. 搰搰然用力甚多而見功寡. 子貢曰. 有械於此. 一日浸百畦. 用力甚寡而見功多. 夫子不欲乎. 爲圃者卬而視之曰. 柰何. 曰. 鑿木爲機. 後重前輕. 挈水若抽. 數如泆湯. 其名爲槹. 爲圃者忿然作色而笑曰. 吾聞之吾師. 有機械者心有機事. 有機事者必有機心. 機心存於胸中. 則純白不備. 純白不備. 則神生不定. 神生不定者. 道之所不載也. 吾非不知. 羞而不爲也. 子貢瞞然慙. 俯而不對. 有閒. 爲圃者曰. 子奚爲者邪. 曰. 孔丘之徒也. 爲圃者曰. 子非夫博學以擬聖. 於于以蓋衆. 獨弦哀歌以賣名聲於天下者乎. 汝方將忘汝神氣. 墮汝形骸. 而庶幾乎. 而身之不能治. 而何暇治天下乎. 子往. 无乏吾事.

자공은 충격을 받아 안색이 변하더니 어찌할 바 몰라 하며 냉정을 되찾지 못했다. 그는 삼십 리를 더 가서야 정신이 들었다.

한 제자가 말했다.

"방금 저 사람은 어떤 사람입니까? 선생님께서는 그를 만나시고는 안색이 확 바뀌셔서 종일 정신을 차리지 못하셨는데, 어째서입니까?"

[자공이 말했다.]

"나는 세상에는 오직 한 사람만 있다고 생각했지, 저런 분이 있다는 것은 전혀 몰랐다. 나는 스승님께서 이렇게 말씀하시는 것을 들었다. '일을 기획하는 단계에서는 실행 가능성을 추구하고, 결과에 대해서는 성공 가능성을 추구하라. 힘을 가장 적게 들여 가장 큰 성과를 얻는 것, 이것이 바로 성인의 도이다.' 그런데 지금 그렇지 않다는 게 드러났다. 도를 지키면 덕이 온전해지고, 덕이 온전해지는 곳에서는 몸도 온전해지며, 몸이 온전해지면 그에게 깃든 신묘한 힘도 온전해진다. 자기 속에 깃든 신묘한 힘이 온전해지는 것, 그것이 성인의 도이다. 성인은 삶이 자연스럽게 되어가는 대로 내버려둔 채 백성들과 나란히 앞으로 나아가지만 자신이 어디로 가고 있는지는 모른다. 아무 생각 없이 순진무구하기만 하다! 그런 사람의 마음속에는 틀림없이 결과, 이익, 일을 진척시키려는 교묘한 수법, 교활함 따위는 없을 것이다. 그런 사람은 자기가 뜻한 곳으로만 가고, 자기 마음에서 우러나오지 않는 일은 하지도 않는다. 온 세상이 그를 칭찬하고 그의 의견이 인정을 받아도, 그는 너무 당당해서 그런 반응들을 알아채지도 못한다. 또한 온 세상이 그를 비난하고 그의 의견을 아무도 받아들여 주지 않는다 해도, 그는 그런 것에 너무 무관심해서 아랑곳하지도 않는다. 세상의 칭찬이나 비난에 얻는 것도 잃는 것도 없는 자, 이런 사람은 '덕이 온전한 사람[全德之人]'이라고 분명히 말할 수 있다! 하지만 우리 같은 사람은 바람과 파도에 표류하는 자[風波之民]라고 불릴 만하다.

子貢卑陬失色. 頊頊然不自得. 行三十里而後愈. 其弟子曰. 向之人何爲者邪. 夫子何故見之變容失色. 終日不自反邪. 曰. 始吾以夫子爲天下一人耳. 不知復有夫人也. 吾聞之夫子. 事求可. 功求成. 用力少. 見功多者. 聖人之道. 今徒不然. 執道者德全. 德全者形全. 形全者神全. 神全者. 聖人之道也. 託生與民並行而不知其所之. 汒乎淳備哉. 功利機巧必忘夫人之心. 若夫人者. 非其志不之. 非其心不爲. 雖以天下譽之. 得其所謂. 謷然不顧. 以天下非之. 失其所謂. 儻然不受. 天下之非譽. 无益損焉. 是謂全德之人哉. 我之謂風波之民.

자공은 노나라로 돌아가 공자에게 그 일을 고했다.

공자가 말했다.

"그는 혼돈씨渾沌氏의 전통을 따르고 연마하는 자이다. 그는 모든 것의 일체성에 대해서만 알고 그것들의 이원성에 대해서는 모른다.[140] 그는 그것을 내면으로서 다스리는 것이지, 외면으로서 다스리는 것이 아니다. 밝은 깨달음에 따라 소박함으로 들어가는 자, 아무것도 함이 없음[无爲]으로써 통나무의 온전함으로 되돌아가는 자, 그런 사람은 자신을 그의 본성과 동일시하고 자기 속에 깃든 신묘한 힘을 보호하는 자이다. 그가 세속적인 사람들 사이에서 노닐고 있다고 해서, 네가 정말 그렇게까지 놀랐단 말이냐? 아무튼 혼돈씨의 전통으로 말하자면, 너와 내가 어떻게 그것을 이해할 수 있겠느냐?"

反於魯. 以告孔子. 子曰. 彼假脩渾沌氏之術者也. 識其一. 不知其二. 治其內. 而不治其外. 夫明白入素. 无爲復朴. 體性抱神. 以遊世俗之間者. 汝將固驚邪. 且渾沌氏之術. 予與汝何足以識之哉.

(『장자』 제12편 [「하늘과 땅」])

4) 그의 잘못이 아니라 사회의 잘못이다

백성들을 제대로 먹여 살리지 못하면 범죄의 발생이 불가피하다는 것은 고대 중국에서 널리 인식되고 있었다. 장자와 동시대인이었

---

140) [원] 識其一. 不知其二: "그는 모든 것의 일체성에 대해서만 알고 그것들의 이원성에 대해서는 모른다('그것의 한 면만 알고 다른 면은 모른다'가 아니다)." 이 애매한 문장의 해석은 그것이 다시 등장하는 『회남자』 제7편[「精神訓」]의 문맥 속에서 더 명료해진다(劉文典, 『淮南鴻烈集解』, 7/7A/2).

던 유가인 맹자는 흉년이 되면 도둑 떼가 증가함을 목격하였고, 지배자가 충분한 식량 공급을 보장하는 조치를 취하지 않은 채 범죄자들을 처벌하기만 하는 것은 백성들에게 덫을 놓는 행위라고 선언하였다.[141] 그러나 다음 일화는 범죄의 기원을 곧바로 계급제도와 소유제도에서 찾는다(원시주의자처럼 체계적으로 정리된 도덕의 수립에서만 찾는 게 아니다. 543-553쪽 참조)는 점에서 독특할 뿐만 아니라, 도가로서는 뜻밖에도 도덕적인 격정을 강렬하게 표출한다는 점에서도 독특하다.

|||||||||||||||

백구柏矩가 늙은 담[노담老聃] 밑에서 배우고 있었다.
백구가 말했다.
"돌아다니면서 세상을 둘러볼까 합니다."
"관두어라! 세상 어디를 가도 여기와 똑같느니라."
백구는 끝까지 고집했다.
늙은 담이 말했다.
"어디서부터 시작하려느냐?"

---

141) *Mencius*[『孟子』], translated D. C. Lau, 1A/7[『梁惠王』上], 58f["오로지 선비만이 일정한 생계 수단이 없어도 일정한 마음이 있을 수 있다. 반면 백성들의 경우, 일정한 수단이 없으면 일정한 마음도 없게 될 것이다. 일정한 마음이 없으면, 그들은 길을 잃고 무절제로 빠지게 되어 무슨 짓이든 다 하게 될 것이다. 백성들이 법에 저촉되는 지경에 이른 뒤에 그들을 처벌하는 것은 그들에게 덫을 놓는 것이다(無恆産而有恆心者, 惟士爲能. 若民, 則無恆産, 因無恆心. 苟無恆心, 放辟, 邪侈, 無不爲己. 及陷於罪, 然後從而刑之, 是罔民也]"]. 6A/7[『告子』上], 164["젊은 사람들은 풍년에는 대부분 게으르고, 흉년에는 대부분 난폭하다. 하늘이 사람들에게 재능을 내릴 때 그렇게 크게 다르도록 한 것이 아니다. 그 차이는 그들의 마음을 덫에 걸리도록 한 바에 있다(富歲, 子弟多賴; 凶歲, 子弟多暴, 非天之降才爾殊也, 其所以陷溺其心者然也)"].

"제나라부터 시작하렵니다."

제나라에 도착한 백구는 저잣거리에 매달려 있는 죄인의 시신을 보았다. 그는 시신을 밀어 넘어뜨린 다음[142] 자신의 관복을 벗어 덮어주었다. 그는 하늘을 향해 울부짖으면서 애통해했다.

"아아! 온 세상에 큰 재앙이 닥치더니, 그대가 우리보다 먼저 그것을 겪었구나. 세상 사람들은 말한다. '아무도 도둑질하지 못하게 하고 아무도 살인하지 못하게 해야 한다.' 그러나 사람을 차등적으로 존중하는 제도가 마련된 이후에야 사람들은 자신들이 불만을 가지고 있음을 알게 되었고, 재화가 축적된 이후에야 서로 다툴 만한 물건들이 있음을 알게 되었다. 우리가 불만을 불러일으킬 소지를 열어놓고 다툼을 불러일으킬 것을 축적했기 때문에 사람들의 삶은 빈곤과 궁핍 속에서 조금도 쉴 틈이 없게 된 것이다. 이런 결과에 이른 것이 뭐가 그리 놀랍겠는가?

옛날에 군주 노릇하던 자들은 성공은 백성들에게로 돌리고 실패는 자신들에게로 돌렸다. 정직하다는 평판은 백성들의 것이고, 부정직하다는 의혹은 자신들의 것이라고 생각했다. 그래서 단 한 사람이라도 형벌을 받아 몸이 상하면, 그들은 물러나 자책하였다. 그러나 지금은 그렇지 않다. 그들은 물건들을 더 은밀하게 숨겨놓고는 사람들이 그것을 모른다고 나무라고,[143] 어려운 일들을 더 어렵게 만들어놓고는 사람들이 망설인다고 비난하며, 책임을 더 무겁게 만들어놓고는 감당하지 못한다고 처벌하며, 목적지를 더 멀리 설정해놓고는 도달

---

142) [원] 僵: 통용본은 '彊'으로 되어 있다. 마쉬룬의 『장자의증』에 따라 '僵'으로 교정한다.

143) [원] 過: 통용본은 '愚'로 되어 있다. 유월의 『제자평의』에 따라 '過'로 교정한다.

하지 못한다고 사형시킨다. 백성들이 지혜와 힘이 다 고갈되면, 그다음 단계는 거짓말하는 일뿐이다. 날로 거짓말할 일이 많아진다면 선비들이든 백성들이든 어떻게 거짓말하지 않고 살 수 있겠는가? 힘이 부족하면 거짓말을 하기 마련이다. 지혜가 부족하면 협박하기 마련이다. 재화가 부족하면 도둑질하기 마련이다. 도둑과 강도의 행위를 두고 우리가 누구에게 책임을 물을 것인가?"

柏矩學於老聃. 曰. 請之天下遊. 老聃曰. 已矣. 天下猶是也. 又請之. 老聃曰. 汝將何始. 曰. 始於齊. 至齊. 見辜人焉. 推而僵之. 解朝服而幕之. 號天而哭之曰. 子乎子乎. 天下有大菑. 子獨先離之. 曰莫爲盜. 莫爲殺人. 榮辱立. 然後覩所病. 貨財聚. 然後覩所爭. 今立人之所病. 聚人之所爭. 窮困人之身使无休時. 欲无至此. 得乎. 古之君人者. 以得爲在民. 以失爲在己. 以正爲在民. 以枉爲在己. 故一形有失其形者. 退而自責. 今則不然. 匿爲物而過不識. 大爲難而罪不敢. 重爲任而罰不勝. 遠其塗而誅不至. 民知力竭. 則以僞繼之. 日出多僞. 士民安取不僞. 夫力不足則僞. 知不足則欺. 財不足則盜. 盜竊之行. 於誰責而可乎.

(『장자』 제25편 「칙양」)

10
그 외 갖가지 이야기들

 안회가 동쪽으로 제나라에 가자, 공자에게 근심스러운 기색이 역력했다. 자공이 깔고 있던 자리에서 일어나 물었다.
 "소자 감히 여쭙습니다. 선생님께서는 회가 동쪽으로 제나라에 간 것이 어찌해서 그토록 근심스러우신지요?"
 "그거 좋은 질문이구나! 예전에 관자管子가 한 말 중에 내가 참 좋다고 생각한 말이 하나 있다. '주머니가 너무 작으면 큰 것을 담을 수 없고, 두레박줄이 너무 짧으면 깊은 곳의 물을 길어올릴 수 없다.' 이 말을 한 자는 운명이란 딱 그만큼만 이루도록 정해져 있고, 형체란 딱 그만큼만 맞아떨어지도록 되어 있다는 것을 잘 아는 자이다. 그것이 얼마만큼이든 간에 더 늘일 수도 없고 줄일 수도 없다. 나는 회가 제나라 제후와 함께 요·순 및 황제의 도道에 대해 이야기하고, 수인과 신농의 말을 들어 자기의 주장을 강조할까 두렵다. 그 제후는 자기 속에 그런 게 있는지 찾아볼 테고, 결국 찾지 못할 것이다. 찾지 못하면 당황해 할 테지. 네가 조언을 하고 있는 상대방이 당황해하면,

너는 곧 죽게 된다.

　게다가 너도 이 이야기를 들어보지 않았느냐? 옛날 노나라 교외에 바닷새 한 마리가 내려앉은 일이 있었다. 노나라 제후는 기쁘게 맞이하면서 종묘에서 연회를 열었다. 그 새를 즐겁게 해준답시고 구소九韶의 음악을 연주하고, 진미를 대접한답시고 태뢰太牢의 제사 때 쓰는 고기들을 바쳤지. 그러자 그 새는 멍한 눈빛으로 불안해하고 파리해지더니 고기를 한 점도 못 먹고 술을 한 잔도 못 마신 채 사흘 만에 죽고 말았다. 이것은 자기에게 맞는 방법으로 새를 돌본 것이지, 새에게 맞는 방법으로 새를 돌본 것이 아니다. 새에게 맞는 방법으로 새를 돌보는 사람이었다면, 그 새를 깊은 숲에서 살게 하고 수심이 얕은 곳에서 놀게 하며, 강호江湖를 떠다니게 하면서 미꾸라지와 피라미를 잡아먹게 했겠지. 또 무리의 행렬을 따라 하강하게 하고 공기의 저항을 최소화하는 쪽으로 방향을 바꾸며 비행하다 내려앉게 했겠지. 새는 인간의 목소리보다 더 듣기 싫어하는 게 없다. 그런데 이 왁자지껄한 소란으로 대체 뭘 하겠다는 것이었을까? 동정호洞庭湖의 황야에서 함지咸池와 구소의 음악을 연주하면, 그 소리에 새들은 날아가버리고 짐승들은 도망치며 물고기들은 물속 깊이 내려간다. 사람들만 그 소리를 듣고는 둘러앉아 관람한다. 물고기는 물속에 있으면 살지만 인간은 물속에 있으면 죽는다. 인간과 물고기가 다를 수밖에 없는 것은 각자 필요로 하는 것이 본래[144] 다르기 때문이다. 그래서 옛날의 성인들은

　　사람들이 똑같은 능력을 갖추기를 바라지 않았고

---

144) [원] 故: '固'와 같다.

그들에게 똑같은 일을 부과하지도 않았다.
이름은 실질적 내용을 넘어서지 않았고,
의무는 때에 딱 맞게 행해졌다.

이것이 바로 '나뭇가지들이 사방으로 뻗쳐나가듯, 바퀴살들이 그 중심에[145] 꽉 붙들려 있듯'이라는 말이 의미하는 것이다."

顔淵東之齊. 孔子有憂色. 子貢下席而問曰. 小子敢問. 回東之齊. 夫子有憂色. 何邪. 孔子曰. 善哉汝問. 昔者管子有言. 丘甚善之. 曰. 褚小者不可以懷大. 綆短者不可以汲深. 夫若是者. 以爲命有所成而形有所適也. 夫不可損益. 吾恐回與齊侯言堯舜黃帝之道. 而重以燧人神農之言. 彼將內求於己而不得. 不得則惑. 人惑則死. 且女獨不聞邪. 昔者海鳥止於魯郊. 魯侯御而觴之于廟. 奏九韶以爲樂. 具太牢以爲膳. 鳥乃眩視憂悲. 不敢食一臠. 不敢飮一杯. 三日而死. 此以己養養鳥也. 非以鳥養養鳥也. 夫以鳥養養鳥者. 宜栖之深林. 遊之壇陸. 浮之江湖. 食之鰍鰷. 隨行列而止. 委蛇而處. 彼唯人言之惡聞. 奚以夫譊譊爲乎. 咸池九韶之樂. 張之洞庭之野. 鳥聞之而飛. 獸聞之而走. 魚聞之而下入. 人卒聞之. 相與還而觀之. 魚處水而生. 人處水而死. 彼必相與異. 其好惡故異也. 故先聖不一其能. 不同其事. 名止於實. 義設於適. 是之謂條達而福持.

(『장자』 제18편 「지극한 즐거움」)

• • •

---

145) [원] 福: 첸무의 『장자찬전』에 따르면 '輻'과 같다.

미끼는 물고기를 잡는 수단으로, 사람들이 원하는 것은 물고기이
므로 물고기를 잡으면 미끼는 잊는다. 덫은 토끼를 잡는 수단으로, 사
람들이 원하는 것은 토끼이므로 토끼를 잡으면 덫은 잊는다. 말은 생
각을 포착하는 수단으로, 사람들이 원하는 것은 생각을 이해하는 것
이므로 생각을 이해했으면 말에 대해서는 잊는다. 나는 그 어디에서
말에 대해 잊은 자를 만나 그와 함께 말을 나눌 수 있을까?

筌者所以在魚. 得魚而忘筌. 蹄者所以在兎. 得兎而忘蹄. 言者所以
在意. 得意而忘言. 吾安得夫忘言之人而與之言哉.

(『장자』 제26편 [「사물들을 자기 밖에 두다」])

• • •

'도道'란 덕德이 하나의 배치 속에 배열되는[146] 것이다. '생명'이란
덕으로부터 발산되는 것이다. 어떤 것의 '본성'이란 그것이 살아가는
자원이 되는 것이다. 본성에서 나오는 움직임을 '행위[爲]'라고 부른
다. 행위가 인위적으로 꾸며낸 것이 되면 '실패[失]'라고 부른다.

'앎'이란 무언가와 접촉하는 것이고, '지식'이란 그것의 재현[147]이
다. 지식으로는 알지 못하는 것에 대해 말하자면 그것은 우리가 한
방향으로만 응시하는 것과 같다.

부득이한 길을 따라 움직이는 것을 '덕'이라고 부른다. 움직임이

---

146) [원] 欽: '廞'과 같다. '廞'은 『설문해자』에서 "陳與服於庭", 즉 "수레와 장비를 뜰
    에 벌여놓다"로 정의된다(兪樾, 『諸子平議』).
147) [원] 謨: 첸무의 『장자찬전』에 따르면 '摹'와 같다. A. C. Graham, *Later Mohist
    logic, ethics and science*, 196을 참조하라.

자기 자신으로부터 나오는 것을 '질서 정연함[治]'이라고 부른다. 명칭들은 상반되더라도 실질적 내용들은 서로 따른다.

> 道者. 德之欽也. 生者. 德之光也. 性者. 生之質也. 性之動. 謂之爲.
> 爲之僞. 謂之失. 知者. 接也. 知者. 謨也. 知者之所不知. 猶睨也. 動
> 以不得已之謂德. 動无非我之謂治. 名相反而實相順也.
>
> (『장자』 제23편 [「경상초」])

|주| 기본 개념들을 정의들로 구성된 하나의 체계 속에서 조직화하는 것은 비非도가적인 기획으로 보이지만, 우리는 이미 그 기획을 보여주는 한 가지 사례를 언급했다(418-420쪽). 여기서는 묵가적인 모델을 따른 것으로 보인다. 후기 묵가들은 정의들의 연쇄 고리를 발전시켰고, 유사성 개념으로부터는 원[圜]을, '욕구[欲]'와 '혐오[惡]'라는 상반된 개념으로부터는 도덕적 덕목들을 끌어냈다.[148] '성인이 사람들을 위해 앞서[先] 욕구하고 혐오하는 것'에 대한 언급과 '앞서[先] 아는' 것으로서의 원에 대한 언급으로 볼 때,[149] 후기 묵가들은 그 정의들이 이른바 '선험적 a priori' 지식을 확립해준다고 생각한 듯하다. [이 단락에서 저자인] 도가 역시 유사한 연쇄 고리를 구성하려고 시도한다. 다만 그는 자신의 개념들을 '욕구'와 '혐오'로부터가 아니라, '부득이함[不得已]', 즉 선택된 것이 아닌 것, 사고가 개입하지 않는 행동으로부터 끌어낸다.

지식에 관한 문장들은 이 연쇄 고리에서 벗어나 있다. '(좋은 것으로

---

148) A. C. Graham, *Later Mohist logic, ethics and science*, 47-49, 57f.
149) ibid., 247, 342.

서의) 앎knowing'이란 오고 가는 사물들과 접촉하는 것이고, '(나쁜 것 으로서의) 지식knowledge'이란 그 사물들에 대한 고정된 재현들을 보존하는 것이다. 도가들이 '지식으로는 알지 못하는 것'에 대해 언급할 때 그 주안점은 지식이란 마치 우리가 계속해서 한 방향만 응시하는 것처럼 운동성이 없다는 데 있다. 이 절은 『묵경』 A3-6에 나오는 정의 및 실례와 직접적으로 연관되어 있다. "'지력'이란 능력이다. … 시력처럼 말이다[知, 材也. … 若明]." "'앎'이란 무언가와 접촉하는 것이다. … 보는 것처럼 말이다[知, 接也. … 若見]." "'생각'이란 그것을 찾는 것이다. … 응시하는 것처럼 말이다[慮, 求也. … 若睨]." "'이해'란 그것을 명확하게 아는 것이다. … 명확하게 보는 것처럼 말이다[智, 明也. … 若明]."

● ● ●

조상에게 지내는 제사를 주관하는 자가 네모반듯하게 재단된 검은 예복을 입고, 축사의 창살을 통해 돼지들을 내려다보면서 조언을 했다.

"너희들은 어째서 죽는 걸 거부하느냐? 나는 석 달 동안 너희들을 살찌우고, 나 자신은 열흘간 금욕적인 생활을 하고 사흘간 단식을 할 것이다. 그런 다음 흰 띠풀을 깔아놓고 아름답게 조각된 받침대 위에 너희들의 어깨살과 엉덩이살을 가지런히 올려놓을 것이다. 이렇게 하는 데 너희들도 동의하겠지?"

만약 돼지의 입장에서 조언을 해준다면 이렇게 말할 것이다. "돼지들에게 가장 좋은 것은 겨와 지게미를 먹으면서 축사의 창살 안에 그대로 있는 것이다." 그러나 우리 자신에게 살아서는 고관들의 수레와 면류관으로 떠받들고, 죽어서는 호화롭게 장식된 관 안에 넣어 채색된 상여 위에 놓일 수 있게 해주겠다고 조언한다면, 우리는 그렇게 하는 데 동의할 것이다. 이것은 돼지를 위해서는 거부하는 것을 우리 자신을 위해서는 받아들이는 꼴이다. 우리와 돼지 사이에 무슨 차이가 있는가?

祝宗人玄端以臨牢筴. 說彘曰. 汝奚惡死. 吾將三月㹖汝. 十日戒. 三日齊. 藉白茅. 加汝肩尻乎彫俎之上. 則汝爲之乎. 爲彘謀曰. 不如食以糠糟. 而錯之牢筴之中. 自爲謀. 則苟生有軒冕之尊. 死得於腞楯之上. 聚僂之中. 則爲之. 爲彘謀則去之. 自爲謀則取之. 所異彘者何也.

(『장자』 제19편 [「본성에 통달하기」])

• • •

환공이 관중管仲에게 수레를 몰게 하여 저지대로 사냥을 나갔는데, 거기서 마침 귀신을 보게 되었다. 환공은 관중의 손을 꽉 잡더니 말했다.
"저걸 보았소?"
관중이 대답했다.
"신은 보지 못했습니다."
환공은 돌아와서는 헛소리를 하더니 앓아누워 며칠 동안 아무 데도 나가지 못했다. 제나라 선비 중에 황자고오皇子告敖라는 자가 있었는데, 그가 환공에게 말했다.
"전하께서는 스스로 상하신 겁니다. 귀신이 어떻게 전하를 상하게 할 수 있겠습니까? 몸에 가득 차 있던 기운이 흩어져서 몸으로 돌아오지 않으면 그 사람은 쇠약해집니다. 그것들이 높이 올라가 내려오지 않으면 그 사람은 화를 잘 내게 됩니다. 그것들이 가라앉아 올라오지 않으면 그 사람은 잘 잊어버리게 됩니다. 그것들이 도중에 심장에 머물면 그 사람은 앓아눕게 됩니다."

환공이 말했다.

"그렇다면 귀신이란 것이 존재한다는 것인가?"

"존재합니다. 도랑에는 이履가 있고, 부뚜막에는 결髻이 있습니다. 집안의 쓰레기 더미에는 뇌정雷霆이 삽니다. 집의 북동쪽 구석에는 배아倍阿와 해롱鮭蠪이 깡충깡충 뛰면서 돌아다니고, 북서쪽 구석의 아래쪽에는 일양泆陽이 삽니다. 물속에는 망상罔象이 있고, 언덕에는 신峷이, 산에는 기夔가, 들에는 방황彷徨이, 저지대에는 위이委蛇가 있습니다."

"위이는 어떻게 생겼는지 물어봐도 되겠는가?"

"위이는 그 둘레가 수레의 바퀴통만 하고 길이는 수레의 굴대만 합니다. 이 귀신은 자주색 옷을 입고 주홍색 관을 쓰고 있지요. 아주 못생긴 귀신인데, 천둥소리처럼 울리는 수레 소리를 들으면 양손으로 머리를 받치고 똑바로 일어섭니다. 그 귀신을 본 사람은 머잖아 천하의 패자가 된다고 합니다."

환공은 크게 기뻐하며 웃었다.

"내가 본 것이 바로 그것이다."

그러고는 의관을 정제하고는 황자 곁에 앉았다. 환공은 그날이 채 가기도 전에 자기 병이 말끔히 나았다는 사실도 몰랐다.

桓公田於澤. 管仲御. 見鬼焉. 公撫管仲之手曰. 仲父何見. 對曰. 臣无所見. 公反. 誒詒爲病. 數日不出. 齊士有皇子告敖者曰. 公則自

傷. 鬼惡能傷公. 夫忿瀋之氣. 散而不反. 則爲不足. 上而不下. 則使人善怒. 下而不上. 則使人善忘. 不上不下. 中身當心. 則爲病. 桓公曰. 然則有鬼乎. 曰. 有. 沈有履. 竈有髻. 戶內之煩壤. 雷霆處之. 東北方之下者. 倍阿鮭蠪躍之. 西北方之下者. 則泆陽處之. 水有罔象. 丘有莘. 山有夔. 野有彷徨. 澤有委蛇. 公曰. 請問. 委蛇之狀何如. 皇子曰. 委蛇. 其大如轂. 其長如轅. 紫衣而朱冠. 其爲物也. 惡聞雷車之聲. 則捧其首而立. 見之者殆乎霸. 桓公囅然而笑曰. 此寡人之所見者也. 於是正衣冠與之坐. 不終日而不知病之去也.

(『장자』제19편[「본성에 통달하기」])

|주| 독자들이 집 주변을 떠도는 이 정체불명의 생물들에 대해 뒤져보고 싶어 할 경우에 대비해서, 3-7세기 주석가들의 설명을 여기에 실어둔다. "부뚜막 귀신은 아름다운 소녀의 모습을 하고 있고 붉은 옷을 입고 있으며, 그 이름은 결이다." "해롱은 작은 소년의 모습을 하고 있고 키가 1척 4촌이며, 검은 옷을 입고 빨간 두건을 쓰고, 큰 모자에 검을 차고 창을 쥐고 있다." "일양은 표범의 머리에 말의 꼬리를 가지고 있는데, 혹자는 개의 머리라고 한다." "망상은 작은 소년의 모습을 하고 있고 색깔은 붉고 검으며, 붉은 발톱에 큰 귀와 긴 팔을 가졌다." "신은 뿔이 달린 개의 모습을 하고 있는데, 몸에 다섯 가지 색[오색五色]의 문신이 새겨져 있다." "기는 황소만큼 크고 북의 모습을 하고 있으며, 한 발로 걷는다." "방황은 뱀의 모습을 하고 있고 머리가 둘이며, 다섯 가지 색의 문신이 새겨져 있다."

● ● ●

공자가 서쪽에 있는 위衛나라로 여행을 갔을 때, 안회가 음악의 스승 금金[사금師金]에게 물었다.

"우리 선생님의 여행에 대해 어떻게 생각하십니까?"

"아, 딱하도다! 자네 스승은 궁지에 빠질 것일세."

"어째서 그렇다는 것입니까?"

"지푸라기로 만든 개들은 제물로 바쳐지기 전에는 대나무 상자 안에 담겨 아름답게 수놓은 천에 싸여 있다네. 무당과 제사를 주관하는 자는 미리 재계를 하고 금욕적인 생활을 하다가 때가 되면 그것들을 받들고 가지. 그러나 일단 제사가 끝나면, 그것들은 버려져서 머리와 등줄기가 지나가는 사람들에게 밟히거나 부엌 아궁이의 불쏘시개로나 쓰일 뿐이네. 만일 그것들을 다시 주워다 상자에 넣고 수놓은 천으로 싸놓는다고 해보게. 여행객이든 그곳에 사는 사람이든 그 밑에서 졸다가는 틀림없이 악몽을 꾸거나 가위눌리게 될 것일세. 지금 자네의 스승은 선왕들이 언젠가 제물로 바쳤던 지푸라기로 만든 개들을 다시 주워놓고는 제자들을 끌어모아, 여행 중에도 집에 있을 때도 그 밑에서 졸고 있는 격이네. 그래서 송나라에서는 잘린 나무가 그를 덮쳤고, 위나라에서는 지나온 발자국을 지워야 했으며, 상商나라와 주周나라에서는 궁지에 몰렸던 것일세. 이것이 바로 악몽을 꾼 것이 아니고 뭐겠는가? 또 진陳나라와 채蔡나라 사이에서는 포위를 당해 이레 동안이나 익힌 음식을 먹지 못한 채 삶과 죽음의 갈림길에서 헤맸네. 이것이 바로 가위눌린 게 아니고 뭐겠는가?

물 위에서는 배를 타고 다니는 것이 가장 편하고, 마른땅에서는 수레를 타고 다니는 것이 가장 편하지. 배가 물 위를 잘 간다고 해서 그것을 뭍에서도 밀고 가려고 한다면, 평생 동안 아주 조금밖에 가지 못할 것일세. 자네 스승에게는 과거와 현재가 물과 마른땅이 아니겠는가? 또 주나라와 노나라가 배와 수레가 아니겠는가? 오늘날 주나라의 제도가 노나라에서 시행되었으면 하는 열망을 갖는 것은 마른 땅에서 배를 밀고 가는 것과 같은 것이네. 온 힘을 다해도 성과가 적을 뿐만 아니라, 틀림없이 자네에게도 재앙이 닥칠 것이네. 그대의 스승은 일정한 방향을 정해두지 않고 방향을 바꾸는 것, 사물들에 응할 때 어떤 제약도 받지 않는 것, 이런 것에 대해서는 전혀 모르고 있다네. 더욱이 자네는 방아두레박이라는 것을 본 적이 있을 테지? 그것은 당기면 아래로 향하고, 놓으면 위로 향한다네. 사람이 그것을 당기는 것이지, 그것이 사람을 당기는 것은 아니지. 그러니 그것이 위로 향하든 아래로 향하든 사람이 그것을 비난할 수는 없는 것이네.

그러므로 세 왕[삼황三皇]과 다섯 황제[오제五帝]의 의례들과 의무들, 법과 척도에 있어서 중요한 것은 그것들이 똑같이 시행되는 데 있는 게 아니라, 사물들을 질서 정연하게 만드는 데 있다네. 세 왕과 다섯 황제의 의례들과 의무들, 법과 척도는 비유하자면, 아가위, 배, 귤, 유자와 같은 것이 아니겠는가? 맛은 차이가 있지만, 입은 그것들을 다 좋아한다네. 그러므로 의례들과 의무들, 법과 척도도 시대에 응하여 변하는 것이라네.

지금 자네가 원숭이를 잡아다 주공의 옷을 입힌다고 해보세. 그 원숭이는 틀림없이 옷이 다 벗겨질 때까지 쉬지 않고 물어뜯고 잡아당기고 찢을 것이네. 과거와 현재의 차이를 잘 살펴보면, 그 둘은 원숭이와 주공만큼이나 다른 것이지. 이런 이야기가 있다네. 서시西施가 가슴앓이를 해서 이웃사람들을 보고 얼굴을 찡그렸는데, 이웃의 못생긴 여인이 그 모습을 보고는 아름답다고 생각했네. 그래서 그 여인은 집으로 돌아온 후에 자기도 가슴을 치면서 이웃들을 보고 얼굴을 찡그렸다 하지. 그녀를 본 이웃의 부자들은 문을 굳게 닫아걸고 밖으로 나오지 않았고, 가난한 자들은 손으로 처자식을 잡아채서 서둘러 그곳을 떠났다네. 그 여인은 서시의 찡그린 모습이 아름다운 줄만 알고, 그것이 왜 아름다운 줄은 몰랐던 거지. 아, 참으로 딱하다! 자네의 스승은 궁지에 빠질 것일세."

孔子西遊於衛. 顔淵問師金曰. 以夫子之行爲奚如. 師金曰. 惜乎. 而夫子其窮哉. 顔淵曰. 何也. 師金曰. 夫芻狗之未陳也. 盛以篋衍. 巾以文繡. 尸祝齊戒以將之. 及其已陳也. 行者踐其首脊. 蘇者取而爨之而已. 將復取而盛以篋衍. 巾以文繡. 遊居寢臥其下. 彼不得夢. 必且數眯焉. 今而夫子亦取先王已陳芻狗. 聚弟子游居寢臥其下. 故伐樹於宋. 削迹於衛. 窮於商周. 是非其夢邪. 圍於陳蔡之間. 七日不火食. 死生相與隣. 是非其眯邪. 夫水行莫如用舟. 而陸行莫如用車. 以舟之可行於水也而求推之於陸. 則沒世不行尋常. 古今非水陸與. 周魯非舟車與. 今蘄行周於魯. 是猶推舟於陸也. 勞而无功. 身必有殃. 彼未知夫无方之傳. 應物而不窮者也. 且子獨不見夫桔槔者乎. 引之則俯. 舍之則仰. 彼. 人之所引. 非引人也. 故俯仰而不得罪於人. 故夫三皇五帝之禮義法度. 不矜於同而矜於治. 故譬三皇五帝之禮義法度. 其猶柤梨橘柚邪. 其味相反. 而皆可於口. 故禮義法度者. 應時而變者也. 今取猨狙而衣以周公之服. 彼必齕齧挽裂. 盡去而後慊. 觀古今之異. 猶猨狙之異乎周公也. 故西施病心而矉其里. 其里之醜人見之而美之. 歸亦捧心而矉其里. 其里之富人見之. 堅閉門而不出. 貧人見之. 挈妻子而去走. 彼知矉美. 而不知矉之所以美. 惜乎. 而夫子其窮哉.

(『장자』 제14편 「하늘의 운행」)

제4부

원시주의자의 논문과 관련 일화들

『장자』라고 불리는 한 권의 책에는 온갖 글이 뒤섞여 있는데, 그 속에는 〈내편〉을 저술한 장자만큼이나 독특한 정체를 가진 저자가 한 명 더 있다. 그는 〈외편〉의 처음 세 편(제8-10편[「물갈퀴 살이 있는 발가락」, 「말발굽」, 「큰 가방 훔치기」])과 네 번째 편[「제자리를 지키게 하고 도를 넘지 않게 하라」]의 도입부에 있는 논문을 쓴 사람이다. 본서에서는 그를 '원시주의자Primitivist'라고 부를 것이다. 그는 「도둑 척[도척]」(제29편)을 저술한 양가의 저자와 일정한 관념들(원시적 유토피아가 신농神農을 끝으로 황제黃帝에 의해 몰락했다든가, 도덕군자와 범죄자는 똑같이 해롭다든가, 국가를 찬탈하는 것은 도덕을 승자에게 복무하게 만드는 일종의 범죄라든가 하는 관념들)을 공유하고 있다. 그러나 원시주의자는 사상과 문체 양 방면에서 「도둑 척」의 저자와 다르다. 「도둑 척」과 원시주의자의 「큰 가방 훔치기」, 이 두 편은 『장자』에서 가장 유명한 편들에 속하고, 또 이전의 번역들에서 성공적으로 다뤄졌기 때문에 우리가 해야 할 일은 그것들을 적절한 맥락 속에 위치시키는 것이다.

알다시피 중국철학은 주周 제국이 분열되어 여러 제후국이 서로 각축을 벌이던 시기에 가장 활발하게 전개되었다. 장자가 살았던 시기는 기원전 4세기 말 무렵이다. 기원전 3세기에는 멀리 서북쪽에 있던 진나라가 서서히 나머지 제후국들을 정복해나갔다. 정치권력을 향한 투쟁이 정점으로 치닫게 되자 유가와 묵가의 도덕주의적 가르침은 차츰 설득력을 잃어가는 듯 보였다. 진이 후원한 철학자들은 한비자韓非子(기원전 233년 사망) 같은 법가法家가 유일하다. 법가는 도덕적 관점으로부터 탈피하여 정치권력의 조건들을 분석하는 데 착수했으며, 이것은 마키아벨리의 작업에 비견될 만한 것이었다. 이 시기의 법가나 [『장자』의] 원시주의자 및 「도둑 척」의 저자에게는 하나의 공통점이 발견된다. 즉 이들은 도덕적인 요구들과 정치적 현실 사이의 대립이 더 이상 지탱할 수 없게 된 시기에 등장한 도덕주의자들을 악의적으로 경멸했던 것이다.

기원전 221년 진의 왕은 마지막 남은 제후국이었던 북서쪽의 제나라마저 정복하고는 자신을 제국의 황제인 시황제始皇帝로 공표하였다. 기원전 213년 시황제는 기존의 철학 유파들을 공식적으로 금하고 그들의 책도 불살랐다. 이 때문에 편의상 진왕조는 공자(기원전 551-479)로부터 시작된 찬란한 중국 사상의 시대가 막을 내린 시기로 간주된다. 그러나 그런 역사학적 편의에도 불구하고 역사 자체는 그리 산뜻하지 않다. 재통일의 첫 번째 단계는 기원전 210년 시황제가 죽은 지 얼마 되지 않아 곧 일단락되었다. 그후 내란이 벌어진 막간의 시기(기원전 209-202)에는 진에 의해 잠깐 중단되었던 '전국戰國' 시대가 다시 계속되는 것만 같았다. 지난 4년간 진의 억압을 피해 잠시 숨어 있었던 여러 철학 유파가 다시 모습을 드러내더니, 당시 왕위 쟁탈전을 벌이던 자들에게 앞다투어 영향력을 행사하려고 하였다. 유가의 경우, 농민 반란군이었던 진승陳勝(기원전 209-208[재위])의 편에 가담했던 것으로 알려져 있으며, 공자 가문의 수장이었던 공부孔鮒는 진승 밑에서 관직을 맡았다고 한다.[1] 제국의 재통일은 마침내 한왕조(기원전 206-기원후 220)에 의해 공고해졌다. 한왕조는 처음에는 도가를 중심으로 한 혼합주의로 기울었으나, 무제武帝(기원전 140-87[재위]) 치하에서 유가를 전폭적으로 밀게 되었다.

원시주의자의 저술은 아마도 미래가 여전히 불투명하던 내란의 시기, 즉 기원전 205년 이전의 몇 년 사이에 이루어졌을 것이다. 물론 원시주의자가 소개하는 일화들 가운데 도둑 척이 도덕에 대해 일장 연설을 하고 있는 일화[2]는 그보다 앞서 저술된 『여씨춘추』(기원전 240년경)에서도 발견된다.[3] 그러나 둘 사이의 유사성은 신랄한 언사를 구사한다는 점을 제외하면 용어상의 동일성은 없다. 이 점은 두 일화가 구술적 전통으로부터 각자 독자적으로 차용되었음을 암시한다. 원시주의자의 논문들에서는 천하를 여전히 열국들이 각축을 벌이고 있는 전쟁터로 보고 있다. 그러나 기원전 221년까지 제나라를 통치

---

1) [역] 사마천의 기록에 따르면 공부(기원전 264-208)는 공자의 9대손으로 진승 정권에서 박사博士로 임명되었다. "[공자의 8대손] 자신子愼이 부鮒를 낳았는데, 부는 57세까지 살았으며 진왕陳王 섭涉의 박사가 되었고 진에서 죽었다[子愼生鮒, 年五十七, 爲陳王涉博士, 死於陳下]."(『史記』「孔子世家」)
2) 543쪽 이하를 참조하라.
3) [역] "도척의 일행이 도척에게 '도둑에게도 도道가 있습니까?'라고 묻자 도둑이 말했다. '어찌 거기에 도가 있다뿐이겠느냐? 무릇 빗장을 걸어 잠근 문 안을 멋대로 헤아려서 무엇이 숨어 있는지를 아는 것은 성聖이고, 먼저 들어가는 것은 용勇이며, 뒤에 나오는 것은 의義이고, 도둑질할 때를 아는 것은 지智이고, 똑같이 나누는 것은 인仁이다. 이 다섯 가지에 능통하지 않고서 큰 도둑이 될 수 있었던 자는 천하에 없었다.'[跖之徒問於跖曰, 盜有道乎? 跖曰, 奚啻其有道也? 夫妄意關內, 中藏, 聖也, 入先, 勇也, 出後, 義也, 知時, 智也, 分均, 仁也. 不通此五者, 而能成大盜者, 天下無有]"(『呂氏春秋』「仲冬紀·當務」)

했던 전씨田氏 가문의 몰락에 대해 구체적으로 언급하고 있는 것으로 보아, 이 논문들은 진에 의한 통일 이후에 저술된 것이다.[4] 이 논문들에서는 이전의 도덕주의가 노골적으로 처벌에 의존하는 방향으로 변질되어갔다고 언급하고 있다. 아시다시피 처벌에 노골적으로 의존하는 것은 진왕조의 특징이다.[5] 그러나 이 논문들의 주요 표적은 오히려 진왕조가 억압했던 학파들, 즉 유가와 묵가 및 양가이다. 원시주의자는 "양주와 묵적墨翟이 바로 지금 으스대기 시작하면서 자신들이 성공했다고 생각한다"[6]고 말하면서, 그 즈음에 벌어진 학파들 간의 경쟁 상황에 대해 암시하고 있다. 원시주의자의 다음 문장은 이 점을 한층 더 명료하게 보여주는데, 이 문장은 유가와 묵가의 기원을 훨씬 더 이전으로 잡는 역사적 개괄의 끝 부분에 등장한다. "지금 세상에는 형을 당해 죽은 자들이 등을 맞대고 누워 있고, 칼과 차꼬가 채워진 자들이 서로 팔꿈치가 닿을 정도로 가득하며, 불구가 된 사람들을 어디서나 항상 볼 수 있다. 그런데 바로 이런 때에 유가와 묵가가 으스대기 시작하면서 소맷부리를 획획 젖히며 족쇄와 수갑이 채워진 사람들 사이로 나온다."[7] 원시주의자의 논문들은 당시 다시 소생하고 있던 다른 학파들에 맞서서, 특히 다음 세기에 승자가 될 유가에 맞서서 도가적 사회 개념을 옹호하는 정치적 논쟁서이다.

〈내편〉과 달리 원시주의자의 편들은 연속적으로 이어지는 논문들이며 균일한 산문체로 쓰여 있다. 그 문체는 반복적이긴 해도 생생하게 살아 있으며 색다르고 자기중심적이고 호전적이다. 이 편들에서

---

4) 544쪽을 참조하라.
5) 555, 560쪽을 참조하라.
6) 533쪽을 참조하라.
7) 560쪽을 참조하라.

드러나는 관념들은 도가적일지 몰라도 거기에 발휘된 기질은 그렇지 않다. 원시주의자는 정교하게 병치된 문장들과, 개념 패턴들('다섯 가지 색[오색五色]', '다섯 가지 음[오성五聲]', '다섯 가지 냄새[오취五臭]', '다섯 가지 맛[오미五味]', '다섯 가지 장기[오장五藏]')을 사용해서 사유한다. 이 개념 패턴들은 한왕조 때 중국인들의 사고를 지배하기에 이르지만, 정작 〈내편〉의 저자인 장자 본인은 자신의 유동적이고 예측 불가능한 사고의 운동 속에서 해소시켜버렸던 것이다. 이런 지적 경직성에도 불구하고 이 편들의 언어는 살아 있다. 도가에게 어울리지 않는 격정과 경멸과 분노로 가득 차 있기 때문이다. 원시주의자의 입장에서 보면 도가의 의도는 본질적으로 사회적이고 정치적이다. 처벌을 통해 사람들을 억압하고 도덕적 호소를 통해 사람들을 현혹하는 국가에 대항하여 인간의 자발성을 지켜내려고 한다. 진왕조가 몰락한 지금, 원시주의자는 간섭하지 않고 내버려두는 것 이외의 어떤 통치도 원하지 않으며, 특히 막 부활하고 있는 유가와 묵가 같은 도덕주의자들에 의해 관리되는 것을 원치 않는다.

원시주의자인 저자는 도덕적이고 심미적인 문화 전체를 혐오하는 극단론자이다. 그는 가장 소박한 삶의 양식으로 되돌아가서, 사치스럽고 세련된 생활과 지적 추상화의 유혹에 방해받지 않기를, 무엇보다도 유가와 묵가의 도덕주의의 유혹에 방해받지 않기를 원한다. 앞서 우리는 "우리의 본성과 운명의 본질적 요소들[性命之情]"에 대해 쓴 '장자 학파'의 짧은 논문을 잠깐 살펴보았다. 그 논문에서는 삶의 생물학적 과정을 순탄하게 따를 것을 권고한다. 세속적 야망 때문에 생명력을 고갈시켜 수명을 줄어들게 하지도 말고, 반대로 수명을 늘리려고 공연히 애쓰지도 말라는 것이다.[8] 원시주의자는 "우리의 본성과 운명의 본질적 요소들"을 그의 구호로 삼고 있다. 인간의 신체는 본성에 따라 탄생으로부터 죽음에 이르는 단계들을 거치게 된다. 원시주의자는 우리에게 '본성'에 충실하기를 요구하며, 우리 속에 내재한 '덕德'에도 충실할 것을 요구한다. 덕이란 일차적으로는 시력과 청력 같은 신체적 능력들이다. 불행히도 인간의 본성은 과도함으로 흐를 수 있으며, 그래서 마치 발가락 사이에 물갈퀴 모양의 살이 자라나는 신체가 있듯이 엉뚱한 형태로 자라기도 한다. 그리고 인간의 능력은 예술작품과 음악 같은 인위적 산물들에 의해 여섯 번째 손가락이 손에서 웃자라듯이 왜곡되거나 잘못된 방향으로 흐를 수도 있다. 우주론적 도식주의자들은 다섯 가지 불변의 덕목[오상五常](인仁·의義·예禮·지智·신信)을 다섯 가지 장기(간肝·폐肺·심心·신腎·위胃)와 결부시킴으로써 도덕적 관습을 인간의 이차적 본성으로 돌린다. 그래서 그것들을 버리는 것은 붙어 있는 발가락 사이를 찢거나 여섯 번째 손가락을 물어뜯는 것만큼이나 고통스럽다. 군주는 백성들이 집단적 삶을 자발적으로 조직하도록 내버려둬야 하지만, 한 가지 기능만은 계속 유지해야 한다. 바로 "제자리를 지키게 하고 도를 넘지 않게 하는 것[在宥]"이다. 즉 우리가 "우리 본성을 과도한 데로 흐르게 하고[淫其性]" "우리의 능력들을 쫓아버리려는[遷其德]" 유혹들에 빠지지 않도록 철저하게 막는 것이다.[9]

원시주의자에 따르면 인류는 이성적으로 사고하고 도덕적으로 훈계하는 나쁜 습관 때문에 인간 사회뿐만 아니라 우주 자체의 자발적 조화까지도 붕괴시켰으며, 그 결과 사계절마저도 규칙성을 상실하고 동물들은 기형적 삶을 살게 되었다. 이러한 몰락은 황제로부터 시작

---

8) 482쪽 이하를 참조하라.
9) 554-555쪽을 참조하라.

된 것이다. 그 이전 신농(농업의 발명자인 '신묘한 농부')의 시대까지만 해도 사람들은 모든 사람이 공유한 덕에 따라 통합된 자발적 공동체 속에서 살았다. 여기에는 암암리에 전통적인 관념과의 대비가 있다. 전통적 관념에 따르면 사회는 군주의 덕으로부터 퍼져 나오는 감화력에 의해 결속되며, 왕조의 교체에 따라 그 덕은 새로워졌다가 쇠퇴하는 과정을 겪는다. 그러나 원시주의자는 덕을 심지어 평범한 백성들의 자급자족 능력과 동일시하는 것처럼 보이기까지 한다.

> 스스로 베를 짜서 옷을 해 입고, 스스로 쟁기질하여 음식을 마련하는 것,
> 이것을 '덕을 함께함'이라고 부른다.
> 일체성 속에서 파벌을 만들지 않는 것,
> 그것의 이름은 '공기처럼 자유로움'이다.[10]

여기서 우리는 도가의 외부에서 유입된 한 가지 영향을 발견할 수 있다. 기원전 3-2세기의 문헌 어디에서든 신농의 치세는 독특한 정치적 이상을 대변하고 있다. 그것은 유가나 도가, 또는 문서로 충분히 입증된 여타의 학파들이 추구하는 정치적 이상과 다르다. 그것은 농민적 유토피아의 모습을 하고 있다. 즉 모든 사람은 직접 노동을 해서 자급해야 한다는 것이다. 그 유토피아에서는 군주도 백성들과 나란히 농사를 짓고, 세금을 징수하거나 법령을 공포하는 일이 없으며, 처벌을 내리거나 전쟁에 나가는 일도 없다. 소규모의 봉토를 거점으로 분권화되어 있는 정부는 농업을 육성하고 풍년에 곡물을 저

---

10) 538-539쪽을 참조하라.

장하여 흉년에 방출함으로써 곡물가를 일정하게 유지하는 일 말고는 겉으로 드러나는 어떤 역할도 하지 않는다. 원시주의자의 저술들과 마찬가지로 법가의 『상군서商君書』(기원전 250년경)[11]와 『장자』의 「도둑 척」[12]에서도 신농의 치세는 국가와 전쟁의 발명자인 황제에 의해 막을 내린 것으로 나온다. 신농의 치세는 베일에 싸여 있는 '농부들의 학파(농가農家)'의 이상으로 인정할 수도 있을 것이다. 농부들의 학파의 고전은 『신농神農』이라는 농업 설명서이지만, 이 책은 현재 유실되고 없다.[13] 유일하게 알려져 있는 농부들의 학파의 대변자는 허행許行이다. 그는 기원전 315년 무렵, 신농의 가르침을 따른다고 자처한 농부들과 장인들로 구성된 소규모의 공동체를 이끌고 있었다. 그들은 군주에게도 역시 자기 손으로 직접 농사지을 것을 요구했고, 물가를 일정하게 유지하는 것에 대해 이야기했다.[14] 『장자』에서 양가적 편인 「왕위를 양보하기[양왕]」에 실려 있는 한 이야기는 농부들의 학파로부터 온 것이 분명하다. 그 이야기에서 은둔자인 백이伯夷와 숙제叔齊는 순전히 평화주의적인 입장에 근거해서 주의 반란에 항의하고 무왕武王을 신농과 비교하면서 비판하였다.[15] 원시주의적인 「말발굽」과 「도둑 척」에 실려 있는 황금시대에 대한 구절의 일부도 농부들의 학파에 기원을 둔 것이라고 추측할 수 있다.

---

11) *The book of the Lord Shang*[『商君書』], translated J. J. L. Duyvendak, London, 1928, pp. 284f.
12) 619쪽을 참조하라.
13) A. C. Graham, "The NUNG-CHIA 'School of the Tillers' and the origins of peasant Utopianism in China", *Bulletin of the School of Oriental and African Studies*, London, 42/1, 1979, 66-100.
14) *Mencius*, translated D. C. Lau, Penguin Classics, 1970, 3A/4[「滕文公」上].
15) 607쪽 이하를 참조하라.

원시주의자가 쓴 편들의 한문 원문에는 난데없이 '따라서 ~라고 한다[故曰]'로 시작하는 경구가 네 차례 등장한다. 그중 세 개는 『노자』로부터 직접 인용한 것이다. 『장자』〈내편〉에는 『노자』의 흔적이 전혀 없으며, 『노자』가 기원전 3세기 이전에 존재했는지조차 입증되지 않았다.[16] 공교롭게도 이 네 개의 경구는 문맥에 맞지 않다. 그래서 본서에서는 네 개의 경구 모두 후대의 주석이 본문으로 편입된 것으로 간주해서 번역에서 제외시켰다. 단 이 편들이 『노자』로부터 강한 영향을 받았다는 충분한 증거가 곳곳에 있다. 그러나 『노자』는 군주의 관점에서 저술된 것이다. 그리고 아무것도 함이 없음[無爲]을 사건들의 자연적 추이에 간섭하는 것을 최소화함으로써 최대의 효과를 거두기 위한 하나의 전략으로서 제시한다. 반면 원시주의자는 장자와 마찬가지로 간섭하지 않고 내버려두기를 원하는 일개 시민으로서 저술하고 있다. 그의 고유한 프로그램인 아무것도 함이 없음에 의한 통치는 "따라서 군자가 부득이하게 세상을 맡을 수밖에 없는 상황에 처한다면~"이라는 서두로 시작한다.[17] 과연 이것이 그 시대의 현실 정치와 얼마나 연관성이 있을까? 이것은 지난 이천 년간 독자들이 의심해온 것 이상으로 의심스러운 것이다. 원시주의자의 논문들을 유례없이 억압적이었던 진왕조의 붕괴로 인해 생긴 특수한 위기 국면에 유포된 선동문으로 읽는다면, 그의 유토피아를 향수에 젖은 일개 몽상으로 보기보다는 하나의 정치적 신화로 볼 수 있다. 이것은 최소화된 통치로 기울었던 당시 추세를 집중 조명하는 데 효과적일 것이다.

---

16) [역] 제1부의 각주 6을 참조하라.
17) 557쪽을 참조하라.

1
물갈퀴 살이 있는 발가락
(제8편 [「변무」])

발가락 사이에 붙은 물갈퀴 살이나 육손이의 여섯 번째 손가락은 그 사람의 타고난 본성에서 나온 것이 아닌가! 하지만 그것들은 그가 가진 능력에는 남아도는 것이다. 좀처럼 낫지 않는 사마귀나 덜렁거리는 혹은 그 사람의 몸에서 나온 것이 아닌가! 하지만 그것들은 그의 타고난 본성에는 남아도는 것이다. 본성을 과도하게 팽창시키고 옆길로 새게 만들어 인仁과 의義로 빠지게 한 다음, 그것들에게 일정한 기능을 할당하는 자는 인과 의를 다섯 가지 장기[五藏]에 속하는 것으로 분류하지 않는가! 하지만 인과 의는 도道와 덕德의 참된 길이 아니다. 이처럼 발에 물갈퀴 살이 있는 것은 쓸모없는 살이 덧붙은 것이고, 손에 곁가지가 난 것은 쓸모없는 손가락이 돋은 것이다. 그리고 과도하게 팽창하고 옆길로 새서 본래 가진 다섯 가지 장기에 물갈퀴 살과 곁가지 손가락을 덧붙이는 자는 인과 의를 행하는 과잉과 탈선을 통해서 시력과 청력이 가진 기본 기능을 과도하게 팽창시키고 그 기능들을 옆길로 새게 만드는 것이다.

이 때문에 발에 물갈퀴 살이 자라나듯 시력을 과도하게 쓰면 푸른 색과 노란색, 다채롭게 수놓인 화려한 예복의 눈부심으로 다섯 가지 색[오색五色]을 어지럽히게 되고, 과잉된 나머지 상징적 문양들과 도안들[文章]까지 망치게 된다. 이것을 부정하려는가? 하지만 이주離朱가 그렇게 하지 않았던가. 또 청력을 과도하게 팽창시키면 청동, 돌, 명주실, 대나무를 재료로 하는 악기들과 황종黃鐘과 태려大呂의 음계로 다섯 가지 음[오성五聲]을 어지럽히게 되고, 과잉된 나머지 음조를 맞추는 데 쓰는 여섯 개의 율관[육률六律]까지 망치게 된다. 이것을 부정하려는가? 하지만 음악의 스승 광[사광師曠]이 그렇게 하지 않았던가. 불필요한 곁가지에 불과한 인을 기르는 것은 좋은 평판과 명성을 얻기 위해 타고난 능력들을 뽑아버리고 우리의 본성을 막는 것이며, 온 세상 사람들에게 적용 불가능한 법에 복종하라고 북 치고 피리 불면서 요란하게 공표하는 것이다. 이것을 부정하려는가? 하지만 증삼曾參과 사추史鰌가 그렇게 하지 않았던가. 불필요한 논쟁에 빠지는 것은 기와 위에 기와를 얹고 끈을 묶어 매듭을 짓듯이 어구를 조탁하고 문장을 두들겨 맞춰서[18] 마음을 '단단함과 흰색[堅白]', '같음과 다름[同異]'에 대한 물음들 사이에서 헤매게 하고 쓸데없는 명제들을 바보같이 찬양하게 만드는 것이다. 이것을 부정하려는가? 하지만 양주와 묵적이 그렇게 하지 않았던가. 그렇다면 이 모두는 과도하게 팽창하여 물갈퀴 살을 웃자라게 하고 곁가지로 빠져버리는 도일 뿐이다. 그런 도는 세상의 지극히 참된 길이 아니다.[19]

---

18) [원] 竄句棰辭: 통용본에는 '棰辭'가 없다. 육덕명陸德明의 『경전석문經典釋文』에 있는 당唐의 필사본에 따라 복원하였다(王叔岷, 『莊子校釋』).
19) [원] 여기에는 서로 보완적인 단어 쌍이 세 개 있다.

騈拇枝指. 出乎性哉. 而侈於德. 附贅縣疣. 出乎形哉. 而侈於性. 多

(1) 변騈, 즉 (발가락 사이의 물갈퀴 살의) '물갈퀴'와 지枝, 즉 (여섯 번째 손가락의) '내 뻗은 가지'.
(2) 다多, 즉 '너무 많이 있다'와 세 번은 방方, 한 번은 방旁으로 표기된 단어(둘 다 유가적 도덕에 대해 사용된다).
(3) 음淫, 즉 '과도한 데로 흐르다'와 피僻, 즉 '길에서 벗어나다'(11/1, 2[「在宥」, "在之也者. 恐天下之淫其性也. 宥之也者. 恐天下之遷其德也. 天下不淫其性. 不遷其德. 有治天下哉"]의 '淫', 즉 '과도하게 얻다'와 '遷', 즉 '좇아내다'도 참조하라).

['方'인지 '旁'인지] 애매한 단어는 아마도 방旁, 즉 '옆으로 빠지다, 옆길로 새다'로 보아야 할 것이다(諸橋轍次, 『大漢和辭典』, 13637 def. 6, 8-10). 이 용법은 확실하게 입증할 수는 없지만, 『순자』제15편[「議兵」]에서 피僻(=僻), 즉 '정도를 벗어나다'와 결합된 방旁 자가 나오는 것을 다음과 같이 볼 수 있다(梁啓雄, 『荀子簡釋』, 205/4). "旁辟曲私之屬爲之化而公", 즉 "한쪽으로 치우치고 정도를 벗어나고 구부러지고 사사로운 종류의 것들은 그것에 의해 공정한 것으로 변화된다." 이 문장에 대해 당唐의 주석가 양량楊倞은 다음과 같이 주를 단다. "旁, 偏頗也", 즉 "방旁은 편파적인 것을 말한다."
『장자』에도 다음과 같이 '옆길로 새다'라는 의미의 방旁의 용례가 있다. 4/65[「人間世」]의 "十仞. 而後有枝. 其可以爲舟者旁十數", 즉 (어떤 거대한 나무를 두고) "가장 낮게 드리운 가지들도 열 길 되는 높이에 있었으며, 배 한 척을 만들 수 있을 법한 큰 가지들이 수십 개나 헤아릴 정도였다."(육덕명의 『경전석문』, "최선이 말했다. '旁은 곁가지이다' [崔云. 旁, 旁枝也]")
여기서 원시주의자가 주장하려는 바는 도덕[仁義]이란 발가락 사이에 난 물갈퀴 살이나 손에 곁가지로 덧붙은 여섯 번째 손가락처럼 이상 증식한 무용지물이라는 것이다. 그것은 자연적인 발전 경로(정正, 즉 "똑바르고 올바른")에 덧붙은(다多) 것이기도 하고 그것으로부터 덧나간(방旁) 것이기도 하며, 과도한(음淫) 것이기도 하고 정도를 벗어난(피僻) 것이기도 하다.
처음 두 쌍[騈과 枝, 多와 旁]이 분포되어 있는 것으로 볼 때, 8/6[「騈於辯者」]의 '騈'은 '旁'을 잘못 쓴 것이다.

8/1의 '騈 … 枝 … 多方.'
8/3의 '多方騈枝.'
8/4-6의 '騈 … 多 … 枝 … 旁(騈에서 교정).'
8/7의 '多騈旁枝.'

方乎仁義而用之者. 列於五藏哉. 而非道德之正也. 是故騈於足者. 連无用之肉也. 枝於手者. 樹无用之指也. 多方騈枝於五藏之情者. 淫僻於仁義之行. 而多方於聰明之用也. 是故騈於明者. 亂五色. 淫文章. 青黃黼黻之煌煌非乎. 而離朱是已. 多於聰者. 亂五聲. 淫六律. 金石絲竹黃鐘大呂之聲非乎. 而師曠是已. 枝於仁者. 擢德塞性. 以收名聲. 使天下簧鼓以奉不及之法非乎. 而曾史是已. 旁於辯者. 累瓦結繩. 竄句棰辭. 遊心於堅白同異之閒. 而敝跬譽無用之言非乎. 而楊墨是已. 故此皆多騈旁枝之道. 非天下之至正也.

저 지극히 참된 길[20]을 가는 사람은 우리의 본성과 운명의 본질적 요소들을 상실하지 않는다. 그래서 그에게는 붙어 있는 것도 발가락 사이에 붙은 물갈퀴 살처럼 불필요한 것이 아니며, 갈라져 있는 것도 곁가지 손가락처럼 쓸데없는 것이 아니다.[21] 또한 그에게는 긴 것이라고 해도 남아도는 것이 아니고, 짧은 것이라도 해도 모자라는 것이 아니다. 바로 그렇기 때문에 오리의 다리가 짧다고 해도 더 이어 붙이면 그 오리는 괴로워할 것이고, 학의 다리가 길다고 해도 일부를 잘라내면 그 학은 슬퍼할 것이다. 그러므로 타고난 본성상 긴 것은 잘라내야 할 것이 아니고, 타고난 본성상 짧은 것은 더 이어 붙여야 할 것이 아니다. 제거할 것도 없고 괴로워할 것도 없다. 그렇다면 인과 의는 인간의 본질적 요소에 속하지 않는다고 해도 되지 않을까?

---

20) [원] 至正: 통용본은 '正正'으로 되어 있다. 앞 문장에 따라 '至正'으로 교정한다 (兪樾,『諸子平議』).
21) [원] 而岐者不爲枝: 통용본은 '而枝者不爲跂'로 되어 있다. '跂'를 '枝'로 교정한 것은 최선의 판본에 따른 것이다. '岐'('跂'가 아니라면)로『장자궐오莊子闕誤』에 보고되어 있다.

저 인자한 사람들은 왜 저렇게 걱정이 많은가?

더욱이 발가락 사이에 물갈퀴 살이 있는 자라도 그것을 잡아 찢으면 울 것이고, 여섯 번째 손가락을 가진 자도 그것을 물어뜯어버리면 비명을 지를 것이다. 숫자로 보면 한쪽은 남아도는 것이고 다른 한쪽은 부족한 것이지만, 걱정스러운 것이라는 점에서는 매한가지이다. 요즘 같은 시대에 인자한 사람들은 시대의 우환을 걱정하느라 눈이 침침해질 정도이고, 악의에 가득 찬 사람들은 명예와 부에 대한 탐욕으로 자신들의 본성과 운명의 본질적 요소들을 발기발기 찢어버린다. 그러므로 인과 의는 인간의 본질적 요소에 속하지 않는다고 봐야 하지 않을까? 어째서 삼대三代 이후로 세상에는 이런 소란스러움만 가득하단 말인가?

彼至正者. 不失其性命之情. 故合者不爲騈. 而岐者不爲枝. 長者不爲有餘. 短者不爲不足. 是故鳧脛雖短. 續之則憂. 鶴脛雖長. 斷之則悲. 故性長非所斷. 性短非所續. 無所去憂也. 意仁義其非人情乎. 彼仁人何其多憂也. 且夫騈於拇者. 決之則泣. 枝於手者. 齕之則啼. 二者或有餘於數. 或不足於數. 其於憂一也. 今世之仁人. 蒿目而憂世之患. 不仁之人. 決性命之情. 而饕貴富. 故曰仁義其非人情乎. 自三代以下者. 天下何其囂囂也.

목수가 쓰는 굽은 자와 먹줄, 그림쇠와 곱자에 의지해 자신을 곧게 펴려고 하는 것은 자기의 본성을 깎아내는 것이다. 끈, 매듭, 아교, 옻에 의지해 자신을 단단히 붙여두려고 하는 것은 자신의 타고난 능력들을 침해하는 것이다. 예禮와 음악을 행하기 위해 숙이고 굽히는 것, 인과 의를 행하기 위해 히죽거리고 억지웃음 짓는 것, 그로써 세상 사람들의 마음을 어르고 달래는 것, 이런 것들은 자기 속에 있는 변치 않는 요소를 상실하는 것이다. 세상에는 변치 않는 것이 있다. 그러나 그것이 무엇이든 간에 그것은 구부러져 있어도 목수의 굽은 자를 사용해서 그런 것이 아니고, 곧게 뻗어 있어도 목수의 먹줄을 사용해서 그런 것이 아니다. 또 둥글어도 그림쇠를 사용해서 그런 것이 아니고, 네모나도 곱자를 사용해서 그런 것이 아니다. 붙어 있는 것은 아교나 옻을 사용해서 그런 것이 아니고, 묶여 있는 것은 밧줄이나 끈을 사용해서 그런 것이 아니다. 이처럼 세상의 모든 것은 문득 태어나지만 어떻게 태어나는지를 모르며, 무심코 얻지만 어떻게 얻는지 모른다. 따라서 현재는 과거와 전혀 다르지 않고, 어떤 것도 그 자리에서 벗어날 수가 없다. 그런데 어찌해서 인자하고 의무에 충실한 자들은 끝없이 열을 지어 아교로 붙인 듯, 옻칠을 한 듯, 밧줄로 맨 듯, 끈으로 묶은 듯 도와 덕의 영역에서 헤매면서 세상에 미혹을 가져다주려고 하는가?

且夫待鉤繩規矩而正者. 是削其性者也. 待繩約膠漆而固者. 是侵其德者也. 屈折禮樂. 呴兪仁義. 以慰天下之心者. 此失其常然也. 天下有常然. 常然者. 曲者不以鉤. 直者不以繩. 圓者不以規. 方者不以矩. 附離不以膠漆. 約束不以纆索. 故天下誘然皆生. 而不知其所以生. 同焉皆得. 而不知其所以得. 故古今不二. 不可虧也. 則仁義又奚連連如膠漆纆索. 而遊乎道德之閒爲哉. 使天下惑也.

조금 미혹된 자는 방향을 한번 잘못 틀지만, 완전히 미혹된 자는 자신의 본성을 아예 바꿔버린다. 그렇다는 것을 어떻게 아는가? 유우씨有虞氏가 인과 의를 불러들여 세상을 괴롭힌 이후로, 세상 사람들은 모두가 목숨을 건 듯 인과 의를 향해 앞다투어 달려 나갔다. 이것은 자신의 본성을 인과 의와 바꾼 것이 아니겠는가? 그렇다면 이 문제를 시험 삼아 분류해보자. 삼대 이래 세상 사람들은 모두가 자신의 본성을 다른 무언가와 바꿔왔다. 소인의 경우 이익 때문에 자신을 희생시켰고, 사士는 명성을 위해, 대부는 일가를 위해, 성인은 세상을 위해 그렇게 했다. 이 여러 종류의 사람들은 각자 종사하는 일이 다르고 명성도 다르게 평가되지만, 자기의 본성을 손상시키고 자신을 희생시켰다는 점에서는 매한가지이다.

장臧과 곡穀 두 소년이 함께 양떼를 돌보다가 둘 다 양을 잃고 말았다. 무슨 일이 일어났는지를 물었더니, 장은 공부할 책을 가지고 왔고, 곡은 주사위를 던지면서 시간을 보낸 것으로 밝혀졌다. 두 소년이 각자 몰두한 일은 달랐지만 양을 잃어버렸다는 점에서는 차이가 전혀 없다. 백이는 명성 때문에 수양산 기슭에서 죽었고, 도둑 척은 이익 때문에 동릉산 꼭대기에서 죽었다. 그런데 어째서 백이는 옳다고 평가하고 도둑 척은 틀렸다고 평가해야 하는가? 세상 사람들은 모두가 인신 제물이다. 인과 의를 위한 제물이면 세속에서는 '군자'라고 부르고, 부를 위한 제물이면 '소인'이라고 부른다. 제물이라는 점에서는 매한가지인데도 한쪽은 군자이고 다른 한쪽은 소인이다. 그러나 생명에 해를 끼치고 본성에 손상을 입혔다는 점에서 도둑 척은 또 다른 백이일 뿐이니, 누가 군자이고 누가 소인인지가 뭐가 그리 중요하겠는가?[22] 백 년 묵은 나무를 쪼개서 제사용 술잔을 만든다. 그것을

---

22) [원] [이어지는 두 단락, 즉 "백 년 묵은 나무를 쪼개서 제사용 술잔을 만든다. … 이것은 팔이 사슬에 옭매이고 손가락에 형구가 채워져 있는 죄인이나 우리 안에 갇힌 호랑이나 표범도 역시 성공했다고 하는 격이다"는 본래] 12/95-102「天地」에 있는 원시주의자의 단편이다. 여기로 옮기는 것이 최선으로 보인다. 이 단락을 원시주의자의 단편으로

노란색과 푸른색으로 장식하고 남은 부스러기 토막들은 도랑에 버린다. 제사용 술잔과 도랑에 버려진 부스러기 토막을 비교하자면 둘은 아름다움과 추함에 있어서는 서로 거리가 멀지만, 나무의 본성을 상실했다는 점에서는 매한가지이다. 결과 도둑 척,[23] 증삼과 사추는 의義를 행했는가 하는 점에서 보면 거리가 멀지만, 인간의 본성을 상실했다는 점에서 보면 전혀 차이가 없다.

한편 본성을 상실하는 데에도 다섯 가지 방식이 있다. 첫째, 다섯 가지 색은 눈을 어지럽혀 시력을 약화시킨다. 둘째, 다섯 가지 음은 귀를 어지럽혀 청력을 약화시킨다. 셋째, 다섯 가지 냄새[오취五臭]는 코를 찔러 미간에 울혈을 일으킨다. 넷째, 다섯 가지 맛[오미五味]은 입을 오염시켜 상하게 한다. 다섯째, 좋아하는 것과 싫어하는 것은 마음을 어지럽혀 그 사람의 본성을 들뜨게 한다. 이 다섯 가지는 모두 삶에 해로운 것들이다. 그런데 양주와 묵적은 바로 지금 으스대기 시작하면서 자기들이 성공했다고 생각하는데, 그것은 내가 말하는 성공이 아니다. 성공했다는 사람이 빠져나올 수 없는 곳에 붙들려 있다면, 그것을 성공했다고 할 수 있겠는가? 그렇다면 새장 안에 갇힌 비둘기들도 역시 성공했다고 간주해야 할 것이다. 좋아하고 싫어하는 것들, 온갖 소리와 색깔, 이런 것들로 내면을 막아버리고, 가죽 모자나 도요새의 깃털로 만든 관, 허리띠에 꽂는 홀, 길게 늘어뜨린 띠, 이런 것들로 외면을 옥죄어서, 안으로는 우리의 창살 안에 갇히고, 밖으로는 밧줄에 칭칭 묶이게 되는 것, 그런데도 밧줄 가운데에서 흐뭇해

분류하는 문체적 근거에 대해서는 A. C. Graham, "How much of *Chuang-tzu* did Chuang-tzu write?", 476ff.를 보라.
23) [원] 桀跖: 통용본에는 '桀'이 없다. 성현영成玄英의 소로부터 복원한다(劉師培, 『莊子斠補』). 이 두 사람의 이름은 11/22, 28「在宥」에 두 차례 짝을 이루어 등장한다.

하며 스스로 성공했다고 생각하는 것, 이것은 팔이 사슬에 옭매이고 손가락에 형구가 채워져 있는 죄인이나 우리 안에 갇힌 호랑이나 표범도 역시 성공했다고 하는 격이다.

夫小惑易方. 大惑易性. 何以知其然邪. 有虞氏招仁義以撓天下也. 天下莫不奔命於仁義. 是非以仁義易其性與. 故嘗試論之. 自三代以下者. 天下莫不以物易其性矣. 小人則以身殉利. 士則以身殉名. 大夫則以身殉家. 聖人則以身殉天下. 故此數子者. 事業不同. 名聲異號. 其於傷性以身爲殉. 一也. 臧與穀二人相與牧羊. 而俱亡其羊. 問臧奚事. 則挾筴讀書. 問穀奚事. 則博塞以遊. 二人者事業不同. 其於亡羊均也. 伯夷死名於首陽之下. 盜跖死利於東陵之上. 二人者所死不同. 其於殘生傷性均也. 奚必伯夷之是. 而盜跖之非乎. 天下盡殉也. 彼其所殉仁義也. 則俗謂之君子. 其所殉貨財也. 則俗謂之小人. 其殉一也. 則有君子焉. 有小人焉. 若其殘生損性. 則盜跖亦伯夷已. 又惡取君子小人於其間哉. 百年之木. 破爲犧樽. 靑黃而文之. 其斷在溝中. 比犧樽於溝中之斷. 則美惡有間矣. 其於失性一也. 桀跖與曾史. 行義有間矣. 然其失性均也. 且夫失性有五. 一曰五色亂目. 使目不明. 二曰五聲亂耳. 使耳不聰. 三曰五臭薰鼻. 困惾中顙. 四曰五味濁口. 使口厲爽. 五曰趣舍滑心. 使性飛揚. 此五者. 皆生之害也. 而楊墨乃始離跂自以爲得. 非吾所謂得也. 夫得者困. 可以爲得乎. 則鳩鴞之在於籠也. 亦可以爲得矣. 且夫趣舍聲色以柴其內. 皮弁鷸冠搢笏紳修以約其外. 內支盈於柴柵外重纆繳. 睆睆然在纆繳之中而自以爲得. 則是罪人交臂歷指而虎豹在於囊檻. 亦可以爲得矣.

더욱이 자신의 본성을 인과 의에 종속시키는 자는 그가 아무리 증삼이나 사추만큼 똑똑하다 해도, 내가 말하는 훌륭한 사람은 아니다. 자신의 본성을 다섯 가지 맛에 종속시키는 자는 그가 아무리 유아兪兒만큼 똑똑하다 해도, 내가 말하는 훌륭한 사람은 아니다. 자신의 본성을 다섯 가지 음에 종속시키는 자는 그가 아무리 음악의 스승 광만큼 똑똑하다 해도, 내가 말하는 귀 밝은 자는 아니다. 자신의 본성을 다섯 가지 색에 종속시키는 자는 그가 아무리 이주만큼 똑똑하다 해도, 내가 말하는 눈 밝은 자는 아니다. 내가 누군가를 훌륭한 사람이라고 부른다면, 그것은 인과 의에 대해 이야기하고 있는 것이 아니라, 단지 그가 가진 능력들의 훌륭함에 대해서 이야기하고 있는 것일 뿐이다. 내가 누군가를 훌륭한 사람이라고 부른다면, 그것은 다섯 가지 맛에 대해 이야기하고 있는 것이 아니라,[24] 단지 우리의 본성과 운명의 본질적 요소들에 대한 신뢰에 관해 이야기하고 있는 것일 뿐이다. 내가 누군가를 두고 귀가 밝다고 말한다면, 그것은 그가 저것을 듣는다는 의미가 아니라, 단지 그가 자기 자신의 귀로 듣는다는 의미이다. 그리고 내가 누군가를 두고 눈이 밝다고 말할 때, 그것은 그가 저것을 본다는 의미가 아니라, 단지 그가 자기 자신의 눈으로 본다는 의미이다.

무언가를 보면서도 자기 자신의 눈으로 보는 것이 아니라면, 그리고 무언가를 얻으면서도 자신의 능력으로 얻는 것이 아니라면, 이것은 다른 사람들에게 이득인 것을 얻는 것이지, 자신에게 이득인 것을

---

24) [원] 非五味之謂也: 통용본에는 '非所謂仁義之謂也'로 되어 있다. 앞에서 네 문장이 잇따라 나오고, 거기에 정교하게 대구를 이루는 네 문장이 또 이어지고 있음을 볼 때, 원래는 '非所謂仁義之謂也[인과 의에 대해 이야기하고 있는 것이 아니라]'라는 구절 대신 (앞에 나온 문장과 일치되게끔) '非五味之謂也[다섯 가지 맛에 대해 이야기하고 있는 것이 아니라]'라는 구절이 있었다는 것을 알 수 있다.

자신의 능력으로 얻는 것이 아니다.[25] 그것은 다른 사람들에게 적합한 것에 맞춰지는 것이지, 자기에게 적합한 것에 스스로를 맞추는 것이 아니다. 다른 사람들에게 적합한 것에 따라 맞춰질 뿐, 자신에게 적합한 것에 스스로를 맞추지 않는 자들은, 한편으로 도둑 척, 다른 한편으로 백이라고 할지라도 과잉과 탈선으로 인해 손상된다는 점에서는 똑같다. 나는 도와 덕 앞에서는 보잘것없는 존재일 뿐이다. 이 때문에 나는 인과 의라는 고상한 원리들에 따라 행동하지도 않고, 과잉과 탈선의 질 낮은 행위들도 하지 않는다.

且夫屬其性乎仁義者. 雖通如曾史. 非吾所謂臧也. 屬其性於五味. 雖通如兪兒. 非吾所謂臧也. 屬其性乎五聲. 雖通如師曠. 非吾所謂聰也. 屬其性乎五色. 雖通如離朱. 非吾所謂明也. 吾所謂臧者. 非仁義之謂也. 臧於其德而已矣. 吾所謂臧者. 非五味之謂也. 任其性命之情而已矣. 吾所謂聰者. 非謂其聞彼也. 自聞而已矣. 吾所謂明者. 非謂其見彼也. 自見而已矣. 夫不自見而見彼. 不自得而得彼者. 是得人之得而不自得其得者也. 適人之適而不自適其適者也. 夫適人之適而不自適其適. 雖盜跖與伯夷. 是同爲淫僻也. 余愧乎道德. 是以上不敢爲仁義之操. 而下不敢爲淫僻之行也.

---

25) [원] 自聞/自見/自得: '자신의 힘으로 듣고, 보고, 얻는' 것. 23/18, 19「庚桑楚」의 "盲者不能自見", "聾者不能自聞", "狂者不能自得", 즉 "눈이 먼 자는 자신의 힘으로 볼 수가 없다", "귀가 먼 자는 자신의 힘으로 들을 수가 없다", "미친 자는 자신의 힘으로 얻을 수가 없다"를 참조하라.

2
말발굽
(제9편[「마제」])

 말은 발굽이 있어 서리와 눈을 밟고 돌아다닐 수 있고, 털이 있어 바람과 추위를 막을 수 있다. 말은 풀을 뜯어 먹고 물을 마시며, 무릎을 높이 들어 올려 뛰어오른다. 말의 참된 본성이란 그런 것이다. 아무리 우뚝 솟은 대臺와 넓은 방이라고 해도 말에게는 아무 소용이 없을 것이다.
 그런데 백락伯樂이 나타나서는 이렇게 말한다. "나는 말을 잘 다룬다." 그러면서 그는 말의 털을 태우고 자르는가 하면 말의 발굽을 깎아서 다듬고 낙인을 찍으며, 말을 가슴걸이와 껑거리로 옭아매고 마구간과 칸막이 안에 가둔다. 그렇게 하면 죽는 말들이 열에 두셋이다. 또 그는 말들을 굶기고 갈증나게 만들며, 총총 걸어가게 하기도 하고 질주하게 하기도 하며, 편대를 짓게도 하고 옆으로 나란히 서게도 한다. 앞에서는 재갈과 고삐로 고문을 하는가 하면, 뒤에서는 채찍과 막대기로 위협한다. 그렇게 하면 일이 채 끝나기도 전에 절반 이상의 말들이 죽게 된다.

도공이 말한다. "나는 찰흙을 잘 다룬다. 내가 둥글게 만든 것들은 그림쇠에 딱 맞고 네모나게 만든 것들은 곱자에 딱 맞다." 또 목수는 말한다. "나는 나무를 잘 다룬다. 내가 구부린 것들은 곡선자에 딱 맞고, 곧게 편 것들은 가장자리가 먹줄에 딱 들어맞는다." 그림쇠와 곱자, 목수의 곡선자와 먹줄에 딱 맞기를 바라는 것이 찰흙과 나무의 본성이라고 생각하는가? 그런데도 대대로 그들을 우리의 귀감으로 삼아 이렇게 말한다. "백락은 말을 잘 다루었고, 도공과 목수는 찰흙과 나무를 잘 다룬다." 이것은 세상을 잘 다룬다는 자들이 범하는 잘못이기도 하다.

馬. 蹄可以踐霜雪. 毛可以禦風寒. 齕草飮水. 翹足而陸. 此馬之眞性也. 雖有義臺路寢. 無所用之. 及至伯樂. 曰. 我善治馬. 燒之剔之. 刻之雒之. 連之以羈馽. 編之以皁棧. 馬之死者十二三矣. 飢之渴之. 馳之驟之. 整之齊之. 前有橛飾之患. 而後有鞭筴之威. 而馬之死者已過半矣. 陶者曰. 我善治埴. 圓者中規. 方者中矩. 匠人曰. 我善治木. 曲者中鉤. 直者應繩. 夫埴木之性. 豈欲中規矩鉤繩哉. 然且世世稱之曰. 伯樂善治馬. 而陶匠善治埴木. 此亦治天下者之過也.

생각건대 세상을 잘 통치한다는 것은 이런 것이 아니다. 백성들은 변치 않는 본성을 가지고 있다.

 스스로 베를 짜서 옷을 해 입고, 스스로 쟁기질하여 음식을 마련하는 것,
 이것을 '덕을 함께함[同德]'이라고 부른다.
 일체성 속에서 파벌을 만들지 않는 것,

그것의 이름은 '공기처럼 자유로움[天放]'이다.

그러므로 덕이 지극했던 시대에는

백성들의 발걸음은 흐트러지지 않았고,
그들의 시선은 흔들리지 않았다.

그 시대에는

산에 통로나 오솔길이 없었고,
습지에 배나 다리가 없었다.
만물과 살아 있는 모든 것은
그 활동 영역이 하나로 이어져 있었다.
짐승과 새는 떼를 지어 살았고,
풀과 나무는 한껏 높이 자랐다.

그래서 사람들은 새나 동물을 끈으로 묶어 데리고 다니며 노닐 수 있었고, 나뭇가지를 아래로 끌어당겨 까마귀나 까치의 둥지 안을 들여다볼 수 있었다. 덕이 지극했던 시대에는 사람들이 새와 동물과 별반 다를 것 없이 살았고 만물과 더불어 나란히 동족을 이루어 살았다. 그들이 어떻게 군자와 소인을 구별할 줄 알았겠는가?

별반 다를 것 없이, 아무것도 알지 못한 채!
자신들의 덕에서 떨어지지 않았다.
별반 다를 것 없이, 아무것도 욕구하지 않은 채!

그것을 '꾸미지도 않고 자르지도 않은 것[素樸]'이라고 부른다.

꾸미지도 않고 자르지도 않은 것 속에서 백성들의 본성을 찾을 수 있다.

吾意善治天下者不然. 彼民有常性. 織而衣. 耕而食. 是謂同德. 一而不黨. 命曰天放. 故至德之世. 其行塡塡. 其視顚顚. 當是時也. 山无蹊隧. 澤无舟梁. 萬物羣生. 連屬其鄉. 禽獸成群. 草木遂長. 是故禽獸可係羈而遊. 鳥鵲之巢可攀援而闚. 夫至德之世. 同與禽獸居. 族與萬物竝. 惡乎知君子小人哉. 同乎无知. 其德不離. 同乎无欲. 是謂素樸. 素樸而民性得矣.

그런데 성인이 나타나서는 무거운 발걸음으로 인을 좇아다니고 발끝으로 안간힘을 쓰며 의를 따르자, 세상은 비로소 의심을 품기 시작했다. 음악을 만들기 위해 흠뻑 빠져들고 예를 만들기 위해 갈기갈기 찢게 되자, 세상은 비로소 나눠지기 시작했다. 그러니 자르지 않은 온전한 통나무를 해치지 않고서야 어느 누가 제사 때 쓸 술잔을 만들 수 있겠는가? 백옥을 훼손시키지 않고서야 어느 누가 신분을 상징하는 반쪽짜리 홀을 만들 수 있겠는가? 도道와 덕德이 폐기되지 않고서야 인과 의를 어디에서 찾을 수 있겠는가? 본성적이고 본질적인 것[性情]을 떠나지 않고서야 예와 음악을 어디에 쓸 수 있겠는가? 다섯 가지 색이 어지러워지지 않고서야 어느 누가 도안과 장식을 만들겠는가? 다섯 가지 음이 어지러워지지 않고서야 어느 누가 여섯 개의 율관에 맞춰 조율하겠는가? 온전한 통나무를 해쳐서 그릇을 만드는 것은 장인의 죄이고, 도와 덕을 황폐하게 하여 인과 의를 행하는 것은 성인의 잘못이다.

말들은 평원에 살면서 풀을 뜯어 먹고 물을 마시며, 기쁘면 서로 목을 부벼대고 화가 나면 뒤로 휙 돌아서서 서로 걷어찬다. 말이 아는 건 거기까지일 뿐이다. 그러나 말들의 목에 멍에를 씌우고 끌채로 가지런하게 하려고 하면, 말들은 끌채를 박살내고 몸부림쳐서 멍에에서 빠져나오며 수레 덮개를 들이받고 재갈을 뱉어내고 고삐를 물어뜯어버리는[26] 걸 알게 된다. 그러므로 아무리 말들의 지력이라 해도 해를 끼치는 법을 알 수 있게 된다면, 그것은 백락의 탓이다.

혁서씨赫胥氏의 시대에는 백성들이 집에 있을 때에는 자신들이 무엇을 하고 있는지를 몰랐고, 돌아다닐 때에는 자신들이 어디로 가고 있는지를 몰랐으며, 햇볕을 쬐며 음식을 한 입 씹어 먹거나 배를 두드리며 한가로이 거닐었다. 백성들의 능력은 여기까지였다. 그런데 그후 성인이 나타나서는 예와 음악에 맞추어 절을 하고 굽실거리면서 세상 모든 것의 형태를 네모반듯하게 만들려고 하고, 허공에서 인과 의를 더듬어 찾아서 세상 사람들의 마음을 달래려고 하였다. 그러자 비로소 백성들은 발끝을 들고 열심히 지식을 추구하였다. 그들의 다툼은 이익에 집중되어 달리 어찌할 수가 없었다. 이것 역시 성인들의 잘못이다.

及至聖人. 蹩躠爲仁. 踶跂爲義. 而天下始疑矣. 澶漫爲樂. 摘僻爲禮. 而天下始分矣. 故純樸不殘. 孰爲犧樽. 白玉不毁. 孰爲珪璋. 道

---

[26] [원] 夫加之以衡扼. 齊之以軏輗. 而馬知抏倪. 闉扼鷙曼: [통용본은 '夫加之以衡扼. 齊之以月題. 而馬知介倪. 闉扼鷙曼'으로 되어 있다.] '扼'은 '軛'과 같고, '倪'는 '輗'와 같으며, '曼'은 '幔'과 같다. 마쉬룬馬敍倫의 『장자의증莊子義證』에 따라 '月'은 '軏'로, '題'는 '輗'로, '介'는 '抏'로, '鷙'는 '鷙'로 교정한다.

德不廢. 安取仁義. 性情不離. 安用禮樂. 五色不亂. 孰爲文采. 五聲不亂. 孰應六律. 夫殘樸以爲器. 工匠之罪也. 毁道德以爲仁義. 聖人之過也. 夫馬陸居則食草飲水. 喜則交頸相靡. 怒則分背相踶. 馬知已此矣. 夫加之以衡扼. 齊之以軏輗. 而馬知抏倪. 闉扼鷙曼. 詭銜竊轡. 故馬之知而態至盜者. 伯樂之罪也. 夫赫胥氏之時. 民居不知所爲. 行不知所之. 含哺而熙. 鼓腹而遊. 民能以此矣. 及至聖人. 屈折禮樂以匡天下之形. 縣跂仁義以慰天下之心. 而民乃始踶跂好知. 爭歸於利. 不可止也. 此亦聖人之過也.

3
큰 가방 훔치기
(제10편[「거협」])

　도둑들이 상자를 훔치거나 주머니를 뒤지고 장롱을 부수어 열 것에 대비해 안전한 대책을 마련하려고 하면, 틀림없이 그것들을 끈과 줄로 칭칭 동여매고 빗장과 걸쇠로 단단히 잠가둘 것이다. 이것이 통상적인 관점에서 지혜라고 부르는 것이다. 그러나 큰 도둑이 들면, 장롱째 등에 짊어지고 상자째 들어 올리고 주머니째 어깨에 걸머메고는 달아난다. 그러면서 되려 끈과 줄, 빗장과 걸쇠가 단단히 고정되어 있지 않을까 걱정할 뿐이다. 그렇다면 우리가 지혜롭다고 하는 사람은 오히려 큰 도둑을 위해 가져갈 것을 쌓아 올리고 있는 사람이 아니겠는가?
　이 문제를 시험 삼아 분류해보자. 통상적인 관점에서 지혜롭다고 하는 자 치고 큰 도둑들을 위해 가져갈 것을 쌓아 올리고 있지 않는 자가 있는가? 또 성인이라고 불리는 자 치고 큰 도둑을 위해 가져갈 것을 지켜주고 있지 않는 자가 있는가? 그렇다는 것을 우리는 어떻게 아는가? 옛날 제齊나라는 한 도시가 이웃 도시와 서로 보일 정도로 가까이 있었고, 한 마을에서 개와 닭이 울면 그 소리를 옆 마을에서도 들을 수 있었다. 물에는 어망들이 펼쳐져 있었고, 괭이와 쟁기로 경작하는 땅이 사방 이천 리里가량이나 되었다. 사방의 국경 안 곳곳에 조상의 사당과 토지신과 곡식신에게 제사를 올리는 제단을 세우고, 영토를 읍邑, 옥屋, 주州, 려閭, 향곡鄕曲 단위로 조직화하였다. 그러면서 언제 성인을 본보기로 삼지 않은 적이 있었는가? 그러나 하루아침에 전성田成이 제나라 군주를 죽이고 나라까지 훔쳤다. 그가 훔친 것은 나라뿐만이 아니었다. 그 나라가 완비한 지혜롭고 성스러운 법까지도 모조리 훔쳤다. 그래서 전성은 도둑과 강도라는 악명을 드높이기는 했지만, 스스로는 요堯와 순舜처럼 편안하게 살았다. 작은 나라들은 감히 그를 비난하지 못하고 큰 나라들도 감히 벌을 내리지 못했으니, 그의 집안은 십이 대에 걸쳐서 제나라를 차지할 수 있었다. 그렇다면 오히려 그는 지혜롭고 성스러운 법을 다 갖춘 나라를 훔친 것이고, 그것을 이용해 강탈하고 도둑질하는 자기 자신을 안전하게 보호한 것이 아니었겠는가?[27]

---

27) [원] 통용본에는 이 문장 뒤에 다음 단락이 나온다. 이 단락은 잘못된 위치에 놓인 두 개의 단편으로 이루어져 있는 듯 보인다.

    A. "이 문제를 시험 삼아 분류해보자. 통상적인 관점에서 지극한 지혜를 가진 자 치고 큰 도둑을 위해 가져갈 것을 쌓아 올리고 있지 않는 자가 있는가? 지극한 성인이라고 불리는 자 치고 큰 도둑을 위해 가져갈 것을 지켜주고 있지 않는 자가 있을까? 그렇다는 것을 우리는 어떻게 아는가[嘗試論之. 世俗之所謂至知者. 有不爲大盜積者乎. 所謂至聖者. 有不爲大盜守者乎. 何以知其然邪]?"

    B. "옛날에 용봉龍逢은 몸이 둘로 잘려 나갔고 비간比干은 몸이 찢겨졌으며 장홍萇弘은 내장이 꺼내졌고, 자서子胥는 시신이 썩도록 방치되었다. 이들은 모두 훌륭한 자들이었지만, 죽음을 면치 못했다[昔者龍逢斬. 比干剖. 萇弘胣. 子胥靡. 故四子之賢而身不免乎戮]."

將爲胠篋探囊發匱之盜. 而爲守備. 則必攝緘縢. 固扃鐍. 此世俗之所謂知也. 然而巨盜至. 則負匱揭篋擔囊而趨. 唯恐緘縢扃鐍之不固也. 然則鄕之所謂知者. 不乃爲大盜積者也. 故嘗試論之. 世俗之所謂知者. 有不爲大盜積者乎. 所謂聖者. 有不爲大盜守者乎. 何以知其然邪. 昔者齊國. 鄰邑相望. 鷄狗之音相聞. 罔罟之所布. 耒耨之所刺. 方二千餘里. 闔四竟之內. 所以立宗廟社稷. 治邑屋州閭鄕曲者. 曷嘗不法聖人哉. 然而田成子一旦殺齊君而盜其國. 所盜者豈獨其國邪. 並與其聖知之法而盜之. 故田成子有乎盜賊之名. 而身處堯舜之安. 小國不敢非. 大國不敢誅. 十二世有齊國. 則是不乃竊齊國並與其聖知之法. 以守其盜賊之身乎.

그래서 도둑 척의 일행 중 한 명이 "도둑에게도 역시 도道가 있습니까?"라고 묻자 척이 이렇게 대답했던 것이다.

"도가 없으면 어디를 갈 수 있겠는가? 물건들이 집안 어디에 숨어 있는지를 예리하게 추측하는 것은 성인의 직관력이다. 훔칠 때 맨 먼

A는 앞부분에 있는 구절(10/3ff.)의 반복이다. 그러나 '知', 즉 지혜와 '聖', 즉 성인이 '至知[지극한 지혜]'와 '至聖[지극한 성인]'으로 더 강화되었다. 이 논증이 가장 위대한 성인들로까지 확장되고 있다면, 이 반복도 충분히 이해할 수 있을 테지만, 그런 진전은 없다.
B는 A에 이어지지 않는다. 네 명의 희생자들은 '현자(賢)'로 인정받기는 하지만 성인은 아니다. 그들의 죽음은 다른 곳에서는 아주 다른 주제, 즉 군주들의 변덕스러움과 운의 변하기 쉬움을 보여주는 실례로 쓰인다(26/1ff.「外物」, 29/46「盜跖」을 참조하라). 이 단락은 A와 B 사이에 누락된 문장들이 있어서 이해할 수 없는 것이 되었을 수도 있고, 10/3ff.[「胠篋」의 앞부분]와 쌍을 이루는 유사 단락일 가능성도 크지만, 어느 쪽이든 이 단락 전체를 버리는 것 이외에는 다른 선택의 여지가 없는 듯이 보인다. 위치가 잘못된 단편이 이어진 것이다(어쩌면 26/1-6[「外物」]에 모여 있는 단편들에 어울릴 수도 있다).

저 들어가는 것은 용기이다. 훔치고 나서 맨 뒤에 나오는 것은 의義이다. 도둑질을 잘할 수 있을지 없을지를 아는 것은 지혜이다. 가담한 모든 사람에게 공평하게 분배하는 것은 인仁이다. 이 다섯 가지를 지니고 있지 않으면서도 큰 도둑이 될 수 있었던 자는 세상에 단 한 명도 없었다."

이로써 판단하건대 성인의 도 없이는 선한 사람도 서 있을 수 없고, 성인의 도 없이는 도둑 척도 걸을 수 없다. 세상에 선한 사람들이 악한 사람들보다 적다면 성인들이 세상을 해롭게 해온 것보다 이롭게 해온 것이 더 적은 셈이다. 성인들이 생겨나자 큰 도둑들도 일어났다.[28] 성인들을 때려부수고 도둑들과 강도들을 풀어줘라. 그러면

---

28) [원] 10/14[통용본에서는 현재 문장 바로 뒤에 온다], 10/21ff., 10/26, 11/28에서 '故曰', 즉 '그러므로 이렇게 말한다'로 시작되는 네 개의 경구(이중 셋은 『노자』에서 왔다)는 대체로 문맥에 부합하는 것으로 보기가 어렵다. 주석들이 본문에 끼어든 것으로 간주해서 삭제해야 한다.

(1) 10/14의 "그러므로 이렇게 말한다[故曰].
A. '입술이 떨어지면 이가 시리다[脣竭則齒寒]'
B. '노나라의 술이 너무 묽어서 한단邯鄲이 포위되었다[魯酒薄而邯鄲圍].'"
A는 『한비자韓非子』 제2편[「存韓」](陳奇猷, 『韓非子集釋』, 43/8["脣亡則齒寒"])에서와 같이 완충국을 잃으면 국력이 약해진다는 점에 대한 비유로 널리 알려져 있다.
B는 『회남자淮南子』 제10편[「繆稱訓」](劉文典, 『淮南鴻烈集解』, 10/13A/2)에서 성인만이 식별할 수 있는, 눈에 잘 띄지 않는 발단을 갖는 사건들의 실례로서 나온다.

(2) 10/21ff.의 "그러므로 이렇게 말한다. '물고기는 연못을 벗어나서는 안 되고, 나라의 날카로운 도구들은 사람들에게 보여서는 안 된다.'[故曰. 魚不可脫於淵. 國之利器不可以示人]"(『노자』 36장) 이것은 그다음에 오는 문장과 연결되어 있다. "저 성인이란 자는 천하의 가장 날카로운 도구이지, 세상을 밝혀줄 수단이 아니다[彼聖人者. 天下之利器也. 非所以明天下也]." 그러나 여기서 원시주의자의 논점은 (정치적 도구에 불과한) 성인의 도덕은 거부되어야 한다는 데 있

세상은 비로소 질서 정연하게 될 것이다.

강이 마르면 골짜기가 비고,
언덕이 평평해지면 연못이 메워진다.

성인들이 죽고 큰 도둑들이 일어나지 않으면, 세상은 평화로워져서 더 이상의 문제는 없을 것이다.
성인들이 죽지 않으면 큰 도둑들도 그치지 않을 것이다. 성인들이

다. 반면 이 인용문은 비록 연결은 된다 할지라도, 성인의 도덕은 한 나라의 비밀로서 소중히 간직되어야 함을 함의한다. 아마도 이 문장은 어떤 독자가 읽다가 단지『노자』의 문장이 떠올라 여백에 써둔 문장이었을 것이다.

(3) 10/26의 "그러므로 이렇게 말한다. '가장 위대한 기교는 서툰 듯이 보인다.'[故曰. 大巧若拙]"(『노자』 45장) 이것은 사실상 기술에 대해 이야기한 그 앞 문장과 연결이 된다. 그러나 이 역시 어떤 독자가 단지『노자』의 문장을 떠올렸던 것은 아닌지 의심해볼 수 있다. 이 문장 앞에 나오는 문장(10/24-27[毁絶鉤繩. 而棄規矩. 攦工倕之指. 而天下始人有其巧矣])은 정확히 대구를 이루는 네 개의 구절들 가운데 세 번째 구절이다. 그리고 다른 구절들 중에 유사한 실례를 가진 구절이 없기 때문에 이 문장은 균형을 깨뜨리고 있다. 천구잉의 최근 판본[『莊子今註今譯』]은 이 문장을 주석의 어구가 본문에 끼어든 것으로 보아 삭제하고 있다.

(4) 11/28의 "그러므로 이렇게 말한다. '성인들을 제거하고 지혜로운 자들을 물리쳐라. 그러면 천하는 완전히 질서 정연한 상태가 될 것이다.'[故曰. 絶聖棄知. 而天下大治]" 여기서 첫 구절[絶聖棄知]은『노자』 19장으로부터 왔다. 이것은 10/23[胠篋]에도 나오지만 거기서는 인용문임을 명시하고 있지는 않다. 이 경구는 원시주의자의 마지막 논문의 맨 끝에 등장하는데, 문맥에는 어울린다 할지라도 주석의 어구가 본문에 끼어든 것으로 보아 삭제할 수 있을 것이다.

네 경구 모두 문맥에 결정적으로 중요한 단어 또는 단어들을 공유하고 있다. 그것들은 10/15의 '竭', 10/22의 '利器', 10/26의 '巧', 11/27의 '聖知'이다. 각각의 경우 주석자로 하여금『노자』의 대중적인 격언이나 경구를 떠올리게 했던 것은 사상이라기보다는 단어였던 것이 아닌가 의심해볼 수 있다.

거듭 세상에 질서를 가져다준다 해도, 그것은 도둑 척을 곱절로 이롭게 해주는 결과가 될 뿐이다. 용량을 재는 됫박을 만들어 그것으로 물건의 용량을 재면, 도둑 척은 물건과 함께 그 됫박까지 훔칠 것이다. 또 저울을 만들어 그것으로 물건의 무게를 달면, 그는 물건과 함께 그 저울까지 훔칠 것이다. 부절과 인장을 만들어 물건을 보증하는 데 쓰면, 그는 물건과 함께 부절과 인장까지 훔칠 것이다. 인과 의를 내세워 사물들을 억지로 바로잡으면, 그는 인과 의까지 함께 훔칠 것이다. 그렇다는 것을 우리는 어떻게 아는가? 허리띠의 고리를 훔친 자는 사형에 처해지지만, 나라를 훔친 자는 제후가 된다. 제후의 문 앞에서는 인과 의를 보게 될 것이다. 그렇다면 이것은 인과 의와 성인다움[聖]과 지혜[知]까지도 훔친 게 아니겠는가? 그러므로 큰 도둑으로 성공하여[29] 일국의 왕위를 획득하고 인과 의를 훔치며, 됫박과 저울과 부새와 인장을 손에 넣어 자신을 이롭게 하는 사람은 고관들이 타는 높은 수레와 그들이 쓰는 면류관으로도 설득할 수 없고, 무시무시한 망나니의 도끼로도 그를 그만두게 할 수가 없다. 이처럼 도둑 척에게 이로움만 배가시켜주고 그 무엇으로도 그를 금할 수 없게 만드는 것, 이것은 성인의 잘못이다. 저 성인이란 자는 천하의 가장 날카로운 도구이지, 세상을 밝혀줄 수단이 아니다.

故跖之徒問於跖曰. 盜亦有道乎. 跖曰. 何適而无有道邪. 夫妄意室

---

[29] [원] 遂於大盜: "큰 도둑으로 성공하다." 통용본은 '遂'가 '逐'으로 되어 있는데, 통용본 그대로는 의미가 통하지 않는다. '逐'은 능격동사로서, '쫓겨나다'라는 의미이기 때문이다. '逐X'는 'X를 쫓아내다'이지만, '逐於X'는 'X로부터 쫓겨나다'이다. 19/65「達生」의 "逐於州部", 즉 "마을에서 쫓겨났다"와 20/13「山木」의 "吾再逐於魯", 즉 "나는 노나라에서는 두 번이나 쫓겨났다"를 참조하라.

中之藏. 聖也. 入先. 勇也. 出後. 義也. 知可否. 知也. 分均. 仁也. 五者不備而能成大盜者. 天下未之有也. 由是觀之. 善人不得聖人之道不立. 跖不得聖人之道不行. 天下之善人少而不善人多. 則聖人之利天下也少. 而害天下也多. 掊擊聖人. 縱舍盜賊. 而天下始治矣. 夫川竭而谷虛. 丘夷而淵實. 聖人已死. 則大盜不起. 天下平而无故矣. 聖人不死. 大盜不止. 雖重聖人而治天下. 則是重利盜跖也. 爲之斗斛以量之. 則並與斗斛而竊之. 爲之權衡以稱之. 則並與權衡而竊之. 爲之符璽以信之. 則並與符璽而竊之. 爲之仁義以矯之. 則並與仁義而竊之. 何以知其然邪. 彼竊鉤者誅. 竊國者爲諸侯. 諸侯之門. 而仁義存焉. 則是非竊仁義聖知邪. 故逐於大盜. 揭諸侯. 竊仁義. 並斗斛權衡符璽之利者. 雖有軒冕之賞弗能勸. 斧鉞之威弗能禁. 此重利盜跖而使不可禁者. 是乃聖人過也. 彼聖人者. 天下之利器也. 非所以明天下也.

그러니 성인들을 제거하고 지혜로운 자들을 물리쳐라. 그러면 큰 도둑들이 그칠 것이다. 옥을 멀리 던져버리고 진주를 깨부수어라. 그러면 작은 도둑들이 일어나지 않을 것이다. 부절들을 태우고 인장들을 산산조각 내버려라. 그러면 백성들은 소박하고 단순해질 것이다. 됫박을 쪼개고 저울을 딱 부러뜨려라. 그러면 백성들은 다투지 않을 것이다. 온 세상에 있는 성인의 법들을 완전히 폐지하라. 그러면 비로소 백성들과 함께 온갖 일에 대해 분류하고 토론하는 것이 가능해질 것이다.

음조를 맞추는 데 쓰는 여섯 개의 율관을 잡아 뽑아 순서를 엉망으로 만들고, 관악기들을 녹이고 현악기의 줄들을 끊어버려라. 음악의 스승 광의 귀를 틀어막아라. 그러면 마침내 온 세상 사람들의 청력은 있어야 할 곳에 있게 될 것이다. 상징적 문양들과 도안들을 지워버리고, 다섯 가지 색조[오채五采]를 흐트러뜨리며, 이주의 눈을 아교로 붙여버려라. 그러면 마침내 온 세상 사람들의 시력은 있어야 할 곳에 있게 될 것이다. 목수의 굽은 자와 먹줄을 부수고 끊어버려라. 그의 그림쇠와 곱자를 내던져버려라. 장인 수[공수工倕]의 손가락에 수갑을 채워라. 그러면 마침내 온 세상 사람들은 스스로의 기술을 갖게 될 것이다. 증삼과 사추의 행적들을 지워 없애고, 양주와 묵적의 입에 재갈을 물리며, 인과 의를 내던져버려라. 그러면 마침내 온 세상의 덕이 가장 심원한 곳에서부터 똑같아질 것이다.

  사람들의 시력이 있어야 할 곳에 있게 되면, 세상에는 더 이상 눈부심이[30] 없을 것이다. 사람들의 청력이 있어야 할 곳에 있게 되면, 세상에는 쓸데없이 연루되는 일들은 없을 것이다. 사람들의 지력이 있어야 할 곳에 있게 되면, 세상에는 더 이상 곤혹스러운 일들이 없을 것이다. 사람들의 능력들이 있어야 할 곳에 있게 되면, 세상에는 더 이상의 일탈은 없을 것이다. 증삼과 사추, 양주와 묵적, 음악의 스승 광과 장인 수, 이주는 모두가 자신의 능력을 자기 밖에 자리 잡게 한 자들이다. 그래서 세상을 현혹시키고 혼란스럽게 하였다. 이 문제들에 대해서는 법도 쓸모가 없다.

故絶聖棄知. 大盜乃止. 摘玉毁珠. 小盜不起. 焚符破璽. 而民朴鄙. 掊斗折衡. 而民不爭. 殫殘天下之聖法. 而民始可與論議. 擢亂六律. 鑠絶竽瑟. 塞師曠之耳. 而天下始人含其聰矣. 滅文章. 散五采. 膠離

30) [원] 鑠: 모로하시 데쓰지諸橋轍次의 『대한화사전大漢和辭典』, 41019 def. 6에 따르면 '눈부시게 빛나다glitter'(李勉, 『莊子總論及分篇評注』).

朱之目. 而天下始人含其明矣. 毁絶鉤繩. 而棄規矩. 攦工倕之指. 而天下始人有其巧矣. 削曾史之行. 鉗楊墨之口. 攘棄仁義. 天下之德始玄同矣. 彼人含其明. 則天下不鑠矣. 人含其聰. 則天下不累矣. 人含其知. 則天下不惑矣. 人含其德. 則天下不僻矣. 彼曾史楊墨師曠工倕離朱. 皆外立其德而以爚亂天下者也. 法之所无用也.

그대는 덕이 지극했던 세상에 대해 모른다고 하지는 않겠지? 옛날 용성씨容成氏, 대정씨大庭氏, 백황씨伯黃氏, 중앙씨中央氏, 율륙씨栗陸氏, 여축씨驪畜氏, 헌원씨軒轅氏, 혁서씨, 존노씨尊盧氏, 축융씨祝融氏, 복희씨, 신농씨의 시대에는 줄곧 백성들이 매듭이 있는 줄[31])을 사용했고, 먹는 음식을 충분히 달다고 여겼고, 입는 옷을 충분히 아름답다고 여겼으며, 풍속에 행복해했고, 사는 거처에 만족했다. 이웃한 나라들은 서로 보이는 거리에 있으면서 서로 개 짖는 소리와 닭 우는 소리가 들려도, 백성들은 늙어 죽을 때까지 오가는 일이 없었다. 이 시대는 지극히 질서 정연한 시대였다.

子獨不知至德之世乎. 昔者容成氏·大庭氏·伯黃氏·中央氏·栗陸氏·驪畜氏·軒轅氏·赫胥氏·尊盧氏·祝融氏·伏羲氏·神農氏. 當是時也. 民結繩而用之. 甘其食. 美其服. 樂其俗. 安其居. 隣國相望. 雞狗之音相聞. 民至老死而不相往來. 若此之時. 則至治已.

지금은 백성들이 발꿈치를 들어 올리고 목을 길게 빼고는 서로에

---

31) 문자로 쓰는 형식이 발명되기 이전의 기록 장치. 이 단락 전체가 『노자』 80장에 그대로 나온다.

게 '이러이러한 곳에 훌륭한 사람이 있다'고 말하면서 식량을 꾸려 그에게로 향하는 지경에 이르렀다. 그래서 안으로는 부모를 버리고, 밖으로는 군주를 섬기는 일을 내팽개치니, 제후국들의 국경 부근에는 그들의 발자국이 어지럽게 교차하고, 그들의 수레바퀴 자국이 집에서 천 리 밖까지 죽 이어졌다. 그렇다면 이것은 군주가 지식을 탐한 데서 비롯된 잘못이다.

군주가 지식을 탐하고 도가 없다면, 천하는 완전히 혼란에 빠질 것이다. 그렇다는 것을 우리는 어떻게 아는가? 활과 쇠뇌와 새덫과 주살과 발사되는 올가미[32]에 대한 지식이 너무 많으면, 새들이 공중에서 혼란을 겪게 될 것이다. 낚싯바늘과 미끼와 그물과 통발에 대한 지식이 너무 많으면, 물고기들이 물속에서 혼란을 겪게 될 것이다. 함정과 펼쳐놓는 그물과 둘러치는 올가미와 덫과 작은 짐승들을 잡는 그물에 대한 지식이 너무 많으면 짐승들은 삼림에서 혼란에 빠질 것이다. 교활하고 기만적인 행태들,[33] '단단한 것과 흰 것'을 억지로 떼어놓는 행태들, '같은 것과 다른 것'을 뒤범벅으로 만드는 행태들이 너무 많으면, 세속은 논쟁으로 곤혹스러울 것이다. 그러므로 세상이 큰 혼란에 빠져 무지몽매해진다면, 그 죄는 지식을 탐한 자들에게 있다.

이처럼 세상 사람들은 모두 자신이 알지 못하는 것을 탐구할 만큼의 분별력은 있지만, 우리가 이미 알고 있는 것을 탐구하는 분별력은 갖고 있지 않다. 모든 사람이 자신이 나쁘다고 판단한 것을 비난하는

---

32) [원] 機辟: 통용본은 '機變'으로 되어 있다. 무연서武延緒의 『장자찰기莊子札記』에 따라 '辟'으로 교정한다. '機辟'은 1/45[「소요유逍遙遊」]와 20/13[「산목山木」]에도 나온다. 재치 있게도 무연서는 본래는 '辬'으로 와전되었을 것이라고 말한다.
33) [원] 頡滑堅白解垢同異: 제2부의 각주 50을 참조하라.

방법은 알지만, 우리가 이미 선하다고 판단했던 것을 비난하는 방법은 알지 못한다. 이것이 바로 우리가 완전한 혼란에 빠져 있는 이유이다. 그래서 우리는 위로는 해와 달의 밝음을 어지럽히고, 아래로는 산과 강의 정기를 흐트러뜨리며, 그 사이에서는 사계절의 순환을 방해하는 것이다. 땅위를 기어가거나 그 위를 날아다니는 곤충들 가운데 그 본성을 잃지 않은 것이 없을 지경이다. 지식에 대한 탐욕이 세상을 완전히 혼란스럽게 만들었도다! 죽 거슬러 올라가 삼대 이래로 이런 일이 벌어져왔던 것이다. 저 솔직하고 수수한 백성들을 무시하고 떠들썩한 아첨꾼들만 좋아하고, 차분함과 온순함과 아무것도 함이 없음[无爲]은 버리며, 시끄럽고 요란한 관념들만 좋아한다. 저토록 시끄러운 소음이 세상을 혼란 속에 던져놓았도다!

今遂至使民延頸擧踵曰. 某所有賢者. 贏糧而趣之. 則內棄其親. 而外去其主之事. 足跡接乎諸侯之境. 車軌結乎千里之外. 則是上好知之過也. 上誠好知而无道. 則天下大亂矣. 何以知其然邪. 夫弓弩畢弋機辟之知多. 則鳥亂於上矣. 鉤餌罔罟罾笱之知多. 則魚亂於水矣. 削格羅落罝罘之知多. 則獸亂於澤矣. 知詐漸毒頡滑堅白解垢同異變多. 則俗惑於辯矣. 故天下每每大亂. 罪在於好知. 故天下皆知求其所不知. 而莫知求其所已知者. 皆知非其所不善. 而莫知非其所已善者. 是以大亂. 故上悖日月之明. 下爍山川之精. 中墮四時之施. 惴耎之蟲. 肖翹之物. 莫不失其性. 甚矣夫好知之亂天下也. 自三代以下者是已. 舍夫種種之民. 而悅夫役役之佞. 釋夫恬淡无爲. 而悅夫啍啍之意. 啍啍已亂天下矣.

4
제자리를 지키게 하고 도를 넘지 않게 하라
(제11편[「재유」]의 도입부)

나는 세상으로 하여금 제자리를 지키게 하고 도를 넘지 않게 한다[在宥]는[34)] 소리는 들었지만, 세상을 통치한다는 소리는 듣지 못했다. '세상으로 하여금 제자리를 지키게 하는' 것은 모든 사람이 인간으로서 타고난 본성을 과도한 데로 흐르게 할까 두려워서이다. '세상으로 하여금 도를 넘지 않게' 하는 것은 모든 사람이 인간으로서 지닌 능력들을 쫓아버릴까 두려워서이다. 모든 사람이 자신의 타고난

---

34) [원] 在宥: '宥'는 '囿'와 같다. 앞에 나온 2/55[「齊物論」]를 참조하라. 우리는 '在', 즉 '제자리를 지키게 하다 keep in place'와 '宥', 즉 '도를 넘지 않게 하다 keep in bounds'를 「사물들을 고르게 만드는 분류」에 나온 '여덟 가지 덕(八德)'의 첫 번째 쌍으로 보았다. 두 번째 쌍인 '분류하고 평가하기(論議)'는 10/24[「胠篋」]에 나온다[그레이엄은 10/24의 번역에서는 '論議'를 '분류하고 토론하는 것'으로 풀이하였다. 553쪽을 보라]. 원시주의자의 논문들과 그와 관련된 자공과 늙은 담의 이야기(14/60-74[天運])에서 이 여덟 개의 단어가 모두 나온다. 처음 나오는 두 쌍의 단어들은 좋은 것으로 가정되지만, 끝에 있는 두 쌍의 단어들은 항상 나쁜 의미를 가지고 있다. 즉 分[분리하기](9/12), 辯[양자택일적 선택지 사이에서 분별하기](8/6, 10/37), 競[겨루기](14/69), 爭[싸우기](9/18, 10/24)이 그러하다.

본성을 과도한 데로 흐르지 않게 하고 자신이 지닌 능력들을 쫓아버리기를 거부한다면, 세상을 통치하는 따위의 일이 있기나 하겠는가?

옛날에 요는 세상을 통치하면서 모든 사람이 그 본성에 있어서 큰 기쁨을 누리도록 만들었다. 그것은 흥분 상태였다. 걸은 세상을 통치하면서 모든 사람으로 하여금 그 본성에 있어서 큰 고통을 겪도록 만들었다. 그것은 불만 가득한 상태였다. 흥분하거나 불만에 차 있는 것은 덕을 거스르는 일이다. 세상에서 덕을 거스르는 일 치고 오래 지속될 수 있는 것은 없다.

사람들이 지나치게 기뻐한다면? 그것은 양陽에 치우쳐 균형을 잃은 것이다. 지나치게 분노한다면? 그것은 음陰에 치우쳐 균형을 잃은 것이다. 음이 되었건 양이 되었건 치우쳐서 균형이 깨지고 사계절이 제때에 찾아오지 않자 더위와 추위의 조화도 불완전해졌다. 그것은 사람들의 몸에 이롭기보다는 해롭지 않겠는가? 그로 인해 사람들은 기뻐하고 분노하는 데 적절한 때를 놓치게 되고, 머무는 데 일정한 거처를 갖지 못하게 되었으며, 아무리 심사숙고해도 여전히 불만족스러웠고, 시작했던 일을 완수하지 못한 채 도중에 그만두게 되었다. 이에 세상은 끊임없는 야망들로 들끓기 시작했고, 그러고 나서야 비로소 한편으로는 도둑 척의 행실이, 다른 한편으로는 증삼과 사추의 행실이 있게 되었다. 그 결과, 온 세상을 다 동원해서 선한 자들에게 상을 주려고 해도 충분치가 않고, 또 온 세상을 다 동원해서 사악한 자들을 벌하려고 해도 여전히 부족한 지경이 되었다. 그러므로 세상이 그 자체로는 아무리 크다 해도 그것으로 상과 처벌을 행하기에는 부족하다. 삼대 이후 결국 이렇게 상주고 벌주는 일로 야단법석을 떨기에 이르렀지만, 그것들이 우리의 본성과 운명의 본질적 요소들 속에서 안전함을 찾을 기회나 제대로 주겠는가?

聞在宥天下. 不聞治天下也. 在之也者. 恐天下之淫其性也. 宥之也者. 恐天下之遷其德也. 天下不淫其性. 不遷其德. 有治天下哉. 昔堯之治天下也. 使天下欣欣焉人樂其性. 是不恬也. 桀之治天下也. 使天下瘁瘁焉人苦其性. 是不愉也. 夫不恬不愉. 非德也. 非德也而可長久者. 天下无之. 人大喜邪毗於陽. 大怒邪毗於陰. 陰陽並毗. 四時不至. 寒暑之和不成. 其反傷人之形乎. 使人喜怒失位. 居處无常. 思慮不自得. 中道不成章. 於是乎天下始喬詰卓鷙. 而後有盜跖曾史之行. 故擧天下以賞其善者不足. 擧天下以罰其惡者不給. 故天下之大. 不足以賞罰. 自三代以下者. 匈匈焉終以賞罰爲事. 彼何暇安其性命之情哉.

아니면 차라리 보는 데 탐닉하는 게 나을까? 그러면 온갖 볼거리로 무절제에 빠지게 될 것이다. 아니면 듣는 데 탐닉하려는가? 그러면 온갖 소리로 무절제에 빠지게 될 것이다. 아니면 인仁에 탐닉하려는가? 그것은 자기의 타고난 능력들을 혼란에 빠뜨릴 것이다. 아니면 의義에 탐닉하려는가? 그것은 다른 사물들의 양식들을 망쳐놓고 말 것이다. 아니면 예禮에 탐닉하려는가? 그것은 기교만 조장할 것이다. 아니면 음악에 탐닉하려는가? 그것은 무절제로 흐르도록 조장할 것이다. 아니면 성인다움에 탐닉하려는가? 그것은 세련된 기예들만 조장할 것이다. 아니면 지식에 탐닉하려는가? 그것은 흠잡는 사람들만 조장할 것이다. 세상이 우리의 본성과 운명의 본질적 요소들 속에서 안전함을 찾을 준비가 되어 있을 때에는 이 여덟 가지가 있건 없건 문제가 되지 않는다. 그러나 세상이 그렇게 하고 싶어 하지 않을 때에는 이 여덟 가지는 세상을 일그러뜨리고 흐트러뜨리고 무질서하게 만들기 시작한다. 그리고 세상은 그것들을 떠받들기 시작하고 그것들 없이는 살 수 없다고 생각하기에 이른다. 세상이 정말로 철저히 미혹된 것이다! 그것들은 우리가 이미 쫓아내서 쓸모없어져버린 것들일 뿐이라고 말하는 것은 얼마나 무의미한가! 오히려 사람들은 그것에 대해 이야기하기에 앞서 재계와 금욕을 하기까지 하고, 어전에서 무릎을 꿇고서 그것들을 제시하며, 북 치고 노래 부르고 춤추면서 그것들을 흉내 낼 정도다. 나는 어찌할 바를 모르겠다!

而且說明邪. 是淫於色也. 說聰邪. 是淫於聲也. 說仁邪. 是亂於德也. 說義邪. 是悖於理也. 說禮邪. 是相於技也. 說樂邪. 是相於淫也. 說聖邪. 是相於藝也. 說知邪. 是相於疵也. 天下將安其性命之情. 之八者. 存可也. 亡可也. 天下將不安其性命之情. 之八者. 乃始臠卷獊囊而亂天下也. 而天下乃始尊之惜之. 甚矣天下之惑也. 豈直過也而去之邪. 乃齋戒以言之. 跪坐以進之. 鼓歌以儛之. 吾若是何哉.

따라서 군자가 부득이하게 세상을 맡을 수밖에 없는 상황에 처한다면, 가장 좋은 방책은 아무것도 함이 없음이다. 아무것도 함이 없음을 통해서만 그는 자신의 본성과 운명의 본질적 요소들 속에서 안전함을 발견하게 될 것이다. 그러므로 세상을 통치하는 것보다 자기 개인에 대한 배려를 더 소중하게 여기는 자라면 세상을 맡기기에 적합하다. 세상을 통치하는 것보다 자기 개인을 돌보는 것을 더 좋아하는 자라면[35] 세상을 넘겨줄 만하다. 그렇다면 군자가 자신의 다섯 가

---

35) [원] 故貴以身於爲天下. 則可以託天下. 愛以身於爲天下: 『노자』 13장에 나오는 이와 유사한 어구는 "故貴以身爲天下者, 若可寄天下. 愛以身爲天下者"이다. 그러나 마왕퇴에서 발굴된 두 종류의 필사본에서 처음 절은 '故貴爲身於爲天下'로 나온다. 즉 "그러므로 세상을 통치하는 것보다 자기 개인을 통치하는 것을 더 소중

지 장기를 혼란에 빠뜨리지 않고 자신의 시력과 청력을 남용하지 않을 수 있음을 입증해 보인다면, 그는 시체처럼 고요하게 앉아 있으면서도 용처럼 장엄하게 보일 것이고, 저 깊은 심연의 침묵으로부터 우레 같은 목소리를 내며 이야기하게 될 것이다. 또한 신묘하게 발동하고 하늘에 따라 방향을 바꿀 것이고, 억지스럽지 않은 태도로 아무것도 함이 없을 것이다. 그리고 만물은 연기를 피워 올리듯 높이 더 높이 쌓여갈 것이다. 대체 내가 왜 천하를 통치하는 일로 신경을 써야 하는가?

> 故君子不得已而臨莅天下. 莫若无爲. 无爲也. 而後安其性命之情. 故貴以身於爲天下. 則可以託天下. 愛以身於爲天下. 則可以寄天下. 故君子苟能无解其五藏. 无擢其聰明. 尸居而龍見. 淵默而雷聲. 神動而天隨. 從容无爲. 而萬物炊累焉. 吾又何暇治天下哉.

최구崔瞿가 늙은 담[노담老聃]에게 물었다.
"천하를 통치하지 않는다면, 어떻게 사람들의 마음을 더 향상시킬 수 있겠습니까?"
"쓸데없이 사람 마음에 간섭하지 않도록 아주 조심해야 하네. 사람의 마음이란 퇴짜를 맞으면 추락하고, 격려를 받으면 고무되지. 풀이 죽었을 땐 죄수가 되고, 기세가 등등할 땐 망나니가 되기도 하고.[36]

하게 여긴다면"이다. 『장자』의 버전에서 '以身'이라는 구는 아마도 '爲身', 즉 '자기 개인을 통치하다'와 똑같은 것으로 취급되어야 할 것이다.

36) [원] 囚殺: '囚'는 능격동사이지만('감옥에 갇히다imprisoned'), '殺'은 중립동사이기 때문에('죽이다kill'), 나는 어구가 생략된 '上下囚殺'을 "풀이 죽었을 땐 죄수가 되고, 기세가 등등할 땐 망나니가 된다"로 해석하고자 한다.

마음은 더 굳세고 강한 것에 대해서는 유순하게 굴복하지만, 모서리를 가지고서 찔러대기도 하고, 새겨지기도 하고 마멸되기도 하지.[37] 뜨거울 때에는 맹렬한 불꽃처럼 타오르고, 차가울 때는 얼음처럼 꽁꽁 얼어버리기도 하고. 마음은 너무 빠르게 움직여 흘끗 올려다보았다 내려다보았다 하는 사이에 사면의 바다를 두 번이나 돌고 오지. 가만히 있을 때에는 깊은 못처럼 고요하고, 움직일 때에는 하늘이 정해준 경로를 따라 비행을 한다네. 인간의 마음보다 격렬하고 거만하며 묶어두는 게 불가능한 게 또 있을까?"

옛날에 황제는 인과 의를 사용해서 사람들의 마음에 쓸데없이 간섭했던 최초의 인물이었다. 요와 순은 세상 모든 사람의 몸을 기르느라 허벅지의 살이 빠지고 정강이에 털이 안 날 정도였고, 자신들의 다섯 가지 장기를 고문해서 인과 의를 행하는 데 동원하고, 법과 척도를 제정하느라 혈액 속의 기운을 녹초로 만들었다. 그렇게 했는데도 그들은 정복하는 데 실패한 곳이 있었다. 그 결과 요는 환두讙兜를 숭산崇山으로 내치고, 삼묘三苗를 삼위三峗로 내쫓았으며, 공공共工을 유도幽都로 유배 보냈다. 이는 세상을 정복하는 데 실패한 것이 아니겠는가? 세 왕[三王] 무렵에 온 세상은 큰 혼란에 빠졌다. 최악의 상태에서는 폭군인 걸과 도둑인 척이 있었고, 좋아봤자 증삼과 사추가 있을 뿐이었으며, 유가와 묵가가 온갖 형태로 일어났다. 이때부터 그들은 친해지거나 적대적으로 되면서 서로를 의심했고, 어리석어지거나 영리해져서 서로를 속였으며, 선해지거나 악해져서 서로를 비

---

37) [원] 廉劌彫琢: '劌'은 중립동사이다('찌르다jab'). 따라서 처음 두 글자로 된 단어 쌍인 '廉劌'는 '모서리를 가지고서 찔러댄다'고 보아야 한다(『노자』 58장의 '廉而不劌', 즉 '모서리를 가지고 있지만 찌르지 않는다'를 참조하라). 다른 한편 그다음 단어 쌍인 '彫琢'은 능격동사이다. 즉 '새겨지기도 하고 마멸되기도 한다.'

난했고, 믿을 만하게 되거나 믿을 만하지 못하게 되면서 서로를 헐뜯었다. 그리하여 세상은 타락해갔다. 최고의 덕은 더 이상 공유되지 못했고, 우리의 본성과 운명은 닳아빠지고 더럽혀졌다. 온 세상은 지식에 굶주렸고, 백 개의 일족들은 혼란에 빠졌다. 그때부터 우리는 도끼로 자르고 톱으로 켜서 사물들을 만들고, 먹줄을 그어 잘라내고, 망치와 끌을 사용해 그것들을 절단하였다. 그러자 세상은 큰 혼란 속에서 엉망진창이 되었다. 그 잘못은 사람들의 마음에 쓸데없이 간섭한 데 있다.

그 결과 현자들은 큰 산과 바위가 많은 벼랑 아래로 숨고, 만 대의 수레를 보유한 군주들은 조상의 사당에 올라 근심으로 벌벌 떨게 된 것이다. 지금 세상에는 형을 당해 죽은 자들이 등을 맞대고 누워 있고, 칼과 차꼬가 채워진 자들이 서로 팔꿈치가 닿을 정도로 가득하며, 불구가 된 사람들을 어디서나 항상 볼 수 있다. 그런데 바로 이런 때에 유가와 묵가가 으스대기 시작하면서 소맷부리를 획획 젖히며 족쇄와 수갑이 채워진 사람들 사이로 나온다. 아, 믿기지가 않는다. 그들의 뻔뻔함과 파렴치함이 도저히 믿기지 않는다! 나는 성인다움과 지식은 차꼬와 칼을 채우는 쐐기들이고, 인과 의는 족쇄와 수갑을 채우는 걸쇠와 구멍이라는 생각이 들 뿐이다. 증삼과 사추가 폭군인 걸과 도둑인 척의 공격을 알리는 효시가 아님을 내 어찌 알겠는가?[38]

崔瞿問於老聃曰. 不治天下. 安臧人心. 老聃曰. 女愼無攖人心. 人心排下而進上. 上下囚殺. 淖約柔乎剛彊. 廉劌彫琢. 其熱焦火. 其寒凝

---

38) [역] 통용본에는 이 다음에 "故曰. 絶聖棄知. 而天下大治"가 있다. 각주 28의 (4)를 참조하라.

氷. 其疾俛仰之間. 而再撫四海之內. 其居也淵而靜. 其動也縣而天. 僨驕而不可係者. 其唯人心乎. 昔者黃帝. 始以仁義攖人之心. 堯舜於是乎股無胈. 脛無毛. 以養天下之形. 愁其五藏以爲仁義. 矜其血氣以規法度. 然猶有不勝也. 堯於是放讙兜於崇山. 投三苗於三峗. 流共工於幽都. 此不勝天下也. 夫施及三王. 而天下大駭矣. 下有桀跖. 上有曾史. 而儒墨畢起. 於是乎喜怒相疑. 愚知相欺. 善否相非. 誕信相譏. 而天下衰矣. 大德不同. 而性命爛漫矣. 天下好知. 而百姓求竭矣. 於是乎釿鋸制焉. 繩墨殺焉. 椎鑿決焉. 天下脊脊大亂. 罪在攖人心. 故賢者伏處大山嵁巖之下. 而萬乘之君憂慄乎廟堂之上. 今世殊死者相枕也. 桁陽者相推也. 刑戮者相望也. 而儒墨乃始離跂攘臂乎桎梏之間. 意. 甚矣哉. 其無愧而不知恥也. 甚矣. 吾未知聖知之不爲桁楊椄槢也. 仁義之不爲桎梏鑿枘也. 焉知曾史之不爲桀跖嚆矢也.

5
원시주의자의 논문과 관련된 일화들

다음 단락들 가운데 [제14편 「하늘의 운행[천운]」에 있는] 늙은 담과 자공의 대화는 틀림없이 원시주의자나 그를 계승한 누군가가 썼을 것이다. 이 대화는 원시주의자가 내건 '본성과 운명의 본질적 요소들' 이라는 구호와 황제로부터 역사의 퇴보가 시작되었다는 이론을 공유하고 있을 뿐만 아니라, 「제자리를 지키게 하고 도를 넘지 않게 하라 [재유]」의 한 구절("시체처럼 고요하게 앉아 있다…")[39)]과 「큰 가방 훔치기[거협]」의 또 다른 한 구절("그래서 우리는 위로는 해와 달의 밝음을 어지럽히고…")[40)]을 반복하고 있다. 이 대화에서 먼 옛날 요堯와 우禹가 취했다고 하는 입장들은 각각 유가와 묵가의 입장임을 알 수 있을 것이다(묵가는 논쟁을 창안하였고, '도둑은 사람이지만, 도둑을 죽이는 것은 사람을 죽이는 것이 아니다'라는 명제를 옹호하였다. A. C. Graham, *Later Mohist logic*,

---

39) 558, 564쪽을 참조하라.
40) 553쪽을 참조하라.

487-489를 참조하라).

두 번째 단락은 제12편[「하늘과 땅[천지]」]과 제11편[「제자리를 지키게 하고 도를 넘지 않게 하라」]의 단편들을 편집한 것으로, 두 단편이 깔끔하게 맞아떨어진다. 저자가 누구인지에 대한 증거는 빈약하다. 나는 주관적이긴 하지만 집요한 한 가지 느낌, 즉 원시주의자의 의분에 차 있고 유별난 목소리를 여기서도 들을 수 있다는 바로 그 느낌에 좌우되었음을 고백하지 않을 수 없을 것 같다.

||||||||||||||

공자가 늙은 담을 만나고 돌아와서는 사흘 동안 아무 말도 하지 않았다.

한 제자가 물었다.

"선생님께서는 늙은 담을 만나보셨는데, 그를 어떻게 평가하시는지요?"

"나는 평생 처음 용을 보았다. 그 용은

한데 응집해서도 훌륭한 풍채를 이루지만,
흩어져 잡히지 않을 때 최고의 광경을 만들어낸다.
그 용은 구름의 숨결을 타고,
음과 양 위로 높이 치솟는다.

나는 입이 떡 벌어져 다물 수가 없었다. 내가 어찌 늙은 담을 평가하겠느냐?"

자공이 말했다.

"그렇다면 정말로 '시체처럼 고요하게 앉아 있으면서도 용처럼 장엄하게 보이고, 저 깊은 심연의 침묵으로부터 우레 같은 목소리를 내며 이야기하는 사람', 하늘과 땅처럼 발동이 걸리는 사람이 있다는 말씀이신지요? 저도 그를 만나볼 수 있을까요?"

그 뒤 자공은 늙은 담을 만나 자신을 공자의 제자로 소개하였다. 늙은 담은 마루에 다리를 포개고 앉아 있다가 가냘픈 목소리로 대답했다.

"나는 이제 수명이 다하여 떠나려 한다네. 그대는 내게 무엇을 가르치겠다고 온 것인가?"

"천하를 다스리는 데 있어 다섯 황제[오제五帝]와 세 왕[삼왕三王]이[41] 똑같지는 않았지만, 영광스러운 명예를 얻었다는 점에서는 모두 똑같습니다. 그런데 선생님께서는 유독 그들이 성인이 아니라고 생각하시는 것은 어째서입니까?"

"젊은이, 좀 더 가까이 오게나. 그대가 그들이 똑같지 않다고 말한

---

41) [원] 三王五帝: [여기] 14/64에는 '三王五帝(『경전석문經典釋文』에는 '王'이 '皇'으로 되어 있다)', [이어서] 14/67에는 '三皇五帝(세덕당世德堂 판본에는 '皇'이 '王'으로 되어 있다)', 14/72에는 '三皇五帝'와 '三皇'이 차례로 나온다. 언뜻 보면 연대순으로는 황皇이 올바른 표기인 것같이 여겨진다. 그러나 사실상 여기서 논의되고 있는 군주들은 다섯 황제[五帝]에서 세 왕[三王]으로 이어지고 있다. 그리고 늙은 담은 정치조직의 쇠퇴가 황제黃帝로부터 시작되었다고 보고 있는데, 『사기史記』가 따르는 도식에서 황제는 다섯 황제의 첫 번째 제왕이다. 더욱이 이 단락은 (실제 원시주의자의 저술이 아니라 할지라도) 그 사상에 있어서 원시주의자의 논문들과 가깝다. 그리고 원시주의자는 정치조직의 쇠퇴는 황제로부터 시작된다는 점에 동의할 뿐만 아니라(11/19), 원시적 유토피아는 삼황三皇에 속하는 복희와 신농 때까지 지속되었다고 생각한다(10/31). 따라서 원래 표기는 오제삼왕五帝三王이었는데, 어떤 한 사례(아마도 첫 번째 사례)에서 우연히 둘을 바꿔 쓰는 바람에 필사자가 왕王을 황皇으로 고치고, 다른 사례들도 거기에 맞춰 고친 게 아닌가 하고 추측해 볼 수 있다.

것은 어째서인가?"

"요는 왕위를 양보했지만, 순은 왕위를 취했습니다.[42] 우는 있는 힘을 다해 일했지만, 탕湯은 전쟁을 치렀습니다. 문왕文王은 주紂에게 복종하여 감히 모반을 일으키지 않았지만, 무왕武王은 주에게 모반을 일으키고 복종할 가치가 없다고 여겼습니다. 이 때문에 저는 그들이 똑같지 않다고 말한 것입니다."

"젊은이, 좀 더 가까이 오게나. 내 그대에게 다섯 황제와 세 왕이 천하를 어떻게 다스렸는지 말해주겠네. 황제는 천하를 다스릴 때 백성들의 마음을 하나로 통일시켰다네. 그래서 부모가 죽었을 때 곡을 하지 않은 사람이 있어도 백성들은 잘못된 게 전혀 없다고 보았지. 그런데 요가 천하를 다스릴 때에는 백성들의 마음 씀을 혈연적 친밀감에 따라 달리하도록 만들었다네. 그래서 가까운 사람만 위하고 멀리 있는 사람일수록 소홀히 하는 자가 있어도 백성들은 전혀 잘못된 게 없다고 보았지. 순이 천하를 다스릴 때에는 백성들의 마음을 경쟁적으로 만들었다네. 임신한 여성이 열 달 만에 출산을 하면, 아이들은 다섯 달 만에 말을 할 수 있었고 아직 웃지도 못하면서도 누가 누군지를 구별하기 시작했지. 그러자 비로소 사람들 사이에는 요절하는 자들이 있게 되었네. 우가 천하를 다스릴 때에는 백성들의 마음을 논쟁하기 좋아하도록[43] 만들었다네. 사람들이 생각하는 데 마음을 많

---

42) [원] 堯與而舜受: 통용본은 '堯授舜, 舜授禹'로 되어 있다. 둔황의 필사본에 따라 '堯與而舜受'로 읽는다.

43) [원] 辯: 통용본은 '變'으로 되어 있다. 1/21「逍遙遊」에도 똑같은 혼동이 있다(각주 32를 참조하라). 계속된 쇠퇴는 한결같이 대하는(一) 단계에서 혈족을 우선시하는(親) 단계로, 경쟁하는(競) 단계로, 끝으로 우禹의 치하에서는 논쟁을 좋아하는 [辯] 단계로 이어졌다. 우는 특히 묵가들이 동경하는 성인인데, 여기서는 "도둑을 죽이는 것은 사람을 죽이는 것이 아니다"라는 후기 묵가의 명제를 그의 주장으

이 쓰면 쓸수록 무기가 하는 일도 많아졌고, 도둑을 죽이는 일은 사람을 죽이는 일이 아닌 것처럼 취급되었지. 사람들은 저마다 별난 종이 되어[44] 천하는 지금과 같은 모습이 되었네.

이로 인해 천하는 큰 혼란에 빠졌고, 유가와 묵가가 함께 일어났다네. 그들이 처음 시작했을 때에는 품행의 규칙들이 있었지만, 그러나 지금 그들은 자기 딸을 아내로 삼지를 않나, 차마 입에 올릴 수조차 없는 지경에 이르렀네![45] 내 그대에게 말하노니, 다섯 황제와 세 왕이 천하를 다스릴 때에는 명목상으로는 '다스리는' 것이었지만, 혼란이 그보다 더 심할 수는 없었네. 세 왕의 지식은 위로는 해와 달의 밝음을 어지럽히고, 아래로는 산과 강의 정기를 흐트러뜨렸으며, 그 사이에서는 사계절의 순환을 방해했지. 그들의 지식은 전갈 꼬리보다도 더 무자비한 독침을 품고 있어, 좀처럼 볼 수 없는 짐승들조차도 그 본성과 운명의 본질적 요소들을 안전하게 할 수 없었다네. 그런데도 그들은 스스로를 성인이라고 생각하고 있네. 부끄러움 없는 그들의 태도, 그것이 부끄러운 것이 아니겠는가!"

자공은 크게 당황하여 발을 어디다 둬야 할지를 몰랐다.

로 간주하고 있다(A. C. Graham, *Later Mohist logic, ethics and science*, 487-489).
44) [원] 自爲種而天下耳: 이 문장은 근본적으로 와전되었음이 거의 확실하다. 그러나 더 나은 안이 없어서 여기서는 후쿠나가 미쓰지 福永光司의 안을 따른다(『莊子外篇』).
45) [원] 而今乎婦女. 何言哉: "그러나 지금 그들은 자기 딸을 아내로 삼지를 않나, 차마 입에 올릴 수조차 없는 지경에 이르렀네!" 곽상 郭象 이후로 이것이 전통적인 해석이었다. 설득력 있는 교정이 부재하는 상황에서 나 역시 이 해석을 따른다. 나는 '今乎'를 '於是乎'처럼 하나의 조합으로 보지만, 한대 이전의 어떤 색인 텍스트를 통해 입증된 것은 아니다.

孔子見老聃歸. 三日不談. 弟子問曰. 夫子見老聃. 亦將何規哉. 孔子
曰. 吾乃今於是乎見龍. 龍合而成體. 散而成章. 乘雲氣而養乎陰陽.
予口張而不能嗋. 予又何規老聃哉. 子貢曰. 然則人固有尸居而龍見.
雷聲而淵默. 發動如天地者乎. 賜亦可得而觀乎. 遂以孔子聲見老聃.
老聃方將倨堂而應微. 曰. 予年運而往矣. 子將何以戒我乎. 子貢曰.
夫三王五帝之治天下不同. 其係聲名一也. 而先生獨以爲非聖人. 如
何哉. 老聃曰. 小子少進. 子何以謂不同. 對曰. 堯與而舜受. 禹用力
而湯用兵. 文王順紂而不敢逆. 武王逆紂而不肯順. 故曰不同. 老聃
曰. 小子少進. 余語汝三皇五帝之治天下. 黃帝之治天下. 使民心一.
民有其親死不哭. 而民不非也. 堯之治天下. 使民心親. 民有爲其親
殺其殺. 而民不非也. 舜之治天下. 使民心競. 民孕婦十月生子. 子生
五月而能言. 不至乎孩而始誰. 則人始有夭矣. 禹之治天下. 使民心
辯. 人有心而兵有順. 殺盜非殺人. 自爲種而天下耳. 是以天下大駭.
儒墨皆起. 其作始有倫. 而今乎婦女. 何言哉. 余語汝三皇五帝之治
天下. 各曰治之. 而亂莫甚焉. 三皇之治. 上悖日月之明. 下睽山川之
精. 中墮四時之施. 其知憯於蠣蠆之尾. 鮮規之獸. 莫得安其性命之
情者. 而猶自以爲聖人. 不可恥乎. 其无恥也. 子貢蹵蹵然立不安.

(『장자』제14편[「하늘의 운행」])

• • •

효자는 부모에게 아부하지 않고, 충신은 임금에게 아첨 떨지 않는
다. 신하나 아들에게 이보다 더 큰 장점도 없다. 부모가 말하는 것은
무엇이든 다 긍정하고 부모가 하는 행동은 무엇이든 다 찬성한다면,
아무리 세속적인 사람들일지라도 그를 못난 아들이라고 부를 것이

다. 또 임금이 말하는 것은 무엇이든 다 긍정하고 임금이 하는 행동은 무엇이든 다 찬성한다면, 아무리 세속적인 사람들일지라도 그를 못난 신하라고 부를 것이다. 그러나 그들은 그것이 자신들에게도 필연적으로 똑같이 적용된다는 것을 모르는 것일까?[46] 세속의 사람들이 긍정하는 것은 무엇이든 다 긍정하고, 그들이 찬성하는 것은 무엇이든 다 찬성하는 자를 두고, 아부꾼이나 아첨꾼이라고 부르는 것은 보지 못했을 것이다. 그렇다면 세속의 사람들은 정말로[47] 부모보다 더 권위가 있고 임금보다 더 위엄이 있다는 말인가?

 그중에 어떤 한 사람을 아부꾼이라고 부르면 그는 발끈 성난 기색을 하고, 그를 아첨꾼이라고 부르면 불끈 화난 기색을 하겠지만, 그는 평생 아부꾼이고 평생 아첨꾼일 뿐이다. 그는 적절한 실례들과 세련된 언사를 구사해서 사람들을 자기 주변으로 끌어모아 북적거리게 하지만, 시작과 끝, 동기와 결과를 보면 그 사이에 모순이 있다. 그는 늘어지는 옷을 골라 거기에 채색을 하고 표정과 몸짓을 일부러 꾸며서 그 당대인들의 입맛에 들리고 하면서도, 자기가 아부꾼이나 아첨꾼이라는 사실은 부정한다. 그는 이렇게 평범한 사람들에게 붙어서 그들의 옳다 그르다 하는 판단들을 그대로 따르지만, 자기가 그 뭇사람들

---

46) [원] 而未知此其必然邪: [글자 그대로 풀이하자면] "그러나 그들은 여기 이 경우(*즉 그들 자신의 경우)에도 그것이 필연적으로 그러하다는 것을 아직 모르는 것일까?" 이것은 묵가의 논리에서 유비를 통해 추론을 할 때 사용되는 공식이다(A. C. Graham, *Later Mohist logic, ethics and science*, 346-351을 참조하라). 『묵경』 A97의 "彼擧然者以爲此其然也", 즉 "다른 사람이 어떤 사항을 들어 그것이 그러하다[然]고 했을 때, 여기 이 경우에도 그것이 그러하다고 간주한다." B1의 "彼以此其然也, 說是其然也", 즉 "다른 사람이 여기 이 경우에 그러하다는 데 근거해서, 그것 자체로도 그러하다고 주장한다." B2의 "此然是必然, 則俱爲麋", 즉 "여기 이 경우에 그러한 것이 필연적으로 그것 자체로도 그러하다면, 모든 게 고라니가 될 것이다."
47) [원] 故: '固'와 같다(吳汝綸, 『莊子點勘』).

중의 한 명이라는 사실은 부정한다. 그것은 어리석음의 결정판이다.

자신이 어리석다는 것을 아는 자는 가장 크게 어리석은 자는 아니다. 자신이 미혹되었다는 것을 아는 자는 가장 크게 미혹된 자는 아니다. 가장 크게 미혹된 자는 결코 미혹에서 깨어나지 못한다. 가장 크게 어리석은 자는 결코 깨닫지 못한다. 세 명의 행인 중에 한 명이 미혹되었더라도 그들은 목적지로 향할 수가 있다. 미혹된 자가 소수이기 때문이다. 그러나 두 명이 미혹되면 그들은 아무리 애써도 목적지에 이르지 못한다. 미혹된 자가 다수이기 때문이다. 지금 온 세상이 미혹되어 있어 내가 아무리 방향을 알려주어도[48] 도움이 안 되니, 슬픈 일이 아니겠는가?

위대한 음악은 시골 사람들 귀에는 들어가지 않지만, 그들은 '버드나무가지 꺾기[절양折楊]'나 '아름다운 꽃들[황과皇荂]'을 들으면 기쁨의 환성을 터뜨린다. 이 때문에 고결한 말은 뭇사람들의 마음에 머물지 않고, 가장 숭고한 말은 드러나지 않는다. 세속의 사람들이 하는 말들이 우세하기 때문이다. 갈림길에 처할 때마다 더욱더 미혹된다면,[49] 결코 목적지에 이르지 못할 것이다. 지금 온 세상이 미혹되어 있는데, 내가 아무리 방향을 알려준다 한들 무슨 도움이 될 수 있겠는가? 아무 도움이 안 된다는 것을 알면서도 계속 우긴다면, 그것은 또 다른 미혹일 뿐이다. 그러므로 그냥 내버려둔 채, 밀어붙이는 일을 관두는 것이 상책이다. 내가 밀어붙이지 않는다 한들, 누가 걱정이나 하겠는가?

---

48) [원] 祈: '旂', 즉 '신호용 깃발'과 같다(馬敍倫,『莊子義證』).
49) [원] 以二垂鍾惑: 통용본은 '垂'가 '缶'로 되어 있다. 사마표司馬彪의 판본에 따라 '缶'를 '垂'로 교정한다. '以二'가 '교차로crossroads'를 의미하는 것일 수 있다는 점은 마치창馬其昶(『莊子故』)과 류스페이劉師培(『莊子斠補』)가 조금 다른 각도에서 논증하였다. '鍾'은 '重', 즉 '배가되다redouble'와 같다.

나병이 있는 사람은 한밤중에 아이가 태어나면, 황급히 횃불을 들고 아이를 살핀다. 아이가 자기를 닮는 것보다 더 조마조마하고 무서운 일은 없기 때문이다.[50] 그러나 세속의 사람들은 모두가 다른 사람들이 자신과 똑같이 생각하면 기뻐하고, 다른 사람들이 자신과 의견이 다르면 싫어한다. 다른 사람들이 자기와 의견이 같기를 바라고, 의견이 같지 않으면 화가 나는 것은 대다수 사람들보다 우월해지려는 목표를 품고 있어서이다. 그러나 대다수 사람들보다 우월한 것을 목표로 삼고 있는 자가 어떻게 대다수 사람들보다 우월해질 수 있겠는가? 대다수 사람들의 지지를 얻어 자신이 배운 것을 굳건히 하려고 하느니 차라리 통치의 기술들을 가능한 한 많이 갖는 것이 더 나을 것이다.[51] 하지만 나라를 가진 자를 위해 그의 나라를 경영하고 싶어 하는 사람들은 세 왕의 통치가 갖는 이점들만을 생각하고 그 통치의 문제점들을 알아차리지 못한 자들이다. 이것은 그 사람의 나라에 요행이 있을 거라고 믿는 것이다. 요행을 바라면서 그 나라를 잃지 않는 상태가 얼마나 오래갈 수 있겠는가? 그 사람의 나라를 지킬 수 있

50) [역] 여기까지는 제12편 「하늘과 땅」에 실려 있는 단락이고, 이다음부터는 제11편 「제자리를 지키게 하고 도를 넘지 않게 하라」에 실려 있는 단락이다.
 [원] 나병이 있는 사람의 일은 앞의 내용과 상관없는 이야기인 것처럼 보일 수 있다. 그러나 [이 다음으로 옮겨놓은] 11/57-61["그러나 세속의 사람들은 모두가 다른 사람들이 자신과 똑같이 생각하면 기뻐하고 … 그 사람의 나라를 지킬 수 있을 가능성은 만에 하나도 안 되지만, 그 나라를 잃을 가능성은 거의 절대적이다"]을 12/83-95["효자는 부모에게 아부하지 않고, 충신은 임금에게 아첨 떨지 않는다. … 아이가 자기를 닮는 것보다 더 조마조마하고 무서운 일은 없기 때문이다"]의 연속으로 보면 이해할 수 있는 내용이 된다(A. C. Graham, "How much of *Chuang-tzu* did Chuang-tzu write?", 476ff.를 참조하라).
51) [원] 因衆以寧所聞, 不如衆技衆矣: [글자 그대로 풀이하자면] "대다수 사람들의 지지를 얻어 자신이 배운 학설을 굳건히 하려는 것은 통치의 기술들(*衆技'에 대해서는 33/12[「天下」]에 나오는 '猶百家衆技也', 즉 '백가의 수많은 기술처럼'을 참조하라)을 가급적 많이 갖는 것만큼 좋지는 않다."

을 가능성은 만에 하나도 안 되지만, 그 나라를 잃을 가능성은 거의 절대적이다.

孝子不諛其親. 忠臣不諂其君. 臣子之盛也. 親之所言而然. 所行而善. 則世俗謂之不肖子. 君之所言而然. 所行而善. 則世俗謂之不肖臣. 而未知此其必然邪. 世俗之所謂然而然之. 所謂善而善之. 則不謂之道諛之人也. 然則俗故嚴於親而尊於君邪. 謂己道人. 則勃然作色. 謂己諛人. 則怫然作色. 而終身道也. 終身諛人也. 合譬飾辭聚衆也. 是終始本末不相坐. 垂衣裳. 設采色. 動容貌. 以媚一世. 而不自謂道諛. 與夫人之爲徒. 通是非. 而不自謂衆人. 愚之至也. 知其愚者. 非大愚也. 知其惑者. 非大惑也. 大惑者終身不解. 大愚者終身不靈. 三人行而一人惑. 所適者猶可致也. 惑者少也. 二人惑則勞而不至. 惑者勝也. 而今也以天下惑. 予雖有祈嚮. 不可得也. 不亦悲乎. 大聲不入於里耳. 折楊皇荂. 則嗑然而笑. 是故高言不止於衆人之心. 至言不出. 俗言勝也. 以二垂鍾惑. 而所適不得矣. 而今也以天下惑. 予雖有祈嚮. 其庸可得邪. 知其不可得也而强之. 又一惑也. 故莫若釋之而不推. 不推誰其比憂. 厲之人夜半生其子. 遽取火而視之. 汲汲然唯恐其似己也. 世俗之人. 皆喜人之同乎己. 而惡人之異於己也. 同於己而欲之. 異於己而不欲者. 以出乎衆爲心也. 夫以出乎衆爲心者. 曷常出乎衆哉. 因衆以寧所聞. 不如衆技衆矣. 而欲爲人之國者. 此攬乎三王之利而不見其患者也. 此以人之國僥倖也. 幾何僥倖而不喪人之國乎. 其存人之國也. 無萬分之一. 而喪人之國也. 一不成而萬有餘喪矣.

(『장자』 제12편 「하늘과 땅」과 제11편 「제자리를 지키게 하고 도를 넘지 않게 하라」])

제5부

양가의 문집

『장자』에는 네 개의 편이 하나의 단위를 이루고 있는 부분이 있다. 이 편들의 편명은 해당 편의 주제를 요약해놓았다는 점에서 다른 편들과 구별된다(제28-31편, 「왕위를 양보하기[양왕]」, 「도둑 척[도척]」, 「검에 대한 연설[설검]」, 「늙은 어부[어부]」). 〈외편〉과 〈잡편〉에 있는 여타의 편들은 각 편의 첫머리에 나오는 단어로부터 편명을 취하고 있다. 이 점을 고려할 때, 이 네 편은 『장자』로 편입되기 이전에 이미 하나의 독립된 모음집을 구성하고 있었음이 분명하다. 이 편들은 도가적인 특성은 전혀 보이지 않고, 기원전 3세기 말 무렵에 활동한 양가楊家 학파를 대변하는 자들에게서 나온 듯하다. 전통적으로 이 학파의 창시자로 인정받아온 양주楊朱(기원전 340년경)는 저술을 남긴 것으로 알려져 있지는 않지만, 『회남자』(기원전 120년경) 제13편[「범론훈氾論訓」]에 그의 사상의 핵심 원리들이 요약되어 있다. 바로 "자신의 본성을 온전하게 보존하고 자신의 참됨을 보호하며, 다른 사물들에 연루되어 몸을 속박하는 일이 없다[全性保眞, 不以物累形]"는 것이다. 철학적 백과사전인 『여씨춘추』(기원전 240년경)는 10인의 철학자들을 열거한 목록에 양주를 '자기를 귀하게 여기는[貴己]' 사상의 주창자로 포함시키고 있다.[1] 또한 『여씨춘추』에 있는 다섯 개의 편에서는 양주의 이름을 직접 거론하지는 않았지만, 우리가 그의 가르침으로 알고 있는 이론들에 대해 상세히 설명하고 있다.[2] 이와 마찬가지로 『장자』에서 원시주의자는 '양묵楊墨'의 논쟁에 대해 언급하고는 있지만,[3] 원시주의자와 같은 시대에 있었던 양가의 논쟁에 대한 실질적 기록으로 보이는 편들 속에서는 양주라는 이름이 나오지 않는다. 이로부터 양가는 유가나 묵가와 달리 한 명의 창시자로 거슬러 올라가거나 하나의 책에 의존하지 않았다고 추측해볼 수 있다. 양주는 그 사상운동을 대변하는 초창기의 인물에 지나지 않으며, 그 운동을 식별해내려면 하나의 이름이 필요하기 때문에 편의상 선택된 인물이었을 것이다.

'양가의 문집'은 위대한 역사가 사마천(기원전 145-86년경)의 시대에 이미 『장자』 속에 편입되어 있었다. 사마천은 장자에 대한 전기적 기록에서 「도둑 척」과 「늙은 어부」를 장자의 저술로 언급하고 있다. 「도둑 척」의 경우, 원시주의자와 같은 시대인 진秦·한漢 교체기(기원

---

1) [역] "老耽貴柔, 孔子貴仁, 墨翟貴廉, 關尹貴淸, 子列子貴虛, 陳騈貴齊, 陽生貴己, 孫臏貴勢, 王廖貴先, 兒良貴後. 此十人者, 皆天下之豪士也."(『呂氏春秋』「審分覽·不二」)
2) 『여씨춘추呂氏春秋』의 1/2「孟春紀」의 '생명을 근본적인 것으로 삼기[本生]', 1/3「孟春紀」의 '자기를 중시하기[重己]', 2/2「仲春紀」의 '생명을 귀하게 여기기[貴生]', 2/3「仲春紀」의 '본질적인 욕구들[情欲]', 21/4「開春論」의 '무엇을 위하는지 알아차리기[審爲]'. 이 텍스트는 다음의 독일어 번역본으로 통용되고 있다. Richard Wilhelm, *Frühling und Herbst des Lu Pu We*, Jena, 1928.
3) 527쪽을 참조하라.

전 209-202년경)의 권력 공백 상태에서 나왔다. 이에 대한 증거는 뒤에서 이 편에 대해 소개할 때 제시할 것이다. 「늙은 어부」는 안정된 통치 기간을 배경으로 하고 있음이 암시되어 있다. 아마도 한대에 나오긴 했겠지만, 「도둑 척」보다 많이 뒤처지지는 않았을 것이다. 기원전 202년 중국의 재통일과 더불어 비교적 온건한 통치가 행해지면서 정치적 분위기가 하루아침에 「도둑 척」의 냉소주의로부터 「늙은 어부」의 안도감으로 변했을 것이라고 상상해볼 수도 있다. 다른 두 편에 대해서는 「왕위를 양보하기」가 『여씨춘추』보다 더 후대의 저술이라는 점 말고는 딱히 할 말이 없다. 「왕위를 양보하기」는 『여씨춘추』에 나오는 많은 이야기를 공유하고 있을 뿐만 아니라, 그 이야기들에 대한 『여씨춘추』의 독특한 논평들까지도 공유하고 있다.

양가는 가장 오래된 중국적 생生철학으로, 어느 정도 살 만한 사람의 요구에 맞다. 그런 사람은 관직에 대한 기대로 그것이 가져올 위험을 무릅쓰는 쪽보다는 사적인 삶의 안락함을 누리기 위해 그 삶에 수반되는 제약들을 감내하는 쪽을 택한다. 장자와 그의 학파로 이루어진 도가道家 역시 그러했다(기원후 몇 세기 이후부터는 불교가 그러했다). 그러나 양가는 신비주의적인 요소가 전혀 없으며, 단지 '내게 참으로 이익이 되는 것은 무엇인가?'라는 물음만 제기한다는 점에서 도가와 불교의 철학과는 다르다. 경쟁 관계에 있던 묵가가 인류 일반의 이익과 해로움을 고려하는 것만큼, 이들은 개인의 이익을 계산적으로 고려한다. 이 당시만 해도 이해타산을 따지는 것과 도덕성을 따지는 것을 똑같이 자발성을 파괴하는 것으로 간주하던 도가의 반합리주의적 세계가 도래하지 않았다. 네 개의 편에서 단 한 군데, 즉 「도둑 척」에 나오는 세 가지 대화 중 두 번째 대화에서만 합리적 이기심으로부터 벗어나 일순간 도가적 신비주의로 도약하는 것처럼 보일 뿐이다.[4] 이 대화에서는 유가적 도덕을 옹호하는 입장과 세속적 성공을 옹호하는 입장 사이에 벌어진 논쟁을 제3자에게 물어보고 있는데, 그자는 도가적인 것처럼 보이는 시구로 답변을 시작하며, "도에 따라 정처 없는 길을 가라"는 조언에서 도가적 말투의 절정을 보여준다. 그러나 기원전 3세기 말과 2세기에는 한비자韓非子 같은 법가의 교훈적 시구에서도 도가적 이미지를 사용하는 경향이 있다. 그 제3의 중재자는 산문투의 어조를 구사하자마자 곧바로 양가처럼 말하며, 양쪽 모두 지나친 도덕적 태도나 탐욕 때문에 자기 삶을 위험에 빠뜨려서는 안 된다고 신중하게 조언한다.

원시주의자가 양가의 논쟁을 묵가의 논쟁과 나란히 한 쌍으로 언급하는 것은 결코 자의적인 것이 아니다. 묵가는 '세상을 이롭게 하는 것은 무엇인가?'를 묻고 양가는 '나를 이롭게 하는 것은 무엇인가?'를 묻기는 하지만, 논쟁에서 사용하는 전문용어와 논쟁 기술에 있어서는 둘 사이에 공통점이 있다. 예를 들어 후기 묵가의 변론술적 편들과 『여씨춘추』의 양가적 편인 「심위審爲('무엇을 위하는지 알아차리기')」, 그리고 「도둑 척」의 두 번째, 세 번째 대화는 모두 사람들이 무엇을 위하는가라는 물음, 즉 인생의 목적과 모든 행동을 판단할 최종 기준이 무엇인가라는 물음을 제기하면서, 공통적으로 '~을 위하여'를 의미하는 거성去聲의 위爲를 전문용어로서 사용하고 있다. 그러나 중대한 차이점들도 있다. 묵가의 논쟁은 기원전 3세기 무렵에는 순전히 논리적인 특성만 띠게 되어, 오로지 이성에 의지해서 문제들을 최종적으로 해결하려는 부단한 노력으로만 남게 된다. 그 노력은 그리스인들에게 비견될 만하다. 그러나 철학적 특성이 덜할수록 '논쟁'

---

4) 630-631쪽 이하를 참조하라.

을 의미하는 **변**辯이라는 단어는 정치적 설득의 기술에 적용되었고, 제후에게 조언을 하거나 협상을 담판 지을 때 동원되는 수사적 기교에 대해 형용사적으로('교묘한, 달변인') 사용되었다. 양가의 논쟁이 이런 부류이다. 「도둑 척」과 「검에 대한 연설」 및 「늙은 어부」의 대화 편들은 탁월한 기량의 설득술을 보여주는 실례이다. 「도둑 척」의 첫 번째 대화에서 공자와 도둑 척은 둘 다 변, 즉 달변가로 묘사된다. 이러한 달변의 가장 강력한 증거는 풍부한 역사적 사례를 훤히 꿰고 있다는 점이다. 도둑 척은 14가지 실례를 사용해(그는 [2명, 6명, 6명으로 묶어서] 수를 세고 있다) 공자를 질리게 한 다음, 계속해서 다음과 같이 말한다. "너는 이 사례들을 이용해 나를 설득하려고 할 것이다. …"5) 「도둑 척」의 그다음 대화에서는 딱 떨어지는 네 쌍의 실례가 나온다. "예전 사람들은 이들에 대한 이야기를 대대로 전하고 최근 사람들은 훈계할 때 꼭 이들을 이상적인 예로 든다."6) 「왕위를 양보하기」는 양가의 문집의 여타 부분들과 관련해서 볼 경우, 논쟁에 사용된 실례들을 수록해놓은 실질적 안내서이며, 그중 일부는 「도둑 척」에서 사용된 것으로 드러난다. 이것들은 그 이전의 다양한 출처로부터 수집되었다. 양가가 문학적 기교에 대해 가졌던 관심의 부산물은 그들이 독자적으로 만들어낸 이야기들이 『장자』의 다른 부분에 있는 어떤 이야기들보다도 더 길고, 또 기술적으로도 더 정교하다는 점이다. 실제로 「늙은 어부」는 중국의 내러티브 기법의 발전에 있어서 하나의 획기적인 지표가 된다.

양가의 근본 원리는 몸의 생명은 그것을 기르는 데 필요한 사물들

---

5) 623쪽을 참조하라.
6) 631쪽을 참조하라.

보다 더 중요하다는 것이다. 소유물들은 대체 가능하지만 몸은 그렇지 않다. 그러므로 뭐가 되었건 몸 밖에 있는 대상 — 그것이 설사 천하의 왕위라고 할지라도 — 과 맞바꾸려고 몸의 털 한 올이라도 희생하는 일이 있어서는 안 된다. 양가는 원칙상 가난을 택하는 것은 아니다. 경우에 따라서는 상황의 경중을 헤아린 뒤 왕위를 수락하는 것이 안전하다고 판단할 수도 있다. 그들은 자신이 청렴하다는 데 긍지를 느끼는 사람을 특별히 경멸한다. 그런 사람은 세속적 명예를 얻기 위해 자기를 타락시키느니 자살하는 쪽을 택할 것이다.[7] 그러나 양가는 두 가지 커다란 유혹, 즉 부에 대한 탐욕과 백성들에 대한 선정善政에 기여하라는 도덕적 요구에 현혹되어 생명을 위험에 빠뜨리면서까지 권력과 소유물을 좇는 일이 없도록 조심한다.「도둑 척」의 대화편들은 양 방향에서 작전을 수행한다. 첫째는 도덕주의에 맞서서, 그다음으로는 세속적 야망에 맞서서. 양가를 유가든 묵가든 도덕주의자들로부터 분리시키는 주요 쟁점은 한 이야기에서 매우 분명하게 나타난다. 그 이야기는 다행히도 『열자』(300년경의 도가서)에 수록되어 전해지고 있는데, 묵가적 기원을 가지고 있을 가능성이 크다. 묵자의 수제자인 금골리禽滑釐가 양주 및 양주의 제자인 맹손양孟孫陽과 대면하는 이야기이다.

금골리가 양주에게 물었다.
"당신은 당신 몸의 털 한 올을 희생해서 온 세상을 도울 수 있다면 그렇게 하겠습니까?"
"털 한 올 뽑아주는 것으로는 분명 세상에 아무런 도움이 안

---

[7] 603-608, 622쪽을 참조하라.

되오."

"도움이 된다면 그렇게 하겠습니까?"

양주는 대답하지 않았다. 금골리는 나와서 맹손양에게 그 이야기를 했다.

맹손양은 말했다.

"그대는 우리 스승님의 마음속에 무엇이 들어 있는지 이해하지 못하오. 내가 설명하겠소. 그대는 그대의 살갗에 상처를 입혀 만금을 얻을 수 있다면 그렇게 하겠소?"

"하겠소이다."

"그렇다면 팔다리를 한 마디 끊어내어 나라를 얻을 수 있다면 그렇게 하겠소?"

금골리가 잠깐 동안 말이 없었다. 맹손양이 계속 말했다.

"털 한 올은 살갗에 비하면 사소한 것이고, 살갗은 팔다리의 한 마디에 비하면 사소한 것이오. 그러나 털이 충분히 모이면 살갗만큼 가치 있고, 살갗도 충분히 모이면 팔다리 한 마디만큼 가치가 있소. 털 할 올도 몸의 만분의 일을 차지하고 있다는 것을 부정할 수 없을 것이오. 어찌 그것을 가볍게 다룰 수 있겠소?"[8]

禽子問楊朱曰:「去子體之一毛以濟一世, 汝爲之乎?」楊子曰: 「世固非一毛之所濟.」禽子曰:「假濟, 爲之乎?」楊子弗應. 禽子出語孟孫陽. 孟孫陽曰:「子不達夫子之心, 吾請言之. 有侵若肌膚獲萬金者, 若爲之乎?」曰:「爲之.」孟孫陽曰:「有斷若一節, 得一國, 子爲之乎?」禽子默然有閒. 孟孫陽曰:「一毛微於肌膚, 肌膚

---

8) *Book of Lieh-tzǔ*, translated A. C. Graham, London, 1960, 148f.

微於一節, 省矣. 然則積一毛以成肌膚, 積肌膚以成一節. 一毛固
一體萬分中之一物, 奈何輕之乎?」[9]

묵가가 '세상을 돕는다'고 부르는 것을 양가는 '나라를 얻는다'고
부른다. 백성들을 이롭게 할 수 있으려면 정치권력을 획득해야 하기
때문에 이 두 가지를 동일시하는 것에 대해서 어느 쪽에서든 트집 잡
지 못할 것이다. 양주에게는 소유물에 무관심한 고매한 태도가 금골
리에게는 다른 사람들을 돕기를 거부하는 이기적인 태도이다. 묵가
인 듯 보이는 그 서술자에 따르면 양주는 "옛날 사람들은 털 한 올을
잃어 천하를 이롭게 할 수 있다고 해도 그렇게 하지 않았을 것이고,
온 천하를 그에게 바친다 해도 그것을 취하지 않았을 것이다"라고 말
한다.[10] 유가인 맹자도 이와 유사하게 말한다.[11] "양주가 **위한**[爲] 것
은 자기였다. 털 한 올을 뽑아 온 세상을 이롭게 할 수 있다고 해도
그는 그렇게 하지 않을 것이다." 이 문장은 양주의 주장에 대한 일면
적인 기술이기는 하지만, 도덕주의자들에게 결정적으로 중요했던 점
을 콕 집어내고 있다. 그것은 막 인용한 『열자』의 이야기에서 양주를
난처하게 만들었던 점이기도 하다. 그러나 양가가 자기self를 소중하
게 여기는 것은 외부 사물들에 맞서서이지 다른 사람들의 자기에 맞
서서가 아니다. 왕위를 차지할 만한 사람은 왕위를 얻는 것보다 자신
의 생명과 건강을 우선시하는 자라는 이야기를 우리는 여러 차례 듣
게 된다.[12] 원시주의자 역시 이 점을 강조했으며,[13] 『노자』 13장에도

9) [역] 楊伯峻, 『列子集釋』, 北京: 中華書局, 1996에 의거해 원문을 싣는다.
10) [역] "古之人損一毫利天下不與也. 悉天下奉一身不取也."(楊伯峻, 『列子集釋』, 230)
11) *Mencius*, translated D. C. Lau, Penguin Classics, 1970, 7A/26[「盡心」上, "楊子取爲我, 拔一毛利而天下, 不爲也"]; 또한 3B/9[「滕文公」下, "楊氏爲我, 是無君也"]도 참조하라.

이런 말이 나온다. 이것은 이상한 주장으로 들릴 수도 있겠지만, 논리적으로 생각해보면 아마도 양가적 군주는 자신의 생명과 마찬가지로 그의 백성들의 생명을 왕위나 생명을 기르는 수단에 불과한 여타의 사물들보다도 우선시한다는 의미일 것이다. 태왕大王 단보亶父의 이야기가 이 점을 잘 보여주는 예이다.[14]

양가의 문집에서 장자는 「검에 대한 연설」의 주인공으로 한 차례 등장한다. 이것은 어떻게 해서 양가의 문집이 그것과 조금은 어울리지 않는 것처럼 보이는 『장자』에 편입되었는지를 설명하고도 남는다. 도가는 결국 무병장수는 재산과 관직보다 더 중요하다는 양가의 주제를 물려받았다. 물론 도가는 생명에 대해 일부러 사고를 하지 않음으로써 생명의 자발적 과정에 해를 끼치는 일을 막는다는 입장으로 기울어진다. 성 뒤에 오는 이름으로 자기를 지칭하는 관례에 따라 (번역에서는 '나I'로 대체해야 한다) 「검에 대한 연설」의 장자 역시 자기를 '주周'라고 부르고 있긴 하지만, 「검에 대한 연설」의 장자는 『장자』의 다른 부분에 나오는 장자와 너무 달라서, 많은 학자가 그것이 똑같은 사람에 대한 이야기인지 의심한다. 그러나 거대한 까치 이야기로부터 장자가 한때 양가였다고 추론하는 것이 옳다면,[15] 양가의 문헌에 그와 관련된 다른 갈래의 전통이 있었다는 점도 납득이 될 것이다.

---

12) 585-586, 589-590쪽을 참조하라.
13) 557쪽을 참조하라.
14) 587쪽을 참조하라.
15) 310쪽을 참조하라.

1
왕위를 양보하기
(제28편[「양왕」])

 이 편은 양가의 논쟁에서 실례로 사용될 만한 일화들을 모아놓은 것으로, 이중 일부는 실제로 「도둑 척」의 대화편들에 응용되었다. 이 일화들 대부분은 『여씨춘추』와 현존하는 다른 자료들 속에서도 발견된다. 일부 항목은 유가적인가 하면, 어떤 항목은 농부들의 학파로부터 왔다.[16] 처음 두 일화는 명백하게 동일한 이야기의 두 가지 버전이다. 『장자』의 편집자는 스스로는 논평을 덧붙이지 않았지만, 그가 『여씨춘추』에서 발췌한 많은 일화는 이미 양가적 논평들을 포함하고 있으며, 편집자는 그 논평들을 그대로 옮겨놓았다.

 이 일화들은 두 갈래의 연작으로 분류할 수 있는데, 각각 연대순이다.

---

16) 524쪽을 참조하라.

첫 번째 연작

이 이야기들은 생명과 건강이 재산보다 더 중요하며 가난해도 행복할 수 있다는 것을 실례를 들어 설명하고 있다.

||||||||||||

요堯가 허유許由에게 천하를 넘겨주려 했다. 허유는 그것을 거부했다. 그러자 그다음으로 자주지보子州支父에게 넘겨주려 했다.
자주지보가 말했다.
"나를 천자로 만들겠다는 생각은 그리 나쁘진 않은 것 같소. 허나 나는 마침 심각한 질환에 시달리고 있어 그것부터 고치려 하오. 지금 당장은 천하를 바로잡을 겨를이 없다오."
천하는 무엇보다도 중요한 것이지만, 그는 그것 때문에 자신의 생명을 해치지는 않을 것이다. 하물며 천하보다 못한 것들에 있어서랴! 천하에 조금도 관심이 없는 사람에게만 천하를 맡길 만하다.

> 堯以天下讓許由. 許由不受. 又讓於子州支父. 子州支父曰. 以我爲天子. 猶之可也. 雖然. 我適有幽憂之病. 方且治之. 未暇治天下也. 夫天下至重也. 而不以害其生. 又況他物乎. 唯无以天下爲者. 可以託天下也.

• • •

순舜이 자주지백子州支伯에게 천하를 넘겨주려 하였다.

자주지백이 말했다.

"나는 마침 심각한 질환에 시달리고 있어 그것부터 고치려 하오. 지금 당장은 천하를 바로잡을 겨를이 없다오."

이처럼 천하가 사람이 이용할 수 있는 도구 중에 가장 대단한 것이라고 해도, 그는 그것 때문에 생명을 팔아넘기지는 않을 것이다. 이것은 도道를 지닌 사람이 세속적인 사람들과 크게 다른 점이다.

舜讓天下於子州支伯. 子州支伯曰. 予適有幽憂之病. 方且治之. 未暇治天下也. 故天下大器也. 而不以易生. 此有道者之所以異乎俗者也.

• • •

순이 선권善卷에게 천하를 넘겨주려 하였다.

선권이 말했다.

"온 우주의 시간과 공간[宇宙]이 바로 내가 서 있는 조정이오. 겨울에는 털옷을 입고 여름에는 갈포와 베옷을 걸친다오. 봄에는 쟁기질하고 씨를 뿌리는데, 내 몸은 그 일들을 거뜬히 해낼 만큼 튼튼하오. 가을에는 수확물을 거둬들이는데, 그 생산량이 쉬는 동안 먹고살 만큼 충분하오. 나는 해가 뜨면 일을 시작하고 해가 지면 잠자리에 든다오. 하늘과 땅 사이에서 거닐면서 내 마음은 흡족할 정도로 필요한 건 다 갖추었소. 내게 천하가 뭐가 그리 중요하겠소? 아, 그대는 나를 너무 모르는구려!"

그렇게 그는 수락하지 않았다. 그 뒤 그는 그곳을 떠나 깊은 산속으로 들어갔으며, 아무도 그가 어디에 사는지를 알 수 없었다.

舜以天下讓善卷. 善卷曰. 余立於宇宙之中. 冬日衣皮毛. 夏日衣葛絺. 春耕種. 形足以勞動. 秋收斂. 身足以休食. 日出而作. 日入而息. 逍遙於天地之間而心意自得. 吾何以天下爲哉. 悲夫. 子之不知余也. 遂不受. 於是去而入深山. 莫知其處.

• • •

순이 그의 친구인 돌문[석호石戶]의 농부에게 천하를 넘겨주려 하였다.

돌문의 농부가 말했다.

"우리 황제는 정말로 안달난 사람이로다! 지나칠 정도로 열심히 일하지 않고서는 못 배기는 사나이로구나."

돌문의 농부는 순의 덕이 모자라다고 결론 내렸다. 이에 그와 그의 아내는 가재도구를 챙겨서, 그는 등에 짊어지고 아내는 머리에 이고 손으로는 아이들을 잡고서 바다를 건너가 평생 돌아오지 않았다.

舜以天下讓其友石戶之農. 石戶之農曰. 捲捲乎后之爲人. 葆力之士也. 以舜之德爲未至也. 於是夫負妻戴. 攜子以入於海. 終身不反也.

• • •

태왕大王 단보亶父가 빈邠에 살고 있을 때, 북방 오랑캐인 적狄의 무리가 공격해왔다. 단보는 그들에게 가죽과 비단을 공물로 바쳤지만 그들은 받으려 하지 않았고, 말과 사냥개를 바쳤는데도 받으려 하지 않았으며, 진주와 옥도 받으려 하지 않았다. 그들이 원한 것은 토지였다. 이에 단보가 말했다.

"나와 함께 살고 있는 자들의 동생들과 자식들을 죽음으로 내모는 것, 나는 차마 그런 짓을 할 수가 없다. 그대들 모두 최선을 다해 여기서 살아가라. 그대들이 나의 신하로 사는 것이나 적狄의 신하로 사는 것이 무슨 차이가 있겠는가? 나는 또한 기르는 수단 때문에 그 수단이 기르는 바를 해쳐서는 안 된다고 들었다."

그렇게 그는 손에 지팡이를 잡고 그들을 떠났다. 그러자 백성들은 줄지어 그의 뒤를 따랐다. 마침내 그는 기산岐山의 기슭에 나라를 세웠다.

태왕 단보는 생명을 높이 받들 수 있었던 자라고 공언할 만하다. 생명을 높이 받들 수 있는 자는 아무리 부유하고 신분이 귀하다 해도 자기 자신을 길러주는 수단 때문에 도리어 자신을 상하게 하지는 않을 것이다. 또 아무리 가난하고 신분이 천하다 해도 이익 때문에 자신의 몸을 성가신 일들에 말려들게 하지는 않을 것이다. 그런데 지금 높은 관직과 명예로운 작위를 차지하고 있는 사람들은 모두가 이렇게 하는 데 실패를 거듭하고 있다. 이익만 보면 그토록 가볍게 자기 자신의 파멸을 자초하니, 미혹된 자들이 아니겠는가?

大王亶父居邠. 狄人攻之. 事之以皮帛而不受. 事之以犬馬而不受. 事之以珠玉而不受. 狄人之所求者土地也. 大王亶父曰. 與人之兄居而殺其弟. 與人之父居而殺其子. 吾不忍也. 子皆勉居矣. 爲吾臣與爲狄人臣奚以異. 且吾聞之. 不以所用養害所養. 因杖筴而去之. 民相連而從之. 遂成國於岐山之下. 夫大王亶父. 可謂能尊生矣. 能尊生者. 雖貴富不以養傷身. 雖貧賤不以利累形. 今世之人居高官尊爵者. 皆重失之. 見利輕亡其身. 豈不惑哉.

• • •

    월越나라 사람들이 세 번이나 연달아 군주를 시해하였다. 왕의 아들이었던 수搜는 자신에게도 그런 일이 일어날 것이라고 생각해서, 붉은 수은 동굴[단혈丹穴]로 도망을 갔고, 그래서 월나라에는 군주가 없어졌다. 사람들이 왕자 수를 수소문했지만 어디서도 그를 찾지 못했다. 간신히 그의 행방을 좇은 끝에 붉은 수은 동굴에 이르렀다. 왕자 수는 거기서 나오려 하지 않았지만, 월나라 사람들은 쑥으로 연기를 피워 그를 밖으로 나오게 한 뒤, 왕의 수레에 다시 태웠다.

    왕자 수는 수레의 끈을 잡고 수레에 오르더니, 하늘을 우러러보며 울부짖었다.

    "왕이라니! 왕이라니! 어째서 나를 가만히 내버려두지 않는 것인가?"

    왕자 수는 왕이 되는 걸 싫어한 것이 아니다. 그는 왕이 되어 겪는 환란이 싫었던 것이다. 왕자 수 같은 사람을 두고, 나라 때문에 생명을 상하게 하지는 않을 자라고 말할 수 있을 것이다. 결과는 그가 바로 월나라의 백성들이 군주로 원했던 그런 사람이었던 것이다.

    越人三世弑其君. 王子搜患之. 逃乎丹穴. 而越國無君. 求王子搜不得. 從之丹穴. 王子搜不肯出. 越人薰之以艾. 乘以王輿. 王子搜援綏登車. 仰天而呼曰. 君乎. 君乎. 獨不可以舍我乎. 王子搜非惡爲君也. 惡爲君之患也. 若王子搜者. 可謂不以國傷生矣. 此固越人之所欲得爲君也.

• • •

한韓나라와 위魏나라가 충돌하여 서로 국경을 습격하였다. 자화자子華子가 [한나라의 군주인] 소희후昭僖侯를 찾아갔는데, 소희후의 안색이 수심으로 가득 차 있었다.

자화자가 말했다.

"이렇게 한번 가정해보시지요. 온 천하 사람들이 전하의 안전에서 문서를 하나 작성하는데, 거기에는 이렇게 쓰여 있습니다. '왼손으로 이것을 움켜잡으면 오른손을 잃게 될 것이고, 오른손으로 이것을 움켜잡으면 왼손을 잃게 될 것이다. 그런데도 이것을 움켜잡는 사람은 천하를 가지게 될 것이다.' 전하께서는 이렇게 하실 수 있겠는지요?"

"과인은 그렇게 하지 않을 것이오."

"아주 좋습니다. 전하께서는 이로써 두 팔을 가지고 있는 것이 천하를 가지는 것보다 더 중요하다는 것을 아실 수 있을 겁니다. 이와 마찬가지로 전하의 온전한 몸은 두 팔보다 더 중요합니다. 한나라는 결국 천하보다 훨씬 더 하찮은 것이고, 전하께서 지금 다투고 계신 땅은 한나라보다 훨씬 더 하찮은 것입니다. 그런데도 전하께서는 정말로 자신의 몸을 괴롭히고 생명을 상하게 하면서까지 그것을 얻지 못할까 근심하고 초조해하시는 겁니까?"

"훌륭하오! 많은 사람이 과인에게 조언을 주었는데, 여태껏 이렇게 말한 사람은 없었소."

자화자는 중요한 것과 중요하지 않은 것을 구별할 줄 알았다고 할 수 있다.

韓魏相與爭侵地. 子華子見昭僖侯. 昭僖侯有憂色. 子華子曰. 今使天下書銘於君之前. 書之言曰. 左手攫之則右手廢. 右手攫之則左手廢. 然而攫之者必有天下. 君能攫之乎. 昭僖侯曰. 寡人不攫也. 子華

子曰. 甚善. 自是觀之. 兩臂重於天下也. 身亦重於兩臂. 韓之輕於天下亦遠矣. 今之所爭者. 其輕於韓又遠. 君固愁身傷生以憂戚不得也. 僖侯曰. 善哉. 敎寡人者衆矣. 未嘗得聞此言也. 子華子可謂知輕重矣.

• • •

노나라의 군주는 안합顏闔이 도를 터득한 사람이라는 소리를 듣고는 사자使者에게 선물을 들려 보내 그에게 접근하게 하였다. 안합은 누추한 동네에 묻혀 홀로 지내면서 굵은 베로 된 옷을 걸치고 몸소 소를 치고 있었다. 노나라 군주가 보낸 사자가 당도하자, 안합은 직접 문간으로 나왔다.

"여기가 안합의 집 맞습니까?"

"그렇소이다."

사자가 선물을 전달하자, 안합이 답했다.

"그대가 이름을 잘못 듣고 온 것이 아닌가 싶소.[17] 이 일로 그대가 벌을 받지는 않을까 걱정이 되오. 확인해보는 것이 좋겠소."

사자는 돌아가서 그가 시킨 대로 확인해보았다. 사자가 다시 그를 찾았을 때에는 그는 거기에 없었다.

이로써 알 수 있듯이, 안합과 같은 자는 부귀를 싫어하는 것이 결코 아니다.[18] 이런 말이 있다. "도의 진수로는 자신의 몸을 유지시키

---

17) [원] 恐聽謬: 통용본은 '恐聽者謬'로 되어 있다. 『여씨춘추』 2/2「仲春紀·貴生」(許維遹, 『呂氏春秋集釋』, 2/5B/1)에 있는 유사 어구["恐聽謬而遺使者罪"]에 따라 '者'를 삭제한다.

18) [원] 非惡富貴也: 통용본은 '非'가 '眞'으로 되어 있다. 『여씨춘추』 2/2「仲春紀·貴

고,¹⁹⁾ 그 찌꺼기로는 국가를 경영한다. 거기서 버려진 것들로 천하를 다스린다." 이런 관점에서 보면 황제와 왕의 업적들은 성인의 찌꺼기 같은 행적들이지, 자기 몸을 온전하게 지키고 생명을 기르는 수단이 아니다. 오늘날 세속의 그토록 많은 군자가 자신의 몸을 위험에 빠뜨리고 단지 외적인 사물들 때문에 스스로를 희생시키면서 생명을 내던지니, 이 얼마나 슬픈 일인가! 성인은 행동하려는 생각이 들 때면, 반드시 자신이 왜 행동하려는지, 또 어떻게 행동하려는지 면밀히 검토한다. 수후隨侯의 진주²⁰⁾를 탄알로 사용해서 천 길 높이의 공중에 있는 참새를 쏘아 맞추려는 사람이 있다고 해보자. 물론 세상 사람들은 그를 비웃을 것이다. 어째서인가? 그가 이용하려는 것이 그가 목표로 삼고 있는 것보다 더 중요하기 때문이다. 생명은 수후의 진주보다도 훨씬 더 중요하지 않겠는가?

生」](許維遹,『呂氏春秋集釋』, 2/6A/2)에 따라 '眞'을 '非'로 교정한다. 이 오자는 아마도 아홉 글자 뒤에 나오는 ["道之眞以持身"의] '眞'과 혼동한 데에서 비롯되었을 것이다.

19) [원] 道之眞以持身: 통용본은 '持'가 '治'로 되어 있다. 『여씨춘추』 2/2[「仲春紀·貴生」](許維遹,『呂氏春秋集釋』, 2/6A/5)에 따라 '治'를 '持'로 교정한다.

20) [역] 隨侯之珠: 수후의 진주. 귀한 보물을 가리킨다. "수현隨縣의 자수溠水 부근에 단사구斷蛇丘가 있다. 춘추시대에 수隨의 제후[侯]가 출행을 했다가 큰 뱀을 한 마리 보았다. 그 뱀은 상처를 입어 끊어져 있었다. 수후는 그 뱀이 영험하다고 생각되어 사람을 시켜 약으로 붙여주었다. 뱀은 이에 나아갈 수 있었다. 그래서 그곳을 '단사구'라고 부르게 되었다. 일 년이 조금 지나 그 뱀은 밝은 구슬을 입에 물고 나타나서 수후의 은혜에 보답하였다. 그 구슬은 직경이 한 마디를 넘고 순백색이었다. 밤에는 밝은 빛을 내니 마치 달이 비추는 것처럼 방을 환하게 밝힐 수 있었다. 그래서 그 구슬을 '수후주隋侯珠'라고 부르고, '영사주靈蛇珠' 또는 '명월주明月珠'라고도 부른다[隨縣溠水側, 有斷蛇丘. 隨侯出行, 見大蛇, 被傷中斷, 疑其靈異, 使人以藥封之. 蛇乃能走. 因號其處'斷使丘'. 歲餘, 使銜明珠以報之. 珠盈徑寸, 純白, 而夜有光明, 如月之照, 可以燭室. 故謂之隨侯珠, 亦曰靈蛇珠, 又曰明月珠]."(『搜神記』卷20)

魯君聞顔闔得道之人也. 使人以幣先焉. 顔闔守陋閭. 苴布之衣而自飯牛. 魯君之使者至. 顔闔自對之. 使者曰. 此顔闔之家與. 顔闔對曰. 此闔之家也. 使者致幣. 顔闔對曰. 恐聽謬而遺使者罪. 不若審之. 使者還. 反審之. 復來求之. 則不得已. 故若顔闔者. 非惡富貴也. 故曰. 道之眞以持身. 其緒餘以爲國家. 其土苴以治天下. 由此觀之. 帝王之功. 聖人之餘事也. 非所以完身養生也. 今世俗之君子. 多危身棄生以殉物. 豈不悲哉. 凡聖人之動作也. 必察其所以之與其所以爲. 今且有人於此. 以隨侯之珠彈千仞之雀. 世必笑之. 是何也. 則其所用者重而所要者輕也. 夫生者. 豈特隨侯之重哉.

• • •

 스승 열자[자열자子列子]가 곤궁하게 살고 있었다. 그의 안색은 굶주림에 찌들어 있었다. 한 객이 정鄭나라의 자양子陽에게 그에 대해 이야기하였다.
 "열자는 도가 있는 선비로 알려져 있습니다. 그런데도 그대의 나라에 살면서 곤궁한 처지에 있습니다. 백성들은 그대가 재능 있는 사람들에게 관심이 없다고 생각하지 않겠습니까?"
 자양은 즉시 관리에게 명해 열자에게 곡식을 보냈다. 열자는 사자를 보고는 두 번 절을 하더니 사양하였다. 사자가 떠나고 열자가 들어오자, 열자의 아내는 떠나는 자의 뒷모습을 뚫어져라 쳐다보더니 가슴을 치며 말했다.
 "내 듣기로 도가 있는 사람의 처자식은 안락하고 즐겁게 산다더이다. 지금 우리 얼굴은 굶주림에 찌들어 있습니다. 전하께서 그걸 알아차리고는 곡식을 보냈는데 당신은 그걸 사양하고 받지 않는군요. 이 무슨 운명이란 말이오!"

열자는 웃으며 아내에게 말했다.

"전하께서 스스로 나를 알아준 것이 아니오. 내게 곡식을 보낸 것은 다른 사람의 말 때문이라오. 그가 내게 벌을 내릴 만하다고 생각한다면, 그것도 다른 사람의 말 때문일 것이오. 이래서 나는 받지 않았던 것이오."

결국 백성들이 모반을 일으켜 자양을 죽이는 일이 벌어졌다.

子列子窮. 容貌有飢色. 客有言之於鄭子陽者曰. 列禦寇. 蓋有道之士也. 居君之國而窮. 君无乃爲不好士乎. 鄭子陽卽令官遺之粟. 子列子見使者. 再拜而辭. 使者去. 子列子入. 其妻望之而拊心曰. 妾聞爲有道者之妻子. 皆得佚樂. 今有飢色. 君過而遺先生食. 先生不受. 豈不命邪. 子列子笑謂之曰. 君非自知我也. 以人之言而遺我粟. 至其罪我也又且以人之言. 此吾所以不受也. 其卒. 民果作難而殺子陽.

• • •

초楚나라의 소왕昭王이 나라를 잃었을 때, 소왕과 함께 피난하는 무리 가운데 양을 도축하는 일을 하던 열說이 섞여 있었다. 소왕은 나라를 되찾자, 그에게 충성했던 모든 이에게 상을 내리고자 하였다. 양을 도축하던 열에게도 마찬가지였다.

이 소식을 들은 열이 말했다.

"폐하께서는 나라를 잃었고, 저는 제 일자리를 잃었더랬습니다. 폐하께서는 나라를 되찾았고, 저는 제 일을 되찾았습니다. 신의 작위와 녹은 이미 회복됐는데, 어째서 또 상을 언급하시는 겁니까?"

왕이 전해 듣고는 말했다.

"그가 수락하게 만들어라."

[열이 말했다.]

"폐하께서 나라를 잃었던 것은 신의 잘못이 아닙니다. 그래서 스스로 벌을 청해야 한다고 생각하지 않았던 것입니다. 폐하께서 나라를 되찾은 것도 신의 공이 아닙니다. 그래서 감히 상을 받으려고 하지 않는 것입니다."

왕이 전해 듣고는 말했다.

"그를 여기로 데려오라."

[열이 말했다.]

"초나라의 국법에 따르면 큰 공적을 세워 후한 상을 받게 된 자라야만 알현이 허락됩니다. 지금 신은 나라를 구할 만큼 똑똑하지도 않고 침략자들과 싸우다 죽을 만큼 용감하지도 않습니다. 오나라의 군대가 영郢에 쳐들어왔을 때, 저는 곤란을 겪을 것이 두려워 침략자들로부터 달아난 것입니다. 제가 일부러 폐하와 함께 운명을 함께하려고 했던 것이 아니지요. 그런데 지금 폐하께서 제게 알현을 허락하려는 것은 법을 업신여기는 것이요, 선례를 어기는 것입니다. 이렇게 하면 세상 사람들이 신을 좋게 생각할 리가 없습니다."

왕이 군정을 담당하던 자기子綦에게 말했다.

"양을 도축하는 열은 지위는 보잘것없고 천하지만, 그가 펼치는 주장은 매우 고결하다. 나를 대신해 그에게 세 개의 깃발이 하사되는 자리를 내어주도록 하라."

열이 [자기에게] 말했다.

"세 개의 깃발이 하사되는 자리는 양을 도축하는 자의 축사보다 더 고귀한 것으로 알고 있소. 그리고 만 종鍾의 녹은 양을 도축하는 일의 수입보다 더 후하다는 것도 알고 있소. 그러나 내 어찌 작위와 녹에 탐욕을 부려 군주로 하여금 무분별하게 베푸는 자로 악명을 떨치게 할 수 있겠소? 나는 그럴 만한 자격이 없으니, 양을 도축하는 내 축사로 돌아가고 싶소."

그는 끝내 받아들이지 않았다.

楚昭王失國. 屠羊說走而從於昭王. 昭王反國. 將賞從者. 及屠羊說. 屠羊說曰. 大王失國. 說失屠羊. 大王反國. 說亦反屠羊. 臣之爵祿已復矣. 又何賞之有. 王曰. 强之. 屠羊說曰. 大王失國. 非臣之罪. 故不敢伏其誅. 大王反國. 非臣之功. 故不敢當其賞. 王曰. 見之. 屠羊說曰. 楚國之法. 必有重賞大功而後得見. 今臣之知不足以存國. 而勇不足以死寇. 吳軍入郢. 說畏難而避寇. 非故隨大王也. 今大王欲廢法毀約而見說. 此非臣之所以聞於天下也. 王謂司馬子綦曰. 屠羊說居處卑賤. 而陳義甚高. 子綦爲我延之以三旌之位. 屠羊說曰. 夫三旌之位. 吾知其貴於屠羊之肆也. 萬鍾之祿. 吾知其富於屠羊之利也. 然豈可以貪爵祿而使吾君有妄施之名乎. 說不敢當. 願復反吾屠羊之肆. 遂不受也.

• • •

원헌原憲이 노나라에 살고 있었다. 그가 사는 집은 사방 십 척밖에 되지 않았는데, 한창 자라고 있는 생풀로 지붕을 이어놓았고, 바람이 그대로 들어오는 가시나무 넝쿨로 문을 세워놓았으며, 뽕나무 줄기로 지도리를 만들어놓았다. 방 두 칸은 밑 빠진 항아리로 창을 냈고

헝겊 조각으로 구멍 난 곳들을 메워놓았다. 원헌은 지붕에서 물이 새는 바람에 축축해진 마루에 등을 꼿꼿이 세우고 앉아 현을 타면서 노래를 부르고 있었다.[21]

자공子貢이 큰 말들이 한 조를 이루어 끄는 수레를 타고, 흰색의 긴 겉옷에 감청색 옷을 받쳐 입고 찾아왔다. 앞이 높은 자공의 수레는 너무 커서 좁은 골목을 지나갈 수가 없었다. 이에 자공은 직접 걸어서 원헌을 찾아갔다. 원헌은 가운데가 찢어진[22] 관을 머리에 쓰고 뒤축이 없는 신발을 끌고 나와 명아주 지팡이에 기댄 채 자공을 문간에서 맞이하였다.

자공이 말했다.

"아, 선생은 어쩌다 이렇게 나빠진 것입니까?"

[원헌이 말했다.]

"제가 듣기로 재산이 없는 것은 '가난[貧]'이라고 부르고, 도를 배우고도[23] 결국 배운 대로 살지 못하는 것을 '나빠짐[病]'이라고 부른다 합니다. 지금 제가 겪고 있는 곤란은 가난한 것이지 나빠진 것이 아닙니다."

이에 자공은 주춤거리면서 당황한 기색을 보였다. 이에 원헌이 웃으며 말했다.

"세속적인 장래성이나 엿보고 자기를 밀어줄 패거리나 만들려고

---

21) [원] 弦歌: 통용본에는 '歌'가 없다. 『장자궐오莊子闕誤』의 이문에 따라 '歌'를 삽입한다.
22) [원] 華: 모로하시 데쓰지諸橋轍次의 『대한화사전大漢和辭典』, 31214 def. 1/26에 따라 '가운데가 찢어진'(陶鴻慶, 『讀莊子札記』)으로 풀이한다.
23) [원] 學道: 통용본에는 '道'가 없다. 왕수민王叔岷의 『장자교석莊子校釋』에 따라 '道'를 삽입한다.

친구를 사귀는 것, 배움에 임해서는 속으로 다른 사람들을 의식하고 가르침을 행할 때에는 자기 자신만 생각하는 것, 인仁과 의義를 더럽히면서도[24] 수레와 말로 화려한 볼거리나 제공하는 것, 저는 차마 이런 짓들을 할 수가 없습니다."

原憲居魯. 環堵之室. 茨以生草. 蓬戶不完. 桑以爲樞. 而甕牖二室. 褐以爲塞. 上漏下溼. 匡坐而弦歌. 子貢乘大馬. 中紺而表素. 軒車不容巷. 往見原憲. 原憲華冠縰履. 杖藜而應門. 子貢曰. 嘻. 先生何病. 原憲應之曰. 憲聞之. 无財謂之貧. 學道而不能行謂之病. 今憲. 貧也. 非病也. 子貢逡巡而有愧色. 原憲笑曰. 夫希世而行. 比周而友. 學以爲人. 敎以爲己. 仁義之慝. 輿馬之飾. 憲不忍爲也.

|주| (다음 이야기에 나오는 증자와 마찬가지로) 원헌과 자공은 둘 다 공자의 제자이다.

• • •

증자曾子가 위衛나라에 살 때였다. 그의 누빈 겉옷은 닳아서 안감이 다 보일 정도였고, 얼굴은 부르튼 데다 얼룩덜룩했으며, 손과 발에는 못이 박혀 있었다. 사흘에 한 번도 불을 밝히지 못했고, 십 년 동안 한 번도 옷을 해 입지 못했다. 머리에 관冠을 똑바로 쓰려 하면 관을 매는 끈이 툭 끊어졌고, 옷깃을 여미면 소매 사이로 팔꿈치가 보였으

---

24) [원] 慝: 모로하시 데쓰지의 『대한화사전』, 11100 def. 1/6에 따라 '더럽히다'로 풀이한다.

며, 신발을 신으면 뒤축이 터져버렸다.

그는 발을 질질 끌면서 상의 찬가[商頌]를 부르곤 했다. 그 소리가 마치 종과 돌로 된 악기에서 소리가 울려 퍼지듯이 하늘과 땅을 가득 채웠다. 천자는 그를 신하로 삼을 수 없었고, 제후들은 그를 친구로 삼을 수 없었다. 이처럼 자신의 뜻을 기를 때에는 몸을 잊고, 몸을 기를 때에는 이익을 잊으며, 도를 완성하려고 할 때에는 마음의 계산들을 잊는다.

曾子居衛. 縕袍无表. 顔色腫噲. 手足胼胝. 三日不擧火. 十年不製衣. 正冠而纓絶. 捉衿而肘見. 納屨而踵決. 曳縦而歌商頌. 聲滿天地. 若出金石. 天子不得臣. 諸侯不得友. 故養志者忘形. 養形者忘利. 致道者忘心矣.

• • •

공자가 안회에게 말했다.

"회야, 이리 와보거라. 너희 집안은 가난하고 신분도 낮다. 그런데도 너는 어째서 관직을 맡지 않는 것이냐?"

[안회가 대답했다.]

"저는 관직을 맡고 싶지 않습니다. 저는 도성 밖에 오십 묘의 밭을 가지고 있어 된죽과 묽은 죽 정도는 충분히 먹을 수 있습니다. 도성 변두리에는 십 묘의 밭이 있어 비단과 베로 된 옷을 충분히 입을 수 있지요. 현을 타는 것이 제게 필요한 오락의 전부이고, 선생님 밑에서 배우고 있는 도에 제 모든 행복이 들어 있습니다. 저는 관직을 맡고 싶지 않습니다."

공자는 표정을 진지하게 가다듬더니 말했다.

"네 결의가 훌륭하구나! 나는 이렇게 들었다. '이미 충분하다는 것을 아는 사람은 자신을 이익에 얽매이게 하지 않고, 만족이 어디에 있는지를 이해하는 사람은 잃는 것을 두려워하지 않는다. 개인적인 품행이 잘 닦여 있는 사람은 지위가 없는 것을 부끄러워하지 않는다.' 나는 오랫동안 이것을 말로만 되뇌어왔는데, 마침내 지금 네게서 그 실례를 목격하게 되었구나. 너는 내게 큰 도움을 주었다."

孔子謂顔回曰. 回來. 家貧居卑. 胡不仕乎. 顔回對曰. 不願仕. 回有郭外之田五十畝. 足以給飦粥. 郭內之田十畝. 足以爲絲麻. 鼓琴足以自娛. 所學夫子之道者足以自樂也. 回不願仕. 孔子愀然變容曰. 善哉回之意. 丘聞之. 知足者不以利自累也. 審自得者失之而不懼. 行修於內者无位而不怍. 丘誦之久矣. 今於回而後見之. 是丘之得也.

• • •

중산中山의 공자公子인 모牟가 첨자瞻子에게 말했다.

"내 몸은 여기 강가와 바닷가에 있는데, 내 마음은 위魏나라 성문의 누대 아래를 서성이고 있습니다. 어찌하면 좋겠습니까?"

[첨자가 말했다.]

"생명을 중요하게 생각하십시오. 생명을 중요한 것으로 보면 이익은 가벼운 것이 될 것입니다."

"그 점을 잘 알고 있는데도, 아직 제 자신을 이길 수가 없습니다."

"자신을 이길 수가 없다면, 내버려두십시오. [내버려두면] 우리 속에 있는 신묘한 힘으로부터 오는 반감은 없지 않겠습니까? 자신을 이길 수가 없는데, 내버려두지 않으려고 억지를 부리는 것, 이것은 '이중으로 상처를 입는 것[重傷]'이라 합니다. 자신을 이중으로 상처 입히는 사람들은 결코 오래 살 수 없는 부류입니다."

위나라의 모는 만 대의 수레를 보유한 공자였다. 그런 그가 절벽에 난 굴로 몸을 숨긴 것은 평범한 사람들보다 더 힘든 일이었다. 그가 설사 도에 이르지는 못했다 해도, 그러려는 뜻은 있었다고 할 수 있을 것이다.

中山公子牟謂瞻子曰. 身在江海之上. 心居乎魏闕之下. 奈何. 瞻子曰. 重生. 重生則利輕. 中山公子牟曰. 雖知之. 未能自勝也. 瞻子曰. 不能自勝則從. 神无惡乎. 不能自勝而强不從者. 此之謂重傷. 重傷之人. 无壽類矣. 魏牟. 萬乘之公子也. 其隱巖穴也. 難爲於布衣之士. 雖未至乎道. 可謂有其意矣.

• • •

공자가 진나라와 채나라 사이에서 꼼짝없이 붙들려 이레 동안 익힌 음식을 먹지 못했고 낟알 하나 없는 풀 국만 먹었다. 공자는 안색이 초췌한 지경이 되었는데도 집 안에서 현을 타면서 노래를 불렀다. 안회가 푸성귀를 뜯고 있는 동안, 자로子路와 자공이 서로 말했다.

"우리 선생님께서는 노나라에서는 두 번이나 쫓겨났고, 위衛나라에서는 발자국을 지워야만 했다. 송나라에서는 나무가 잘려 머리 위를 덮쳤고, 상나라와 주나라에서는 옴짝달싹 못하는 궁지에 몰리시더니, 여기 또 진나라와 채나라 사이에서는 포위를 당하셨다. 누구든 선생님의 목숨을 마음대로 할 수 있는데, 선생님께서는 법의 보호도 받지 못하고 있는 지경이다. 그런데도 노래를 부르면서 거문고를 타고 계시니, 군자로서 이다지도 부끄러움이 없으시단 말인가?"

안회는 그들에게 아무런 응수도 하지 않더니, 들어와서 공자에게 고하였다. 공자는 거문고를 밀쳐놓더니 깊은 한숨을 내쉬며 말했다.

"자로와 자공은 좀스러운 인간들이구나. 안으로 불러라. 내가 말하겠다."

두 사람이 들어왔다. 자로가 말했다.

"이런 곤궁에 처하는 것을 저는 아무 진척도 없는 것이라 부르겠습니다."

[공자가 말했다.]

"이 무슨 말이냐? 군자에게 진척이 있다는 것은 도에 통하는 것을 의미하고, 진척이 없다는 것은 도에 아무런 진전이 없음을 의미한다. 지금 인仁과 의義의 도를 품고서 난세의 환란을 만났는데, 이것이 도에 진척이 없는 것과 무슨 상관이 있느냐? 안으로 살펴보건대 나는 도에 통하는 데 아무런 장애가 없고, 곤경에 처해서는 내 안의 덕을 잃지 않는다. 큰 추위[25]가 오고 서리와 눈이 내린 뒤에야 소나무와 측백나무가 무성하다는 것을 안다. 진나라와 채나라 사이에서 처한 이 궁핍한 상황들도 내게는 고마운 일이 아니겠는가?"

공자는 다시 성대하게 현을 타고 노래를 부르기 시작했다. 자로는 보란 듯이 방패를 집어 들더니 춤을 추었다. 자공이 말했다.

"하늘이 이토록 높은 줄, 발아래 땅이 이렇게 굳은 줄 내 미처 몰랐도다."

---

25) [원] 大寒: 통용본은 '天寒'으로 되어 있다. 유월俞樾의 『제자평의諸子平議』에 따라 교정한다.

옛날에 도를 터득한 사람들은 그들이 진전이 있든 없든 행복해하였다. 그들의 행복은 성공이나 실패와는 상관없었다. 도를 터득하기만[26] 하면 성공과 실패는 추위와 더위, 바람과 비의 순환 과정과 같다. 그래서 허유는 영穎의 북쪽 기슭에 만족했고, 공백共伯은 공산共山 꼭대기에서 만족해하면서 살았다.

孔子窮於陳蔡之間. 七日不火食. 藜羹不糝. 顔色甚憊. 而弦歌於室. 顔回擇菜於外. 子路子貢相與言曰. 夫子再逐於魯. 削迹於衛. 伐樹於宋. 窮於商周. 圍於陳蔡. 殺夫子者无罪. 藉夫子者无禁. 弦歌鼓琴. 未嘗絶音. 君子之无恥也若此乎. 顔回无以應. 入告孔子. 孔子推琴喟然而歎曰. 由與賜. 細人也. 召而來. 吾語之. 子路子貢入. 子路曰. 如此者. 可謂窮矣. 孔子曰. 是何言也. 君子通於道之謂通. 窮於道之謂窮. 今丘抱仁義之道. 以遭亂世之患. 其何窮之爲. 故內省而不窮於道. 臨難而不失其德. 大寒旣至. 霜雪旣降. 吾是以知松柏之茂也. 陳蔡之隘. 於丘其幸乎. 孔子削然反琴而弦歌. 子路扢然執干而舞. 子貢曰. 吾不知天之高也. 地之下也. 古之得道者. 窮亦樂. 通亦樂. 所樂非窮通也. 道德於此. 則窮通爲寒暑風雨之序矣. 故許由娛於潁陽. 而共伯得志乎共首.

두 번째 연작

다시 연대순으로 배열된 이야기들이 나오는데, 왕위나 관직을 수

---

26) [원] 德: 유월의 『제자평의』에 따라 '得'과 같은 뜻으로 보았다.

락함으로써 스스로를 욕보이느니 차라리 자살하는 쪽을 택했던 고매한 사람들에 대한 이야기이다. 그런 행위는 널리 칭송되었으며, 혼합주의자가 저술한 「까다로운 생각들」에서는 도덕적 근거에서 통치에서 물러나 "스스로 말라죽거나 물에 빠져 죽는"[27] 특별한 은둔자들의 범주에 대해 언급한다. 그러나 양가는 그들을 혐오하면서 사례들을 열거하고 있는데, 그중 마지막 사례로 나온 백이와 숙제의 이야기는 도둑 척이 사용하기도 한다.[28] 양가의 주요 자료인 『여씨춘추』에는 긍정적인 논평이 붙어 있지만, 양가는 여기서 그 논평을 삭제하였다. 이 일화들의 연작은 주周나라 초기의 일화를 끝으로 돌연 중단된다. 원문의 훼손 때문이 아닌가 싶다. 도둑 척이 든 다른 예들은 뒤에 나온다.

||||||||||||

순이 그의 친구인 북인北人 무택无擇에게 천하를 넘겨주려고 하였다.

그러자 북인 무택이 말했다.

"우리 황제는 참으로 이상한 사람이로다! 그는 몸담고 있던 논밭을 떠나 요의 조정 주변을 얼쩡거리지 않았던가. 하지만 최악인 건 그게 아니다. 그는 자기의 치욕스러운 행실로 나까지 더럽히고 싶어 한다. 그를 만나는 건 창피한 일이 될 것이다."

이윽고 그는 청령淸泠의 깊은 못에 몸을 던졌다.

---

27) 687쪽을 참조하라.
28) 622쪽을 참조하라.

舜以天下讓其友北人无擇. 北人无擇曰. 異哉后之爲人也. 居於畎畝
之中而遊堯之門. 不若是而已. 又欲以其辱行漫我. 吾羞見之. 因自
投淸泠之淵.

• • •

탕湯은 자기가 섬기던 걸桀을 치기로 결심하고는, 변수卞隨에게 거
사를 도모하자고 청했다.
변수가 말했다.
"내가 할 일이 아니오."
"누가 하려고 할 것 같습니까?"
"모르겠소."
다음으로 탕은 무광瞀光에게 거사를 도모하자고 청했다.
"내가 할 일이 아니오."
"그럼 누가 하려고 할 것 같습니까?"
"모르겠소."
"이윤伊尹이 어떻겠습니까?"
"그는 힘이 넘치고 험한 짓을 예사로 하는 자라오. 내가 그에 대해
아는 건 이게 전부이오."
그러자 탕은 이윤과 함께 걸을 쳐낼 거사를 도모하였다. 탕은 걸을
물리치고는 변수에게 왕위를 넘겨주려 하였다. 변수는 거절하면서
말했다.
"황제께서는 걸을 치면서 나와 함께 거사를 도모하려고 하였소. 분
명 내가 반역할 것이라고 믿은 것이오. 지금 황제께서는 걸을 정벌하
고는 내게 왕위를 넘겨주려고 하오. 분명 내가 야심이 많다고 믿은

것이오. 계속되는 난세를 살아가면서, 도가 없는 자가 두 번이나 찾아와서는 자신의 치욕스러운 행실로 나까지 더럽히려고 하오. 나는 차마 똑같은 일을 몇 번씩이나 당할 수는 없소."

이윽고 그는 주수稠水에 몸을 던져 죽었다.

그다음으로 탕은 무광에게 왕위를 넘겨주려고 하면서 말했다.

"나는 이렇게 들었습니다. '지혜로운 자는 일을 도모하고, 무사는 그것을 실행하고, 인자한 자는 그것을 정착시킨다. 이것이 옛 도이다.' 왕위를 받는 것이 어떻겠습니까?"

무광이 거절하면서 말했다.

"군주를 폐하는 것은 의義가 아니고, 백성들을 살육하는 것은 인仁에 반하는 것이오. 다른 사람들이 어려운 일을 맡아 했는데, 내가 그 이로움을 향유하는 것은 정직함이 아니오. 또 이렇게 들었소. '의무에 반하는 행위라면 황제의 호의일지라도 받지 않으며, 도가 없는 세상에서는 황제의 땅을 밟지 않는다.' 하물며 영예로운 지위로 높이려 한다면 어떻겠소? 차마 내 눈으로는 계속 볼 수가 없소이다."

이윽고 그는 등에 돌을 짊어지고 여수廬水에 몸을 던졌다.

湯將伐桀. 因卞隨而謀. 卞隨曰. 非吾事也. 湯曰. 孰可. 曰. 吾不知也. 湯又因瞀光而. 瞀光曰. 非吾事也. 湯曰. 孰可. 曰. 吾不知也. 湯曰. 伊尹如何. 曰. 強力忍垢. 吾不知其他也. 湯遂與伊尹謀伐桀. 剋之. 以讓卞隨. 卞隨辭曰. 后之伐桀也謀乎我. 必以我爲賊也. 勝桀而讓我. 必以我爲貪也. 吾生乎亂世. 而无道之人再來漫我以其辱行. 吾不忍數聞也. 乃自投稠水而死. 湯又讓瞀光曰. 知者謀之. 武者遂之. 仁者居之. 古之道也. 吾子胡不立乎. 瞀光辭曰. 廢上. 非義也. 殺民. 非仁也. 人犯其難. 我享其利. 非廉也. 吾聞之曰. 非其義者.

不受其祿. 无道之世. 不踐其土. 況尊我乎. 吾不忍久見也. 乃負石而自沈於盧水.

• • •

옛날 주나라가 흥기할 무렵 두 사람의 선비가 고죽孤竹에 살고 있었는데, 백이伯夷와 숙제叔齊라 불렸다. 이 두 사람이 서로 말했다.

"서쪽에 도가 있는 것처럼 보이는 사람이 한 명 있다고 한다. 가서 한번 보도록 하자."

그들이 기산岐山의 남쪽에 이르렀을 때, 무왕武王이 소식을 듣고는 동생인 단旦을 보내 그들을 만나보게 하였다. 단은 그들에게 맹세하며 다음과 같이 약속하였다. "두 번째 등급의 수입과 첫 번째 등급의 관직을 갖게 될 것이오." 단은 희생물의 피를 맹약서에 바른 뒤 땅속에 묻었다.

두 사람은 서로 쳐다보더니 웃으며 말했다.

"아, 이상하도다! 이것은 우리가 도라고 부르는 것이 아니다. 옛날 신농이 천하를 다스릴 때였다. 그는 철철이 제물을 바칠 때면 더할 나위 없이 경건했지만 복[29]을 내려달라고 빌지는 않았다. 그는 다른 사람들을 대할 때에도 충실하고 믿음직하고 더없이 잘 다스렸지만, 그들에게 바라는 것이 아무것도 없었다. 그는 올바른 자들[30]과 함께 바로잡는 일을 하고 단정한 자들과 함께 다스리는 일을 하는 것을 즐거워하였다. 그는 다른 사람들의 실패를 이용해 자기가 성공하려고 하

---

29) [원] 喜: 유월의 『제자평의』에 따라 '禧'와 같은 뜻으로 보았다.
30) [원] 政: 유월의 『제자평의』에 따라 '正'과 같은 뜻으로 보았다.

지 않았고, 다른 사람들이 강등되는 것을 이용해 자기가 올라가려고 하지 않았으며, 기회를 틈타 자기를 이롭게 하려고 하지도 않았다.

그런데 지금 주나라는 은殷나라의 혼란을 보고는 한걸음에 달려와 바로잡겠다고 한다. 그들은 음모를 부추기고 뇌물을 뿌리며,[31] 무기에 의존하고 그들의 권위를 악용한다. 살육한 희생물로 맹약을 하는 것은 그들의 관념으로서는 신의를 표현하는 방법이다. 그들은 자신들의 행적을 과시하여 대중을 기쁘게 하고, 살인과 침략으로 이익을 손에 넣으려고 한다. 이것은 폭정을 훨씬 더 밀어붙여서 혼란과 바꾸려는 것이다.

우리는 옛날의 선비는 운 좋게 치세를 만나면 자신의 책임을 회피하지 않고, 난세를 만나면 편법을 써서 살아남으려고 하지 않는다고 들었다. 지금 천하는 암흑에 빠져 있고, 주나라의 덕은 쇠하였다. 계속 주나라 편에 서서 우리 자신을 더럽히느니, 차라리 주나라를 멀리하여 우리의 행실을 더럽히지 않는 것이 낫겠다."

두 사람은 북쪽으로 가서 수양산首陽山에까지 이르렀고, 거기서 굶어죽었다.

백이와 숙제 같은 사람들이 부와 지위에 대해 보이는 태도는 그것들을 받아들이는 것에 대해 어떤 정당화도 인정하지 않는 것이다. 그들은 고매한 절의와 엄격한 행위규범을 따르면서 자신들의 결연한 의지 속에서 고독한 즐거움을 누렸고, 시대에 복무하기를 거부하였다. 두 선비의 절의란 바로 이런 것이었다.

---

31) [원] 行貨: 통용본은 '下行貨'로 되어 있다. 왕념손王念孫의 『독서잡지讀書雜志』에 따라 '下'를 생략한다.

昔周之興. 有士二人處於孤竹. 曰伯夷叔齊. 二人相謂曰. 吾聞西方有人. 似有道者. 試往觀焉. 至於岐陽. 武王聞之. 使叔旦往見之. 與之盟曰. 加富二等. 就官一列. 血牲而埋之. 二人相視而笑曰. 唏. 異哉. 此非吾所謂道也. 昔者神農之有天下也. 時祀盡敬而不祈喜. 其於人也. 忠信盡治而无求焉. 樂與政為政. 樂與治為治. 不以人之壞自成也. 不以人之卑自高也. 不以遭時自利也. 今周見殷之亂而遽為政. 上謀而行貨. 阻兵而保威. 割牲而盟以為信. 揚行以說衆. 殺伐以要利. 是推亂以易暴也. 吾聞古之士. 遭治世不避其任. 遇亂世不為苟存. 今天下闇. 周德衰. 其並乎周以塗吾身也. 不如避之以絜吾行. 二子北至於首陽之山. 遂餓而死焉. 若伯夷叔齊者. 其於富貴也. 苟可得已. 則必不賴. 高節戾行. 獨樂其志. 不事於世. 此二士之節也.

2
도둑 척
(제29편[「도척」])

이 편은[32] 세 개의 대화편으로 구성되어 있으며, [도둑 척이라 불리

---

32) [원] 제29[「盜跖」]-31편[「漁夫」]에 대한 주석: 마쉬룬馬敍倫은 (그의 주석의 서문에서) 곽상이 이 세 편에 대해 세 개의 주만 달고 있다는 점에 주목한다. 그 가운데 '此篇…'으로 시작하는 두 개의 주는 각각 「도둑 척」(제29편)의 첫 번째 일화와 「늙은 어부」(제31편) 전체를 요약한 것이고, '此章…'으로 시작하는 다른 하나의 주는 「도둑 척」의 나머지 일화들을 요약한 것이다. 마쉬룬은 곽상의 축약본에서는 「도둑 척」의 첫 번째 일화와 나머지 일화들, 이 두 부분이 별개의 편들로서 제29편과 제30편을 이루고 있었을 것이라고 결론짓는다. 그러나 두 번째 부분의 편명이 지워지면서, 제30편 자체가 유실된 것으로 추정되었고, 누군가가 사마표 (이 편과 관련해서는 육덕명陸德明의 『경전석문經典釋文』에서의 발음에 대한 주석들보다도 더 많이 인용되는 유일한 주석가)의 비축약본에서 [제30편을] 현재의 제30편(「검에 대한 연설」)으로 대체하였다는 것이다. 따라서 「검에 대한 연설」은 곽상이 조악하다고 생각해서 『장자』에서 빼버린 편들의 실례이다. 비축약본에서 이 편은 우리가 '양가의 문집'이라고 부른 일군의 편들(통용본의 제28-31편으로, 송대의 소식蘇軾은 이미 이 편들은 너무 유별나서 장자의 작품 같지 않다고 인식했다)에 속해 있었을 것이다. 이 점을 의심할 이유가 전혀 없다. 「도둑 척」과 「늙은 어부」 사이에 유실된 편이 있다고 보아 그것을 복원한 자는 편들의 순서는 바뀌지 않은 채 그대로 있다고 가정하면서, 그것을 비축약본의 동일한 위치에서 찾았을 것이다. 어쨌든 해당

는] 도둑이 공자를 제압하는 유명한 풍자적 이야기로 시작된다. 그 무법자는 그가 저지르는 만행에도 불구하고 양가의 대변자로 동원되고 있으며, 그래서인지 그가 하는 말들은 그 도둑의 배역에는 다소 어울리지 않는다. 그는 이익에 호소하는 것을 경멸하고, 황제黃帝가 전쟁을 개시하기 이전의 평화로운 황금시대를 동경하고 있다. 나머지 두 개의 대화편은 『장자』에서 진정으로 논쟁이라고 할 수 있는 몇 안 되는 예에 속하는데, 거기서 도덕주의를 대변하는 자(공자의 제자인 자장子張)와 세속적인 태도를 대변하는 자는 양가에게 논파당하기에 앞서 발언할 기회를 얻는다.

이 편에서는 무왕이 건립한 주왕조가 최후를 맞이했으며(기원전 256년에 일어난 일이다), 그 후사도 끊겼다고 언급하고 있다.[33] 그 도둑은 키가 7피트 5인치였다고 묘사되어 있는데,[34] 이것은 진왕조와 그 뒤에 오는 한왕조의 척도를 기준으로 삼은 것이다. 그러나 그것을 그가 살았던 주왕조의 척도로 환산하면, 5피트 4인치밖에 안 된다.[35] 이 점은 원시주의자의 연대를 추정할 때와 똑같은 난점을 제기한다. 즉 진에 의해 중국이 재통일된 이후인데도 저자는 중국이 여전히 전쟁 중인 제후국들로 분열되어 있다고 생각하는 것처럼 보인다. 그렇다면 그 난점을 푸는 해결책도 분명히 똑같을 것이다. 이 편의 저자는 진·한 교체기의 권력 공백 상태(기원전 209-202)에서 저술을 했다

편의 주제로부터 편명을 취한 그 편[「說劍」]의 형식은 〈외편〉과 〈잡편〉의 여타의 편들과 대비되어 제28-31편과 같은 저술군으로 묶이게 한다.
33) 619쪽을 참조하라.
34) 617쪽을 참조하라.
35) [역] 7피트 5인치는 약 219센티미터, 5피트 4인치는 약 163센티미터이다. 『장자』 원문에는 '팔 척 이 촌八尺二寸'으로 묘사되어 있다.

는 것이다. 「도둑 척」과 원시주의자의 논문들은 철학과 문체 면에서 서로 다름에도 불구하고 공통된 주제들과 관념들을 두드러질 정도로 다채롭게 보여준다. 이것은 둘이 짧고도 매우 독특한 동일 시기를 공통의 배경으로 하고 있음을 암시한다. 예를 들자면 「도둑 척」에서는 신농 때까지 지속되다 황제에 의해 파괴된 황금시대에 대한 동경을 드러내는가 하면, 군자와 소인은 명예 때문이냐 이익 때문이냐 하는 차이는 있지만 둘 다 스스로를 '인간 제물'로 만들고 있다는 관념, 도덕주의자와 범죄자는 똑같이 해롭다는 주장, 국가를 찬탈하는 것은 도덕을 승리자에게 복무하게 하는 일종의 범죄라는 관념도 보인다. 또한 "작은 도둑은 감옥에 갇히지만 큰 도둑은 제후가 되고, 제후의 문에는 의로운 선비가 있는 법입니다"라는 관찰은 원시주의자도 거의 똑같은 말로 표현하고 있으며,[36] 반론을 제기할 때의 격렬함도 공통적으로 보인다. 또한 도둑 척이라는 인물은 원시주의자의 논문들에서는 등장하지만, 그 외에는 『장자』의 어디에서도 등장하지 않는다. 우리는 [「도둑 척」을 읽는 동안] 그간 숨어 있다 모습을 드러낸 양가의 목소리를 듣고 있다고 자신 있게 말할 수 있다. 그들은 원시주의자가 "바로 지금 으스대기 시작하면서 자기들이 성공했다고 생각한다"고 묘사했던 바로 그자들이다.[37] 격렬한 논쟁이 벌어졌던 이 짧은 시기를 양가와 원시주의자의 연대로 추정하는 것이 옳다면, 공자가 도둑에게 자신을 선전하려고 애쓰는 이 이야기가 공자의 후손이자 그 가문의 수장인 공부가 농민 반란군인 진승의 밑에서 관직을 맡았던 때(기원전 209-208)에 나왔거나 아니면 그 이후 몇 년 이내에 나

36) 548, 628쪽을 참조하라.
37) 533쪽을 참조하라.

왔다는 사실은 우연의 일치일 수가 없다. 이 이야기에 대한 상세한 설명은 남아 있지 않지만, 그 당시 유가의 경쟁자들이 유가들에게 보낸 조롱의 태도는 상상하고도 남는다. 아니, 더 정확하게 말하자면 지금 우리 앞에 있는 이 자료가 바로 그 당시의 자료이므로 굳이 상상해볼 필요도 없다.

|||||||||||||||

공자가 유하계柳下季와 친한 사이였다. 유하계에게는 도둑 척[도척盜跖]이라는 이름으로 통하는 동생이 있었다. 도둑 척은 구천 명이나 되는 부하들을 거느리고 온 천하를 휘젓고 다니면서 제후들을 습격하고 약탈하는가 하면, 남의 집을 그냥 뚫고 들어가거나 문짝을 아예 지도리에서 떼어내버리기도 하고, 남이 키우는 소와 말을 떼로 훔쳐서 몰고 가기도 하고, 부녀자들을 납치하기까지 하였다. 또 약탈품에 대해서는 탐욕을 부려 친척들에게 나눠주는 법이 없었으며, 부모·형제도 무시하고 조상에게 제사를 지내지도 않았다. 그가 도읍을 지나갈 때면, 큰 나라에서는 성벽에 인원을 배치하고 작은 나라에서는 요새로 철수하였다. 그는 만백성을 괴롭히는 역병 같은 존재였다.

공자가 유하계에게 말했다.

"아비 된 자는 당연히 아들에게 호령할 수 있고, 형 된 자는 당연히 동생을 가르칠 수 있습니다. 아비가 아들에게 호령할 수 없거나 형이 동생을 가르칠 수 없다면, 부모·자식·형제의 혈연관계를 더 이상 소중히 여길 이유가 없겠지요. 지금 선생의 동생이 온 천하를 위협하고 있는 저 도둑 척이라고 해도, 선생께서는 우리 시대에 가장 재능 있는 선비이십니다. 그런데도 선생께서 그를 가르칠 수 없다니요. 선생을 위하는 마음에 실례를 무릅쓰고 제가 느낀 당혹스러움을 이렇게 전합니다. 선생을 대신해 제가 그에게 가서 조언을 할까 합니다."

유하계가 말했다.

"선생께서는 아비는 자식에게 호령할 수 있어야 하고 형은 동생을 가르칠 수 있어야 한다고 말씀하셨습니다. 하지만 아들이 아비의 명을 듣지 않거나 동생이 형의 가르침을 받아들이지 않는다면, 지금 선생처럼 달변이라 한들 뭘 할 수 있겠습니까? 더욱이 제 동생 척은 마음이 용솟음치는 샘물과도 같고 생각이 몰아치는 회오리바람과도 같습니다. 남의 질책[38] 따위는 가볍게 무시해버릴 만큼 근성이 강하고, 틀린 것을 옳은 것으로 꾸며낼 만큼 말솜씨도 뛰어납니다. 척은 선생께서 자기 생각에 동의한다면 좋아하겠지만, 비위를 거스른다면 분노를 폭발시킬 것입니다. 또한 척은 그 혓바닥으로 사람들에게 모욕을 주는 일을 예사로 합니다. 선생께서 척에게 가시는 것은 크게 실수하는 겁니다."

孔子與柳下季爲友. 柳下季之弟. 名曰盜跖. 盜跖從卒九千人. 橫行天下. 侵暴諸侯. 穴室樞戶. 驅人牛馬. 取人婦女. 貪得忘親. 不顧父母兄弟. 不祭先祖. 所過之邑. 大國守城. 小國入保. 萬民苦之. 孔子謂柳下季曰. 夫爲人父者. 必能詔其子. 爲人兄者. 必能敎其弟. 若父不能詔其子. 兄不能敎其弟. 則无貴父子兄弟之親矣. 今先生. 世之才士也. 弟爲盜跖. 爲天下害. 而弗能敎也. 丘竊爲先生羞之. 丘請爲先生往說之. 柳下季曰. 先生言爲人父者必能詔其子. 爲人兄者必能敎其弟. 若子不聽父之詔. 弟不受兄之敎. 雖今先生之辯. 將奈之何

---

38) [원] 謫: 통용본은 '敵'으로 되어 있다. '謫'으로 교정한다.

哉. 且跖之爲人也. 心如涌泉. 意如飄風. 强足以距譴. 辯足以飾非. 順其心則喜. 逆其心則怒. 易辱人以言. 先生必无往.

그러나 공자는 유하계의 말을 들으려고 하지 않았다. 그는 안회에게 수레를 몰게 하고, 자공을 오른쪽에 앉히고는 도둑 척을 만나러 갔다.

바로 그때 도둑 척은 마침 태산의 볕이 드는 곳에 일행을 쉬게 하면서 사람의 간을 오후 간식으로 들고 있었다. 공자는 수레에서 내려 도둑 척의 부관에게 가서 자신을 소개하였다.

"저는 노나라 사람으로 공구孔丘라 하는데, 훌륭하신 장군의 높은 명성을 들었습니다."

공자가 그 부관에게 정중히 재배하자, 부관은 들어가 공자의 말을 전했다. 도둑 척은 그것을 듣고는 몹시 화를 냈다. 그의 눈은 별처럼 밝게 빛났고, 머리털은 머리에 쓴 관을 기우뚱하게 만들 정도로 곤두섰다. 그가 말했다.

"그자는 바로 노나라에서 온 교활한 위선자, 공구가 아니냐? 가서 내 말을 전해라. '너란 놈은 그럴듯한 말을 지어내고 경구를 날조해 내면서 문왕과 무왕을 편향적으로 인용한다. 또 머리에는 가지가 뻗은 나무 모양의 관을 쓰고 허리에는 죽은 소의 늑골 부위에서 벗겨낸 가죽을 두르고는 장황한 말투로 거짓 설명을 늘어놓는다. 직접 밭을 갈지 않고도 먹을 걸 먹고 직접 베를 짜지 않고도 옷을 입는다. 입술을 움직이고 혀를 놀려 자기 멋대로 옳고 그름을 만들어낸다. 그리하여 천하의 군주들을 나쁜 길로 인도하고 천하의 학자들로 하여금 근본적인 것들을 보지 못하게 한다. 효와 우애의 의무들을 변덕스럽게 만들어냄으로써 자기 소유의 봉토를 가진 부귀한 자가 되려고 한다.

네 죄는 더할 수 없이 무겁다. 가능한 한 빨리 돌아가라. 그렇지 않으면 네 간을 오늘 오후의 별미로 곁들일 것이다.'"

공자는 부관을 통해 다시 말을 전했다.

"저는 영광스럽게도 유하계로부터 소개를 받았습니다. 멀리 장막 아래로 그대의 발이나마 보고 싶습니다."

부관이 공자의 말을 전하자 도둑 척이 말했다.

"내 앞으로 데리고 오너라."

孔子不聽. 顏回爲馭. 子貢爲右. 往見盜跖. 盜跖乃方休卒徒於大山之陽. 膾人肝而餔之. 孔子下車而前. 見謁者曰. 魯人孔丘聞將軍高義. 敬再拜謁者. 謁者入通. 盜跖聞之大怒. 目如明星. 髮上指冠. 曰. 此夫魯國之巧僞人孔丘非邪. 爲我告之. 爾作言造語. 妄稱文武. 冠枝木之冠. 帶死牛之脅. 多辭繆說. 不耕而食. 不織而衣. 搖脣鼓舌. 擅生是非. 以迷天下之主. 使天下學士不反其本. 妄作孝弟. 而僥倖於封侯富貴者也. 子之罪大極重. 疾走歸. 不然. 我將以子肝益畫餔之膳. 孔子復通曰. 丘得幸於季. 願望履幕下. 謁者復通. 盜跖曰. 使來前.

공자는 씩씩하게 들어와서는 자리를 거절하고 재빨리 몇 걸음 물러나 도둑 척에게 재배하였다. 도둑 척은 크게 화를 내면서 양 다리를 떡 벌리고 손을 칼자루에 올려놓은 채 눈을 부라렸고, 새끼에게 젖을 먹이는 호랑이 소리 같은 목소리로 말했다.

"이 녀석 구야, 이리 썩 오너라! 네 이야기가 내 마음에 들면 살려주겠지만, 거슬리면 죽음을 면치 못할 것이다."

공자가 말했다.

"저는 이렇게 들었습니다. 세상에는 세 등급의 덕[三德]이 있다 합니다. 태어나 자라면서 견줄 데 없이 크고 잘생긴 용모를 갖는 것, 그래서 젊은이든 늙은이든 귀한 자든 천한 자든 그를 보는 것만으로도 좋아하게 되는 것, 이것은 최상의 덕[上德]을 지닌 것입니다. 하늘과 땅을 자기 자리에 붙들어 맬 만큼 많이 아는 것, 그래서 모든 종류의 사물에 대해 분별적 판단을 할 줄 아는 것, 이것은 중간 정도의 덕[中德]을 지닌 것입니다. 용감하고 사납고 과단성 있고 대담한 것, 그래서 많은 사람을 모으고 군사를 거느리는 자가 되는 것, 이것은 가장 낮은 덕[下德]을 지닌 것입니다. 이 세 등급의 덕 가운데 하나라도 가진 사람은 남면하여 폐하라는 칭호로 불릴 만합니다. 그런데 지금 장군은 이 세 가지 덕을 모두 겸하고 계십니다. 장군께서는 선키가 팔 척 이 촌이 되고, 얼굴은 빛을 발하며, 입술은 반짝이는 붉은 단丹과 같고, 이는 일렬로 가지런히 늘어놓은 조개와 같으며, 목소리는 황종黃鐘의 율관에 들어맞지요. 그런데도 장군은 '도둑' 척이라는 이름으로 알려져 있습니다. 당황스러움을 느끼며 장군을 대신해 저는 감히 인정하지 못하겠나이다.

장군께서 제 말을 귀담아 들으실 의향이 있으시다면, 이렇게 청을 올리겠습니다. 저를 남쪽으로는 오나라와 월나라에, 북쪽으로는 제나라와 노나라에, 동쪽으로는 송나라와 위나라에, 서쪽으로는 진晉나라와 초나라에 사신으로 보내주셨으면 합니다. 그러면 그 나라들을 설득해서 둘레가 수백 리 되는 도성을 짓게 하고 그곳에 수십만 가구가 사는 도읍을 세워 장군을 제후의 한 사람으로 삼가 받들게 할 것입니다. 그러면 장군께서는 온 세상과 함께 새 출발하시게 될 겁니다. 무기를 내려놓고 군대를 쉬게 하고, 형제들을 한데 모아 보살피면서 그들과 함께 조상의 제사를 받드는 겁니다. 이는 성인과 재능 있는 선비가 행할 바이자 온 세상이 장군에게 바라는 것입니다.

孔子趨而進. 逼席反走. 再拜盜跖. 盜跖大怒. 兩展其足. 案劍瞋目. 聲如乳虎. 曰. 丘來前. 若所言順吾意則生. 逆吾心則死. 孔子曰. 丘聞之. 凡天下人有三德. 生而長大. 美好无雙. 少長貴賤見而皆說之. 此上德也. 知維天地. 能辯諸物. 此中德也. 勇悍果敢. 聚衆率兵. 此下德也. 凡人有此一德者. 足以南面稱孤矣. 今將軍兼此三者. 身長八尺二寸. 面目有光. 脣如激丹. 齒如齊貝. 音中黃鐘. 而名曰盜跖. 丘竊爲將軍恥不取焉. 將軍有意聽臣. 臣請南使吳越. 北使齊魯. 東使宋衛. 西使晉楚. 使爲將軍造大城數百里. 立數十萬戶之邑. 尊將軍爲諸侯. 與天下更始. 罷兵休卒. 收養昆弟. 共祭先祖. 此聖人才士之行. 而天下之願也.

이에 도둑 척은 크게 화를 내며 말했다.

"이 녀석 구야, 좀 더 가까이 오너라. 이익에 호소해서 말릴 수 있고 말로 교화할 수 있는 자라면, 바보, 얼간이, 흔해빠진 자라는 표현 말고는 달리 부를 방법이 없다. 지금 내가 키가 크고 잘생겨서 다른 사람들이 날 보고 좋아하는 것, 이건 내가 부모로부터 물려받은 덕이다. 네가 칭찬하지 않는다고 내가 그렇다는 걸 모를 성 싶으냐? 나는 면전에서 그 사람을 칭찬하기를 좋아하는 자는 마찬가지로 등 뒤에서는 그 사람을 비방하기를 좋아한다고 들었다. 지금 너는 내게 큰 도성과 많은 백성을 들먹이면서 이익에 호소하여 나를 말리려 하고 다른 흔한 백성들을 상대하듯 나를 길들이려고 하고 있다. 그게 얼마나 갈 거라고 보느냐? 도성이 아무리 크다 해도 온 천하보다는 크지 않다. 요와 순은 천하를 가졌지만 그들의 자손은 송곳 하나 꽂을 땅이 없었다. 탕왕과 무왕은 천자로 군림했지만 그 후손들은 절멸하였다. 그들이 얻은 이익이 너무 컸기 때문이 아니겠느냐?

게다가 나는 이렇게도 들었다. 옛날에는 새와 짐승은 많았지만 사람은 적었다고 한다. 그 무렵에 백성들은 짐승들을 피해 나무 위의 새둥지 같은 곳에 살았다. 낮에는 도토리와 밤을 줍고 해질녘에는 나무 꼭대기로 올라갔다. 그래서 그들은 둥지 튼 일족[유소씨有巢氏]의 백성이라고 불렸다. 옛날의 백성들은 옷을 입을 줄 몰라 여름에 장작 더미를 쌓아두었다가 겨울에 그것으로 불을 땠다. 그래서 그들은 삶을 아는 자[지생知生]의 백성이라고 불렸다. 신농의 시대는 이러했다.

    그들은 잘 때에는 숙면을 취했고
    깨어날 때에는 상쾌했다.
    백성들은 어미가 누군지는 알았지만,
    아비가 누군지는 몰랐다.
    사슴과 함께 이웃하며 지냈다.

그들은 직접 쟁기질해서 먹고살았고 직접 옷감을 짜서 옷을 해 입었다. 서로 해치려는 마음이 전혀 없었다. 이것은 지극한 덕의 절정에 이른 것이다.

그러나 황제黃帝는 덕을 지극하게 유지하지 못했다. 그는 탁록涿鹿의 들판에서 치우蚩尤와 전투를 벌여, 백 리를 피바다로 만들었다. 그 후 요와 순이 일어나서는 신하들을 세웠다. 탕왕은 군주를 쫓아내고 무왕은 주紂를 죽였다. 이때부터 사람들은 강한 힘을 이용해 약자를 억압하고, 다수임을 내세워 소수를 박해했다. 탕왕과 무왕 이후로는 모두가 줄곧 분란을 일으키는 부류였다.

지금 너는 문왕과 무왕의 도를 닦고 세상의 뛰어난 말솜씨란 말솜씨는 마음대로 구사하면서 그 도를 후세에 가르치고 있다. 너는 품이 넓은 옷에 폭이 좁은 띠를 매고서 왜곡된 말과 거짓된 행동을 하면서, 천하의 군주들을 현혹하여 잘못된 길로 이끈다. 그리고 그들에게서 부와 명예를 얻기를 바란다. 너보다 더 나쁜 도둑도 없다. 그런데 세상은 어째서 너를 도둑 구[도구盜丘]라고 부르지 않고 나를 도둑 척이라고 부르는가?

너는 달콤한 말로 자로를 구슬려 네가 말한 대로 하게 했다. 그래서 그는 멋들어진 관을 벗어버리고 차고 있던 장검을 끌러 던지고서 네게 가르침을 받았던 것이다. 온 세상은 이렇게 말한다. '공구는 폭력을 저지하고 잘못된 일을 금할 수 있는 자이다.' 그러나 자로는 위나라 군주를 죽이려고 하다가 결국 뜻을 이루지 못한 채 몸이 소금에 절여져 위나라의 동문에 매달렸다. 그건 네 가르침이 불충분했기 때문이다. 너는 스스로를 재능 있는 선비, 성인이라고 부를 생각인가? 글쎄, 너는 노나라에서는 두 번이나 쫓겨났고, 위나라에서는 발자국을 지워야만 했다. 제나라에서는 속수무책의 상황에 몰렸고, 진나라와 채나라 사이에서는 포위를 당했다. 세상 어디에도 네가 있을 자리는 없다. 너는 자로를 가르쳐 소금에 절여지게 만들었으니, 그가 그런 희생을 치른 이유는 이것이다.

먼저 자기 자신을 돌보지 못하면
다른 사람들도 돌볼 수가 없다.

그러니 어떻게 너의 도를 귀하게 여길 수 있겠는가?"

盜跖大怒曰. 丘來前. 夫可規以利而可諫以言者. 皆愚陋恒民之謂耳. 今長大美好人見而悅之者. 此吾父母之遺德也. 丘雖不吾譽. 吾獨不自知邪. 且吾聞之. 好面譽人者. 亦好背而毀之. 今丘告我以大城衆民. 是欲規我以利. 而恒民畜我也. 安可久長也. 城之大者. 莫大乎天下矣. 堯舜有天下. 子孫无置錐之地. 湯武立爲天子. 而後世絶滅. 非以其利大故邪. 且吾聞之. 古者禽獸多而人少. 於是民皆巢居以避之. 晝拾橡栗. 暮栖木上. 故命之曰有巢氏之民. 古者民不知衣服. 夏多積薪. 冬則煬之. 故命之曰知生之民. 神農之世. 臥則居居. 起則于于. 民知其母. 不知其父. 與麋鹿共處. 耕而食. 織而衣. 无有相害之心. 此至德之隆也. 然而黃帝不能致德. 與蚩尤戰於涿鹿之野. 流血百里. 堯舜作. 立羣臣. 湯放其主. 武王殺紂. 自是以後. 以強陵弱. 以衆暴寡. 湯武以來. 皆亂人之徒也. 今子脩文武之道. 掌天下之辯. 以敎後世. 縫衣淺帶. 矯言僞行. 以迷惑天下之主. 而欲求富貴焉. 盜莫大於子. 天下何故不謂子爲盜丘. 而乃謂我爲盜跖. 子以甘辭說子路而使從之. 使子路去其危冠. 解其長劍. 而受敎於子. 天下皆曰. 孔丘能止暴禁非. 其卒之也. 子路欲殺衛君而事不成. 身菹於衛東門之上. 是子敎之不至也. 子自謂才士聖人邪. 則再逐於魯. 削跡於衛. 窮於齊. 圍於陳蔡. 不容身於天下. 子敎子路菹此患. 上无以爲身. 下无以爲人. 子之道豈足貴邪.

[도둑 척이 계속 말했다.]

"세상이 존경하는 사람들 가운데 황제만큼 대단한 자도 없다. 그러나 황제도 덕을 온전하게 지키지는 못했다. 그는 탁록의 들판에서 전투를 벌여 백 리를 피바다로 만들었다. 요는 좋은 아비가 아니었고, 순은 좋은 아들이 아니었다. 우는 몸 한쪽이 마비될 정도였고, 탕은 그의 군주를 쫓아냈으며, 무왕은 주를 쳐 죽였다.³⁹⁾ 이 여섯 명은 온 세상이 존경하는 자들이지만, 면밀히 살펴보면 그들 모두 이익을 위해 자기 안에 있는 참된 것을 어지럽히고, 자기 안에 있는 본질적이고 본성적인 것[情性]에 지속적으로 반하였다. 그들의 행위는 심히 부끄러운 것이다.

세상의 뛰어난 선비라고 하는 자들 중에 백이와 숙제만큼 대단한 자들도 없다.⁴⁰⁾ 백이와 숙제는 고죽의 군주 자리를 버리고 수양산에서 굶어죽었다. 그들의 골육은 그곳에 제대로 묻히지도 못했다. 포초鮑焦는 일부러 감동을 주려는 행동을 하고 세상을 비난하다가 나무를 끌어안은 채 죽었다. 신도적申徒狄은 자신의 간언이 무시되자 등에 돌을 짊어지고 황하로 투신해서 물고기와 자라의 먹이가 되었다. 개자추介子推는 충성심이 너무 지나친 나머지 자신의 넓적다리 살을 베어 문공文公에게 먹일 정도였다. 후에 문공이 그에게 등을 돌리자 개자추는 분노하며 떠났고, 나중에는 나무를 끌어안은 채 불에 타 죽었다. 미생尾生은 한 여성과 다리 밑에서 만나기로 약속을 했는데, 그 여성은 오지 않았다. 마침 불어난 물이 밀어닥치는데도 미생은 그곳을 떠나지 않았고, 결국 다리의 기둥에 달라붙은 채로 죽었다. 이 여섯 명은 길에서 죽은 개나 길 잃은 돼지, 바가지를 들고 구걸하는

---

39) [원] 武王伐紂: 통용본에는 이다음에 '文王拘羑里'가 나온다. 리미안李勉은 다음 세 가지 이유를 들어 이 구를 삭제하였다(『莊子總論及分篇評注』). (1) 통용본의 원문에 열거된 군주의 수는 황제부터 문왕까지 7명인데, 6명이라고 말하고 있다. (2) 문왕은 무왕 뒤가 아니라 그 앞에 와야 한다. (3) 다른 사건들은 모두 도덕적 결함으로 이해될 수 있는데, 문왕의 유폐는 그런 사건들과 유사점이 거의 없다.
40) [원] 莫若伯夷叔齊: 통용본에는 '莫若'이 없다. 29/38, 45[「盜跖」]에 있는 유사 어구들["世之所高, 莫若黃帝", "世之所謂忠臣者, 莫若王子比干伍子胥"]로부터 복원하였다 (王叔岷, 『莊子校釋』).

걸인과 다를 바가 없다. 그들은 모두 이름을 떨치려다 죽음을 가볍게 여기게 되었고 주어진 수명을 다할 때까지 만물의 뿌리로부터 생명을 길러야 함을 잊었다.

　세상이 충신이라고 하는 사람들 가운데 왕자 비간과 오자서伍子胥만큼 대단한 자들도 없다. 그러나 자서는 양자강에 던져졌고, 비간은 심장이 도려내졌다. 이 두 사람은 세상 사람들이 충신이라고 부르는 자들이지만, 결국 온 천하의 웃음거리로 끝났을 뿐이다. 지금까지 죽 말하면서 자서와 비간까지 언급하였는데, 이중에 존경할 만한 자는 하나도 없다. 너는 이 사례들을 이용해 나를 설득하려고 할 것이다. 네가 귀신에 대한 이야기를 한다면, 내 굳이 아는 척하지는 않겠다. 그러나 사람에 대한 이야기를 한다면, 방금 내가 말한 것들보다 더 딱 들어맞는 것도 없을 테니, 나는 이미 다 들은 것이나 진배없다."

世之所高. 莫若黃帝. 黃帝尙不能全德. 而戰涿鹿之野. 流血百里. 堯不慈. 舜不孝. 禹偏枯. 湯放其主. 武王伐紂. 此六子者. 世之所高也. 孰論之. 皆以利惑其眞. 而强反其情性. 其行乃甚可羞也. 世之所謂賢士. 莫若伯夷叔齊. 伯夷叔齊辭孤竹之君. 而餓死於首陽之山. 骨肉不葬. 鮑焦飾行非世. 抱木而死. 申徒狄諫而不聽. 負石自投於河. 爲魚鼈所食. 介子推至忠也. 自割其股以食文公. 文公後背之. 子推怒而去. 抱木而燔死. 尾生與女子期於梁下. 女子不來. 水至不去. 抱梁柱而死. 此六子者. 无異於磔犬流豕操瓢而乞者. 皆離名輕死. 不念本養壽命者也. 世之所謂忠臣者. 莫若王子比干伍子胥. 子胥沈江. 比干剖心. 此二子者. 世謂忠臣也. 然卒爲天下笑. 自上觀之. 至于子胥比干. 皆不足貴也. 丘之所以說我者. 若告我以鬼事. 則我不能知也. 若告我以人事者. 不過此矣. 皆吾所聞知也.

[도둑 척이 계속 말했다.]

"지금부터 사람이 본질적으로 어떤 존재인지를 네게 말해주겠다. 눈은 아름다운 것을 보고 싶어 하고 귀는 음악을 듣고 싶어 하며 입은 맛을 감별하고 싶어 하고 의지와 기운은 성취를 보려고 한다. 인간의 수명은 길어 봐야 백 년이고, 중간 정도는 팔십 년, 짧으면 육십 년이다. 그 가운데 아파서 고생하는 기간, 가까운 사람과 사별해서 상을 치르는 기간, 걱정하고 애먹는 기간을 빼면, 그 나머지 날들 중에 입을 벌리고 웃을 수 있는 날은 한 달에 기껏해야 네댓새밖에 안 된다. 하늘과 땅은 끝이 없지만, 사람은 때가 되면 죽기 마련이다. 일정 시간 생명을 취하여 무한한 우주 한가운데 잠깐 머무는데, 삶이 지나가는 것은 혈통 좋은 준마가 벽의 갈라진 틈새를 질주하며 지나는 것처럼 순식간이다. 자신의 의지와 뜻을 총족시키지 못하는 자들, 생명을 잘 길러 자기에게 주어진 수명을 다할 줄 모르는 자들, 이런 자들은 도를 간파한 사람이 아니다.

네가 뭘 말하든 나는 거부할 것이다. 더 이상 아무 말도 하지 말고, 얼른 떠나 집으로 돌아가라. 네 도는 미쳐서 홀린 것이고 기만과 속임수와 허영과 거짓의 일일 뿐이다. 우리 안에 있는 참된 것을 온전하게 지키는 데에는 아무런 도움이 안 된다. 뭘 논할 게 있겠느냐?"

今吾告子以人之情. 目欲視色. 耳欲聽聲. 口欲察味. 志氣欲盈. 人上壽百歲. 中壽八十. 下壽六十. 除病瘦死喪憂患. 其中開口而笑者. 一月之中. 不過四五日而已矣. 天與地无窮. 人死者有時. 操有時之具. 而托於无窮之間. 忽然无異騏驥之馳過隙也. 不能說其志意. 養其壽命者. 皆非通道者也. 丘之所言. 皆吾之所棄也. 亟去走歸. 无復言之. 子之道狂狂汲汲詐巧虛僞事也. 非可以全眞也. 奚足論哉.

이에 공자는 재배를 하고 황급히 나왔다. 문밖으로 나와 수레에 오를 때에는, 세 번이나 고삐를 놓친 뒤에 겨우 잡을 수 있었다. 그는 눈앞이 아찔해 아무것도 볼 수가 없었고, 안색은 다 타고 남은 잿빛이 되었다. 그는 고개를 떨군 채 수레의 가로대에 기대었지만 숨을 제대로 쉴 수가 없었다. 그가 돌아와 노나라의 동문 밖에 도착했을 때, 유하계가 마침 그곳에 있었다.

유하계가 말했다.

"요 며칠 동안 통 뵙지를 못했는데, 선생의 말과 수레를 보니 여행을 다녀오셨군요. 설마 척을 만나러 갔던 것은 아니시겠지요?"

공자는 하늘을 쳐다보며 한숨을 내쉬더니 말했다.

"갔었습니다."

"제가 말씀드렸던 대로 척이 선생의 뜻에 반대하지는 않던지요?"

"그랬습니다. 속담에서 하는 말마따나 저는 아프지도 않은데 쑥뜸을 뜬 꼴입니다. 성급하게 호랑이 머리를 쓰다듬고 호랑이 수염을 땋으려다 하마터면 호랑이 입을 피하지 못할 뻔했습니다."

孔子再拜趨走. 出門上車. 執轡三失. 目芒然无見. 色若死灰. 據軾低頭. 不能出氣. 歸到魯東門外. 過遇柳下季. 柳下季曰. 今者闕然數日不見. 車馬有行色. 得微往見跖邪. 孔子仰天而歎曰. 然. 柳下季曰. 跖得无逆汝意若前乎. 孔子曰. 然. 丘所謂无病而自灸也. 疾走料虎頭. 編虎須. 幾不免虎口哉.

• • •

자장이 다 낚아채는 대식가[만구득滿苟得]에게 물었다.

"그대는 어째서 행실을 올바르게 하는 것을 인생의 목적으로 삼지[41] 않는 것입니까? 행실을 올바르게 하지 않으면 신임을 얻지 못할 것이고, 신임을 얻지 못하면 관직을 맡지 못할 것입니다. 관직을 맡지 못하면 그대에게 아무런 이익도 없겠지요. 그러므로 명성을 기준으로 보든 이익을 기준으로 계산하든 의무를 다하는 것이야말로 참으로 올바르게 살아가는 길입니다. 그런데도 그대가 명성과 이익을 둘 다 무시한다면, 그대 마음에 스스로 물어보시지요. 행실을 올바르게 하는 것을 목적으로 삼는 선비가 단 하루라도 그 목적을 포기할 수 있는지를?[42]"

41) [원] 爲:「도둑 척」에 있는 마지막 두 편의 대화에서 우리는 묵가와 양가의 논쟁의 특징을 보여주는 거성去聲의 위爲, 즉 '~을 위하다be for'의 전문 용법을 발견하게 된다. 후기 묵가의 논쟁에서 윤리학의 기본 개념은 욕欲, 즉 '욕구하다desire'와 오惡, 즉 '싫어하다dislike'라는 개념 쌍이다. 이 둘은 모두 '직접적이거나 즉각적인(정正)' 것일 수도 있고, 더 무거운 것과 더 가벼운 것을 '저울질하는(권權)' 과정을 따르는 것일 수도 있다(A. C. Graham, *Later Mohist logic, ethics and science*, 252-255, 332). 윤리적 논증은 그 사람이 '위하는for' 것, 즉 그 사람의 인생 목적이 되는 것으로부터 출발한다. 이 용어는 『묵경』 A75에 다음과 같이 정의 내려져 있다. "'위한다'는 것은 자기가 알고 있는 모든 것을 고려하여, 욕구와 관련된 것에 가장 큰 무게를 두는 것이다(爲, 窮知縣而於欲也)." 이 용어는 『여씨춘추』의 양가적 편인 21/4「무엇을 위하는지 알아차리기(審爲)」에서도 중요하다. 이 위爲는 우리가 양가적인 것으로 분류한 [「도둑 척」의] 이 두 대화편에서 열두 차례 나온다. 첫 번째 대화편에서 자장은 도덕적 '행실(行)'을 옹호하고 그것을 '위하는for' 것(爲行)에 대해 이야기한다. 그의 논적은 도덕성과 무관하게 상관을 위해 일하면서 '신뢰받는 것(信)'을 더 우선시한다. 두 사람의 주장 모두 명성과 이익 이 양자에 호소하여 뒷받침된다. 그러나 논쟁이 진행됨에 따라, 자장의 논적이 관찰하고 있는 바대로, "그대의 인생의 목적은 결국(正, '직접적으로, 즉각적으로') 명성이고, 내 목적은 결국 이익이다(且子正爲名. 我正爲利)"라고 분명하게 밝혀진다.
42) [원] 可一日不爲乎: '不可一日不爲乎.' 통용본에는 앞에 '不'이 붙어 있다. 이 문장을 진짜 질문으로 보려면, [이어지는 다 낚아채는 대식가의 답변의 끝 문장] 29/60 '抱其天乎'처럼 '不'을 생략할 필요가 있을 것 같다.

[다 낚아채는 대식가가 답했다.]

"부끄러움을 모르는 자가 부자가 되고, 가장 신임을 받는 자가 눈에 띄는 법입니다. 가장 큰 명성과 이익은 부끄러움을 모르면서도 신임을 받을 수 있는 관리에게 돌아갈 것이라는 생각이 드는군요. 그러므로 명성을 기준으로 보든 이익을 기준으로 계산하든 신임을 얻는 것이야말로 참으로 올바르게 살아가는 길입니다. 그런데도 그대가 명성과 이익 둘 다 무시한다면, 그대 마음에 스스로 물어보시지요. 행실을 올바르게 하는 것을 목적으로 삼는 선비가 하늘로부터 와서 우리 속에 깃들어 있는 것을 지키지 않을 수 있는지를?"

子張問於滿苟得曰. 盍不爲行. 无行則不信. 不信則不任. 不任則不利. 故觀之名. 計之利. 而義眞是也. 若棄名利. 反之於心. 則夫士之爲行. 可一日不爲乎. 滿苟得曰. 无恥者富. 多信者顯. 夫名利之大者. 幾在無恥而信. 故觀之名. 計之利. 而信眞是也. 若棄名利. 反之於心. 則夫士之爲行. 抱其天乎.

[자장이 물었다.]

"옛날 걸과 주는 천자라는 가장 높은 직함을 가졌고 천하라는 가장 막대한 부를 가졌지요. 그러나 지금 종이나 마부에게 '너는 행실이 걸과 주 같구나'라고 말한다면, 그들은 창피한 얼굴을 하고서 억울하다고 느낄 것입니다. 그런 소인들조차도 걸과 주를 경멸하기 때문이지요. 중니仲尼와 묵적은 필부들처럼 궁지에 몰렸습니다. 그러나 지금 재상에게 '당신의 행실은 중니와 묵적 같습니다'라고 말한다면, 그는 수줍은 얼굴을 하고서 그 찬사를 마다할 것입니다. 선비들이란 정말로 존경받는 자들이기 때문입니다. 이렇듯 그대도 천자의 자리에 앉을 수는 있겠지만 그렇다고 꼭 존경받는 것은 아니고, 또 필부로서 궁지에 몰릴 수도 있겠지만 그렇다고 꼭 멸시받는 것은 아닙니다. 그대가 존경을 받을지, 아니면 멸시를 받을지 그 몫은 그대의 행실이 얼마나 정정당당한지, 아니면 부정한지에 달려 있습니다."

[다 낚아채는 대식가가 답했다.]

"작은 도둑은 감옥에 갇히지만 큰 도둑은 제후가 되고, 제후의 문에는 의로운 선비가 있는 법입니다. 옛날 제나라의 환공 소백小白은 형을 죽이고 형수를 쓰러뜨렸지만, 관중은 그의 신하가 되었습니다. 전성田成이었던 자상子常은 군주를 죽이고 나라를 훔쳤지만, 공자는 그가 보낸 예물을 받았지요. 이론상으로는 그들을 경멸하면서도 실제로는 그들을 섬긴다면, 말로 주장하는 사실과 실제 행하는 실상이 가슴속에서 전쟁을 벌이고 있는 격이니, 큰 모순이 아니겠습니까? 책에 이런 말이 있더군요. '무엇이 부정한 것이고 무엇이 정정당당한 것이냐? 잘해내면 우두머리가 되지만, 실패하면 꼬리로 전락한다.'"

子張曰. 昔者桀紂貴爲天子. 富有天下. 今謂臧聚曰. 汝行如桀紂. 則有怍色. 有不服之心者. 小人所賤也. 仲尼墨翟. 窮爲匹夫. 今謂宰相曰. 子行如仲尼墨翟則變容易色. 稱不足者. 士誠貴也. 故勢爲天子. 未必貴也. 窮爲匹夫. 未必賤也. 貴賤之分. 在行之美惡. 滿苟得曰. 小盜者拘. 大盜者爲諸侯. 諸侯之門. 義士存焉. 昔者桓公小白殺兄入嫂. 而管仲爲臣. 田成子常殺君竊國. 而孔子受幣. 論則賤之. 行則下之. 則是言行之情悖戰於胸中也. 不亦拂乎. 故書曰. 孰惡孰美. 成者爲首. 不成者爲尾.

[자장이 물었다.]

"그대가 행실을 올바르게 하는 것을 목적으로 삼지 않는다면, 먼 친척보다 가까운 친지를 우위에 둔다든가, 천한 사람으로서 귀한 사람에게 지켜야 할 의무를 다한다든가, 나이 적은 사람보다 나이 많은 사람을 더 우선시한다든가 하는 일들을 관두게 될 것입니다. 그렇게 되면 다섯 종류의 관계[五紀]와 여섯 등급의 지위[六位]의 구분은 어떻게 되겠습니까?"

[다 낚아채는 대식가가 답했다.]

"요는 그의 장남을 죽이고 순은 동생을 유배시켰는데, 이를 두고 먼 친척보다 가까운 친지를 우위에 둔 것이라 하겠습니까? 탕은 군주인 걸을 쫓아내고 무왕은 군주인 주를 죽였는데, 이를 두고 천한 사람으로서 귀한 자에게 지켜야 할 의무를 다한 것이라 하겠습니까? 왕계王季는 적자로 격상되고 주공은 그의 형을 죽였는데, 이를 두고 나이 적은 사람보다 나이 많은 사람을 우선시한 것이라 하겠습니까? 유가는 귀 기울일 것 같은 사람에게는 위선적으로 호소하는 말을 하고, 묵가는 모든 사람에게 평등한 사랑을 실천하고 있는데, 그들이 다섯 종류의 관계와 여섯 등급의 지위의 구분을 지키고 있다고 보십니까?

덧붙여서, 그대의 인생 목적은 결국 명성이고, 내 목적은 결국 이익입니다. 그러나 명성이나 이익을 너무 진지하게 받아들이면 사물들의 양식에 맞지도 않고 도를 분명하게 보지도 못할 것입니다. 그대와 나는 이 문제를 약속한 적 없음[무약无約]에게 맡겨보는 것이 어떻겠습니까?"

약속한 적 없음은 이렇게 말했다.[43]

---

43) [원] 吾嘗與子訟於无約. 无約曰. …: "그대와 나는 이 문제를 무약无約에게 맡겨보는 것이 어떻겠습니까? 무약은 이렇게 말했다. …" 통용본에는 '嘗'이 '日'로 되어

"소인은 재산 때문에 자기를 희생시키고, 군자는 명성 때문에 자기를 희생시킨다. 그들은 서로 다른 이유로 그들 속에 있는 본질[情]을 바꾸고 본성[性]을 팔아넘기지만, 살아가는 목적을 던져버리고 삶의 목적이 될 수 없는 것에 자신을 바친다는 점에서는 똑같다. 그래서 내 말하노니,

소인이 되지 마라.
자기 안에 깃든 하늘을 되살리고 찾아라.[44]
군자가 되지 마라.
하늘의 양식으로부터 갈 길을 취하라.
꾸불꾸불 가든 곧바로 가든
자기 안에 있는 하늘의 극[天極]을 돌보아라.
사방으로 시선을 돌려라.
시대에 맞추어 줄었다 늘었다 변화하라.

있는데, '嘗'으로 교정한다. 2/76「齊物論」의 "予嘗爲女妄言之", 즉 "내 자네에게 내 멋대로 말해볼 테니"와 21/58「田子方」의 "嘗與汝登高山", 즉 "우리 둘이 높은 산에 올라가 보세"를 참조하라. 이전의 편집자들은 이 구절을 버튼 왓슨처럼 이렇게 이해했다. "요전날 우리가 무약에게 이 문제에 대해 중재를 맡겼을 때, 그는 이렇게 대답했습니다. …"(Burton Watson, *The Complete Works of Chuang Tzu*, 334) 이것은 유월을 따라 日을 '예전의 어느 날'로 이해한 것이다(『諸子平議』). 그러나 이런 의미라면 日은 주어 뒤가 아니라 주어 앞에 와야 한다(주어 뒤에 오면 '날마다'를 의미하게 된다). 나아가 [약속한 적 없음의] 중재가 [자장과 다 낚아채는 대식가의] 논쟁보다 앞서고, 양쪽 중 한쪽에 의해서 끝 부분에서야 겨우 인용된다면, 전체 대화가 대칭적이지도 않다. (통용본에는 '日' 앞에 '无約'이 없지만 복원해 놓았다. 복원의 필요성에 대해서는 도홍경陶鴻慶[『讀莊子札記』]이 이미 인식하였다.)
44) [원] 殉: '徇'과 같다.

옳은 것을 행하든 그른 것을 행하든
자기 안에 있는 회전운동의 축을 꽉 잡아라.
자신이 의도한 것을 홀로 달성하라.
도에 따라 정처 없는 길을 가라.

행위를 하나의 원리로 환원하지[45] 말고, 의무를 너무 완벽하게 다하려고 마라. 그렇게 하려고 하면 인생의 목적을 놓치게 된다. 지나치게 허둥대며 부를 위하지 말고, 너무 과하게 성공을 좇지 마라. 그렇게 하면 하늘로부터 와서 자기 안에 깃든 것을 놓쳐버리게 된다. 비간은 심장이 도려내졌고, 자서는 눈알이 후벼 파졌다. 그들은 너무 충성스러웠던 나머지 재앙을 겪은 것이다. 정직한 궁[직궁直躬]은 그의 아버지에게 반하는 증언을 했고, 미생은 물에 빠져 죽었다. 그들은 너무 믿음직한 자들이었던 나머지 이런 환란을 당한 것이다. 포자鮑子는 선 채로 말라죽었고, 신자申子는 스스로를 파묻었다.[46] 그들은 너무 정직했던 나머지 해를 입은 것이다.[47] 공자는 그의 어머니를 보지 못했고, 광자匡子는 그의 아버지를 보지 못했다. 그들은 너무 의로웠던 나머지 중요한 것을 잃은 것이다. 그런데도 불구하고 예전 사람들은 이들에 대한 이야기를 대대로 전하고 최근 사람들은 훈계할 때 꼭 이들을 이상적인 예로 든다. 선비에 대해 이런 생각을 품은 자라면 누구든 말에 있어서 완벽을 기하고 행위에 있어서 변함이 없으며, 그래서 이상의 사람들이 겪었던 것과 똑같은 재앙을 달게 받아들이고

---

45) [원] 轉: 왕념손의 『독서잡지』에 따르면 '專'과 같다.
46) [원] 自埋: 통용본은 '不自埋'로 되어 있다. '不'은 삭제하고, 『경전석문』의 이체자에 따라 '㙲'는 '埋'로 교정한다.
47) [역] 포자는 포초를, 신자는 신도적을 가리킨다.

똑같은 불행에 마주하게 되는 것이다."

子張曰. 子不爲行. 卽將疏戚无倫. 貴賤无義. 長幼无序. 五紀六位. 將何以爲別乎. 滿苟得曰. 堯殺長子. 舜流母弟. 疏戚有倫乎. 湯放桀. 武王殺紂. 貴賤有義乎. 王季爲適. 周公殺兄. 長幼有序乎. 儒者僞辭. 墨者兼愛. 五紀六位. 將有別乎. 且子正爲名. 我正爲利. 名利之實. 不順於理. 不監於道. 吾嘗與子訟於无約. 无約曰. 小人殉財. 君子殉名. 其所以變其情. 易其性. 則異矣. 乃至於棄其所爲而殉其所不爲. 則一也. 故曰. 无爲小人. 反殉而天. 无爲君子. 從天之理. 若枉若直. 相而天極. 面觀四方. 與時消息. 若是若非. 執而圓機. 獨成而意. 與道徘徊. 无轉而行. 无成而義. 將失而所爲. 无赴而富. 无殉而成. 將棄而天. 比干剖心. 子胥抉眼. 忠之禍也. 直躬證父. 尾生溺死. 信之患也. 鮑子立乾. 申子自埋. 廉之害也. 孔子不見母. 匡子不見父. 義之失也. 此上世之所傳. 下世之所語. 以爲士者. 正其言. 必其行. 故服其殃. 離其患也.

• • •

만족할 줄 모름[무족无足]이 절제함[지화知和]에게 물었다.

"사람들 중에 명성을 추구하고 이익을 좇지 않은 자는 단 한 명도 없습니다. 사람들은 누군가가 부자면 그에게 바라는 게 있고, 바라는 게 있으면 그에게 자기를 낮추고, 자기를 낮추면 그를 떠받듭니다. 이처럼 사람들이 자기를 낮추어 부자를 떠받드는 것은 그 부자의 입장에서 보면 오래 살고 몸을 편안하게 하고 기분을 좋게 만드는 도입니다. 그런데 지금 그대만 유독 그런 데 마음을 두지 않으니, 그대가 뭘 몰라서 그런 것입니까, 아니면 알면서도 힘이 모자라서 아는 대로 행하지 못해서입니까? 이도 저도 아니면 정확하게 추진하려고 너무 꼼꼼하게 살피기 때문입니까?"

[절제함이 답했다.]

"그대가 예로 든 사람은 그와 같은 시대에 태어나 그의 이웃에 살고 있는 사람들은 모두가 다 그가 범상치 않고 다른 사람들보다 뛰어나다는 것을 인정할 거라고 생각합니다. 그 결과 그는 자기 의견을 내느라 다른 이들로부터 자기에게 들어오는 것을 주관하거나[主] 자기로부터 다른 이들에게 나가는 것을 관리하는[正] 데에는[48] 형편없는 사람이 됩니다. 그런 사람이 어떻게 과거와 현재의 시간, 옳고 그름이 나뉘는 영역에 주의를 기울이겠으며 관습적인 생각들과 함께 변화해갈 수 있겠습니까? 세속적인 사람들은 인생의 목적에 대해 생각할 때, 가장 중요시해야 할 것은 잊어버리고 가장 높이 받들어야 할 것은 내버립니다. 그러나 그런 사람이 장생長生과 몸의 안락과 기분 좋음에 대해 품평할 때 기준으로 삼고 있는 도란 결국 과녁을 빗나간 것이 되지 않겠습니까? 그 사람은 중압감으로 고통에 시달리든 여유로움으로 편안함을 누리든, 그로 인해 자기 몸에 무슨 일이 일어나는지를 분명하게 보지 못합니다. 또한 공포에 질려 가슴이 두근거리든 기쁨으로 흥분이 되든, 그로 인해 자기 마음에 무슨 일이 일어

---

48) [원] 主正: 외부로부터 배운 것을 흡수하여 자기 것으로 만드는 내부의 '주인(主)'과 말을 잘 구사해서 자기가 한 말이 밖에서 받아들여질 수 있게 하는 '관리자(正)'를 말한다. 14/49[「天運」]에 나오는 구절["안으로 도를 자기 것으로 만들어 사용할 주체가 없으면, 도는 머물지 않을 것이오. 또 밖으로 도를 참된 방향으로 향하게 할 조정자가 없다면, 도는 옮겨 가지 않을 것이오. 안에서 나가는 것이 밖에서 받아들여지지 않을 것 같으면 성인은 그것을 내놓지 않소. 밖에서 들어오는 것이 안에서 주체적으로 사용되지 않으면, 성인은 그것에 의지하지 않소"](342-343쪽)을 참조하라.

날지를 분명하게 보지 못합니다. 그는 어떤 목적을 목적으로 삼을 줄은 알지만, 그 목적이 왜 자기의 목적인지는 모릅니다. 이것이 바로 천자라는 귀한 자리에 앉아 천하의 부를 다 가진다 해도 그가 환란에서 벗어나지 못하는 이유입니다."

无足問於知和曰. 人卒未有不興名就利者. 彼富則人歸之. 歸則下之. 下則貴之. 夫見下貴者. 所以長生安體樂意之道也. 今子獨无意焉. 知不足邪. 意知而力不能行邪. 故推正不忘邪. 知和曰. 今夫此人以爲與己同時而生. 同鄉而處者. 以爲夫絶俗過世之士焉. 是專无主正. 所以覽古今之時. 是非之分也. 與俗化. 世去至重. 棄至尊. 以爲其所爲也. 此其所以論長生安體樂意之道. 不亦遠乎. 慘怛之疾. 恬愉之安. 不監於體. 怵惕之恐. 欣懽之喜. 不監於心. 知爲爲而不知所以爲. 是以貴爲天子. 富有天下. 而不免於患也.

[만족할 줄 모름이 물었다.]

"사람이 부를 가지면 모든 점에서 이롭습니다. 영예란 영예, 지위란 지위는 다 가질 수 있으니, 지극한 사람도 그에게 못 미치고 성인도 그에게 못 미칩니다. 그가 거느린[49] 사람들의 용기와 힘은 바로 그 자신의 위엄과 권력이 되고, 그가 장악한 사람들의 지식과 수완은 그 자신의 탁월함과 통찰력이 되며, 그가 의지하는 사람들의 덕은 곧 그 자신의 현명함과 노련함이 됩니다. 나라를 건네받은 적이 없는데도 그는 군주나 아비와 똑같은 권위를 갖게 되는 것이지요. 음악과 미인과 맛있는 음식들, 또 권세와 지위로 말하자면, 사람의 마음은 꼭

---

49) [원] 俠: 마쉬룬의 『장자의증莊子義證』에 따르면 '夾'과 같다.

배우지 않아도 그것들을 좋아하고, 사람의 몸은 꼭 본보기를 기다리지 않아도 그것들로부터 만족을 느낍니다. 그것들은 우리가 욕구하고 싫어하고, 나아가고 피하는 데 있어서 타고나는 것이어서 스승을 필요로 하지 않습니다. 인간의 본성에서 나오는 것이지요. 온 세상이 내게 틀렸다고 한들, 어느 누가 그것들을 거부할 수 있겠습니까?"

[절제함이 답했다.]

"지혜로운 사람은 일을 처리할 때, 평범한 백성들과 똑같은 동기를 갖습니다. 평균치에서 벗어나지 않는 것이지요. 이 때문에 그는 어떤 것을 충분히 갖게 되면, 그것 때문에 다투는 일을 삼갑니다. 더 이상 필요 없기 때문에 더 구하지도 않는 것이지요. 그러나 충분히 갖지 못하면 그것이 보일 때마다 얻으려고 다툴지도 모릅니다. 굳이 자신을 탐욕스럽다고 생각하지도 않지요. 반면 너무 많이 갖게 되면, 그것을 거부하고 천하라 하더라도 내던져버릴지 모릅니다. 굳이 자신을 정직한 사람이라고 생각하지도 않지요. 정말로 정직한 것이 무엇인지, 탐욕스러운 것이 무엇인지는 외부에서 오는 압력들에 의해 판단하는 것이 아니라, 그가 성찰을 통해 명확하게 깨달은 척도에 따라 판단합니다. 그는 천자의 자리에 앉게 되어도 자기의 높은 지위를 이용해 다른 사람들에게 거만 떠는 일이 없을 것입니다. 천하의 부를 다 소유한다고 해도 자기의 재산을 이용해 다른 사람들을 가지고 노는 일도 없을 것입니다. 그는 곤란한 일이 벌어질 수 있음을 헤아리고 사태가 역전될 수 있음을 미리 내다봅니다. 천자의 자리든 천하의 부든 자신의 본성에 해로운 것이라고 결론 내려서 거부한다면, 칭찬도 명성도 아무 소용없는 일이 될 것입니다. 요와 순이 왕위를 넘겨준[50] 것은 세상에 대한 인仁에서 나온 것이 아닙니다. 그들은 과시를 좋아해서 생명을 해치려고 하지 않았을 뿐입니다. 선권과 허유가 왕위 제의를 받아들이지 않은 것은 공연히 시늉만 한 것이 아닙니다. 그들은 그 힘든 일들을 떠안음으로써 자기 자신을 해치려고 하지 않았을 뿐입니다. 그 사람들 모두 이로운 쪽을 택하고 해로운 쪽은 거부했습니다. 세상 사람들이 그들을 뛰어난 사람들의 실례로 든다면, 우리도 지당하다고 생각하겠지만, 그들이 그렇게 한 것은 칭찬이나 명성을 얻기 위해서가 아닙니다."

无足曰. 夫富之於人. 无所不利. 窮美究埶. 至人之所不得逮. 賢人之所不能及. 俠人之勇力而以爲威强. 秉人之知謀以爲明察. 因人之德以爲賢良. 非享國而嚴若君父. 且夫聲色滋味權勢之於人. 心不待學而樂之. 體不待象而安之. 夫欲惡避就. 固不待師. 此人之性也. 天下雖非. 我孰能辭之. 知和曰. 知者之爲故. 動以百姓. 不違其度. 是以足而不爭. 无以爲. 故不求. 不足故求之. 爭四處而不自以爲貪. 有餘故辭之. 棄天下而不自以爲廉. 廉貪之實. 非以迫外也. 反監之度. 勢爲天子. 而不以貴驕人. 富有天下而不以財戱人. 計其患. 慮其反. 以爲害於性. 故辭而不受也. 非以要名譽也. 堯舜爲帝而推. 非仁天下也. 不以美害生也. 善卷許由得帝而不受. 非虛辭讓也. 不以事害己. 此皆就其利. 辭其害. 而天下稱賢焉. 則可以有之. 彼非以興名譽也.

[만족할 줄 모름이 물었다.]

"당연히 그것은 명성을 유지하기 위한 것이었습니다. 몸을 괴롭히고 호사를 거부하고 음식을 줄이는 것이 생명을 유지하기 위한 것이

---

50) [원] 推: 통용본에 '雍'으로 되어 있다. 손이양孫詒讓의 『장자찰이莊子札迻』에 따라 '推'로 교정한다.

라면, 그 사람은 분명 병과 가난 속에서 겨우 명을 이어가면서 죽기를 거부하는 자가 아니겠습니까?"

[절제함이 답했다.]

"적정량은 축복을 주지만 과도한 것은 해로울 뿐입니다. 모든 일이 다 그렇지만 재산의 경우에는 특히 그렇지요. 지금 부자의 경우를 봅시다. 그의 귀는 종과 북, 피리와 관악기 소리에 흠뻑 젖어 있고 그의 입은 질 좋은 고기와 술에 침을 흘리고 있습니다. 그래서 자신의 기분만 돋을 뿐, 자기가 맡은 중대한 업무들은 대충하거나 소홀히 합니다. 이것은 '무기력'이라고 부를 수 있습니다. 또 왕성한 기운이 가득 차다 못해 흘러넘치면 마치 무거운 짐을 등에 짊어지고 비탈을 오르는 것과 같습니다. 이것은 '긴장'이라고 설명할 수 있습니다. 그는 부를 탐하다 건강을 위태롭게 하는[51] 쪽을 택했고, 권력을 탐하다 자신을 고갈시키는 쪽을 택했습니다. 그는 집에서 쉴 때면 자기를 망치고, 몸은 점점 더 살이 찌며, 성미는 더욱 나빠집니다. 이것은 '건강치 못함'이라고 부릅니다. 부를 욕구하고 이익으로 쏠리는 것이 인생 목적이 되고, 그래서 돈궤들이 벽돌들처럼 단단히 봉해져 있더라도, 그는 달리 뭘 해야 할지를 모르며, 그것들이 아무리 가득 차도 멈추지를 못합니다. 이것은 결국 '치욕'이 됩니다. 그는 자신이 쓸 수 있는 것보다 더 많은 재산을 축적하면서도, 그것을 꼭 붙들고서[52] 한 푼도 내놓지 않으려고 합니다. 마음은 중압감과 근심으로 가득 차 있으면서, 그는 더 많이 얻으려는 짓을 멈출 수가 없습니다. 이것은 '근심'이

---

51) [원] 慰: 곽경번郭慶藩(『莊子集釋』)에 따르면 '蔚'와 같다.
52) [원] 服膺: 모로하시 데쓰지의 『대한화사전』, 14345/139에 따르면 '가슴속에 꼭 붙들어두어 놓아주지 않는다'는 의미이다.

라고 여깁니다. 집에 있을 때에는 부랑자와 좀도둑이 뭘 훔쳐가지 않을까 의심하고, 밖에서는 강도에게 살해당하지 않을까 두려워합니다. 그래서 그는 집에서는 망루와 해자에 둘러싸여 있고, 밖에서는 감히 혼자 걷지 못합니다. 이것은 '공포'라 이릅니다.

이 여섯 가지는 세상에서 가장 해로운 것들이지요. 그러나 부자는 그것들을 완전히 무시하고, 또 너무 무지해서 그것들을 제대로 살피지 못합니다. 그러다 재앙이 닥쳐오면, 자신의 본성이 가진 모든 능력을 다 쏟아붓고 전 재산을 다 털어 넣어 단 하루일지언정 근심 없는 날을 되찾으려고 하지만, 이미 때가 늦었습니다. 그러므로 명성에 따라 올바른 삶의 방식을 보려 해도 기미가 전혀 없고, 이로움에 따라 그것을 찾아보아도[53] 흔적조차 없습니다. 그런데도 이것을 다투면서 그런 속박 상태에 몸과 생각을 내주다니, 미혹된 일이 아니겠습니까?"

无足曰. 必持其名. 苦體絶甘. 約養以持生. 則亦久病長陀而不死者也. 知和曰. 平爲福. 有餘爲害者. 物莫不然. 而財其甚者也. 今富人耳營於鐘鼓筦籥之聲. 口嗛於芻豢醪醴之味. 以感其意. 遺忘其業. 可謂亂矣. 侅溺於馮氣. 若負重行而上也. 可謂苦矣. 貪財而取慰. 貪權而取竭. 靜居則溺. 體澤則馮. 可謂疾矣. 爲欲富就利. 故滿若堵耳而不知避. 且憑而不舍. 可謂辱矣. 財積而无用. 服膺而不舍. 滿心戚醮. 求益而不止. 可謂憂矣. 內則疑刼請之賊. 外則畏寇盜之害. 內周

---

53) [원] 觀之名則不見. 求之利: [글자 그대로 풀이하자면] "명성을 통해 그것을 관찰해보아도 … 이익을 통해 그것을 찾아보아도." 여기서 ['그것'이] 지시하는 것은 29/57, 58[「도둑 척」의 자장과 다 낚아채는 대식가의 대화]로 거슬러 올라가서 '참으로 올바른 것(삶의 길)(眞是)'이다.

樓疏. 外不敢獨行. 可謂畏矣. 此六者. 天下之至害也. 皆遺忘而不知察. 及其患至. 求盡性竭財. 單以反一日之无故. 而不可得也. 故觀之名則不見. 求之利則不得. 繚意體而爭此. 不亦惑乎.

3

검에 대한 연설
(제30편 [「설검」])

 이 편은 『장자』의 모든 편 중에서 도가와 가장 거리가 멀다. 그러나 이 편을 이 책 전체보다 양가의 문집과 관련해서 생각해본다면 더 이상 당황스럽지 않을 것이다. 생명의 보존을 최고 가치로 보는 양가로서는 당연히 칼싸움을 운동경기의 하나로 보는 데 반대할 것이다. 이 편은 그런 결투에 대한 공공연한 비난으로서, 무의미하게 피를 흘리는 것에 대한 혐오감이 전편에 스며들어 있으며, 양가가 자부하듯이 듣는 사람에게 맞도록 섬세하고도 설득력 있는 수사학을 구사하고 있다.
 성가신 지엽적 문제가 하나 있다. 이 편에서 장자는 왜 자신을 틀림없이 양가나 도가가 아니라 유가로 규정할 '유생의 복장[儒服]'을 하고 있는 것일까? 이것은 아마도 '유생의 복장'이라는 용어가 일반적으로 학파의 구분 없이 무사의 복장과 대비되는 것으로 사용되었기 때문일 것이다. 그러나 이 용어는 다른 곳에서는 명확하게 유가의 공식 복장을 가리킨다.[54]

||||||||||||

옛날 조趙나라의 문왕文王이 검을 좋아하였다. 그의 가신이 되어 궁궐 문을 사이에 두고 양쪽으로 늘어선 검객들이 무려 삼천여 명이었다. 그들은 밤낮으로 문왕 앞에서 겨루더니 일 년 사이 사상자가 백여 명이나 되었다. 그런데도 검술에 대한 문왕의 열의는 식을 줄 몰랐다. 이렇게 삼 년이 지나자, 조나라는 쇠락해갔고 다른 나라의 제후들은 기회를 틈타 음모를 꾸미고 있었다.

태자인 회悝가 이를 근심하며 좌우의 사람들을 불러놓고 말했다.

"누가 왕을 설득하여 저 취미를 멈추게 할 수 없을까? 저 검객들을 사라지게 해주는 사람에게 내 금 천 냥을 내릴 것이다."

그들이 말했다.

"장자가 할 수 있을지도 모르겠습니다."

이에 태자는 사람을 시켜 장자에게 금 천 냥의 예물을 보냈다. 장자는 그것을 받지는 않았지만, 사자와 함께 태자에게 가서 말했다.

"태자 전하께서는 제게 무엇을 바라시고 금 천 냥을 내리셨습니까?"

"저는 선생께서 밝게 깨인 성인이라고 들었습니다. 응당 존경의 마음으로 바치고자 선생의 종자에게 건넨 것입니다. 선생께서 그것을 받지 않으셨으니, 제가 감히 뭐라 더 말하겠습니까?"

"저는 태자 전하께서 저를 쓰시려는 목적이 왕께서 큰 낙으로 삼고 계신 일을 그만두게 하는 데 있다고 들었습니다. 만일 신이 조언을 올려 한편으로 폐하의 뜻을 거스르고, 다른 한편으로 태자 전하를

---

54) 322쪽을 참조하라.

흡족하게 하지 못한다면, 저는 망나니 손에 죽을 것입니다. 그렇게 되면 제게 그 금이 무슨 소용이 있겠습니까? 만일 신이 한편으로 폐하를 설득하고 다른 한편으로 태자 전하도 흡족하게 한다면, 조나라 어디를 가던 제가 원하는 건 다 얻을 수 있지 않겠습니까?"

"좋으실 대로 하시지요. 그런데 아시다시피 폐하께서는 검객들이 아니면 누구도 만나주시지 않습니다."

"전혀 문제없습니다. 저도 검을 다룰 줄 압니다."

"그렇다면 잘됐군요. 그런데 폐하께서 만나는 검객들은 하나같이 헝클어진 머리에 귀밑털을 불끈 곤두세우고, 기우뚱하게 눌러쓴 관에 뻣뻣한 턱 끈을 매고, 등 쪽을 바짝 줄인 옷을 걸친 채 노려보는 눈빛으로 말을 거칠게 합니다. 그런 게 폐하를 기쁘게 하지요. 지금 선생께서 꼭 유생의 복장을 하고 폐하를 알현한다면, 시작부터 잘못될 것이 확실합니다."

장자가 말했다.

"그렇다면 검객으로 복장을 갖춰 입게 잠깐 실례하겠습니다."

사흘 뒤 그는 검객의 옷을 입고 태자를 만났다. 그러자 태자는 그를 데리고 가서 왕을 알현하였다. 왕은 하얗게 날이 선 칼을 칼집에서 뽑아 든 채 그를 기다렸다.

장자는 궁궐 문을 통과해 들어가더니, 잰걸음으로 걷지도 않고 왕을 보고 절을 하지도 않았다.

[왕이 물었다.]

"그대는 과인에게 무슨 말을 하고 싶어 지금 태자를 앞세우고 온 것이오?"

[장자가 대답했다.]

"신은 폐하께서 검을 좋아하신다고 들었습니다. 검에 대해 말씀 올리고자 폐하를 뵈러 왔습니다."

"그대는 검으로 어떤 종류의 싸움을 할 수 있소?"

"제 검은 열 걸음마다 한 사람씩 제압하면서 곧장 천 리를 나아갈 수 있습니다."

이 말에 왕은 기뻐하며 말했다.

"그렇다면 그대는 세상의 누구든 대적할 수 있겠구려."

장자가 말했다.

"뛰어난 검객은 이렇습니다.

    자신을 완전히 드러내서
    상대로 하여금 허를 찌르도록 유혹합니다.
    동작을 취하는 것은 뒤처지지만
    급소를 찌르는 것은 앞섭니다.

이 말을 입증할 기회를 주십시오."

"좋소. 선생은 처소로 돌아가 내 명을 기다리시오. 시합할 준비가 되면 선생을 부르리다."

昔趙文王喜劒. 劒士夾門而客三千餘人. 日夜相擊於前. 死傷者歲百餘人. 好之不厭. 如是三年. 國衰. 諸侯謀之. 太子悝患之. 募左右曰. 孰能說王之意. 止劒士者. 賜之千金. 左右曰. 莊子當能. 太子乃使人以千金奉莊子. 莊子弗受. 與使者俱往見太子曰. 太子何以敎周. 賜周千金. 太子曰. 聞夫子明聖. 謹奉千金以幣從者. 夫子弗受. 悝尙何敢言. 莊子曰. 聞太子所欲用周者. 欲絶王之喜好也. 使臣上說大王而逆王意. 下不當太子. 則身刑而死. 周尙安所事金乎 使臣上說大

王. 下當太子. 趙國何求而不得也. 太子曰. 然. 吾王所見. 唯劒士也. 莊子曰. 諾. 周善爲劒. 太子曰. 然吾王所見劒士. 皆蓬頭突鬢垂冠. 曼胡之纓. 短後之衣. 瞋目而語難. 王乃說之. 今夫子必儒服而見王. 事必大逆. 莊子曰. 請治劒服. 治劒服三日. 乃見太子. 太子乃與見王. 王脫白刃待之. 莊子入殿門不趨. 見王不拜. 王曰. 子欲何以敎寡人. 使太子先. 曰. 臣聞大王喜劒. 故以劒見王. 王曰. 子之劒何能禁制. 曰. 臣之劒. 十步一人. 千里不留行. 王大悅之. 曰. 天下无敵矣. 莊子曰. 夫爲劒者. 示之以虛. 開之以利. 後之以發. 先之以至. 願得試之. 王曰. 夫子休就舍. 待命令設戲請夫子.

이에 왕은 이레 동안 그의 검객들을 서로 붙게 하였다. 사상자가 육십여 명에 이르자, 왕은 그중 대여섯 명을 뽑아 그들에게 검을 들고 궁궐의 넓은 방으로 나오게 하였다. 그리고 나서 장자를 불러놓고 말했다.

"오늘 우리는 선생이 내 검객들에 맞서 얼마나 잘 겨루는지를 보려고 하오."

"오랫동안 고대해온 바입니다."

"무기를 택해야 할 텐데, 선생은 장검이 좋소, 단검이 좋소?"

"신은 뭐든 좋습니다. 그런데 제게 세 자루의 검이 있습니다. 어떤 검을 쓸지는 폐하께서 분부만 내려주십시오. 직접 써보기 전에 먼저 그 검들에 대해 설명해드렸으면 합니다."

"선생의 세 자루 검에 대해 무척 듣고 싶구려."

"제게는 천자의 검이 있고, 제후의 검이 있으며, 서인의 검이 있습니다."

"천자의 검은 어떤 것이오?"

"천자의 검은 연 계곡[연계燕谿]과 돌벽산[석성산石城山]을 칼끝으로 삼고, 제나라와 대산岱山을 칼날로, 진晉나라와 위魏나라를 칼등으로, 주나라와 송나라를 칼의 날밑으로, 한韓나라와 위衛나라를[55) 칼자루로 삼고 있습니다. 그 검은 사방의 변경 오랑캐들에게 둘러싸여 있고 사계절 안에 꽂혀 있으며, 발해渤海를 두르고 있고 상산常山의 띠에 매달려 있습니다. 그것은 다섯 가지 양상[오행五行]에 맞도록 고안되어 있고, 형벌과 하사품으로 평가됩니다. 음陰과 양陽에 의해 그것을 칼집에서 빼내며, 봄과 여름에는 그것을 휘두르고, 가을과 겨울에는 그것을 내려칩니다. 그 검은

곧장 뻗으면 그 앞으로 거칠 게 하나도 없고,
휘두르면 그 위로 거칠 게 없습니다.
칼자루를 내리누르면 그 아래로 거칠 게 없으며,
돌려서 던지면 그 너머로 거칠 게 없습니다.

위로는 떠다니는 구름도 뚫고 올라가고, 아래로는 땅의 저 바닥까지56) 뚫고 들어갑니다. 이 검을 일단 사용하면 제후들을 바로잡을 것이고 온 천하가 복종할 것입니다. 이것이 바로 천자의 검입니다."
왕은 깜짝 놀라 생각에 잠기더니 말했다.
"제후의 검은 어떤 것이오?"
"제후의 검은 현명하고 용감한 선비들을 칼끝으로 삼고, 깨끗하고 정직한 선비들을 칼날로, 훌륭하고 유능한 선비들을 칼등으로, 충성

---

55) [원] 衛: 통용본은 '魏'로 되어 있다. 왕수민의 『장자교석』에 따라 '衛'로 교정한다.
56) [원] 紀: 마쉬룬의 『장자의증』에 따라 '基'과 같은 뜻으로 본다.

스럽고 지혜로운 선비들을 칼의 날밑으로, 위세 당당하고 담대한 선비들을 칼자루로 삼습니다. 이 검은

> 곧장 뻗으면 그 앞으로 거칠 게 하나도 없고,
> 휘두르면 그 위로 거칠 게 없습니다.
> 칼자루를 내리누르면 그 아래로 거칠 게 없으며,
> 돌려서 던지면 그 너머로 거칠 게 없습니다.

위로는 둥근 하늘을 그 본보기로 삼고 해와 달과 별로부터 갈 길을 취합니다. 아래로는 네모난 땅을 그 본보기로 삼고 사계절의 추이를 따릅니다. 그 중간에서 이 검은 백성들이 원하는 것들을 잘 조화시켜서 사방의 지역에 안전을 가져다줍니다. 이 검을 일단 사용하면 우레가 친 뒤 진동이 울리듯, 사방의 변경 내에 폐하의 명에 복종하고 따르지 않을 자가 단 한 명도 없을 것입니다. 이것이 바로 제후의 검입니다."

"서인의 검은 어떤 것이오?"

"서인의 검은 헝클어진 머리에 귀밑털을 불끈 곤두세우고, 기우뚱하게 눌러쓴 관에 뻣뻣한 턱 끈을 매고, 등 쪽을 바짝 줄인 옷을 걸친 채 노려보는 눈빛으로 말을 거칠게 하면서 폐하 앞에서 겨루는 것입니다. 그 검은 위로는 목을 베거나 목구멍을 찢고, 아래로는 허파나 간을 파열시킵니다. 이것이 바로 서인의 검으로, 닭싸움과 다를 게 없지요. 하루아침에 한 인간의 명줄이 툭 끊어지는 것입니다. 나랏일에는 아무런 쓸모가 없습니다. 지금 폐하께서는 천자의 지위에 있으시면서도 서인의 검을 좋아하신다니, 저는 감히 폐하를 대신해 통탄할 따름입니다."

그러자 왕은 그를 이끌고 궁궐의 가장 높은 곳으로 갔다. 음식을 맡은 관원이 요리를 내오는데도 왕은 세 차례나 빙빙 돌았다.

장자가 말했다.

"폐하, 편안히 앉으셔서 심기를 가라앉히시지요. 검과 관련된 문제라면 더 이상 드릴 말씀이 없습니다."

그후 왕은 석 달 동안이나 궁을 떠나지 않았다. 검객들은 그들의 처소로 돌아가 칼끝에 엎드려 자결하였다.[57]

王乃校劍士七日. 死傷者六十餘人. 得五六人. 使奉劍於殿下. 乃召莊子. 王曰. 今日試使士敦劍. 莊子曰. 望之久矣. 王曰. 夫子所御杖長短何如. 曰. 臣之所奉皆可. 然臣有三劍. 唯王所用. 請先言而後試. 王曰. 願聞三劍. 曰. 有天子劍. 有諸侯劍. 有庶人劍. 王曰. 天子之劍何如. 曰. 天子之劍. 以燕谿石城爲鋒. 齊岱爲鍔. 晉魏爲脊. 周宋爲鐔. 韓衛爲夾. 包以四夷. 裹以四時. 繞以渤海. 帶以常山. 制以五行. 論以刑德. 開以陰陽. 持以春夏. 行以秋冬. 此劍直之无前. 擧之无上. 案之无下. 運之无旁. 上決浮雲. 下絶地紀. 此劍一用. 匡諸侯. 天下服矣. 此天子之劍也. 文王芒然自失. 曰. 諸侯之劍何如. 曰. 諸侯之劍. 以知勇士爲鋒. 以淸廉士爲鍔. 以賢良士爲脊. 以忠聖士爲鐔. 以豪桀士爲夾. 此劍直之亦无前. 擧之亦无上. 案之亦无下. 運之亦无旁. 上法圓天. 以順三光. 下法方地. 以順四時. 中和民意. 以安四鄕. 此劍一用. 如雷霆之震也. 四封之內. 無不賓服而聽從君命者矣. 此諸侯之劍也. 王曰. 庶人之劍何如. 曰. 庶人之劍. 蓬頭突鬢

---

57) [원] 伏斃其處矣: 통용본은 '服斃其處也'으로 되어 있다. 일본 고잔지가 소장하고 있는 필사본에 따라 '服'은 '伏'으로, '也'는 '矣'로 교정한다.

3. 검에 대한 연설 647

垂冠. 曼胡之纓. 短後之衣. 瞋目而語難. 相擊於前. 上斬頸領. 下決肝肺. 此庶人之劒. 无異於鬪鷄. 一旦命已絶矣. 无所用於國事. 今大王有天子之位. 而好庶人之劒. 臣竊爲大王薄之. 王乃牽而上殿. 宰人上食. 王三環之. 莊子曰. 大王安坐定氣. 劒事已畢奏矣. 於是文王不出宮三月. 劒士皆伏斃其處矣.

4
늙은 어부
(제31편 [「어부」])

'자신의 참됨을 보호한다[保眞]'라는 표현은 『회남자』에서 양주의 핵심 원리 중 하나로 언급되고 있다.[58] 이 이야기에서 어부는 참된 것을 상징하며, 참된 것은 기쁨, 슬픔, 분노, 사랑 등 어떤 감정이 되었건 진실한 감정과 동일시되고 있다. 진실한 감정은 유가의 의례주의로 인해 너무 쉽게 묻혀버리곤 한다. 참됨[眞]이라는 것은 도가적 개념이기도 하다. 그러나 도가가 불교식으로 정념들을 완전히 거부한 적은 없다 하더라도, 이 이야기에서처럼 정념에 긍정적인 가치를 부여하는 것은 『장자』의 여타 부분들과 상반된 입장인 것 같다.

이 이야기의 저자가 누구든 간에 그는 문학적으로 놀랄 만한 혁신가이다. 그는 거의 단숨에 줄거리로서의 내러티브로부터 장면 scene 으로서의 내러티브를 향한 역사적 발걸음을 내디뎠다. 『장자』의 여타 부분들은 형식상 아직은 전형적인 일화와 구별되지 않는다. 거기

---

58) 575쪽을 참조하라.

서 우리가 기대하는 것은 이름, 직위, 장소, 시간, 그리고 기본 사실들의 행렬로서 진전되는 하나의 설화이다. 그러나 여기에는 호기심을 자극하는 무명의 불가사의한 주인공이 나오는 이야기가 있다. 그에 대해 우리가 처음으로 접하게 되는 정보는 그가 배에서 내려 강둑으로 걸어 올라올 때의 **모습**이 어떠한지에 대한 묘사이다. 그는 공자에 대해서는 들어본 적도 없다. 그래서 공자는 마치 우리가 처음으로 접하는 사람인 양 묘사되어 있다. 장자나 『장자』의 다른 저자들과 달리, 이 이야기의 저자는 변화가 일어나고 있는 한 장면을 시각과 청각 양 감각에 호소하도록 표현할 수 있다.

"'… 나는 그대를 떠나겠소! 그대를 떠나겠소!' 이윽고 그는 삿대로 배를 밀었다. 갈대풀 사이로 뱃길을 헤치며 천천히 배를 저어가는 동안, 안회는 수레를 돌리고 자로는 공자가 수레에 오를 때 잡을 수레 끈을 내밀었다. 그러나 공자는 고개도 돌리지 않았다. 물결이 수면 위로 잔잔해지고 노 젓는 소리가 들리지 않게 되자, 그제야 공자는 수레에 오를 수 있었다."

|||||||||||||

공자가 치유緇帷의 숲을 유람하던 중 살구나무 단[杏壇] 위에 앉아 쉬고 있었다. 제자들은 책을 읽고 공자는 거문고를 타면서 노래를 불렀다. 곡이 반도 채 끝나지 않았을 때, 한 늙은 어부가 배에서 내려 앞으로 왔다. 그의 구레나룻과 눈썹은 새하얗게 빛이 났고 머리카락은 어깨 위로 흘러내렸다. 그는 양손을 소맷자락 안으로 찔러 넣은 채 평지에서 걸어 올라와 언덕배기에 이르러 멈추더니, 왼손을 무릎 위에 올려놓고 오른손으로는 턱을 받치고서 노랫소리에 귀를 기울였다.

곡이 끝나자, 그는 자공과 자로를 손짓하며 불렀다. 두 사람이 모두 대답했다. 그 낯선 사람은 공자를 가리키며 말했다. "저자는 뭐 하는 사람인가?"

자로가 대답했다.

"노나라의 군자이십니다."

그 낯선 사람은 그의 성씨에 대해 물었다.

"공씨孔氏입니다."

"공씨는 뭐 하는 사람인가?"

자로가 대꾸하지 않자, 자공이 대답했다.

"공씨는 성품상 헌신적일 정도로 충직하고 신실하며, 사생활에서는 인자하고 의로운 분이십니다. 예와 음악을 아름답게 꾸미고 행동규칙들을 성문화하는 일을 하고 계시지요. 첫째는 현재의 군주에 대한 충정에서 그렇게 하시고, 둘째는 일반 백성들을 교화하기 위해서 그렇게 하십니다. 온 세상을 이롭게 하려는 의도에서 나온 것이지요. 이것이 공씨가 하는 일입니다."

그 사람은 다른 질문을 했다.

"저자는 영토를 가진 군주인가?"

"아닙니다."

"그렇다면 제후나 왕의 참모인가?"

"아닙니다."

그러자 그 낯선 사람은 웃으면서 고개를 돌리더니 자리를 뜨면서 말했다.

"저자가 인자하다고는 하지만, 목숨을 부지할 수 있을까 싶네. 저렇게 몸과 마음을 다 바쳐서 자기 안에 있는 참된 요소를 위태롭게 만들고 있지 않은가. 아! 도에서 너무 멀리 벗어났도다!"

孔子遊於緇帷之林. 休坐乎杏壇之上. 弟子讀書. 孔子絃歌鼓琴. 奏曲未半. 有漁父者. 下船而來. 鬚眉交白. 被髮揄袂. 行原以上. 距陸而止. 左手據膝. 右手持頤. 以聽曲終. 而招子貢子路. 二人俱對. 客指孔子曰. 彼何爲者也. 子路對曰. 魯之君子也. 客問其族. 子路對曰. 族孔氏. 客曰. 孔氏者何治也. 子路未應. 子貢對曰. 孔氏者. 性服忠信. 身行仁義. 飾禮樂. 選人倫. 上以忠於世主. 下以化於齊民. 將以利天下. 此孔氏之所治也. 又問曰. 有土之君與. 子貢曰. 非也. 侯王之佐與. 子貢曰. 非也. 客乃笑而還. 行言曰. 仁則仁矣. 恐不免其身. 苦心勞形. 以危其眞. 嗚呼. 遠哉其分於道也.

자공이 돌아와 공자에게 보고했다. 공자는 거문고를 밀쳐놓더니 일어서서 말했다. "그는 성인일지도 모른다." 그러고는 내려와 그를 찾다가 호숫가에 이르렀다. 그 사람은 마침 배를 저어 떠나려고 몸을 기울여 노에 힘을 싣고 있는 참이었다. 그는 고개를 돌려 자신의 어깨 너머로 공자를 흘끗 보더니, 몸을 돌려 공자와 마주하고 섰다. 공자는 재빨리 뒤로 몇 걸음 물러나 재배하고는 앞으로 다가갔다.

그 낯선 사람이 말했다.

"내게 뭘 바라시오?"

"방금 전에 선생께서 뭔가 넌지시 내비치시고 떠나셨는데, 제가 영리하지 못해서 그런지 그게 무슨 뜻인지 잘 모르겠습니다. 삼가 서서 기다리겠으니, 바라옵건대 선생의 고귀한 말씀을 들었으면 합니다. 선생의 도움이 헛되지 않을 것입니다."

"음, 놀라울 정도로 배우기를 좋아하는구려!"

공자는 재배하더니 몸을 일으켜 세우면서 말했다.

"저는 어려서부터 배움을 닦아왔고 지금에 이르러 예순아홉 살이 되었는데, 지극한 가르침을 들려줄 만한 사람을 만나지 못했습니다. 마음을 활짝 열어놓는 것 말고 제가 할 수 있는 것이 뭐가 있겠습니까?"

[그 낯선 사람이 말했다.]

"같은 부류는 서로 따르고
같은 소리는 서로 응하기 마련이오.

이것은 사실 하늘로부터 와서 우리 속에 깃들어 있는 양식이오. 그러니 나와 같은 부류에 속하는 것은 일단 제쳐두고, 그대와 관련이 있는 것에 따라서 그대를 바로잡아보겠소. 그대와 관련이 있는 것은 인간의 일들이오. 천자, 제후, 대부, 서인, 이 네 계층의 사람들이 스스로를 바로잡는 것이 뛰어난 통치라오. 이 네 계층의 사람들이 그들의 지위를 벗어날 때보다 더 큰 혼란도 없소.

관리들이 각자 자기 분야에 신경 쓰게 하시오.
사람들이 각자 자기 일에 머물[59] 수 있게 하시오.

그렇게 하면 그들은 다른 누구도 괴롭히지 않을 것이오.
예를 들어 밭에 잡초가 무성하거나 지붕에 구멍이 나는 것, 잘 먹지 못하거나 잘 입지 못하는 것, 세금을 못 내는 것, 처첩이 불화하는 것, 젊은 사람들이 연장자에게 뻔뻔하게 구는 것, 이런 것들은 서인

---

59) [원] 處: 통용본은 '憂'로 되어 있다. 일본 고잔지가 소장하고 있는 필사본에 따라 '處'로 교정한다(于省吾, 『雙劍誃諸子新證』).

의 근심거리라오. 자신의 업무를 잘해낼 만큼 유능하지 못하거나 소속된 부처가 잘못 운영되는 것, 어디선가 청렴치 못한 일이 벌어지거나 부하들이 게으른 것, 자기가 한 일을 인정받지 못하는 것, 작위와 녹봉을 잃는 것, 이런 것들은 대부의 근심거리라오. 조정에 충신이 없는 것, 나라와 가정에 음모와 불화가 있고 장인들 사이에 비효율성만 있는 것, 조공과 부역이 표준에 미달하는 것, 봄·가을에 수도에 가서 천자를 알현할 때 자신의 서열이 낮게 매겨지는 것, 천자의 총애를 잃는 것, 이런 것들은 제후의 근심거리라오. 음과 양이 조화를 잃어 추위와 더위가 때 아니게 찾아오고, 그래서 농작물에 피해를 입히는 것, 제후들이 사납게 날뛰고 제멋대로 출정해서 일반 백성들에게 파멸을 가져오는 것, 예와 음악에 절도가 없고 공공 재원이 고갈되며 공적인 도덕이 타락하는 것, 농민들이 반란을 일으키는 것, 이런 것들은 천자 밑의 재상들의 근심거리라오.

지금 그대는 위로는 군주나 재상의 지위도 없고, 아래로는 대신이나 관료의 지위도 없소. 그런데도 제멋대로 예와 음악을 아름답게 꾸미고 행동 규칙들을 성문화해서 일반 백성들을 교화하려고 하오. 이는 자기 일이 아닌 일에 쓸데없이 참견하는 것이 아니겠소?

덧붙이자면 사람에게는 여덟 가지 흠[八疵]이 있고 일에는 네 가지 해악[四患]이 있으니, 그것들을 아는 것은 매우 중요하오. 자기 일이 아닌 일에 바쁜 것을 '주제넘음'이라고 하오. 누구도 마음 쓰지 않는 일에 주목해달라고 하는 것은 '구슬림'이라고 하오. 누군가의 사상에 홀딱 빠져 그의 말을 인용하는 것을 '아첨'이라고 하오. 옳고 그름을 가리지 않은 채 되풀이하여 말하는 것을 '알랑거림'이라고 하오. 다른 사람의 결점에 대해 말하기를 좋아하는 것을 '험담'이라고 하오. 우정을 깨고 친척들을 이간질시키는 것을 '말썽 부림'이라고 하오.

사악한 자를 제압하기 위해 추켜세우고 기만하는 것을 '술책 부림'이라고 하오. 좋은 사람들과 나쁜 사람들을 가리지 않은 채 양쪽에 다 여지를 두면서 어느 쪽과도[60] 편하게 지내고 틈날 때마다 그들의 비위를 맞추는 것을 '교활함'이라고 부른다오. 이 여덟 가지 흠 때문에

> 밖으로는 다른 사람들을 어지럽히고,
> 안으로는 자기 자신에게 위해를 가하게 되오.
> 군자는 그런 자를 벗으로 삼는 일이 없고,
> 명석한 군주는 그런 자를 재상으로 삼는 일이 없을 것이오.

네 가지 해악이 무엇인지 말하겠소. 큰일을 떠맡기를 좋아하고, 공을 세우고 명성을 얻기 위해 일반적으로 용인되는 관례를 변경하거나 바꿔치우는 것, 이것을 '외람됨'이라고 부른다오. 자신이 가장 잘 알고 있다고 생각하고, 제멋대로 일을 처리하는 것, 일을 자기 것으로 만들려고 다른 사람들의 영역을 침범하는 것, 이것을 '자기 게 아닌 걸 탐하는 것'이라고 하오. 잘못인지 알면서도 고치기를 거부하는 것, 그리고 비판을 들으면 들을수록 더 완고해지는 것, 이것을 '완강함'이라고 하오. 다른 사람들이 자기에게 동의하면 그들을 인정하고, 동의하지 않으면 그들이 아무리 좋은 사람들이라고 해도 나쁘다고 단언하는 것, 이것을 '편협함'이라고 부른다오. 그대는 이 네 가지 해악을 다 가지고 있소. 여덟 가지 흠을 다 없애고 네 가지 해악을 다 피할 수 있을 때, 비로소 그대는 가르침을 받을 만해질 것이오."

---

60) [원] 頯: 도홍경의 『독장자찰기讀莊子札記』에 따르면 '夾'과 같다.

子貢還報孔子. 孔子推琴而起. 曰. 其聖人與. 乃下求之. 至於澤畔. 方將杖拏而引其船. 顧見孔子. 還鄉而立. 孔子反走. 再拜而進. 客曰. 子將何求. 孔子曰. 曩者先生有緖言而去. 丘不肖. 未知所謂. 竊待於下風. 幸聞咳唾之音. 以卒相丘也. 客曰. 嘻. 甚矣子之好學也. 孔子再拜而起. 曰. 丘少而脩學. 以至於今. 六十九歲矣. 无所得聞至敎. 敢不虛心. 客曰. 同類相從. 同聲相應. 固天之理也. 吾請釋吾之所有. 而經子之所以. 子之所以者人事也. 天子諸侯大夫庶人. 此四者自正. 治之美也. 四者離位. 而亂莫大焉. 官治其職. 人處其事. 乃无所陵. 故田荒室露. 衣食不足. 徵賦不屬. 妻妾不和. 長少无序. 庶人之憂也. 能不勝任. 官事不治. 行不淸白. 羣下荒怠. 功美不有. 爵祿不持. 大夫之憂也. 廷无忠臣. 國家昏亂. 工技不巧. 貢職不美. 春秋後倫. 不順天子. 諸侯之憂也. 陰陽不和. 寒暑不時. 以傷庶物. 諸侯暴亂. 擅相攘伐. 而殘民人. 禮樂不節. 財用窮匱. 人倫不飭. 百姓淫亂. 天子有司之憂也. 今子既上无君侯有司之勢. 而下无大臣職事之官. 而擅飾禮樂. 選人倫. 以化齊民. 不泰多事乎. 且人有八疵. 事有四患. 不可不察也. 非其事而事之謂之摠. 莫之顧而進之謂之佞. 希意道言謂之諂. 不擇是非而言謂之諛. 好言人之惡謂之讒. 析交離親謂之賊. 稱譽詐僞以敗惡人謂之慝. 不擇善否. 兩容頰適. 偸拔其所欲. 謂之險. 此八疵者. 外以亂人. 內以傷身. 君子不友. 明君不臣. 所謂四患者. 好經大事. 變更易常. 以挂功名. 謂之叨. 專知擅事. 侵人自用. 謂之貪. 見過不更. 聞諫愈甚. 謂之很. 人同於己則可. 不同於己. 雖善不善. 謂之矜. 此四患也. 能去八疵. 无行四患. 而始可敎已.

공자는 심각한 표정으로 탄식하더니 재배를 하고는 몸을 일으켜 세우며 말했다.

"저는 노나라에서는 두 번이나 쫓겨났고, 위나라에서는 발자국을 지워야만 했으며, 송나라에서는 나무가 잘려 머리 위를 덮쳤고, 진나라와 채나라 사이에서는 포위를 당했습니다. 제가 무슨 잘못이 있는지도 모르겠는데, 이렇게 네 번이나 비방을 당한 것은 어째서일까요?"

그러자 그 낯선 사람의 얼굴에 침울한 기색이 나타났다.

"그대를 깨우치는 것은 정말로 어렵구려! 자신의 그림자를 보고 움찔하고 자신의 발자국을 보고 질색하면서 거기서 벗어나려고 냅다 달린 사람이 있었소. 그가 발을 더 빨리[61] 들어 올릴수록 더 많은 발자국이 찍혔고, 아무리 빨리 달려도 그림자는 그의 몸을 떠나지 않았소. 그런데도 그는 자기가 너무 느려서 그런 것이라고 생각해서 점점 더 빨리 달리기만 할 뿐 멈출 줄 몰라 하더니, 급기야 기진맥진해서 죽고 말았소. 그는 그늘에 앉으면 그림자가 지워지고, 가만히 멈춰 있으면 발자국이 더 이상 만들어지지 않는다는 것을 모르는 순 바보였던 것이오! 그대는 인仁과 의義의 규범 사이에서 세세하게 분별을 하고, 유사한 것과 다른 것의 경계선을 면밀히 살피며, 행동해야 할 때와 그만둬야 할 때를 기다리고, 주는 것과 받는 것을 비교해서 헤아리며, 그대가 본질적으로 좋아하는 것들과 싫어하는 것들을 재배열하고, 기뻐해야 할 때와 분노해야 할 때를 다시 조정하오. 그대는 결코 여기서 벗어나지 못할 것처럼 보이는구려.

진지하게 그대 자신을 닦으시오.
그대 속에 있는 참된 요소를 조심스럽게 지키시오.

---

61) [원] 數: 리미안의 『장자총론급분편평주莊子總論及分篇評注』에 따르면 '速'과 같다.

돌아가서 다른 일들은 다른 사람들에게 맡기시오.

그렇게 하면 그대는 더 이상 곤란한 일들에 말려들지 않을 것이오. 지금 그대는 자기 자신도 제대로 닦지 않은 채, 다른 사람들에게서 무엇을 찾고 있는 것이오? 그런 것은 다 외적인 일들에 지나지 않는 것 아니겠소?"

孔子愀然而歎. 再拜而起. 曰. 丘再逐於魯. 削迹於衛. 伐樹於宋. 圍於陳蔡. 丘不知所失. 而離此四謗者. 何也. 客悽然變容曰. 甚矣子之難悟也. 人有畏影惡迹而去之走者. 擧足愈數而迹愈多. 走愈疾而影不離身. 自以爲尙遲. 疾走不休. 絶力而死. 不知處陰以休影. 處靜以息迹. 愚亦甚矣. 子審仁義之間. 察同異之際. 觀動靜之變. 適受與之度. 理好惡之情. 和喜怒之節. 而幾於不免矣. 謹修而身. 愼守其眞. 還以物與人. 則无所累矣. 今不脩之身而求之人. 不亦外乎.

공자가 진지하게 말했다.
"선생께서 말씀하신 '참됨'이라는 것이 무엇을 의미하는지 여쭙습니다."
"참된 것이란 가장 본질적인 생명의 정수이고 가장 성실한 것이라오. 본질적이지도 성실하지도 않은 것으로는 다른 사람들의 마음을 움직일 수가 없소. 이 때문에 억지 울음은 아무리 슬퍼 보여도 애처로움을 불러일으키지 못하고, 억지 분노는 아무리 무시무시해 보여도 두려운 마음을 들게 하지 못하며, 억지 애정은 아무리 웃어 보여도 돌아오는 게 없소. 참된 슬픔은 소리를 전혀 내지 않아도 애처로움을 불러일으키고, 참된 분노는 터트리기도 전에 두려운 마음을 들게 하며, 참된 애정은 웃기도 전에 돌아오는 게 있소. 안으로 참된 사람은 밖에 있는 사람을 신묘하게 감동시킨다오. 이것이 우리가 참된 것을 귀하게 여기는 이유라오.

그것을 인간관계에 적용시켜보겠소. 그것을 가정 안에서 발휘하면 아들은 효를 다하게 되고 아비는 자애롭게 된다오. 그것을 나라 안에서 발휘하면 신하는 충성스러워지고 군주는 공명정대해진다오. 그것을 주연酒宴에서 발휘하면 즐거움을 누리게 되고, 상중에 발휘하면 슬퍼하게 될 것이오. 충성스러운 것이든 공명정대한 것이든 거기서 중요한 것은 책임을 다하는 것이고, 주연에서 중요한 것은 즐거움을 누리는 것이며, 상을 당해서 중요한 것은 슬퍼하는 것이고, 부모 섬기는 데 중요한 것은 부모를 기쁘게 해드리는 것이오. 책임을 다했다는 찬사를 받으려면 그대만의 방법을 택하면 되오. 부모를 섬기는 데 있어서는 부모를 기쁘게만 해드리면 부모는 그대가 어떻게 그렇게 했는지에 대해서는 전혀 이의를 제기하지 않을 것이오. 주연에서는 그대가 즐거움을 누리기만 하면 술잔에 대해서는 전혀 신경이 쓰이지 않을 것이오. 상을 당해서는 그대가 슬퍼하기만 하면 누구도 그 예에 대해서 트집을 잡지 않을 것이오.

예라는 것은 그 시대의 관습이 확립하는 것이오. 그러나 참된 것은 우리가 하늘에 다가가는 수단이오. 그것은 자연적인 것이고 대체할 수 없는 것이라오. 따라서 성인은 하늘을 본보기로 삼고, 참된 것을 귀하게 여기며 관습에 속박되지 않소. 그러나 어리석은 자는 이와 반대라오. 하늘을 본보기로 삼을 줄 몰라 인간의 일로 초조해하고, 참된 것을 소중하게 여기는 방법을 몰라 소심하게[62] 관습에 따라 자기를

---

[62] [원] 祿: 해동奚侗의 『장자보주莊子補註』에 따르면 '娽'과 같다.

바꾸며, 그래서 만족을 느끼지 못하는 인간이 된다오. 이 얼마나 딱한 일이오! 그대는 인간의 인위적 산물들에는 너무 빨리 젖어들었고, 가장 위대한 도에 대해서는 너무 늦게 들었구려!"

孔子愀然. 曰. 請問何謂眞. 客曰. 眞者. 精誠之至也. 不精不誠. 不能動人. 故强哭者雖悲不哀. 强怒者雖嚴不威. 强親者雖笑不和. 眞悲无聲而哀. 眞怒未發而威. 眞親未笑而和. 眞在內者. 神動於外. 是所以貴眞也. 其用於人理也. 事親則慈孝. 事君則忠貞. 飮酒則歡樂. 處喪則悲哀. 忠貞以功爲主. 飮酒以樂爲主. 處喪以哀爲主. 事親以適爲主. 功成之美. 无一其迹矣. 事親以適. 不論所以矣. 飮酒以樂. 不選其具矣. 處喪以哀. 无問其禮矣. 禮者世俗之所爲也. 眞者所以受於天也. 自然不可易也. 故聖人法天貴眞. 不拘於俗. 愚者反此. 不能法天. 而恤於人. 不知貴眞. 祿祿而受變於俗. 故不足. 惜哉. 子之蚤湛於人僞. 而晚聞大道也.

공자는 다시 재배하고 몸을 일으켜 세우면서 말했다.
"오늘은 제게 참으로 행운이었습니다. 하늘에서 복을 내려준 것과도 같습니다. 선생께서 저를 아랫사람으로 두고 몸소 가르치시는 게 망신스럽지 않으시다면, 제 감히 선생께서 어디에 살고 계신지 여쭙고자 합니다. 이번 기회에 선생의 제자가 되어 가장 위대한 도에 대해서 배울 수 있기를 간청드립니다."
"내 이렇게 들었소이다. '올바른 사람과 함께 갈 수 있을 때에는 가장 심오한 도에 이를 때까지 함께하라. 그러나 그릇된 사람과 함께 간다면, 그에게 맞는 도를 모를 테니, 신중하게 그와 떨어져서 자기 자신부터 보호하라.' 그러니 그대도 최선을 다하시오. 나는 그대를 떠나겠소! 그대를 떠나겠소!"

이윽고 그는 삿대로 배를 밀었다. 갈대풀 사이로 뱃길을 헤치며 천천히 배를 저어가는 동안, 안회는 수레를 돌리고 자로는 공자가 수레에 오를 때 잡을 수레 끈을 내밀었다. 그러나 공자는 고개도 돌리지 않았다. 물결이 수면 위로 잔잔해지고 노 젓는 소리가 들리지 않게 되자, 그제야 공자는 수레에 오를 수 있었다.

孔子又再拜而起. 曰. 今者丘得遇也. 若天幸然. 先生不羞而比之服役. 而身敎之. 敢問舍所在. 請因受業而卒學大道. 客曰. 吾聞之. 可與往者. 與之至於妙道. 不可與往者. 不知其道. 愼勿與之. 身乃无咎. 子勉之. 吾去子矣. 吾去子矣. 乃刺船而去. 延緣葦閒. 顔淵還車. 子路授綏. 孔子不顧. 待水波定. 不聞拏音. 而後敢乘.

수레 옆에서 따라가던 자로가 물었다.

"저는 선생님을 오랫동안 모셔왔습니다. 그런데 이제껏 선생님께서 누군가를 만나시고 이렇게까지 두려워하시는 것을[63] 한 번도 보지 못했습니다. 수레 천 대를 보유한 군주든 만 대를 보유한 군주든 선생님을 뵈면 반드시 선생님께 자리를 내주고 자기들과 대등한 자들에게나 하는 예를 갖춥니다. 그렇게 해도 선생님께서는 오히려 도도한 기색을 감추지 않으시지요. 그런데 오늘 늙은 어부는 무례하게 배 젓는 노에 기대서 있고 선생님께서는 매번 구부러진 경쇠마냥 허리를 꺾어서 재배하면서[64] 대답하셨습니다. 확실히 선생님께서 너무

---

63) [원] 威: 가오형高亨의 『장자금전莊子今箋』에 따르면 '畏'와 같다.
64) [원] 再拜: 통용본은 '言拜'로 되어 있다. '言'을 '再'로 교정한다. 이 교정은 첸

지나치셨던 게 아닌지요? 제자들이 모두 선생님의 행동을 의아하게 여기고 있습니다. 늙은 어부가 어째서 이런 대접을 받을 만한지요?"
공자가 수레의 가로대에 기대어 탄식했다.
"자로야, 너를 딴 사람으로 만든다는 게 정말로 어려운 일이구나! 너는 아주 오랫동안 예禮와 의義에 젖어들어 있었다. 그러나 지금까지도 네 버릇없고 거친 마음은 사라지지 않았구나. 가까이 오너라. 내 네게 말해주겠다. 네가 너보다 나이 많은 사람을 대하면서 불손한 것은 예를 지키지 못한 것이다. 뛰어난 사람을 만나고도 존경하지 않는다면, 그것은 불인不仁[적의]을 품은 것이다.

지극한 인仁이[65] 없는 자는
다른 사람을 존중할 수가 없다.

다른 사람을 존중하는 태도가 순수할 정도로 정제되지 않으면

자기 안에 있는 참된 요소를 얻지 못하고,
그리하여 자신에게 오래가는 상처를 입힐 것이다.

아! 불인에 빠지는 것은 사람에게 닥칠 수 있는 가장 큰 불행이다. 그리고 그것을 초래한 것은 순전히 네 책임이다.
더욱이 만물은 도로부터 제 갈 길을 취한다. 모든 것이 그것[도]을

무錢穆의 판본(『莊子纂箋』)에 별 설명 없이 소개되고 있다.
65) [원] 至人: '人'은 '仁'과 같다. 이 역시 첸무의 판본에 별 설명 없이 소개되고 있지만, 리미안의 『장자총론급분편평주』에서 이 설명을 지지한다.

잃으면 죽고, 그것을 얻으면 산다. 그것을 거스르는 일들은 실패하고, 그것을 따르는 일들은 성공한다. 그러므로 도가 누구에게 있든 성인은 그에게 존경을 표하는 것이다. 방금 저 늙은 어부도 도를 지녔다고 말할 수 있다. 그러니 내 어찌 감히 그분을 공경의 태도로 대하지 않을 수 있겠는가?"

子路旁車而問曰. 由得爲役久矣. 未嘗見夫子遇人如此其威也. 萬乘之主. 千乘之君. 見夫子未嘗不分庭伉禮. 夫子猶有倨敖之容. 今漁父杖拏逆立. 而夫子曲要磬折. 再拜而應. 得无太甚乎. 門人皆怪夫子矣. 漁人何以得此乎. 孔子伏軾而歎曰. 甚矣由之難化也. 湛於禮義有間矣. 而樸鄙之心. 至今未去. 進. 吾語汝. 夫遇長不敬. 失禮也. 見賢不尊. 不仁也. 彼非至人不能下人. 下人不精. 不得其眞. 故長傷身. 惜哉. 不仁之於人也. 禍莫大焉. 而由獨擅之. 且道者. 萬物之所由也. 庶物失之者死. 得之者生. 爲事逆之則敗. 順之則成. 故道之所在. 聖人尊之. 今漁父之於道. 可謂有矣. 吾敢不敬乎.

제6부

혼합주의자들의 저술

재통일된 중화제국인 진秦왕조(기원전 221-209)와 한漢왕조(기원전 206-기원후 220)는 새로운 정치체제에 걸맞은 통일된 이데올로기를 필요로 하였다. 법가에 호의적이었던 진이 몰락하고 한의 무제武帝(기원전 140-87)가 유가를 최종적으로 채택하기까지 그 사이에는 다양한 종류의 절충주의 또는 혼합주의가 번성하였다. 그중에서도 분명 여러 학파가 내세운 학설들로부터 가장 설득력 있는 요소들만을 뽑아 혼합한 체계가 가장 승산이 높아 보였을 것이다. 『장자』에서 가장 연대가 늦은 부분들은 바로 이 시기에 형성된 것으로, 그중 상당한 양이 혼합주의적인 특성을 띠고 있다. 그 부분들은 다음과 같다.

(1) 원시주의자의 논문인 「제자리를 지키게 하고 도를 넘지 않게 하라」(제11편)에 붙어 있는 일련의 소품들 중 마지막에 오는 글과 그 다음에 오는 「하늘과 땅[천지]」·「하늘의 도[천도]」·「하늘의 운행[천운]」(제12-14편) 세 편의 도입부에 있는 논문들, 아울러 제12-13편 가운데 무명의 '선생[夫子]'이 도道를 예찬하면서 부른 세 편의 광시곡.

(2) 짧은 분량의 「까다로운 생각들」(제15편). 이 편에서는 혼합주의적인 철학을 그것보다 포괄성이 떨어지는 다섯 종류의 세계관과 대비시키고 있으며, 혼합주의적 철학을 "하늘과 땅의 도[天地之道]"라는 구호로 부각시키면서[1] 「하늘의 도」에 나오는 용어들과 흡사한 용어들을 사용하여 그 철학에 대해 상술하고 있다.

(3) 매우 중요한 「천하의 아래쪽」(제33편). 이 편은 철학의 여러 유파에 대한 최초의 개괄적 역사이다(이 편의 편명은 글자 그대로는 '하늘 아래[天下]'로서, 제12-14편의 편명들[「하늘과 땅」, 「하늘의 도」, 「하늘의 운행」]을 떠올리게 한다). 여기서 경쟁 학파인 명가는 "하늘과 땅의 도의 관점에서" 비난을 받는다.[2]

기원전 2세기에 절충주의적 경향이 유행했다는 사실은 『장자』라는 다양한 글의 모음집이 혼합주의적 편집자들의 손에서 완성되었을 것이라는 추정을 그럴듯하게 뒷받침해준다. 〈내편〉의 세 글자로 된 이상한 편명들도 그 편집자들이 붙였을 것이라고 생각해볼 수 있다. 그것들은 한대에 유행했던 위서 緯書[3]의 제목과 유사하다. 그 편명들에는 두 글자로 된 관용어가 들어 있는데, 그 관용어들은 혼합주의자들의 논문들에서만 발견될 뿐, 〈내편〉 자체에서는 발견되지 않는다. 예컨대 '사물들을 고르게 하다[齊物]', '근원적 조상[大宗]', '황제와 왕[帝王]'이 그러하며, 특히 '황제와 왕'은 혼합주의적 특색을 잘 보여준다.[4]

---

1) 688쪽을 참조하라.
2) 738쪽을 참조하라.
3) [역] 위서에 대해서는 제1부의 각주 111을 참조하라.
4) "근본 뿌리와 근원적 조상[大本大宗]"(675쪽), "만물을 고르게 하기[齊萬物]"(722쪽)를 참조하라. '황제와 왕[帝王]'이라는 용어는 『장자』의 다른 부분에도 나오지만,

이 부분들 역시 단일 저자가 썼으리라는 보장이 없다. 그래서 본서에서는 그 저자를 '양가Yangists'처럼 '혼합주의자들Syncretists'이라는 복수형으로 칭할 것이다. 그러나 그들을 대문자로 칭하는 데 주저할 필요는 없다. 이 자료들은 정합적이면서도 독특한 일련의 관념들에 대해 상술하고 있기 때문이다. 예컨대 머잖은 시기에 회남왕淮南王(기원전 122년 사망)의 식객들이 편찬하는『회남자』역시 똑같이 절충적인 경향을 띠고 있지만,『장자』의 혼합주의자들이 보여주는 관념들과『회남자』에 나타나는 관념들은 결코 동일하지 않다. 혼합주의자들의 자료에서는 우리가『장자』의 도처에서 만나왔던 기본 개념들이 개조를 거쳐서 새로운 체계를 형성하고 있다. 여기서는 '하늘[天]'이 "하늘과 땅[天地]"이라는 개념 쌍의 형태로 우월한 항이 된 반면, '도'는 "하늘과 땅의 도"로서 부차적인 지위에 놓이게 되었다. 도가는 도에 따라 행위하는 능력을 곧 '덕德'으로 이해하기 때문에 일정한 경로에 따라 움직이는 우주의 능력은 "하늘과 땅의 덕[天地之德]"이 된다. 우주의 신비로운 작용들이 흘러나오는 궁극적 심연이라는 점에서 하늘과 땅은 "신묘하다[神]". 그리고 그 속에는 "신묘하고도 밝게 빛난다(신명神明)"고 칭해지는 존재들의 위계가 깃들어 있다. 그것은 아마도 공식적인 숭배의 대상이 된 신들의 위계였을 것이다. 성인은 자기 속에 있는 활력의 에너지들, 즉 "생명의 정수이자 신묘한 작용을 하는 힘(정신精神)"으로 묘사되기도 하는 자신의 '정기(정精)'를 갈고 닦아 조금의 흠도 없이 순수하게 만듦으로써 이 영적 존재들의 동료가 된다. 그렇게 되면 그는 "황제나 왕의 덕[帝王之德]"을 소유하게 되고, 과거의 경험으로부터 축적된 지식의 잔재가 자신의 자발적

혼합주의자들의 저술에서 유난히 흔하게 등장한다.

반응을 가로막지 못하게 하면서 냉정하게 사건들을 비추고 무사무려無思無慮하게 그것들에 반응한다. 이것은 도가적인 "아무것도 함이 없음[無爲]"의 원리이다. 성인의 행위들은 정해진 목표에 따라 계획적으로 선택된 것이 아니다. 그것들은 우주의 자연적 과정의 일부이다.

여기까지는 혼합주의자들의 체계도 도가적이라고 할 수 있다. 그러나 성인 황제 아래에는 신하들과 관리들 및 백성들도 있다. 그들은 생각을 하고 규칙들을 적용해야만 한다. 혼합주의자들의 구도에서는 단 한 명만이 공적 영역에서 도가적으로 살 수 있을 뿐이다. 혼합주의자들은 본질적으로 정치사상가들이며, 그들에게 사적인 삶이란 부차적인 것이다. 이것은 『장자』의 저자들 가운데 그들만이 보여주는 독특한 점이다. 그들이 생각하는 이상적인 군주는 황제黃帝와 요堯·순舜, 도덕규범과 행정적 위계질서를 설계한 자들 — 원시주의자와 양가는 바로 이 사람들로부터 통치의 퇴보가 시작된다고 본다 — 이다. 혼합주의자들은 유가의 행위규범(인仁과 의義), 법가의 행정적 수단들('법', '상과 형벌', 관리들이 '직함[名]'에 반하는 '수행[形]'을 하지 못하게 하는 것) 둘 다를 필요 불가결한 것으로 인정한다. 그러나 그들은 진이 형벌에 의존한 것에 대해서는 강력하게 반발한다(이 점에서만 원시주의자와 비슷하다). 이것은 법에서 도덕으로의 선회를 보여주는 좋은 예이며, 이러한 경향은 한왕조가 유가로 전향함으로써 절정에 달한다. 「하늘의 도」에는 도가 적용되는 아홉 단계의 목록이 실려 있는데, 첫 번째 자리는 하늘에, 그다음은 도가적 개념인 도와 덕에, 세 번째는 유가적 인과 의에, 그 외 나머지는 행정적인 수단들에 할애되어 있다. 그 저자는 아홉 단계를 다 서술한 뒤, 직함에 반하는 수행을 저지하기 위한 법가적 수단은 다섯 번째 단계에 이르러서야 비로소 등장하며, 상과 형벌은 그중에서도 맨 마지막, 즉 아홉 번째 단계에

위치할 뿐임을 공공연하게 상기시키고 있다.[5]

「까다로운 생각들」에서는 포괄적인 "하늘과 땅의 도"를 삶에 대한 다섯 가지 일면적 견해들과 대비시키는데, 그중에서도 네 번째 견해는 정치에 참여하지 않고 강가에 앉아서 낚시하기를 좋아하는 게으른 자들 — 장자와 이 책의 다른 저자들 — 의 견해이다. 「천하의 아래쪽」은 혼합주의자들의 구도에 따라 철학의 모든 학파에게 자리를 정해주는 일을 맡고 있다. 현대의 독자라면 이 학파들의 사상을 중국 역사에서 가장 창의적인 사상으로 볼 것이다. 그러나 재통일된 제국의 이데올로기를 모색하던 자들은 전혀 다른 관점을 가지고 있었다. 그들에게 고대의 성인 황제들은 알아야 할 건 다 알고 있는 자들로서, 도로부터 근원하여 의례와 도덕 및 행정의 지엽적 사항들로 분기해나가는 하나의 통합된 지식 체계를 소유하고 있었던 것으로 보였다. 이 지식 체계는 현재로서는 쇠락했지만, 그 일부가 그것이 원래 있던 곳, 즉 공인된 집단들 속에서 사관들에 의해 보존된 행정적 기술들로서, 혹은 고전들 속에 있는 훌륭한 유학자들의 가르침으로서 살아남았다. 그러나 그 나머지는 파편화되어 「천하의 아래쪽」에 나오는 "백가百家"의 철학자들에게로 뿔뿔이 흩어졌다. 각 학파는 그들의 고유한 "어떤 방책의 전통[方術]"을 권하지만, 그것은 태고의 "도의 전통[道術]"의 일면에 지나지 않는다. 「천하의 아래쪽」은 다섯 학파의 효용과 한계에 대해 논하는데, 그중 네 번째 학파를 대표하는 자로 늙은 담(노자)을, 다섯 번째 학파를 대표하는 자로 장자를 내세운다. 그리고 "도의 전통"과 공유하는 바가 전혀 없는 명가를 전면 거부하는 것으로 이 편은 끝을 맺는다. 흥미롭게도 이 편으로부터 우

---

[5] 681쪽을 참조하라.

리는 이 시기만 해도 노자와 장자를 아우르는 도가 학파 개념이 아직 없었음을 알 수 있다. 아마도 기원전 2세기까지도 그러했을 것이다. 「천하의 아래쪽」은 노자는 노자대로 장자는 장자대로 포괄적인 하늘과 땅의 도의 일면만을 드러낼 뿐이라고 본다. 장자는 성인에 대해 노래하는 시인으로서 등장한다. 그가 노래하는 성인은 하늘과 땅과 하나가 되고 "신묘하고도 밝게 빛나는" 것과 황홀한 여정을 함께하는 자이다. 장자는 시인인 만큼 그가 구사하는 언어의 지나친 부분들을 조심스럽고 세심하게 읽어야 한다. 장자를 이렇게 안전한 설정 속에 놓아둠으로써 관변적 심성을 가진 이 절충적 자료의 저자들은 장자의 천재성과 타협을 이룰 수 있었다. 「하늘의 도」에는 〈내편〉에서 인용한 구절이 하나 있는데, 그 구절은 장자가 한 말이라고 분명하게 명시되어 있다.[6] 「하늘의 운행」의 도입부에 나오는 뛰어난 시의 저자 역시 장자일 것이다.[7]

---

6) 246, 675-676쪽을 참조하라.
7) 701쪽을 참조하라.

1
하늘의 도
(제13편 「천도」의 도입부)

하늘의 도는 운행하면서 선례들로 인해 정체되는 일이 없다. 그래서 만물이 충분히 성장한다. 황제의 도는 운행하면서 선례들로 인해 정체되는 일이 없다. 그래서 온 세상이 그에게 충성한다. 성인의 도는 운행하면서 선례들로 인해 정체되는 일이 없다. 그래서 사면의 바다 이내에 있는 모든 사람이 그에게 복종한다.

하늘에 밝고 성인다움에 정통한 자는 그 이해력이 여섯 방위에 두루 미치고 사계절에 두루 열려 있으니, 황제나 성인에게나 있는 덕에 의해 그렇게 된다. 그런 사람은 자발적으로 행위하므로 마치 아무것도 보고 있지 않는 듯 고요하지 않은 적이 없다. 성인이 고요한 것은 그가 '고요한 것은 좋은 것이다'라고 말하기 때문에 고요한 것이 아니다. 만물 가운데 그 무엇도 그의 마음을 어지럽힐 수 없기 때문에 고요한 것이다. 물이 고요하면 수염과 눈썹의 털 오라기들까지 선명하게 비출 정도로 맑고, 목수의 수준기水準器에 딱 맞아떨어질 정도로 수평을 이룬다. 그래서 가장 뛰어난 장인은 물에서 기준을 취하는 것이다. 물도 고요하면 이렇게 맑게 비추는데, 하물며 생명의 정수이자 신묘한 작용을 하는 힘, 즉 성인의 마음이 고요하면 어떻겠는가! 그 마음은 하늘과 땅을 비추는 반사경이자 만물을 비추는 거울이다.

天道運而无所積. 故萬物成. 帝道運而无所積. 故天下歸. 聖道運而无所積. 故海內服. 明於天. 通於聖. 六通四辟於帝王之德者. 其自爲也. 昧然无不靜者矣. 聖人之靜也. 非曰靜也善. 故靜也. 萬物无足以鐃心者. 故靜也. 水靜則明燭鬚眉. 平中準. 大匠取法焉. 水靜猶明. 而況精神. 聖人之心靜乎. 天地之鑑也. 萬物之鏡也.

텅 빔과 고요함[虛靜], 차분함과 담담함[恬淡], 적막함[寂漠], 아무 것도 함이 없음[无爲]은 하늘과 땅의 반듯한 수준기이고 도道와 덕德의 극치이다. 그러므로 황제나 왕, 성인은 그 속에서 쉴 곳을 발견한다. 그들은 그 속에서 쉬면서 자신을 텅 비우고, 자신을 텅 비움으로써 가득 채워지게 되며, 그렇게 그들을 가득 채운 것은 스스로 분류된다. 또한 그들은 자신을 텅 비움으로써 고요해지고, 고요한 가운데 움직이게 되며, 그렇게 움직임으로써 성공을 거두게 된다. 그들은 고요함 속에서 아무것도 함이 없고 그들이 아무것도 함이 없으면 일을 맡은 자들이 시험에 들게 된다. 아무것도 함이 없으면 평온해질 것이니, 평온한 자에게는 근심과 불행이 깃들 수가 없어, 그들은 장수를 누리게 될 것이다.

텅 빔과 고요함, 차분함과 담담함, 적막함, 아무것도 함이 없음은 만물의 뿌리가 된다. 남면해 있으면서 이것들에 밝으면 요堯와 같은 군주가 되고, 북면해 있으면서 이것들에 밝으면 순舜과 같은 신하가 된다. 이것들을 자산으로 삼아 높은 지위에 있는 것은 황제, 왕, 천자의 덕이요, 이것들을 자산으로 삼아 낮은 지위에 있는 것은 세상에 알려지지 않은 성인[玄聖]과 작위가 없는 왕[素王]의 도이다. 이것들을 써서 물러나 은거하거나 한가롭게 떠돌아다니면, 강과 바다, 산과 숲에 사는 은둔자들이 복종할 것이다. 이것들을 써서 앞으로 나아가고 행위함으로써 시대에 위안을 준다면, 공은 크고 이름은 빛날 것이며, 천하는 하나가 될 것이다. 고요함 속에서 성인이 되고 움직임 속에서 왕이 되며, 아무것도 함이 없지만 존귀해지고, 꾸밈없고 질박하지만 천하의 누구와도 그 영광을 다툴 수 없게 될 것이다.

虛靜恬淡寂漠无爲者. 天地之平. 而道德之至. 故帝王聖人休焉. 休則虛. 虛則實. 實者倫矣. 虛則靜. 靜則動. 動則得矣. 靜則无爲. 无爲也. 則任事者責矣. 无爲則兪兪. 兪兪者. 憂患不能處. 年壽長矣. 夫虛靜恬淡寂漠无爲者. 萬物之本也. 明此以南鄕. 堯之爲君也. 明此以北面. 舜之爲臣也. 以此處上. 帝王天子之德也. 以此處下. 玄聖素王之道也. 以此退居而閒游. 江海山林之士服. 以此進爲而撫世. 則功大名顯而天下一也. 靜而聖. 動而王. 无爲也而尊. 樸素而天下莫能與之爭美.

하늘과 땅의 덕을 밝게 깨닫는다는 것, 이것이야말로 근본 뿌리와 근원적 조상에 의거해서 하늘과 조화를 이룬다는 것의 의미이다. 그것은 천하를 조정하고 조율하며 사람들과 조화를 이루는 수단이다. 사람들과 조화를 이루는 것은 '인간으로부터 오는 즐거움[人樂]'이라고 하고, 하늘과 조화를 이루는 것은 '하늘로부터 오는 즐거움[天樂]'이라고 한다. 장자의 말을 빌리자면 "나의 스승이여, 나의 스승이여! 그는 만물을 잘게 부수지만, 그건 잔혹한 것이 아니라네. 그가 베푸는 은혜는 만대에 미치지만, 그건 호의가 아니라네. 그는 상고시대 이전부터 살았지만, 그건 오래 산 것이 아니라네. 그는 하늘을 드리우고 땅을 지탱하면서 온갖 형상을 깎고 새기지만, 그건 기교를 부리는 것이 아니라네."[8] 하늘로부터 오는 즐거움이 의미하는 바는 바로 이런 것이다.

그러므로 이렇게들 말한다. "하늘로부터 오는 즐거움을 아는 자는

> 살아서는 하늘과 함께 나아가고,
> 죽어서는 다른 사물들과 함께 변화하며,
> 고요할 때에는 음陰과 덕을 함께하고,
> 움직일 때에는 양陽과 파동을 함께한다."

그래서 하늘로부터 오는 즐거움을 아는 자는

> 하늘의 분노를 사는 일이 없고,
> 사람에게 비난을 받는 일이 없으며,
> 다른 사물들에게 얽매이는 일이 없고,
> 귀신들의 앙갚음을 받는 일이 없다.

그러므로 이렇게들 말한다. "그는 움직일 때에는 하늘이고, 고요할 때에는 땅이다. 그는 한결같은 마음의 안정성으로 천하를 통치한다. 그의 백魄anima은 병들지 않고,[9] 그의 혼魂animus은 피로해지지 않

---

8) 246쪽에서 인용한다.
9) [원] 其魄不疵: 통용본은 '其鬼不祟'으로 되어 있다. 마쉬룬馬敍倫의 『장자의증莊子

는다.[10] 그가 한결같은 마음으로 안정되어 있기에 만물은 복종한다." 이것은 그가 텅 비어 있고 고요하기 때문에 자신의 이해력을 하늘과 땅 곳곳에까지 미치게 하고 또 만물에 정통할 수 있게 됨을 의미한다. 하늘로부터 오는 즐거움이 의미하는 것도 이것이다. 하늘로부터 오는 즐거움, 바로 그것 때문에 성인은 마음으로 천하를 기르는 자가 된다.

夫明白於天地之德者. 此之謂大本大宗. 與天和者也. 所以均調天下. 與人和者也. 與人和者謂之人樂. 與天和者謂之天樂. 莊子曰. 吾師乎. 吾師乎. 韲萬物而不爲戾. 澤及萬世而不爲仁. 長於上古而不爲壽. 覆載天地刻雕衆形而不爲巧. 此之謂天樂. 故曰. 知天樂者. 其生也天行. 其死也物化. 靜而與陰同德. 動而與陽同波. 故知天樂者. 无天怨. 无人非. 无物累. 无鬼責. 故曰. 其動也天. 其靜也地. 一心定而王天下. 其魄不祟. 其魂不疲. 一心定而萬物服. 言以虛靜推於天地. 通於萬物. 此之謂天樂. 天樂者. 聖人之心以畜天下也.

황제나 왕의 덕은 하늘과 땅을 조상으로 삼고, 도와 덕을 주인으로 삼으며, 아무것도 함이 없음[无爲]을 규범으로 삼는다. 아무것도 함이 없으면, 그 사람은 천하를 부리는 자가 되고도 남지만, 어떤 것을 하면[有爲], 그 사람은 천하에 부려지는 것, 그 이상을 할 수가 없다. 이것이 바로 옛사람들이 아무것도 함이 없음을 귀하게 여긴 이유이다. 그러나 윗사람뿐만 아니라 아랫사람들도 아무것도 함이 없으면, 아

義證』에 따라 '鬼'는 '魄'으로, '祟'은 '疲'로 교정한다.
10) [역] 혼과 백에 대해서는 제3부의 각주 44를 참조하라.

랫사람들은 윗사람과 덕을 함께하게 될 것이다. 아랫사람들이 윗사람과 덕을 함께하면, 그들은 신하의 역할을 하지 못하게 된다. 반면 아랫사람들뿐 아니라 윗사람도 어떤 것을 한다면, 윗사람은 아랫사람들과 도를 함께하게 될 것이다. 윗사람이 아랫사람들과 도를 함께하면, 그는 군주의 역할을 하지 못하게 된다. 윗사람은 아무것도 함이 없음으로써 천하를 부리는 자가 되어야 하고, 아랫사람들은 어떤 것을 함으로써 천하에 의해 부려지는 자가 되어야만 한다. 이것은 그 무엇과도 바꿀 수 없는 도이다.

그러므로 옛날에 천하를 통치하던 자들은 하늘과 땅을 다 감싸 안고도 남을 정도로 지혜롭다 해도 자기식으로만 생각하지는 않았고, 만물을 다 파악하고도[11] 남을 정도로 분별력이 뛰어나다 해도 자기식으로만 설명하지는 않았으며, 사면의 바다 이내의 모든 일을 다 해내고도 남을 정도로 유능하다고 해도 자기식으로만 행하지는 않았다. 하늘은 낳지 않지만 만물은 변화되고, 땅은 기르지 않지만 만물은 양육되며, 황제와 왕은 아무것도 함이 없지만 세상일은 완수된다. 그래서 이런 말이 있다. "하늘보다 더 신묘한 것은 없고, 땅보다 더 윤택한 자산은 없으며, 황제나 왕보다 더 위대한 자는 없다." 그리고 이런 말도 있다. "황제나 왕은 그들이 지닌 덕에 의해 하늘과 땅의 동료가 된다." 이것이 바로 하늘과 땅을 수레 삼아 타고 만물을 몰아 내달리게 하며 인간의 무리를 부리는 도이다.

夫帝王之德. 以天地爲宗. 以道德爲主. 以无爲爲常. 无爲也則用天

---

11) [원] 周: 통용본은 '彫'로 되어 있다. 장빙린章炳麟의 『장자해고莊子解故』에 따라 '周'로 교정한다. 주변 문장들과의 대구법이 이 교정을 뒷받침해준다.

下而有餘. 有爲也則爲天下用而不足. 故古之人貴夫无爲也. 上无爲也. 下亦无爲也. 是下與上同德. 下與上同德則不臣. 下有爲也. 上亦有爲也. 是上與下同道. 上與下同道則不主. 上必无爲而用天下. 下必有爲爲天下用. 此不易之道也. 故古之王天下者. 知雖落天地. 不自慮也. 辯雖彫萬物. 不自說也. 能雖窮海內. 不自爲也. 天不産而萬物化. 地不長而萬物育. 帝王无爲而天下功. 故曰. 莫神於天. 莫富於地. 莫大於帝王. 故曰. 帝王之德配天地. 此乘天地. 馳萬物. 而用人羣之道也.

근본은 윗사람에게 있고 말단은 아랫사람들에게 있다. 핵심은 군주에게 있고 세세한 것은 신하들에게 있다. 세 종류의 군대[삼군三軍]와 다섯 종류의 무기[오병五兵]는 군주의 덕으로부터 나온 말단들이다. 상과 벌, 이익과 해로움, 다섯 종류의 형벌[오형五刑]을 포고하는 것은 그의 가르침으로부터 나온 말단들이다. 예와 법, 척도와 수數, 수행과 직함 등의 세세한 사항들은[12] 그의 통치로부터 나온 말단들이다. 종과 북이 울리는 소리, 새의 깃털과 들소의 꼬리털이 보여주는 위용은 그의 즐거움으로부터 나온 말단들이다. 곡을 하고 조의를 표하는 정도에 따라 차등화되어 있는 상복들은 그의 슬픔으로부터 나온 말단들이다. 이 다섯 종류의 말단은 생명의 정수이자 신묘한 작용을 하는 힘[精神]의 운행과 노련한 마음의 작용[心術]에서 비롯되는 운동을 기다려서 나온 결과물들이다. 가장 말단적인 것들에 대한 연

---

12) [원] 形名之詳: 통용본은 '形名比詳'으로 되어 있다. 리미안李勉의 『장자총론급분편평주莊子總論及分篇評注』에 따라 '比'를 '之'로 교정한다. 13/40「天道」의 '形名比詳'의 '比'도 '之'로 교정해야 한다.

구는 옛사람들 사이에도 있었지만, 그들이 우선시한 것은 아니었다.

> 本在於上. 末在於下. 要在於主. 詳在於臣. 三軍五兵之運. 德之末也. 賞罰利害. 五刑之辟. 敎之末也. 禮法度數形名之詳. 治之末也. 鐘鼓之音. 羽旄之容. 樂之末也. 哭泣衰経隆殺之服. 哀之末也. 此五末者. 須精神之運. 心術之動. 然後從之者也. 末學者. 古人有之. 而非所以先也.

군주가 앞서면 신하는 따르고, 아비가 앞서면 아들은 따른다. 형이 앞서면 아우는 따르고, 손윗사람이 앞서면 손아랫사람은 따른다. 남성이 앞서면 여성은 따르고, 남편이 앞서면 아내는 따른다. 높거나 낮은 것, 앞서거나 뒤따르는 것은 하늘과 땅이 운행하면서 나타나는 현상이다. 그러므로 성인은 그것들로부터 본보기를 취한다. 하늘의 경우는 높고 땅의 경우는 낮은 것은 신묘하고도 밝게 빛나는 것[神明]이 자리한 것이다. 봄과 여름이 앞서고 가을과 겨울이 뒤따르는 것은 사계절의 순서이다. 만물은 변화에 의해 발생하고 자라는 방향13)에 따라 형태를 취하며, 점차 무성해졌다 시드는 단계들을 겪으면서 달라지고 변화하는 과정을 거친다. 하늘과 땅이 지극히 신묘하다고 해도 거기에는 높은 것과 낮은 것, 앞서는 것과 뒤따르는 것의 순서가 있다. 하물며 인간의 도에 있어서랴!14) 도에 대해 설명하면

---

13) [원] 萌區: 이 어구에 대해서는 논란의 여지가 있는데, 나는 리미안의 『장자총론급분편평주』에 따라 '곧게 또는 구부러져 싹을 틔운다(區=鉤)'는 의미로 보았다.
14) [원] 而況人道乎: 통용본에는 이다음에 "宗廟尙親. 朝廷尙尊. 鄕黨尙齒. 行事尙賢. 大道之序也"라는 구절이 나온다. 21자로 된 이 문장은 삽입된 것으로, 나는 이것을 주注가 본문으로 편입된 것으로 보아 삭제하였다. 다음 문장에 나오는

서 그것들의 순서에 대해 빠뜨린다면, 그것은 그것들의 도가 아니다. 도에 대해 설명하는데 그 도가 그것들의 도가 아니라면, 대체 우리는 어디로부터 도를 끌어낼 것인가? 그러므로 옛날에 위대한 도를 밝혔던 자는

(1) 먼저 하늘을 분명하게 하고,
(2) 도와 덕은 그다음이었다.
(3) 도와 덕이 분명해지면, 그다음이 인仁과 의義의 규범이었다.
(4) 인과 의의 규범이 분명해지면, 그다음이 몫[分]과 책임[守]이었다.
(5) 몫과 책임이 분명해지면, 다음이 수행[形]과 직함[名]이었다.
(6) 수행과 직함이 분명해지면, 그다음이 적임자에게 일을 맡기는 것[因任]이었다.
(7) 적임자에게 일을 맡기는 것이 분명해지면, 그다음이 조사하고[原] 검사하는 것[省]이었다.
(8) 조사하고 검사하는 것이 분명해지면, 그다음이 옳고[是] 그름[非]을 판단하는 것이었다.
(9) 옳고 그름을 판단하는 것이 분명해지면, 그다음이 상과 벌이었다.

상과 벌이 분명해지자, 지혜로운 자와 어리석은 자가 적절한 곳에 있게 되었고, 귀한 자와 천한 자가 제자리를 찾게 되었으며, 적격자

"其序", 즉 "그것들의 순서"와 "其道", 즉 "그것들의 도"(13/31)는 앞에 나온 "天地", 즉 "하늘과 땅"(13/30)을 다시 가리킨다.

와 부적격자가[15] 있는 그대로 드러나게 되었다. 그들은 반드시 각자의 능력에 따라 업무를 배당받았고, 그들이 배당받은 업무는 반드시 각자의 직함으로부터 나왔다. 이것은 윗사람을 섬기거나 아랫사람을 기르는 방법이요, 다른 사물들을 질서 정연하게 다스리거나 자신의 인격을 닦는 방법이었다. 영리한 머리나 계략을 쓰는 일 없이 그들은 반드시 하늘로부터 와서 자기 속에 깃들어 있는 것으로 귀의하였다. 더없는 평온함, 통치의 극치가 의미하는 것도 바로 이것이다.

책에서는 "수행이 있고, 직함이 있다"고 했는데, 수행과 직함은 옛 사람들 사이에도 있었지만, 그들이 우선시한 것은 아니었다. 위대한 도에 대한 옛사람들의 설명에서, 수행과 직함은 다섯 번째 단계에 이르러서야 언급할 만한 것이었고, 상과 벌은 아홉 번째 단계에 이르러서야 이야기할 수 있는 것이었다. 지나칠 정도로 성급하게 수행과 직함에 대해 설명하는 것은 그것들의 뿌리에 대해 무지한 것이고, 지나칠 정도로 성급하게 상과 벌에 대해 설명하는 것은 그것들의 근원에 대해 무지한 것이다. 도를 뒤집어엎는 말들을 하고 도를 거스르는 설명들을 하는 사람들은 다른 사람들에게 다스림을 받아야 할 자들이니, 그들이 어떻게 다른 사람들을 다스릴 수 있겠는가? 지나칠 정도로 성급하게 수행과 직함, 상과 벌에 대해 설명하는 것, 이것은 다스리는 방법을 알기 위한 도구이지 다스리는 방법을 아는 도가 아니다. 그런 사람들은 천하에 의해 부려질 수는 있으나, 천하를 부리기에는 부적합하다. "교묘한 조언자들[辯士], 저마다 한 귀퉁이의 작은 재주만 가지고 있는 자들[一曲之人]"이란 바로 이런 자들을 의미한다. 예

---

15) [원] 賢不肖: 통용본은 '仁賢不肖'로 되어 있다. 무연서武延緒의 『장자찰기莊子札記』에 따라 '仁'을 삭제한다.

와 법, 수와 척도, 수행과 직함의 세세한 사항들은 옛사람들 사이에도 있었지만, 아랫사람들이 윗사람을 섬기는 수단으로 있었지, 윗사람이 아랫사람들을 기르는 수단으로 있었던 것은 아니다.

君先而臣從. 父先而子從. 兄先而弟從. 長先而少從. 男先而女從. 夫先而婦從. 夫尊卑先後. 天地之行也. 故聖人聚象焉. 天尊地卑. 神明之位也. 春夏先. 秋冬後. 四時之序也. 萬物化作. 萌區有狀. 盛衰之殺. 變化之流也. 夫天地至神. 而有尊卑先後之序. 而況人道乎. 語道而非其序者. 非其道也. 語道而非其道者. 安取道. 是故古之明大道者. 先明天. 而道德次之. 道德已明. 而仁義次之. 仁義已明. 而分守次之. 分守已明. 而形名次之. 形名已明. 而因任次之. 因任已明. 而原省次之. 原省已明. 而是非次之. 是非已明. 而賞罰次之. 賞罰已明. 而愚知處宜. 貴賤履位. 賢不肖襲情. 必分其能. 必由其名. 以此事上. 以此畜下. 以此治物. 以此修身. 知謀不用. 必歸其天. 此之謂大平. 治之至也. 故書曰. 有形有名. 形名者. 古人有之. 而非所以先也. 古之語大道者. 五變而形名可擧. 九變而賞罰可言也. 驟而語形名. 不知其本也. 驟而語賞罰. 不知其始也. 倒道而言. 迕道而說者. 人之所治也. 安能治人. 驟而語形名賞罰. 此有知治之具. 非知治之道. 可用於天下. 不足以用天下. 此之謂辯士一曲之人也. 禮法數度形名比詳. 古人有之. 此下之所以事上. 非上之所以畜下也.

옛날에 순이 요에게 물었다.

"폐하께서는 어디에 마음을 쓰시는지요?"

"나는 하소연할 데 없는 자들을 멸시하지 않으며, 가장 궁한 백성들을 소홀히 하지도 않는다. 한 사람이라도 죽으면 괴로워하고, 어린

아이들에게는 희망을 주며, 부인네들을 애처롭게 여긴다. 이것이 내가 마음 쓰는 곳이다."

"어느 정도까지는 훌륭합니다만, 위대하지는 않습니다."

"그렇다면 내가 어떻게 해야 한다는 말인가?"

[순이 말했다.]

"하늘은 아낌없이 베풀고 땅은[16] 안정되어 있습니다.
해와 달은 밝게 빛나고 사계절은 차례로 운행합니다.
낮이 가면 밤이 오듯 규칙을 따릅니다.
구름이 흘러가면 비의 선물이 내립니다."

[요가 말했다.]

"내가 너무 부산스럽고 참견하기를 좋아했구나! 그대는 자신을 하늘에 합치시켰고, 나는 사람에 합치시켰다."

하늘과 땅은 예부터 위대한 것으로 인식되고 황제와 요·순이 공통으로 찬미하던 영역이다. 그러니 옛날에 천하를 통치하던 자들이 대체 무엇을 했겠는가? 하늘과 땅이 있을 뿐이다.

昔者舜問於堯曰. 天王之用心何如. 堯曰. 吾不敖无告. 不廢窮民. 苦死者. 嘉孺子. 而哀婦人. 此吾所以用心已. 舜曰. 美則美矣. 而未大也. 堯曰. 然則何如. 舜曰. 天德而土寧. 日月照而四時行. 若晝夜之有經. 雲行而雨施矣. 堯曰. 膠膠擾擾乎. 子. 天之合也. 我. 人之合

---

16) [원] 土: 통용본은 '出'로 되어 있다. 손이양孫詒讓의 『장자찰이莊子札迻』에 따라 '土'로 교정한다.

也. 夫天地者. 古之所大也. 而黃帝堯舜之所共美也. 故古之王天下者. 奚爲哉. 天地而已矣.

2
까다로운 생각들
(제15편[「각의」])

혼합주의적 구도에서 보면, 하늘과 땅의 도를 따르는 것은 개인적 야심을 배제한 채 군주나 신하로서의 사회적 직분을 충실히 수행하는 것이다. 그러나 다음 다섯 부류의 사람들은 관직을 거부하거나 관직을 출세의 발판으로 삼음으로써 도에서 벗어난다.

(1) 자신이 탐탁찮아 하는 정부를 위해 일하느니 차라리 죽겠다고 하면서 적의를 불태우는 도덕주의자들(양가가 특히 싫어하는 부류).[17]

(2) 나라를 위해 일하는 것보다 자기 자신의 품성을 향상시키는 데 관심이 더 많은 자기 몰두적 도덕주의자들.

(3) 야심만만한 정치가들.

(4) 사적인 삶의 안락을 택한 게으름뱅이들(강가나 바닷가에서 낚시나 한다고 묘사되어 있는 자들로서, 장자 자신이 이 부류에 딱 들어맞는다).[18]

---

17) 603-608쪽과 622쪽을 참조하라.

(5) 무병장수를 위해 '이끌고 당기는(호흡을 '이끌고[도導]' 사지를 '당기는[인引]')' 체조로 신체를 단련하는 자들.[19]

저자는 이 다섯 부류의 사람들은 포괄적인 하늘과 땅의 도를 따름으로써 각자의 목표를 달성할 수 있다고 단언한 뒤, 상세한 설명으로 나아간다. 그 설명의 대부분은 「하늘의 도」에서 사용된 용어들과 똑같은 용어들로 이루어져 있다.

|||||||||||||||

까다로운 생각과 뛰어난 품행을 지닌 것, 시대로부터 멀어지고 세속과 다른 것, 고원하게 논하고 원한에 차서 비판하는 것은 고고해지는 데에만 관심이 있는 것으로, 이런 태도들은 산과 골짜기에 은둔한 자들, 시대를 비난하는 자들, 그래서 스스로 말라죽거나 물에 빠져 죽는 자들이 좋아하는 것이다.

인仁과 의義, 충절과 약속 지키기 같은 규범들에 대해 상세히 설명하는 것, 공손하고 검소하며 겸손하고 정중한 것은 자기를 향상시키는 데에만 관심이 있는 것으로, 이런 태도들은 세상을 바로잡겠다고 호언장담하는 무리들, 교육하고 가르치는 자들, 떠돌아다니거나 집에 틀어박혀 있는 학자들이 좋아하는 것이다.

큰 공에 대해 이야기하고 큰 명성을 세우는 것, 군주와 신하로 하여금 예법을 지키게 하고 위아래 모든 사람이 정확히 제자리에 있게

---

18) 323-324쪽을 참조하라.
19) 473쪽을 참조하라.

하는 것은 통치하는 데에만 관심이 있는 것으로, 이런 태도들은 조정에 있는 사람들, 제후를 높이고 나라를 강하게 만들려는 자들, 공을 쌓는 자들, 영토를 겸병하는 자들이 좋아하는 것이다.

수풀이 무성한 늪지로 나아가거나 한산한 광야에 거처하는 것, 물고기를 낚으며 한가롭게 사는 것은 아무것도 함이 없음[无爲]에만 관심이 있는 것으로, 이런 태도들은 강가나 바닷가에 은거해 있는 자들, 시대를 피해 사는 자들, 한가롭게 빈둥거리는 자들이 좋아하는 것이다.

숨을 크게 내쉬었다 들이쉬었다 하면서 호흡을 하고, 묵은 것을 내뿜고 새로운 것을 들이쉬며, '곰이 나무에 매달려 있는' 자세와 '새가 날개를 쭉 펼친' 동작을 취하는 것은 오래 사는 데에만 관심이 있는 것으로, 이런 태도들은 '이끌고 당기는' 체조를 연마하는 자들, 신체를 기르는 자들, 할아버지 팽[팽조彭祖]처럼 장수하는 자들이 좋아하는 것이다.

까다로운 생각들을 가지고 있지 않고서도 고고해지고 인과 의에 대해 고민하지 않고서도 자신을 향상시키며, 공과 명성에 마음 쓰지 않고서도 통치하며, 강가나 바닷가가 아니라도 한가롭게 살며, '이끌고 당기는' 체조 없이도 장수하며 사는 것, 그것들을 다 잊고서도 그것들을 다 갖는 것, 맑고 잔잔하면서도 한계가 없는 것, 이 모든 영광을 결과로서 갖는 것, 이것이 바로 하늘과 땅의 도이고 성인이 지닌 덕이다.

刻意尙行. 離世異俗. 高論怨誹. 爲亢而已矣. 此山谷之士. 非世之人. 枯槁赴淵者之所好也. 語仁義忠信. 恭儉推讓. 爲修而已矣. 此平世之士. 敎誨之人. 遊居學者之所好也. 語大功. 立大名. 禮君臣. 正

上下. 爲治而已矣. 此朝廷之士. 尊主强國之人. 致功幷兼者之所好也. 就藪澤. 處閒曠. 釣魚閒處. 无爲而已矣. 此江海之士. 避世之人. 閒暇者之所好也. 吹呴呼吸. 吐故納新. 熊經鳥申. 爲壽而已矣. 此道引之士. 養形之人. 彭祖壽考者之所好也. 若夫不刻意而高. 无仁義而修. 无功名而治. 无江海而閒. 不道引而壽. 无不忘也. 无不有也. 澹然无極. 而衆美從之. 此天地之道. 聖人之德也.

따라서 차분함과 담담함, 적막함, 텅 빔과 아무것도 없음[虛无], 아무것도 함이 없음, 이것들은 하늘과 땅의 반듯한 수준기이고, 도와 덕의 본바탕이다. 그러므로 성인은[20] 그것들 속에서 쉴 곳을 발견한다. 쉬면 평온하고 편안해지고,[21] 평온하고 편안하면 차분하고 담담해진다. 평온하고 편안하며 차분하고 담담하면

> 근심과 불행이 들어올 수 없고,
> 일탈적 기운들이 침투할 수가 없다.

그러므로 그의 덕은 온전하고 그 속에 깃든 신묘한 힘은 손상을 입지 않는다. 이 때문에 성인은 다음과 같다고 한다.

---

20) [원] 故聖人…: 통용본은 '故曰聖人'으로 되어 있다. 도홍경陶鴻慶의 『독장자찰기讀莊子札記』에 따라 '曰'을 삭제한다. 13/5 「天道」에 유사 구절이 있다["故帝王聖人休焉. 休則虛. 虛則實. 實者倫矣"].

21) [원] 聖人休焉. 休則平易矣: 통용본은 '聖人休休焉則平易矣'으로 되어 있다. 유월俞樾의 『제자평의諸子平議』에 따라 '休焉'을 생략하고, 대신 '焉, 休'를 삽입한다. 『장자궐오莊子闕誤』의 이문과 13/5 「天道」의 유사 구절["故帝王聖人休焉. 休則虛"]에 따른 것이다.

살아서는 하늘과 함께 나아가고,
죽어서는 다른 사물들과 함께 변화하며,
고요할 때에는 음과 덕을 함께하고,
움직일 때에는 양과 파동을 함께한다.

그는 유리한 입장을 차지하려고 먼저 행동을 취한다거나,
곤란을 피하려고 첫발을 내딛는 일은 없을 것이다.
그는 자극이 올 때에만 응하고,
급박할 때에만 움직일 것이다.
그는 기존의 지식과 선례를 거부하면서
하늘의 양식[天理]을 따를 것이다.

따라서 그는

하늘의 분노를 사는 일이 없고
다른 사물들에 얽매이는 일이 없으며,
사람에게 비난을 받는 일이 없고,
귀신들의 앙갚음을 받는 일이 없다.
그가 사는 것은 떠다니는 것과 같고,
그가 죽는 것은 쉬는 것과 같다.
그는 이것저것 사려하지 않고,
미리 계획하려고 하지 않으며,
빛나면서도 눈부시게 하는 일이 없고,
믿음직하면서도 약속하는 법이 없으며,
잠을 자면서도 꿈을 꾸지 않고

깨어 있으면서도 근심이 없다.

그에게 깃든 신묘한 힘은 순수하고도 섬세하며, 그의 혼魂은 지치지 않는다. 텅 빔과 아무것도 없음, 차분함과 담담함 속에서 그는 하늘의 덕과 합치된다.

그렇다면 슬픔과 기쁨은 덕에서 벗어나는 것이고, 기뻐하거나 분노하는 것은 도를 어기는 것이며, 좋아함과 싫어함은 마음을 그르치는 것이라고 말할 수 있다.[22] 따라서 마음이 근심하지도 않고 즐거워하지도 않을 때, 덕은 지극한 상태가 된다. 마음이 한결같아 변하지 않을 때, 고요함은 지극한 상태가 된다. 그것과 부딪치는 것이 아무것도 없을 때, 텅 빔은 지극한 상태가 된다. 다른 사물들과 얽히지 않을 때, 담담함은 지극한 상태가 된다. 다른 사물들을 방해하지 않을 때, 섬세함은 지극한 상태가 된다. 이런 말이 있다.

몸이 피로한데도 쉬지 않으면 지쳐 쓰러지게 된다.
생명의 정수도 그칠 새 없이 쓰면 고갈된다.[23]

물은 그 본성상
다른 것과 섞이지 않으면 맑고,
휘저어놓는 게 없으면 수평을 유지한다.
그러나 막혀서 흐르지 못하면

---

22) [원] 心之失: 통용본은 '德之失'로 되어 있다. 왕수민王叔岷의 『장자교석莊子校釋』에 따라 '德'을 '心'으로 교정한다.
23) [원] 則竭: 통용본은 '則勞. 勞則竭'로 되어 있다. 왕수민의 『장자교석』에 따라 '勞. 勞則'을 삭제한다.

결코 맑을 수가 없다.

이것은 하늘에서 온 덕의 형상이다. 따라서 다른 것과 섞이지 않은 순수함과 섬세함, 변함없는 고요함과 통일성, 담담함과 아무것도 함이 없음, 움직이면서 하늘과 함께 나아가는 것, 이것은 신묘한 힘을 기르는 도이다.

故曰. 夫恬惔寂漠. 虛无无爲. 此天地之平. 而道德之質也. 故聖人休焉. 休則平易矣. 平易則恬惔矣. 平易恬惔. 則憂患不能入. 邪氣不能襲. 故其德全而神不虧. 故曰. 聖人之生也天行. 其死也物化. 靜而與陰同德. 動而與陽同波. 不爲福先. 不爲禍始: 感而後應. 迫而後動. 不得已而後起. 知與故. 循天之理. 故无天災. 无物累. 无人非. 无鬼責. 其生若浮. 其死若休. 不思慮. 不豫謀. 光矣而不燿. 信矣而不期. 其寢不夢. 其覺无憂. 其神純粹. 其魂不罷. 虛无恬惔. 乃合天德. 故曰. 悲樂者德之邪. 喜怒者道之過. 好惡者心之失. 故心不憂樂. 德之至也. 一而不變. 靜之至也. 无所於忤. 虛之至也. 不與物交. 惔之至也. 无所於逆. 粹之至也. 故曰. 形勞而不休則弊. 精用而不已. 則竭. 水之性不雜則淸. 莫動則平. 鬱閉而不流. 亦不能淸. 天德之象也. 故曰. 純粹而不雜. 靜一而不變. 惔而无爲. 動而以天行. 此養神之道也.

간干나라[오吳나라]나 월越나라의 검을 가진 자는 그 검을 상자에 넣어두고 가벼이 쓰지 않는다.[24] 지극히 귀해서이다. 생명의 정수이

---

24) [원] 不敢輕用也: 통용본은 '不敢用也'으로 되어 있다. 왕수민의 『장자교석』에 따라 '敢' 다음에 '輕'을 삽입한다.

자 신묘한 작용을 하는 힘은 사방으로 뻗어가고 모든 것과 함께 흐르며 어디에서든 제한을 받지 않는다. 그것은 위로는 하늘과 접해 있고, 아래로는 땅을 휘감고 있으며, 만물을 변화시키고 기른다. 하나의 형상으로 떠올릴 수 없어 "하느님과 함께하는 자[同帝]"라고 불린다.

> 순수하고 소박한 도에 따라
> 오로지 자기 속에 깃든 신묘한 힘을 지켜라.
> 그것을 지켜 떠나지 않게 하라.
> 너는 네 속에 깃든 신묘한 힘과 하나가 될 수 있을지니.

생명의 정수는 하나가 될 때 아무런 방해를 받지 않고 순환하고 하늘이 매기는 등급[天倫]에 부합하게 된다. 속담에 이런 말이 있다.

> 평범한 사람은 이익을 중시하고,
> 정직한 사람은 명예를 중시한다.
> 총명한 사람은 높은 뜻을 숭상한다.
> 그러나 성인은 생명의 정수를 귀하게 여긴다.

여기서 "소박하다[素]"는 것은 어떤 것과도 섞이지 않음을 의미한다. "순수하다[純]"는 것은 자기 속에 깃든 신묘한 힘을 손상시키지 않음을 의미한다. 순수하고 소박한 것에 자신을 그대로 동화시킬 수 있는 사람을 우리는 '참사람'이라고 부른다.

夫有干越之劍者. 柙而藏之. 不敢輕用也. 寶之至也. 精神四達並流. 无所不極. 上際於天. 下蟠於地. 化育萬物. 不可爲象. 其名爲同帝.

純素之道. 唯神是守. 守而勿失. 與神爲一. 一之精通. 合於天倫. 野語有之曰. 衆人重利. 廉士重名. 賢人尙志. 聖人貴精. 故素也者. 謂其无所與雜也. 純也者. 謂其不虧其神也. 能體純素. 謂之眞人.

3
혼합주의자들의 단편

　천하지만 쓰지 않으면 안 되는 것이 '사물들'이고, 신분은 낮지만 토대로 삼지 않으면 안 되는 것이 '백성들'이다.
　진저리가 나지만[25] 하지 않으면 안 되는 것이 '일'이고, 허술한 데가 있어도 공표하지 않으면 안 되는 것이 '법'이다.
　먼 곳까지 미치지만 정통해 있지 않으면 안 되는 것이 '의義'이고, 사람들을 바싹 끌어당기지만 널리 펼치지 않으면 안 되는 것이 '인仁'이며, 따로따로 분리되어 있지만 모으지 않으면 안 되는 것이 '예禮'이다.
　우리 안에 있지만 우러러보지 않을 수 없는 것이 '덕德'이고, 하나이면서도 방향 전환을 계속 요구하는 것이 '도道'이며, 신묘하게 작용하지만 애써 실행에 옮기지 않으면 안 되는 것이 '하늘'이다.

---

[25] [원] 縟: 통용본은 '匿'으로 되어 있다. 마쉬룬의 『장자의증』에 따라 '縟'으로 교정한다.

그러므로 성인은 하늘의 전모를 보면서도 그것을 도우려고 하지 않고, 덕에 의해 온전히 형성되면서도 거기에 얽매이는 일이 없으며, 도에 따라 나오면서도 무엇을 해야 할지 미리 계획하지 않는다.

그는 인의 길에 이르면서도 거기에 의존하지 않고, 의에 다가가면서도 선례들 때문에 막히는 일이 없으며, 예에 응하면서도 금기를 만들지 않는다.

그는 일이 있음을 알아차려도 그것을 회피하지 않고, 법을 평등하게 적용하여 실정을 하지 않는다.

그는 백성들에게 의존하면서 그들을 멸시하지 않으며, 사물들을 자신의 토대로 삼으면서 그것들을 거부하지 않는다. 사물이란 그것을 상대로 뭔가를 할 만한 가치가 있을 만큼 중요하지는 않지만, 그렇다고 그것에 대해 아무것도 안 할 수도 없다.

하늘에 밝지 않은 자는 그 덕이 순수하지 않다. 도에 정통하지 않은 자는 어떤 길을 가든 잘못 가게 되어 있다. 도에 밝지 않은 사람이라니, 가엾도다! '도'란 무엇을 의미하는가? 하늘의 도[天道]가 있고, 인간의 도[人道]가 있다. 아무것도 함이 없음으로써 존귀해지는 것이 하늘의 도이다. 어떤 것을 함으로써 얽매이게 되는 것이 인간의 도이다. 군주의 도는 하늘의 도이고, 신하의 도는 인간의 도이다. 하늘의 도와 인간의 도는 거리가 멀다는 것, 이 점을 간과해서는 안 된다.

賤而不可不任者. 物也. 卑而不可不因者. 民也. 縟而不可不爲者. 事也. 麤而不可不陳者. 法也. 遠而不可不居者. 義也. 親而不可不廣者. 仁也. 節而不可不積者. 禮也. 中而不可不高者. 德也. 一而不可不易者. 道也. 神而不可不爲者. 天也. 故聖人觀於天而不助. 成於德而不累. 出於道而不謀. 會於仁而不恃. 薄於義而不積. 應於禮而不

諱. 接於事而不辭. 齊於法而不亂. 恃於民而不輕. 因於物而不去. 物者莫足爲也. 而不可不爲. 不明於天者. 不純於德. 不通於道者. 無自而可. 不明於道者. 悲夫. 何謂道. 有天道有人道. 无爲而尊者. 天道也. 有爲而累者. 人道也. 主者天道也. 臣者人道也. 天道之與人道也. 相去遠矣. 不可不察也.

(『장자』제11편[「제자리를 지키게 하고 도를 넘지 않게 하라」])

• • •

하늘과 땅이 아무리 광대하다 해도 거기서 일어나는 변화들은 규칙적이다. 만물이 아무리 많다 해도 그것들의 질서 정연한 배열은 한결같다. 인류가 아무리 많다 해도 같은 군주를 지배자로 삼는다. 군주는 자신의 근원을 덕에서 발견하고 하늘에 의해 온전하게 형성된다. 그렇다면 아득히 먼 태고에 천하를 다스린다는 것은 곧 아무것도 함이 없음을 행하는 것이었고, 그것은 단지 하늘로부터 온 덕의 문제였다고 할 수 있을 것이다.

도를 써서 말을 검토하라. 그러면 온 천하의 이름이 정확해질 것이다.[26] 도를 써서 분배된 몫을 검토하라. 그러면 군주와 신하의 의무가 분명해질 것이다. 도를 써서 능력을 검토하라. 그러면 천하의 관직이 질서 정연하게 주어질 것이다. 무엇이든 도를 써서 검토하라. 그러면 만물이 네 뜻대로 반응하게 될 것이다.

그렇다면 하늘을 관통하는 것이 '도'이고, 땅과 조화되는 것이 '덕'

---

[26] [원] 天下之名正: 통용본은 '天下之君正'으로 되어 있다. 첸무錢穆의 『장자찬전莊子纂箋』에 따라 '君'을 '名'으로 교정한다.

이며, 만물에 대해 행해지는 것이 '의義'이고,[27] 사람들이 위로부터 질서 정연하게 다스려지는 것이 '일'이며, 능력이 전문성을 갖는 것이 '기술'이다. 기술은 일에 수반되고, 일은 의에, 의는 덕에, 덕은 도에, 도는 하늘에 수반된다.

따라서 옛날에 천하를 기르는 자들은 아무것도 욕구하지 않았지만 천하가 넉넉했고, 아무것도 함이 없었지만 만물이 변화되었으며, 깊은 못처럼 고요했지만 백 개의 일족들이 안정되었다고 하는 것이다. 이런 기록이 있다. "어디에서든 하나에 정통하라. 그러면 만사가 다 이루어질 것이다. 마음에 의지하지 말고 성공하라. 그러면 귀신들도 복종할 것이다."

天地雖大. 其化均也. 萬物雖多. 其治一也. 人卒雖衆. 其主君也. 君原於德. 而成於天. 故曰. 玄古之君天下. 无爲也. 天德而已矣. 以道觀言. 而天下之名正. 以道觀分. 而君臣之義明. 以道觀能. 而天下之官治. 以道汎觀. 而萬物之應備. 故通於天者. 道也. 順於地者. 德也. 行於萬物者. 義也. 上治人者. 事也. 能有所藝者. 技也. 技兼於事. 事兼於義. 義兼於德. 德兼於道. 道兼於天. 故曰. 古之畜天下者. 无欲而天下足. 无爲而萬物化. 淵靜而百姓定. 記曰. 通於一而萬事畢. 无心得而鬼神服.

(『장자』 제12편 [「하늘과 땅」])

---

27) [원] 故通於天者. 道也. 順於地者. 德也. 行於萬物者. 義也: 통용본은 '故通於天地者. 德也. 行於萬物者. 道也'로 되어 있다. 『장자궐오』의 이문에 따라 '天'과 '地' 사이에 '者. 道也. 順於'를 복원하고, '道'는 '義'로 교정한다. 기술(技)과 하늘(天) 사이에 있는 단계들을 되풀이해서 이야기하고 있는 다음 문장(12/4ff.["기술은 일에 수반되고, 일은 의에, 의는 덕에, 덕은 도에, 도는 하늘에 수반된다"])이 이를 확증한다.

· · ·

"하늘은 돌고 돌지 않는가!
땅은 굳게 자리 잡고 있지 않는가!
해와 달은 한 자리를 두고 다투지 않는가!
그것들을 발사한 활은 누구의 것일까?
그것들을 담고 있는 그물은 누구의 것일까?
누가 아무 하는 일 없이 앉아서 그들을 떠밀어 보내는 것일까?

다른 무언가가 있어서 그것들을 촉발시켰다 봉했다 하는 것이지, 그것들로서는 아무런 선택의 여지가 없다고 생각해보면 어떨까?
아니면 그것들이 돌고 도는 운행 속에서 스스로는 멈출 수 없다고 생각해보면 어떨까?
구름이 비를 만드는 것일까?
아니면 비가 구름을 만드는 것일까?
누가 그것들에게 은혜를 베푸는 것일까?[28]
누가 아무 하는 일 없이 앉아서 황홀경에 빠진 듯 그것들을 다그치는 것일까?

바람은 북쪽에서 일어나
서쪽으로 불고 동쪽으로 분다.
그리고 지금 다시 빙빙 휘돌아 위로 높이 불어 오른다.

---

28) [원] 降: 통용본은 '隆'으로 되어 있다. 유월의 『제자평의』에 따라 '降'으로 교정한다.

누가 그것을 내쉬고, 누가 그것을 들이쉬는 것일까?

누가 아무 하는 일 없이 앉아서 그것들 사이를, 위를 휩쓸고 있는 것일까?

이 모든 것의 이유를 묻노라."

무당인 함咸이 손짓하며 불렀다. "이리 오거라! 내 네게 말해주겠다. 하늘에는 여섯 가지 재앙[六極]과 다섯 가지 복[五常]이 있다.[29] 황제나 왕이 하늘에 순응하면 질서가 있겠지만, 거기에 거역하면 참사가 있을 것이다. 구락九洛의 정책들에 따라 질서는 완성되고 덕은 완전히 그가 원하는 대로 될 것이다. 그가 지닌 거울이 아래로 온 땅을 비추면, 온 천하는 그를 떠받게 될 것이다. 그런 사람은 '최고의 위엄을 갖추었다[上皇]'고 할 만하다."

天其運乎. 地其處乎. 日月其爭於所乎. 孰主張是. 孰維綱是. 孰居无事推而行是. 意者其有機緘而不得已邪. 意者其運轉而不能自止邪. 雲者爲雨乎. 雨者爲雲乎. 孰降施是. 孰居无事淫樂而勸是. 風起北方. 一西一東. 在上彷徨. 孰噓吸是. 孰居无事而披拂是. 敢問何故. 巫咸袑曰. 來. 吾語女. 天有六極五常. 帝王順之則治. 逆之則凶. 九洛之事. 治成德備. 監照下土. 天下戴之. 此謂上皇.

(『장자』 제14편 [「하늘의 운행」])

---

29) [원] 六極五常: '常'은 '祥'과 같다. 「홍범洪範」의 마지막 문장에 여섯 가지 재앙(六極)과 다섯 가지 복(五福)이 열거되고 있다(兪樾, 『諸子平議』).

|주| 이 수수께끼 같은 대화는 질문자를 밝히고 있지 않다는 점에서 『장자』에서 이례적이다. 원문의 손상이 그 원인은 아니다. 「하늘의 운행」이라는 편은 (〈외편〉의 모든 편이 따르는 관례대로) 이 편의 첫마디에서 편명을 따왔고, 편명이 질문자의 이름이 아닌 질문 내용의 첫 단어들로 되어 있는 것으로 볼 때, 이 편은 애초부터 질문자의 이름이 없었음이 분명하다. 본서에서는 이 질문들이 〈내편〉에 있었다는 증거에 대해 이미 언급하였고, 그것들을 거기에 원상태로 복구하였다(120쪽). 이 편의 저자인 혼합주의자는 이 시를 〈내편〉으로부터 인용하고(「하늘의 도」에서 또 다른 열광적 어조의 구절["나의 스승이여, 나의 스승이여! … 그건 기교를 부리는 것이 아니라네"]을 〈내편〉으로부터 인용하듯이), 그런 다음에 〈내편〉에서 모든 이의 죽는 날짜를 다 알아맞히는 것으로 등장한 무당의 입을 빌려 그 질문들에 대한 대답을 시도한 것이 아닐까 하고 추정해볼 수 있다(257, 675-676쪽).

이 질문들에 대한 대답이 의미하는 바는 "질문하지 마라. 단지 하늘이 내리는 행운과 불행에 응하기만 하라"일 것이다. 여기서 구락九洛은 아마도 『서경』의 「홍범洪範」에 나오는 구주九疇일 것이다. 전설에 따르면 구주는 성인인 우임금 시대에 낙수洛水에서 나온 거북이의 등에 있던 '낙서洛書'의 도상에서 아홉 개의 숫자로 상징된다. '구락'이 '구주'라면 『서경』에 나오듯 여섯 가지 재앙은 요절[凶短折]·질병[疾]·근심[憂]·가난[貧]·추함[惡]·약함[弱]이고, 다섯 가지 복은 장수[壽]·부富·건강[康寧]·덕[攸好德]·자연사[考終命]일 것이다.

4
도道에 대한 세 편의 광시곡

1) 도道와 군자

선생께서 말씀하셨다.

"도라는 것은 만물을 덮어주고 받쳐준다. 끝없이 광대하고도 광대하도다! 그 때문에 군자는 자기 마음속에 있는 지저분한 모든 것을 긁어내지 않을 수가 없는 것이다.

아무것도 함이 없음으로써 그것을 행하는 자를 '하늘'이라고 부르고, 아무것도 함이 없음으로써 그것에 대해 말하는 것을 '덕'이라고 부른다. 다른 사람들을 사랑하고 다른 사물들을 이롭게 하는 것을 '인仁'이라고 부르고, 서로 같지 않은 모든 것을 같음의 영역 안으로 데려오는 것을 '광대함[大]'이라고 부른다. 구획 짓는 일 없이 행동하는 것을 '유연함[寬]'이라고 부르고, 서로 같지 않은 온갖 것을 자기 속에 가지고 있는 것을 '부富'라고 부른다.

그러므로 '장악한다[紀]'는 것은 덕을 꽉 잡고 있음을 의미하고,

'기반을 잡는다[立]'는 것은 덕의 성숙을 의미한다. '모든 것이 뜻대로 된다[備]'는 것은 도를 따르는 것을 의미하고, '상처 입은 곳이 없다[完]'는 것은 다른 사물들이 의지를 무디게 만드는 것을 거부함을 의미한다.

군자가 이 열 가지에 대해 분명한 통찰을 가지고 있으면, 마음을 운용할 때에는 그 광대함이 압도하고, 만물을 위할 때에는 그 흐름이 격렬하다.

그런 사람은

> 산 속에 금을 감춰두고
> 깊은 못 속에 진주를 가라앉혀두며,[30]
> 어떤 재화도 귀하게 여기지 않고
> 부귀를 얻으려고 애쓰지도 않으며,
> 오래 산다고 기뻐하지도
> 빨리 죽는다고 슬퍼하지도 않으며,
> 성공을 예찬하지도 않고
> 실패를 욕하지도 않는다.
> 그는 온 세상을 이롭게 할 수 있는 것을
>> 자기를 위한 사사로운 몫으로 따로 챙기는 일이 없을 것이다.
> 그는 천하의 왕위를
>> 자기를 위한 빛나는 자리로 여기는 일이 없을 것이다.[31]

---

[30] [원] 沈珠於淵: 통용본은 '藏珠於淵'으로 되어 있다. 『장자궐오』의 이문에 따라 '藏'을 '沈'으로 교정한다.

그에게 만물은 하나의 창고이고,
삶과 죽음은 동일한 상태이다."

夫子曰. 夫道覆載萬物者也. 洋洋乎大哉. 君子不可以不刳心焉. 无爲爲之之謂天. 无爲言之之謂德. 愛人利物之謂仁. 不同同之之謂大. 行不崖異之謂寬. 有萬不同之謂富. 故執德之謂紀. 德成之謂立. 循於道之謂備. 不以物挫志之謂完. 君子明於此十者. 則韜乎其事心之大也. 沛乎其爲萬物逝也. 若然者. 藏金於山. 沈珠於淵. 不利貨財. 不近貴富. 不樂壽. 不哀夭. 不榮通. 不醜窮. 不拘一世之利以爲己私分. 不以王天下爲己處顯. 萬物一府. 死生同狀.

(『장자』 제12편 [「하늘과 땅」])

2) 도와 왕의 덕

선생께서 말씀하셨다.
"도라는 것은 얼마나 깊은 곳에 있는가! 투명하리만치 맑지 않은가! 쇠와 돌도 그것을 얻지 못하면 울릴 방법이 없다. 그 이유는

쇠와 돌이 소리를 낼 수 있더라도,
그것들을 치지 않으면 울리지 않기 때문이다.

---

31) [원] 不以王天下爲己處顯: 통용본에는 이다음에 '顯則明'이 나온다. 첸무의 『장자찬전』에 따라 삭제한다.

누가 만물을 있어야 할 곳에 있게 할 수 있는가? 왕의 덕을 가진 사람은 소박한 자세로 물 흐르듯 움직이고, 구차하게 세세한 일들에 시시콜콜 정통하려고 하지 않는다. 만물을 그 근본 뿌리에서부터 굳게 확립하고 신묘하게 작용하는 힘에 철저하게 정통하는 방법을 안다. 따라서 그의 덕은 널리 미친다. 그의 마음에서 무엇이 나오든, 그것은 다른 사물이 스스로 이끌어낸 것들이다.

그래서 신체는 도가 없으면 계속 살아갈 수가 없고,
생명은 도가 없으면 밝게 빛날 수가 없다.

신체를 보존하여 천수를 다하고 덕을 굳게 확립함으로써 도에도 밝은 자는 누구든 간에 왕의 덕을 갖춘 자가 아니겠는가? 힘차고도 힘차도다! 순식간에 나타나서 눈 깜짝할 사이에 움직여 가는데도 만물은 그것을 따른다! 그런 자를 왕의 덕을 가진 사람이라고 부른다. 그는 어둠을 응시하고 소리 없음에 귀 기울인다. 어둠 속에서 홀로 여명을 보고, 소리 없음 속에서 홀로 화음을 듣는다. 그래서 그는 깊은 곳들 중에서도 가장 깊은 곳에 있는 사물일 수가 있고, 신묘한 것들 중에서도 가장 신묘한 생명의 정수일 수가 있다. 그러므로 그는 만물을 대할 때 지극한 무無로부터 만물이 필요로 하는 것을 제공하며, 시대와 함께 질주할 때에는 하룻밤 머물 곳에 이르기도 전에 핵심을 잡게 된다. 크고 작은 것, 길고 짧은 것, 그는 그것들 각각에 응할 준비가 되어 있다."32)

---

32) [원] 各有其具: 통용본은 '脩遠'으로 되어 있다. 『회남자』 제1편[「原道」]의 유사 어구["至無而供其求, 時騁而要其宿, 小大修短, 各有其具"](劉文典, 『淮南鴻烈集解』, 1/6B/11)

夫子曰. 夫道淵乎其居也. 漻乎其淸也. 金石不得无以鳴. 故金石有聲. 不考不鳴. 萬物孰能定之. 夫王德之人. 素逝而恥通於事. 立之本原. 而知通於神. 故其德廣. 其心之出. 有物採之. 故形非道不生. 生非德不明. 存形窮生. 立德明道. 非王德者邪. 蕩蕩乎忽然出. 勃然動. 而萬物從之乎. 此謂王德之人. 視乎冥冥. 聽乎无聲. 冥冥之中. 獨見曉焉. 无聲之中. 獨聞和焉. 故深之又深而能物焉. 神之又神而能精焉. 故其與萬物接也. 至无而供其求. 時騁而要其宿. 大小長短各有其具.

(『장자』 제12편 [「하늘과 땅」])

3) 도와 지극한 사람

선생께서 말씀하셨다.

"도라는 것은 아무리 큰 것이라고 해도 그것 때문에 소진되는 일이 없고, 아무리 작은 것이라고 해도 그것을 빠뜨리는 일이 없다. 도에 의해서 만물은 모두 사람들이 원하는 대로 된다. 도는 넓고 또 넓어서 모든 것을 다 수용하며, 너무나 깊어서 그 깊이를 헤아릴 수가 없다! 형벌과 은덕, 인仁과 의義의 규범은 신묘한 작용을 하는 힘의 관점에서 보면 가장 말단적인 일들이다. 지극한 사람이 아니고서야 누가 그것들을 있어야 할 곳에 있게 할 수 있겠는가?

지극한 사람에게도 온 세상을 가진 자가 된다는 것은 정말로 큰일이다. 그러나 그 일이 그에게 누가 될 수는 없다. 천하의 모든 사람이

에 따라 '各有其具'로 교정한다.

칼자루를 쥐고 싶어 안달이지만, 그는 그것을 두고 다투려고 하지 않는다. 그는 흠 없음에 대해 잘 알고 있고, 이익에 따라 입장을 바꾸는 일이 없다. 그는 사물들이 지닌 참됨의 정점에 있으며, 사물들의 뿌리에 머물 수 있다.

그러므로 그는 하늘과 땅을 도외시하고 만물을 버려두며, 그에게 깃든 신묘한 힘은 어디에도 갇히는 법이 없다.

그는 도에 두루 통하고,
덕에 합치되며,
인과 의는 물러나게 하고,
예와 음악을 더 이상 필요로 하지 않는다.

그리하여 지극한 사람의 마음이 자리할 곳이 있게 된다."

夫子曰. 夫道於大不終. 於小不遺. 故萬物備. 廣廣乎其无不容也. 淵乎其不可測也. 形德仁義. 神之末也. 非至人孰能定之. 夫至人有世不亦大乎. 而不足以爲之累. 天下奮棅而不與之偕. 審乎無假而不與利遷. 極物之眞. 能守其本. 故外天地. 遺萬物. 而神未嘗有所困也. 通乎道. 合乎德. 退仁義. 賓禮樂. 至人之心有所定矣.

(『장자』 제13편 [「하늘의 길」])

5
천하의 아래쪽[33]
(제33편 [「천하」])

천하의 아래쪽으로 내려가면 어떤 방책의 전통을 연마하는 자들이 많다. 그들은 모두 자신들이 가진 것은 더할 나위가 없다고 생각한다. 그렇다면 그것들 가운데 옛날에 도의 전통이라고 불리던 것은 과연 어디에 있는가? 나는 없는 곳이 없다고 말할 것이다. 이렇게도 말하겠다.

    신묘한 힘은 어디에서 내려오는가?
    밝게 빛나는 것은 어디에서 나오는가?
    성인다움이 생겨나는 곳이 있고,

---

33) [원] 이 편에서는 시종일관 현재는 붕괴된 옛날의 "도의 전통tradition of the Way(道術)"(33/1, 15, 35, 42, 55, 63)과 명가를 제외한 백가가 저마다 가지고 있는 일면적 "방책(方)"(33/14) 또는 "어떤 방책의 전통tradition of a formula(方術)"(33/1)을 대비시키고 있다. 명가는 "많은 방책many formulae(多方)"(33/69)을 가지고 있기는 하지만, "전통tradition(術)"(33/81)을 가지고 있지는 않다.

왕다움이 형성되는 곳이 있다.

모든 것은 하나[一]에 근원을 둔다.

만물의 근원적 조상으로부터 떠나지 않는 자를 '하늘의 인간[天人]'이라고 부른다. 생명의 정수로부터 떠나지 않는 자를 '신묘한 사람'이라고 부른다. 참된 것으로부터 떠나지 않는 자를 '지극한 사람'이라고 부른다. 하늘을 자신의 조상으로, 덕을 뿌리로, 도를 통로로 인식하여 온갖 달라짐과 변화에서 벗어난[34] 자를 '성인聖人'이라고 부른다. 인仁으로써 친절을 베풀고, 의義에 따라 행위 양식을 갖추며, 예禮에 따라 행하고, 음악으로써 조화시키는 자, 차분하게 자애롭고 인자한 자, 이런 자를 '군자'라고 부른다. 법에 따라 배분하고 이름으로 표시하며 점검을 통해 시험하고 검증을 통해 결정하는 것, 이것들은 하나, 둘, 셋, 넷… 수를 세듯 분명하게 해야 하는 일들이다. 백관百官은 이것들에 따라 서로 등급을 정하고, 또 복무하는 것을 일상적 업무로 삼는다. 또한 그들은 먹이고 입히는 것을 목표로 삼고, 번식시키고 키우고 기르고 비축하는 일과 노인·약자·고아·과부에게 온 마음을 기울인다. 그들 모두 백성을 양육하는 그들만의 양식들이 있다.

옛사람들은 이 모든 걸 다 갖추고 있지 않았던가? 그들은 신묘하고도 밝게 빛나는 것의 동료이자 하늘과 땅에 필적할[35] 만한 자들로서, 만물을 양육하고 천하를 조화롭게 만들었다. 그들이 베푼 은혜는 백 개의 일족들에게까지 미쳤다. 그들은 근원적인 수數에 대해 명확

---

34) [원] 逃: 통용본은 '兆'로 되어 있는데, 『경전석문經典釋文』의 이체자에 따라 '逃'로 읽는다.
35) [원] 醇: 장빙린의 『장자해고』에 따르면 '準'과 같다.

한 통찰을 가지고 있었고, 그것을 말단적인 것들의 척도들과 연결시켰다. 그들의 이해력은 여섯 방위에 두루 미치고 사계절에 두루 열려 있었다. 작은 것이든 큰 것이든, 정제된 것이든 조잡한 것이든 그들은 빠뜨리는 곳 없이 두루 운행하였다. 수와 척도 분야에서 옛사람들이 명확하게 밝힌 것들 중에는, 옛 법과 대대로 전수된 기록을 보존하는 사관들이 아직까지 보유한 것들이 많다. 『시』·『서』·『예』·『악』에 있는 것들로 말하자면, 추鄒나라와 노나라의 사士 집단과 허리띠에 홀을 꽂은 선생들[搢紳先生] 가운데 그것들을 명확하게 밝혀줄 수 있는 자들이 많다. (『시』는 우리를 의지로 인도하고, 『서』는 일로, 『예』는 올바른 품행으로, 『악』은 조화로, 『역』은 음양으로, 『춘추』는 명칭과 몫으로 인도할 것이다.)³⁶⁾ 그 수는 천하의 아래쪽으로 흩어져 중앙의 여러 나라에서도 통용되었으니, 백가百家의 학자들이 때로 그 일부를 인용하거나 해설한다.

천하는 완전히 혼란에 빠져 있고, 성인과 현인의 자질이 분명하게 밝혀지지 못하고 있으며, 도와 덕이 하나로 통일되지 못하고 있다. 천하의 저 아래쪽에는 한 가지 요소만을 얻어 그것만 세밀하게 살피면서 자기들 것이라고 좋아하는 사람들이 있다. 귀, 눈, 코, 입에 비유하자면, 그것들은 모두 나름대로 밝게 지각하는 것이 있지만 그 기능들을 서로 맞바꿀 수는 없다. 이와 마찬가지로 백가가 지닌 다양한 전문적 능력도 저마다 강점을 가지고 있고 때로는 유용한 것으로 밝혀지기도 한다. 그러나 그들은 두루 포함하지도 포괄하지도 못한다. 각

---

36) [원] 詩以道志. 書以道事. 禮以道行. 樂以道和. 易以道陰陽. 春秋以道名分: 이 삽입절은 이미 지명된 네 개의 경전이 여섯 개로 늘어났다는 점에서 아마도 주注인 것 같다(馬敍倫, 『莊子義證』).

자 저마다 작은 귀퉁이만 가지고 있는 사람들이다. 그들은 하늘과 땅의 찬란한 아름다움을 둘로 찢고, 만물의 양식들을 잘게 쪼개며, 옛사람들에게는 온전한 전체였던 것에서 한 가지 요소에만 초점을 맞추어 세밀하게 살핀다. 하늘과 땅의 온전한 아름다움을 원하는 대로 갖출 수 있고, 신묘하고도 밝게 빛나는 것에 대해 충분히 이야기할 수 있는 자는 적다. 이 때문에 안으로는 성인이 되고 밖으로는 왕이 되는 도[內聖外王之道]는 어두워져서 밝게 드러나지 못하게 되었고 꽉 막혀서 밖으로 나오지 못하게 되었다. 천하의 저 아래쪽에서 사람들은 각자 그 도에서 자기가 좋아하는 요소만을 연구하고, 그것을 자신의 고유한 방책인 것처럼 만들어버렸다. 슬프도다! 백가가 각자 자기만의 방향으로 가버리고 되돌아오지 않는다면, 그들이 결코 합치되지 못하리라는 건 확실하다. 후대의 학자들이 불행히도 하늘과 땅 사이에서 가장 순수한 것과 옛사람들이 집대성한 웅대한 총체를 보지 못한다면, 도의 전통은 천하의 저 아래쪽에서 산산이 찢겨져버릴 것이다.

天下之治方術者多矣. 皆以其有. 爲不可加矣. 古之所謂道術者. 果惡乎在. 曰. 无乎不在. 曰. 神何由降. 明何由出. 聖有所生. 王有所成. 皆原於一. 不離於宗. 謂之天人. 不離於精. 謂之神人. 不離於眞. 謂之至人. 以天爲宗. 以德爲本. 以道爲門. 逃於變化. 謂之聖人. 以仁爲恩. 以義爲理. 以禮爲行. 以樂爲和. 薰然慈仁. 謂之君子. 以法爲分. 以名爲表. 以參爲驗. 以稽爲決. 其數一二三四是也. 百官以此相齒. 以事爲常. 以衣食爲主. 蕃息畜藏. 老弱孤寡爲意. 皆有以養. 民之理也. 古之人其備乎. 配神明. 醇天地. 育萬物. 和天下. 澤及百姓. 明於本數. 係於末度. 六通四辟. 小大精粗. 其運无乎不在. 其明

而在數度者. 舊法世傳之史. 尙多有之. 其在於詩書禮樂者. 鄒魯之士. 搢紳先生. 多能明之. (詩以道志. 書以道事. 禮以道行. 樂以道和. 易以道陰陽. 春秋以道名分.) 其數散於天下而設於中國者. 百家之學. 時或稱而道之. 天下大亂. 賢聖不明. 道德不一. 天下多得一察焉以自好. 譬如耳目鼻口. 皆有所明. 不能相通. 猶百家衆技也. 皆有所長. 時有所用. 雖然. 不該不徧. 一曲之士也. 判天地之美. 析萬物之理. 察古人之全. 寡能備於天地之美. 稱神明之容. 是故內聖外王之道. 闇而不明. 鬱而不發. 天下之人. 各爲其所欲焉以自爲方. 悲夫. 百家往而不反. 必不合矣. 後世之學者. 不幸不見天地之純. 古人之大體. 道術將爲天下裂.

|주| 이 혼합주의적 논문은 옛사람들이 규칙들과 제도들의 웅대한 총체를 갖추고 있었다고 선언하는 것으로 시작된다. 이것이 바로 "도의 전통"이다. 그것은 복합적이기는 해도 도의 단일성에 뿌리를 두고 그로부터 갈라져 나왔다. 유가의 군자가 중시하는 도덕규범과 법가의 행정관리들이 중시하는 제도들(「하늘의 도」에서는 둘 다 일정 한도 내에서 인정된다. 670쪽을 참조하라)은 이 집대성된 규칙들과 제도들 가운데 그때까지 남아 있던 것들로서, 노나라와 추나라에서 활동한 유가의 선생들과 조정의 사관들에 의해 보존되었다. 그 나머지는 '천하의 아래쪽'에 포진해 있던 권위 있는 선생들과 학자들의 차원 이하로 뿔뿔이 흩어지고 분산되었다. 백가는 저마다 "어떤 방책의 전통"을 가르친다. 그 각각은 일정 한도 내에서는 타당하지만, 일면적이고 극단적이다. 이 혼합주의적 논문의 목적은 다섯 가지 주요 학파들의 옥석을 가려 옛 전통의 총체성을 회복하는 데 있다.

쇠퇴해가는 시대에 사치하지 않는 것, 만물을 헛되이 낭비하지 않고, 수와 척도를 실없이 정밀하게 만들지 않는 것, 먹줄을 사용하는 목수처럼 엄격하게 자기를 단련시키는 것, 그러면서도 다급한 시대가 필요로 하는 모든 것을 다 갖추는 것.

옛 도의 전통 중 일부는 여기서 찾을 수 있다. 묵적墨翟과 금골리禽滑釐는 이것들에 대해 전해 듣고는 무척 기뻐하였다. 그러나 그들은 어떤 것을 실행할 때에는 너무 과도하게 밀고 나갔고, 어떤 것을 폐지할 때에는 또 너무 일관되었다. 그들은 '음악의 거부[非樂]'를 주창하였고, '비용의 절약[節用]'이라는 명목하에 그것을 내걸었다. 그들은 살아 있는 자를 위해 노래를 부르지도 않고, 죽은 자를 위해 상복을 입지도 않았다. 묵자는 누구든 사랑하였고, 차별 없이 이롭게 하였으며, 싸우는 것을 비난하였다. 그의 도에는 화내지 않는 것도 들어 있었다. 또한 그는 배우기를 좋아하고 박식하였다. 그러나 그는 선왕들과는 의견이 일치하지 않았고,[37] 옛사람들의 예와 음악도 폐지하였다.

황제黃帝에게는 함지咸池라는 음악이 있었고, 요에게는 대장大章이, 순에게는 대소大韶가, 우에게는 대하大夏가, 탕에게는 대호大濩가, 문왕에게는 벽옹辟雍이 있었다. 무왕과 주공은 무武라는 곡을 지었다. 옛날의 상례에는 귀천에 따라 예법이 따로 있었고 지위의 높

---

37) [원] 不與先王同: 통용본에는 이 문장 앞에 '不異'라는 두 글자가 나오는데, 나는 이것을 '不與'가 잘못 중복된 것으로 보아 삭제하였다.

고 낮음에 따라 차등이 있었다. 천자는 속 널과 겉 널이 도합 일곱 겹이 되는 관을 썼고, 제후는 다섯 겹, 대부는 세 겹, 사士는 두 겹의 관을 썼다. 그런데 지금 유독 묵자는 살아 있는 자를 위해 노래 부르는 것을 거부하고 죽은 자를 위해 상복 입는 것을 거부하며, 겉 널 없이 세 치 두께의 오동나무 홑겹으로 된 관을 쓰도록 하는 규정을 만들었다. 이것을 다른 사람들에게 가르친 것은 그들에게 애정이 없었기 때문이라고 생각된다. 이것을 스스로에게 행한 것은 자기 자신에게 애정이 없었기 때문임이 분명하다. 나는 묵자의 도를 욕하려는 것이 아니다. 하지만 그는 우리가 노래를 부르면 노래 부른다고 비난했을 테고, 울면 운다고 비난했을 것이며, 음악을 연주하면 또 음악을 연주한다고 비난했을 것이다. 과연 그는 우리와 같은 부류의 사람일까? 살아 있는 자들을 위해서는 그토록 애를 쓰면서도 죽은 자들에게는 그토록 인색하였으니, 그의 도는 너무나 황폐했다. 그는 사람들을 근심과 슬픔에 빠뜨렸고, 그의 규범은 행하기 어려웠다. 유감스럽게도 그것은 성인의 도가 될 수 없다. 온 천하 사람들의 마음에 역행하니, 천하 그것을 감당하려고 하지 않을 것이다. 묵자 본인은 그 부담을 떠안을 수 있다고 할지라도, 온 천하의 사람들이 어떻게 다 그렇게 할 수 있겠는가? 그는 천하로부터 유리된 나머지 왕의 자질로부터 멀리 떨어져 있게 된 것이다.

묵자는 다음과 같이 언급하며 말했다.

"예전에 우는 홍수를 막을 둑을 쌓고, 황하와 양자강으로 향하는 수로들을 텄으며, 아홉 지역[九州]과 주변 오랑캐들의 지역에 물을 두루 돌게 하였다. 그래서 이름난 강만[38] 해도 삼백 개에 달했고, 지류

---

38) [원] 名川: 통용본은 '名山'으로 되어 있다. 유월의 『제자평의』에 따라 '名川'으로

만 삼천 개에 달했으며, 작은 개울들은 이루 다 셀 수가 없었다. 우는 직접 삼태기와 보습을 들고 아홉 번이나 천하에 있는 강들을 다 순회하였으니, 장딴지에 살이 붙지 않고 정강이에 털이 나지 않을 정도였다. 그는 쏟아지는 비에 목욕을 하고 세찬 바람에 머리를 빗으며 일만 개의 봉국을 세웠다. 우는 위대한 성인이었으니, 그는 이렇듯 몸이 닳도록 천하를 위했다."

그 결과 후대의 묵가들 중에는 털가죽이나 거친 모로 된 옷을 걸치고 나막신이나 짚신을 신고서 밤낮으로 쉬지 않고 일하며, 자기를 고문하는 것을 가장 훌륭한 일이라고 여기는 자들이 많았다. 그들은 말했다. "그런 노력을 할 수 없다면, 그건 우의 도가 아니니, 묵가라 부를 수 없다."

상리근相里勤의 제자들, 오후五侯를 따르는 자들, 남방의 묵가인 고획苦獲·이치已齒·등릉자鄧陵子 등은 모두 묵가의 경전들을 암송하면서도 입장이 갈라져 일치하지 않았다. 그들은 서로를 이단적 묵가[別墨]라고 부르는가 하면, '단단한 것과 흰 것' 및 '같은 것과 다른 것'에 대한 논쟁을 벌이면서 서로를 매도하였고, 홀수와 짝수처럼 엇나가는 명제들로 서로에게 응수하였다. 그들은 자신들이 따르는 큰 스승들[巨子]을 성인들로 받들었고, 큰 스승들은 인정받는 우두머리가 되어 그 학파의 미래 세대를 위해 학통을 세우려는 포부로 가득 차 있었다. 그러나 그 문제는 지금까지도 결말을 보지 못했다.

묵자와 금골리가 제시한 관념만 본다면 그들은 옳았다. 그러나 그것을 실행에 옮기는 데 있어서 그들은 틀렸다. 그 결과 후대의 묵가들은 넓적다리에 살이 붙지 않고 정강이에 털이 나지 않을 지경이 될

교정한다.

5. 천하의 아래쪽 715

때까지 스스로를 고문하도록 서로 부추겼을 뿐이다. 그것은 혼란을 가져오는 데에는 최고의 방법이지만, 질서를 가져오는 데에는 형편 없는 방법이다. 그러나 묵자는 진정으로 천하의 가장 훌륭한 사람이 었다. 그런 사람을 다시는 볼 수 없을 것이다. 아무리 마르고 지쳐도 그는 포기하지 않을 것이다. 그야말로 재능 있는 사람이었다고 해야 하지 않겠는가!

不侈於後世. 不靡於萬物. 不暉於數度. 以繩墨自矯而備世之急. 古之道術有在於是者. 墨翟禽滑釐聞其風而說之. 爲之大過. 已之大循. 作爲非樂. 命之曰節用. 生不歌. 死无服. 墨子氾愛兼利而非鬥. 其道不怒. 又好學而博. 不與先王同. 毁古之禮樂. 黃帝有咸池. 堯有大章. 舜有大韶. 禹有大夏. 湯有大濩. 文王有辟雍之樂. 武王周公作武. 古之喪禮. 貴賤有儀. 上下有等. 天子棺槨七重. 諸侯五重. 大夫三重. 士再重. 今墨子獨生不歌. 死不服. 桐棺三寸而无槨. 以爲法式. 以此敎人. 恐不愛人. 以此自行. 固不愛己. 未敗墨子道. 雖然. 歌而非歌. 哭而非哭. 樂而非樂. 是果類乎. 其生也勤. 其死也薄. 其道大觳. 使人憂. 使人悲. 其行難爲也. 恐其不可以爲聖人之道. 反天下之心. 天下不堪. 墨子雖獨能任. 奈天下何. 離於天下. 其去王也遠矣. 墨子稱道曰. 昔禹之湮洪水. 決江河. 而通四夷九州也. 名川三百. 支川三千. 小者无數. 禹親自操橐耜. 而九雜天下之川. 腓无胈. 脛无毛. 沐甚雨. 櫛疾風. 置萬國. 禹大聖也. 而形勞天下也如此. 使後世之墨者. 多以裘褐爲衣. 以跂蹻爲服. 日夜不休. 以自苦爲極. 曰. 不能如此. 非禹之道也. 不足謂墨. 相里勤之弟子. 五侯之徒. 南方之墨者苦獲已齒鄧陵子之屬. 俱誦墨經. 而倍譎不同. 相謂別墨. 以堅白同異之辯相訾. 以觭偶不仵之辭相應. 以巨子爲聖人皆願爲

之尸. 冀得爲其後世. 至今不決. 墨翟禽滑釐之意則是. 其行則非也. 將使後世之墨者. 必自苦以腓无胈. 脛无毛. 相進而已矣. 亂之上也. 治之下也. 雖然. 墨子眞天下之好也. 將求之不得也. 雖枯槁不舍也. 才士也夫.

|주| 기원전 5세기 말의 묵적(묵자)은 공자의 경쟁자로 등장한 첫 번째 인물이다. 금골리(580쪽을 참조하라)는 그의 수제자였다. 그 학파의 사상을 집대성한 『묵자墨子』는 총 71개의 편이 현존한다. 선 역본으로는 다음을 보라. Y. P. Mei, *The ethical and political works of Motse*(London, 1929)(제1-39편과 제46-50편); Burton Watson, *Mo Tzu: basic writings*(New York, 1963)(제8-39편 가운데 14개의 편); A. C. Graham, *Later Mohist logic, ethics and science*(London, 1978)(제40-45편). 이 학파는 진秦이 철학자들을 탄압할 때까지 지속되었고, 기원전 209년 진이 몰락한 뒤에 잠깐 부활하였다(518쪽을 참조하라). 혼합주의자의 연대를 기원전 202년 한漢에 의해 중국이 재통일된 이후로 추산하는 것이 타당하다면, 이 단락의 내용을 감안할 때, 묵가 내부의 분파 투쟁 또한 이 무렵에 재개되었던 것으로 보인다. 그러나 기원전 2세기의 문헌에서 묵가는 유가와 관련해서만 언급되고 있다('유묵儒墨'은 도덕주의자들에게 붙이는 일반적인 꼬리표였다). 이것은 묵가가 조직화된 운동으로는 이미 빈사 상태였거나 생명을 잃었음을 암시한다.

혼합주의자인 저자는 먼저 참된 도의 전통의 일부인 묵가의 교리들을 자신의 말로 정식화한 다음, 묵가가 내세운 구호들에 따라 그 학파의 오류를 비판하는 패턴을 보여준다. 이 패턴은 다음 네 편의 일화에서 줄곧 반복된다. "음악의 거부"와 "비용의 절약"은 묵가의 열 가지 학설 가운데 두 가지에 해당한다. 이 둘에 대해서는 『묵자』 제

20-22편과 제32-34편에 상세히 설명되어 있다. 사물들이 어떤 의미에서 '같'거나 '다르게' 불리는지, 돌멩이의 단단함과 흰색처럼 서로 다른 두 가지 속성들이 상호 침투해 있는지 아닌지는 『묵자』 제40-45편에서 논의되는 주제들이다.

장자와 달리 혼합주의자는 절약의 태도와 실용성을 추구하는 자세 및 도덕적 엄격함 — 이러한 자질이 성인 군주에게는 부적절할지라도 — 을 한 명의 신하로서 갖출 수 있는 훌륭한 자질이라고 여긴다. 그는 그런 태도들 때문에 묵가를 칭찬하기는 하지만, 그들의 극단적인 자기 부정, 특히 음악과 화려한 장례식의 거부를 역설하는 점에 대해서는 유감으로 생각한다. 『묵자』 제23-25편과 제32-34편에서는 그것들을 쓸데없이 사치를 부리는 것으로 공격하고 있다. [이 「천하」의 저자는] 묵가의 중심 학설인 '모든 사람에 대한 사랑[兼愛]'과 그것의 필연적 귀결인 '공격의 거부[非攻]'(『묵자』 제14-16편과 제17-19편에 상술되어 있음)에 대해서는 지나가는 말로만 슬쩍 언급할 뿐이다.

• • •

관습에 얽매이지 않는 것, 소유물을 과시하지 않는 것, 사람들에게 가혹하지[39] 않은 것, 대중을 거스르는 일도 없는 것, 백성들을 살리기 위해 천하의 평화와 안녕을 염원하는 것, 남이든 자기든 더도 말고 먹고사는 데 필요한 만큼만 갖는 것, 이런 태도로 마음속에 있는 것을 있는 그대로 터놓는 것.

---

39) [원] 苛: 통용본은 '苟'로 되어 있다. 장빙린의 『장자해고』에 따라 '苛'로 교정한다.

옛 도의 전통 중 일부는 여기서 찾을 수 있다. 송견宋鈃과 윤문尹文은 이것들에 대해 전해 듣고는 무척 기뻐하였다. 그들은 '화산華山'이라는 관冠을 만들어 자신들의 상징물로 삼았다. 만물을 접할 때에는 '편협함에서 벗어나는 것[別宥]'을 출발점으로 삼았고, 마음을 [다른 사물들에게] 여지를 줄 만큼 넓어지는 것으로 언급하면서, 그것을 '마음의 품행[心之行]'이라고 명명하였다. 그렇게 해야만 우리는 조화를 이루어 함께 행복할 수 있으며, 그렇게 해야만 사면의 바다 이내의 모든 사람이 잘 어우러질 수 있다는 것이다. 그들은 '본질적 욕구들'[40]에 대해서는 그 범위를 밝히는 것이 가장 중요하다고 보았다. 그들은 '모욕당하는 것은 수치스러운 일이 아니다'라는 주장으로 백성들이 싸우지 않도록 도왔고, '공격을 금하고 군대를 해산하라'는 주장으로 그 시대가 전쟁을 피할 수 있도록 도왔다. 그들은 이 교의들을 전도하기 위해 온 천하를 돌아다니면서 지위가 높은 자들에게는 유세를 하고 지위가 낮은 자들에게는 가르침을 베풀었다. 설사 천하가 바뀌지 않는다 해도, 그들은 줄기차게 떠들면서 포기하지 않을 그런 부류의 사람들이었다. 이런 말이 있다. "지위가 높은 사람들과 낮은 사람들이 다 그대를 꼴 보기 싫어하는데도 그대는 줄기차게 모습을 드러내는구나."

그러나 그들은 다른 사람들은 지나칠 정도로 돌보면서도 자기 자신들은 지나칠 정도로 돌보지 않았다. 그들은 말했다. "본질적 욕구들의 범위가 분명하게 밝혀지기만 한다면, 다섯 되의 밥으로 충분할

---

[40] [원] 請欲: [곧 나올] 33/41[「天下」]의 '情欲', 즉 '본질적 욕구들(이러한 욕구들 없이는 인간일 수 없다)'을 참조하라. 다음도 참조하라. A. C. Graham, *Later Mohist logic, ethics and science*, 181ff.

것이다." 그 선생들도 배불리 먹지 못했겠지만, 그 제자들 역시 아무리 굶어도 천하를 잊지 않으려고 했다. 그들은 밤낮으로 쉬지 않고 말했다. "우리는 틀림없이 생명을 되살려낼 것이다!" 세상을 구제하겠다는 거만한[41] 희망을 가진 무리들이다! 그들은 말했다. "군자는 성가시게 조사하는 일이 없고, 다른 사물들 때문에 자기 자신을 전당 잡히는 일도 없다." 어떤 것이 천하에 아무런 이익이 안 되는데도 그것을 밝히는 것은 아무 의미가 없다고 생각했기 때문이다. 그들은 '공격을 금하고 군대를 해산하라'는 것을 그들이 펼치는 학설의 외적 측면으로 삼고 '본질적 욕구는 적고 얕다'는 것을 그 학설의 내적 측면으로 삼았다. 그 학설의 큰 부분이든 작은 부분이든, 정밀한 부분이든 거친 부분이든, 그 실천은 여기에서 더 나아가지 못했다.

不累於俗. 不飾於物. 不苟於人. 不忮於衆. 願天下之安寧. 以活民命. 人我之養. 畢足而止. 以此白心. 古之道術有在於是者. 宋銒尹文聞其風而悅之. 作爲華山之冠以自表. 接萬物以別宥爲始. 語心之容. 命之曰心之行. 以聏合驩. 以調海內. 請欲置之以爲主. 見侮不辱. 救民之鬪. 禁攻寢兵. 救世之戰. 以此周行天下. 上說下敎. 雖天下不取. 强聒而不舍者也. 故曰. 上下見厭而强見也. 雖然. 其爲人太多. 其自爲太少. 曰. 請欲固置五升之飯足矣. 先生恐不得飽. 弟子雖飢. 不忘天下. 日夜不休. 曰. 我必得活哉. 喬傲乎救世之士哉. 曰. 君子不爲苛察. 不以身假物. 以爲无益於天下者. 明之不如已也. 以禁攻寢兵爲外. 以情欲寡淺爲內. 其小大精粗. 其行適至是而止.

---

41) [원] 喬: 통용본은 '圖'로 되어 있다. 마쉬룬의 『장자의증』에 따라 '喬'로 교정한다.

|주| 송견과 윤문은 제나라 선왕(기원전 319-301)이 세운 직하稷下 학파에 소속된 철학자들이었다. 두 사람이 남긴 저술은 한의 황실 도서관의 목록에 올라와 있기는 하지만 현존하지는 않는다. 이 기록과 여타의 옛 증언들로 볼 때, 그들은 묵가의 도덕주의적 전통(혼합주의자가 공감과 혐오가 뒤섞인 반응을 보인 공상적 사회 개혁가의 태도)을 이으면서도, 주의를 외적 행위로부터 그것의 출발점이 되는 마음의 내적 동기들로 돌렸다. 이처럼 윤리적 사고의 내면화 경향이 기원전 4세기의 철학자들 사이에 널리 퍼졌고, 공자 자신과 공자를 계승하면서 인간 본성의 선함을 가르쳤던 맹자를 사이에 두고 유가들에게서 이 경향이 분명하게 나타난다. 송견과 윤문이 내건 구호들은 초기 문헌에 종종 나타나 있어 쉽게 이해할 수 있다. "편협함에서 벗어나는 것"은 시야를 넓히고 선입견을 극복할 것을 호소한 것이다. "모욕당하는 것은 수치스러운 일이 아니다"라는 것은 자기 존중을 위해서 중요한 것은 외적인 사건이 아니라 자기 자신의 행동일 뿐임을 확인한 것이다. "본질적 욕구는 적다"는 것은 사람들에게 갈등을 가져다주는 욕구들은 대개는 비본질적인 욕구들이라고 단언한 것이고, 사는 데 필수불가결한 것은 눈과 귀와 입의 몇몇 욕구임을 재발견할 것을 요구한 것이다.

송견은 「목적지 없이 거닐기」(102쪽)에 나온 송영宋榮과 동일 인물이다. 장자는 다른 사람들이 찬성하건 반대하건 전혀 개의치 않는 그의 태도를 존경하는 동시에, 그의 도덕주의에 대해서는 유감스럽게 생각한다.

● ● ●

공정하고 편파적이지 않은 것, 한 사물을 다른 사물들과 맞바꿀 수 있는 것으로 대하고 편애함이 없는 것, 어느 쪽으로든 튀어나갈 준비가 되어 있는 것, 마음이 여기로도 기울고 저기로도 기울어 둘을 양자택일의 선택지로 만들지 않는 것, 미리 생각하는 데 관심이 없는 것, 지식을 가지고 음모를 꾸미지 않는 것, 가리는 일 없이 사물들 모두와 함께 가는 것.

옛 도의 전통 중 일부는 여기서 찾을 수 있다. 팽몽彭蒙과 전병田騈과 신도愼到는 이것들에 대해 전해 듣고는 무척 기뻐하였다. 그들이 으뜸으로 쳤던 것은 만물을 고르게 하는 것이다. [그들은] 이렇게 말했다.

"하늘은 세상을 덮을 수는 있지만 떠받칠 수는 없다. 땅은 세상을 떠받칠 수는 있지만 덮을 수는 없다. 가장 큰 도는 양쪽을 다 포괄할 수는 있지만 양자택일적으로 판단할 수는 없다."

그들은 만물이 모두 어떤 상황에서는 허용될 수 있지만, 다른 상황에서는 허용될 수 없다는 것을 잘 알았다. 그래서 이렇게 말했다. "어떤 것을 다른 것들보다 더 좋아한다면 더 이상 포괄적일 수가 없다. 한 가지 학설만 내세운다면 부족할 것이다. 도란 그 무엇도 놓치지 않는다."

이 때문에 신도는 지혜를 물리치고 자기를 버렸으며, 부득이함을 기준으로 나아갈 방향을 정했다. 자신이 다른 사물들에 떠밀려 움직이는 것을 도의 양식[道理]으로 보았다. 그는 말했다. "안다는 것은 사실 알지 못하는 것이다." 그는 지식을 얕볼 뿐만 아니라 그것에 치명타를 가하려고 했던 사람이었다.[42] 그는 부끄러움도 모르고 아무 책임도 지지 않은 채 천하가 현인을 숭상한다고 비웃었으며, 온갖 속박을 벗어던지고 어떤 행위규범도 따르지 않은 채 천하의 위대한 성인들을 부정하였다.

망치로 치고 두드려서 모서리를 둥글게 만들어라.
다른 사물들과 함께 원만하게 굴러가라.
'그것이다'를 버리고, '아니다'도 버려라.
그 순간에 자신을 맞춘다면 항상 그럭저럭 살아가게 될 것이다.

그는 지식과 사려가 갖는 권위를 인정하지 않았고, 앞서거나 뒤따르는 것에 대해서 알지 못했다. 그는 단지 홀로 우뚝 솟아 있었을 뿐이다.

떠밀려서만 나아가고
이끌려서만 출발하라.
회오리바람이 회전하듯,
깃털이 빙글빙글 돌듯,
맷돌이 돌아가듯.
완벽해지면 흠이 없을 테고
움직이든 정지하든 잘못이 없을 테니
그 무엇으로부터도 비난받지 않을 것이다.

---

42) [원] 復磷傷之者也: 통용본은 '後隣傷之者也'으로 되어 있다. 손이양의 『장자찰이』에 따라 '後'를 '復'로 고치고, 량치차오梁啓超의 『장자천하편석의莊子天下篇釋義』에 따라 '隣'을 '磷'으로 고친다.

어째서 그러한가? 지식이 없는 사물은 자기를 내세우는 데에서 오는 곤란이 없고, 지식을 활용하는 데에서 오는 속박이 없으며, 움직이든 정지하든 도의 양식에서 벗어나는 것이 없기 때문이다. 그래서 그것이 존속되는 한 그것을 칭찬하는 사람이 없다. 그래서 그는 이렇게 말했다.

"[나는] 단지 지식이 없는 사물처럼 되는 경지에 이를 뿐이다. 현인이나 성인의 자질은 아무런 소용이 없다. 흙덩이야말로 도를 잃지 않는다."

호걸들은 하나같이 그를 비웃으면서 말했다.

"신도의 도는 살아 있는 사람들이 행할 바가 아니다. 그는 죽은 사람들에게 갈 길을 정해주는 양식에 이르렀다."

그는 자신을 기괴하게 보이도록 만들었을 뿐이다.

그 점은 전병도 똑같다. 전병은 팽몽에게서 배웠는데, 팽몽에게서 가르침으로 전할 수 없는 것들을 얻었다. 팽몽의 선생은 말했다.

"옛날의 도인道人들은 누구도 '그것이다'라고 판단하지 않고, 누구도 '아니다'라고 판단하지 않는 경지에 이르렀다. 그러나 그것의 바람이 잠잠해지면, 어디로부터 그것을 말할 수 있겠는가?"

항상 사람들에게 훼방만 놓아 스스로를 달갑지 않은 존재로 만드는 자는 저 '모서리를 둥글게 쳐내는' 상황을 면치 못한다. 그들이 도라고 부르는 것은 도가 아니다. 그들은 정당한 것을 말할 때조차도 잘못에서 벗어나지 못한다. 팽몽과 전병과 신도는 도를 알지 못했다. 그러나 넓게 말하자면 그들 모두 도에 대해 뭔가를 들은 사람들이다.

公而不黨. 易而无私. 決然无主. 趣物而不兩. 不顧於慮. 不謀於知. 於物无擇. 與之俱往. 古之道術有在於是者. 彭蒙田騈愼到聞其風而

悅之. 齊萬物以爲首. 曰. 天能覆之而不能載之. 地能載之而不能覆之. 大道能包之而不能辯之. 知萬物皆有所可. 有所不可. 故曰. 選則不徧. 敎則不至. 道則无遺者矣. 是故愼到棄知去己. 而緣不得已. 泠汰於物. 以爲道理. 曰. 知不知. 將薄知而復磷傷之者也. 謑髁无任. 而笑天下之尙賢也. 縱脫无行. 而非天下之大聖. 椎拍輐斷. 與物宛轉. 舍是與非. 苟可以免. 不師知慮. 不知前後. 魏然而已矣. 推而後行. 曳而後往. 若飄風之還. 若羽之旋. 若磨石之隧. 全而无非. 動靜无過. 未嘗有罪. 是何故. 夫无知之物. 无建己之患. 无用知之累. 動靜不離於理. 是以終身无譽. 故曰. 至於若无知之物而已. 无用賢聖. 夫塊不失道. 豪桀相與笑之曰. 愼到之道. 非生人之行. 而至死人之理. 適得怪焉. 田駢亦然. 學於彭蒙. 得不敎焉. 彭蒙之師曰. 古之道人. 至於莫之是莫之非而已矣. 其風窢然. 惡可而言. 常反人. 不見觀. 而不免於鯇斷. 其所謂道非道. 而所言之韙不免於非. 彭蒙田駢愼到不知道. 雖然. 槪乎皆嘗有聞者也.

|주| 송견이나 윤문과 마찬가지로, 전병과 신도 역시 제나라 선왕(기원전 319-301)이 세운 직하 학파에 소속된 학자들이었다. 두 사람이 남긴 저술은 한의 황실 도서관의 목록에는 올라와 있지만, 신도가 쓴 상당한 양의 단편들을 제외하고는 전부 유실되었다. 신도의 단편들은 폴 톰슨Paul Thompson에 의해 『신자의 단편들The Shen Tzu fragments』(London, 1979)로 편집되고 번역되었다.

여기서 그들에 대한 설명은 언뜻 보면 곤혹스럽다. 그들의 사상은 『장자』에서 줄곧 익숙하게 접할 수 있는 사상들처럼 보이기 때문이다. 그렇다면 그들이 혼합주의자인 저자가 열거한 나머지 다섯 학파들, 심지어 묵가보다도 훨씬 더 강하게 거부당하고 있는 것은 어째서

일까? 신도의 저술이나 그 학파에 대한 다른 옛 정보들을 보면, 그들은 도가가 아니라 '법가'로 분류되는 유형의 정치 이론가들이었음이 분명하게 드러난다. 한 가지 예외가 있다면, 대개의 법가들이 자신들의 저술을 통치 집단이 간직해야 할 비책처럼 다루는 행정관리들인 데 반해서(이 때문에 혼합주의자인 저자는 그들을 백가의 외부에 있는 자들로 본다), 전병과 신도는 자신들을 공적인 논쟁에 노출시켰던 직하 학파의 일원들이었다는 점이다. 그들은 국가의 제도는 기계적으로 작동하는 하나의 시스템을 구성한다는 사고를 처음으로 유포시켰다. 그리고 그들은 그 시스템이 무게가 어느 쪽에 실리느냐에 따라 올라갔다 내려갔다 하는 저울의 지렛대만큼이나 냉정하게 반응할 것이라는 확신에 차서 군주가 상과 벌로써 그 시스템을 조종한다고 보았다. 인격적 특성이 배제된 이런 질서 속에서는 개인들의 도덕적 또는 지적인 자질이 문제가 되지 않는다. 개인들은 자신들이 차지하기에 적합한 지위에 있는 것만으로 충분하다. 법가들은 이런 시스템에 대해 마치 도가적인 것처럼 들리는 언어로 이야기할 수는 있다. 그러나 도가들이 인간은 우주 속에서 자신의 자연적 자리를 찾아야 한다고 주장하는 반면, 신도는 인위적 시스템 속에서 인간에게 할당된 역할을 찾아야 하고, 행정관리들은 생명 없는 물질인 양 그 시스템에 자신들을 끼워 맞춰야 한다고, 즉 "모서리를 둥글게 쳐내"야 한다고 주장한다. 이 점에서 이들 사이에는 근본적인 차이가 있다. 혼합주의자인 저자가 저술을 하던 때는 진秦이 따른 법가에 대해 반발이 일어난 무렵이다. 그는 「하늘의 도」에서 법가적 제도들의 필요성을 인정하면서, 거기에 천하지만 승인된 자리를 할당하고 있다. 그러나 그가 도가로 차려입은 법가의 형이상학보다 더 혐오하는 것도 없을 것이다.

∙ ∙ ∙

사물들의 뿌리를 생명의 정수로 생각하고, 반대로 그로부터 자라나는 사물들은 조잡한 것으로 생각하는 것, 축적된 선례들에[43] 따르는 것으로는 불충분하다고 생각하는 것, 신묘하고도 밝게 빛나는 것과 더불어 담담하게 머무는 것.

옛 도의 전통 중 일부는 여기서 찾을 수 있다. 관윤關尹과 늙은 담[노담老聃]은 그것들에 대해 전해 듣고는 무척 기뻐하였다. 그들은 영원히 어디에도 없는 것 속에서 그것들의 기초를 세웠고, 더없이 큰 하나[太一]를 그것들의 주재자로 인식하였다. 그들은 온화함과 유약함, 겸손함과 아래에 처함을 그것들이 드러나는 징후로 간주하였고, 텅 빔과 허허로움, 만물을 훼손시키지 않음을 그것들의 본바탕으로 간주하였다.

관윤은 말했다.

"자기 안에 고정된 입장들을 없게 하라.
그러면 사물들은 형체를 갖추어서 스스로를 드러내 보일 것이다.
움직일 때에는 물같이,
정지해 있을 때에는 거울같이,
응할 때에는 메아리같이 하라.

---

43) [원] 積: 혼합주의자인 저자는 각 학파의 학설을 정식화하면서 해당 학파의 전문용어가 아닌 자기 자신의 전문용어를 사용하고 있다. 따라서 우리는 '적積'이 다른 혼합주의적 문맥(11/68, 70[「在宥」], 13/1[「天道」]에 세 차례)에서처럼 과거의 경험으로부터 오는 선례들의 잔재물을 축적하는 것을 가리킨다고 이해해야 한다.

멍하게! 마치 없는 듯.
고요하게! 마치 투명한 듯.
그것들에 동화되면 조화를 이룰 것이다.
그러나 그것들을 하나라도 움켜잡으면 잃게 될 것이다.
다른 사람들보다 앞서지 말고, 항상 뒤를 따르라."

늙은 담이 말했다.

"수컷에 대해 알면서도 암컷을 지켜라.
세상의 골짜기가 되어라.
순백함을 알면서도 더럽혀진 것을 지켜라.
세상의 계곡이 되어라."

다른 사람들은 모두 앞서기를 좋아하는데, 그만 홀로 뒤처지기를 좋아했다. 그러면서 말했다.

"세상의 굴욕을 받아들여라."

다른 사람들은 모두 가득 찬 것을 좋아하는데, 그만 홀로 텅 빈 것을 좋아했다. 그는 아무것도 저장해두지 않았으며, 그래서 남아돌 정도로 여유로웠다. (자족했기 때문에 그는 남아돌 정도로 여유로웠다.)⁴⁴⁾ 그는 세상을 살아가는 데 있어 서두르는 법이 없었으니, 자기를 소모시키려 하지 않았다. 아무것도 함이 없음으로써 교묘함을 비

---

44) [원] 巋然而有餘: 주가 본문으로 편입되었을 가능성이 있다(劉文典, 『莊子補正』).

웃었다. 다른 사람들은 모두 행운을 좇는데, 그만 홀로 자기를 굽힘으로써 온전함을 지켰다. 그러면서 말했다.

"그 순간에 적합하게 행동함으로써 재앙을 피하라." 그는 가장 심오한 것을 만물의 뿌리로 여기고 모든 실은 매듭으로부터 나온다고 생각했다. 그러면서 말했다.

"단단하면 부서지고, 예리하면 무뎌진다." 그는 항상 다른 사물들을 위해 자리를 내줄 만큼 자신을 넓히고, 다른 사람들의 영역을 침범하지 않았다.

관윤과 늙은 담은 비록 지극한 경지에 이르지는 못했지만,[45] 그 폭 넓음과 광대함에 있어서는 실로 옛날의 참사람이었다.

以本爲精. 以物爲粗. 以有積爲不足. 澹然獨與神明居. 古之道術有在於是者. 關尹老聃聞其風而悅之. 建之以常無有. 主之以太一. 以濡弱謙下爲表. 以空虛不毀萬物爲實. 關尹曰. 在己无居. 形物自著. 其動若水. 其靜若鏡. 其應若響. 芴乎若亡. 寂乎若淸. 同焉者和. 得焉者失. 未嘗先人而常隨人. 老聃曰. 知其雄. 守其雌. 爲天下谿. 知其白. 守其辱. 爲天下谷. 人皆取先. 己獨取後. 曰. 受天下之垢. 人皆取實. 己獨取虛. 无藏也故有餘. (巋然而有餘.) 其行身也. 徐而不費. 无爲也而笑巧. 人皆求福. 己獨曲全. 曰. 苟免於咎. 以深爲根.

45) [원] 雖未至極: 일반적으로 이 구는 '可謂至極'으로 읽는데, 일본 고잔지가 소장하고 있는 필사본『장자궐오』에는 '雖未至極'으로 되어 있다. 후자가 '독해하기 더 어렵다(*lectio difficilior*)'는 점에서 바람직하다[문헌학에서는 서로 다른 판본이 있을 때 일반적으로 독해하기 더 어려운 쪽을 원본에 가까운 것으로 본다]. (『장자궐오』는 현재의 표준적 독해를 오히려 이문으로 본다.) 곽상의 주와 성현영의 소는 둘 다 이 절을 무시하고 있는데, 표준적 독해가 그들을 난처하게 만들 거라는 점을 알고 있었음을 암시한다.

以約爲紀. 曰. 堅則毁矣. 銳則挫矣. 常寬容於物. 不削於人. 雖未至極. 關尹老聃乎. 古之博大眞人哉.

|주| 늙은 담(노자)은 전설에 따르면 공자에게 가르침을 준 적이 있으며, 『노자』의 저자로 추정된다. 도가들은 자신들을 다른 학파들과 구별되는 하나의 학파로 감지하자마자 그를 도가의 창시자로 내세웠다. 그러나 혼합주의자인 저자가 그에 대해 설명한 것은 『노자』에서 인용한 구들과 그 책에 대한 반향의 목소리들을 취합한 것이다.[46] 그러나 그는 노자와 장자를 별개의 학파에 속하는 것으로 본다. 혼합주의자 자신이 표방한 "하늘과 땅의 도"의 관점에서 보면 둘 다 (묵가 이하 다른 나머지 철학자들과 마찬가지로) 일면적이다. 그는 아직은 '학파로서의 도가'라는 관념을 가지고 있지는 않다. 이 관념은 사마담(기원전 110년경 사망)의 '육가(음양가, 유가, 묵가, 명가, 법가, 도가)'에 대한 분류에서 처음으로 등장한다.

이 절에서 줄곧 늙은 담은 정체가 모호한 관윤 뒤에 언급되고 있다 (이는 혼합주의자가 마음을 맑은 거울로 보는 관윤의 발상을 노자의 겸양의 학설보다 더 선호해서일 것이다. 674쪽을 참조하라). 관윤의 책은 한의 황실 도서관의 목록에는 올라와 있지만, 현존하지는 않는다. 『관윤자』가 『노자』보다 더 중요한 책으로 보인 것은 아주 짧은 기간이었을 것이

---

46) Lao Tzu, *Tao te ching*, translated D. C. Lau, Penguin Classics, 1963, XXVIII, 63["수컷에 대해 알면서도 암컷의 역할을 고수하라. 그러면 천하의 계곡이 될 것이다. … 순백함을 알면서도 더럽혀진 것의 역할을 고수하라. 그러면 천하의 본보기가 될 것이다[知其雄, 守其雌, 爲天下谿. … 知其白, 守其辱, 爲天下式]"]; LXXVIII, 188["이 때문에 성인은 말한다. '그 나라의 굴욕을 떠맡는 사람은 사직의 신들에게 희생 제물들을 바칠 만한 군주라고 부른다'[是以聖人云:「受國之垢, 是謂社稷主」]"].

다. '관윤關尹'이라는 이름은 '관문을 지키는 자'를 의미하며, 어떤 식으로든 사마천이 기록한 노자 전기에 실린 전설, 즉 노자가 서쪽으로 여행을 갔다가 '관문의 수비대장인 윤희[關令尹喜]'에게 자신의 책 『노자』를 남기고 사라졌다는 전설과 연관이 있다.

"비록 지극한 경지에 이르지는 못했지만…"이란 말은 이문異文["雖未至極…"]을 따랐다. 도가의 책으로서는 너무 뜻밖의 평가이지만 이것이 원본임을 의심할 수는 없다. 이런 평가는 다섯 학파 모두를 일면적인 것으로 보는 혼합주의자의 구도에는 맞아떨어진다. 그러나 후대의 도가라면 이렇게 쓰지 못했을 것이다. 통용본에서는 "그들은 지극한 경지에 이르렀다고 할 수 있다[可謂至極]…"로 읽는데, 노자와 관윤에 대한 신심으로부터 원문에 수정을 가한 것이다.

• • •

광대하고 모호하여 형체가 없고,
달라지고 변화하여 항구적이지 않다!
그것은 죽음인가? 아니면 삶인가?
나는 하늘과 땅과 나란히 존재하는가?
아니면 신묘하고도 밝게 빛나는 것과 함께 가는가?
흐릿하도다! 나는 어디로 가고 있는가?
멍하도다! 나는 어디에 이를 것인가?
만물이 내 앞에 모두 펼쳐져 있지만,
내 목적지가 될 만한 것은 아무것도 없다.

옛 도의 전통 중 일부는 여기서 찾을 수 있다. 장주莊周는 그것에 대해 전해 듣고는 무척 기뻐하였다. 그는 터무니없는 의견들, 무모한 말들, 도를 지나친 표현들로 인해 때로는 너무 자유분방했지만 편파적이지는 않았으며, 한 가지 특수한 관점에서 사물들을 드러내 보이지도 않았다. 그는 천하가 진창에 빠져 있어서 지나치게 장중한 언어로는 함께 이야기할 수 없다고 여겼다. 그는 '넘쳐흐르는' 말[卮言]은 그 흐름이 스스로 제 갈 길을 찾아가도록 하며, '무게가 나가는' 말[重言]은 가장 참되고, '임시 거처로부터' 나온 말[寓言]은 범위를 넓힌다고 생각했다. 그는 하늘과 땅의 생명의 정수이자 신묘한 작용을 하는 힘과 함께 오가면서도, 만물에 대해서 거만하지 않았다. 그는 '그것이다, 아니다'로 다그치는 법이 없었고, 그래서 틀에 박힌 사람들과도 잘 지냈다.

그가 쓴 글들은 특이하긴 하지만, 그것들의 이상야릇함에는 해로운 것이 전혀 없다. 그가 정식화해낸 표현들은 들쭉날쭉함에도 불구하고, 그것들이 품은 수수께끼는 깊이 생각해볼 만한 가치가 있다. 그 글들과 표현들 속에 꽉 차 있는 그 무엇이 없다면 우리는 배겨날 수가 없을 것이다. 그는 위로는 조물자造物者와 함께 노닐고 아래로는 삶과 죽음을 도외시하고 끝도 시작도 없다고 생각하는 자와 벗하였다. 만물의 뿌리로 말하자면, 그는 그 뿌리를 최대한 활짝 열어젖혔고 그 깊은 광막함 속에서 거침없이 뻗어나갔다. 만물의 조상으로 말하자면, 그는 만물과 잘 어우러짐으로써[47] 완전히 물러나 그 조상에게로 되돌아갔다고 말할 수 있다. 그렇지만, 우리가 변화에 동의하고 사물들로부터 풀려날 때일지라도 우리 몸은 그 양식을 다 소진한 것이 아니며, 일단 왔으면 그것을 떨쳐버리지 못할 것이다.[48] 난해하도다!

---

47) [원] 調: 통용본은 '稠'로 되어 있다.『경전석문』의 이체자에 따라 '調'로 교정한다.

침침하도다! 다 얻는 데에는 성공하지 못한 사람이여!

芴漠无形. 變化无常. 死與生與. 天地並與. 神明往與. 芒乎何之. 忽乎何適. 萬物畢羅. 莫足以歸. 古之道術有在於是者. 莊周聞其風而悅之. 以謬悠之說. 荒唐之言. 无端崖之辭. 時恣縱而不儻. 不以觭見之也. 以天下爲沈濁. 不可與莊語. 以卮言爲曼衍. 以重言爲眞. 以寓言爲廣. 獨與天地精神往來而不敖倪於萬物. 不譴是非. 以與世俗處. 其書雖瓌瑋而連犿无傷也. 其辭雖參差. 而諔詭可觀. 彼其充實不可以已. 上與造物者遊. 而下與外死生无終始者爲友. 其於本也. 弘大而辟. 深閎而肆. 其於宗也. 可謂調適而上遂矣. 雖然. 其應於化而解於物也. 其理不竭. 其來不蛻. 芒乎昧乎. 未之盡者.

|주| 여기서 장자는 삶과 죽음을 초월한 황홀경에 이른 시인으로 보인다. 이것은 「근원적 조상인 스승」(혼합주의자는 「하늘의 도」에서 이 편의 구절을 인용하고 있다. 675-676쪽)에서 가장 두드러지게 나타나는

---

48) [원] 雖然. 其應於化而解於物也. 其理不竭. 其來不蛻: "그렇지만, 우리가 변화에 동의하고 사물들로부터 풀려날 때일지라도 우리 몸은 그 양식을 다 소진한 것이 아니며, 일단 왔으면 그것을 떨쳐버리지 못할 것이다(*즉 삶과 죽음을 벗어난 사람이라 하더라도, 현실적 문제들을 지닌 살아 있는 몸은 여전히 남게 될 것이다). 난해하도다! 침침하도다! 다 얻는 데에는 성공하지 못한 사람이여!"
이제껏 주석가들은 이 단락이 장자를 비판한 것일 수 있다는 점을 인정하려 들지 않았다. 그러나 이 단락의 첫머리에 있는 '雖然', 즉 '그렇지만'은 분명히 장자에 대한 태도의 변화를 보여주고 있다. 리미안의 『장자총론급분편평주』에서는 심지어 이 단어를 삭제하기까지 했다. 결론 부분에 대한 버튼 왓슨의 번역, 즉 "그는 베일에 가려져 있고 불가사의해서 완전히 이해된 적이 없는 자이다"라는 번역은 성현영에게서 비롯된 해석의 전통을 대표한다. 그러나 본문 내용상 결코 정당하다고 볼 수 없다.

장자의 일면이다. 도가로 분류되는 후대의 다른 사람들과 비교해볼 때, 장자가 사상가로서보다는 작가로서 다뤄진다는 점은 주목할 만하다. 그는 찬탄의 대상이면서도, 거기에는 항상 유보적 태도가 따른다. 그는 실재하는 세계와 현실적 문제들을 보지 못하게끔 우리를 유혹할지도 모른다는 것이다. 혼합주의자인 저자는 우리에게 장자의 거친 언사들을 너무 말 그대로 받아들이지는 말라고 경고하면서, 〈잡편〉에 있는 한 단편에서 구별했던 세 가지 용법의 말들을 환기시킨다(284-286쪽).

• • •

혜시는 많은 방책을 가지고 있었고, 그의 저술들은 다섯 수레를 가득 채울 정도였다. 그러나 그의 도는 엉뚱했고 그의 언사는 균형을 잃고 있었다. 그는 사물들에 대한 관념들을 일람표로 만들었다. 그러면서 이렇게 말했다.

"지극히 큰 것은 외부가 없으니, 그것을 '가장 큰 하나[大一]'라고 부른다.
지극히 작은 것은 내부가 없으니, 그것을 '가장 작은 하나[小一]'라고 부른다.
부피가 없는 것은 쌓아 올릴 수 없지만, 그 둘레는 천 리나 된다.[49]

---

[49] [원] 其大千里: '大', 즉 '크기'의 측정은 둘레를 기준으로 한다. 1/1[「逍遙遊」의 "곤의 둘레가 몇 천 리가 되는지는 아무도 모른다"(97쪽)]과, A. C. Graham, *Later Mohist logic, ethics and science*, 379["큼과 작음은 길이나 너비, 폭을 기준으로 측정되는 것이 아니라 둘레를 기준으로 측정된다."(cf. A55, B56) 『묵자』제53편 「비고림備高臨」에 있는 '(수레의)

하늘은 땅만큼 낮고, 산은 늪지와 수평을 이룬다.

해는 중천에 떠오르는 동시에 기울고, 사물은 살아 있는 동시에 죽어간다.

큰 규모로는 같지만 작은 규모로 같은 것과는 다른 것, 이것이 바로 '작은 규모로의 같음과 다름[小同異]'이 의미하는 것이다. 만물이 마지막 하나까지 같거나 마지막 하나까지 다른 것, 이것이 바로 '큰 규모로의 같음과 다름[大同異]'이 의미하는 것이다.

남쪽은 끝나는 곳이 없으면서도 끝나는 곳이 있다.

오늘 월나라에 갔는데 어제 도착했다.

연결된 고리는 따로따로 끊어질 수 있다.

나는 세상의 중앙을 알고 있다. 북으로 올라가서는 연나라의 북쪽, 남으로 내려와서는 월나라의 남쪽이 그곳이다.

만물에게 사랑을 펼쳐라. 하늘과 땅은 한 단위[一體][50]로 친다."

혜시는 이 명제들이 세계에 대한 시야를 넓게 열어주고 논쟁에 새로운 서광을 비춰준다고 생각했다. 천하의 저 아래쪽에 있는 변자辯者들은 그와 즐거움을 함께하였다.

달걀에는 깃털들이 있다.

닭은 다리가 세 개이다.

목재는 크기가 사방 한 자이고, 길이는 성벽의 두께에 맞춘다.' '(수레의) 몸통은 크기가 세 아름 반이고 … 활줄을 거는 미늘의 팔뚝 부분은 너비가 한 자 네 치, 두께가 일곱 치, 길이가 여섯 자이다']를 참조하라.

[50] [원] 體: 논쟁에서 '體'는 셈할 때의 하나의 단위이다. A. C. Graham, *Later Mohist logic, ethics and science*, 265ff.를 참조하라.

초楚나라의 도성인 영郢에는 온 천하가 있다.

개는 양으로 간주될 수 있다.

말에게는 알이 있다.

개구리에게는 꼬리가 있다.

불은 뜨겁지 않다.

산은 구멍으로부터 나온다.

수레바퀴는 땅에 닿지 않는다.

눈은 보지 않는다.

우리가 가리키는 곳에 우리는 가닿을 수 없으며, 우리가 가닿는 곳은 [그곳과 서로 연관되어 있는 것들로부터] 떼어내지[51] 못한다.

거북이는 뱀보다 더 길게 자란다.

곱자는 네모나지 않고, 그림쇠로는 원을 만들 수 없다.

끌의 구멍은 자루를 둘러싸지 않는다.

나는 새의 그림자는 결코 움직이지 않는다.

미늘이 있는 화살은 아무리 빨리 날아간다 해도, 움직이는 것도 아니고 정지해 있는 것도 아닌 때가 있다.

강아지는 개가 아니다.

노랑말과 검은 소는 합쳐서 셋이 된다.

흰 개는 검다.

---

51) [원] 絕:『묵경』A88을 근거로 할 때, 절絕은 (서로 연관되어 있는 다른 사물들과의 관계들로부터) '떼어낸다detach'라는 의미로 이해되어야 한다. A. C. Graham, *Later Mohist logic, ethics and science*, 460[『장자』제33편의 '우리가 가리키는 곳에 우리는 가닿을 수 없으며, 우리가 가닿는 곳은 떼어내지 못한다.' 여기서 '絕'은 '끝나다come to an end'라는 의미로 보는 것이 더 자연스러운 것처럼 생각될 수 있다. 그러나 후기 묵가의 저작집에서 사용된 '絕'의 유일한 철학적 용법은 어떤 것을 그것과 서로 연관되어 있는 다른 것들과의 관계들로부터 떼어낸다는 것이다"]을 참조하라.

어미 없는 망아지는 어미가 있었던 적이 없다.

한 자 길이의 채찍을 매일 절반씩 자르면 만세토록 없어지지 않을 것이다.

변자들은 이 명제들을 가지고 혜시와 논쟁을 벌였고, 그들의 논쟁은 여생 동안 끝이 나지 않았다.

변자의 무리인 환단桓團과 공손룡公孫龍은 사람들의 마음에 복잡한 사상을 주입하였고 그들의 관념을 바꾸어놓았다. 그들은 사람들을 입으로 굴복하게 할 수는 있어도 마음으로 굴복하게 할 수는 없었다. 이것이 변자들의 한계이다. 혜시는 날마다 자신의 지력을 사용해서 다른 사람들과 논쟁을 벌였지만,[52] 그가 비범하게 두각을 드러낸 것은 천하의 저 아래쪽에 있는 변자들과 함께할 때뿐이었다. 결국 그게 전부이다.

그러나 혜시의 수다스러운 말재주는 그 자신에게는 더없이 현명한 것으로 보였다. 그는 말했다. "하늘과 땅보다 더 장대한 주제가 어디 있겠는가? 나는 수컷의 역할에서 벗어나지 않고, 어떤 전통에도 기대지 않는다." 남방에 황료黃繚라고 불리던 기인이 한 명 있었다. 그는 하늘이 무너지지 않고 땅이 꺼지지 않는 이유가 무엇인지, 바람이 불고 비가 내리며 천둥이 치는 원인이 무엇인지를 물었다. 혜시는 주저하지 않고 대답했고 생각할 겨를도 없이 응수했다. 그는 만물에 대해 다 설명할 수 있었다. 설명을 멈추는 법이 없었고, 말을 하고 또 하면서도 스스로는 부족하다고 여겨 괴이한 말들까지 덧붙였다. 그래서

---

[52] [원] 與人辯: 통용본은 '與人之辯'로 되어 있다. 리미안의 『장자총론급분편평주』에 따라 '之'를 삭제한다.

일반적인 의견에 반하는 것도 다 사실로 받아들였고, 논쟁에서 승리하는 것으로 이름을 날리고 싶어 했다. 이것이 바로 그가 그토록 비대중적으로 된 이유이다.

내면의 덕은 허약하면서도 외부의 사물들에는 강하였으니, 그가 간 길은 구부러진 길이다. 혜시의 능력은 하늘과 땅의 도의 관점에서 본다면, 모기나 각다귀가 애쓰는 데 불과하다. 사물들의 영역 내에서라 한들 그런 능력들이 무슨 소용이 있겠는가?

한 가지 방향으로만 뛰어났던 자들이라 해도 칭찬할 만한 데가 있었다면, 그들에 대해서는 "도를 더 귀하게 받들었더라면 그곳에 거의 이르렀을 텐데"라고 말할 만하다. 그러나 혜시는 여기에 스스로 만족할 수가 없어서, 절대 지치는 법 없이 온 만물로 관심을 분산시켰고, 결국 논쟁에 뛰어나다는 명성을 얻는 것으로 그쳤다. 애석한 일이다! 혜시는 타고난 재능만 낭비하고 그 무엇도 얻지 못했다! 만물을 쫓아가기만 하고 되돌아오지는 못했다! 그는 자기 목소리를 그 메아리보다 오래가게 하고 자기 몸을 그림자와 경주시켜 앞지르게 할 심산이었다. 슬프지 않은가!

惠施多方. 其書五車. 其道舛駁. 其言也不中. 厤物之意. 曰, 至大无外. 謂之大一. 至小无內. 謂之小一. 无厚不可積也. 其大千里. 天與地卑. 山與澤平. 日方中方睨. 物方生方死. 大同而與小同異. 此之謂小同異. 萬物畢同畢異. 此之謂大同異. 南方无窮而有窮. 今日適越而昔來. 連環可解也. 我知天下之中央. 燕之北越之南是也. 氾愛萬物. 天地一體也. 惠施以此爲大觀於天下而曉辯者. 天下之辯者相與樂之. 卵有毛. 鷄三足. 郢有天下. 犬可以爲羊. 馬有卵. 丁子有尾火不熱. 山出口. 輪不蹍地. 目不見. 指不至. 至不絕. 龜長於蛇. 矩不方. 規不可以爲圓. 鑿不圍枘. 飛鳥之景. 未嘗動也. 鏃矢之疾. 而有不行不止之時. 狗非犬. 黃馬驪牛三. 白狗黑. 孤駒未嘗有母. 一尺之捶. 日取其半. 萬世不竭. 辯者以此與惠施相應. 終身无窮. 桓團公孫龍辯者之徒. 飾人之心. 易人之意. 能勝人之口. 不能服人之心. 辯者之囿也. 惠施日以其知與人辯. 特與天下之辯者爲怪. 此其柢也. 然惠施之口談. 自以爲最賢. 曰. 天地其壯乎. 施存雄而无術. 南方有倚人焉. 曰黃繚. 問天地所以不墜不陷風雨雷霆之故. 惠施不辭而應. 不慮而對. 徧爲萬物說. 說而不休. 多而无已. 猶以爲寡. 益之以怪. 以反人爲實. 而欲以勝人爲名. 是以與衆不適也. 弱於德. 强於物. 其塗隩矣. 由天地之道. 觀惠施之能. 其猶一蚉一蝱之勞者也. 其於物也何庸. 夫充一尙可. 曰愈貴道幾矣. 惠施不能以此自寧. 散於萬物而不厭. 卒以善辯爲名. 惜乎惠施之才. 駘蕩而不得. 逐萬物而不反. 是窮響以聲. 形與影競走也. 悲夫.

|주| 명가에 관한 절은 앞에 나온 다섯 절이 취한 형식을 버리고 있지만, 더 면밀히 살펴보면 그 절들의 후속으로 이어지고 있음을 알 수 있다. 다른 학파들과 달리 명가는 "도의 전통"의 한 가지 양상을 보여주는 일면적인 "방책의 전통"조차 가지고 있지 않다. 그 학파의 창시자인 혜시는 "많은 방책"을 가지고 있었고, "나는 어떤 전통에도 기대지 않는다"라고 자랑스럽게 공표하였다. 그러나 그는 하늘과 땅에 대한 비생산적인 분석과 사색 말고는 아무것도 주는 게 없었다. 그것은 혼합주의자의 "하늘과 땅의 도"에 비하면 하찮은 것이다.

명가의 저술들은 다 유실되고, 두 편의 순수 논문(「흰 말[백마론白馬論]」과 「의미와 사물[지물론指物論]」)만 남아 있다. 이 논문들은 300-600년 사이에 공손룡의 이름으로 위조된 책[『공손룡자公孫龍子』]

에 보존되어 있고, 메이Y. P. Mei에 의해 완역되어 『하버드 아시아학 저널Harvard Journal of Asiatic Studies』(Vol. 16, 1953, 404-437)에 실렸다. 논란의 여지가 큰 「의미와 사물」은 나의 『후기 묵가의 논리학과 윤리학 및 과학Later Mohist logic, ethics and science』(457-468)에도 실려 있다. 다행인 것은 [「천하의 아래쪽」의 저자인] 혼합주의자가 그 자신은 억지 이론을 펼치는 것을 경멸했음에도 불구하고, 고맙게도 우리를 위해 명가의 사상이 담긴 발췌문을 남겨놓았다는 점이다 — 비록 아무런 설명도 덧붙이지 않았지만.

참고 문헌

그레이엄의 저서 및 논문

BOOK of Lieh Tzu, London: John Murray, 1960: Repr. Columbia University Press, 1990.

Chuang-tzu, the Seven Inner Chapters: and other writings from the book 'Chuang-tzu', translated by A. C. Graham, London: Allen and Unwin, 1981.

Later Mohist logic, ethics and science, Hong Kong and London: Chinese University Press, 1978.

"A post-verbal aspectual particle in Classical Chinese: the supposed preposition hu乎", *Bulletin of the School of Oriental and African Studies*, 41/2, 1978, 314-342.

"Chuang-tzu's 'Essay on seeing things as equal'", *History of Religions* 9, 1969/70, 137-159.

"How much of *Chuang-tzu* did Chuang-tzu write?", *Journal of the American Academy of Religion Thematic Issue: Studies in Classical Chinese Thought*, edited by Henry Rosemont, Jr. and Benjamin I. Schwartz, Vol. 47 No. 3, Sept. 1979.

"Taoist spontaneity and the dichotomy of 'is' and 'ought'", in *Experimental essays on Chuang-tzu*, edited by Victor H. Mair, University Press of Hawaii, 1983, 3-24.

"The *NUNG-CHIA* 農家 'School of the Tillers' and the origins of peasant Utopianism in China", *Bulletin of the School of Oriental and African Studies*, 42/1, 1979, 66-100.

원전 및 연구 저술

高亨,『莊子今箋』,『無求備齋莊子集成續編』42冊, 臺北, 1971.

郭慶藩,『莊子集釋』,『無求備齋莊子集成續編』38冊, 北京, 1961.
陶鴻慶,『讀莊子札記』,『無求備齋莊子集成續編』40冊.
樂調甫,『墨子研究論文集』, 北京, 1957.
梁啓雄,『荀子簡釋』, 北京, 1956.
梁啓超,『莊子天下篇釋義』,『飲冰室合集』.
劉文典,『莊子補正』,『無求備齋莊子集成初編』28, 29冊, 上海, 1947.
劉師培,『莊子斠補』,『無求備齋莊子集成續編』40冊.
馬敍倫,『莊子義證』, 上海, 1930.
武內義雄,『老子原始』, 東京, 1967.
武延緒,『莊子札記』,『無求備齋莊子集成續編』40冊.
聞一多,『古典新義』, 北京, 1956.
聞一多,『莊子內篇校釋』,『無求備齋莊子集成續編』42冊.
裴學海,『古書虛字集釋』, 北京, 1954.
福永光司,『莊子外篇』, 東京, 1966
福永光司,『莊子雜篇』, 東京, 1967.
福永光司,『莊子』(內篇), 東京, 1956.
寺岡龍含,『敦煌本郭象注莊子南華眞經輯影』, 福井漢文學會, 1960.
司馬遷,『史記』, 中華書局, 1959.
孫詒讓,『莊子札迻』,『無求備齋莊子集成續編』27冊.
楊伯峻,『列子集釋』, 上海, 1958.
楊樹達,『莊子拾遺』,『無求備齋莊子集成初編』30冊.
嚴靈峰,『老列莊三子知見書目』, 臺北, 1965.
嚴靈峰,『道家四子新編』, 台灣商務印書館, 1977.
嚴靈峰,『無求備齋莊子集成續編』, 臺北, 1974.
嚴靈峰,『無求備齋莊子集成初編』, 臺北, 1972.
吳汝綸,『莊子點勘』,『無求備齋莊子集成初編』26冊.
王闓運,『莊子內篇註』,『無求備齋莊子集成續編』36冊.
王念孫,『讀書雜志』,『無求備齋莊子集成續編』36冊.
王先謙,『莊子集解』,『無求備齋莊子集成初編』26冊, 香港, 1960.
王叔岷,『莊子校釋』, 臺北, 1972.
于省吾,『雙劍誃諸子新證』,『無求備齋莊子集成初編』30冊, 北京, 1962.
劉文典,『淮南鴻烈集解』, 上海, 1933.

俞樾,『諸子平議』,『無求備齋莊子集成續編』36冊, 北京, 1954.
李勉,『莊子總論及分篇評注』,臺北, 1973.
章炳麟,『莊子解故』,『無求備齋莊子集成續編』40冊.
錢穆,『莊子纂箋』, 香港, 1951.
諸橋轍次,『大漢和辭典』, 東京, 1955-1954.
朱桂曜,『莊子內篇證補』,『無求備齋莊子集成初編』26冊, 上海, 1935.
朱起鳳,『辭通』, 臺北, 1960.
陳景元,『莊子闕誤』(道藏本),『無求備齋莊子集成初編』5冊.
陳鼓應,『莊子今註今譯』, 臺北, 1975.
陳奇猷,『韓非子集釋』, 北京, 1958.
奚侗,『莊子補註』,『無求備齋莊子集成續編』40冊.
許維遹,『呂氏春秋集釋』, 北京, 1955.
荊溪,『止觀輔行傳弘決』,『大正新脩大藏經』46冊, No. 1912.

Book of Odes, translated by Bernhard Kalgren, Stockholm, 1950.

Chuang Tseu: Inner chapters, translated by Gia-fu Feng and Jane English, New York, 1974.

Chuang Tzu: basic writings, translated by Burton Watson, New York, 1964.

Chuang-tzǔ, translated by Fung Yu-lan, Shanghai, 1933.

Chuang-tzǔ, translated by H. A. Giles, London, 1926, 1st edition 1889.

Confucius: the Analects, translated by D. C. Lau, London, 1979.

Frühling und Herbst des Lu Pu We, translated by Richard Wilhelm, Jena, 1928.

Lao Tzu, Tao te ching, translated by D. C. Lau, Penguin Classics, 1963.

Mencius, translated by D. C. Lau, Penguin Classics, 1970, 3A/4.

Mo Tzu: basic writings, translated by Burton Watson, New York, 1963.

Teachings of Taoist Master Chuang, translated by Michael Saso, New Haven and London, 1978.

Texts of Taoism, Sacred books of the East vols. 39, 40, translated by James Legge, Oxford, 1891.

The book of the Lord Shang, translated by J. J. L. Duyvendak, London, 1928.

The Complete Works of Chuang Tzu, translated by Burton Watson, New York and London, 1968.

The divine classic of Nan-hua, translated by F. H. Balfour, Shanghai, 1881.
The ethical and political works of Mo-tse, translated by Y. P. Mei, London, 1929.
Chinese poems, translated by Arthur Waley, London, 1946, 173.
The sayings of Chunag Chou, translated by James R. Ware, New York, 1963.

Balazs, Étienne, Chinese Civilization and Bureaucracy, translated by H. M. Wright, New Haven, 1964.

Chuang Tzu yin-te(Concordance to Chuang-tzu), Harvard-Yenching Institute Sinological Index Series, Supplement No. 20, Cambridge, Massachusetts, 1956.

Hsiao, Kung-chuan, History of Chinese Political Thought, translated by F. W. Mote, Princeton, 1979[『중국정치사상사中國政治思想史』, 최명·손문호 옮김, 서울대출판부, 1998].

Needham, Joseph, Science and Civilisation in China, Cambridge, 1974, vol. 5/2.

Otto, Rudolph, The idea of the Holy, translated by John W. Harvey, Oxford, 1925[『성스러움의 의미』, 길희성 옮김, 분도, 1987].

Pulleyblank, E. G., "Study in early Chinese grammar", Asia Major(New series) 8.1, 1960.

Sivin, Nathan, Chinese Alchemy: preliminary studies, Havard, 1968.

Waley, Arthur, Three ways of thoughts in ancient China, London, 1939.

Welch, Holmes, The Parting of the Way, London, 1958[『노자와 도교: 도의 분기』, 윤찬원 옮김, 서광사, 1990].

Welch, Homes and Anna Seidel (eds.), Facets of Taoism, New Haven, 1979[『도교의 세계 — 철학, 과학, 그리고 종교』, 윤찬원 옮김, 사회평론, 2001].

옮긴이 부록: 이 책의 기본 체제와 번역에 관하여

이 책의 기본 체제

1. 원서에는 『장자』의 원문이 없지만, 우리말로 옮기면서 원문을 실었다. 원문은 그레이엄이 번역할 때 저본으로 삼은 『莊子引得』(Concordance to Chuang-tzu, Harvard-Yenching Institute Sinological Index Series, Supplement No. 20, Cambridge MA: Harvard Univ. Press, 1956)에서 가져오되, 그레이엄의 교감校勘 결과를 반영하여 수정을 가했다. 『장자인득』은 『장자』의 주요 용어나 어구의 소재를 검색할 수 있도록 만든 색인집이다. 이 색인집의 원문은 구두점을 쉼표 없이 일관 마침표로 표기하고 있으며, 곽경번郭慶藩이 남송본南宋本 『고일총서古逸叢書』의 영인본에 의거해 편찬한 『장자집석莊子集釋』(1894)을 따르고 있다. 이 점에 대해서는 다음을 참조하라. Harold D. Roth, Introduction to "Textual Notes to *Chuang Tzu: The Inner Chapters*"(in Harold D. Roth ed., *A Companion To Angus C. Graham's Chuang Tzu: The Inner Chapters*, Honolulu: University of Hawaii Press, 2003, pp. 5-6).
2. 앞머리에 [원]을 붙인 각주는 Angus Charles Graham, "Textual Notes to *Chuang Tzu: The Inner Chapters*"(in Harold D. Roth ed., *A Companion To Angus C. Graham's Chuang Tzu: The Inner Chapters*, Honolulu: University of Hawaii Press, 2003)를 옮긴 것이다. 이 각주는 『장자』 원문에 대한 그레이엄의 주석으로, 영역본 초고에는 포함되어 있었지만 출판사의 사정으로 책에 실리지 못한 채 별개의 책자로 따로 출간되었다. 이후 해럴드 로스가 편집한 위 책에 독립된 장으로 수록되었다.
3. 『장자』 원문(통용본)의 소재를 표시할 때는 『장자인득』에 의거하여 '편수/행수'의 형식을 취했다. 예를 들어 '1/2'에서 '1'은 편수(『장자』 제1편인 「목적지 없이 거닐기[소요유逍遙遊]」)이고, '2'는 행수(『장자인득』의 여백에 숫자로 표시되어 있음)이다. 해당 원문을 직접 확인하고 싶은 독자에게는 『장자인득』을 참조할

것을 권한다.
4. 옮긴이의 각주 앞머리에는 [역]을 붙였다. 약어를 붙이지 않은 각주는 원서의 각주이다.
5. 이 책의 제1부는 『장자』에 대한 그레이엄의 해설이고, 제2부부터는 『장자』 원문에 대한 그레이엄의 해제와 번역이다. 그레이엄은 『장자』 원문을 지은이, 사상 경향, 주제에 따라 일정하게 재배열하고 재편집하여 해제를 붙이고 번역을 하고 주를 단다. 제2부부터는 『장자』의 본문 번역문 및 한문 원문은 일반 명조체(신신명조)로, 해제 및 주는 진한 명조체(태명조)로 표시했다.

번역에 관하여

1. 『장자』 원문에 나오는 고유명사 인명과 지명 가운데 그레이엄이 음역하지 않고 풀어 쓴 용어들이 있다. 예를 들어 그레이엄은 '老聃'을 'Old Tan'으로 표기하고, '齧缺'을 'Gaptooth'로 표기한다. 이런 경우 우리말로는 '늙은 담', '벌어진 이빨' 등으로 풀어서 표기하고, 필요한 경우 옮긴이 괄호를 넣어 '노담老聃', '설결齧缺' 등의 한문 인명을 밝혔다.
2. 그레이엄은 『장자』의 모든 편명을 음역하지 않고 풀어 쓴다. 예를 들어 '逍遙遊'의 경우 'Going rambling without a destination'으로 표기한다. 그레이엄이 특별히 음역하지 않는 한 우리말로 옮길 때 「목적지 없이 거닐기」 등으로 풀어서 표기하고, 필요한 경우 옮긴이 괄호를 넣어 「소요유」 등의 한문 편명의 음을 밝혔다.
3. 그레이엄은 장자의 핵심 개념인 '道'를 'Way'로, '德'을 'Power'로 옮겼으며, 유가적 개념인 '仁'을 'Goodwill'로, '義'를 'Duty'로, '禮'를 'Rites'로, '智'를 'Wisdom'으로, '信'을 'Trustworthiness'로 옮겼다. 이렇게 주요 개념의 첫 글자가 대문자로 표기되어 있을 경우는 철학적 전문용어의 의미를 살려 '도道/도', '덕德/덕', '인仁/인', '의義/의', '예禮/예' 등으로 번역하였다. 동일 단어가 소문자로 표기되어 있을 경우는 그 의미를 풀어서 '德'은 '능력', '仁'은 '호의', '義'는 '의무', '禮'는 '의례' 등으로 번역하였다.
4. 그레이엄은 한문 원문에서 2인칭 호칭으로 사용된 '汝', '若', '子', '先生', '夫子' 등을 모두 'you'로 번역한다. 우리말로 옮길 때는 한문 원문의 맥락을 고려하여 '너', '그대', '자네', '당신', '선생' 등으로 번역하였다.

5. 그레이엄은 도량형의 단위를 표시할 때 현대의 서양인들이 쓰는 단위로 환산하여 표기한다. 예를 들어 '三千里'는 'tree thousand miles'로, '八尺二寸'은 '7 feet 5 inches'로 표기한다. 우리말로는 『장자』 원문의 표기에 따라 '삼천 리', '팔 척 이 촌' 등으로 옮겼다. 우리에게는 동아시아에서 전통적으로 사용해오던 단위들이 더 익숙하고 자연스럽기 때문이다.
6. 『장자』의 동일한 구절이라도 본문과 [원]의 각주에 인용된 그레이엄의 영어 번역문이 일치하지 않는 경우가 종종 있었다. 이 경우 의미상 차이가 없을 시에는 본문과 각주의 우리말 번역을 통일하였고, 의미상 차이가 있을 시에는 그레이엄의 의도를 반영해 본문과 각주의 우리말 번역을 달리하였다.

옮긴이 후기

앵거스 찰스 그레이엄Angus Charles Graham(1919 - 1991)은 뛰어난 중국 고전 번역가일 뿐만 아니라 20세기 서양의 중국학 연구의 한 흐름을 주도하면서 연구자들과 후학들에게 심대한 영향을 끼친 중국철학의 권위자이다. 중국철학을 공부하는 사람이라면 그의 연구 성과를 참조하지 않는 것이 어려울 정도로 그는 방대한 영역에 걸쳐 수많은 저서와 논문, 그리고 역서를 남겼다. 그의 중국 고대 철학 연구의 결정판이라 할 수 있는 『도의 논쟁자들Disputers of the Tao』과 박사 논문을 근간으로 한 『정명도와 정이천의 철학Two Chinese Philosophers』, 『음양과 상관적 사유Yin-Yang and the Nature of Correlative Thinking』와 같은 저서들이 이미 우리말로도 번역되어 있기 때문에 그에 대한 이 이상의 소개는 불필요한 옥상옥屋上屋이 될 듯하다.

그레이엄의 『장자』 영역본은 1981년 영국에서 초판이 간행되었고, 그후 2001년에 개정판이 나왔다. 본서는 이 개정판을 우리말로 옮긴 것이다. 개정판의 원제인 '『장자』: 〈내편〉Chuang-Tzŭ: The Inner Chapters'만 언뜻 보면 이 영역본은 『장자』 가운데 〈내편〉만 번역한 선역본으로 여겨지기 쉽다. 그러나 이 책은 실질적으로 〈외편〉과 〈잡편〉을 포함한 『장자』 원문의 약 80%에 해당하는 내용을 다루고 있다. 나머지 20%는 제1부에서 밝히고 있듯이, 철학적·문학적 가치가 높지 않아 일일이 다 번역할 경우 단락의 수를 늘리는 데에만 일조하고 독자들에게는 오히려 효용체감을 초래할 수 있다고 그레이엄이 판단 내린 부분이다. 따라서 이 책을 선역본으로만 보아 『장자』의 전모를 파악하기에는 불완전하다고 단정하는 것은 섣부른 일이 될 것이다.

이 책에 대해 잘못 접근하는 또 다른 방식 중의 하나는 이 책을 단순 번역서로 보아, 『장자』의 수많은 번역서의 목록에 한 권이 더 추가되었다고만 생각하는 것이다. 이 책은 『장자』의 번역서이기도 하지만, 중국 고대 철학 전반에 대한 오랜 연구를 바탕으로 이루어진 종합적인 『장자』 연구서이기도 하다. 특히 이 책에서 〈내편〉의 핵심 주제들에 대해 해설해놓은 제1부는 그것만으로도 『장자』의 입문서 역할을 충분히 해낼 수 있다고 생각된다.

그레이엄의 영역본이 기존의 번역서와 차별화되는 가장 결정적인 점은 『장자』의 원문들을 통용본의 배열에 따라 순차적으로 번역하지 않고, 사상 경향이나 주제에 따라 일정하게 재배열하고 재편집했다는 데 있다. 이런 작업은 두 가지 사실에 대한 고려로부터 온다. 첫째는 『장자』가 장자 한 사람의 저술이 아니라 서로 다른 문제의식과 사상적 지향을 가진 여러 저자의 저술을 모아놓은 책이라는 사실이다. 둘째는 각 저술들이 일목요연하게 분류된 채로 배치되어 있는 것이 아니라 복잡하게 뒤섞여 있거나 일부 구절이 엉뚱한 곳에 찬입되어 있는 경우가 많다는 점이다. 『장자』가 장자라는 한 명의 저자에 의해 저술된 단독 저서가 아니라는 점은 아주 오래전부터 인지되어왔다.

그리고 그러한 인지는 『장자』가 통용본으로 정착되기까지 겪었던 판본의 형성과 변화의 원동력이었다.

통용본 『장자』는 『장자주莊子注』의 저자인 곽상郭象(252?-312)의 편집을 거친 것으로 알려져 있다. 일본 고잔지高山寺가 소장하고 있는 필사본 『장자』에는 곽상의 편집 후기로 추정되는 짧은 에필로그가 붙어 있는데, 이 글에서 그는 총 52편으로 된 기존의 『장자』는 "한 귀퉁이만 아는 선비들이 장자의 광대한 취지를 제대로 펼치지 못한 채 제멋대로 기이한 이야기들을 덧붙여" 넣은 것이라고 말하면서 자신의 편집 이유와 원칙을 밝히고 있다. 이는 곽상이 살았던 시대에 이미 『장자』가 장자 한 사람의 저술이 아니라 복합적인 성격의 텍스트라는 인식이 퍼져 있었음을 보여준다. 그러나 곽상의 편집본이 표준 판본으로 자리 잡은 이후에도 『장자』의 내용의 진위에 대한 논의는 끊이지 않았다.

20세기 들어 관평關鋒이나 리우샤오간劉笑敢 같은 중국인 학자들과 그레이엄 같은 서양의 학자들은 『장자』가 원原텍스트인 장자 본인의 저술로부터 어떻게 다양한 경향의 저술들로 분기해나갔는지에 대한 연구를 진행하였다. 그레이엄은 『장자』에서 다섯 갈래의 사상 경향을 식별해내며, 그것을 바탕으로 다섯 종류의 저자군과 저술군을 확정하였다. 본서의 제2부에 번역되어 있는 장자 본인의 저술을 비롯해, 장자학파의 선집(제3부), 원시주의자의 논문들(제4부), 양가의 문집(제5부), 혼합주의자들의 저술(제6부)이 그것이다. 그레이엄의 분류 작업은 관평의 연구로부터 촉발되기는 했지만, 그레이엄은 더 나아가 『장자』를 재편집하고 재배열한 다음에 그것을 번역했다는 점에서 독보적이다.

어떤 점에서 그레이엄은 텍스트의 지질학을 시도하고 있다고 할 수 있을 것이다. 그는 우선 『장자』라는 하나의 텍스트를 구성하고 있는 여러 개의 지층들strata을 보여주려고 한다. 지층에 지각변동이 일어나면 다양한 종류의 단층들이 생기듯이, 『장자』 역시 후대에 여러 차례의 편집을 거치면서 맥락에 맞지 않게 편집된 부분들이 존재한다. 그레이엄은 각 지층에 존재하는 이질적 요소들을 찾아내어 인내심 있게 분석하고 그것들을 본래 있던 곳으로 돌려보냄으로써 각 지층의 본래 모습을 복원하려고 한다. 그가 이런 시도를 하는 것은 "장자, 원시주의자, 양가, 혼합주의자의 사상에 각각 독특한 것이 무엇인지를 독자들에게 알려주어야 한다. 그래야만 독자들은 그 사상들을 구별하고 그것들 사이에서 자기가 갈 길을 찾을 수 있을 것"(82쪽)이라고 믿기 때문이다.

『장자』가 복합적인 저술들의 모음집임을 인정한다 할지라도 그레이엄의 이런 작업을 회의적으로 보는 시각이 있을 수 있다. 오랫동안 통용되어온 기존의 판본에 손을 대서 재배열하는 것은 다소 부담스러운 일이다. 고전을 자의적으로 훼손하거나 그 권위에 도전하는 것으로 보일 수도 있다. 이런 반감은 차치하더라도, 전문 연구자들 사이에서는 왜 상이한 사상 경향들이 여러 개의 텍스트로 존재하지 않고 『장자』라는 하나의 텍스트 속에 공존하게 되었는지, 여러 저술군의 관계는 어떻게 설명되어야 하는지에 대해 그레이엄이 제대로 해명하지 못했다는 비판도 있다. 그러나 이런 비판들은 그레이엄의 작업 자체에 대한 비판이라기보다는, 그의 작업으로부터 어떤 연구가 더 진척되어야 하며, 그의 연구 성과들이 어떻게 수정되고 보완되어야 할지에 대한 전망이라고 해야 할 것이다. "사람에 따라서는 일차적으로 장자를 문학성이 풍부한 예술가로 이해할 수 있다. 중국에서는 유가들이 장자를 그런 식으로 독해해왔다. 그러나 자신이 장자의 철학 속

어디쯤에 있는지를 알지 못하는 사람은 작가로서의 장자의 감수성을 탐색하는 데에도 실패하고 말 것이다"(17-18쪽)라는 그레이엄의 조언은 여전히 유효하다.

그레이엄은 "번역이 정말로 효과적인지를 판가름하는 최종 기준은 그 번역이 장자의 필체가 가진 비범하고 리드미컬한 에너지를 포착해내는지 여부에 있다"고 하면서, 그 점을 놓칠 경우 "그의 사유의 속도와 전환과 긴장을 왜곡"하게 된다고 하였다. 그레이엄의 이 말은 번역하는 내내 역자를 쫓아다니며 괴롭혔다. 한문에서 영어로, 그리고 다시 우리말로 옮겨 가고 있는 철학적 개념들을 어떻게 해야 생생하면서도 자연스럽게 살려낼 수 있는지를 고민하는 것만으로도 벅찬데, 『장자』의 저자들의 필체가 보여주는 그 원초적 힘과 음악성까지 생생하게 포착해야 한다니… 그 괴로움의 대가로 역자의 역량의 한계에 대한 절감과 다른 번역자들에 대한 존경심이 더해졌을 뿐이다.

계속해서 어휘를 고르고 고쳐 쓰는 과정을 반복하면서 초고를 완성하는 데까지만 해도 너무 긴 시간이 걸렸다. 이 과정을 무던히 견뎌주신 이학사에 감사드린다. 많은 조언과 더불어 원고를 차분하게 만들어주시고 역자의 무리한 요구들을 다 들어주신 김지연 편집자와 강동권 사장님, 그리고 이학사의 책 만드는 모든 분들께 고마움의 마음을 꼭, 꼭 전하고 싶다. 특히 각주로 넣은 그레이엄의 '『장자』 원문 주석'은 영어 원서에서도 출판사가 꺼리는 바람에 책에 실리지 못하고 별도의 모노그래프로 발행되었는데, 이 부분을 미주도 아닌 각주로 싣는 데 흔쾌히 찬성해주신 데 대해 감사드린다. 각주의 양과 독자의 수는 반비례할지도 모른다는 두려움이 여전히 사라지지 않는 것도 사실이지만 말이다. 그레이엄의 바람처럼 독자들이 이 책을 진지하게 읽고 『장자』 속에서 각자의 사유의 길을 찾아가는 데 도움을 얻기만 한다면, 그 지난하고 곤혹스러웠던 번역 과정의 어려움은 소소한 후일담이 되어, '아침나절에 피는 버섯'처럼 사라지리라.

찾아보기

인명

ㄱ

갈대 옷[피의被衣] '벌어진 이빨'을 보라

갈홍葛洪: 『포박자抱朴子』의 저자 455

감독관 확[정확正獲] 431

감배墈坏: 인간의 얼굴에 동물의 몸을 가진 신이라고 함 231

감하의 제후[감하후監河侯] 310, 315

감하후監河侯 '감하의 제후'를 보라

개자추介子推: 진晉나라 문공文公의 배은망덕에 분개해 숨어버린 사람 622

거량據梁: 힘을 잃은 자(이야기 미상) 246

거백옥蘧伯玉: 기원전 119년에 활약. 공자가 칭찬한 위衛나라의 대부 (『논어』「위령공」7.「헌문」25도 참조) 271, 336

걸桀: 하夏왕조의 마지막 폭군 황제로 탕湯에게 폐위됨 174, 242, 353, 391, 533, 555, 559-560, 605, 627, 629

견오肩吾: 산신이었다고 함. 『장자』에서는 초楚나라 광인 접여接輿의 친구 107, 231, 253

계자季子: 위魏나라 사람 412

계진季眞: 기록으로 남아 있지 않은 철학자 381, 408

계함季咸: 무당 257-261

고획苦獲: 묵가 715

공공共工 559

공문헌公文軒 164-165

공부孔鮒: 진승陳勝 밑에서 관직을 맡았던 공자 가문의 수장 519, 612

공손룡公孫龍: 조趙나라의 평원군平原君(기원전 251년 사망)이 후원했던 명가名家 31, 33, 131, 267, 382, 415, 417, 737, 739

공손연公孫衍 411-412

공수工倕 '장인 수'를 보라

공자孔子/공구孔丘(기원전 551-479): 노魯나라 출신의 선생 18, 20, 25, 47, 49-51, 63, 65, 83, 109, 148-150, 170, 178, 183-185, 197, 199, 201, 207-212, 215, 218-219, 226, 239-240, 243, 248-249,

255, 270-271, 282, 285, 289, 291,
293-294, 298, 304, 307-308,
333-339, 341-342, 345, 347-
350, 355-357, 361-362, 367,
374, 385-386, 399-400, 415,
422-424, 438-439, 447, 449-
450, 494, 496, 498-499, 503,
512, 518-519, 563-564, 579,
598-602, 611-613, 615-616, 620,
625, 628, 631, 650-652, 656, 658,
660-662, 717, 721, 730
곽상郭象(252?-312) 72, 77, 119, 152,
154, 165, 171, 181, 247, 275, 281,
285-286, 289, 294, 399, 440, 458,
566, 610, 729, 751
관용봉關龍逢: 걸桀의 재상 174
관윤關尹: 노자老子가 서쪽으로 향해
떠나기 이전에 그의 책을 주었다
고 하는 '관문을 지키는 자' 337,
363, 727, 729-731
관중管仲: 제齊나라 환공桓公의 재상
509, 628
광성자廣成子 473-475, 477
광자匡子: 광장匡章. 맹자의 친구. 맹
자는 그가 아버지의 행실을 비판
했다는 이유로 아버지에게 의절
을 당했다고 언급한다(『맹자』「이
루」하 30) 631
구작자瞿鵲子 147-148
궤거几蘧 182
극棘: 탕湯의 재상 101
금골리禽滑釐: 묵자의 수제자 580-

581, 713, 715, 717
기성자紀渻子 360
기자箕子: 기箕에 봉해짐. 폭군인 주紂
를 섬기는 것을 피하기 위해 미친
척함 247
길한 늙은 용[노룡길老龍吉] 434

ㄴ

노거魯遽 267-268
노담老聃/노자老子 '늙은 담'을 보라
노룡길老龍吉 '길한 늙은 용'을 보라
늙은 담[노담老聃/노자老子]: 공자가 가
르침을 받으러 방문한 적이 있다
고 한다. 장자가 대변자로 내세웠
고, 후대의 도가들이 도가의 창시
자로 채택했으며, 『도덕경道德經』
의 저자로 추정되는 사람 20, 49,
83, 166-167, 169, 208, 256, 304,
333-339, 341-342, 345, 348,
350, 353, 355-357, 500, 554, 558,
562-564, 671, 727-730

ㄷ

다 낚아채는 대식가[만구득滿苟得]
625-630, 638
단旦: 주공周公. 무왕武王의 동생. 어
린 성왕成王(기원전 1024-1005년경
재위)을 대신해 섭정을 함. 성왕을
위해 그의 형제들이 일으킨 반란
을 진압함. 공자가 태어난 노魯나
라의 첫 번째 공公으로서 공자가
숭배했음 607

단보亶父: 태왕大王. 문왕文王의 할아
　버지. 주周의 백성들을 서북쪽에
　있는 기산岐山 아래로 이주시켰
　다. 무왕武王은 그곳에서 중국을
　정복하고 기원전 1027년에 주왕
　조를 세웠다 583, 587-588
대도大弢 291
대정大庭: 전설상의 군주 551
대진인戴晉人 413-414
도둑 척[도척盜跖]: 전설적인 산적 무
　리의 전형적 인물 25, 219, 519,
　532-533, 536, 545-546, 548,
　555, 579, 604, 610, 612-613, 615-
　616, 618, 620-621, 624
도척盜跖 '도둑 척'을 보라
돌문[석호石戶]의 농부 587
동곽자東郭子 430-431
둥지 튼 일족[유소씨有巢氏] 619
등릉자鄧陵子: 묵가 715
등항登恒: 탕湯의 사부 298

ㅁ

만구득滿苟得 '다 낚아채는 대식가'를
　보라
맹손양孟孫陽: 양주楊朱의 제자
　580-581
맹손재孟孫才 243
맹자孟子(기원전 371?-289?): 유가 사
　상가 45, 456, 500, 582, 721
맹자반孟子反 239
모牟: 위魏나라에 있는 중산中山의 공
　자公子 415, 600

모牟: 제齊나라의 전후田侯. 확실치는
　않지만 제나라 위왕威王과 같은
　사람으로 간주됨 411
모장毛嬙: 아름다운 여성 146
목공 경[재경梓慶] 358
목수 석[장석匠石] 191-193, 329
못생긴 얼굴의 타[애태타哀駘它]: 못생
　긴 남자 210, 214, 218-219
무광務光/瞀光: 탕湯을 찬탈자로 간주
　하여 그로부터 왕위를 물려받느
　니 투신하기를 택했던 사람 247,
　605-606
무약无約 '약속한 적 없음'을 보라
무왕武王(기원전 1027-1025년 재위)
　465-466, 524, 565, 607, 611, 615,
　619-620, 622, 629, 713
무장无莊: 아름다움을 잃은 자(이야기
　미상) 246
무정武丁(기원전 1200년경): 상商 왕조
　의 황제 232
무제(기원전 140-87년 재위)武帝: 한漢
　의 황제 519, 667
묵자墨子/묵적墨翟: 기원전 5세
　기 후반 묵가墨家 학파의 창시
　자. '양묵楊墨'도 보라 288, 580,
　713-717
문공文公(기원전 636-628년 재위): 진晉
　나라의 제후 622
문무귀門無鬼 465-466
문왕文王(기원전 298-266년 재위): 조趙
　나라의 왕. 혜문왕惠文王 372-
　374, 565, 615, 620, 622, 641, 713

문혜군文惠君: 확실치는 않지만 양梁
　나라의 혜왕惠王(기원전 370-319년
　재위)와 같은 인물로 간주된다
　162-164
미생尾生 622, 631
민자閔子: 공자의 제자 218

ㅂ

백공白公: 기원전 479년 초楚나라의
　왕위를 찬탈하는 데 실패한 뒤 자
　결한 반역자 391
백구柏矩 500-501
백락伯樂: 전설상의 전형적 말 조련사
　537-538, 541
백상건伯常騫 291
백성자고伯成子高 468-469
백이伯夷와 숙제叔齊: 기원전 1027년
　주周왕조를 인정하지 않고 수양
　산首陽山 아래에서 굶어죽은 형제
　524, 604, 607-608, 622
백혼무인伯昏无人 '아무도 아닌 자 백
　혼'을 보라
백황伯黃: 신화상의 군주 551
벌어진 이빨[설결齧缺], 왕예王倪, 갈
　대 옷[피의被衣]: 요순堯舜 시대
　의 도가의 가공의 대변자들 145,
　147, 251-253, 428-249
변수卞隨 605
병秉: 철학자(확실치는 않지만 공손룡公
　孫龍과 같은 인물로 간주됨) 267-
　268
복량의卜梁倚 233

복희伏羲: 신화상의 군주. (『주역』「계사
　전」에 따르면) 사냥의 발명자이자
　팔괘八卦의 발명자 182, 231, 456,
　459, 493, 551, 564
부열傳說: 상商의 황제인 무정武丁의
　재상 232
북문성北門成 '북문의 성'을 보라
북문의 성[북문성北門成] 440
북인北人 무택无擇 604
북해약北海若 '북해의 신 약'을 보라
북해의 신 약[북해약北海若] 385, 387,
　389-390, 393, 395, 398
불구에 입술이 없는 자[지리무신支離无
　脤] 213-214
불구자 소[지리소支離疏] 196
비간比干: 폭군인 걸桀에게 처형당한
　왕자 174, 319, 544, 623

ㅅ

사광師曠 '음악의 스승 광'을 보라
사금師金 '음악의 스승 금'을 보라
사마담司馬談(기원전 110년 사망): 사마
　천司馬遷의 아버지 20
사마천司馬遷(기원전 145?-89?): 최초
　의 중국 역사 『사기史記』의 저자
　15, 20, 307, 337, 519, 576, 731
사추史鰌: 사어史魚. 공자가 칭찬했던
　위衛나라의 대부(『논어』「위령공」7)
　527, 533, 535, 550, 555, 559-560
삶을 아는 자[지생知生] 619
상계常季 201
상리근相里勤: 묵가 715

서시西施: 오吳나라 왕 부차夫差(기원전 495-473년 재위)가 총애하던 첩 132, 513-514

서여胥餘: 폭군인 주紂를 섬기는 것을 피해 미친 척한 사람 247

서왕모西王母 '서쪽의 여왕 어미'를 보라

서쪽의 여왕 어미[서왕모西王母]: 신화상의 서쪽의 군주 232

선권善卷: 순舜이 넘겨주려는 왕위를 거부한 사람 105, 586, 635

선왕宣王(기원전 319-301년 재위): 제齊나라의 왕 15, 307, 721, 725

설결齧缺 '벌어진 이빨'을 보라

섭공葉公 자고子高: 초楚나라의 귀족. 기원전 479년 백공白公이 일으킨 반란을 진압하였다 184

소공召公: 문왕文王의 아들, 성왕成王(기원전 1024-1005년 재위)의 재상 356

소문昭文: 유명한 거문고 연주자 135-136

소왕昭王(기원전 515-489년 재위): 초楚나라의 왕 594

소희후昭僖侯(기원전 358-333년 재위): 한韓나라의 군주 590

송견宋鈃/송영宋榮: 기원전 4세기의 철학자 19, 270, 719, 721, 725

수레바퀴 장인 편[윤편輪扁] 371

수인燧人: 신화상의 군주. 불의 발견자 456, 459, 493, 503

숙산叔山의 무지无趾: 발이 잘린 사람 207-208

숙제叔齊 '백이伯夷'를 보라.

순舜/유우有虞: 공자가 숭배한 왕조 성립 이전의 황제. 요堯가 그에게 양위할 때까지 재상을 맡아 요를 섬겼으며, 적당한 때에 우禹에게 양위하였다 105-106, 109, 144, 182, 202, 232, 253, 296, 391, 414, 429, 459, 468, 503, 544, 559, 565, 585-587, 604, 619, 621, 629, 635, 670, 674, 683-684, 713

순자荀子(기원전 298?-238?): 유가 사상가 491

스승 열자[자열자子列子] '열자列子'를 보라

승丞: 순舜의 조언자 429

시남市南의 의료宜僚: 초나라의 귀족으로 기원전 479년 백공의 반란에 가담하기를 거부함 294, 462

시위豨韋: 전설상의 군주 231

시황제始皇帝('최초의 황제First Emperor'): 기원전 221년 중국 전역의 정복을 완성하고 진秦왕조를 건립한 진왕 정政이 취한 이름 470, 518

신농神農('신묘한 농부Daemonic Farmer'): 왕조 성립 이전의 전설상의 황제, 농업의 창시자, 농가農家에서 숭배하는 성인 321, 434, 459, 493, 503, 517, 523-524, 551, 564, 607, 612, 619

신도가申徒嘉: 발이 잘린 사람 204-

신도愼到: 제齊나라 선왕宣王(기원전 319-301년 재위)이 세운 직하稷下 학파의 철학자 722, 724-726

신도적申徒狄(신자申子): 자신의 간언이 받아들여지지 않자 황하에 투신한 사람 247, 622, 631

ㅇ

아무도 아닌 자 백혼[백혼무인伯昏无人] 204

아하감婀荷甘 434

안성자顔成子/안성자유顔成子游 '자기子綦'를 보라

안합顔闔: 위衛나라 영공靈公(기원전 534-493년) 때의 노魯나라의 은자 189, 591

안회顔回(顔淵) 공자가 가장 아낀 제자 47, 170, 175-176, 178-179, 183, 189, 243, 248, 348, 362, 374, 447, 450, 503, 512, 599, 601-602, 615, 650, 661

애공哀公(기원전 494-468년 재위): 노魯나라의 제후 210, 212, 215, 218, 307, 322-323

애태타哀駘它 '못생긴 얼굴의 타'를 보라

약속한 적 없음[무약无約] 629-630

양묵楊墨: 원시주의자가 경쟁 학파들의 대표자로 나란히 거론함('양주', '묵적'을 보라)

양자陽子/양자거陽子居 256, 376-377

양주楊朱: 기원전 350년경. '양가楊家' 또는 '양생養生'학파를 대표하는 철학자 19, 64, 75, 267-268, 309, 520, 527, 533, 550, 575-576, 580-582, 649

엄강조弇堈弔 434

여축驪畜: 신화상의 군주 551

여희麗姬: 진晉나라 헌공獻公의 비妃가 된 미녀 146, 149

연숙連叔 107-108

열說: 양 도축자 594-595

열자列子/열어구列禦寇: 도道를 찾는 자에 대한 견습생 이야기의 주인공(〈내편〉에서 마법의 매력에 오도된 사람으로 나옴) 103-104, 258-262, 336, 363, 485-486, 488, 593-594

염구冉求: 공자의 제자 438-439

염상冉相 297

영공靈公: 위衛나라 제후(기원전 534-493년 재위). 공자가 만나본 군주들 중 하나로, 공자는 그를 부도덕하다고 생각했다(『논어』「헌문」19, 「위령공」1) 189, 213, 291-293

영罃: 위魏나라 혜왕惠王(기원전 370-319년 재위)의 이름 411

예羿: 전설상의 전형적인 궁수 205, 267, 283, 319

오자서伍子胥: 기원전 484년 오吳나라 왕에게 월越나라로 인한 위험에 대해 경고했다가 왕의 분노를 사서 자결을 강요받은 사람. 왕

은 그의 시신을 강에 던져버렸다 623
오후五侯: 묵가 715
옹앙甕盎 '항아리 목'을 보라
완緩: 정鄭나라의 유가 289-290
왕계王季: 단보亶父의 막내아들 629
왕예王倪 '벌어진 이빨'을 보라 145, 147, 251-252
왕자王子 수搜 589
왕태王駘: 한쪽 발이 잘린 사람 201, 255, 311
요리사 정[포정庖丁] 24, 55, 162-164, 358
요堯: 공자가 숭배한 왕조 성립 이전의 황제. 순舜에게 양위하였다 105-107, 109, 144, 174, 202, 205, 242, 245, 267, 296, 353, 379, 391, 414, 459, 468, 474, 478, 480, 503, 544, 555, 559, 562, 565, 585, 604, 618-619, 621, 629, 635, 670, 674, 683-684, 713
용성容成: 신화상의 군주 298, 551
우강禺强: 북쪽 바다[北極]의 신 232
우偊: 여성 232
우禹: 홍수를 막은 자. 역사적으로 의문의 여지가 있기는 하지만 최초의 왕조인 하夏의 설립자 125, 174, 182, 416, 468, 562, 565
원군元君: 송宋나라의 제후(기원전 531-517년 재위) 329, 369
원헌原憲: 공자의 제자 596-598
위왕威王(기원전 339-329년 재위): 초楚나라의 왕 307, 314
유소씨有巢氏 '둥지 튼 일족'을 보라
유아兪兒: 요리로 뛰어난 전설상의 전형적 인물 535
유우씨有虞氏 '순舜'을 보라
유하계柳下季: 유하혜柳下惠. 희공僖公(기원전 659-627년 재위) 치하의 노魯나라에서 대부大夫를 지냈고, 공자가 칭찬한 사람이다(『논어』 「위령공」 14, 「미자」 2, 8). 「도둑 척」에서는 공자와 동시대인으로 소개되고 있는데, 연대가 잘못된 것이다 613-616, 625
유향劉向(기원전 77-7) 71
윤문尹文: 기원전 4세기의 철학자 719, 721, 725
윤편輪扁 '수레바퀴 장인 편'을 보라
율륙栗陸: 신화상의 군주 551
음악의 스승 광[사광師曠]: 진晉나라의 악사樂師 135, 527, 535, 549
음악의 스승 금[사금師金] 512
의이자意而子 226, 245
이윤伊尹: 상왕조를 건립한 탕湯의 재상 605
이주離朱: 이루離婁. 예리한 시력을 가진 전설상의 전형적인 인물. 백 보 떨어진 거리에서도 털끝을 식별할 수 있었다 527, 535, 550
이치已齒: 묵가 715
인저繭且: 이름이 밝혀져 있는 장자의 유일한 제자 311, 313
일중시日中始 '정오의 시작'을 보라

ㅈ

자공子貢: 공자의 제자 239-240, 495-498, 503, 554, 563-564, 566, 597-598, 601-602, 615, 651-652

자규子葵/자기子綦: 남곽南郭의 자기子綦와 남백南伯의 자규子葵. 명상을 통한 무아지경에 정통한 자. 안성자유顏成子游(안성자顏成子)가 그의 제자. 115, 119-120, 194, 232, 279-281

자기子綦: 초楚나라의 사마司馬[군정담당자] 595

자래子來 235, 237

자로子路(기원전 480년 사망): 공자의 제자 293-294, 601-602, 620, 650-651, 661-662

자리子犂 235, 237

자사子祀 235-326

자산子産: 기원전 542-522년 정鄭나라의 재상 204-206

자상子桑: 자상호子桑戶와 동일 인물? 250

자상호子桑戶 239

자서子胥 '오자서伍子胥'를 보라

자양子陽: 정鄭나라의 재상 593-594

자여子輿 235-236, 250

자열자子列子 '스승 열자'를 보라

자장子張: 공자의 제자 611, 625-628, 630, 638

자주지백子州支伯/자주지보子州支父 585-586

자지子之 '쾌噲'를 보라

자화자子華子 590

장도릉張道陵(157-178년 사이 사망): 도교 최초의 '천상의 스승[천사天師]' 471

장석匠石 '목수 석'을 보라

장오자長梧子 147-148

장인 수[공수工倕]: 전설상의 전형적 목수 368, 550

재경梓慶 '목공 경'을 보라

적장만계赤張滿稽 465-466

전기田忌: 제齊나라 위왕威王(기원전 357-320년 재위) 치하의 장수 412

전병田駢: 제나라 선왕宣王(기원전 319-301년 재위)이 세운 직하 학파의 철학자 722, 724-726

전성田成: 전상田常, 자상子常. 기원전 481년 제나라 간공簡公을 죽이고 간공의 후계자들을 전씨田氏 가문의 꼭두각시로 전락시킨 찬탈자 544, 628

전욱顓頊: 신화상의 군주 231

전화田禾: 기원전 386년 제나라의 제후 자리를 찬탈한 자 279

접여接輿: 공자를 조롱한 초楚나라의 광인(『논어』 18/5) 107-109, 197, 199, 253, 304, 336

접자接子: 기록으로 남아 있지 않은 철학자 381, 408

정오의 시작[일중시日中始] 253

정직한 궁[직궁直躬]: 자기 아버지가 양을 훔쳤다고 증언해서 공자의 반감을 불러온 자(『논어』「자로」
    18) 631
정확正獲 '감독관 확'을 보라
존노尊盧: 신화상의 군주 551
주공周公 '단旦'을 보라
주紂: 상商(은殷)의 마지막 폭군 황제
    로 기원전 1027년 무왕武王에게
    폐위됨 174, 565, 619
중앙中央: 신화상의 군주 551
증사曾史: 원시주의자가 도덕주의자
    의 예로 나란히 거론하는 사람들
    ('증삼'과 '사추'를 보라)
증삼曾參: 증자曾子. 공자의 제자. 특
    히 효孝로 유명함 527, 533, 550,
    555, 559-560
지리무신支離无脤 '불구에 입술이 없
    는 자'를 보라
지리소支離疏 '불구자 소'를 보라
지생知生 '삶을 아는 자'를 보라
직궁直躬 '정직한 궁'을 보라
진승陳勝(기원전 209-208년 재위): 진秦
    왕조 최초로 반란을 일으킨 농민
    군의 수장 519, 612
진일秦失 166-167

ㅊ

천근天根 '하늘 뿌리'를 보라
최구崔瞿 558
축융祝融: 신화상의 군주 551
치우蚩尤 619
하늘 뿌리[천근天根] 254-255

ㅋ

쾌噲: 연燕나라의 왕. 기원전 316년 재
    상인 자지子之에게 양위하였다
    379, 391

ㅌ

탕湯: 두 번째 왕조, 즉 역사적으로 충
    분히 입증된 상商 또는 은殷(기
    원전 1523?-1028)의 건립자 101,
    298, 391, 416, 565, 605-606, 619,
    621, 629, 713
태씨泰氏: 원시시대의 통치 가문을 가
    리키는 허구적인 이름. '태泰'는
    '근원적'이라는 의미 252-253

ㅍ

팽몽彭蒙: 기원전 4세기의 철학자
    722, 724
팽조彭祖 '할아버지 팽'을 보라
포경언鮑敬言 455-456
포자鮑子/포초鮑焦 631
포정庖丁 '요리사 정'을 보라
풍이馮夷: 황하의 신. 아마도 구체적
    인 이름 없이 '황하의 우두머리
    [하백河伯]'라고 한 자일 것이다
    231
피의被衣 '벌어진 이빨'을 보라

ㅎ

한비자韓非子(기원전 233년에 사망): 법
    가 철학자 578
할아버지 팽[팽조彭祖]: 700년을 살

았던 중국의 무드셀라Methuselah 688

항아리 목[옹앙甕盎]: 불구가 된 남자 213-214

허유許由: 요堯에게서 천하를 넘겨받기를 거부한 은둔자 105-107, 166, 245, 248, 585, 603, 635

허행許行: 기원전 315년 활동. '농가農家'의 철학자 524

헌원軒轅: 신화상의 군주 551

혁서赫胥: 신화상의 군주 541, 551

혜시惠施: 양梁나라의 혜왕惠王을 섬겼던 명가名家 16, 20-21, 29-31, 37, 47, 50, 56, 110-111, 126, 129, 135, 140, 221-222, 266-267, 270, 304, 306, 311, 324-327, 329, 336, 382, 413-414, 446, 734-735, 737-739

혜왕惠王: 위魏나라 또는 양梁나라의 왕(기원전 370-319년 재위) 이름이 영罃이다 15, 306-307

호불해狐不偕: 의무에 자신을 희생시킨 사람(이야기 미상) 247

호자壺子: 열자列子의 스승 258-262

혼돈渾沌: 하늘과 땅이 분리되기 이전의 원초적인 덩어리를 의인화한 것 264, 495, 499

화자華子: 위魏나라 사람 412

환공桓公: 제齊나라의 제후(기원전 685-643년 재위). 이름은 소백小白 23, 67, 214, 371, 509-510, 628

환단桓團: 명가名家 737

환두讙兜 559

황료黃繚 737

황자고오皇子告敖 509

황제黃帝: 신화상의 군주. 어떤 설명에 따르면 국가와 전쟁의 창시자이며, 장수나 불멸을 닦는 자들로부터 숭배를 받음 148, 231, 246, 264, 321, 354, 379-381, 391, 423-425, 427, 440, 455, 459, 472, 474-475, 477, 495, 503, 513, 517, 522, 524, 559, 562, 564-565, 587, 592, 604-606, 611-612, 619, 621, 670-671, 673-674, 677-678, 684, 713

회悝: 조趙나라의 태자 641

희위狶韋 291-292

용어

ㄱ

'그것'과 '다른 것'[是彼] 86, 291
'그것이다'와 '아니다' 32, 47, 56, 121, 220
가만히 앉아서 잊다[坐忘] 249
간장干將 467
같음과 다름[同異] 30, 527
   작은 규모로의 같음과 다름[小同異] 735
   큰 규모로의 같음과 다름[大同異] 735
거대한 흙덩이[大塊] 115, 120, 230, 237, 305
결/양식[理] 353, 381, 383, 392, 394-395, 405, 408, 410, 457, 556, 629-630, 653, 690, 709, 711, 724
경수經首 162
고요함[靜] 19, 305, 458, 675, 691-692
곡물 피하기[辟穀] 470
곤鯤 97
공간적 우주[宇] 273-275
공격의 거부[非攻] 718
공기처럼 자유로움[天放] 523, 539
공안公案 422-423
공통된 시是/공통으로 '그것이다'라고 인정할 만한 것[公是] 266-267
광대함[大] 702-703, 729
교묘한 조언자들[辯士] 682

구락九洛 700-701
구분[分] 141
구소九韶 504
궁극적 텅 빔[太虛] 436
궁극적인 동일성[大同] 399, 402
궁극적인 시원[太初] 436
귀신鬼神 174, 231, 273-274, 281-283, 361, 442, 458, 463, 509-511, 623, 676, 690, 698
규칙들을 수록한 책[法言] 186-187
그것이 밀고 들어간 곳에서 편안함을 느끼는 것[攖寧] 233-234
그러하다[然] 33, 131, 152, 181, 272, 287, 568
   그러하지 않다[不然] 131-132, 152, 272
그런 것으로 간주된 '그것이다'[爲是] 132-133, 135, 141, 265, 277, 285
그렇게 한 것은 아무것도 없다[莫爲] 408-410
그림자 가장자리의 어스름[罔兩] 153
근원으로 돌아가 떠도는 것[反衍] 393
근원적 조상[大宗] 76, 223, 668, 675, 709
급속함[儵] 264
기운[氣] 26, 53, 178, 183, 235, 255-256, 328, 365, 386, 406, 426-427, 461, 496, 509, 559, 624, 637, 689
기이한 사람들[畸人] 242
끝없음[无窮] 435-436

ㄴ

나비[胡蝶] 61, 154-155, 306, 311, 488
넓은 시야/궁극적 시야[大方] 159, 293, 379-380, 384-385, 410, 421
넘쳐흐르는 말[巵言] 68, 286, 289, 732
네 가지 해악[四患] 654-655
누구든 사랑하다[氾愛] 713
능력 있는 자를 씀[使能] 466-467

ㄷ

다른 것[彼] 33, 86, 123-124, 127-128, 130, 132, 135-136, 138, 160, 290-291
다섯 가지 냄새[五臭] 521, 533
다섯 가지 맛[五味] 533, 535
다섯 가지 복[五常] 700-701
다섯 가지 불변의 덕목[五常] 522
다섯 가지 색[五色] 511, 527, 533, 535, 540
다섯 가지 색조[五采] 550
다섯 가지 양상[五行] 645
다섯 가지 음[五聲] 521, 527, 533, 535, 540
다섯 가지 장기[五藏] 521-522, 526, 559
다섯 개의 관서[五官] 404
다섯 종류의 관계[五紀] 629
다섯 종류의 무기[五兵] 679
다섯 종류의 형벌[五刑] 679
다섯 황제[五帝] 386, 513, 564-566
단단함과 흰색[堅白] 30-31, 234, 382, 527, 718

단단한 것과 흰 것을 분리시키다[離堅白] 160, 349, 382, 415, 552
단지 자기를 올바른 방향으로 향하게 하라[正己] 461
대인논증對人論證 68, 288
대지의 피리[地籟] 115-116
더없이 큰 하나[太一] 727
덕을 함께함[同德] 523, 538, 676, 678, 690
덕이 온전한 사람[全德之人] 208, 219, 498
도에 대한 가르침/도의 전통[道術] 242, 671, 708, 711-713, 717, 719, 722, 727, 731, 739
도의 양식[道理] 722, 724
도의 축[道樞] 130
따르다[因] 32-33
떠돌아다니다[遊] 27, 320-321, 378, 675, 687

ㅁ

마음의 재계[心齋] 178
막야鎮鋣 238, 467
매일 아침 네 개 그리고 매일 저녁 세 개[朝四而暮三] 133
매일 아침 세 개 그리고 매일 저녁 네 개[朝三而暮四] 133
맹렬함[忽] 264
명가[名家] 114, 126, 131, 155, 265, 327, 382, 423, 446, 668, 671, 708, 730, 739-740
모든 방향으로 열려 있음[无方] 394

모든 사람에 대한 사랑/ 모든 사람을 공평무사하게 사랑하다/ 모든 사람에게 평등한 사랑을 실천하다[兼愛] 339, 629, 718
모든 숨의 어미[氣母] 231
몫과 책임[分守] 681
무게가 나가는 말[重言] 68, 284-286, 289, 732
무지몽매한 백성들[蔽蒙之民] 457

ㅂ

바람과 파도에 표류하는 자[風波之民] 498
발생의 양식[生理] 419
밝게 깨우친 왕들[明王] 256
밝게 비춤[明] 127, 130
밝게 비춤의 방법을 쓴다[以明] 135
배아[幾/機] 486-489
백가百家 415, 671, 708, 710-712, 726
백魄animus 354, 676
버드나무가지 꺾기[折楊] 569
번갈아가며 순서가 오는 것[謝施] 393
번뜩이는 기발함[弔詭] 150
법가法家 20, 518, 524, 667, 670, 712, 726, 730
변자辯者 16, 20, 30-31, 222, 348, 735, 737
본성[性] 46, 304, 339-340, 356, 361, 365, 375, 419, 449, 456-462, 472, 481-484, 494-495, 499, 506, 522, 526-527, 530-540, 553-560, 630, 635, 638, 691, 721

본성과 운명[性命] 430
본성적이고 본질적인 것[性情] 459, 540
본질적 요소들[情] 221
본질적 욕구들[情欲/請欲] 719-721
본질적이고 본성적인 것[情性] 622
봉황[鵷鶵] 324-325
부득이不得已 24, 28, 39, 180, 185, 187, 189, 209, 227, 506-507, 525, 557, 722
분류하기/유별類別하기[論] 38, 114
불인不仁(적의) 662
붕鵬 98
비용의 절약[節用] 713, 717
빛의 번쩍임[光曜] 437
뽕나무 숲[桑林] 162

ㅅ

사물들을 고르게 하다[齊物] 76, 668
사물들의 변화[物化] 155, 368
상황에 따른 '그것이다'[因是] 34, 86, 127-128, 132-133, 140, 291
생명의 정수[精] 351, 421, 473, 476, 481, 483-484, 658, 691, 693, 705, 709, 727
생명의 정수이자 신묘한 작용을 하는 힘[精神] 217, 350-351, 669, 674, 679, 692-693, 732
세 등급의 덕[三德] 617
   가장 낮은 덕[下德] 617
   중간 정도의 덕[中德] 617
   최상의 덕[上德]] 617

세 왕[三王] 386, 513, 559, 564-566, 570
세 종류의 군대[三軍] 679
세상에 알려지지 않은 성인[玄聖] 675
속박들[累] 305, 310, 320
속박으로부터의 풀려남[縣解] 236
수릉의 소년[壽陵餘子] 417
수행과 직함[形名] 679, 681-683
수후의 진주[隨侯之珠] 592
순수한 기운[純氣] 364
술사[方士] 470-471, 474
시간적 우주[宙] 273
시작한 적 없음[无始] 435-436
시장의 관리인[監市] 431
신/신실함/정직함[信] 172, 220, 321, 457, 466, 522, 606
신묘하고도 밝게 빛나는[神明] 669, 672, 680, 711, 727, 731
신묘한 사람[神人] 53, 104, 108, 195, 296, 471, 709
신묘한/신묘한 자/신묘한 힘[神] 52-55, 108, 159-161, 163, 166, 182-183, 217, 222, 365, 419, 428, 438, 442, 476, 496-499, 600, 678, 689, 691-693, 705-709
신비로움[冥冥] 234, 434, 444
실질/실질적 내용/견고성[實] 106, 133, 218, 243, 258, 273, 277, 505, 507
십이경十二經 334, 339
쓸모없는 나무[散木] 192-193
쓸모없는 인간[散人] 193

ㅇ

아나키즘 455-456
아름다운 꽃들 pretty flowers[皇荂] 569
아무것도 아닌 것[无/無] 60, 137-138, 140, 410, 418-419, 421, 438
아무것도 없음[无何有] 112, 254, 432
아무것도 함이 없고 아무 말도 함이 없음[无爲謂] 424-425, 427
아무것도 함이 없음[無爲/无爲] 59, 112, 231, 343, 347, 405, 426, 432, 435-436, 525, 557, 670, 674-675, 677-678, 688, 696, 698, 702, 728
아무런 특색이 없는 하늘의 일체성[寥天一] 244-245
아침 햇살처럼 환히 꿰뚫다[朝徹] 233
안으로는 성인이 되고 밖으로는 왕이 되기[內聖外王] 711
앉아 있으면서도 전속력으로 내달리기[坐馳] 181-182
양생/생명을 기름[養生] 19, 309-310
양자택일적 선택지들을 모두 나아가게 하는 것[兩行] 133-134
어떤 것[有] 60, 137, 274, 410, 419, 437
어떤 것을 함[有爲] 677-678, 696
어떤 것이 그렇게 하도록 시키다[或使] 409-410
어떤 방책의 전통[方術] 671, 708, 712
여덟 가지 덕[八德] 141, 554
여덟 가지 흠[八疵] 654-655
여섯 가지 재앙[六極] 700-701
여섯 개의 율관[六律] 527, 540, 549
여섯 등급의 지위[六位] 629

여섯 방위[六極]　231, 254, 445, 673, 710
영험한 망루[靈臺]　293, 368
영험한 창고[靈府]　215-216, 293, 366
예/의례들/예의 바름[禮]　208, 219, 239, 391, 425, 445, 456-457, 463, 513, 530, 556, 695, 709
오직 하나뿐인 것을 보다[見獨]　233
온 우주의 시간과 공간[宇宙]　105, 148, 436, 586
옮겨 다니는 그것[移是]　266, 277-278
완전한 사람[全人]　49, 283
왕의 덕[王德]　669, 677, 704-705
요광瑤光Benetnash Star　143-144
우리의 본성과 운명의 본질적 요소들[性命之情]　481, 521, 529, 535, 555-556,
우물 안 개구리[井䵷]　385
　　깊은 우물에 사는 개구리[埳井之䵷] 415-417
운명[命]　24, 185, 361
웅대하고 공정한 조정자[大公調]　403-409
웅대한 양식[大理]　385
위서緯書　76, 334, 668
유생의 복장[儒服]　309, 322-323, 640, 642
유연함[寬]　702
유일무이[獨]　165, 262, 345
육가六家　20, 730
육경六經　76, 334, 355-356

육기六氣　26-27, 103, 105
음악의 거부[非樂]　713, 717
음양가陰陽家　20, 470, 730
의미[指]　130
이단적 묵가[別墨]　715
인간관계의 질서[人倫]　353
인간으로부터 오는 즐거움[人樂]　675
인간의 도[人道]　184-185, 285-286, 680, 696
인간의 본질적 요소들[人情]　221, 529-530
인간의 피리[人籟]　115-116
임시 거처로부터 나온 말[寓言]　68, 284-285, 288, 732

ㅈ

자기를 귀하게 여기기[貴己]　390, 576
자기를 잊는 것[忘己]　349
자발적/자생적/자연스러운[自然]　22, 221, 253, 347
자신의 본성을 온전하게 보존하기[全性]　45, 575
자신의 참됨을 보호하기[保眞]　575, 649
작위가 없는 왕[素王]　675
적막寂漠　674, 689
적임자에게 일을 맡기는 것[因任]　681
전도된 백성들[倒置之民]　462
제자리를 지키게 하고 도를 넘지 않게 하다[在宥]　141, 522, 554
　　도를 넘지 않게 하다[宥]　554
　　제자리를 지키게 하다[在]　554

찾아보기　769

조금밖에 모름[少知] 403, 406-408
조릉雕陵 310-313
조물자造物者 49, 51, 235-236, 240, 246, 254-255, 265, 289-293, 305, 732
조사하고 검사하는 것[原省] 681
조화자造化者 238
조화造化 237, 255, 345, 428, 430, 442, 457-458, 477, 522, 555, 654, 675, 710, 719, 728
지극한 사람[至人] 41, 104, 146, 208, 218, 263, 343, 347, 363, 396, 634, 706-707, 709
직하稷下 학파 270, 721, 725-726
진정한 군주[眞君] 36

ㅊ
차별 없이 이롭게 하다[兼利] 713
차분함과 담담함[恬淡] 674, 689, 691
참된 것만을 캐며 노니는 것[采眞之遊] 343
참된 것을 온전하게 지키다[全眞] 624
참된 본성[眞性] 537
참사람[眞人] 224-226, 228, 297, 339, 495, 693, 729
척도와 수[度數] 342, 679
최고의 덕[大德] 175, 560,
최고의 위엄을 갖추다[上皇] 700

ㅋ
큰 사람[大人] 305, 379-384, 399-405, 414, 419, 421, 423, 426

큰 스승[巨子] 715

ㅌ
텅 빔과 고요함[虛靜] 674
투명함[泰淸] 435-436

ㅍ
편협함에서 벗어나는 것[別宥] 719, 721

ㅎ
하나의 기운[一氣] 427
하느님[帝] 168, 231, 474, 480
하느님과 함께하는 자[同帝] 693
하늘과 땅[天地] 30, 42, 59, 102-103, 105, 131, 139-140, 185, 203, 207, 223, 231, 238, 240, 250, 264, 266, 330-331, 347-348, 354, 367, 386-388, 392, 396, 400-402, 406, 430, 438-439, 444, 448, 474, 476, 478, 483, 564, 586, 599, 624, 669, 672, 674, 677-678, 680-681, 684, 689, 697, 707, 709, 711, 731-732, 735, 737, 739
하늘과 땅의 덕[天地之德] 669, 675
하늘과 땅의 도[天地之道] 668-669, 671, 686-688, 730, 738-739
하늘로부터 오는 즐거움[天樂] 675-677
하늘로부터 온 덕[天德] 697
하늘로부터 온 음악[天樂] 444
하늘로부터 온 충동[天機] 46, 189,

225, 444
하늘의 극[天極] 144, 630
하늘의 녹로[天鈞] 133, 266, 287
하늘의 도[天道] 673, 696
하늘의 문[天門] 273-274, 344
하늘의 백성[天民] 275
하늘의 보고[天府] 143, 216
하늘의 빛[天光] 128, 145, 275
하늘의 숫돌[天倪] 69-70, 152-153, 266, 285-287
하늘의 아들[天子] 176, 275
하늘의 인간[天人] 709
하늘의 피리[天籟] 70, 115-116
하늘이 구성해놓은 것/하늘의 양식[天理] 163, 630, 690
하늘이 매기는 등급[天倫] 693
한단邯鄲 417, 546
함지咸池 440, 504, 713
허리띠에 홀을 꽂은 선생들[搢紳先生] 710
허용할 수 있는[可] 129, 287, 348
  허용할 수 없는[不可] 129, 287, 348
허허로운/텅 빈[虛] 60
현자를 숭상함[尙賢] 466-467
[호흡을] 이끌고 [사지를] 당기는[導引] 473, 687
혼魂animus 354, 676, 691
홀로 존재하다/아무것도 없이 존재하다[獨有] 491-492
확고부동한 덕의 나라[建德之國] 463
황제와 왕[帝王] 76, 592, 668, 678
효와 우애[孝弟] 615